MGGprisma

Beethoven

MGGprisma

Klaus Kropfinger

Beethoven

Mit 3 Abbildungen

BÄRENREITER KASSEL
BASEL LONDON NEW YORK PRAG
METZLER STUTTGART WEIMAR

Die Deutsche Bibliothek –
CIP-Einheitsaufnahme
Kropfinger, Klaus :
Beethoven / Klaus Kropfinger. - Kassel ;
Basel ; London ; New York ; Prag :
Bärenreiter ; Stuttgart ; Weimar :
Metzler, 2001
   (MGG Prisma)
     ISBN 3-7618-1621-9 (Bärenreiter)
     ISBN 3-476-41039-0 (Metzler)

Gemeinschaftsausgabe der Verlage
Bärenreiter,
Kassel · Basel · London · New York · Prag
und J. B. Metzler, Stuttgart · Weimar

ISBN 3-7618-1621-9 (Bärenreiter)
ISBN 3-476-41039-0 (Metzler)

© 2001 Bärenreiter-Verlag
Karl Vötterle GmbH & Co. KG und
J. B. Metzlersche Verlagsbuchhandlung
und Carl Ernst Poeschel Verlag GmbH
in Stuttgart

Gedruckt auf chlorfrei gebleichtem, säure-
freiem und alterungsbeständigem Papier

Typographie und Ausstattung:
Brigitte und Hans Peter Willberg

Satz: Dörr und Schiller GmbH, Stuttgart
Druck und Bindung:
Franz Spiegel Buch GmbH, Ulm
März 2001
Printed in Germany

Inhaltsverzeichnis

Vorbemerkung

»denn was schwer ist, ist auch schön, gut, groß«

Beethoven 1817 an S.A.Steiner

Zwei Gründe sind es, die hinter der, für diesen lebens- und werkbiographischen Abriß gewählten, ungewöhnlichen Darstellungsform stehen: Der immense Zuwachs in der Beethovenliteratur und die mit einer ähnlichen Zuwachsrate versehene Problemlastigkeit des Gegenstandes. Beide Aspekte sind miteinander verschränkt.

Dem Autor stellte sich die Frage, ob er die biographischen und die werkverhafteten Daten im herkömmlichen Sinne als narrative Reiseroute darstellen sollte oder ob eine diskursive Darstellung vorzuziehen wäre, die in einer vorangestellten, möglichst vielschichtigen, angereicherten Datenbank ein Orientierungs- und Rückfragezentrum hat. Die Entscheidung konnte angesichts der Problemanreicherung in der Beethovenforschung nur für den zweiten Weg fallen.

Dabei war sehr schnell klar, daß eine problemorientierte Vorgehensweise immer eine Differenzierung und Gewichtung der Aspekte und Probleme verfolgen mußte. Nicht zuletzt aber war sie auch gehalten, diese - namentlich im Werkteil - als eine Art selbsttragender Struktur zu organisieren, die zwar Daten und Fakten ›verbaut‹, die aber ihren eigenen, den Fragestellungen folgenden Baugesetzen folgt. Die (auch hypothesengestützte) Problemeinkreisung und -vernetzung betreibt.

Diese Art der ›Textverfassung‹ stellt sich bewußt dem - immer gegenwärtigen, hier aber nicht kaschierten - Prinzip des *non finito*. Mag mancher einen Nachteil darin sehen, für den Verfasser liegt der unendlich größere Vorteil darin, damit der Realität aller Forschung offensiv Genüge zu tun - einem *work in progress* zu dienen, in das er ›eingestiegen‹ ist und das andere fortsetzen werden.

Mit dem Prinzip der Differenzierung wird freilich auch ein Selbstlauf angeworfen, der ins Grenzenlose treibt. Das zeigt nicht zuletzt die Bibliographie: Sie ließe sich noch weiter auffächern; indes verliefe damit die Verfeinerung ins Unendliche der Titelzuweisung. Hier findet sich ein Ausläufer dessen, was Beethoven sich und der ihn wirklich ernst nehmenden Nachwelt auferlegt hat: Auf der Suche nach dem angemessenen Verstehen »weiter zu gehen«.

Daß der Weg, den der Verfasser dieses nun als Buch erscheinenden MGG-Artikels eingeschlagen hat, vom Herausgeber, Ludwig Finscher, ebenso wie von der

Redaktion, Andreas Jaschinski und vom Verlag nicht nur akzeptiert, sondern begrüßt und schließlich in die Buchveröffentlichung verlängert wurde, erfüllt ihn mit Freude und Dankbarkeit. Solcher Dank gilt ausdrücklich auch Uwe Schweikert.

In die Buchfassung können auf diese Weise Korrekturen eingehen, denen die Artikelversion aus Termingründen verschlossen bleiben mußte. Darüber hinaus werden hier bereits erste Elemente des Zuspruchs, eines – Zustimmung, Korrektur und punktuelle Kritik unterschiedlich gemischt zutragenden – Feedbacks wirksam, für das ich Marie-Elisabeth Tellenbach, Peter Bloom, Leon Botstein, Reinhold Brinkmann und Kurt W. Forster, wie auch Beate A. Kraus, Sieghard Brandenburg und namentlich Hans-Werner Küthen vom Beethovenarchiv danke. Peter Gülke bin ich für sein stimulierendes, freundschaftliches Interesse besonders verbunden. Es ist indes die katalysatorische Kombination von kritischer *workshop*- und *backstage*-Atmosphäre, die – in Permanenz durch Helga von Kügelgen beschworen – mir half, der ›Herausforderung Beethoven‹ wenigstens einigermaßen zu begegnen.

Berlin, im Herbst 2000
Klaus Kropfinger

A. LEBEN

I. Biographische Synopsis

	1770	1771	1772	1773
FAMILIEN- UND PERSÖNL. DATEN	*16. Dez. (?) – Taufe 17. Dez.; Eltern: Maria Magdalena, verwitwete Laym, geborene Kewerich und Johann van Beethoven (Tenorist)	Großvater (Ludwig) van Beethoven, der Kapellmeister, setzt mit »schmähwort und unbilden« die Bezahlung von Musikern durch	3.-4. Kurfürst Maximilian Friedrich gewährt Johann van Beethoven, dem Vater, eine Gehaltszulage von 50 Gulden	24. 12. Kapellmeister Ludwig van Beethoven (Großvater) †
KRANKHEITEN				
WOHNUNGEN	Bonn, Bonngasse 515	Bonn, Bonngasse 515	Bonn, Bonngasse 515	Bonn, Bonngasse 515 (?)
FREUNDE, BEKANNTE, SCHÜLER				
BRIEFE AN/VON kursiv: [auch] Brief[e] an Beethoven; kursiv-halbfett: Brief[e] nach Zahl und/oder Bedeutung hervorzuheben				
BESUCHER				
REISEN, »SOMMERFRISCHE«				
REISEPLÄNE				
KOMPOSITIONEN				
SKIZZENBÜCHER				
(PRIVAT)KONZERTE UND AKADEMIEN				
REZEPTION				
FINANZEN				
VERLEGER, EDITIONEN				
ANDERE DATEN		Wien: Gründung der Tonkünstler-Sozietät als »Pensions-Institut zum Unterhalt der Witwen und Waisen d. Tonkünstler in Wien«		

	1774	1775	1776	1777
FAMILIEN- UND PERSÖNL. DATEN	8.4. Taufe des Bruders Kaspar Karl van Beethoven – erster Musikunterricht vom Vater	Besuch der lateinischen Tironen-Schule (?) 30.9. Maria Josepha van Beethoven, die Frau des Großvaters, des ›Kapellmeisters‹ †	2.10. Taufe des Bruders Nikolaus Johann van Beethoven	
KRANKHEITEN				
WOHNUNGEN	die Familie Beethoven wohnt »auf dem Dreick«	die Familie Beethoven wohnt »auf dem Dreick«	Umzug in das Fischersche Haus, Rheingasse 934; kurzzeitig Umzug in die Neugasse	wieder im Fischerschen Haus, Rheingasse 934
FREUNDE, BEKANNTE, SCHÜLER	*17.8. Stephan von Breuning			
BRIEFE AN / VON kursiv: [auch] Brief[e] an Beethoven; kursiv-halbfett: Brief[e] nach Zahl und / oder Bedeutung hervorzuheben				
BESUCHER				
REISEN, »SOMMERFRISCHE«				
REISEPLÄNE				
KOMPOSITIONEN				
SKIZZENBÜCHER				
(PRIVAT)KONZERTE UND AKADEMIEN				
REZEPTION				
FINANZEN				
VERLEGER, EDITIONEN				

MGG*prisma* 1. Biographische Synopsis

	1774	1775	1776	1777
ANDERE DATEN	26.5.: Andrea Lucchesi in Bonn zum Kapellmeister ernannt. Gehalt mit 1000 fl.; die 1. Fassung v. Goethes Werther erscheint	Neefe empfiehlt einer Freundin Goethes Werther (»mit Behutsamkeit zu lesen; »in einem sehr originellen und hinreißenden Style geschrieben«); 21.12.: Brief Neefes an Klopstock	Nikolaus Simrock wird als Musikalienhändler tätig. »Herr Hiller hat auch die Ehre an Herrn Neefe einen guten Schüler gezogen zu haben« (J. Fr. Reichardt); Gründung des Bundes der »Illuminaten«	Ab 1777: »Capelldirector« Cajetano Mattioli führt im Bonner Orchester »die genaueste Accentuation oder Declamation auf Instrumenten, die genaueste Beobachtung des Forte und Piano, oder des musikalischen Lichts und Schattens in allen Ab- und Aufstufungen im hiesigen Orchester ein.« (Neefe) Zu Neefe: »unter unseren guten Componisten gewiß keiner der letzten« (Theaterjournal f. Deutschland); Schloßbrand in Bonn: Hofrat v. Breuning wird bei dem Versuch, wichtige Akten zu retten, von einstürzendem Mauerwerk erschlagen

	1778	1779	1780	1781
FAMILIEN- UND PERSÖNL. DATEN	Musikunterricht bei van den Eeden; Beethoven fungiert bereits als Hoforganist	23.2. Taufe der Schwester Anna Maria Franziska (†27.2.); Musikunterricht bei dem Musiker und Schauspieler Tobias Friedrich Pfeifer; N. Simrock macht Beethoven mit Bachs Wohltemperierten Klavier bekannt (?)	Unterricht: Latein, Französisch, Italienisch bei Zambona; bei Rovantini Violine und Bratsche; Orgelunterricht bei Zensen; Unterricht bei Neefe	17.1. Taufe des Bruders Franz Georg; Orgelunterricht bei Bruder Koch; Unterricht bei Neefe; Beethoven verläßt die Schule
KRANKHEITEN				
WOHNUNGEN	Fischersches Haus, Rheingasse 934	Fischersches Haus, Rheingasse 934	Fischersches Haus, Rheingasse 934	Fischersches Haus, Rheingasse 934
FREUNDE, BEKANNTE, SCHÜLER		Nikolaus Simrock		
BRIEFE AN/VON				
BESUCHER				

kursiv: [auch] Brief[e] an Beethoven;
kursiv-halbfett: Brief[e] nach Zahl
und/oder Bedeutung hervorzuheben

REISEN, »SOMMERFRISCHE«			
REISEPLÄNE			
KOMPOSITIONEN			»Trauercantate« für den englischen Gesandten George Cressener Esq.? (von anderer Seite nicht bestätigte Mitteilung Mäurers)
SKIZZENBÜCHER			
(PRIVAT)KONZERTE UND AKADEMIEN	26.3; erstes öffentliches Auftreten des »sechs-jährigen« Beethoven mit »verschiedenen Konzerten und Trios in Köln«		
REZEPTION			
FINANZEN			
VERLEGER, EDITIONEN			
ANDERE DATEN	Oktober: Christian Gottlob Neefe, Jurist und Musiker kommt nach Bonn	28.5. Antonie von Birkenstock geboren	In der Saison 1781/82 werden diverse Bühnenstücke u.a. mit der Musik von Gaßmann, Grétry, Neefe, Benda und Holzbauer aufgeführt. Anwartschaft Neefes auf die Hoforganistenstelle; Neefe »Lokaloberer« der Bonner Illuminaten; 16.3. Mozart nach Wien; Mozarts Violinsonaten op.2 ediert

MGGprisma I. Biographische Synopsis

	1782	1783	1784	1785
FAMILIEN- UND PERSÖNL. DATEN	Beethoven vertritt Neefe als Hoforganist ; (ca. 1782/83): Wegeler führt Beethoven im Hause Breuning ein; dort werden das literarische Interesse und die antike Orientierung Beethovens angeregt	Beethoven Cembalist im Orchester; 16.8. Bruder Franz Georg †	Beethoven 2. Hoforganist (bis 1792); Bittschrift: Zulage verweigert; Beherztheit der Mutter angesichts des Hochwassers; Minister Kaspar Anton Frhr. Belderbusch †	Violinunterricht bei Franz Ries
KRANKHEITEN				
WOHNUNGEN	Fischersches Haus, Rheingasse 934	Fischersches Haus, Rheingasse 934	Fischersches Haus, Rheingasse 934	Kurzzeitiger Auszug und Rückkehr in das Fischersche Haus, Rheingasse 934
FREUNDE, BEKANNTE, SCHÜLER	F. G. Wegeler ; Marie Helene von Breuning; E. und St. von Breuning; Beethoven: Klavierunterricht für die Kinder Breuning	F. G. Wegeler ; Marie Helene von Breuning; E. und St. von Breuning; Beethoven: Klavierunterricht für die Kinder Breuning	F. G. Wegeler ; Marie Helene von Breuning; E. und St. von Breuning; Beethoven: Klavierunterricht für die Kinder Breuning	F. G. Wegeler; Marie Helene von Breuning; E. und St. von Breuning; Beethoven: Klavierunterricht für die Kinder Breuning; Anton Reicha
BRIEFE AN/VON kursiv: [auch] Brief[e] an Beethoven; kursiv-halbfett: Brief[e] nach Zahl und/oder Bedeutung hervorzuheben		Widmung WoO 47 an Kurfürst Maximilian Friedrich	Bittschrift an Kurfürst Maximilian Friedrich	
BESUCHER				
REISEN, »SOMMERFRISCHE«		Okt. oder Nov.: Reise mit der Mutter nach Rotterdam		
REISEPLÄNE		»Dieses junge Genie verdiente Unterstützung, daß es reisen könnte. Er würde gewiß ein zweyter Wolfgang Amadeus Mozart werden wenn er so forschritte wie er angefangen.« (Neefe)		
KOMPOSITIONEN	WoO 63, WoO 108	WoO 47, WoO 48, WoO 31, WoO 107	WoO 4, WoO 49, WoO 108	WoO 36, WoO 52/1
SKIZZENBÜCHER		›Fischhof Miscellany‹ (s. Lit. D. Johnson E.IV,3,c.α)	›Fischhof Miscellany‹	›Fischhof Miscellany‹
(PRIVAT)KONZERTE UND AKADEMIEN		23.11. Beethoven konzertiert mit dem Orchester des Prinzen Wilhelm V. von Oranien-Nassau und		Beethoven wirft den »sehr tonfesten Sänger Heller [...] durch Ausweichungen im Accompagnement, ungeachtet

REZEPTION	Carl Stamitz im »Stadhouderlijk Kwartier« am »Binnenhof« im Haag	2. 3. Neefe über Beethoven in Cramers Magazin der Musik: »Er spielt sehr fertig und mit Kraft das Clavier, liest sehr gut vom Blatt, und um alles in einem zu sagen: Er spielt größtentheils das wohltemperierte Clavier von Sebastian Bach [...] Dieses junge Genie [...].«		Beethoven den vom Sänger anzuhaltenden Ton mit d. kleinen Finger fortdauernd oben anschlug, so aus dem Ton [...], daß er den Schlußfall nicht mehr finden konnte.« (Wegeler) Bonner Musikalienanzeiger: »3 neue Sinfonien von Haydn, 6 Quatuors von Pleyel, von Mozart«
FINANZEN		Beethoven erhält für das Konzert in den Haag (23. 11. 1783) 63 florin (fl.)	Beethoven erhält als 2. Hoforganist 150 fl. (= 100 Taler)	
VERLEGER, EDITIONEN	Beethovens 9 Variationen für Klavier, WoO 63, erscheinen bei Goetz in Mannheim	Beethovens 3 Klaviersonaten WoO 47 erscheinen bei Bossler, Speyer (Notiz Beethovens auf seinem Handexemplar: »Diese Sonaten und die Variationen von Dressler sind meine ersten Werke«, WoO 107 erscheint bei Bossler, Speyer	WoO 108 erscheint bei Bossler, Speyer Rekonstruktion von op. 4 von Willy Hess (1961 Alkor-Verlag)	
ANDERE DATEN	Neefe reist mit der Großmannschen Gesellschaft nach Münster; Mozart jeden Sonntag 12–14 Uhr bei Baron van Swieten, wo nur Händel und Bach gesungen werden	Die Saison (1782/83) bringt u. a. Bühnenstücke mit der Musik von Piccinni, Grétry, J. A. Hiller, Salieri, Cimarosa, Mozart und Anfossi zu Gehör. Die musikalische Bibliothek des Bonner Hofkammerrats Mastiaux enthält u. a. 80 Sinfonien, 30 Quartette, 40 Trios von Haydn, Mozart weiter zu van Swieten	15.4. Kurfürst Maximilian Friedrich †, sein Nachfolger: Maximilian Franz: »der Hang zur Musik breitet sich »in der Residenz unseres erlabenen Kurfürsten Maximilian Franz [...] immer mehr und mehr aus, »der Geschmack verfeinert sich täglich mehr« (Beiträge zur Ausbreitung nützlicher Kenntnisse vom 20. 8.); Hochwasser in Bonn	Anton Reicha nach Bonn: Verbot des Illuminaten-Bundes

	1786	1787	1788	1789
FAMILIEN- UND PERSÖNL. DATEN	5. 5. Taufe der Schwester Maria Margarete Josepha; Violinunterricht bei Franz Ries	Orgel – und Klavierphantasien in Augsburg. Unterricht bei Mozart in Wien /Vorspiel bei Mozart[?]; 17. 7. Mutter †; 26. 11. Schwester Maria Margarete Josepha †	Beethovens Gesuch um Gehaltserhöhung wird vom Kurfürsten Maximilian Franz abgeschlagen; Bratschist am Hoftheater und in der Hofkapelle Bonn	20. 11. Beethovens Vater vom Dienst suspendiert; 14. 5. Beethoven mit K. von Kügelgen und A. Reicha an der Univ. Bonn immatrikuliert; Bratschist am Hoftheater und in der Hofkapelle Bonn; Beethoven muß die »beiden jüngeren Brüder kleiden, nähren und unterrichten lassen«
KRANKHEITEN		Fieber; »Engbrüstigkeit«; »Melankolie«		
WOHNUNGEN	Fischersches Haus, Rheingasse 934	Fischersches Haus, Rheingasse 934	15. 5. Umzug in die Wenzelgasse 476	Wenzelgasse 476
FREUNDE, BEKANNTE, SCHÜLER	F. G. Wegeler; Marie Helene von Breuning, E. und St. Breuning; Beethoven: Klavierunterricht für der Kinder Breuning; Anton Reicha	F. G. Wegeler ; Marie Helene von Breuning; E. und St. Breuning; Beethoven: Klavierunterricht für die Kinder Breuning; Anton Reicha; Bekanntschaft mit der Familie des Klavierbauers Joh. Andreas Stein in Augsburg; die Tochter Maria Anna (Annette) Stein, die spätere Frau Streicher und Beethovens ›Haushalts-Fee‹	Familie von Breuning	Familie von Breuning; Zwillinge G. und K. von Kügelgen; A. Reicha; Jeanette d'Honrath; M. Willmann; laut Reicha waren damals er und Beethoven »wie Orestes und Pylades verbündet«
BRIEFE AN / VON kursiv: [auch] Brief[e] an Beethoven; kursiv-halbfett: Brief[e] nach Zahl und/oder Bedeutung hervorzuheben		15. 9. Brief an Jos. Wilh. Schaden in Augsburg: Reise-, Krankheits- und Todesbericht (Tod der Mutter)		
BESUCHER				
REISEN, »SOMMERFRISCHE«		März /April: in Wien nur ca. 7.–25. April; eilige Rückreise wegen Krankheit der Mutter; Zwischenstation in München 25. April, Augsburg 26. April		
REISEPLÄNE	Wien ?		Wien ?	Wien ?
KOMPOSITIONEN	WoO 37 Hess 13	op. 19 (? 1. Version) WoO 37	op. 19 (1. Version)	

SKIZZENBÜCHER	›Fischhof Miscellany‹; ›Kafka Miscellany‹ (s. Lit. J. Kerman und A. Tyson C.II.)	›Fischhof Miscellany‹; ›Kafka Miscellany‹	›Fischhof Miscellany‹; ›Kafka Miscellany‹	›Fischhof Miscellany‹; ›Kafka Miscellany‹
(PRIVAT-)KONZERTE UND AKADEMIEN	8. 4. bei Hofe wird Haydns Komposition Die Sieben letzten Worte unseres Erlösers am Kreuze aufgeführt			
REZEPTION				»Ich spiele nun mit dem jungen Beethoven, der ein vortreffliches Talent besitzt, wechselweise die Orgel« (Neefe)
FINANZEN				»Demnach Se kurfürstl. Dchlt. [...] mithin mildest verordnen, daß demselben [Joh. van Beethoven] begehrter maßen nur ein hundert Rthlr. von seinem bisherigen jährlichen Gehalt künftig, und zwar im Anfang des eintretenden neuen Jahres, ausgezahlt werden, das andere 100 Thlr aber, seinem supplicirenden Sohn nebst dem bereits genießenden Gehalt [...] zugelegt sey, ihm auch das Korn zu 3 Mltr. jährlichs, für d. Erziehung seiner Geschwistrigen, abgereicht werden soll«
VERLEGER, EDITIONEN		op. 19 durchlief über mehrere Stadien eine Entwicklung, die bis 1801 reicht und mehrere Stationen (Revisionen) übergreift. Die erste Kadenz zum 1. Satz entstand 1809		
ANDERE DATEN	20. 11. Gründung der Universität Bonn; Baron van Swieten gründet in Wien die Gesellschaft der associirten Cavalire	Gründung der Lesegesellschaft in Bonn, viele ihrer Mitglieder sind Illuminaten; Graf Waldstein tritt in den Deutschen Orden ein. Franz Gerhard Wegeler kommt nach Wien. Die 2. Fassung von Goethes Werther erscheint	Ferdinand Ernst Graf von Waldstein übersiedelt nach Bonn; Graf Waldstein Direktor der Lesegesellschaft	in Bonn u. a. Mozarts Entführung aus dem Serail aufgeführt; Franz Gerhard Wegeler aus Wien zurück

MGGprisma I. Biographische Synopsis

	1790	1791	1792	1793
FAMILIEN- UND PERSÖNL. DATEN	Beethoven muß die »beiden jüngeren Brüder kleiden, nähren und unterrichten lassen«	Beethoven muß die »beiden jüngeren Brüder kleiden, nähren und unterrichten lassen«	18. 12. Beethovens Vater †; Beethoven muß die »beiden jüngeren Brüder kleiden, nähren und unterrichten lassen«	Zmeskall führt Beethoven bei Haydn ein (?); Unterricht bei Haydn; im ›Hintergrund‹ Unterricht bei Schenk
KRANKHEITEN				
WOHNUNGEN	Wenzelgasse 476	Wenzelgasse 476	November: Wien, Alstergasse, Vorstadt Alsergrund 45 (Dachstube bald Umzug ins Erdgeschoß)	Alstergasse, Alsergrund 45 (Erdgeschoß)
FREUNDE, BEKANNTE, SCHÜLER	25. 12. Beethoven trifft Haydn in Bonn(-Bad Godesberg) und legt ihm eine Kantate vor; Familie von Breuning; Beethoven gibt im Breuning-Kreis Klavierunterricht (Geburtstagsgedicht E. von Breunings für ihren Freund und Lehrer Beethoven); Simonetti; J. Lux; Wilhelmine von Westerholt	Helene von Breuning; Eleonore von Breuning; Bartholomäus Fischenich; Beethoven gibt im Breuning-Kreis Klavierunterricht; 2 Stammbuchblätter Beethovens, dediziert E. von Breuning; B. Koch	F. G. Wegeler; M. und M. Koch; E. und St. von Breuning; J. M. Degenhart; Carl August Malchus; J. J. Eichhoff; I. H. Crevelt; Fürst Carl von Lichnowsky; Fürstin Marie-Christine Lichnowsky; B. Koch	H. von Breuning; E. von Breuning; B. Fischenich; F. Ries quittiert das Bonner Gehalt Beethovens und leitet es weiter
BRIEFE AN/VON *kursiv: [auch] Brief[e] an Beethoven; kursiv-halbfett: Brief[e] nach Zahl und/oder Bedeutung hervorzuheben*			*zwischen Ende Okt. 92 und 26. Okt. 93 an Neefe: »Werde ich einst ein großer Mann, so haben auch Sie Theil daran«; Kurfürst Maximilian; E. von Breuning; St. von Breuning; N. Zmeskall; F. B. Schenk; Artaria*	*N. Simrock; N. Zmeskall; G. van Swieten; El. Breuning 1792/93; Beethoven steht mit Bonner Jugendfreunden wie Degenhart, Malchus und Ries im Briefverkehr. Diese Briefe sind offenbar verloren.*
BESUCHER				
REISEN, »SOMMERFRISCHE«	Reise nach Münster zu Familie Westerholt (?)	Anfang Sept. bis Ende Okt. mit der Bonner Hofkapelle nach Bad Mergentheim; trifft in Aschaffenburg Sterkel	2. oder 3. Nov. Abreise nach Wien, Ankunft spätestens 10. Nov.; Route: Remagen, Andernach, Koblenz, Montabaur, Limburg, Würges [Wirges], Nürnberg, Regensburg, Passau, Linz	19. 6. Abreise nach Eisenstadt
REISEPLÄNE	Wien ?	Wien ?		
KOMPOSITIONEN	op. 2/1 (?), 25, 39 (?) WoO 50 (~92?), 65 (1. Version), 87, 88, 109 (?), 110 (?) Hess 33 (bis 1792?)	op. 25 WoO 1, 5, 38, 64, 67 (ca.), 92, 111 (?)	op. 44 (?), 52/2 WoO 25, 26, 66, 112 (?), 114, 115, 117 Hess 12	Ansatz z. op. 1/1 (Es-Dur), 19 (Rev. m. WoO 6 als Finale), WoO 25, op. 103 (Rev.), WoO 6 (Rev. ?)

SKIZZENBÜCHER	›Fischhof Miscellany‹; ›Kafka Miscellany‹	›Kafka Miscellany‹	›Kafka Miscellany‹; Wien A 11 (?), Wien A 65, A 83; Paris Ms. 87	›Fischhof Miscellany‹; ›Kafka Miscellany‹; ›; Wien A 65, A 83; A 31 (-1796); Bonn, Skizzen Beethoven-Haus 609 (1795?); Paris Ms. 87, 79 (-1796); Moskau SV 344
(PRIVAT)KONZERTE UND AKADEMIEN		6. 3. WoO 1; Auff. von WoO 87 abgesetzt; Beethoven improvisiert in Aschaffenburg im Stile Sterkels – ganz gegen sein ansonsten zu dieser Zeit ›hartes‹ Klavierspiel; Juli: Beethoven spielt op. 19(?)		op. 1/1, Es-Dur(?) [Ende 1793, vor Haydns Abreise nach London?]
REZEPTION		»ich hörte einen der größten Spieler auf dem Clavier, den lieben guten Bethofen [...] Man kann die Virtuosengröße dieses [...] Mannes sicher berechnen nach dem beinahe unerschöpflichen Reichthum seiner Ideen [...]. Bethofen ist [...] ein so guter Adagio- als Allegrospieler« (C. L. Junker in: Boßlers Musikalische Korrespondenz vom 30. 11.)	Gothaer Theaterkalender zu Beethovens Ritterballett [WoO 1]: »Am Fastnachtssonntage [6. März 1791] führte der hiesige Adel auf dem Redoutensaale ein charakteristisches Ballet in altdeutscher Tracht auf. Der Erfinder desselben, Se. Excellenz der Herr Graf von Waldstein, dem Komposition des Tanzes und der Musik zur Ehre gereichen [...]«	26. 1. Fischenich an Charlotte von Schiller: »Ich lege Ihnen eine Composition der Feuerfarbe bei. Sie ist von einem hiesigen jungen Mann [Beethoven], dessen musikalische Talente allgemein angerühmt werden, und den nun der Churfürst nach Wien zu Haydn geschickt hat. Er wird auch Schillers Freude [...] bearbeiten. Ich erwarte etwas vollkommenes, denn [..] [er] ist ganz für das Große und Erhabene«; 26. 10. »unstreitig jetzt einer der ersten Clavierspieler«; W. Gardiners bestimmender Eindruck durch op. 3
FINANZEN	Beethoven erhält die Hälfte von seines Vaters Gehalt für den Unterhalt der Familie. Auf Bitten des Vaters willigt er ein, daß dieser ihm die »Rtlr.« »quartaliter« gebe.	Beethoven erhält die Hälfte von seines Vaters Gehalt für den Unterhalt der Familie. Auf Bitten des Vaters willigt er ein, daß dieser ihm die »Rtlr.« »quartaliter« gebe.	Beethoven erhält die Hälfte von seines Vaters Gehalt für den Unterhalt der Familie. Auf Bitten des Vaters willigt er ein, daß dieser ihm die »Rtlr.« »quartaliter« gebe. Wien: »in Bonn verließ ich mich darauf, ich würde hier 100 dukaten empfangen, aber umsonst. ich muß mich völlig neu equipiren«	Beethoven bezieht das Bonner Gehalt in vierteljährlichen Raten von 50 Talern bis März 1794 weiter. Vermittler ist F. Ries. Gleichwohl schuldet er Haydn 500 fl.

MGGprisma I. Biographische Synopsis

(FORTSETZUNG)	1790	1791	1792	1793
VERLEGER, EDITIONEN		Zu WoO 5 existieren 3 ergänzte Versionen (Suppl. zur GA, Bd. 3, 1959)	Oboenkonzert in F-Dur (Hess 12) verschollen. Es befand sich 1865 im Besitz d. Verlegers Diabelli	WoO 6, das ursprüngliche Rondo-Finale zu op. 19, wurde 1829 von Diabelli ediert mit Ergänzung des Soloparts von C. Czerny
ANDERE DATEN	30. 9. Leopold II. Kaiser; 9. 10. Krönung; in Bonn Le nozze di Figaro und Don Giovanni aufgeführt; 25./26. 12. Solomon und Haydn treffen auf dem Wege nach London in Bonn auch Beethoven; »Die Stärke d. hiesigen Theaters besteht in der Oper« (Berliner Annalen des Theaters, Brief vom 3. 3.)	Kaiser Joseph II. †; 5. 12. Mozart †; in Bonn am Theater: Mozarts Entführung und Werke von Dittersdorf, Paisiello u.a. aufgeführt; der »Jakobiner« Eulogius Schneider muß Bonn verlassen	24. 7. Haydn aus England zurück, Stop in Bonn; französische Truppen nehmen Mainz; 22. 10. Kurfürst Maximilian Franz verläßt Bonn vorübergehend; in Österreich 1794–1797 Prozeß gegen die »Verschwörung der Freien und Gleichen«; Dittersdorfs Singspiel Das rote Käppchen im Februar in Bonn aufgeführt	Beethoven um ein gutes Verhältnis zu seinem Lehrer bemüht. Er kauft für Haydn und sich Kaffee und Schokolade; Musikverlag Simrock gegründet

	1794	1795	1796	1797
FAMILIEN- UND PERSÖNL. DATEN	Unterricht bei Albrechtsberger, Violinunterricht bei Schupanzigh (jeweils dreimal wöchentlich); Bruder Kaspar Karl übersiedelt nach Wien; Magdalena Willmann weist Beethovens Heiratsantrag zurück	Juli (?): Ende der Studien bei Albrechtsberger; Dez.: Bruder Johann übersiedelt nach Wien	19. 2. Brief Beethovens an Bruder Johann aus Prag	Anerkennung der »Dienste« für die »musikalische Wittwen und Waisen Gesellschaft«; Beethoven: »Muth! Auch bei allen Schwächen des Körpers soll doch mein Geist herrschen«
KRANKHEITEN			schwere Erkrankung nach der Berlin-Reise; Beginn des Gehörleidens (?)	Beginn des Gehörleidens
WOHNUNGEN	Alstergasse, Alsergrund 45 (danach Gast bei Fürst Lichnowskys im 1. Stock)	vor Mai: Alstergasse, Vorstadt Alsergrund 45; Frühjahr: Ogilvysches Freyhaus, Kreuzgasse, Innere Stadt 35	noch Gast Lichnowskys (?); keine Wohnung bekannt	keine Wohnung bekannt

FREUNDE, BEKANNTE, SCHÜLER	15.12. van Swieten Einladung: »Mit der Schlafhaube im Sack«; Gräfin Thun; Wegeler; M. Willmann; Zmeskall; Raphael Kiesewetter; Lichnowsky; J.M.-Vogel; Joh. B. von Häring; S›ein; Ries quittiert das Bonner Gehalt Beethovens und leitet es weiter; Schuppanzigh	Wegeler; W. Krumpholz; Zmeskall; Mme. Duschek; Kanka; M. Willmann; Schuppanzigh	Wegeler; Lichnowsky; Louis Ferdinand Prinz von Preußen; Himmel; Comtessen Thun; G. K. F. Freiherr Kübeck von Kübau; Josephine de Clari; Anna L. B. Keglevich (ab 1801 Fürstin Odescalchi); Schuppanzigh; Zmeskall	Willmann; Kübeck von Kübau; Graf von Browne-Camus; Christine Gerhardi; Schuppanzigh; Zmeskall
BRIEFE AN/VON *kursiv: [auch] Brief[e] an Beethoven; kursiv-halbfett: Brief[e] nach Zahl und/oder Bedeutung hervorzuheben*	Nikolaus Simrock; Nikolaus Zmeskall; Baron Gottfried van Swieten		F. G. Wegeler (?) [Wegelers Brief[e] an Beethoven aus dieser Zeit sind nicht erhalten]	Salieri/Wranitzky; Wegeler; Schuppanzigh; Albrechtsberger
BESUCHER			Gebr. Romberg und K. von Kügelgen; Kalkbrenner	
REISEN, »SOMMERFRISCHE«		Spätherbst: Gast Lichnowskys auf Schloß Graetz	Febr.–Juli Konzertreise: Februar bis ca. 22.4. in Prag; 23.4. bis 30.4./1.5. Dresden: 1./2.5. Leipzig; in Berlin Mai bis Anfang Juli; zurück nach Wien über Dresden	
REISEN, »SOMMERFRISCHE«			(dort 7.7.?); 17. bis 26.11. Preßburg und Budapest	
REISEPLÄNE	Plan, Beethoven möge Haydn auf seiner Englandreise begleiten (?)			
KOMPOSITIONEN	op.1, Nr.2 und 3; 2/1–3; 19 (Revision ?), 25, 87 WoO 116, 117 (Revision), 118 (?), 119 (?), 126 (?)	op. 2/1–3, 4, 15, 19, 46 (Revision ?) 81b, 87; WoO 7, 8, 28, 52, 68–70, 91; unvollendete Sinfonie in C-Dur	op. 5, 6, 7; 10/1, 16, 19 (?), 37 (erste Notierungen), 46, 65; 66 WoO 42, 43/4 und b, 44/a und b, 45, 53, 71	op. 6, 7, 8, 9/1–3; 10/2 und 3, 11, 12/2 und 3, 13 (?), 14/1, 49/1 WoO 53
SKIZZENBÜCHER	›Fischhof Miscellany‹, ›Ka?ka Miscellany‹; Aut. 19e; Wien A 11, A 35; Paris Ms. 70; Bonn, Skizzen Beethoven-Haus 609 (?), Mh 63	Wien A 11, A 35, A 75; ›Fischhof Miscellany‹, ›Kafka Miscellany‹; Paris Ms. 40, 61, 79; Bonn Mh 62, Mh 63, Bonn, Skizzen Beethoven-Haus 609, Bh 99, NE 91 und 96; Artaria 149; Wien A 64 (bis 1799); London (GB-Lbl) Add. 29997 (bis 1799); Bergamo, Donizetti Institut	›Fischhof Miscellany‹, Kafka Miscellany; Wien A 67; Bonn BMh 11 (bis 1798); Paris Ms. 83 (bis 1798); 79; Koblenz SV 330 (bis 1798)	›Fischhof Miscellany‹, Kafka Miscellany; Bonn NE und SHB 520; Paris Ms. 83; Grasnick 25

MGG**prisma** 1. Biographische Synopsis

	1794	1795	1796	1797
(FORTSETZUNG) (PRIVAT-)KONZERTE UND AKADEMIEN	Freitags: Musik bei Lichnowsky	Beethoven spielt in einem Konzert von Lobkowitz; 29. 3. erstes öffentliches Auftreten Beethovens in Wien mit op. 15 (op. 19 ?); 30. 3. Beethoven improvisiert im Konzert; 31. 3. Beethoven spielt ein Mozart-Konzert (in d ?); August: op. 1 bei Lichnowsky; Sept. / Okt.: Auff. von op. 2 vor Haydn in Lichnowsky-Konzert; 18. 12.- Beethoven spielt op. 15 (op. 19 ?)	8. 1. Beethoven führt ein Klavierkonzert auf; 11. 3. Konzert in Prag; 29. 4. Dresden: Beethoven spielt op. 2, improvisiert danach; 21. und 28. 6. Beethoven improvisiert in der Berliner Singakademie; spielt op. 5 mit J. L. Duport bei Hofe; konzertiert erneut Anfang Juli auf der Rückreise in Dresden (?); 23. 11. Beethoven spielt op. 15 in Preßburg (?) und 29. oder 30. 12. in Wien; Prag: op. 65 (UA)	Januar: Beethoven spielt in einem Konzert der Vettern Andreas und Bernhard Romberg; 6. 4. op. 16 UA; November: WoO 7 und 8; 23. 12. WoO 28
REZEPTION		Haydns Skepsis wegen der Rezeption von op. 1 / 3 (?); Streichquartettauftrag von Graf Apponyi; 1. 4. positiver Bericht über Beethovens op. 15 (19 ?); 122 Pränumeranden für op. 1 angezeigt	Beethovens Kammermusik insbes. bei den Wiener Verlegern gesucht; »Beethofen ein musikalisches Genie [...]. Er wird allgemein wegen seiner besonderen Geschwindigkeit und wegen den außerordentlichen Schwierigkeiten bewundert, welche er mit so vieler Leichtigkeit exequirt.« (Schönfelds Jahrbuch)	
FINANZEN	Beethoven bezieht das kurfürstliche Gehalt noch bis März		Beethoven erhält für sein Spiel in Dresden eine »goldene Tabatière, für Spiel und Kompositionen am kgl. Hofe zu Berlin eine mit Louis d'ors gefüllte Dose	Graf Browne schenkt Beethoven ein Reitpferd
VERLEGER, EDITIONEN		19. 5. Kontrakt mit Artaria über op. 1; Mai: Subskriptionseinladung für op. 1 in der Wiener Ztg.; Juli / Aug.: op. 1 ediert; op. 15 durchläuft (wie op. 19) eine über mehrere Stufen der Revision verlaufende Entwicklung bis zur Edition 1801 (Verlag Mollo, Wien); 2 Kadenzen entstanden 1809		

	1798	1799	1800	1801
ANDERE DATEN	Oktober: F. G. Wegeler flieht vor den französischen Truppen nach Wien; Lorenz von Breuning nach Wien; 19. 1. Haydn nach London; Waldstein Direktor der Lesegesellschaft; Magdalena Willmann kommt nach Wien; Ignaz Schuppanzigh Geiger im Quartett des Fürsten Lichnowsky (bis 1799)	W. Krumpholz kommt nach Wien; 2. 2. Jos. Waigls Ballett Richard Löwenherz erstmals in Wien aufgeführt; 27. 4. Wiederauff. von Umlaufs Die schöne Schusterin; das Ballett Le nozze disturbate zum ersten Mal in Wien aufgeführt; Ende (20. ?) Aug. Haydn zurück aus London; 22. 11. Maskenball der Ges. der bildenden Künstler	31. Mai: Wegeler reist nach Bonn ab; Napoleons Siege bei Montenotte, Millesimo, Mondovi, Lodi, Castiglione, Arcole; 23. 9. Wranitzkys Ballett Das Waldmädchen erstmals in Wien aufgeführt; Giuseppe Carpani (bis 1798 ?) in Wien	Oktober: Abreise Lenz von Breuning; Napoleons Vormarsch auf Wien; 26. 11. Maskenball der Ges. der bildenden Künstler
FAMILIEN- UND PERSÖNL. DATEN	Unterricht bei Salieri	Unterricht bei Salieri; Beethoven sendet Amenda die 2. Version des Streichquartetts op. 18/1	Unterricht bei Salieri	Unterricht bei Salieri ; Karl van Beethoven ›Sekretär‹ Beethovens; April: Beethoven subskribiert J. S. Bachs Werke; Unterricht von und Liebe zu Giulietta Guicciardi; Akademie abgelehnt
KRANKHEITEN	Beginn des Gehörleidens	Beginn des Gehörleidens	sich verstärkende Gehörschwäche	Gehörschwäche; Koliken
WOHNUNGEN	keine Wohnung bekannt	etwa ab Mai: Petersplatz, Innere Stadt (?); Spätsommer »einige Tage« in Mödling	Greinersches Haus, Tiefer Graben, Innere Stadt 241	Greinersches Haus, Tiefer Graben, Innere Stadt 241; Hambergersches Haus, Wasserkunstbastei, Innere Stadt 1275
FREUNDE, BEKANNTE, SCHÜLER	Lorenz von Breuning †; Carl Amenda; Graf und Gräfin von Browne; General Bernadotte; Schuppanzigh; Zmeskall	Amenda; Schuppanzigh; Beginn Klavierunterricht Jos. Deym; Therese Brunsvik; Schuppanzigh; Zmeskall	Mai: Gast der Brunsviks in Martonvásár; Klavierunterricht Carl Czerny; I. von Seyfried; Graf und Gräfin von Browne; Jos. von Sonnenfels; J. N. E. Dolezalek; Schuppanzigh; Zmeskall	Beethoven erneut bei den Brunsviks?; Wegeler; Amenda; Guicciardi; Kübeck von Kübau; Seyfried; Fürstin Odescalchi; Klavierunterricht Ries (bis 1802); von Sonnenfels; van Swieten; Schuppanzigh; Zmeskall; S. Viganò (?)

MGGprisma   I. Biographische Synopsis

(FORTSETZUNG)	1798	1799	1800	1801
BRIEFE AN / VON kursiv: [auch] Brief[e] an Beethoven; kursiv-halbfett: Brief[e] nach Zahl und/oder Bedeutung hervorzuheben	Joh. G. von Browne-Camus; J. L. Dupor; Zmeskall; Christine Gerhardi	Zmeskall; Amenda	K. K. Hoftheaterdirektion; Zmeskall; Friedrich von Matthisson; Amenda; F. A. Hoffmeister; Schuppanzigh; Brüder Wranitzky; Süßmayr	F. G. Wegeler und C. Amenda; F. A. Hoffmeister; Zmeskall; Breitkopf & Härtel [= B&H]; Chr. Frank-Gerhardi; Schuppanzigh; Brüder Wranitzky; Süßmayr
BESUCHER	Beethoven lernt J. Kreutzer kennen; H.Mylich (?); Bernadotte	Dragonetti; J. B. Cramer		F. A. Hoffmeister; C. F. Eberl
REISEN, »SOMMERFRISCHE«	Oktober: Beethoven reist nach Prag	Einladung nach »möthling auf's Land«	Mai (bis Juli?): Budapest; in Martonvásár Gast der Brunsviks; Sommer: Unterdöbling	Hetzendorf
REISEPLÄNE		Einladung zu einer Reise nach Polen		
KOMPOSITIONEN	op.13, 9/1–3, 10/1–3, 11, 12/2 und 3, 14/1, 19, 18/3 (Revision), 20, 48 (wenige frühe Skizzen) WoO 81 (Revision), 11	op.13, 18/1, 18/2, 18/3, 18/4, 18/5, 20, 21, 37 WoO 73, 74	op.15 (Revision), 17, 18/1 (Revision), 18/2 (Revision), 18/6, 22, 23, 24, 34, 36, 37, 43, 44 (?), 51/2 WoO 77, 81	op.19, 23, 25, 26, 27/2, 28, 29, 36, 40 (?), 43, 121a
SKIZZENBÜCHER	Beethoven benutzt fortan Skizzenbücher anstelle einzelner Blätter, wie in »Fischhof Miscellany« und »Kafka Miscellany«: Grasnick 1; Bonn, Skizzen Beethoven-Haus 520; US-Wc; S-Skma, SV 375	Grasnick 1; Grasnick 2	Autogr. 19c; Landsberg 7; Toscanini (SV 359)	Landsberg 7; Sauer; Kessler (Wien A 34); Bonn, Skizzen Beethoven-Haus 524
(PRIVAT)KONZERTE UND AKADEMIEN	Konzerte in Prag (?): 29. 3. Beethoven spielt mit Schuppanzigh eine Sonate aus op.12; 2. 4. op.16; Okt.: op.15 und 19 in mehreren Konzerten in Prag; 27. 10. im Konzert Schikaneders (op. 19 ?)	Beethoven spielt bei Zmeskall zu Amendas Abschied; 20. 12. op.20 in Schuppanzighs Konzert bei dem Hofraiteur Jahn im Augarten	2. 4. Beethovens 1. Benefizkonzert: op.15 (2. Version), 20 und 21 (UA); Beethoven spielt in Prag op.15; 18. 4. mit Stich [Punto] op.17 (UA); 7. 5. op.17 mit Stich; 9. 12. Hauskonzert bei Jos. Deym (op.5, 12/2, 18); Prag: op.5	30. 1. Beethoven und Stich op.17; 28. 3. op.43; Frühjahr: Hauskonzert bei Jos. Deym; 15. 8. musikalische Einladung bei Beethoven
REZEPTION	op.10: Beethoven »ein Mann von Genie«, »viel Lobes werth«, »gute Erfindung, ernster männlicher Styl«, aber: »wilde aufeinandergehäufte Gedanken, »bizarre Manier«, mehr »Oekonomie« empfohlen (AmZ);	WoO 73: »Mit diesen [Variationen] kann man nun gar nicht zufrieden seyn. Wie sind sie steif und gesucht und welche unangenehme Stellen darin, wo harte Tiraden in fortlaufenden halben Tönen gegen den Baß ein häßliches	op.13: das pathetische »Hauptgefühl durchgehalten, »Einheit und inneres Leben«, zu viel »Reminiszenz« im Rondothema (AmZ) 4. 8. Beethoven sendet Matthison Kopie von Adelaide	»Die Fortepianospieler wagen sich gern an Beethoven und scheuen weder Zeit noch Mühe, um sich durch seine Schwierigkeiten hindurchzuarbeiten« (Brief aus Breslau)

op. 16: »Den 2ten Tag hat H. von Behoven ein Quintett produziert und sich dabey auf dem Pianoforte auch durch fantasiren ausgezeichnet« (Sitzungsprotokoll der Tonkünstlerges. zum Besten der Witwen und Waisen vom 10.5.)	Verhältnis machen und umgekehrt« (AmZ); op. 12: »keine Natur, kein Gesang« (AmZ); op. 10: »Phantasie, Ideenfülle, zunehmende Ökonomie: wachsendes Verstehen der Rezensenten (AmZ); op. 11: zu »gesucht«, »zu wenig »natürlich« (AmZ)			op. 43: »Auch die Musik entsprach der Erwartung nicht ganz. [...] Daß er [...] für ein Ballet zu gelehrt und mit zu weniger Rücksicht auf den Tanz schrieb, ist wohl keinem Zweifel unterworfen.« (Ztg. für die elegante Welt) (1801 / 02: op. 43 23mal aufgeführt)

FINANZEN	März: Kontrakt über op. 9; 23.12. Beethoven erhält für op. 9 25 Dukaten (#)	14.10. Beethoven quittiert 200 Gulden, gezahlt von Lobkowitz für die Quartette op. 18/1–3	Fürst Lichnowsky zahlt 600 fl. Jahresgehalt für Beethoven; 18.10. Beethoven quittiert 200 Gulden, gezahlt von Lobkowitz für die Quartette op. 18/4–6	600 fl. Jahresgehalt von Fürst K. Lichnowsky

VERLEGER, EDITIONEN	Publikationsankündigung für op. 9, 66, 10, 11	Publikationsankündigung für op. 14 und WoO 75	Publikationsankündigung	15.12. Beethovens Brief an Hoffmeister, Lpz., mit dem Diktum über das »obligate accompagnement«. Die Solopartie des Partiturautographs op. 15 ist unvollständig; eine Kadenz zum 1. Satz 1809	Nägeli beginnt Musikalische Kunstwerke der strengen Schreibart; Beethoven an B&H über »Musikalische Politik«, die besten Konzerte zurückzuhalten; an Hoffmeister über Partitur, noch ohne Solostimme; für Arrangement von op. 29; Publikationsankündigung für op. 15, 16, 17, 18/4–6, 23, 24

ANDERE DATEN	Carl Amenda mit dem Gitarristen Mylich nach Wien; 10.4. Lorenz von Breuning †; 29./30.4. Haydns Schöpfung (UA); 5.2. General Bernadotte in Wien; erste Nr. der Leipziger AmZ erscheint; 23.7. Antonie von Birkenstock heiratet Franz Brentano; Paër in Wien [–1802]	J. W. Stich (Punto) nach Wien; 3.1. erste Auff. von Salieris Falstaff; 12.3 Beginn des 2. Koalitionskrieges; Sept.: F. X. Süßmayers Oper Soliman oder die 3 Sultaninnen in Wien erstmals aufgeführt; Okt. (?): Amand nach Kurland zurück; 9.11. Napoleon Erster Konsul; Wenzel Schlemmer beginnt für Beethoven als Kopist zu arbeiten	Carl Czerny kommt nach Wien; F. A. Hoffmeister eröffnet in Leipzig den Verlag Hoffmeister & Kühnel; 25.12. Österreich und Frankreich: Waffenstillstand	St. von Breuning nach Wien zurück; Kurfürst Maximilian Franz †; F. Ries nach Wien; Unterricht bei Albrechtsberger (?); 23.4. Verbot aller Geheimgesellschaften; 24.4. Haydns Jahreszeiten (UA); 15.7. Konkordat Napoleons mit Papst Pius VII.; Juni: Theater an der Wien eröffnet	

	1802	1803	1804	1805
FAMILIEN- UND PERSÖNL. DATEN	6. und 10.›Heiligenstädter Testament‹; 1802 (bis 1806) Karl van Beethoven führt für Ludwig teilweise die Verlagskorrespondenz	Érard schenkt Beethoven einen Flügel (bis c⁴); Beethoven erbittet bei J. Deym Hilfe für Bruder Karl; Beethoven schenkt Bruder Johann 8 ältere Lieder (op. 52)	Streit mit St. von Breuning; Beschwerde über Qualität der Dienstwohnung	Beethovens »Lobkowitzscher Esel« wegen des fehlenden 3. Fagotts im Fidelio
KRANKHEITEN	Gehörschwäche; Abdominalprobleme	Beethoven kurz erkrankt: »ein Tüchtiges Fieber«	Beethoven schwer und langwierig erkrankt, Breuning pflegt ihn	Kolikschmerzen »meine Gewöhnliche Krankheit«
WOHNUNGEN	Hambergersches Haus, Wasserkunstbastei, Innere Stadt 1275; Am Peter 649	Am Peter 649; Theater an der Wien, Vorstadt Laimgrube 26 (Dienstwohnung als Komponist des Theaters an der Wien)	Theater an der Wien, Vorstadt Laimgrube 26; Rothes Haus, Vorstadt Alsergrund, am Glacis 173; Pasqualati-Haus, Mölker Bastei, Innere Stadt 1239	Theater an der Wien, Vorstadt Laimgrube 26; Rothes Haus, Vorstadt Alsergrund, am Glacis 173; Pasqualati-Haus, Mölker Bastei, Innere Stadt 1239
FREUNDE, BEKANNTE, SCHÜLER	C. Czerny; A. Reicha; E. A. Förster; K. und M. Lichnowsky; Ries; Seyfried; Graf und Gräfin von Browne; Schuppanzigh; Zmeskall	Beginn Kompositionsunterricht für Erzherzog Rudolph; unterrichtet weiter Jos. Deym; St. von Breuning; Seyfried; Ries; Schikaneder; Maria Erdödy; Graf und Gräfin von Browne; Schuppanzigh; Zmeskall	unterrichtet weiter Jos. Deym; Zmeskall; Seyfried; Schuppanzigh	Jos. Deym (Widmung von op. 32); Schuppanzigh; Zmeskall
BRIEFE AN / VON *kursiv: [auch] Brief[e] an Beethoven; kursiv-halbfett: Brief[e] nach Zahl und / oder Bedeutung hervorzuheben*	Gräfin Guicciardi; B & H; Hoffmeister & Co.; AmZ; Hoffmeister & Kühnel; Chr. Frank-Gerhardi; Ries; Zmeskall	B & H; Ries; Seyfried; Simrock; Brüdgtower; Hoffmeister; G. Thomson; Hoffmeister & Kühnel; A. Macco	Fr. Rochlitz; Sonnleithner; Thomson; Ries; G. Wiedebein; B & H; F. J. M. Lobkowitz; Simrock; St. von Breuning; Jos. Deym; W. J. Mähler; Zmeskall; J. A. Schmidt	B & H; Jos. Deym; Ries; Artaria & Comp.; Zmeskall; Simrock; F. S. Mayer; B. Gebauer; Sonnleithner; Lobkowitz; Jos. Sophie von Lichtenstein; St. von Breuning (?)
BESUCHER	A. Reicha; J Jakesch; A. Walter; »ein fremder Franzose«	St. von Breuning führt den Maler Mähler bei Beethoven ein; Kalkbrenner	Louis Ferdinand Prinz von Preußen; Kalkbrenner	I. J. und Camille Pleyel; Juli: Cherubini; Baillot
REISEN, »SOMMERFRISCHE«	Bad Pistyan (Kur); Heiligenstadt; Besuche in Jedlesee (Palais Erdödy)	Baden; Oberdöbling (»Eroicahaus«)	6.-24. 7. Baden; Oberdöbling	Sommer: Hetzendorf
REISEPLÄNE	Konzerteinladung nach Leipzig (?)	Pläne für Übersiedelung nach Paris	Pläne für Übersiedelung nach Paris; Reise nach Prag	nach England, Spanien –»falls ich von Deutschland auswandere«
KOMPOSITIONEN	op. 30/1-3, 31/1-3, 33, 34, 35, 36, 37 (Revision 1. Satz),	op. 34, 35, 45, 47, 53, 56, 85, op. 55 und 37 vollendet, op. 67 und 68	Fidelio in Arbeit; op. 32, 54, 56, 85; op. 67 und 58 (frühe Skizzen)	op. 56, 57, 58, 72 (1. Version); Auftrag für op. 59 (Notiz Karl van

		48, 55 (1. Skizze), 116; ein Concertante (Fragment)	(erste Ideen) WoO 57; Opernplan *Vestas Feuer*; Thomson fragt wegen 6 Sonaten mit schottischen Themen an	Beethovens über Beethovens Entscheidung für die Expositionswiederholung in op. 55
SKIZZENBÜCHER	Kessler (Wien A 34); Wielhorsky; Landsberg 7; Landsberg 12		Wielhorsky Skb; Landsberg 6 (Herbst/Winter: *Vestas Feuer* begonnen)	Mendelssohn 15; Landsberg 6
(PRIVAT)KONZERTE UND AKADEMIEN	April: Verweigerung eines Benefizkonzerts für Beethoven	24. 5. Beethoven und Bridgetower spielen im Lobkowitz-Palais u.a. op. 47 (UA); 5. 4. Benefizkonzert Beethovens: op. 21, 85 (UA), 36 (UA), 37 (UA); 4. 8. 2. Auff. op. 85	vor 9. Juni: op. 55 und 56, Probeauff. im Palais Lobkowitz; 19. oder 26. 7. op. 37 mit Ries als Solist; Winter: Hauskonzerte bei Jos. Deym; Quartettabende Schuppanzighs Winter 1804/05	20. Jan. 1805: halböffentliche Erstaufführung von op. 55 im Würthschen Konzert; 23. 1. op. 55 und op. 16 im Palais Lobkowitz; 7. 4. Akademie Clementis mit op. 55: 20, 21, 22. 11. op. 72
REZEPTION	op. 23 und 24: »strenge Ordnung, Klarheit«, heiter ohne flach: zu sein (AmZ); op. 26 (mit 27): »Das sind drey Kompositionen [...], womit Herr v. Beethoven vor kurzem die auserlesenen Sammlungen gebildeter Musiker und geübter Klavierspieler bereichert hat. Bereichert – denn sie [...] gehören unter die wenigen Produkte des jetzigen Jahres, die schwerlich jemals altern werden.« (AmZ)	op. 30/1: dem 1. Satz fehlt »ein bestimmter Charakter«, positiv das »im melancholischen Charakter fest durchgehaltene Adagio« (AmZ); op. 85: »nicht ganz gelungen« (AmZ); op. 85: »Beethovens Musik war im Ganzen gut, und hat einige vorzügliche Stellen [...] und in dem [...] Chore [d. Kriegsknechte] hat Hr. van Beethoven gezeigt, daß ein Tonsetzer von Genie selbst aus dem schlechtesten Stoff etwas Großes zu machen im Stande ist.« (Zig. für die elegante Welt)	op. 35: »Variationen par excellence«; op. 36: »viel Originalität, Reichthum, oft Überfluß d. Harmonie. [...] aber auch Bizarrerie«, Mozarts und Haydns Sinfonien erregen mehr »Sensation« (AmZ); op. 48: »sehr gut«, »verschiedenes vortrefflich«	bei Lichnowsky: Änderungen und Kürzungen des *Fidelio*; 13; 2. zu op. 55: »Dem Publikum war die Symphonie zu schwer, zu lang und Beethoven selbst [der dirigierte] zu unhöflich, weil er auch den beifallklatschenden Theil keines Kopfnickens würdigte. Beethoven im Gegentheile fand den Beifall nicht ausreichend genug.« (Der Freimüthige); op. 37: »schöne und edle Ideen«, »Einheit« (AmZ) (eine sehr avancierte Rezension)
FINANZEN	600 fl. Jahresgehalt von Fürst K. Lichnowsky.	600 fl. Jahresgehalt von Fürst K. Lichnowsky; Beethoven quittiert 171 fl. als Honorar für op. 29; Beethoven Benefizkonzert vom 5. 4. erbringt 1800 fl.	600 fl. Jahresgehalt von Fürst Lichnowitz; Nov.: von Lobkowitz 700 fl. und 80 # für die Widmung von op. 55 und 56; Beethoven quittiert 50 # für op. 47	600 fl. Jahresgehalt von Fürst K. Lichnowsky

	1802	1803	1804	1805
(FORTSETZUNG) VERLEGER, EDITIONEN	Raubnachstich von op. 29: Querelen mit Artaria; ab Okt.: F. A. Hoffmeister in Wien; Beethoven gegen eine »Revolutions«-Sonate; schwierige Verhandlungen mit B&H (Honorarhöhe) – an B&H »da diese Var. [op. 34 und 35] sich merklich von meinen früheren unterscheiden«	Nägeli: Beginn des *Répertoire des Clavicinistes*; Beethoven gegen Zulehners GA-Plan; schwierige Verhandlung mit B&H; über die Struktur von op. 35; Ries an Simrock über Karl van Beethoven; Verhandlung auch mit Hoffmeister & Kühnel; Warnung vor dem »Nachstecher« Zulehner; Beethoven kritisiert die schlechte Edition von op. 29; 20. 7. 1. Brief des schottischen Verlegers George Thomson; Beethoven erhält Bach-Motette von B&H	Prozeß mit Artaria (op. 29); schwierige Verhandlung mit B&H, die aus merkantilen Gründen gegen die Edition von op. 85 und Partitur-Editionen überhaupt sind; Absicherung gegen Nachstiche durch »gerichtliche Eigentumserklärung« gewünscht	schwierige Verhandlungen mit B&H; der Verlag beschwert sich über den Bruder Karl als »Zwischenperson« und man feilscht um das Honorar; Beethovens besondere Wünsche für die Partiturgestaltung; Publikationsankündigung für op. 50, 52, 53; B&H sendet die Partitur von op. 53, 54, 55, 85 und WoO 136 (?) zurück
ANDERE DATEN		Anfang April: der Geiger Bridgetower in Wien; 16. 2. J. W. Stich (Punto) †; St. von Breuning ständig in Wien wohnhaft; Kalkbrenner studiert in Wien (bis 1804)	27. 1. Graf Deym †; 18. 5. Napoleon zum Kaiser ausgerufen; 11. 8. Franz II. Kaiser von Österreich; 2. 12. Krönung Napoleons; Beethoven lehnt Libretto von Rochlitz ab; Widmung eines Kunstblatts an Baronin Ertmann; Beethoven besucht Hauskonzert bei Joh. Tost; Paërs Leonora in Dresden aufgeführt	Lobkowitz bringt Partitur von op. 85 zu B&H; St. von Breuning Hofsekretär; 13. 11. Franzosen besetzen Wien; Jos. Deyms Abreise nach Maronvásár; 27. 11. Abzug der Franzosen; 26. 12. Frieden von Preßburg; Herbst (bis Anfang 1806): Josephine Deym in Ofen

	1806	1807	1808	1809
ANDERE DATEN	A. Reicha in Wien, Kontakte mit Beethoven; 19. 3. Eleonore von Breuning heiratet Franz Georg Wegeler; Baron Braun verweigert Beethoven eine Akademie; Simrock eröffnet Pariser Niederlassung			
FAMILIEN- UND PERSÖNL. DATEN	25. 5. Karl van Beethoven heiratet Johanna Reiss; 4. 9. Geburt des Sohnes Karl [Neffe]; Beethoven spielt nicht vor französischen Offizieren; Streit mit Lichnowsky, Beethovens überstürzte Abreise	Anstellungsgesuch an die Hoftheaterdirektion abgelehnt; Jos. Deyms Distanz	Joh. van Beethoven kauft Apotheke erladen; vor 1. 11. Angebot Jérôme Bonapartes an Beethoven als Kpm. nach Kassel mit 600 # pro Jahr, 150 # für Reisekosten	März/April: Streit mit der Gräfin Erdödy; Beethoven Mitglied des Königl. Niederländischen Inst. der Wiss. und Schönen Künste; Beethovens positive Reaktion auf das Kasseler Angebot aufgehoben durch die Wiener Gehaltsofferte, die ihn in Wien hält

KRANKHEITEN	»heute wieder übel auf«	»ich befinde mich nicht wohl«; Kopfweh; Kolikschwerzen	Kolikanfall; fieberhafter Anfall; Panaritium	fieberhafter Anfall; Klage über das schlechte Gehör; krankmachende Lebensmittel
WOHNUNGEN	Pasqualati-Haus, Mölker Bastei, Innere Stadt 1239	Pasqualati-Haus, Mölker Bastei, Innere Stadt 1239	bis Sommer: Pasqualati-Haus, Mölker Bastei, Innere Stadt 1239; ab Herbst: Krugerstraße, Innere Stadt 1074 (Gräfin Erdödy)	bis Frühjahr: Krugerstraße, Innere Stadt 1074; Im Klepperstall (Teinfaltstraße, Innere Stadt) 82; Walfischgasse, Innere Stadt 1087
FREUNDE, BEKANNTE, SCHÜLER	Jos. Deym; Ries widmet Beethoven sein op. 1; A. und P. Bigot; Th. und F. von Brunsvik; H. J. von Collin; J. Büel; F. von Oppersdorff; Lichnowsky; Schuppanzigh; Zmeskall	Hilfe für Breuning; durch Gleichenstein bei Malfattis; P. und M. Bigot; Muzio Clementi; N. Simrock; Jos. Deym; Th. und F. von Brunsvik; Schuppanzigh; Zmeskall	Lange Reise von Josephine Deym; Th. und F. von Brunsvik; Gleichenstein; Collin; Schuppanzigh; Zmeskall	Beethoven widmet Gleichenstein op.69 »Inter Lacrimas et Luctum«; Beginn des Klavierunterrichts für Erzherzog Rudolph (?); Schuppanzigh; Zmeskall
BRIEFE AN / VON kursiv: [auch] Brief[e] an Beethoven; kursiv-halbfett: Brief[e] nach Zahl und/oder Bedeutung hervorzuheben	A. Kühnel; Sonnleither; H._. von Collin; F. S. Mayer; Jos. Deym; P. von Braun; Simrock; Thomson; B&H; Ries; P. Bigot	Hoftheaterdirektion; P. und M. Bigot; Polizei-Hofstelle; I. von Gleichenstein; I. und C. Pleyel; Simrock; Jos. Deym; Fr. Brunsvik; N. Esterházy; M. A. E. von Poser; M. von Dietrichstein; Collin; G. Carpani	Fr. Clement; M. von Dietrichstein; J. Rovantini; Collin; Fr. von Oppersdorff; J. Hartl von Luchsenstein; B&H; Ph. Riotte; I. von Gleichenstein; L. von Seckendorf; A. Kühnel; J. A. Röckel; G. Wiedebein; L. Sina; Moscheles (?)	B&H; I. von Gleichenstein; C. A. Dorner; Zmeskall; M. Erdödy; Johann van Beethoven; Simrock; Ries; A. Gosticha; Simrock; J. von Leber; J. von Hammer; I. P. Vital Troxler; Jos. Deym; Thomson; L.Girod; C. L. Reissig; Königl. Niederl. Inst. der Wiss.; Moscheles
BESUCHER	Colonel Blehn und andere französische Offiziere; I. Neugass	Clementi	G. Chr. Härtel; J. F. Reichardt; W. Rust; Graf Truscheß-Waldburg(?)	Baron de Trémont; Reichardt
REISEN, »SOMMERFRISCHE«	Ende August: Gast Lichnewskys auf Schloß Graetz bei Troppau; Besuch in Ober-Glogau (Graf Franz von Oppersdorff)	Sommer: Baden vor 16. 6., ca. 9. 8. bis 10. 9. Heiligenstadt; 10. bis 16.9. (13.9.?) Eisenstadt	Ende Juni bis Herbst: Heiligenstadt	Baden
REISEPLÄNE	verschiedene Reisen wegen des Krieges aufgeschoben	»ich werde gewiß den Wanderstab ergreifen müssen«		Januar: Reise über Leipzig nach Kassel (in Verbindung mit dem Angebot Jérôme Bonapartes); Deutschland, England, Spanien
KOMPOSITIONEN	op. 58, 59, 60, 61, 72 (1. Revision), 138	op. 58, 62, 67, 69, 86, 138; WoO 134	op. 58, 67, 68, 69, 70, 75, 80; WoO 134	op.73, 74, 75, 76, 79, 80, 81a, 82, 115 (vorbereitende Notierungen), 121a (?); Plan: Oper Macbeth mit Collin; Thomson-Auftrag: 3 Quintette und 3 Violinsonaten

MGGprisma I. Biographische Synopsis

(FORTSETZUNG)	1806	1807	1808	1809
SKIZZENBÜCHER	Wien A36; Mendelssohn 15; Landsberg 10; Grasnick 20b; Bonn, Skizzen Beethoven-Haus 616–617; London (GB-Lbl) Ms. 2175; SV 350 (Friskin Collection)	»Mass in C Sketchbook«; Skizzenbuch von 1807–1808	Grasnick 3; Pastorale Symphonie Skizzenbuch; Skizzenbuch von 1807–1808; Paris Ms 44	Grasnick 3; Landsberg 5; Landsberg 11; Bonn, Skizzen Beethoven-Haus 525, 627, 629; Paris Ms. 72
(PRIVAT)KONZERTE UND AKADEMIEN	29. 3. Auff. op. 60 auf Gut Graetz; 10. 4. 2. Fassung Fidelio; Beginn der Liebhaberkonzerte; 23. 12. Akademie Clements: op. 61 (UA); Prag: op. 65	März: bei Lobkowitz (oder Lichnowsky?): op. 21, 36, 55, 60, 62, 58, Arien aus Fidelio; bei Lichnowsky: op. 62; 13; 9. op. 86 (Eisenstadt); 23. 12. op. 61; Liebhaberkonzerte: 12. 11. op. 26; 20. 11. op. 43; 6. 12. op. 55; 13. 12. op. 62; 27. 12. op. 60	Liebhaberkonzerte: 17. 1.op. 21; 31. 1. op. 15 (Kritik Beethovens); 2. 2. op. 55, 62; 22. 2. op. 36; 20. 3. op. 21; 3. 4. Beethoven dirigiert op. 37, 60, 62; Mai: op. 56; 18. 9. UA op. 86; 15. 11. Beethoven dirigiert Wohltätigkeitskonzert u. a.op. 62; 22. 12. Benefizkonzert Beethovens op. 67, 68, 58, 86 (Teile), 80; 23; 12. op. 37 (?)	5. 2. bis ca. 30. 4. Kammermusik bei Schuppanzigh; 5. 3. op. 69 öffentlich aufgeführt von Ertmann und Kraft; 8. 9. Beethoven dirigiert op. 55 in Wohltätigkeitskonzert
REZEPTION	op. 7: »Diese Sonate zählt Rezensent zu den vortrefflichsten des originellen Kompositeurs. Sie bildet ein großes edles Ganzes. [...] Diese Komposition ist voll großen Effekts, wenn sie mit geübter Hand eben so hinreißend feurig, als zart und gefällig vorgetragen wird. Sie erfordert ungefähr dieselbe Fertigkeit und ähnlichen ausdrucksvollen Vortrag, als Mozarts bekannte Fantasie und Sonate in C moll, zu der sie gewissermaßen ein Seitenstück ausmacht« (Ztg. für die elegante Welt); Op. 55: trotz mancher Schönheiten scheint »der Zusammenhang oft ganz zerrissen«; »die unendliche Dauer« ermüdet »selbst Kenner«, wird »dem blosen Liebhaber aber unerträglich« (Der Freimüthige)	op. 55: »Mannichfaltigkeit bei größter Einheit«, Einstudierung nach der Partitur, im Programm Charakterisierung der Sätze (AmZ); op. 57: Eine der typischen »großen« Sonaten Beethovens: Kopfsatz nicht frei von »Bizarrerien«, der 2. Satz mit einem »äußerst anspruchslosen, schönen Thema«, der 3. »ein »herrlich ausgeführtes, charakteristisches Finale« (AmZ); 8. 3. Rezension von op. 62; Verlagsankündigungen diverser Arrangements zu den op. 55, 64 [3]. 36	op. 87: »Unter welchen Verhältnissen und zu welcher Zeit nun auch dieses Werkchen geschrieben seyn mag, so finden wir doch, dass es keinen geringen Werth hat; es ist ein mit leichter, aber geschickter, fertiger Hand hingeworfenes heiteres Gemälde, das zwar keine großen Ansprüche befriedigt, aber auch keine kühnen; das keine kühnen, erhabenen Gedanken enthält, aber angenehme, und das, wie alles nun zusammengestellt ist, ein anziehendes Ganzes ausmacht. Man bemerkt nirgends ein Mißverhältnis, nirgends etwas Gesuchtes und Unnatürliches.« (AmZ)	»Dem Nachmittag folgte auch noch ein recht großmusikalischer Abend bei der Gräfin Erdödy, wo Beethoven wieder neue herrliche Sachen spielte u. wundervoll phantasirte.«

	1810	1811	1812	1813
FINANZEN	600 fl. Jahresgehalt von Fürst Lichnowsky	3. 2. 500 fl. von Graf Oppersdorff für die 4. Symphonie, von demselben später 200 fl. Anzahlung für op. 67; vom Bureau des Art et d'Industrie 1500 fl. für op. 59, 60, 62, 58, 61 und £ 60 für op. 77–79	29. 3. 150 fl. von Graf Oppersdorff für die 5. Symphonie; B&H 100 # für op. 67, 68, 69, 70	1. 3. (26. 2.) Jahresgehalt-Dekret: 4000 fl. (Erzherzog Rudolph 1500 fl., Fürst Lobkowitz 700 fl., Fürst Kinsky 1800 fl.); Beethovens Einkommen aus dem Jahresgehalt vom 1. 3. 1809 bis 3. 11. 1812 insges. 11.500 fl.; Simrock 75 fl. für op. 86
VERLEGER, EDITIONEN	scheiternde Verhandlungen mit B&H; Publikationsankündigung für op. 55; das Partitur-Autograph von op. 61 gibt nicht die endgültige Version: die erste Wiener und die erste englische Edition differieren	Beginn paralleler Editionen in England, Frankreich, Deutschland; 20. 4. Vertrag mit Clementi; Publikationsankündigung für op. 56, 57	14. 9. Vertrag mit Härtel; Publikationsankündigung für op. 58, 59, 61	Beethovens Bitte um Zusendung der AmZ; Änderungsliste an B&H für op. 67 und 68
ANDERE DATEN	Beethoven erhält erste »Abteilung« des Collinschen Oratorientextes Die Befreiung Jerusalems; Lichnowsky schickt Beethovens Fidélio an die Königin von Preußen	Jos. Deym in Baden; 10. 8. Beethoven zurück in Wien; ab 20. 12. F. J. Clement leitet die Liebhaber-Konzerte	August (?): Gründung des Razumowsky-Quartetts, I. Schuppanzigh Primarius (bis 1816); Beethoven bei den Proben für op. 15 anwesend (29./30. 1.), droht, die Liebhaberkonzerte wegen des schlechten Niveaus zu meiden; Beethoven besucht die Auff. von Haydns Schöpfung; F. Ries in Wien; St. von Breuning heiratet Julie von Vering	4. 5. Erzherzog Rudolph verläßt Wien; 10. 5. die Franzosen belagern Wien; 12. 5. Kapitulation; 31. 5. Haydn †; Familie Brentano nach Wien; 30. 10. Jos. Melchior von Birkenstock †; Ries nach Bonn; hohe Kriegslasten Wiens; 8. 2. Praërs Leonora in Wien aufgeführt
FAMILIEN- UND PERSÖNL. DATEN	Mai: Heiratsantrag an Therese Malfatti, der abgelehnt wird; Beethoven Taufurkunde; Ruf Beethovens nach Neapel (?)	Johanna van Beethoven wegen Veruntreuung verurteilt	6./7. 7. Brief an die »unsterbliche Geliebte«; Zwist mit Bruder Johann wegen seiner Geliebten, Therese Obermayer, die dieser am 8. 11. heiratet; Bruder Karl krank; Beethoven beginnt das Tagebuch	Karl krank; er wird Kassierer: 1.200 Fl. Gehalt; Beethoven klagt gegen ihn wegen Rückzahlung des Darlehens, für das die Frau bürgt; Erklärung des Bruders Karl zugunsten Beethovens als Vormund
KRANKHEITEN	»schon wieder krank«, Abdominalleiden; noch keine feste Gesundheit; Fußleiden	Kopfweh; Fieber; Fußweh	Frühjahr: Beethoven erkrankt; »immer kränklich«; Teplitz: krank und von A. Sebald versorgt; Zunahme der Hörprobleme	psychosomatische Beschwerden (?); Katarrh; 20. 4. Fieber, verletzter Fuß; Dez.: Beethoven »nicht wohl«

MGGprisma I. Biographische Synopsis

(FORTSETZUNG)	1810	1811	1812	1813
WOHNUNGEN	Im Klepperstall (Teinfaltstraße, Innere Stadt) 82; Pasqualati-Haus, Mölker Bastei, Innere Stadt 1239	Pasqualati-Haus, Mölker Bastei, Innere Stadt 1239	Pasqualati-Haus, Mölker Bastei, Innere Stadt 1239	Pasqualati-Haus, Mölker Bastei, Innere Stadt 1239
FREUNDE, BEKANNTE, SCHÜLER	Erzherzog Rudolph (Unterricht); Th. Brunsvik (schenkt ihr Porträt); F. und A. Brentano; L.F. Schnorr; I. von Gleichenstein; Schuppanzigh; Zmeskall	B. Brentano; Goethe (Beethovens Brief vom 12. 4.); Varnhagen; Tiedge; Varena; A. Sebald; L. F. Schnorr; Gleichenstein; Zmeskall; Th. Brunsvik; Schuppanzigh	28. 1. Beethoven will seine »kleine Gesellschaft wieder beleben«; 19., 20.–23. 8. trifft Goethe in Teplitz; A. Sebald; Tiedge; Spohr; Rode; Starke; Schuppanzigh; Zmeskall	Erzherzog Rudolph; Varena; Zmeskall; J. N. Mälzel; Varnhagen; J.A. Röckel; F. Rettich; F. A. von Neffzer; Oliva; P. von Leber; Schuppanzigh; Zmeskall
BRIEFE AN / VON kursiv: [auch] Brief[e] an Beethoven; kursiv-halbfett: Brief[e] nach Zahl und/oder Bedeutung hervorzuheben	A. Seyler; B&H; Zmeskall; P. v. Leber; Gleichenstein; Wegeler; J. A.Streicher; Th. Malfatti; M. Erdödy; Kunz & Comp.; H. Winter; Thomson; Erzherzog Rudolph; Th. Brunsvik; B. Brentano	Kunz & Comp; Cl. Brentano; B&H; B. Brentano; W. J. Mähler; Erzherzog Rudolph; Zmeskall; Goethe; G.F. Treitschke; F. J. von Drieberg; F. Palffy; J.Schweiger von Lerchenfeld; Fr. Brunsvik; I. von Baumeister; A. Sebald; P. L. F. Aimon; E. von der Recke; Thomson; Offenheimer; Chr. A. Tiedge; J. von Varena	Zmeskall; B&H; A. von Kotzebue; Varena; J. von Schweiger; Thomson; I. von Baumeister; F. Rettich; Erzherzog Rudolph; Th. Körner; K. A. Varnhagen von Ense; A. Kühnel; Emilie M.; A. Sebald; Fürst[in] Kinsky	Erzherzog Rudolph; M. E. Fuchs; Thomson; Fürstin Kinsky; Zmeskall; Varena; Schweiger von Lerchenfeld; J. v. Baumeister; I. F. Castelli; F.-Rettich; Dr. J. Bihler; F.A. Neffzer; Fürst Schwarzenberg; A. W. Wolf [?]; Fr. Brunsvik; A. von Kotzebue; J. Reger; J. B. Pasqualati; Cl. Brentano; M. Lichnowsky
BESUCHER	Mai: Bettina Brentano; G. Wiedebein	Ph. J. Riotte; F. X. Schnyder von Wartensee; R. Lang (?)	P. Lenné; L.Spohr; P. Rode; Th. Körner	Rode; Spohr; J. F. Naue; Hagen
REISEN, »SOMMERFRISCHE«	Juli bis 6./11. Oktober Baden	Beethoven reist, entgegen anfänglichen Plänen, nicht mit Fr. Brunsvik nach Teplitz; zur Kur: 1./2. 8. bis Mitte Sept. Teplitz; dort bekannt mit A. Sebald, Tiedge, Gräfin von der Recke, und Jos. von Varena; Graetz	Juni: Baden (29. 6. ab Wien); 1./2.–4.7. Prag; 5.–27.7. Teplitz; bis 8. 8. Karlsbad; bis 7. 9. Franzensbad; bis 8. 9. Karlsbad (Beethoven reist mit den Brentanos, die Sept. zurück nach Wien fahren); bis 29. 9 Teplitz; über Wien nach Linz, dort ca. 5. 10. bis ca. 11. bei Bruder Johann	27. 5. bis 15./20. 9. Baden
REISEPLÄNE		italienische Reisepläne	29. 2. Beethoven an Thomson: plant Reise nach England und Schottland; Tagebuch »das Nöthige zu der weiten Reise [...] entwerfen«	Reisepläne für England wegen der Krankheit von Bruder Karl – und wohl auch aus finanziellen Gründen – verschoben

KOMPOSITIONEN	op. 85, 84, 95, 97; Beethoven bietet Thomson Quartett- und Quintett-bearbeitungen seiner Symphonien an (?)	op. 72, 92, 97, 113, 115 (frühe, verworfene Version), 117 WoO 140 (1. Fassung); Austausch mit Treitschke wegen des Textbuchs zu Les ruines de Babylone	op. 73, 93, 96 WoO 30, 39, 162 13.–4. Partitur op. 92 begonnen; Oktober Partitur op. 93 begonnen; Oper Macbeth (nur Skizzen)	op. 112, 91, 93, 94 WoO 2a/b, 141, 142, 163
SKIZZENBÜCHER	Landsberg 11; Skizzenbuch 1810–1811; Wien A 42 und A 43	Skizzenbuch 1810–1811; Petter; Artaria 205/2; London (GB-Lbl) Add. 29801, fol. 2–37; Grasnick 20a	Petter	(Artaria 197)
(PRIVAT)KONZERTE UND AKADEMIEN	op. 74 (Probe bei Lobkowitz); 15 (18.?) 6. UA op. 84	24. 3. op. 84; Mai: op. 68; 25. 7. und 8. 9. (Graz) op. 68; Graetz Ende Sept.: op. 86; Leipzig 28. 11. op. 73; 22. 12. op. 80	9., 10., 11. 2. erste Auff. von op. 113 und 117 in Pest; 11. 2. C. Czerny spielt op. 73; 6. 8. Konzert mit dem Geiger Polledro in Karlsbad; Schuppanzighs Donnerstag-Quartett-Soireen; 29. 12. Erzherzog Rudolph und Rode bei Lobkowitz UA op. 96; 29. 3. Wohltätigkeitskonzert in Graz: op. 113 und 117; Prag: op. 20, 65; Brünn: op. 55, 85	6. 1. op. 60 (1. Satz); 7. 1. Erzherzog Rudolph und Rode spielen bei Lobkowitz erneut op. 96; 11. 4. op. 85 in Graz; Probe von op. 92 und 93 in der Hofburg (Erzherzog Rudolph); 1. 5. op. 2a/b, 67; 6. 6. Wohltätigkeitskonzert in Graz; 8. und 12. 12. Akademie mit op. 91, 92; Prag: op. 86
REZEPTION	op. 67: »Es gibt keinen einfacheren Gedanken, als den, welchen der Meister dem ganzen Allegro zum Grunde legte und mit Bewunderung wird man gewahr, wie er alle Nebengedanken [...] durch rhythmischen Verhalt jenem einfachen Thema so anzureihen wußte, daß sie nur dazu dienten, den Charakter des Ganzen, den jenes Thema nur andeuten konnte, [...] mehr und mehr zu entfalten.« (E. T. A. Hoffmann); »Christus am Ölberge, von Herrn L. v. Beethoven, ein Kunstgebilde, in welchem der kühne, geniale, kraftvolle Schwung des Verfassers [...] in hohem Grade waltet.« (AmZ)	op. 74: »Die grossen Quartetten, die von ihm [Beethoven] seit einem Jahr und darüber erschienen sind, athmen aber einen ganz andern Geist. Der Verfasser hat sich hier ohne Rücksicht den wunderbarsten und fremdartigsten Einfällen seiner originellen Phantasie hingegeben, das Unähnlichste phantastisch verbunden, und fast alles mit einer so tiefen und schweren Kunst behandelt, dass in dem düstern Geist des Ganzen auch das Leichte und Gefällige untergegangen ist.« (AmZ)	E. T. A. Hoffmanns Rezensionen von op. 62 und 70/1; Gardiners Sacred Melodies nach Beethovens Adagios; op. 67: »Mit wahrhaft einziger Genialität hat Beethoven hier die Contraste verschiedener Takt- und Tonarten benutzt« (AmZ); op. 68: »Nicht mit Unrecht darf man die Erfindung, so wie die nur allmählig erfolgte Ausbildung jener Instrumentalstücke, denen man den Namen Symphonie beigelegt hat, zu den merkwürdigsten Schöpfungen des menschlichen Geistes zählen, die [...] die Grenzen musikal. Kunst erweitert haben« (AmZ)	E. T. A. Hoffmanns Rezensionen von op. 70/2, 84 und 85; Thomson: Kluft zwischen Beethovens Kompositionen und Rezeption

MGGprisma 1. Biographische Synopsis

[FORTSETZUNG]	1810	1811	1812	1813
FINANZEN	31.7. Kinsky zahlt 2250 fl., 5. 9. und 1. 12. je 450 fl. Gehaltsanteil; 700 fl. von Lobkowitz; Erzherzog Rudolph zahlt; von Clementi £ 200 für die engl. Verlagsrechte von op. 58, 59, 60, 61, 62 und £ 60 für op. 77–79; von Thomson 150 #	15. 3. Abwertung des Wiener »Bankozettel« im Verhältnis 5 : 1; 1. 3. 450 fl., 26. 7. und 30. 8. je 450 B.Z./90 E.S. Gehaltsanteil Kinsky; 700 fl. Gehaltsanteil Lobkowitz; Erzherzog Rudolph zahlt	16. 1. Kinsky Reduktion des Gehaltsanteils, verbale Bestätigung nach seinem Tod nichtig; 18. 2. Erzherzog Rudolph Bestätigung seines Gehaltsanteils; 18. 6. Brief Beethovens an die Kinskys; 4. 11. 1020 fl. /48 E.S. Gehaltsanteil Kinsky (3. 11. 1812 bis 31. 3. 1815 keine Zahlung; ebenso Lobkowitz: 1. 9. 1811 bis 19. 4. 1815); Erzherzog Rudolph zahlt	Gehalt von Lobkowitz und Kinsky bleibt aus. Beethoven verklagt sie. Darlehn von Brentano, S. A. Steiner und J. N. Mälzel; Darlehn Beethovens an Bruder Karl: 1500 fl.; diese Forderung von Beethoven an Steiner abgetreten und beliehen; Lobkowitz zur Zahlung des Gehalts verurteilt; von Thomson 90 #: 29. 39 fl. (4.2.), 3 fl. 30 Kreuzer (24.2.) und £ 121. 18 s 5p (4.2.); Erzherzog Rudolph zahlt
VERLEGER, EDITIONEN	vor 21. 8. Beethoven an B&H über seine GA; erbittet von B&H die AmZ; erste Sendung an Thomson	9. 10. Beethoven an B&H zu op. 81a: Das Lebewohl unterscheidet sich vom Les Adieux	Thomson beklagt die hohen Preise (Wechselkurs) und »le goût [...] Anglois [...] corrompu«	weiter Briefwechsel mit Thomson, Beethoven gegen seine Änderungswünsche: »Je ne suis pas accoutumé de retoucher mes compositions«
ANDERE DATEN	30. 1. Erzherzog Rudolph zurück; Klavierauszug der 2. Fassung des Fidelio bei B&H; Beethoven über die Unterschiede zwischen französischen und deutschen Satzüberschriften in op. 81a. 14. 10. Friedensvertrag; 13. 2. Jos. Deym heiratet Baron Stackelberg	Kantatentext von Cl. Brentano; 28. 7. Collin †; 20. 5. Beethoven kondoliert Härtel zum Tod seiner Frau; Gleichenstein mit seiner Frau Anna, geb. Malfatti, nach Freiburg; 7. 8. Josephine Stackelberg ab Witschap; 22. 9. an Witschap: Beethoven sendet Orchestermaterial für Varena nach Graz	23. 1. Goethe erhält Partitur des Egmont; 9. 2. neues Theater in Pest eröffnet; 3. 7. Brentanos in Prag, 5. 7. in Karlsbad; ab 14. 7. Goethe in Teplitz; 2. 9. Goethe über Beethoven an Zelter; 3. 9. A. Sebald verläßt Teplitz; das Wohltätigkeitskonzert in Graz (29. 3.) erbringt 1826 fl. 24 Kreuzer; 3. 11. Fürst Ferdinand Kinsky †	24. 1. Gründung der Philharmonic Society London; 21. 2. Franz Brunsvik kommt nach Wien; Fürst Lobkowitz' Vermögen unter Aufsicht gestellt, er verläßt Wien; Gründung der Wiener Ges. der Musikfreunde; 21. 6. Nachricht von Wellingtons Sieg bei Vittoria; Zusammenarbeit und Streit mit Mälzel; die Wohltätigkeitskonzerte (8. und 12. 12.) bringen 4006 fl.; 27. 4. Auff. von A. G. A. Müllners Drama Die Schuld

	1814	1815	1816	1817
FAMILIEN- UND PERSÖNL. DATEN	Suizid-Gedanken?; Porträt-Zeichnung/Stich von Louis Letronne/Blasius Höfel; Streit mit Mälzel wegen op. 91; 1814(/15) Karl van Beethoven führt für Beethoven einen Teil der Korrespondenz	Mählers Porträt; 10. 2. Antrag auf Bürgerrecht für Beethoven; 14. 11. Testament, 15. 11. Bruder Karl †; wechselnde Vormundschaft für den Neffen; 16. 11. taxfreies Wiener Bürgerrecht für Beethoven	9. 1. Beethoven wieder Vormund des Neffen (2. 2. 1816 bis 24. 1. 1818 im Erziehungs-Institut Giannattasio del Rio); 18. 9. Bruchoperation des Neffen; Querelen mit Johanna van Beethoven; Todesgedanken	Klavierunterricht des Neffen bei C. Czerny (wie bereits 1816); Johanna van Beethoven leistet Zahlung für Karl; Beilegung der Differenzen mit Mälzel

KRANKHEITEN	ernste Erkrankung; Kolik; »Gedärm-entzündung«,»starker Katarrh«; Hörrohre von Mälzel	Beethoven »nicht wohl«; psychoso-matische Beschwerden; »Entzün-dungskatarrh«	kränklich; ab 15. 10. starker »Entzün-dungskatarrh«,»Abspanung der Ner-wen«; Benutzung von Hörrohren	erschütterte Gesundheit; Mai: »wieder sehr krank«; Benutzung von Hörrohren
WOHNUNGEN	bis Februar: Pasqualati-Haus, Mölker Bastei, Innere Stadt 1239; Bartensteinsches Haus, Mölker Bastei, Innere Stadt 94; Nov.: Pasqualati-Haus	bis Frühjahr: Pasqualati-Haus, Mölker Bastei, Innere Stadt 1239; Gräflich Lambertisches Haus, Seilerstatt, Innere Stadt 1055/56	Gräflich Lambertisches Haus, Seilerstatt, Innere Stadt 1055/56; im Winter auch: Zum römischen Kaiser, Renngasse	Gräflich Lambertisches Haus, Seilerstatt, Innere Stadt 1055/56; Zum grünen Kranz, Landstraße Hauptstr., Vorstadt Landstraße 268; Zum grünen Baum, Gärtnergasse, Vorstadt Landstraße 26
FREUNDE, BEKANNTE, SCHÜLER	April: erster Kontakt Schindlers mit Beethoven; Moscheles; Mälzel; Pasqualati; Schuppanzigh; Zmeskall	Beethoven erbittet von Erzherzog Rudolph op. 96 und 97 zwecks Abschrift; F. Wild; Jos. Stackelberg (?); A. Halm; M. Erdödy; Häring; Schuppanzigh; Zmeskall	C. Czerny; G. T. Smart; Ch. Neate; Familie Giannattasio del Rio; Zmes-kall; F. Wild; Jos. Stackelberg (?); Th. Brunsvik; Häring; Schuppanzigh	Ende der engen Beziehung Beet-hovens zu Zmeskall; N. Streicher (»Haushalts-Fee«); F. S. Kandler
BRIEFE AN/VON kursiv: [auch] Brief[e] an Beethoven; kursiv-halbfett: Brief[e] nach Zahl und/oder Bedeutung hervorzuheben	J. B. Pasqualati; Cl. Brentano; Zmeskall; Erzherzog Rudolph; G. F. Treitschke; M. Lichnowsky; Fr. Brunsvik; J. N. Hummel; A. Milder-Hauptmann; A. Halm; J. von Varena; D. von Ertmann; Beethoven und Treitschke an diverse Theater; J. N. Kanka; Memorandumsentwurf im Mälzelstreit; Thomson; F. A. Forti; Ries; Palffy; J. Mayseder; A. Bren-tano; J. B. Rupprecht; W. Gardine-	Böhmisches Landrecht Prag; Thom-son; J. M. Lobkowitz; J. N. Kanka; Regierungsrat Sack; S. A. Steiner; J. v. Varena; G. Siboni; M. Erdödy; J. X. Brauchle; B&H; G. Smart; Amenda; J. Linke; Erzherzogh Rudolph; Haslinger; Treitschke; P. Mechetti; J. P. Salomon; A. Rasu-mowsky; Gleichenstein; L. von Türkheim; Zmeskall; A. Brentano; Ries; Pasqualati; Ch. Neate; Sperl; R. Birchall; Niederöstr. Landrecht; Magistrat Wien;	Thomson; A. Milder-Hauptmann; Niederöstr. Landrecht; M. Erdödy; Ries; Zmeskall; S. A. Steiner; T. Has-linger; Erzherzog Rudolph; Ch. Neate; Pasqualati; Giann. del Rio; Fries & Comp.; R. Birchall; C. Czerny; F. Brentano; H. Schmidt; Neffe; A. Halm; Kanka; A. Pachler; B&H; K. Bursy; Ch. Lonsdale; Diabelli; Artaria; Wegeler; Smart; Häring; Simrock; J. Dollinger; F. S. Kandler	Haslinger; Zmeskall; K. Peters; J. J. Lobkowitz; S. A. Steiner; C. Czerny; Thomson; F. Keßler; N. Strei-cher; P. J. Simrock; Giann. del Rio; Dor. von Ertmann; M. von Fries; Kanka; Pasqualati; J. B. Rupprecht; Erzherzog Rudolph; J. Bihler; Neate; F. /A. Brentano; K. Pachler; Treitschke; Ries; G. Siboni; M. Erdödy; W. Gerhard; B. Gebauer; I. F. Mosel; Schnyder von Wartensee; Nägeli
BESUCHER	Al. Weißenbach; Tomaschek	Charles Neate; Spohr; M. Frey	Peter Simrock; Carl Friedrich Hirsch; Karl von Bursy; E. Schulz; M. Frey; Al. Kyd; K. Berg	H. Marschner; Pachler-Koschak; C. M. von Bocklet; P. C. H. Potter; Mälzel; Joseph [?] Kaufmann
REISEN, »SOMMERFRISCHE«	Ende Juni bis nach 21. 9. Baden; 24. 9. Döbling	Juni–Sept. Baden; dann nach Unter-döbling bis Mitte Oktober	ab 1. 5 (?) Juli – Okt. Baden (alternierend mit Wien)	Juni: Heiligenstadt; Anfang Juli: Nußdorf 59

MGGprisma I. Biographische Synopsis

(FORTSETZUNG)	1814	1815	1816	1817
REISEPLÄNE	ca.19. 5. Beethoven hofft auf die Londonreise im Winter	evtl. Teplitzreise über Prag, doch dann: Baden; Pläne für Londonreise (?)		9. 6. Einladung der Londoner Philharmonic Society; 9. 7. »Ich werde in der 1. Hälfte des Monats Januar 1818 spätestens in England seine; Einladung nach München und Graz
KOMPOSITIONEN	op.72 (3. Fassung), 89, 90, 115, 118, 136 / WoO 95, 102, 103, 143, 149 (frühe Skizzen), 199 / Hess 15 (Fragment)	Romulus wegen J. E. Fuß' Parallelkompos. abgebrochen; Oratoriums-Auftrag der Ges. der Musikfreunde; op.96 (Revision), 102, 112, 115, 125 (früheste Notierungen ?) WoO 96, 145, 157; ein 6. Klavierkonzert abgebrochen Hess 15 (Fragment)	op.98, 99, 101, 106 (begonnen), 121a / WoO 24, 147, 168 / 18 Volksliedbearbeitungen beendet; Klaviertrio in f-Moll (Fragment)	op.104, 106, 107, 125 (erste Skizzen), 137 / WoO 104, 148, 149, 171 in der AmZ Metronom-Zahlen für die Symphonien 1–8
SKIZZENBÜCHER	Landsberg 9; Dessauer; Mendelssohn 6; Skizzenbuch von 1814–1815; SV 187 und SV 383	Skizzenbuch von 1814–1815; / Scheide: Mendelssohn 1 und 6; / Tours fol. 3v, (SV 383); Paris Ms. 100; Bonn Mh 90; Bonn, Skizzen Beethoven-Haus 704, 709, 710; Grasnik 20a, fol.3; London (GB-Lbl) Add. 29997, fol. 37; Leaf Q Moldenhauer-Archiv.	Scheide; Autograph 11/1; Paris Ms. 78 und 103; Bonn, Skizzen Beethoven-Haus 693, BSK 8; London (GB-Lbl) Add. 14396, fol.30; Wien A 44	Boldrini; Autograph 11/1 (?); Wien A 70; Grasnick 20b
(PRIVAT)KONZERTE UND AKADEMIEN	2. 1. Akademie: op.91, 92, 113; 27. / 2. Akademie: op.91, 92, 93, 116; 25. / 3. Beethoven dirigiert Akademie mit op.84 (Ouvertüre) und 91; 11. 4 Beethoven wirkt mit bei der 1. Auff. von op.97; 23. 5. EA der 3. Fassung Fidelio, weitere Auff. 26. 5. (mit der E-Dur-Ouvertüre); 2. 6., 4. 6., 7. 6., 21. 6.; 18.7. Benefizvorstellung Fidelio für Beethoven; 21. und 27. 11. C. M. von Weber leitet Fidelio in Prag; 29. 11., 2. und 25. 12. Konzert Beethovens: op.91, 92, 136; 12. 12. Fidelio in Frankfurt am Main	25. 1. Festkonzert zum Geburtstag der russ. Kaiserin, Beethoven begleitet Adelaide; 10. und 13. 2. op.91 im Drury Lane Theatre London aufgeführt; Mai: Schuppanzigh-Quartett: UA (?) von op.95; 15. (UA), 16. und 23. 7. WoO 97; 4. 10. op.115; 11. und 14. 10. Fidelio in Berlin; 1. 12 op.59/3 (Schuppanzigh-Quartett); 9. 12. op.74 (Schuppanzigh-Quartett); 11. und 14. 12. Fidelio in Wien; 25. 12. Beethoven mit op.112, 115 und 85 vertreten; Prag: op.61; Brünn: op.20	C. Czerny führt regelmäßige mus. Veranstaltungen durch, für die er sich auch Noten von Beethoven leiht, der oft dabei ist und auch improvisiert; 5. 1. op.18/1 (Schuppanzigh-Quartett); 5. 2. Fidelio in Graz; 11. 2. Abschiedskonzert Schuppanzigh mit op.16, 59/3, 20; 18. 2. Abschiedskonzert des Cellisten Linke (mit Czerny): op.102 (Nr. 1 oder 2); Steiner von Felsburg spielt op.10; 20. 2. Fidelio in Wien; 25. 2. Frau von Mosel wirkt mit bei Zmeskall in op.70/1; 10. 3. Fidelio in Karlsruhe; 22. 5. Fidelio in Hamburg; 25. 5. op.94; 25. 12. Akademie, Beethoven dirigiert op.92	Czernys regelmäßige Veranstaltungen; 20. 7. Fidelio in Stuttgart; 25. 12. Beethoven dirigiert op.93

REZEPTION	2.1. vier Gedichte C. Brentanos: *Vier Lieder Beethovens an sich selbst*; op.72 großer Erfolg in Wien und Prag	Beethoven der avancierte Instrumentalkomponist par excellence (A. Wendt in AmZ); op.91 erntet in London großen Applaus	Neate nimmt nach England mit: op.61, 72, 92, 102, 112, 113 (Ouvertüre), 115, 117, 136; zu op.115: »Über eine beethovenſche Arbeit nach einmaligem Anhören ein gründliches Urteil zu verlangen, besonders wenn die Production nicht in allen Theilen gelungen, wäre wahrlich zu viel verlangt.« (AmZ)	25.6. Thomson positiv über Beethovens Liedbearbeitungen, aber: »trop recherchés, trop bizarres«
FINANZEN	Beethoven schuldet F. und A. Brentano 2300 fl.; Beethovens Steuerschuld ca. 60 £; 6.1. Vergleich über Kinskys Gehaltsanteil; Schulden bei Schneidermeister Lind; Einnahmen aus der Benefizauff. des Fidelio; 26.3. noch kein Geld von Kinsky und Lobkowitz; Erzherzog Rudolph zahlt	18.1. Bescheid: Höhe des Gehaltsanteils Kinsky 1200 fl., 26.3. Nachzahlung 2479 fl., 31.10. 600 fl. Halbjahresrate Kinsky; Lobkowitz: Nachzahlung 2333 fl.20, ferner für 1815 700 fl.; Erzherzog Rudolph zahlt; für op.30 und 89 von der russ. Kaiserin 150 #; 65 £ für op.91, 96, 97, 92 (Klavierauszug)	30.3. und ?, je 600 fl. Gehaltsanteil Kinsky; 7.2., 1.7., 29.9. je 175 fl. von Lobkowitz; Erzherzog Rudolph zahlt; Beethoven legt bei S.A. Steiner 4000 fl. an; er schuldet Steiner 1300 fl., hat Schulden bei Schneider Lind	[?], 1.4. und 1.10. je 600 fl. Gehaltsanteil Kinsky; 5.1., 31.3., 1.4., 1.7., 1.10. je 175 fl. von Lobkowitz; Erzherzog Rudolph zahlt; das von Ries unterbreitete Reise- und Kompositionsangebot soll Beethoven 300 Guineas bringen; Beethovens »Jahresgehalt« beläuft sich jetzt auf 1360 fl.; von Thomson 44 #
VERLEGER, EDITIONEN	Aufschwung des Verlages S.A. Steiner & Comp., Beethovens zunehmder Editions-Austausch mit ihm	Beethoven entleiht Autograph von op.90 von S.A. Steiner; Beethoven verkauft Steiner Fidelio-Part. und op.91-93, 95-97, 113, 115, 117, 136; WoO 152-153	mit Simrock Verlagsvertrag für op.102	Clementi: Nachdruck op.95; Beethoven ersetzt die Bezeichnung pianoforte durch HammerKlavier
ANDERE DATEN	Dankadresse Beethovens an die Musiker des Konzerts vom 2.1.; 15.4. Karl Lichnowsky †; 30.5. Pariser Friede; 18.9. Beginn des Wiener Kongresses; 22.9. Iffland †; 31.12. Palais Razumowskys durch Brand zerstört; Spannungen mit Palffy; Ries heiratet; Beethoven sendet op.91 an den späteren engl. König Georg IV.	20.3. Napoleon zurück; 20.3. Amenda sendet Opernsujet; 9.6. Ende des Wiener Kongresses; 28.11. J.P. Salomon †; Josephine Stackelberg in Döbling (?)	18.4. August Erdödy † (Padua); ab 1.7. Josephine Stackelberg in Baden; 15.12. Fürst J. Lobkowitz †; Louis Drouet in Wien (?); in Wien Gründung der »Concerts spirituels«	2.5. Wenzel Krumpholz (Geiger) †; D. von Ertmann zieht nach St. Pölten; St. von Breuning zweite Ehe mit Constanze Ruschowitz; Konservatorium der Ges. der Musikfreunde in Wien gegründet

MGG*prisma* I. *Biographische Synopsis*

	1818	1819	1820	1821
FAMILIEN- UND PERSÖNL. DATEN	27. 1. Karl (Neffe) verläßt del Rios Institut und zieht zu Beethoven; Klöber malt Beethoven mit dem Neffen (nur Fragment erhalten); Hauslehrer für Karl, Herbst Gymnasium der Univ.; Karl ab Dez. im Erziehungsinst. Kudlich; Johanna van Beethoven verkauft ihr Haus. Der Neffe entläuft zur Mutter, wird bewacht abgeholt. Vernehmung Beethovens wegen Vormundschaft. »van « kein Adelstitel, nun Magistrat der Stadt Wien zuständig; Broadwood schenkt Flügel; Tagebuch beendet; Ordnen der Papiere; Beginn der Konversationshefte; ein Konversationheft erhalten	2. 8. Bruder Johann kauft Gut in Gneixendorf; Beethovens vergebliche Option, den Neffen in Landshut unterzubringen; 27. 3. – 5. 7. Beethoven verliert Vormundschaft, jetzt M. Tuscher Neffen-Vormund (»Lästig und beschwerlich«); 26. 2. Neffe im Erziehungsinst. Blöchlinger; Beethoven Ehrenmitglied der Philharmonischen Ges. Laibach; Beethoven Ehrenmitglied des Wiener kaufmännischen Vereins; 4 Konversationshefte erhalten	M. A. Stein baut Klangverstärkung für Beethovens Flügel; ca. 11. 2. bis Febr./März/April: Stielers Beethoven-Porträt in Arbeit; nach erneuter Petition Beethovens am 8. 4. endgültige Entscheidung des Appellationsgerichts zugunsten Beethovens in Sachen Vormundschaft (20. 4. Schreiben des Magistrats); Fortschritte Karls in Latein und Griechisch; 11 Konversationshefte erhalten	»um wieder neu auf für meine Kunst zu leben, welches eigentlich seit 2 Jahren nicht der Fall sowohl aus Mangel an Gesundheit wie auch vieler andern menschlichen Leiden wegen« (12. 11. 1821 an F. Brentano); kein Konversationsheft erhalten
KRANKHEITEN	zunehmende Taubheit; Herbst: Erkältung, Rheuma; Mai: Gesundheit »sehr gebessert«; Mälzel arbeitet an einer »Gehör-Maschine zum Dirigiren«	Frühjahr: starker Katarrh; angegriffene Gesundheit; Beethoven benutzt Hörrohre	gebesserte Gesundheit; Beethoven benutzt Hörrohre; Winter: Rheuma	Frühjahr: Rheuma; Juli: Gelbsucht (Beginn Zirrhose); November: besser
WOHNUNGEN	Zum grünen Baum, Gärtnergasse, Vorstadt Landstraße 26	Zum grünen Baum, Gärtnergasse, Vorstadt Landstraße 26; Zum Blumenstöckel, Ballgasse 986; Fingerlingshes Haus, Zur goldenen Birne, Schwibbogengasse 5, Vorstadt Josephsstadt	Fingerlingsches Haus, Zur goldenen Birne, Schwibbogengasse 5, Vorstadt Josephsstadt; Zum Blumenstöckel, Ballgasse 986; Zu den zwei Wachsstöcken, Kaiserstraße, Vorstadt Alt-Lerchenfeld 8	Landstraßer Hauptstraße, Vorstadt Landstraße 244; evtl. Vorstadt Landstraße 391; Ungargasse
FREUNDE, BEKANNTE, SCHÜLER	Joseph Czerny; Jos. Roitter von Henikstein; A. Streicher; Giannattasio del Rio; Zmeskall; Nägeli erbietet Katalog aller bisher erschienenen Werke Beethovens	F. und A. Brentano; Beethoven-Porträtauftrag an Stieler; Erzherzog Rudolph für Beethovens Vormundschaft aktiv; Fr. Oliva; J. Schickh; H. Klein; A. Gräffer; J. Czerny	F. und A. Brentano strecken Honorar für op. 123 vor; 3. 4. Beethoven: Erzherzog Rudolph soll ein Quartett halten; J. K. Bernard; C. F. Peters; (Zmeskall); Blöchlinger; Fr. Oliva; J. Czerny	F. und A. Brentano; F. A. Kanne; Haslinger; F. Piringer; J. Czerny (?)

BRIEFE AN / VON kursiv: auch] Brief[e an Beethoven; kursiv-halbfett: Brief[e] nach Zahl und/oder Bedeutung hervorzuheben	Treitschke; Th. Broadwood; F./A. Brentano; S.A. Steiner; G. del Rio; N. Streicher; M. Lichnowsky; Thomson; Ries; Johanna van Beethoven; J. N. Wolfmayer; J. N. Mälzel; Erzherzog Rudolph; V. Hauschka; Nägeli; K. H. G. Witte; Niederösterr. Landrecht; Neffe; T. Haslinger	W. J. Mähler; J. Blahetka; Erzherzog Rudolph; Thomson; Zmeskall; Ries; Magistrat der Stadt Wien; F. Tschischka; G. del Rio; J. von Hammer; Studienhofkommission; Philh. Ges. Laibach; M. Tuscher; J. K. Bernard; F. X. Piuk; Erdödy; Blöchlinger; Artaria; K. Fr. Zelter; Schlemmer; Wiener kaufm. Verein; J. B. Bach; G. C. Grosheim; A. Weißenbach; C. Iken	Niederösterr. Appellations-Gericht; Simrock; J. B. Bach; J. K. Bernard; Peters; C. M. Winter; E. T. A. Hoffmann; M. Schlesinger; Erzherzog Rudolph; J. K. Stieler; A. Dietrich; C. Boldrini; S. A. Steiner; A. M. Schlesinger; Magistrat der Stadt Wien; F. Brentano; T. Haslinger; K. Pinterics; J. Speer; G. del Rio; Thomson; Neffe; Blöchlinger; J. K. Bernard; Direktion eines Londoner Theaters; F. von Siber; W. C. Müller; Universalkameralamt; Oliva; Artaria	C. Soliva; A. M. Schlesinger; Maximiliana Brentano; Simrock; Erzherzog Rudolph; Haslinger; Köferle; F. Salzmann; F. Piringer; F. Brentano; J. B. Bach; F. X. Latzel; Artaria
BESUCHER	Cypriani Potter; J. Czerny; Klöber; Karl Witte (?); A. J. Stein	J. Smith; Zelter; J. C. F. Schneider; A. Weißenbach; Bernard; Oliva; M. Schlesinger; Oliva; C. Peters; J. B. Bach; J. Czerny	W. C. Müller; C. J. Bernard; C. Peters; J. Czerny; Oliva; J. K. Stieler; Diabelli; F. X. Gebauer; A. F. Kanne; Fr. Wähner; J. B. Bach; M. A. Stein; J. von Ohmayer	C. E. Silva; J. Czerny (?)
REISEN, »SOMMERFRISCHE«	ab 19. 5. Mödling (mit Neffe Karl)	12. 5. – 20. 10. in Mödling	Anfang Mai bis Ende Okt. Mödling	Juni / Juli: Unterdöbling; 7. 9. bis Ende Okt.: zur Kur nach Baden
REISEPLÄNE	Sommer/Frühherbst nach London; 18. 12. erneute Einladung	30. 1. an Ries: Londonreise erst nächsten Winter möglich	die Londoner Reisepläne ruhen; August: Hoffnung auf Reise nach Bonn	die Londoner Reisepläne ruhen; März: hofft auf Reise nach Bonn
KOMPOSITIONEN	op. 106, 107, 123 (erste Orientierungsstudien) WoO 60, 200	op. 105, 107, 120, 123, 125; WoO 105, 150, 130; Hess 300: (Anfrage von Mr. Donaldson, Edinburgh, wegen eines Trios für 3 Klaviere)	op. 109, 119, 123; WoO 150; 180; Hess 256, 301	op. 110, 111, 123; WoO 61
SKIZZENBÜCHER	Boldrini; Wien A 45, A 44, A 49; SV 339; Bonn Mh 91; Bonn BH 125; SV 385; Hess 40	Wittgenstein; Bonn BH 110; Artaria 180; Bonn BH 111; Bonn BH 107; Skizzenbuch Sommer 1819; Skizzenbuch Spätsommer 1819	Wittgenstein; Gransnick 20b; Artaria 195; Bonn BH 107; Bonn BH 108; Bonn BH 109	Artaria 195; Artaria 197, 201 (?); Grasnick 5; Paris Ms. 51, 80, 51 / 3, 99; Skizzenbuch 1821

MGG**prisma** I. Biographische Synopsis

(FORTSETZUNG)	1818	1819	1820	1821
(PRIVAT-)KONZERTE UND AKADEMIEN	Wien: 8. 2. op. 29 (1. Satz); 17. 2. op. 65; 22. 2. op. 37; 1. 3. op. 62; 12. 4. op. 73 (C. Czerny); 13. 4. op. 80; 16. und 23. 4. op. 115; 3. 5. op. 55 (1. Satz); 13. 12. op. 104 (UA); 25. 12. op. 84 und 91	Musikfest in Edinburgh mit op. 85, 86, 36; J. C. F. Schneider führt in Dessau Beethoven-Symphonien auf; Wien: 17. 1. op. 43 (Ouvertüre) und 92; 24. 1. op. 84; 6. 4. op. 47; 18. 4. op. 36; 25. 4. op. 60 (1. Satz); Graz: 26. 11. op. 86	Wien: 20. 2. op. 55; 3. 4. op. 19 (L. Blahetka); 9. 4. op. 67; 16. 4. op. 115; 19. 11. op. 68; München: 28. 2. op. 67	Wien: 13. 4. op. 85; ferner op. 67, 68, 92; 29. 4. op. 61 (Orchester der Ges. der Musikfreunde); Oktober (September?) »Kyrie« und »Gloria« der Missa solemnis erstmals aufgeführt?
REZEPTION	positive Rezension zu op. 93; Thomson: »ebenso »superbe« wie einfach«; Beethoven rügt in einem Entwurf an S. A. Steiner in der Wiener Musikzeitung erschienene Rezensionen zur 8. Symphonie. Die im Sammler veröffentlichte hebr er davon ab	5. 4. Thomson über die Rezeptionsprobleme für Beethovens Musik in Schottland; J. Czerny spielt Zmeskall auf Wunsch öfter op. 106 vor; Prof. Kleins großes Interesse für Beethovens »große Sonate«, die zu meistern Annette Streicher vergeblich sich müht; »Der größte Komp. unsrer Zeit« (Bremer Zeitung)	Beethoven anerkennend über E. T. A. Hoffmanns Rezension seiner Musik: »wir [haben] die Eroica bewundert, gut gegeben, doch die Violinen zu schwach« (Konversationshefte 20. 2.); Abbé Gelinek: Beethoven »ein zweyter Sand« (Konversationshefte)	op. 109: »Diese geistreiche Clavier-Composition ist ein neuer Beweis der unerschöpflichen Phantasie und tiefen Harmonie-Kenntniß des herrlichen Tondichters, der in diesem classischen Solo sich auch weniger abschweifende Ideen und exotische Originalität erlaubt hat. als in der [..] großen Sonate in B dur« (Zeitung für Theater und Musik)
FINANZEN	2. 10. und ?: je 600 fl. von Kinsky; insgesamt 525 fl. von Lobkowitz; Erzherzog Rudolph zahlt; Steuerdeklaration über: »jährl. 1500«; Beethoven kauft von den bei Steiner angelegten 4000 Gulden 8 Bank-Aktien; 140 # 9 fl. von Thomson	30. 9. und ?: je 600 fl. von Kinsky; insgesamt 875 fl. von Lobkowitz; Oliva: vergebliche Kreditverhandlung für Beethoven; 15. 6. 400 fl. Vorauszahlung für das von der Ges. der Musikfreunde bestellte Oratorium; 31 # von Thomson	30. 9. und ?: je 600 fl. von Kinsky; 1. 4., 1. 7., 30. 9., 24. 11., je 175 fl. von Lobkowitz; Erzherzog Rudolph zahlt	1. 4. Kinskys Erben zahlen 600 fl.; 1. 10. (?) erneut 600 fl.; insges. 700 fl. von Lobkowitz; Erzherzog Rudolph zahlt
VERLEGER, EDITIONEN	an Thomson: »mais la simpicté [...] ce n'est pas toujours si facile comme vous peut-être croyez de mois, on trouve un Nombre infinie des Harmonies, mais seulement une est Conforme [...] au Caractère de la Mélodie«	19. 3. Fehlerverzeichnis für op. 106 an Ries; 24. 7. Brief Artarias wegen Verzeichnis der Opusnummern; Thomson: Auftrag für 12 Volksliedbearbeitungen.	10. 2. Beethoven bietet Simrock op. 107, 108, 120, 123 an; 11. 4. A. M. Schlesinger: Anfrage wegen neuer Klaviersonaten	
ANDERE DATEN	Ende Juni (?) Eintreffen des Broadwood-Flügels; 14. 2. Beethovens und Salieris Erklärung zu Mälzels Metronom; Fr. Clement 1. Orchesterdirektor im Theater an der Wien	Sommer: Karlsbader Beschlüsse; Erzherzog Rudolph wird Erzbischof von Olmütz, er beendet seinen Zyklus von 40 Variationen über ein Thema Beethovens; Gräfin Erdödy	Cellist Bernd Romberg in Wien; Dez.: Abreise Olivas nach St. Petersburg; positive Bewertung Napoleons in den Konversationsheften Beethovens durch Janschikh;	Franz Liszt kommt mit seinem Vater nach Wien; M. Schlesinger gründet in Paris eigenen Verlag; 31. 3. Josephine Stackelberg, verw. Deym, geb. Brunsvik †

	1822	1823	1824	1825
FAMILIEN- UND PERSÖNL. DATEN	wieder in Wien; Pianist Bocklet zieht nach Wien; 12. 12. Akademie I. Moscheles'; Zmeskall schwer an Gicht erkrankt: F. Brunsvik bis 1822 Leiter des Pester Stadttheaters	Waldmüllers Porträt Beethovens; Beethoven Mitglied der Kgl. Schwedischen Akademie; Bruder Johann schwer erkrankt; 6. 3. Karl (Neffe) als Alleinerbe eingesetzt; 34 Konversationshefte erhalten	Zmeskalls Interesse für Beethovens Schaffen, trotz seiner Krankheit — Medaille des französischen Königs für die Missa solemnis; 8. 1. Beethoven erläßt Johanna van Beethoven den Unterhaltsanteil; 9. 5. Streit mit Schindler; Adresse von Wiener Kunstfreunden; Beethoven erhält ab 1824 die Zs. Cäcilia; 24 Konversationshefte erhalten	Beethoven lehnt die Einladung des Bruders nach Gneixendorf ab; Briefaustausch Bruder und Neffe Beethovens; 11. 9. Beethoven phantasiert vor den Gästen Schlesingers; 24 Konversationshefte erhalten
KRANKHEITEN	Gesundheit besser; Febr.: Ohrenschmerzen; Mai: »Gicht auf der Brust«	Bindehautentzündung; Magenbeschwerden: »seit 3 Jahren immer Kränklich«; Juli: »Es geht viel Besser«	Augenentzündung; krank von Baden nach Wien; seit Jahren kränklich	Beethoven schwer erkrankt; Fußleiden; verbrannte Hand; »Gedärmentzündung«
WOHNUNGEN	bis Mai: Landstraßer Hauptstraße, Vorstadt Landstraße 244; Obere Pfarrgasse, Vorstadt Windmühle 60	Obere Pfarrgasse, Vorstadt Windmühle 60; Zur schönen Sklavin, Bockgasse/Ungargasse, Vorstadt Landstraße 323	bis Mai: Zur schönen Sklavin, Bockgasse/Ungargasse, Vorstadt Landstraße 323; ab Nov.: Johannesgasse, Innere Stadt 969	Johannesgasse, Innere Stadt 969; Krugerstraße, Innere Stadt 1074; Schwarzspanierhaus, Alservorstädter Glacis, Vorstadt Alsergrund, 200
FREUNDE, BEKANNTE, SCHÜLER	ab Herbst: Schindler Beethovens Adlatus; Ries 50 £-Offerte für neue Symphonie; F. und A. Brentano; Haslinger; B. Romberg; Dr.S.H. Spiker; A. Gräffer; J. Czerny	bis Sommer: Schindler Beethovens Adlatus; 19. 3. op. 123 an Erzherzog Rudolph; Grillparzer; Haslinger; M. Lichnowsky	bis Mai/Juni: Schindler Adlatus; Haslinger	seit Jahresmitte: Karl Holz nähere Bekanntschaft mit Beethoven; Sarah Payne
BRIEFE AN / VON kursiv: [auch] Brief[e] an Beethoven; kursiv-halbfett: Brief[e] nach Zahl und/oder Bedeutung hervorzuheben	Steiermärkischer Musikverein; A. M. Schlesinger; B. Romberg; Johann van Beethoven; Zmeskall; Simrock; C. F. Peters; F. Brentano; G. A. von Griesinger; A. Pacini; M. Schlesinger; B&H; Ries; F. Piringer; F. J. Zip; Artaria; W. Wildfeyer; A. F. Schindler;	Griesinger; Schindler; diverse Gesandtschaften und Souveräne; Bach; Galitzin; Bernard; C. M. von Weber; Kgl. Schwedische Akademie der Musik; Diabelli; Ries; Artaria; Radziwill; C. F. Peters; Goethe; Zelter; F. Duncker; Kg. Georg IV. von England; Neate; A. Pilat;	Johanna van Beethoven; R. G. Kiesewetter; Sonnleithner; Bernard; F. Kalkbrenner; M. J. Leidesdorf; A. A. von Neipperg; Schindler; Haslinger; Cl. L. Duc de la Châte; M. Schlesinger; H. A. Probst; Schott; Galitzin; Dietrichstein; Piringer; Maschek; F. von Trauttmanns-	C. W. Henning; Galitzin; Schott; Haslinger; Neate; Probst; Ries; Nägeli; J. A. Stumpff; J. K von Dietrichstein; Schuppanzigh; Zelter; Wolanek; J. Böhm; C. Peters; Dr. Braunhofer; L. Rellstab; Johann van Beethoven; Johanna van Beethoven; Piringer; Neffe; K. A. Reichardt;

MGGprisma I. Biographische Synopsis

(FORTSETZUNG)	1822	1823	1824	1825
BRIEFE AN / VON kursiv: [auch] Brief[e] an Beethoven; kursiv-halbfett: Brief[e] nach Zahl und/oder Bedeutung hervorzuheben **(FORTSETZUNG)**	C. Schwencke; Diabelli; N. Galitzin; M. von Dietrichstein; J. Schreyvogel; J. B. Wallishauser; S. A. Steiner	E. C. Schleiermacher; Erzherzog Rudolph; Haslinger; König von Frankreich; Simrock; F. Brentano; Dietrichstein; Cherubini; Cäcilienverein Ffm.; Neffe; Johanna van Beethoven; Schuppanzigh; Grillparzer; Schlösser; Esterhazy; W.Schlemmer (?); M. Schlesinger; Stockhausen; Spohr; Moscheles; L.A. Duport; J. Schick	dorff; Duport; Hensler; Schuppanzigh; M. Lichnowsky; L. Krause; Einladung für Dilettanten Wiens; F. Sartori; P. Gläser; Bach; Fr. Rzehaczek; Stainer von Felsburg; H. Sonntag; J. Schickh; C. Czerny; Johann van Beethoven; S. A. Steiner; Nägeli; Diabelli; Erzherzog Rudolph; N. Streicher; J. A. Streicher; V. Hauschka; C. F. Peters; Neate; F. A. Stumpff; C.F. Müller; Seyfried	Bernard; A. M. Schlesinger; J. von Henikstein; Diabelli; J. A. Stumpff; Erzherzog Rudolph; K. F. Müller; K. Holz; M. L. Pachler; C. F. Peters; M. Schlesinger; J. Linke; F. Kuhlau; Cherubini; R. Kreutzer; J. von Perget (?); F. M. Reisser; F. G. und El. Wegeler; S. A. Steiner
BESUCHER	L. Schlösser; F. Rochlitz; Rossini (?); H. Anschütz; B. Romberg (?); J. Drechsler; A. Boucher; L. Drouet (?); J. Czerny	Grillparzer; F. Wieck; L. Schlösser; E. Schulz; C.M. von Weber; Pachler-Koschak; F. Hauser; Grillparzer; F. Liszt	Stumpff; C. Rummel; C. Schwencke; G. Rossini; C. E. Soliva; R. von Duesterloh	Reichardt; Reuling; Freudenberg; C. Czerny; O. de Boer; Kuhlau; Smart; M. Schlesinger; S. Burney; Payne; L. Rellstab; Molt; W. W. Würfel; R. von Duesterloh; J. Sellner; K. Graf
REISEN, »SOMMERFRISCHE«	Mai/Juni: Oberdöbling; ab 1.9. und im Okt.: Kur in Baden	17.5. – 13. 8. Hetzendorf; 13. 8. bis Mitte Okt.: Baden	ab Mai: Penzing 43; Juli – Nov.: Baden	7. 5. – 15. 10. Baden
REISEPLÄNE		25. 2. Brief an Neate: 1824 in England	erneute England-Einladung; Reise ins »Südliche Frankreich« (?)	
KOMPOSITIONEN	op. 111, 119, 120, 123, 125	op. 120, 125 WoO 184 Hess 303	op. 121b, 122, 125, 126, 127 WoO 84, 186 Diabelli bestellt vierhändige Sonate	op. 127, 132, 130, 131 WoO 35, 61a, 85, 86, 195, 203
SKIZZENBÜCHER	Skizzenbuch 1822 (früh); Artaria 201; Paris Ms. 33, 51, 51/7, 58d, 70; Artaria 180 (S. 33/34); Artaria 205/6a; Artaria 205/1	Artaria 201; Artaria 205/5; Engelmann; Landsberg 8/1 und 8/2 (= Haus-Skizzenbücher »K« und »O«); Grasnick 20b; Bonn NE 111 (Rolland), Bsk 21; Kraków Aut. 8/1 und 8/2; Paris Ms. 56 und 97	Landsberg 8/2; Wien A 50; Bonn BH 112; Kraków Aut. 8/2; Berlin Aut. 11/2; Artaria 205/4; Grasnick 4	De Roda; Kullak; Berlin Aut. 11/2, 9/5, 9/2, 9/1, 9/1; Moskau CMMC; London (GB-Lbl) Egerton 2795

(PRIVAT)KONZERTE UND AKADEMIEN	3. 4. und 26. 11. Fidelio	3. 10. op. 124		7. 4. op. 123 UA in St. Petersburg; 7. 5. op. 124, 123 (3 Sätze), 125: 23. 5. op. 124,116, 123 (Kyrie), 125; 13. 11. Fidelio erstmals in Amsterdam
REZEPTION	op. 72: »Von den sieben neuen Opern [am k.k. Hoftheater; zum Jahre 1814] finden wir nur Beethovens Fidelio auszuheben; dies wenn auch weniger theatralische, doch durch Reichthum an neuen Ideen und innigem Ausdruck treffliche Werk, das auch bald bei allen guten Theatern Deutschlands Eingang fand und lange ihn behalten wird.« (AmZ); 1. 10. Vortrag von Beethoven-Klaviersonaten bei Goethe	op. 120: »Eine solche Mannichfaltigkeit aber in melodischer, harmonischer, rhythmischer und contrapunctischer Erfindung in Schönheiten aller Art, wie sie die vorliegende Composition darbietet, möchte bis jetzt schwerlich durch irgend einen Variationenkranz erreicht worden seyn. Wir glauben, daß von Beethoven selbst sein großes 35. Werk überboten habe.« [JLK]; 29. 11. Galitzin zu op. 123: »ce bel ouvrage«; C. M. von Weber dirigiert und preist op.72	AmZ: op. 109, 3. Satz, op. 110 positiv hervorgehoben; sehr kritisch op. 111, 2. Satz; op. 111 die »Idee« in gehaltener Form offenbart (Dialogrezension Berliner AmZ); ab 1824: Neuansatz der Beethoven-Deutung in der Berliner AmZ; Nägelis Gedicht auf Beethoven	op. 125: »Kaum weiß ich, was ich von diesem kolossalen Werke, für dessen Beurtheilung [...] der gewöhnliche Maßstab durchaus nicht passt, sagen soll.« (AmZ); op. 91: »Jeder, je theurer ihm Beethoven und seine Kunst ist, muß wünschen, daß doch recht bald die Vergessenheit den versöhnenden Schleier werfen möge über solche Verirrung seiner Muse.« (Cäcilia)
FINANZEN	Beethoven muß eine seiner 8 Aktien veräußern; Beethoven überläßt seinem Bruder Johann mehrere Kompositionen zwecks Schuldenbegleichung; Beethoven quittiert A. M. Schlesinger 30 # für op. 110; 26 £ aus England (für op. 104 und 106 ?); 3. 4. und 15. 10. je 600 fl. von Kinsky; insges. 700 fl. von Ferdinand Lobkowitz; Erzherzog Rudolph zahlt	Beethoven beleiht eine Aktie mit 800 fl., um seine Brentano-Schulden (insges. 900 fl.) und Schneider Lind zu bezahlen; 1. Rate Rückzahlung (600 fl.) an Steiner; 26 £ 5 shilling aus England für op. 119; 1200 fl. von Kinsky; 25: 3., 30. 6., 25. 9. je 175 fl. von Lobkowitz; Erzherzog Rudolph zahlt	30. 3. und ?: je 600 fl. von Kinsky; 18. 1., 1. 4., 25. 6., 3.10, je 175 fl. von Lobkowitz; Erzherzog Rudolph zahlt; M. Schlesinger zahlt für op. 132 80 #; Galitzin zahlt für op. 127 50 #; Steuerschulden; 360 fl. an Peters, Leipzig, zurück	7: und 25. 9.: je 600 fl. von Kinsky; 24. 12., 22. 3., 1. 7., 25. 9. je 175 fl. von Lobkowitz; Erzherzog Rudolph zahlt für op. 132 80 #; Galitzin zahlt für op. 127 50 #; Steuerschulden; 360 fl. an Peters, Leipzig, zurück
VERLEGER, EDITIONEN	Simrock verlegt als erster Partituren der 1.-4. Symphonie; M. Artarias Musikverlag eröffnet; Anfrage M. Schlesingers wegen Quartetten und Quintetten; Verhandlungen mit Peters	Simrock verlegt als erster Partituren der 1.-4. Symphonie; Ms. von op. 120 an Diabelli	M. Schlesinger sendet Partitur von Méhuls Valentine de Milane; Verhandlungen mit Probst, Leipzig; scheitern	Beethovens »humoristisch-romantische Lebensbeschreibung«; T. Haslingers; 4. 9. Vertrag mit M. Schlesinger über zwei Quartette

MGG**prisma** I. Biographische Synopsis

(FORTSETZUNG)	1822	1823	1824	1825
ANDERE DATEN	A. F. Schindler: Musikdir. am Josephstädter Theater; Henriette Sontag in Wien; Mai/Okt.: Louis Drouet in Wien; Anfrage Galitzins wegen »un, deux ou trois Nouveaux Quatuors«; aus Boston Oratoriums-Auftrag; 1. 12. erstes öffentliches Konzert von Liszt in Wien	Dekret gegen den Raubstich von Beethovens Kompositionen; Schuppanzigh wieder in Wien; W. Schlemmer † ; 15. 12. I. Moscheles konzertiert u. a. auf Beethovens Broadwood-Flügel; Marie Gräfin Erdödy muß Österreich verlassen; 13. 4. Konzert Liszts	Verlängerung der Karlsbader Beschlüsse auf unbestimmte Zeit; 13. 1. R. G. Kiesewetter mahnt das Oratorium für die Ges. der Musikfreunde an; C. Czerny weigert sich, op.73 kurzfristig zu spielen; Schuppanzigh »Expectant« der Hofkapelle; Streit mit Schindler; Ries übersiedelt nach Godesberg; Kalkbrenner in Wien	Beethovens Adresse an das Schuppanzigh-Quartett; Schindler 3.; Orchesterdirektor am Kärntnerthortheater; Henriette Sontag nach Berlin; 31. 5. Schließung des Theaters an der Wien; 20. 6. Zmeskall pensioniert; Ende August: M. Schlesinger in Wien; 4. 9. Sir George Smart in Wien

	1826	1827	1828	1829
FAMILIEN- UND PERSÖNL. DATEN	April: K. Holz kauft für Beethoven Forkels Allg. Lit. der Musik; 6. 8. Suizidversuch des Neffen (»Ich bin schlechter geworden, weil mich mein Onkel besser haben wollte«); 28. 8. Beethoven an Bruder Johann: »Ich komme nicht – Dein Bruder???? ??!!!! «; 26. 9. St. von Breuning Vormund des Neffen; Schallverstärkungskuppel für den Flügel; 29 Konversationshefte erhalten	2. 1. Neffe zum Militär; 3. 1. Testament; 29. 1. Heublumenbad für Beethoven; 7. 3. Diplom Ehrenmitglied der Ges. der Musikfreunde; 24. 3. Sterbesakramente; 26. 3., 5.45 Uhr (5:00 ? Uhr) nachmittags: Beethoven stirbt; 29. 3. Begräbnis; 10 Konversationshefte erhalten		Johanna van Beethovens Schulden belaufen sich auf 5770 fl. C. M.
KRANKHEITEN	Febr.: Abdominalbeschwerden; Gicht; Dez.: Lungenentzündung, gefolgt von Leberzirrhose / Aszites; 20. 12. 1. Aszites-Punktion	8. 1., 2. und 27. 2. weitere Aszites-Punktionen		
WOHNUNGEN	Schwarzspanierhaus, Alservorstädter Glacis, Vorstadt Alsergrund, 200	Schwarzspanierhaus, Alservorstädter Glacis, Vorstadt Alsergrund, 200		
FREUNDE, BEKANNTE, SCHÜLER	Holz; April bis Aug. und Ende 1826/Anfang 1827: Schindler wieder bei Beethoven; Grillparzer; St. von Breuning; Wegeler; A. Halm; C. Kuffner; D. Ertmann (?); Artaria	St. und G. von Breuning; Schindler; Holz; Wolfmayer, Streicher; Pasqualati; A. Hüttenbrenner		

BRIEFE AN / VON kursiv: [auch] Brief[e] an Beethoven; kursiv-halbfett: Brief[e] nach Zahl und/oder Bedeutung hervorzuheben	K. Holz; *Neffe*; Galitzin; St. von Breuning; K Graf; Schott; Abbé M. Stadler; M. Schlemmer; Dr. Braunhofer; A. M. Schlesinger; F. L. Hatzfeld zu Trachenberg; Artaria; S. A. Steiner; Schuppanzigh; Graf Brühl; Wiener Zensurbehörde; Haslinger; M. Schlesinger; A. Halm; K. A. Freiher von Klein; Schindler; Probst; I. A. A. Dembscher; W. Ehlers; *Stieglitz & Co.*; Dr. Smetana; *Johann van Beethoven*; I. Czapka; Diabelli; König Friedrich Wilhelm III. von Preußen Tendler & Manstein; M. J. Pachler; Wegeler; A. Wermhart; A. Clarke comte de Feltre; Schnyder von Wartensee; Dr. Wawruch	J. B. Bach; St. von Breuning; *Stieglitz & Co.*; *Neffe*; A. F. Schindler; Schott; F. G. und E. Wegeler; J. A. Stumpff; Zmeskall; G. Smart; I. Moscheles; K. Holz; G. von Tucher; I. von Gleichenstein; Ges. der Musikfreunde Wien; J. B. Pasqualati; Bundesversammlung Frankfurt
BESUCHER	A. M. Schlesinger; S. H. Spiker; J. B.-Jenger; Abbé Max. Stadler; A. Mittag (Fagottist); K. Graf; Schindler; Holz; F. von Bogner; D. Ertmann; W. Rampl; M. Schlemmer; Johanna van Beethoven; N. Schechner (?); Johann van Beethoven	J. N. Hummel; F. Hiller; M. Lichnowsky; J. N. E. Dolezalek; Gleichenstein; Schuppanzigh; J. Linke; F. Piringer; Haslinger; Hüttenbrenner; J. Teltscher; N. Schechner; Dr. Malfatti; Dr. Wawruch; St. und G. von Breuning; J. N. Wolfmayr; Bernard; A. Jeckel; L. Cramolini; K. Holz; A. Schindler; Johann van Beethoven
REISEN, **»SOMMERFRISCHE«**	28. (?) 9. mit dem Neffen nach Gneixendorf; 27. / 28. 11. (?) Rückreise nach Wien	
REISEPLÄNE	1. 2. Einladung Wegelers nach Koblenz, Reise nach Ischl	
KOMPOSITIONEN	op. 131, 134, 135, 130/6. Satz WoO 62 [bleibt Fragment], 198; Gespräche über Oratorien und ein Requiem; Plan für die Vertonung von Kuffners Saul	

MGG*prisma* 1. *Biographische Synopsis*

[FORTSETZUNG]	1826	1827	1828	1829
SKIZZENBÜCHER	Kullak; Berlin Aut. 9/1A, 9/3, 9/4, 10/1 und 2; Bonn Bsk 22 und MH 96; Artaria 205/3, 210, 216, 209; Paris Ms. 62 und 66	Berlin Aut. 10/2		
(PRIVAT)KONZERTE UND AKADEMIEN	1.1. op.4; 15.1. op.29; 26.2. op.74; 6.3. op.125 in Leipzig; 12.3. op.16; 21.3. op.130 [UA]; 1.4. op.97; Mitte Aug.: 2 Privatauff. von op.130 (mit der Fuge) bei Artaria; Erstaufführungen op.125: 13.11./27.11. Berlin, Klavier- und Orchesterauff., 18.12. Berlin; 20.12. Bremen	21.1. Anzeige Schuppanzighs für 6 Quartettunterhaltungen (1. Konzert am 28.1.); 2.2. op.86 (?); 11.2. op.70/1; 1.3. op.123 (Gloria); 15.3. op.125 in Wien im 2. Concert spirituel; 2.4. op.60, 116, 20 in London; 5.4. op.123 (Kyrie); 19.4. op.125, 1. Satz	Fidelio in Mannheim	Fidelio in Paris
REZEPTION	op.125: »Sollte ich von dem Eindruck sprechen, den diese Symphonie [...] gemacht hat, so könnte ich nicht anders berichten, als daß [...] er die Meisten, die nicht ungebildete [...] Zuhörer sind [...] ihres Glaubens an die fernem Produktionen des Meisters beraubt hat« (Berliner AMZ)	Nekrolog: Beethoven der »Erfinder«, »Neuerer«, Geschichte schaffend (Rochlitz, AMZ) 17.10: Veröff. des »Heiligenstädter Testaments« (AMZ); op.123: »Beynahe wie alles aus s. jüngsten Kunstepoche gleich schwer vorzutragen u. zu begreifen. Wer sich anmaßt, ein so complizirtes Tonwerk nach einmaligem Hören gefasst u. verstanden zu haben, mag s. wagen, ein Urtheil darüber zu fällen. Ref. bekennt sich unfähig dazu.« [AMZ]	op.132/135: »selbstgeltende [...] schöne« Führung der Stimmen wie nur noch bei J. S. Bach, letzte Offenbarungen Beethovens (A. B. Marx in Berliner AMZ); Diskussion über die Akzente und Aspekte im Rang Beethovens (G. W. Fink in AMZ), gerade angesichts der Missa solemnis, letzten Quartette, 9. Symphonie (AMZ 1825; Rochlitz 1828)	op.47 (Ouv.), 113–115; 117,124, Hervorhebung von op. 115 in Hoffmannscher Diktion (»rastloses Treiben«)
FINANZEN	1.4./28.8. von Kinsky 600 fl.und 200 C.M.; 175 fl. und 280 fl. C.M. von Lobkowitz; Erzherzog Rudolph zahlt; von Artaria für op.130 80 # 8. und 19.6. Schott je 40 # für op.131; 12 # für op.134; Beethoven mahnt Fürst Galitzin via Stieglitz & Co. wegen 125 # für op.132, 130, 124 (Widmung)	25.2./24.10. 240 C.M. und 86 fl. 40 von Kinsky; 6.10. 66 fl. 53 C.M. von Lobkowitz; Erzherzog Rudolph zahlt; 28.2. 1000 fl. Hilfe von der Londoner Philharmonischen Ges. beschlossen; Galitzins Schuld von 125 # wird erst 1835 (50 #) und1852 (75 #), gezahlt an Karl van Beethoven, beglichen		

VERLEGER, EDITIONEN	Verlag Steiner & Co. gelöscht, Haslinger zeichnet ab Juli als einziger für den Verlag; Aug.: op. 125 Partitur und Stimmen; 22. 11. neues Finale op. 130 an Artaria; von A. M. Schlesinger Klavierauszug von Webers Oberon	24. 1. Erklärung Beethovens zugunsten Pleyels für op. 130, 133, 134; 4. 5. Veröffentlichungsankündigung für op. 130, 10. 5. für op. 133 und 134
ANDERE DATEN	Febr.: op. 132 an Galitzin; 19./20. 3. Händels Oratorium Salomon aufgeführt; 23. 4.: Konkurs Bankhaus Fries; 14. 12. Beethoven quittiert die 40-bändige Händel-Ausgabe aus England; 25. 11. Dank und Ring des preußischen Königs für das Widmungsexemplar der 9. Symphonie; 24. 12. C. M. von Webers Oberon; 30. 5. D. Ertmann in Wien	8. 2. Dank an Stumpff für die Händel-Ausgabe; Beethoven erwirbt ein Buchausleih-Abonnement; 2. 2. Gleichenstein in Wien; 22. 2. Beethoven bittet Schott um Wein; 18. 3. Dank an die Philharmonische Ges. London; 20. 5. Dr. Wawruch Ärztlicher Rückblick auf L. van Beethovens letzte Lebensepoche (publiziert erst 1842); 4. 6. St. von Breuning †; 30. 1. und 3. 2. Mozarts Titus

Leben und Werk Beethovens wurde in den letzten Jahrzehnten durch einen Zuwachs an Material, an Daten, Quellen und Informationen – auch in Form aktualisierender Veröffentlichungen – schärfer und vielfältiger beleuchtet, wozu nicht zuletzt neue Deutungen beitragen, durch die zahlreiche offene, strittige, ja unlösbar erscheinende Fragen deutlicher noch hervortreten.

II. Quellenaspekte
1. Geburtsdatum

Beethovens Geburtsdatum ist nach wie vor offen und steht damit zur Diskussion, wenn nicht zur Disposition: 16. oder 17. Dezember 1770? Man kennt das Taufdatum, den 17. Dezember 1770, und differiert in der Auffassung darüber, ob dieser Tag zugleich Tag der Geburt oder erster (zweiter?) Tag danach war. Beides ist durchaus in Übereinstimmung zu bringen mit dem Usus, das Neugeborene bei damals immer zu gewärtigender Ganz- oder Quasi-Koinzidenz von Geburt und Tod nicht ungetauft ins Jenseits zu entlassen. So war auch das Geburtsdatum bereits den Zeitgenossen fragwürdig. Franz Gerhard Wegeler, der erste und sicherlich beste Freund seiner frühen Jugend, schreibt zwar: »*Unser Ludwig wurde geboren den 17. Dezember 1770*« (Fr. G. Wegeler/F. Ries 1838, S. 5f. [s. Lit. D. I., im folgenden Wegeler/Ries]). Das Zitat aus den »*Taufbüchern der Pfarre St. Remigii in Bonn*« indes, mit dem er seine Angabe belegen möchte, bestimmt den 17. Dezember eindeutig als Taufdatum. Eine Eintragung des Neffen Karl in den Konversationsheften des Jahres 1823 zeigt die Unsicherheit über Beethovens Geburtstag in seinem Umkreis in Permanenz: »*Heut ist der 15*te *December, u. da bist du geboren; so viel ich sehen konnte; nur konnte ich nicht dafür stehen, ob es der 15*te *oder der 17 sey, da man sich auf den Taufschein nicht verlassen kann*« (Beethovens Konversationshefte, hrsg. von K.-H. Köhler/G. Herre/D. Beck [s. Lit. B.II., im folgenden Bkh], Bd. 5, S. 24).

Jüngster, bereits bekanntes Detailwissen aufbereitender Forschung zufolge kann indes mit ziemlicher Wahrscheinlichkeit der 16. Dezember 1770 als Beethovens Geburtstag gelten. Das läßt sich einmal erschließen aus der – schon bei Alexander Wheelock Thayer (A. W. Thayer 1866–1879 [s. Lit. D. I., im folgenden TDR], Bd. 1, S. 122 A.1) zitierten – Notiz im Hause des Bonner Verlegers Simrock, wo man auf der Rückseite von Beethovens Todesanzeige vermerkt hatte: »*L.v.Beethoven ist am 16. Dezember 1770 geboren*«; zum anderen aber weist eine Stelle in Albrechtsbergers Brief vom 15. Dez. 1796 (Briefe GA, hrsg. von S. Brandenburg 1996 [s. Lit. B.I.], Bd. 1, Nr. 24, S. 34, im folgenden GA) ebenfalls auf den 16. Dezember als Beethovens Geburtstag hin: »*Wien, den 15. Dez. 1796. /Mein lieber Beethoven! Zu Ihrem morgigen Namensfeste* [recte:

Geburtstag] *wünsche ich Ihnen das Allerbeste.*« (vgl. Th. Albrecht/E. Schwensen, *More*
than just Peanuts. Evidence for December 16 as Beethoven's Birthday, in: The Beethoven
Newsletter 3, 1988, H. 3, S. 50, 59ff.).

2. Quellenzuwachs

Harry Goldschmidt hat 1979 eine Liste jüngerer und jüngster Quellenedition präsentiert (*Zu Beethoven. Aufsätze und Annotationen,* hrsg. von H. Goldschmidt,
Bln. 1979 [s. Lit. F.III.2.], S. 169): Beethovens Konversationshefte (mittlerweile auf 10
Bände angewachsen, der 11. ist im Druck), Beethovens Entwurf einer Denkschrift
(Dagmar Weise 1953 [B.III.]), Gesamttext der Fischerschen Aufzeichnungen (Joseph
Schmidt-Görg 1971 [B.III.]), Erschließung lokalgeschichtlicher Quellen zur Bonner
Beethovenzeit (Max Braubach 1970 [B.III.]), die Veröffentlichung der Dreizehn
unbekannten Briefe an Josephine Gräfin Deym (J. Schmidt-Görg 1957 [B.I.]), Elliot
Forbes' revidierte Edition von Thayers Beethoven-Biographie (1964 [D.I.]), die Familien-Korrespondenz der Brunsviks 1799–1821 (Schmidt-Görg 1955/56, 1957, H. Goldschmidt 1973/77 [B.I.]). Dieser Aufstellung sind mittlerweile drei gewichtige Quellenpublikationen hinzuzufügen: Beethovens Tagebuch der Jahre 1812–1818 (M. Solomon 1982 und 1990 [B.III.]), das Fischhof-Manuskript (Cl. Brenneis 1984 [B.III.])
und vor allem die endlich erschienene, auf 8 Bände ausgelegte Gesamtausgabe des
Beethoven-Briefwechsels samt Kontext-Korrespondenz (hrsg. von S. Brandenburg
1996 [B.I.]). Die Tagebuch-Veröffentlichung übertrifft die früheren Editionen
(L. Nohl 1871) nach Textvollständigkeit, mittels Faksimile und Kommentierung;
die kommentierte Präsentation des Fischhof-Manuskripts (ohne das Tagebuch) ist
als Dokument der Auseinandersetzung um eine frühe Beethoven-Biographie und
einer biographischen Quellensammlung, aber u.a. auch als Briefquelle (Ries,
Neate), von großem Interesse, wobei die Kommentierung (auch zum Tagebuch)
angesichts der problematischen Authentizität und Verläßlichkeit einzelner Quellentexte sowie -angaben besonders wichtig ist; die Briefedition, die nach mehreren,
Generationen überdauernden Anläufen nun vorliegt, läßt die erheblichen, beeindruckend bestandenen Schwierigkeiten, die zu einem ganzen Kometenschweif von
Ortungs-, Zuweisungs-, Identifizierungs- und Datierungsproblemen (Papier- und
Wasserzeichenuntersuchungen eingeschlossen) gehören, auch für den einigerma
ßen Sachkundigen nur andeutungsweise ahnen. Sie gibt allerdings auch Probleme
an den Benutzer weiter. So etwa in puncto der Authentizität des - in Verbindung
mit der Frage nach Beethovens Geburtsdatum - wichtigen Albrechtsberger-Briefes
vom 15. Dez. 1796. Die Echtheit dieses, wie auch der beiden anderen Briefe an den

Komponisten, stellt die neue GA in Frage (Bd. 1, S. 34). Der damit aufgeworfene Dis-
kussionspunkt wird vom Herausgeber der amerikanischen, jüngst mit dem 1. Band
herausgekommenen *Letters to Beethoven and Other Correspondence* (Th. Albrecht 1996
[B.I.], S. 49 A.4) angesichts der fehlenden Brieforiginale als nicht wirklich diskussi-
onswürdig, folglich marginal behandelt. Darüber hinaus wäre zu fragen, ob der
letzte bekannte Besitzer der Briefe, Guido Adler, hier wirklich einer Fälschung auf-
sitzen konnte.

Allein die Frage des Geburtsdatums und der daraus resultierende Erwägungs-
und Diskursspielraum zeigen deutlich, daß es speziell bei Beethoven mit einer
schlicht narrativen Lebensdarstellung nicht getan sein kann; eine Herausforderung, die gerade die Beethovenforschung der letzten Zeit angenommen und die sie
mit jeweils neuen Aufgaben konfrontiert hat.

3. Quellenprobleme

Diesem Aufgabenkomplex vorgeschaltet ist freilich immer noch die systematische Prüfung und Entschlüsselung der Quellen. Dies gilt gerade angesichts der
bemerkenswerten Enthüllung von Anton Felix Schindlers Fälschungen in Beethovens Konversationsheften (D. Beck/G. Herre 1979 [B.II.], S. 11–89; P. Stadlen 1979) wie
auch mit Blick auf die von Schindler fingierten »*sogenannten Beethovenschen Spielanweisungen*« Cramerscher Etüden (D. Beck/G. Herre 1988, S. 177–208). Daß in Verbindung damit das Vertrauen in die verschiedenen Fassungen der Schindlerschen Beethoven-Biographie, die ohnehin eine lange Liste von Fehlern aufweist (Donald
D. MacArdle 1966 [= A. Schindler 1849, s. Lit. D.I.], S. 85 Anm. 39 und passim), nicht
gerade gehoben wird, steht außer Frage. Das kann indes nicht bedeuten, Schindler
in Bausch und Bogen zu verwerfen. Ohnehin hat sich, an den Nachweis der Schindlerschen Fälschungen anknüpfend, eine Reflexions- und Diskursschleife nächsten
Grades angeschlossen, erhitzt von der Frage, ob nicht in Schindlers Zutaten gleichwohl auch authentische Ingredienzien aus Beethovens Gesprächen eingegangen
sein mögen (vgl. auch: A.-W. Küthen: Gradus ad Partituram, in: Hudební věda,
XXXVI [1999] S. 17). Das Stichwort »Zwei Prinzipe«, das Analytiker unter Berufung
auf Arnold Schmitz (Schmitz 1923 [D.I.]) nur ungern automatisch zu Lasten des
Prinzips »kontrastierende Ableitung« aus dem Verkehr gezogen sehen möchten
(C. Dahlhaus 1987 [D.I.], S. 68f., 83, 131, 163, 170, 187, 200, 251, 272, 313, dazu L. Lockwood in: 19th *Century Music* 16, 1992, H. 1, S. 82), ist hierfür ein Exempel. Auch über
andere Punkte der Ausführungen Schindlers wird die Diskussion offengehalten,
etwa zur Wiedergabe Beethovenscher Kompositionen (vgl. G. Barth 1992, S. 65f. und

passim [D.II.1.h.]), aber auch in puncto der Beethovenschen »Idee« und damit zur programmatischen Auslegung der Kompositionen (E. R. Sisman in: *Beethoven Forum 6*, 1998, S. 8of.). Schließlich wird auch zu bedenken gegeben, daß Schindlers Fragen, Gedanken, Gesprächsfiktionen »are nevertheless primary historical data and must be taken into account« (L. Treitler 1999, S. 102 [E.IV.1.d.λ]).

Kaum geringere Fragen wirft das Tagebuch Beethovens auf. Da das Original bis heute – abgesehen von einzelnen Seiten (M. Solomon 1990, S. 27, 36 [B.III.]) – verschollen blieb, ging und geht es darum, im erhaltenen Abschriftenbestand, zu dessen Quellenproblematik auch das sog. Fischhof-Manuskript gehört, die Kopie mit dem prozentual höchsten Authentizitätsgrad zu ermitteln. Die hierfür als am ehesten geeignet erscheinende Gräffersche Abschrift (M. Solomon 1990, S. 20) ist freilich in jüngster Zeit im Tagebuch-Stemma als Abschrift nach dem Beethovenschen Original wieder in Frage gestellt worden (M. E. Tellenbach 1998 [D.II.1.e.]). Grundsätzlich besteht ein wesentliches Problem darin, daß die Fragwürdigkeit einzelner Lesarten diese Quelle (und nicht nur sie) in ihrer Funktion als Stütze bestimmter, unvermeidlicher Hypothesenbildungen – etwa im Zusammenhang mit der Identität der *»unsterblichen Geliebten«* – einen gewissen Interpretationsspielraum öffnet, der – kraß gesagt – die Möglichkeit bietet, eine Unsicherheit durch eine andere zu stützen. Daß die Bedeutung des Tagebuchs als Quelle für Beethovens religiöse Sondierungen, seinen philosophisch-existentiellen Erlebnis-, Bildungs- und Reflexionshorizont von größter Bedeutung ist, Aspekte, die namentlich durch die verdienstvollen Forschungen hinsichtlich der Zitatfiliationen erheblich erhellt werden konnten (Solomon 1990, S. 125ff. und passim; Solomon 1982, S. 212ff. und passim [B.III.]), steht dabei völlig außer Frage.

4. Autobiographische Abstinenz und Quellenkritik

Zu dem Quellenproblem hat freilich Beethoven in gewisser Weise selbst ungewollt beigetragen. In einem Brief an Franz Gerhard Wegeler vom 7. Dez. 1826 (GA, Bd. 6, Nr. 2236, S. 319) schreibt er: *»Ich habe mir aber zum Grundsatze gemacht, nie weder etwas über mich selbst zu schreiben, noch irgend etwas zu beantworten, was über mich geschrieben worden.«* Beethoven formulierte mit dieser Aussage ein Prinzip autobiographischer Auskunftsscheu, eine Lebensmaxime, von der er vor der Öffentlichkeit nicht abgewichen ist. Sie trug andererseits dazu bei, daß – sieht man von den Briefen, den Konversationsheften und seinem Tagebuch von 1812 bis 1818 einmal grundsätzlich ab – Beethovens überlieferte Gespräche mit Freunden und Besuchern einen autobiographischen Ersatz- und Zwischenbereich entstehen ließen. Diese als

Erinnerungen und *Berichte der Zeitgenossen* (Leitzmann, Kerst, Sonneck) überlieferten Äußerungen nehmen in dem auf uns gekommenen und immer wieder verarbeiteten biographischen Material einen Platz ein, der ihre Authentizität entschieden übersteigt. Hier liegt eine Aufgabe biographischer Quellenforschung, die bisher erst in Ansätzen aufgegriffen worden ist.

Wie dringend eine kritische Untersuchung solcher Text-Ensembles ist, zeigt etwa die Quellen- und Kontextanalyse von James Webster zum Verhältnis Haydn – Beethoven (Webster 1984 [E.V.]), ausgehend von den Autoren: Carpani, C.Czerny, Dolazek, Drouet, Fuchs, Griesinger, A.B.Marx, Moscheles, Ries, Schenk, Schindler, von Seyfried und F.Lorenz. Es handelt sich einmal darum, zwischen ursprünglichen und abgeleiteten Quellen zu unterscheiden, gemäß der Festellung Droysens: »*es liegt auf Hand, daß, wo die spätere Quelle sich aus einer früheren abgeleitet zeigt, sie nicht Quelle ist; und wo ihre Quelle nicht mehr nachzuweisen ist, da hat sie trotzdem eine solche gehabt und muß uns trotzdem als Ersatz für eine solche dienen, ohne daß sie darum an Wert steigt*« (Droysen, Historik, Ausgabe Dst. 1974, S.64). Zum anderen aber zielt solche Quellenkritik auf die Erhellung des Quellen-Kontextes und der hinter ihnen stehenden subjektiven, Weitergabe und Einfärbung des Quelleninhalts lenkenden Antriebsmomente. Das Bewertungskriterium letzter Instanz, Authentizität, d.h. inhaltlich und zeitlich möglichst große Nähe zum Sachverhalt, führt zu dem Ergebnis, daß die verschiedenen Aspekte des Mißverhältnisses zwischen Haydn und Beethoven, wie sie berichtet werden, sich inhaltlich auf »*mutual distrust and feelings of ambivalence*«, zeitlich aber etwa auf die Zeit zwischen 1800 und 1804 reduzieren. Der verschiedentlich (NGroveD 2, S.358; M.Solomon 1977, S.70-72; H.C.Robbins Landon, Haydn, L. 1976ff., Bd.3, S.224) geäußerte Verdacht, Beethoven habe Haydn über seine finanziellen Verhältnisse getäuscht und ihm alte Bonner Kompositionen zur Versendung an den Kurfürsten Maximilian Franz übergeben, seinen Lehrer also doppelt düpiert, erweist sich, genauer betrachtet, als gegenstandslos (J. Webster 1984, S. 17, 21 [E.V.]). Sehr wahrscheinlich hatte Beethoven die Kompositionen, beraten von Haydn und als eine der ersten kompositorischen Aufgaben seiner Wiener Zeit, überarbeitet. Seine dem Brief Haydns beigelegte, indirekte Bitte um fortdauernde finanzielle Förderung aber war als Geste der Ergebenheit und des Versprechens sehr wahrscheinlich mit Haydns speziellen, brieflich vorgetragenen Vorstellungen über Beethovens finanzielle Ausstattung abgestimmt; sie erscheint in diesem Kontext nur gekoppelt an rückhaltlose Darlegung seiner Finanzen gegenüber Haydn als vernünftig und sinnvoll.

Nicht alle von grundsätzlich berechtigter Skepsis geleitete Quellenkritik erweist sich jedoch bei näherem Hinsehen als begründet, mag sie auch noch so überzeugend scheinen. Besondere Beachtung verdient unter diesem Aspekt der durch Louis Schlösser auf uns gekommene, indes von Solomon (1980, S. 272–283 [E.IV.3.d.], wiederabgedr. in 1988, 126–138 [H.II.]) in Frage gestellte Bericht über Beethovens Schaffensprozeß; eine Kritik, die auch in die Gesamtausgabe der Briefe (Bd. 5, S. 122 Anm. 1) Eingang gefunden hat. Solomons Kritik ist allerdings nachdrücklich in Frage zu stellen (vgl. Kl. Kropfinger 1995, Bd. 1, S. 281 [E.IV.1.a.opus 130]; s. auch N. Marston 1992, S. 132 [E.IV.1.e.]), angesichts eines Briefes Beethovens von Anfang März 1814 an Treitschke, in dem er sich in einer der von Schlösser weitergereichten Version sehr ähnlichen Weise äußert: »*wie ich gewohnt bin zu schreiben, auch*

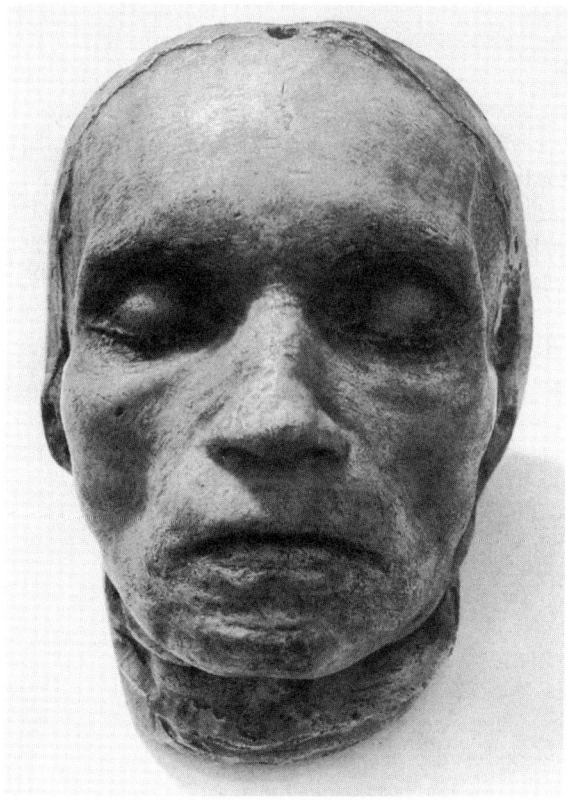

Beethovens Totenmaske von Joseph Danhauser
Historisches Museum, Wien

4. Autobiographische Abstinenz und Quellenkritik MGGprisma

in meiner Instrumental Musick habe ich immer das ganze vor Augen« (GA, Bd. 3, Nr. 707, S. 20). Es ist überhaupt eine Erkenntnis der Skizzenforschung, daß Beethoven möglichst bemüht war, *»Sich zu gewöhnen gleich das ganze – alle Stimmen wie es sich zeigt im Kopfe, zu entwerfen«* (vgl. auch R. Winter 1982, S. 113 und passim [E.IV.1.a.opus 131]).

Beethoven hat seine autobiographische Abstinenz freilich in einem biographischen Zusammenhang betont, der bis in seine Jugend zurückreicht. Er beantwortete auf diese Weise noch kurz vor seinem Tod Wegelers Mahnung, er solle die Ehre seiner Mutter verteidigen und das in der Presse seit langem kursierende Gerücht zurückweisen, er sei der natürliche Sohn König Friedrich Wilhelms II. Psychoanalytisch orientierte Beethovenbetrachtung (Solomon 1977 [D.II.1.a.]) hat diese Beethoven – so wird dabei vorausgesetzt – gar nicht so ungelegene Legende mit der Unsicherheit des Komponisten über sein Geburtsjahr, die ihn sogar eine 1810 durch Wegeler beschaffte Taufurkunde verwerfen ließ, vor allem aber mit seiner in den Bonner Jugendjahren immer bewußter werdenden künstlerischen und moralischen Überlegenheit gegenüber Johann van Beethoven, seinem Vater, im Sinne einer Suche nach der wahren genetischen Identität verknüpft. Hier liegt wohl auch die Wurzel für Beethovens spätere Gewichtung des Namensprädikats *van*, das er – mag er auch vielleicht seit der ersten Wiener Zeit gewußt haben, daß es sich um kein Adelsprädikat handelte – wie ein Insigne künstlerischer Genialität hielt. Doch ist hierbei zu bedenken, daß es der Vater war, der, des wirklichen Geburtsjahres zweifellos gewiß, seinen Sohn 1778, als der Knabe zum ersten Mal öffentlich spielte, als *»sein Söhngen von 6 Jahren«* (TDR, Bd. 1, S. 130) vorstellte; daß Beethoven, der 1783 mit seiner Mutter nach Rotterdam reiste und auch in Den Haag konzertierte, auf der Honorarliste als Zwölfjähriger geführt wird (L. von Hassel 1965, S. 181–184 [D.II.1.b.]; Th. Albrecht 1996, S. 3 f. [B.I.]); schließlich zeigt auch Franz Gerhard Wegelers Angabe, er sei *»1782 mit dem 12jährigen Jüngling«* (Wegeler/Ries, S. XXIII) bekannt geworden, daß neben den Eltern auch der Jugendfreund des Geburtsjahres 1770 sicher war. Gleichwohl hat Beethoven offenbar die ›Legende der Zweijahresverjüngung‹ so internalisiert, daß er sich auf der Titelseite der wohl 1783 entstandenen 3 ›Kurfürstensonaten‹ (WoO 47) als elfjährig, auf der Abschrift des frühen Klavierkonzerts in Es-Dur (WoO 4), entstanden 1784, als zwölfjährig ausgibt. Die schlichte Frage, ob es nicht ganz einfach Gleichgültigkeit war, die Beethoven sein Geburtsjahr später konturlos werden ließ, bis er schließlich wegen der Werbung um Therese Malfatti dokumentarischer Gewißheit bedurfte, scheint trotz anderer Erklärungsversuche (M. Solomon 1977, S. 23 [D.I.]) nicht unbegründet.

Wie immer man aber auch diese Problemknoten zu lösen sich anschickt, deutlich wird, daß die äußeren Lebensereignisse und -abläufe durchweg mit einem ›Epizentrum‹ innerer Spannungen und Erschütterungen korrespondieren. Dieses ›Epizentrum‹, so könnte man versuchsweise formulieren, das – Seismograph, ›Ich-Generator‹ und Sender zugleich – Selbstvertiefung und Welterfahrung wie deren Interferenzen und Kollisionen registriert, verarbeitet und nach außen abstrahlt, ist die ›innere Biographie‹.

Der Grund für die bei Beethoven in besonderem Maße erschütterungsdurch-tränkte biographische Erfahrung ist wohl darin zu suchen, daß er mit einer Intensi-tät und Variationsbreite lebte und erlebte, die jeden Bezug auf irgendein Normal-maß außer Kraft setzt. Dies gilt nicht nur für das vielberedete Pathos, mit dem er seine persönlichen Lebensumstände empfand und reflektierte; nichts ist so unzu-treffend wie die Feststellung, Beethoven habe am Geschick anderer nicht mitleidend und trauernd Anteil nehmen wollen (M. Solomon 1977, S. 32). Beethovens erster eigenständiger Brief, das Schreiben an Joseph Wilhelm von Schaden (15. Sept. 1787, GA, Bd. 1, Nr. 3, S. 5f.), ist ein doppeltes Zeugnis; steht er doch nicht allein für Beet-hovens außergewöhnliche persönliche, ichgerichtete Leidensfähigkeit, ja Leidens-hingabe, sondern auch für seine, freilich auf eine schmale Wortskala projizierte Tiefe des Schmerzes um andere, hier seine Mutter. Spätere Zeiten dokumentieren das ungeminderte, ja vertiefte Weiterwirken dieses Erfahrungsbereichs: Seine Briefe an die Gräfin Erdödy (GA, Bd. 3, Nr. 935, S. 259), Amalie Sebald (Bd. 2, Nr. 595, S. 291), die Verleger Peters (Bd. 5, Nr. 1570 und 1583, S. 44, 62f. und Anm. 6) und Härtel (Bd. 2, Nr. 499, S. 191), Ferdinand Ries (angesichts von Salomons Tod; Bd. 3, Nr. 908, S. 234), Nikolaus Zmeskall (Bd. 4, Nr. 1161, S. 101) sprechen eine deutliche Sprache; sie zei-gen, daß Beethovens Menschlichkeit sich auch in diesem schwierigen zwischen-menschlichen Bereich bewies. Am deutlichsten tritt das in dem durchaus glaub-würdigen Bericht über seinen musikalischen Trost der Baronin Ertmann mit Hilfe seines Klavierspiel angesichts des Todes ihres Kindes hervor (TDR, Bd. 3, S. 583f.; Fr. Kerst 1913, Bd. 1, S. 239 [D.II.2.d.]). Schließlich spricht aber auch der Tagebuchtext »o sieh' herab Bruder, ja ich habe dich beweint und beweine dich noch« (M. Solomon 1990, S. 81), spricht gleichermaßen der Satz im Brief an Ries vom 28. Februar 1816: »der Tod meines Bruders wirkt auf mein Gemüth und auf meine Nerven« (GA, Bd. 3, Nr. 908, S. 234) wie auch die ins Jahr 1806 fallende, wohl im Zorn angesichts der Eheschließung sei-nes Bruders Kaspar Karl ahnungsvoll vorgreifende Skizzennotiz: »Einen Trauerweiden oder Akazien-Baum aufs Grab meines Bruders« (G. Nottebohm 1887, S. 83 [E.IV.3.a.]) für

Beethovens von tiefer Humanität getragene Geistes- und Seelenresonanz der Trauerarbeit. (A. Basso: L'invenzione della gioia, Milano 1994, S. 439, bezieht die verbale Skizzennotiz – wie H.-W. Küthen, dem ich den Hinweis verdanke – auf das Grab eines Freimaurerbruders.) Hier wären auch Briefe zu nennen, die zeigen, daß Beethovens Neffenfürsorge durchaus nicht das Gedenken an dessen Vater löschen konnte. Vielmehr spricht auch aus ihnen wenn nicht direkte, so auf jeden Fall verdeckte Trauer (vgl. auch GA, Bd. 4, Nr. 1273, S. 316; Nr. 1311, S. 280; Nr. 1326, S. 309; Nr. 1348, S. 332; Nr. 1473, S. 500). Es gibt aber auch Zeichen einer tätigen Trauer, die Trauerarbeit ganz bewußt in Fürsorge gegenüber dem Sohn des Bruders transformiert. Dies zeigt deutlich der Brief an den Neffen vom 15. November 1816 (GA, Bd. 3, Nr. 998, S. 322): »*übrigens ängstige dich wegen nichts, freylich betraure auch ich deinen Vater, allein wir können sein Andenken beyde nicht beßer ehren als indem du mit größtem Eifer deine Studien fortsezest u dich bestrebst ein rechtlicher u. vorzüglicher [?] Mensch zu werden u ich aber statt Seiner dir ganz vater bin, u. du siehst, wie ich alles, dir dieses ganz zu seyn, hiezu aufbiete.*«

6. Briefe – sprechende Sprachmühe

Es ist zweifellos auch diese Tiefensonde des Außenlebens gewesen, die bewirkte, daß ihm nicht nur seine Erfahrung der eigenen sprachlichen Unzulänglichkeit, sondern auch der sprachlichen Kundgabe überhaupt unzureichend erscheinen mußte. War er als ebenso unwilliger wie schlechter Briefschreiber bekannt, ja verschrien, so ist der tiefere Grund darin zu suchen, daß die geschriebene Mitteilung nicht oder doch nur sehr unzureichend das zu ›transportieren‹ vermochte, was er vermitteln wollte. Worttexte waren nicht das Medium seiner Kundgabe. »Im Kopfe«, so im Brief an Wegeler, kurze Zeit vor seinem Tode (GA, Bd. 6, Nr. 2236, S. 319), »*mache ich öfter die Antwort, doch wenn ich sie niederschreiben will, werfe ich meistens die Feder weg, weil ich nicht so zu schreiben im Stande bin, wie ich fühle.*« Es war immer wieder die Gefühlskomponente im sprachlichen Ausdruck, die Beimischung an »*Gemüth*«, damit aber auch im Syntaktischen der Sprache selbst, die wiederzugeben ihm überhaupt unerreichbar schien, die indes namentlich dem Musiker schwerfiel. Damit wird auch klar, warum aus seinen Briefen und schriftlichen Äußerungen einerseits mehr an menschlicher Kundgabe herausgehört sein will, als im durchschnittlichen Briefverkehr, daß seine Briefe andererseits an sprachlicher Formulierungsgewandtheit weniger aufweisen, also dem Durchschnittsstandard nicht oder doch nur kaum genügen. Damit ist freilich noch nicht berücksichtigt, daß Beethovens Briefe insgesamt unterschiedliche Klassen bilden: eine Untersuchung über Beethovens Briefe schließt notwendig eine Differenzierung im Beethovenschen Briefaufkommen überhaupt ein.

Die nunmehr vorliegende, äußerst verdienstvolle Edition folgt den von Alan Tyson 1977 aufgestellten Rahmenbedingungen, dem aktuellen Stand entsprechend a) vollständig, b) chronologisch, c) korrekt und d) kommentiert zu sein (Tyson 1977 [B.I.]). Sie enthält dementsprechend neben Beethovens eigenhändigen Briefen auch die für ihn ausgefertigten und von ihm signierten, ferner die – soweit vorhanden – an ihn gerichteten Briefe, wenn möglich in der Originalsprache (Thomson, Galitzin) und schließlich auch aussagekräftige Briefe über ihn (›Drittbriefe‹). Sie hat somit die Grundlage geschaffen für Betrachtungen, die zuvor nicht eigentlich möglich waren. Dabei steht außer Frage, daß für jeden der von Tyson angeführten Aspekte nicht durchweg ›glatte‹ Lösungen gefunden werden konnten.

Als besonders schwierig erweist sich nach wie vor die Datierung zahlreicher Beethoven-Briefe, die auch von Nathan Fishman untersucht wurde (1984, S. 14–26). Übereinstimmung in der Kritik an der Datierung eines Briefes an Seyfried bei E. Anderson (1961), der zweifelsfrei auf den 11. April 1803 fällt (Fishman 1984, S. 17; GA, Bd. 1, Nr. 134, S. 161), steht die abweichende Datierung eines Briefes an Erzherzog Rudolph gegenüber (Fishman: zwischen 24. Mai und 24. Juli 1813 [S. 19] – »Herbst 1814« [GA, Bd. 3, Nr. 744, S. 61]). Von besonderer Wichtigkeit, aber wegen der fehlenden Briefdatierungen zugleich äußerst schwierig, ist die Einzeldatierung im Briefwechsel zwischen Beethoven und der Gräfin Josephine von Deym [J. Schmidt-Görg 1957 [B.I.]; Fishman 1984, S. 19ff.). Ähnliche Schwierigkeiten bestehen für die Datierung des Briefwechsel mit der Gräfin Marie von Erdödy (vgl. Fishman 1984, S. 21ff.).

So ausreichend für die editorischen Belange Betrachtungen angesichts einer verfassergerichteten Unterscheidung, einer Statistik des Briefaufkommens und der Häufigkeitsverteilung sowie der fließenden Grenzen im Begriff Brief angemessen erscheinen mögen; so begrüßenswert unter dem Aspekt der Textwiedergabe Erörterungen zur ›unorthodoxen Schreibweise‹ Beethovens sind; so unverzichtbar die über Max Unger hinausgehende Darstellung der Handschrift ist – so unerläßlich ist eine weiter vorangetriebene Differenzierung im auf den Komponisten bezogenen Begriff Brief und seinem Kontext überhaupt. Eine solche Untersuchung hätte in etwa folgende Punkte zu berücksichtigen: 1. Zeitpunkt der Entstehung, 2. Beethoven als Briefschreiber und das Problem der Briefe ›zweiter Hand‹, 3. Adressat (unter Einschluß der jeweiligen Briefqualität, Häufigkeit und Kontextbindungen des Empfängers [Kontext im engeren Sinne]), 4. Lebensrahmen je Brief (-gruppe) (Briefkontext im weiteren Sinne), 5. Briefaufmachung (Sorgfalt, Datierung, Beischriften etc.),

6. Besonderheiten der Beethovenschen Rechtschreibung, 7. Sprache und Schreibstil.
Unter letzterem Aspekt wäre wiederum folgende Differenzierung vordringlich : a)
Leseprobleme und Lesarten, b) Unorthodoxie als Mittel der Hervorhebung, c) Rhe-
torische Sprachformen – Lakonik und Verdichtung, d) Briefintentionen, e) Brief und
Kommunikation/Kontext und Konnotation, f) Musik in Beethovens Briefen, g)
Interpretationsfragen/Identifikation und Interpretation, h) Brief und (Auto-)Bio-
graphie.

a. Leseprobleme und Lesarten

Trotz der Tatsache, daß die Schwierigkeiten der Beethovenschen Handschrift angesichts ihrer Entwicklung und ihres vielfach labyrinthischen Schriftbil-
des (Th. Mann: »*Ich sah sie lange an, diese hingewühlten und -gekratzten Züge, diese ver-
zweifelte Orthographie, diese ganze halbwilde Unartikuliertheit*«, *Die Entstehung des Doktor
Faustus*, Ffm. 1949, S. 189) mittlerweile ausreichend untersucht und als im sachkun-
dig-skrupulösen Übertragungsverfahren lösbar erscheinen (vgl. M. Unger 1926
[B.I.]; zuletzt Briefe GA, Bd. 1, S. XXIVff.), in der Briefgesamtausgabe zudem auch
eine ganze Anzahl falscher Lesarten korrigiert werden konnten, stellen sich an einzelnen Punkten bestimmter Briefe, aber auch anderer Dokumente, immer wieder
abweichende Übertragungen ein. Ein Beispiel hierfür ist die bekannte Stelle in der
Nachschrift des Heiligenstädter Testaments »*so nehme ich den*[n] *Abschied von dir – und
zwar traurig – ja die* [dir ?] *geliebte Hofnung – die ich mit hieher nahm, wenigstens bis zu
einem gewissen Punkte geheilet zu seyn – sie muß mich nun gänzlich verlassen* [...].« Es ist
charakteristisch für die Leseproblematik, daß der Herausgeber der Brief-Gesamtaus-
gabe diese Stelle hier (Bd. 1, S. 123) anders (»*ja dir geliebte Hofnung*«) als in der von
ihm als Jahresgabe des Beethoven-Hauses (1997!) besorgten Übertragung wiedergibt (»*ja die geliebte Hofnung*«). Dieser Dissens unter demselben Auge lizenziert im
nachhinein Erörterungen, wie die von Eckhard Roch (1988, insbes. S. 215f. [B.I.]), der
beide Lesarten diskutiert, obgleich das Schriftbild, wie der nachfolgende Relativsatz
(»*die ich mit hieher nahm*«) zeigt, eindeutig für »*ja die geliebte Hofnung*« spricht (es
kann sich, wie allein der innerbriefliche Vergleich nahelegt, eigentlich nur um den
Buchstaben »*e*« und nicht um ein »*r*« handeln). Was Roch hingegen nicht lizenzfä-
hig erscheint, sind die »*Deutungen*«, die er als »*abenteuerlichste Spekulationen*« bezeichnet – Interpretationen, die den Wechsel vom »*ihr*« im Hauptteil zum »*du*« in der
Nachschrift zum Anlaß nehmen, einen Schattenadressaten, womöglich Beethovens
»*tabuisierten*« Vater, einzuführen.

Negativ über Beethovens Orthographie, seine grammatikalische Unbekümmertheit und seinen Schreibstil zu urteilen, ist in der Beethoven-Literatur Allgemeingut geworden. Dies muß bei einem Autor als Binsenwahrheit erscheinen, der Anredepronomina (»Du«, »Sie« etc.) bis auf wenige Ausnahmen klein schreibt, der Substantiva vornehmlich mit kleinem Anfangsbuchstaben, Adjektiva aber nicht selten mit großem beginnen läßt, der »jezt« anstatt »jetzt« buchstabiert, dessen Briefe zuweilen Staccato-Folgen von Satzfetzen aussenden, der immer wieder in der richtigen Wortfolge fehlt und der in der Interpunktion querfeldein geht. Man hat diese Schwächen einfach konstatiert (M. Unger 1926, S. 14ff. [B.I.]), sie aber auch mit Beethovens phonetischer Schreibweise zu erklären und zu entschuldigen versucht (A. Chr. Kalischer 1906–1908 [B.I.]), ein Ansatz, der keine Zustimmung gefunden hat (GA, Bd. 1, S. XXIV), in überwiegendem Maße aber hat man den Grund pauschal in Beethovens mangelhafter Schulbildung gesehen (A. Leitzmann 1908, S. 78ff. [B.I.]; GA, Bd. 1, S. XXIV).

Es ist zu fragen, ob Beethovens Briefstil damit Genüge widerfahren ist. Zuerst einmal wäre zu sagen, daß das phonetische Argument nicht völlig zu verwerfen ist. Zumindest auf dem schmalen Felde der Schreibweise seines Namens kann man Beethovens Signatur »Beethowen« (deutsche Buchstaben) damit begründen. Dies gilt auch für die Schreibweise »Prowinzialism« (31. Aug. 1819/GA, Bd. 4, Nr. 1328, S. 313), »die unkultiwirteste« (August/September [?] 1796/GA, Bd. 1, Nr. 22, S. 32), »von den Brawern« (November 1802/GA, Bd. 1, Nr. 116, S. 137) und »daß der Tyrann ganz Sklawisch an das Bett gefesselt ist« (17. Sept. 1812/GA, Bd. 2, Nr. 595, S. 291).

Zu bedenken ist freilich grundsätzlich, daß die orthographischen Regeln um 1800 noch nicht ausreichend und übergreifend festgelegt waren, vielmehr selbst die »Angemessenheit des Schreibgebrauchs« als zu duldende Eigenheit angesehen wurde (vgl. Petra Ewald, Das »Grundgesetz der Deutschen Orthographie« bei Johann Christoph Adelung, in: Studien zur Gesch. der dt. Orthographie [= Germanistische Lingustik 108/109] 1991, S. 61–89, hier: S. 74ff.), wie ja auch nicht nur geschichtliche, sondern auch sprachgeographische, regionale Unterschiede zu bedenken sind. (Der von Beethoven zu den »unsterblichen Dichtern« gerechnete Klopstock [GA, Bd. 5, Nr. 1773, S. 260] schrieb etwa: »di nichz untersuchen mögen, und kein höheres Gesez, als di Mode, kennen« [Ewald a.a.O., S. 86]). Aufschlußreich ist aber auch, daß in Beethovens engerem und weiterem Umkreis durchaus unterschiedliche orthographische Schreibweisen zu finden sind. Auffallende Übereinstimmung besteht in seiner Schreibweise des Wortes »jezt« mit Eleonore Wegeler, geborene von Breuning (29. Dez. 1825/GA, Bd. 6, Nr. 2101, S. 199), und man könnte auch hier die rheinisch gedehnte

Sprechweise ansetzen, schriebe nicht Goethe in der 1. Version des *Werther* ebenso. Bemerkenswert ist ferner, daß Eleonore Wegeler »*sie*« – wie ihr Mann »*du*« –, beide Anredeformen also, klein schreibt; nur im Abschiedssatz heißt es bei ihr bezeichnenderweise: »*leben Sie wohl lieber Beethov* [sic !] *u. denken sie unser in redlicher Güte*«.

Mit dieser Inkonsequenz Eleonore Wegelers kommen wir auf ein weiteres, für Beethoven höchst charakteristisches Moment: die unorthodoxe, eigenwillig anmutende Hervorhebung, Akzentuierung einzelner Wörter durch Großschreibung. Auch bei ihm findet sich »*sie*« (wie auch »*du*«) gewöhnlich kleingeschrieben, an besonderer Stelle indes bezeichnenderweise nicht. So in einem Brief an Giannattasio del Rio: »*u. zwar noch obendrein mit einem eigenthümlichen Anaathem gegen Sie, ihre gewohnte Keckheit und Frechceit gegen mich beurkundete sie auch diesesmal*« (wohl 27. Febr. 1816/GA, Bd. 3, Nr. 907, S. 232). Weiter in einem Brief an Brentano: »*Es ist jetzt nichts zu machen, als zu nehmen, was er* [Simrock] *anbietet, nemlich die 100 Pistolen was Sie als Kenner der Geschäfte noch durch Geltung des geldes für mich gewinnen können*«; schließlich, am Schluß desselben Briefes: »*Verzeihen Sie mir mein anscheinend Sorgloses Geschmiere, Es geschieht in Eil*«; dann aber vor allem in dem mit den Worten »*Von ihr – der einzig Geliebten*« (erstes Viertel 1805/GA, Bd. 1, Nr. 214, S. 247) anhebenden Text für Josephine Gräfin Deym. In diesem Brief tritt das folgende, sich akkumulierende »*Sie*« – durchweg groß geschrieben und teils unterstrichen – nicht nur gehäuft auf, sondern zugleich in einem Akzentuierungsrhythmus und Kontextbezug, der das »*Sie*« zwischen Anrede und emphatischer Adorationsformel fluktuieren läßt (vgl. auch E. Roch 1988, S. 228 [B.I.]). Ist diese poetische Hervorhebung in der Bedeutungsschwere des »*Sie*« zweifelsfrei bewußt eingesetzt, so die zitierte Großschreibung in dem Brief an del Rio mit der Absicht, die nebeneinanderstehenden Pronomina »*Sie*« (D. del Rio) und »*ihr*« (Johanna van Beethoven) personenbezogen zu unterscheiden; im Brief an Brentano wiederum hebt Beethoven das »*Sie*« im Sinne besonderer Geschäftskompetenz und freundschaftlicher Zuwendung hervor. Bemerkenswert ist ferner Beethovens Anrede im Brief vom 18. Juni 1811 an Graf Franz Brunsvik, der sich erboten hatte, Beethoven auf der Reise nach Teplitz zu begleiten (ein Vorhaben, das sich dann zerschlug): »*Tausend Dank Freundchen für deinen Nektar – und wie soll ich dir genug dafür danken, das Du mit mir die Reise machen willst*« (18. Juni 1811/GA, Bd. 2 Nr. 507, S. 198).

Werden damit – bei oberflächlicher Betrachtungsweise befremdliche – Eigenheiten des Beethovenschen Briefstils als sinntragend luzid, so reduziert sich die Zahl solcher seltsamen Stilzüge zusätzlich ganz erheblich, nimmt man das Feld der großgeschriebenen Adjektive, Partizipien, Pronomina genauer unter die Lupe. In vielen Fällen handelt es sich hierbei um gezielte Hervorhebungen – »*das Mephitische* 63

Bier« (13. Juni 1825/GA, Bd.6, Nr.1967, S.62); »*Dummer Eingebildeter Eselhafter Kerl*«
(zwischen dem 23. und 26. März 1825/GA, Bd.6, Nr.1952, S.48 Quellenkommentar);
»*ich hoffe gemäß ihrer zuvorkommenden Freundschaftlichen Begegnung*« (22. Aug.
1814/GA, Bd.3, Nr.732, S.50); »*So sieht es denn aus in diesem Monarchischen Anarchischen*
Österreich!!!!!!!« (GA, Bd.3, Nr.929); »*selbst in der Ästhetischen Anordnung*« (4. März
1816/GA, Bd.3, Nr.914, S.240). Dies nur einige Beispiele unter sehr vielen.

c. Rhetorische Sprachformen – Lakonik und Verdichtung

Man hat sich angewöhnt, in Beethovens vielfach die Sprachnorm spren-
genden oder unterlaufenden Briefen eine Art mentalen Notstands zu sehen, für dessen verbale Umsetzung sprachliche Unzulänglichkeit und Expressionsüberdruck
eine fatale Fusion eingehen. Der berühmte Brief an die »*unsterbliche Geliebte*« läuft
unter der Kennzeichnung »*expressing by its passionate language and confused thought*
Beethoven's extreme emotional state at this time« (B. Cooper 1991, Ausgabe 1996, S.162
[D.I.]). Gerade im Brief an die »*unsterbliche Geliebte*« herrscht indes weit mehr ein
Überfluß der Gedanken und Empfindungen als deren Verwirrung. Sieht man von
der nach wie vor kontroversen, sich einer überzeugenden Lösung sperrenden Frage
nach der Adressatin des mehrteiligen Briefes ab (M. Solomon 1977, S.158–189
[D.II.1.a.]; H. Goldschmidt 1977 [D.II.1.e.]; V. Karbusicky 1977; M. E. Tellenbach 1983),
so löst sich fast jede punktuell-momentane Unklarheit im Kontext des Briefes auf.
Eine Stelle wie »*doch nie verberge dich vor mir – gute Nacht – als Badender muß ich schlafen*
gehen – o geh mit, geh mit – Ach gott – so nah! so weit!« bleibt freilich zwischen der Deutung des Wortes »*Badender*« als Metapher (Tellenbach 1983, S.30) und als schlichter
Hinweis auf Beethovens erst noch bevorstehenden ›Anwendungen‹ offen. Die Überlegung, Beethoven habe das Wort doppelsinnig gebraucht, erscheint angesichts Beethovens anwendungsorientiert wachem Sinn für die Metapher nicht als zu weit hergeholt. Die englische Übersetzung »*As I am taking the baths I must go to bed*« (Solomon
1977, S.160) sperrt sich freilich solcher vermittelnden Deutung.

Es ist indes an anderen Beispielen zu untersuchen, ob sich Beethovens Eigen-
tümlichkeiten nicht mit rhetorischen Sprachformen erklären lassen. Beethovens
normbrechender Briefbau bewegt sich zwischen Extremen. In seinem Brief an
Kanka vom 14. September 1814 ergießt sich eine witzig-impulsgesteuerte ›Wort-
und Satzfragmentsalve‹, die keiner besonderen Erklärungshilfe bedarf, eine Satzgestaltung, die gleichwohl an Mozartsche Wort-Virtuosität erinnert: » – *ich bitte – ich*
beschwöre sie – ich falle ihnen zu ihren Füßen, in ihre Arme, um ihren Hals – ich weiß nicht was
ich alles thun werde und nicht thun werde, verstummen, überfließen wieder im Erguß des spre-

chens etc etc etc endigen sie, fangen sie an, und endigen sie wieder – endlich ganz – damit man sagen könne Finis – Ende – das Ende –« (14. Sept. 1814/ GA, Bd. 3, Nr. 737, S. 53f.).

Diesem Gebilde steht ein gleichsam in Wortfetzen zerflatternder, auf den ersten Blick konfus erscheinender, auslaufender Satz gegenüber, wie in dem Brief an Wegeler (um 1795): »*den neuen tempel der heiligen Freundschaft* [...] *kein Sturm wird ihn in seinen Grundfesten erschüttern können – fest, – Ewig* [!] *unsere Freundschaft – verzeihung – vergessen*« (GA, Bd. 1, Nr. 19, S. 28). De facto handelt es sich hier indes keinesfalls um verworrene Satzgestaltung, sondern um eine ausdrucksintensivierende, emphatische ›detractio‹, eine Wortkombination, deren Gedankenstriche gleich Spannungspausen fungieren. Deren ›Hof‹ aber durchdringt sich mit dem der Einzelwörter, die jeweils ein ganzes Einzugsfeld von Bedeutungen mit sich führen, Wörter, die folglich über die blanke Aussagefunktion entschieden hinausweisen (vgl. dazu eingehender Roch 1988, S. 209-239).

d. Briefintention und Adressat

Die Verschiedenheit von Beethovens Briefhaltungen auf der Folie anderer Briefschreiber herauszustellen, wäre eine Untersuchung wert. Die selbstverständliche Unterscheidung von Freundschafts-, Liebes-, Verwandtschafts-, Verleger-, Musiker-, Mäzenaten- und Administrations-Briefen greift entschieden zu kurz. Beethovens Briefe liegen auch hier vielfach quer zur Norm, halten sich nicht an den für eine bestimmte ›Klasse‹ von Briefen anzunehmenden, vorgegebenen oder empfohlenen Rahmen; es sind briefliche Charakterstücke eigenen Rechts. In welchem Maße das zutrifft, zeigen allein seine Freundschaftsbriefe, die sich je nach Adressat deutlich voneinander abheben. Sie demonstrieren nicht zuletzt Beethovens Differenzierung im Begriff *Freundschaft*, wie er sie gegenüber Carl Amenda im Brief vom 1. Juli 1801 zum Ausdruck gebracht hat: »*du bist kein <u>Wiener-Freund</u>, nein du bist einer von denen wie sie mein Vaterländischer Boden hervorzubringen pflegt* [...] *und dann unter so elenden Egoistischen Menschen wie die Zmeskal, Schuppanzigh etc, ich kann sagen unter allen ist mir der Lichnowski der erprobteste, er hat mir seit vorigem Jahr 600 fl. ausgeworfen*« (GA, Bd. 1, Nr. 66 und 67, S. 84 und 85).

Trotz des hier ausgesprochenen Verdikts, das wie viele solcher Urteile Beethovens mit großer Vorsicht aufzunehmen ist, sollte Zmeskall einer der »erprobtesten« Freunde – und bis ins Jahr 1817 immer wieder für die verschiedensten Dienste in Anspruch genommen werden. Und die Briefe an Zmeskall gehören zu den launigsten und zum Teil auch abwechslungsreichsten, die Beethoven geschrieben hat, vergleichbar vielleicht etwa mit den erst in die letzten Lebensjahre fallenden an Karl Holz. Unter den Verlegerbriefen haben sie ihre Entsprechung in den Steiner- und

Haslingerbriefen, die – wenn auch Geschäftliches behandelnd – für einige Zeit (vor der Eintrübung der Beziehungen) ein Reglement des metaphernreichen Umgangs umzirkelten, das auch zahlreiche zitatwürdige Wendungen hervorbrachte. Sie unterscheiden sich deutlich von den weit trocken-geschäftsmäßiger gehaltenen, aus anfänglicher Ambivalenz langsam sich aufhellenden an Breitkopf & Härtel, den zu geschäftlicher Hochachtung aufsteigenden an Schott und den schließlich zu grollendem Unmut sich wendenden an Peters. Kann man mit all diesen Briefpartnern einen Unterschied der Briefhaltung ausmachen, der immer stark gefühls- und sym-

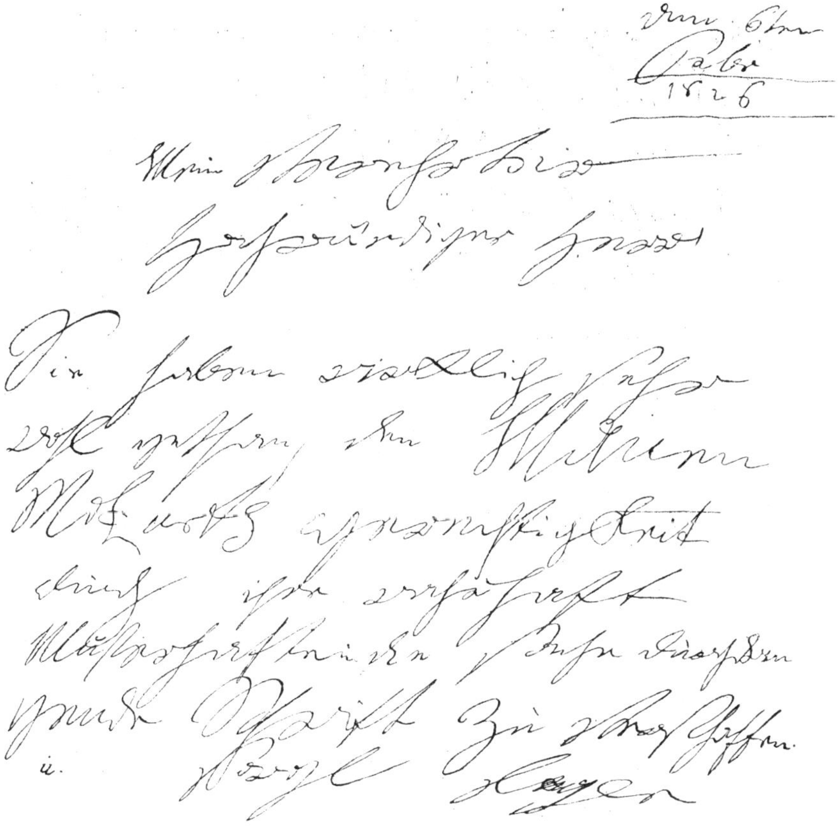

Abb. 2: Brief Beethovens an
Maximilian Stadler, 6. Februar 1826

pathieabhängig, aber auch zweckbestimmt ist, so zeigt sich das Wechselbad des Temperaments besonders deutlich in den Briefen an Beethovens Bruder Johann und den Neffen Karl.

Von besonderem Interesse sind Beethovens Briefe an den Erzherzog Rudolph. Sie erstaunen über weite Strecken angesichts einer zuweilen fast ›buckelnden‹, auf jeden Fall ungewöhnlich anschmiegsamen Briefhaltung, de facto aber bieten sie eine, stilistisch deutlich ablesbare, Mischung aus zweckbedingter, aufstiegsorientierter (Kapellmeisterstelle) Beflissenheit (Lieblingswort: »aufwarten« – vgl. GA, Bd. 2, Nr. 491, S. 183; Bd. 5, Nr. 1586, S. 66), mit Dankbarkeit versetzter menschlicher Zuneigung (komplikationsfreie Weiterzahlung des Jahresgehalts), leicht grimassierendem pädagogischem Pflichtbewußtsein bei nicht zu überlesender Selbstüberwindung angesichts der zeit- und nervenraubenden Lektionen.

Das ganze Gegenteil zu diesen Erzherzog-Briefen ist der an die Tante der Giulietta Guicciardi gerichtete Brief des Jahres 1802 (23. Jan. 1802/GA, Bd. 1, Nr. 77, S. 99f.), ein Dokument der mit Künstlerstolz geharnischten Verletzlichkeit und identitätsforcierenden gesellschaftlichen Ambition.

Läßt sich eine beachtliche Spielbreite in der Erscheinungs- und Ausdrucksform der Beethovenschen Briefe je nach Briefzweck und Empfänger beobachten, so ist dabei doch nicht zu vergessen, daß Beethoven sich zu bestimmten Zeiten und aus verschiedenen Anlässen der Schreibhilfe von Personen seiner Umgebung bediente. So führte Karl van Beethoven 1802–1806 und erneut 1814/15 einen Teil der Beethovenschen Korrespondenz; außerdem vertraten vereinzelt oder auch öfter Zmeskall, Oliva, der Neffe Karl, Schindler und Holz Beethoven als Briefschreiber, freilich nach seinen Anweisungen, teilweise (?) auch nach seinen Entwürfen (vgl. z. B. GA, Bd. 6, S. 113 Anm./Bkh 8, S. 18); Ries wiederum führte – auch auf Anregung von Kaspar Karl (GA, Bd. 1, Nr. 136, S. 162) – einen eigenen Briefwechsel im Beethovenschen Interesse mit dem Bonner Verleger Simrock. Und wenn viele dieser Briefe auch nach Anweisungen oder Entwürfen Beethovens geschrieben wurden (s. die Konversationshefte), so sind sie für Beethovens Briefstil sicherlich nicht repräsentativ. Kaspar Karl van Beethoven verfuhr als Kontorist Beethovens ohnehin sehr selbständig. Dabei sind Kaspar Karls Geschäftsbriefe ›normgerechter‹ als die des Komponisten: Sie sind vielfach korrekt datiert, klarer gegliedert und in der Orthographie wie in der Zeichensetzung weniger unbekümmert und eigenwillig, vor allem aber sind sie geschäftsmäßig-trocken gehalten. Kaspar Karl z. B. schreibt alle Anredepronomina und Substantive groß. Es scheint angesichts des sich daraus ergebenden Gegensatzes, daß Beethoven Rechtschreibung und Grammatik einfach gleichgültig waren – er wollte sie nicht ernstnehmen, damit aber auch: nicht grundsätzlich anpassen und entwickeln. Diese Haltung steht gleichermaßen hinter seiner vielfach nachlässigen Datierung, verdeutlicht in einem Brief an Franz Anton Hoffmeister in Leipzig: »*Vien am 15ten (oder so was dergleichen) Jenner 1801*« (GA, Bd. 1, Nr. 54, S. 63). Dabei ist freilich immer auch zu bedenken, daß Beethoven seine Briefe zumeist in großer Eile, quasi gegen die Zeit schrieb. Sie flossen aus dem Sprechen in die Schrift hinüber.

Dessenungeachtet konnte Beethoven unglaublich konzise, und in ihrer Konzision eigenwillig-wohlgesetzte Briefe, wie den aus Heiligenstadt an Hoffmeister & Kühnel vom 14. Juli 1802 (GA, Bd. 1, Nr. 98, S. 117), wie auch für seine Verhältnisse geradezu konventionell-wohlgesetzte, längere Briefe schreiben. Sein Brief an den Freiherrn von Schaden (1787), »*der früheste erhaltene Brief [...], den Beethoven in aller Selbständigkeit verfaßt hat*« (M. Staehelin 1982, S. 9 [B.I.]), ist ein Beispiel dafür, daß Beethoven sehr wohl in der Lage war – und dies in jugendlichem Alter – einen korrekt ausformulierten Brief zu verfassen. Das betrifft Schrift wie Sprache. Auch in späterer Zeit finden sich Briefe einer annähernd vergleichbaren Stilqualität, etwa in der Korrespondenz mit Erzherzog Rudolph, an Goethe (12. April 1811/GA, Bd. 2, Nr. 493, S. 185), an Baron Ignaz von Gleichenstein (vor Mitte Februar 1809/GA, Bd. 2, Nr. 353, S. 40f.), aber auch an Verleger wie Breitkopf & Härtel (etwa 10. Juli 1808/GA, Bd. 2, Nr. 329, S. 16f.).

Nicht zu übergehen sind Briefe an Frauen, wie der an Christine Frank-Gerhardi (zwischen 21. und 24. Jan. 1801/GA, Bd. 1, Nr. 56, S. 65f.) oder an Emilie M. in Hamburg (17. Juli 1812/ GA, Bd. 2, Nr. 585, S. 274), die hier zu nennen wären. Bezeichnend ist, daß dazu auch Briefe an Joseph von Varena zählen, den Vermittler Beethovenscher Kompositions-Wohltaten für die Ursulinerinnen in Graz (19. Juli 1812/GA, Bd. 2, Nr. 587, S. 278f.). Besonders hervorzuheben aber sind Briefe, die sinnspruchreife, gleichsam gestanzte Wendungen bieten, wie der an die Gräfin Erdödy: »*wir endliche mit dem unendlichen Geist*« (19. Sept. 1815/ GA, Bd. 3, Nr. 827, S. 161) und der Widmungsbrief an Maximiliane Brentano: »*Es ist der Geist, der edle u. bessere Menschen auf diesem Erdenrund zusammenhält*« (6. Dez. 1821/ GA, Bd. 4, Nr. 1449, S. 462) – und dann nicht zu vergessen einzelne Briefe an Josephine Gräfin Deym. Zu Beethovens domestiziertem Briefstil gehört indes auch dessen extremer Gegensatz. Daß sich dieser besonders deutlich im Gefälle seiner Stimmungen niederschlägt, ist in der Literatur sattsam ausgebreitet worden.

e. Felder und Akzente der Kommunikation

War Beethoven auch alles andere als ein passionierter Briefschreiber, dem Brief als Mittel der Information und des Austauschs hat er sich gleichwohl nicht entzogen. Die Funktionsskala seiner Briefe reicht von Freundschaftspflege und Liebesbezeugung, Botschaften der inneren und äußeren Biographie, über Musikerkontakte, erzieherische Ermahnung, Haushalts- und Dienstbotenbesorgung, über Geschäfts- und Finanzbotschaft, Fehlerlistenpost, Kopistenorder und Küchenbestellung bis hin zu den verschiedensten Alltags-Billets – die ›Telephongespräche‹ des Dampfmaschinenzeitalters. Auch wenn man bedenkt, daß ein beträchtlicher Teil des Beethovenschen Briefwechsels verloren oder zur Zeit nicht auszumachen ist, kann man doch davon ausgehen, daß bestimmte, sich herauskristallisierende Kommunikationsballungen ebenso einen gewissen Aussagewert besitzen wie in sie einschneidende Akzente der persönlichsten Kundgabe.

Noch bis ins Jahr 1797 überlappen sich einzelne, aber gewichtige Briefe nach Bonn (Neefe [?], Kurfürst Maximilian Franz, Eleonore von Breuning und Nikolaus Simrock) mit solchen der naturgemäß zunehmend dominierenden Wiener Szene. Dabei bildete sich spätestens ab 1797 die enge musikalisch-alltagsbestimmte (Zweck-)Freundschaft mit Zmeskall heraus. 1799/1801 ist die Zeit der Amenda-Freundschaft, immer durchsetzt von dem Zmeskall-Konnex. 1800 drängt aber schon die Verleger-Korrespondenz (F. A. Hoffmeister, Breitkopf & Härtel) auf die Briefszene; doch ist die Zeit von 1801/02 auch die Zeit jener Fatum-Briefe an Wegeler und Amenda, deren Krankheits- und Verzweiflungskunde im Heiligenstädter Testament 1802 zur imaginierten Botschaft an die Menschen schlechthin sich steigert. Ab ca. 1802 gewinnt eine sich ausweitende, im Verhältnis zu Breitkopf & Härtel und speziell wegen der Probleme um op. 29 und der Nachstichkomplikationen überhaupt seine Frustrationstoleranz strapazierende Verlegerkorrespondenz zunehmend an Gewicht. Eine ganz eigene, aber auch nicht von Verwicklungen freie Perspektive öffnet sich mit der Thomson-Korrespondenz (1. Brief George Thomsons am 20. Juli 1803/GA, Bd. 1, Nr. 149, S. 173). 1804 bahnt sich ein zunehmender Briefaustausch mit Ferdinand Ries an, der sowohl dessen Londoner wie auch seine Godesberger Zeit einschließen wird. 1804 ist aber auch das Jahr, da der Briefwechsel Beethovens mit der inzwischen (seit dem 27. Jan. 1804) verwitweten Gräfin Josephine Deym einsetzt, dessen Schwerpunkt in die Zeit 1805/1807 fällt, letzte Ausläufer bis ins Jahr 1809 reichen. Es ist die einzige Korrespondenz Beethovens dieser Art und dieser Intensität, die zweifelsfrei – und hypothesenfern – auf eine Adressatin zu beziehen ist. In diese auslaufende Briefphase, die das gegenseitige Versprechen der Gedächtnistreue einschließt, schneidet die Korrespondenz mit Baron Ignaz von Gleichenstein ein, in die Beethovens (als ›Josephine-Kompensation‹ zu verstehende [vgl. auch H. Goldschmidt 1977, S. 202 [D.II.1.e.]] Bewerbung um Therese Malfatti (1810) eingebettet ist. Bereits 1809 zeichnet sich im Umfeld von Verlegerbriefen und des vorübergehenden Bruches mit Maria Gräfin Erdödy am Gewicht und ›Auftragsstreß‹ der Zmeskall-Briefe ab, daß Beethoven zukünftig in zunehmendem Maße schon zuvor gern gesehener Freundeshilfe bedürfen würde, um seine häuslichen Nöte und Engpässe auch nur einigermaßen bestehen zu können. Im Verleger-, Kollegen- und Freundesbriefwechsel (Zmeskall, Erzherzog Rudolph, Amalie Sebald) der umgebenden und sich anschließenden Zeit sind Einzelbriefe, der Brief an Gräfin Therese Brunsvik (23. Nov. 1810) und der an Bettina Brentano (10. Febr. 1811) vergangenheits- und zukunftsgerichtete Verweiszeichen höchster persönlicher Betroffenheit. Sie rühren Resonanzen auf, die dann mit dem in der Beethoven-Forschung hypothesenbefrachteten Brief an die »unsterbliche Geliebte« (1812) interferieren und zugleich durch ihn unverwechselbar immer neu erzeugt werden. Diese herausragenden Einzelbriefe sind Briefresonanzen der inneren Biographie, die Fundamenttönen gleich weiterwirken. Sie unterströmen die Briefschwemme der Auseinandersetzungen um die Weiterzahlung der Kinskyschen und Lobkowitzschen Gehaltsanteile (1813-1815) wie die des Vormundschaftsstreits (1815-1820). Gegen diese Schwemme des Alltäglichen, aus der wie ein Eiland die ca. 60 Haushalts-Briefe an Nannette Streicher des Jahres 1817/18 herausragen, stemmt sich allerdings wiederum Beethovens schöpferischer Behauptungswille, wie er sich in verschiedenen Briefen, so an Ries vom 16. Juni (?) 1819 (GA, Bd. 4, Nr. 1309, S. 278f.) dokumeniert: »*Verzeihen sie meine Konfusion [,] wenn sie meine Lage kennten [,] würden sie sich nicht darüber Wundern [,] vielmehr über das, was ich hiebey noch leiste*«. Bestätigt findet sich eine solche Aussage angesichts der Kompositionen, die Beethoven in diesen Jahren gleichwohl schuf: Der Liederkreis *An die ferne Geliebte* op. 98 (1816), die letzten Klaviersonaten op. 101, 106, 109-111 (1816-1822), die Diabelli-Variationen op. 120 (1819-1823), die *Missa solemnis* op. 123 (1818-1822/23), die 9. Symphonie und die letzten Quartette. Stellt man die Akkumulation äußerer wie innerer Probleme und Widrigkeiten in Rechnung, die Beethoven seit 1812/13 zu bestehen hatte, dann wiegt jedes der hier genannten Werke sicherlich jeweils einige der im vierten Lebensjahrzehnt geschaffenen großen Kompositionen im Sinne eines ganz spezifischen Gewichts schöpferischer Willensdichte zugunsten des ›Schweren‹ als des künstlerisch Eigentlichen auf. Beethoven hat dies in einem Brief-Statement vom 9. Januar 1817 (GA, Bd. 4, Nr. 1061, S. 8) gegenüber dem Verleger S. A. Steiner mit Blick auf die Klaviersonate op. 101 eigens hervorgehoben: »*›die Schwer zu Exequirende Sonate in A‹ mein bester g–ll–t wird zwar stuzen u. Meynen, schwer sei ein Relativer Begriff, was dem einen schwer sey dem anderen leicht, mithin sey gar nichts gesagt, allein der g–nl–t muß wißen, daß mit dem* <u>*alles gesagt ist, denn was schwer ist, ist auch schön, gut, groß*</u> *etc., jeder Mensch sieht also ein, daß dieses* <u>*das fetteste*</u> *Lob ist, was man geben kann, denn das* <u>*schwere macht schwizen*</u>*.*« Beethoven schrieb den eigentlich eine ganz andere Haltung erfordernden haarigen

Lebensumständen zum Trotz, doch ihnen gerade deswegen angemessen, Kompositionen, deren Schwere die künstlerische Behauptungsfähigkeit siegelte. Man könnte die Kategorie *schwer* geradezu als das spezifische ästhetische, zugleich moralisch eingefärbte, Pendant dieser Zeit zu Beethovens Lebensumständen ansehen. Und die Feststellung, es handele sich hier gegenüber der Phase zwischen ca. 1802/03 und 1809/10 um eine ganz eigene und neue Qualität des Heroischen, scheint nicht übertrieben. Es ist der Heroismus des aufgerufenen schöpferischen ›Emergency‹-Willens, der auch aus Beethovens Brief vom 16. März 1819 spricht, wenn er Ries zu op. 106 mitteilt: »*die Sonate ist in drangvollen Umständen geschrieben, denn es ist hart beynahe um des Brodes-willen zu schreiben*« (GA, Bd. 4, Nr. 1295, S. 262).

f. Briefmusik

Man könnte die zahlreichen Kanons (mehr als 40), die Beethoven geschrieben hat, als unterhaltsame und teilweise anekdotengebundene Dreingabe zu seinen anderen Kompositionen betrachten, fiele nicht auf, daß – von ganz wenigen Beispielen der Jahre in Bonn und vereinzelten der frühen Wiener Zeit abgesehen – der Hauptanteil in die Jahre ab 1812/13, vor allem aber ab 1819 datiert und daß ein Teil dieser Kanons zu Briefen gehört, bzw. als Brief fungierte (WoO 169, 175, 176, 182, 184, 189, 190, 191, 194, 196, 197, 198) oder als Neujahrs-, Gratulations-, Gruß-, Widmungs, Begrüßungs- oder Abschiedskanon (WoO 162, 165, 167, 171, 179, 184, 187 [?], 192) ebenfalls Brieffunktion hatte und zudem in einzelnen Fällen in den Konversationsheften skizziert wurde (WoO 182, 188, 189, 191); daß schließlich die Stammbuchkanons (WoO 163, 164, 166, 168, 170, 185, 186 [?], 188, 192 [?], 195) damit korrespondierend Erinnerungsstücke besonderer Nachhaltigkeit sind. Die Kanons erweisen sich damit als kommunikativ mehrwertig: die ihnen einbeschriebene Mehrstimmigkeit wird zur spielerisch offengehaltenen Offerte über den Adressaten hinaus. Wird damit nicht auch – wenigstens gedanklich – eine ›Öffentlichkeit‹ geschaffen, die einen Hörerkreis einlädt?

Im Ansatz findet sich die Idee des Weiterreichens der Stimme zum Rundumsingen in Beethovens Korrespondenz bereits ganz am Anfang dessen, was man als Beethovens klingende Briefintarsien bezeichnen könnte: im Brief an Nikolaus Zmeskall, tastend zu datieren in die Zeit 1798/99 (GA, Bd. 1, Nr. 39, S. 46). Und bezeichnenderweise geht dem auf »*alto*«, »*tenore*« und »*Basso*«, also insgesamt drei Klangeinwürfe verteilten Spiel mit dem Wort »*Baron*« ein Brief voran (um 1798/ GA, Bd. 1, Nr. 37, S. 45), in dem dasselbe Wort zu Silbensalat und Wortspiel verwendet wird – aber noch ohne Musik. Zmeskall wird auch die Freundesgunst zuteil, ca. 3 Jahre später eine 18-taktige Klangeinbettung auf das Wort »*Graf*« zu erhalten (November

1802/GA, Bd. 1, Nr. 115, S. 136). 1814 (21. Sept.) findet sich dann in einem Brief an Graf Moritz Lichnowsky eine Klangeinlage (GA, Bd. 3, Nr. 740, S. 56f.), die zeigt, daß Beethoven auf diese Weise seinen Briefen einen doppelten Boden zu öffnen vermag (vgl. auch E. Roch 1988, S. 218 [B.I.]): Eine »adagio« vorgetragene, in sechs trauermarschartigen Schritten abwärts den a-Moll-Dreiklang durchmessende Tonfolge auf die Wortkette »allein - allein - allein« macht den Kontext durchlässig für Beethovens Empfindungen; und sie vermittelt eine Ahnung seines Frustrations-Kommentars, angesichts seiner ins Leere gelaufenen Anfrage wegen zweier oder dreier Konzerte im Universitätssaal - »mit dem Hofe ist nichts anzufangen, ich habe mich angetragen - allein - [klingend/«adagio«] all..ein all.ein all..ein [Worte:] Jedoch Silentium !!!« -: Beethovens Klangeinbettung erweist sich als Anspielung und Paravant zugleich (ausführlich zur Dreiersequenz des Wortes »allein«: Roch 1988, S. 217ff.).

Im Katalog von Beethovens Briefintarsien eröffnet nach einer ganzen Anzahl von über die Zeit verteilten kurzen, launigen, musikalisch aber nicht besonders strukturierten Noteneinwürfen eine Doppelfuge für Hauschka in Verbindung mit Beethovens Antwort auf den Oratoriumsauftrag der *Gesellschaft der Musikfreunde* (19. Mai 1818/GA, Bd. 4, Nr. 1259, S. 190f.) eine allmählich dichtere Folge von kontrapunktischen Strukturen, vornehmlich in Form von Briefkanons (vgl. GA, Bd. 4, Nr. 1360, 1368, 1439, 1444; Bd. 5, Nr. 1637, [1887]; Bd. 6, Nr. [1963], 1967, 1981, 2051, 2059, 2193, 2221).

Mit den Kanons erweiterte Beethoven die Kommunikationsmittel seiner Briefsprache ins Musiksprachliche; und nicht zufällig bedient er sich dabei dieser kontrapunktischen Technik: 1. war selbstredend auch ein Kanon Beethovens eine Art Kürzel oder Klangsiegel kompositorischer Meisterschaft, zumal wenn es sich um einen Rätselkanon handelte, 2. waren diese Beethovenschen Kanons potentialiter Rundgesänge oder Catches, die zwar nicht unbedingt als wirklich bei Steiner oder Haslinger zu praktizierende Stücke, aber doch als Zeichen einer Nachricht gedacht waren - einer Nachricht, die gleichsam ein potentielles Endlosband der inneren Resonanz barg. In einzelnen Fällen, wie beim Geburtstagskanon für Maria Erdödy (WoO 176/ GA, Bd. 4, Nr. 1360, S. 352) oder dem Kanon für Dembscher (WoO 196), ließ sich 3. auf diese Weise mit musikalischen Mitteln dem Korrespondenten ebenso eindringlich wie unterhaltsam und eingänglich mitteilen, worauf der Akzent lag. Man kann also wohl sagen, daß die Briefkanons nicht weniger biographisch verankert und kommunikativ gedacht waren als die Stammbücher (M. Staehelin 1984, S. 326ff. [E.II.13.]).

Die tiefere biographische Bedeutung dieser erst spät richtig einsetzenden Kanons liegt aber wohl darin, daß Beethoven die Kanons ein - auch symbolisches -

Mittel waren, die Sprache, deren klangliche Wahrnehmung ihm nun ohnehin verschlossen war, als innere, ausdrucksbefrachtete Botschaft potentiellen Klanges im Kanon erklingen, also auf ganz eigene Weise ›real‹ werden zu lassen, damit aber zugleich einen Kreis von Menschen zu erreichen. Er konnte so in die Briefsprache das einschließen, was ihm der Brief nach seiner eigenen Aussage gemäß ohnehin weitgehend verweigerte: die Kundgabe des Gemüts. Diese musikalische Sprachfunktion des Kanons als Klangintarsie ist - nicht unter dem Aspekt des Gehalts, wohl aber unter dem der Sprachfunktion - gleichsam der Brückenschlag zwischen Beethovens eintiefendem - und deshalb als unorthodox und chaotisch geschmähtem - Gebrauch der Wortsprache und seinen Wortintarsien im kompositorischen Bereich, seinen expressiven Anmerkungen und den Worteinschaltungen in Skizzenbüchern und/oder Skizzen (L. Treitler 1999, S. 104ff. [E.IV.1.d.λ]). Beethovens Briefkanons sind ein Charakteristikum des Spätstils in seinem Brief-Œuvre.

Zudem aber ist in den Kanons Zeit aufgehoben: Ihr Inhalt ist als endlos zu repetierender denk- und vorstellbar. Ein Kanon wie der an Dr. Braunhofer: »*Ich war hier Doktor, ich war hier*« vervielfältigte und verlängerte eine Nachricht zur Vorhaltung ohne Rückantwort. Zudem erfüllten bestimmte Kanons selbst Brieffunktion, wie der für Dembscher: »*Es muß sein*«. Daß bestimmte Kanons über den Adressaten hinaus wirkten, geht aus Bemerkungen von Karl Holz zu eben diesem Kanon hervor: »*Den Kanon* [»*Es muß sein*«] *sollten Sie ihm doch schicken*« (Bkh 10, S. 70) – »*Der Canon wird seine Wirkung machen*« (Bkh 10, S. 82) – »*Es war auch auf der Börse gleich bekannt, daß Sie den Canon schrieben: Es muß seyn.*« (Bkh 10, S. 136).

g. Interpretationsfragen

Zu den die Beethoven-Korrespondenz betreffenden Interpretationsfragen hat die unendliche Diskussion um einzelne Briefe reichliches Anschauungsmaterial geliefert - und der Prozeß erweist sich als offen.

1) Das angemessene Verstehen der Beethoven-Briefe, immer wieder Analyse und Interpretation herausfordernd, ist nicht nur eine Frage der jeweiligen Auslegung des vorgegebenen Textes. In einer ganzen Anzahl von Fällen ist dem vielmehr die Identifikation und Zuschreibung eines Briefes zirkelhaft verbunden. Beispiele hierfür bieten die Briefe Nr. 1 und 3 Beethovens an Bettina Brentano aus einer Gruppe von drei Briefen, die 1839 erstmals als Briefe Beethovens an Bettina von Julius Merz im *Athenäum* veröffentlicht wurden. Maßgebliche Argumente gegen die Echtheit waren und sind das Fehlen des Autographs sowie stilistische, chronologische Ungenauigkeiten, endlich aber auch Probleme der biographischen Stimmigkeit (vgl. TDR, Bd. 3, S. 228, 330; A. Schmitz 1927, S. 23f. [D.I.]; E. Anderson Bd. 3,

S. 1357, Anm. 3 [B.I.]). Diese Gründe wurden als die Echtheitszeugnisse von Merz und Moriz Carrière (TDR, Bd. 3, S. 258f.) überbietend angesehen; die Gesamtausgabe hat die Briefe Nr. 1 und 3 deswegen auch nicht aufgenommen (vgl. GA, Bd. 2, S. 179, Anm. 1 – Anderson bietet die Texte im Anhang, vgl. Bd. 3, S. 1355–1359). Geht man von der gängigen Annahme aus, Bettina habe die Briefe ›erdichtet‹, so wäre gleichwohl immerhin möglich, was u.a. Anderson annimmt: daß für die Texte authentische Äußerungen Beethovens verwendet wurden (so E. Anderson, Bd. 3, S. 1355 Anm. 1; Racek betrachtet den 3. Beethoven-Brief überhaupt als echt, sei er doch von unzweifelhaft Beethovenscher Diktion [J. Racek: *Beethoven und Goethe in Bad Teplitz*, in: StMw 25, 1962, S. 412, Anm. 15]; zum Beethovenschen Tonfall [?] des 1. Bettina-Briefes vgl. H. Goldschmidt 1977, S. 204f.). So findet der im Anekdotenbestand hoch rangierende Bericht über Beethovens citoyenhaftes Durchschreiten des kaiserlichen Gefolges, während Goethe, sich verbeugend, zur Seite trat (»*und ging mit untergeschlagenen Armen mitten durch den dicksten Haufen*«, TDR, Bd. 3, S. 328) angesichts seiner unmittelbar folgenden Kritik an Goethe eine partielle Bestätigung durch Beethovens Brief an Breitkopf & Härtel vom 9. Aug. 1812: »*Göthe behagt die Hofluft zu sehr* [,] *mehr als es einem Dichter ziemt, Es ist nicht vielmehr über die lächerlichkeit der Virtuosen hier zu reden, wenn Dichter, die als die ersten Lehrer der Nation angesehn seyn sollten, über diesem schimmer alles andere vergessen können –*« (GA, Bd. 2, Nr. 591, S. 287).

2) Eine andere Schwierigkeit betrifft die Identifikation des Adressaten bei unbestrittener Authentizität des Briefes. Das klassische Beispiel hierfür ist der Brief an die »*unsterblichen Geliebte*«. Er hat eine bis heute nicht abgeschlossene Kettenreaktion der Identifikation und Deutung ausgelöst.

3) Zu weitreichenden Fragestellungen und Differenzen kann ferner die Erklärung von Textlücken führen. Der nur als Textlücke gegebene Namen von Beethovens Bruder Johann im ›Heiligenstädter Testament‹ ist ein Beispiel dafür, daß eine solche Leerstelle im Quellentext die Beethoven-Exegese zu interpretatorischen ›Steigflügen‹ stimulierte.

4) Schließlich stellen bestimmte Quellen und Quellenensembles nicht nur bei einzelnen Textstellen, sondern auch hinsichtlich ihrer Position und Deutungsvalenz im gesamten biographischen Kontext eine ganz besondere Herausforderung dar. So führt der Briefwechsel Beethoven – Gräfin Josephine Deym zwangsläufig zu der Frage, ob das Abbrechen des Austauschs im Jahre 1809 eine Beendigung der Beziehung bedeutete oder ob nicht der menschliche, der seelisch-geistige Gehalt und bestimmte, den Briefwechsel prägende Aussagen und moralische Maximen zu der Annahme berechtigen, daß der menschliche Konnex gleichsam im ›Untergrund‹, als geistige Korrespondenz verwandter Seelen weiterbestand. Hierfür ist

nicht nur das Verständnis einzelner Briefe und Briefpassagen, sondern auch die Einbeziehung des Umfeldes unverzichtbar.

h. Brief und (Auto-)Biographie

Wenn Beethoven kurz vor seinem Tode Wegeler gegenüber den Grundsatz autobiographischer Abstinenz bekräftigte, so schrieb er dies einem Freund, dem er 25 Jahre zuvor in Briefform vertrauliche Mitteilungen gemacht hatte, die unverkennbar autobiographische Züge tragen. Und nicht nur Wegeler, sondern auch Carl Amenda hatte dieses Vertrauen erfahren. So unstrittig die Feststellung ist, daß Beethovens Briefe einen zentralen biographischen Quellenbereich darstellen, so unumgehbar erscheint die Weiterung, daß es sich hierbei vielfach auch um autobiographisch durchschossene Zeugnisse handelt. Freilich sind diese von der narrativen Autobiographie abzuheben: Es handelt sich gleichsam um autobiographische ›Spotlights‹ der inneren Biographie.

Beethovens Brief an Joseph Wilhelm von Schaden (15. Sept. 1787, GA, Bd. 1, Nr. 3, S. 5f.) ist ein Zeugnis ausschnitthafter autobiographischer Kundgabe innerer Befindlichkeit, und dies in einer Merkmalverteilung, die geradezu als ein Kristallisationskern von – freilich existenzkritischen – Identitätskriterien aufgefaßt werden kann: Krankheit (»Engbrüstigkeit«), Einsamkeit (Verlust der Mutter) und »Melankolie« (Existenzschmerz). Das sind freilich Identitätsaspekte, die als zu überwindende auf eine andere, bessere Identität hinweisen, dorthin zu streben scheinen: eine der ungehinderten Erfüllung als Künstler und Mensch. Ob indes Beethoven nicht gerade aus diesem Konflikt lebte, also Kunst als Überhöhung, Rettung, Erlösung, Beweis einer höheren, mit dem Göttlichen sich im Einklang wissenden Existenz ansah?

Ein weiteres wichtiges Merkmal tätigen autobiographischen Bewußtseins, die »selbstreferentielle Zuschreibung von Zuständen und Eigenschaften« (D. Henrich, ›Identität‹ – Begriff, Probleme, Grenzen, in: Identität [= Poetik und Hermeneutik 8], Mn. ²1996, S. 175) ist Beethoven ebenfalls alles andere als fremd. Aufschlußreich hierfür ist ein eher am Rande bemerkter Brief an Ries, in dem er sich über den Streit mit Stephan von Breuning im Jahre 1804 äußert (GA, Bd. 1, Nr. 186, S. 216): »glauben Sie mir, Lieber! daß mein Aufbrausen nur ein Ausbruch von manchen unangenehmen vorhergegangenen Zufällen mit ihm gewesen ist. Ich habe die Gabe, daß ich über eine Menge Sachen meine Empfindlichkeit verbergen und zurückhalten kann; werde ich aber auch einmal gereizt zu einer Zeit, wo ich empfänglicher für den Zorn bin, so platze ich auch stärker aus, als jeder Andere: [...] Er [Breuning] hat einen Geist der Kleinlichkeit, den ich von Kindheit an verachtet habe«.

Gerade Beethovens Vermögen der – und in bestimmten Konstellationen Insistenz auf – Selbstreferenz wird durch eine nicht geringe Anzahl von Briefen dokumentiert. Sein Brief an Amenda vom 1. Juli 1801 (GA, Bd. 1, Nr. 67, S. 84 und 85), seine Briefe an Franz Gerhard Wegeler vom 29. Juni und 16. Nov. 1801 (GA, Bd. 1, Nr. 65 und 70, S. 78ff. und 88ff.) sind nicht nur Krankenberichte (*»mein Gehör ist seit 3 Jahren immer schwächer geworden«*) und sie enthalten nicht nur Mitteilungen über äußere Lebensumstände (*»dann unter so elenden Egoistischen Menschen«* – *»Lichnowski [hat mir] eine sichere Summe von 600 fl. ausgeworfen […] auch habe ich auf jede Sache 6, 7 Verleger und noch mehr«*), sie spiegeln nicht allein eine Liebes-Fata Morgana (*»ein liebes zauberisches Mädchen […], die mich liebt und die ich liebe, es sind seit 2 Jahren wieder einige seelige Augenblicke«*) und seine künstlerische Entwicklung (*»auch mein Klavierspielen habe ich sehr Vervollkommnet«* – *»ich lebe nur in meinen Noten«*). Sie steigern sich vielmehr zu existentieller Klage und Anklage (*»ich habe schon den schöpfer und mein daseyn verflucht«*), sie übersteigen diese wiederum in der Kundgabe seines Willens zur Überwindung (*»ich will dem schicksaal in den rachen greifen«*). Denkt Beethoven damit über die Entstehung der Ertaubung, die aktuelle, also solche empfundene Miserabilität seines Daseins hinaus, so doch in einer in sich gespaltenen Perspektive. Hoffnung und Verzweiflungserwartung, wenn nicht -gewißheit, stehen sich gegenüber (*»daß ihr mich nur recht groß wiedersehen werdet, nicht [nur] als Künstler sollt ihr mich größer, sondern auch als Mensch sollt ihr mich besser, Vollkommener finden, und ist dann der Wohlstand etwas besser in unserem vaterlande, dann soll meine Kunst sich nur zum Besten der Armen zeigen«* – *»ich will […] meinem schicksaal trotzen, obschon es Augenblicke meines Lebens geben wird, wo ich das unglücklichste Geschöpf gottes seyn werde«*). Alle diese Briefe aber sind, mit all ihren selbstreferentiellen Qualitäten, Zeugnisse der geistigseelischen Verfaßtheit ihres Autors; sie sind immer auch Zeugnisse der (autobiographisch greifbaren) inneren Biographie – sie sind Zeugnisse innerer Konfliktkonstellationen.

Was an diesen Briefen weiterhin besonders frappiert, ist, daß hier praktisch alle Themen biographischer Lebensverfassung und autobiographisch-selbstreferentieller Lebenserfassung, wie sie sich in späteren Briefen, wenn auch nicht derart komprimiert, wiederfinden, leitmotivisch angeschlagen sind. Geradezu prognostisch erscheint das Wort vom *»unglücklichsten Geschöpf«*. Vergangenheit, Gegenwart und Zukunft schießen im Moment einer Briefphase intimer Enthüllung zusammen. Die gesamte biographische Schicht des Briefwechsels zeigt sich durchsetzt von Inseln autobiographischer Kundgabe und Reflexion.

Daß in diesem Panorama dem Brief an die *»unsterbliche Geliebte«* und dem ›Heiligenstädter Testament‹ besondere Bedeutung wiederum nicht nur als biographische Tatsache, sondern als Präsentation autobiographischen Bewußtseins und damit der inneren Biographie zukommt, dürfte außer Frage stehen. Dieser Bereich der Beethoven-Briefe steht freilich – wie ersichtlich – im Kontext eines vielschichtigen Briefaufkommens. Es zeigt unterschiedliche Realisationsstufen in der Ausfertigung und Vervollkommnung der Briefe und damit verschränkt unterschiedliche Aspekte des Briefstils. Man kann also mit dem Ziel der Verdeutlichung sagen, daß sehr viele der Beethoven-Briefe unterschiedlich ausgeprägt in einem Stadium verharren, das dem der Skizzen im musikalischen Œuvre entspricht, während andere mehr oder minder ausgearbeitete Stufen repräsentieren. Das aus dem unmittelbaren, fast nahtlosen Übergang von gesprochener in Schriftsprache zu erklärende Phänomen der Skizzenhaftigkeit findet seine Bestätigung in der Tatsache der nicht seltenen Wortumstellungen, die Beethoven in seinen Briefmanuskripten vornahm (vgl. GA, Bd. 1, S. 279, Anm. 2; Bd. 4, Nr. 1326, S. 308 und 311, Anm. 6; Bd. 4, Nr. 1379, S. 387; Bd. 5, Nr. 1633, S. 108f.).

III. Aspekte der Beethoven-Biographik
1. Positionen und Kontroversen

Nach einer Phase der Sondierungs- und Vorfeldbiographik, zu der auch Schindlers Biographie zu zählen ist, und der ebenso bahnbrechenden wie grundlegenden Biographie A. W. Thayers, die eine entscheidende Konsolidierungs-Stufe der Beethoven-Forschung bedeutet, hat sich, parallel zu den Bemühungen um möglichst weitgehende Quellenergänzung und -edition, eine biographische Deutungs-Literatur entwickelt, teils in Verbindung mit musikalischer Analyse. Elliot Forbes (1964 [D.I.]), dem die Beethoven-Forschung eine gestraffte und materialangereicherte Aktualisierung von Thayers *Ludwig van Beethovens Leben* verdankt, hat die Thayers Anliegen verzweigt weiterführenden Ansätze im Vorwort seines *Thayer's Life of Beethoven* angesprochen: »*Unlike Jahn, then, Thayer was concerned only with the facts about Beethoven, the man and his music, not with analytical interpretation of the music, or even the external description of the construction of the music, as in the case of Pohl. Thayer's area of interpretation was with the relative validity of the evidence he was using, which he tried to judge as objectively as possible. Further, he was concerned with factual information in depth*« (Ausgabe 1970, S. IX). Tatsächlich stammen die in die zweite Auflage von Thayers Biographie eingegangenen analytisch-beschreibenden Ausführungen zu Beethovens Kompositionen von Deiters, Änderungen und Zusätze von Riemann. Doch war Thayer immerhin wenigstens in einem kompositionsrelevanten Bereich, nämlich dem der Skizzendatierung, mit dem Nestor der Skizzenforschung, Gustav

[E.IV.3.a.]).

Heute sieht sich die Beethoven-Forschung einer ganz neuen, doppelten Herausforderung gegenüber. Gefragt ist zum einen die integrale Beethoven-Biographie, die neben den neu erschlossenen bzw. edierten Quellen nicht allein den umfassenden ›pool‹ analytischer Reflexionen und Erkenntnisse berücksichtigt, sondern vor allem auch die Fortschritte der Skizzenforschung in den letzten 30-40 Jahren angemessen einbezieht – eine herkulische Aufgabe, an die sich noch niemand gewagt hat. Zum anderen aber verdient gesteigerte Beachtung, was Harry Goldschmidt zu bedenken gibt: »*Auch die Interpretation der Sachverhalte, ihre Neubewertung, ist genuiner Bestandteil der Biographik, ebenso wandelbar den Strömungen der Zeit und der Geschichte unterworfen, wie etwa die Analyse der Musikwerke*« (1979, S. 167 [F.III.2.]). Goldschmidts Statement schließt freilich bereits einen Reflex auf Maynard Solomons, die Analyse biographischer Fakten ganz neu visierende Biographie Beethovens ein. Diese, eine Mischung aus Anerkennung und Fundamentalkritik darstellende Reaktion auf Solomons weit über die geographischen und Sprachgrenzen hinaus anerkanntes Buch, verdient ernstgenommen zu werden.

Ohne Frage stellt Solomons Buch (1977 [D.I.]) den beeindruckenden Versuch dar, »*to discover the meaning of several of the ambiguities and delusions in Beethoven's life and to offer some indications of their possible significance for his creative quest*« (M. Solomon 1977, S. XIII). Und seine Anamnese des familiären Hintergrunds ist von bestechender Klarheit und Konsequenz. Es erscheint auf diese Weise logisch, nicht nur die verhängnisvolle Rolle, die Beethovens Weinkonsum für das Krankenblatt seiner Lebensgeschichte hatte (vgl. auch Solomon 1977, S. 257), in seiner ganzen Tragweite zu sehen und zu begreifen. Ohne Zweifel haben auch die sozialpsychologisch destruktiven Muster der Familiengeschichte – die dominierende, ehrfurchtgebietende Persönlichkeit des Großvaters, eine zunehmend lebenslabil-tyrannische Haltung des Vaters, die Eheskepsis der Mutter (vgl. J. Schmidt-Görg 1971, S. 61 [B.III.]), die finanziellen Krisenerfahrungen der Bonner Zeit, die allzufrühe Alleinverantwortung für seine Brüder – Ludwig van Beethovens Verhaltensstruktur beeinflußt und damit auf die spätere Zeit ausgestrahlt. Die Frage ist jedoch, ob und in welches psychoanalytische Konstrukt man solche Fakten und Konstellationen – die »*matrix of family circumstances, actions, and attitudes*« (Solomon 1977, S. 19) – überführt, und wie rigoros ein solches psychoanalytisches Erklärungsraster dann aufs spätere Leben angewandt wird. In diesem Zusammenhang ist aber auch hervorzuheben, daß Solomon die Konsequenz, mit der Editha und Richard Sterba ihre Beethoven-Destruktion durchführen, speziell die absurde Homosexualitäts-Behauptung (E. und

R. Sterba 1954 [D.II.2.a.]), seinerseits wieder kritisch beleuchtet (Solomon, *Beethoven Essays*, Cambridge, Mass./L. 1988, [7]1997, S. 142, 148ff.; H. Goldschmidt 1979, S. 220 [F.III.2.]). Die Kritik an dem gestreuten Argumentationsfeld der Sterbas ist aber nicht zuletzt deswegen weiterzuführen, weil bestimmte Aspekte nach wie vor unwidersprochen hingenommen werden. So ist die – mit dem Hinweis auf Beethovens angeblich mangelnde ausdauernde Trauerreaktion auf den Tod seines Bruders (St. Wolf 1995, S. 174f. [D.II.1.a.]) abgestützte – Sterbasche Auffassung, Neffe Karl habe Beethoven als Bruderersatz gedient, schwer aufrechtzuerhalten, wenn man die erwähnte Tagebucheintragung heranzieht: »– *o sieh' herab Bruder, ja ich habe dich beweint und beweine dich noch*« (M. Solomon 1990, S. 81 [B.III.]). Und dies umso mehr, wenn man bedenkt, daß in *Beethoven and His Nephew* die Autoren Sterba »*unterstellen, daß sich die fehlenden Wörter auf Caspar Carls Frau beziehen*« (vgl. M. Solomon 1990, S. 154).

Es ist die Perspektive des Vorurteils, die – ohnehin unausweichlich präsent – gerade dort sich auswirkt, wo stringente Fundamentallösungen angestrebt werden. Eines von Solomons Erklärungsmustern ist die »*Family Romance*«, d. h. das Raster einer Familienbeziehung, in der ein ›defektes‹ Familienmitglied – in Beethovens Fall Vater Johann – zur Disposition steht (Solomon 1977, S. 21 und passim). Darf man angesichts dieser Konstellation gleichwohl Beethovens Täuschung über sein Geburtsjahr mit der schwachen Erscheinung und zunehmend problematischen familiären Position seines Vaters in Verbindung bringen (Solomon 1977, S. 23)? Es gibt kein einziges definitives Zeugnis dafür, daß Beethoven die Unsicherheit über sein Geburtsjahr mit der Unsicherheit über die Vaterschaft Johann von Beethovens in Verbindung gebracht hätte. Seine Reaktion auf die ihm zugestellte Taufurkunde und die (mögliche) Annahme, es handle sich um die seines verstorbenen Bruders Ludwig Maria, kann durchaus auch umgekehrt gelesen werden: Daß er selbstverständlich davon ausging, daß dieser Bruder und er Söhne desselben Vaters seien.

Besonders prekär wird die hypothetische Konstellation »*Family Romance*« freilich dann, wenn sie späteren Konstellationen und Handlungen Beethovens prokrustesbettartig ihr Schema aufzwingt. Wie schon im Falle seiner Konstituierung steht die »*Family Romance*« auch angesichts ihrer Modifikation als »*fantasy family*« (Solomon 1977, S. 254), derzufolge Beethovens Beziehung zu seiner Schwägerin zugleich abneigungs- wie, nach dem Muster einer Phantasie-Ehe, unterbewußt zuneigungsgepolt war (Solomon 1977; St. Wolf 1995, S. 174), im Konflikt mit den Quellen. Man muß hierbei bedenken, daß derlei tiefenpsychologisch begründete ›Thesen‹ de facto Hypothesen sind (was Solomon übrigens auch selbst eingesteht), also zu einem

Sachverhalt passende Voraussetzungen, die aber weder die einzig möglichen noch gar die einzig notwendigen darstellen. Sowohl mit Beethovens Verhältnis zum weiblichen Geschlecht, wie auch mit seinen moralischen Prinzipien und gleichermaßen mit bestimmten, speziell auf seine Schwägerin bezogenen Briefen aus dieser Zeit sind sie jedenfalls nicht in Übereinstimmung zu bringen. Alle Frauen, denen sich Beethoven im Lauf seines Lebens zuwandte, waren ihrer äußeren Erscheinung wie ihrem Wesen nach schön, sie erschienen ihm als ›ideal‹. Er suchte dieses Ideal, was durch nichts deutlicher belegt wird, als durch sein Verhältnis zu Josephine Deym. Der Kontrast zwischen dieser Frau und seiner Schwägerin könnte kaum krasser sein. Man braucht nur bestimmte Briefe an Zmeskall heranzuziehen, um zu sehen, daß Beethovens Beziehungen zu den Frauen, die er als »morsche Festungen« bezeichnet (GA, Bd. 3, Nr. 841, S. 170, und Nr. 1014, S. 335), – selbst unter der Annahme, er habe, was überhaupt nicht ausgeschlossen werden kann und soll, zuweilen Kurtisanenverkehr gehabt – dezidiert kritisch war. Schließlich wird man in folgendem Brief an Giannattasio del Rio von Anfang August 1817 (GA, Bd. 4, Nr. 1152, S. 91) kein Verdachtsmoment im Sinne einer ›Phantasie-Ehe‹ entdecken können, es sei denn, man schleust es tiefenpsychologisch interpretierend ein: »übrigens können sie leicht denken, wie einem so frey gewohnt zu lebenden Menschen wie mir all diese ängstlichen Verhältniße, worin ich durch K. geraten bin, unerträglich öfter vorkommen, worunter denn auch das mit seiner Mutter gehört, ich bin froh nie etwas davon hören zu müßen, dies ist die Ursache, warum ich überhaupt vermeide von ihr zu reden.«

Vorbehalte und Einwände gegen eine Verabsolutierung psychoanalytischer Verfahren sind gleichsam das Kontrastprogramm der Beethoven-Literatur zur Akklamation, die Solomons *Beethoven* erfahren hat. Selbst Wolf (1995), der sich Solomons psychoanalytisch-tiefenpsychologischer Sicht immer wieder anschließt, verweist auf das Problem der »Überdeterminierung der Bildungen des Unbewußten« und die damit korrespondierende Tatsache, daß folglich »die Dokumente gegen sie keine wirkliche Falsifizierungschance haben« (1995, S. 46).

Goldschmidt hat bei aller Anerkennung der akribischen und datenkenntnisreichen Biographie von Solomon ebenso grundsätzliche wie detailbegründete Einwände und Kritikpunkte erhoben und geltend gemacht (H. Goldschmidt 1979, S. 220–231 [F.III.2.]). Auch hierbei werden quellengestützte Fakten und Sachverhalte angeführt, mit dem Ziel, die »psychoanalytischen Muster« zugunsten der »nachweislichen biographischen Fakten« außer Kurs zu setzen (S. 230).

Die vehementesten Angriffe gegen die psychoanalytische Biographik hat freilich Marie-Elisabeth Tellenbach erhoben (1998 [D.II.1.e.]). Sie bezieht sich dabei auf Vorbehalte, wie sie auch Stefan Kunze gegen die psychoanalytische Deutung von

Mozart-Briefen geltend gemacht hat. Sie hält außerdem die psychoanalytischen Resultate bei den Sterbas und bei Solomon als kontrovers gegeneinander (1998, S. 665). Ferner geht sie mit der die ganze Beethoven-Biographie Solomons »wie ein Leitmotiv« durchziehende »Annahme ins Gericht, Beethoven habe bis zu seinen letzten Lebensjahren in Träumen seiner Phantasie als Neurotiker den von Freud beschriebenen Familienroman ausgesponnen und unter seiner Einwirkung gelebt und gehandelt.« Ihr Haupteinwand: »Freud sagt jedoch [...] schon vom Kinde, daß ihm etwa seit dem Zeitpunkt der Vorpubertät ›solche Phantasien natürlich bewußt sind‹.« Es sei jedoch »nirgends bezeugt«, daß der junge Beethoven jemals solchen Phantasien nachgegangen habe. Verwunderlich ist dabei allerdings, daß sie die - nunmehr bei Solomon in zwei verschiedenen Fassungen (M. Solomon 1988, [7]1997, S. 90f. [D.I.]) vorliegende falsche Deutung des Wortes »dir« im ›Heiligenstädter Testament‹ nicht eigentlich unter die Lupe nimmt.

2. Perspektive Identität

Es ist in der Diskussion um die psychoanalytisch bestimmte Biographik nicht bei der Kritik an der systembedingten, zwangsläufigen Ausrichtung, ja Ausblendung der Fakten und Sachverhalte geblieben (H. Goldschmidt 1979, S. 216f. [F.III.2.]). Zumindest als Postulat und in kursorischen Skizzen biographischer Konstellationen ist angeleuchtet worden, was weiterer und stärkerer Erhellung bedarf. Goldschmidt formuliert in diesem Zusammenhang das Postulat der »Konfliktbiographie« (Goldschmidt 1979, S. 177, 182, 236). Verstanden wird hierunter eine Lebenserforschung und -darstellung, die sich - vereinfacht gesagt - sowohl auf die innere Dialektik der Beethovenschen Persönlichkeit wie auf ihr Konfliktverhalten im Umgang mit der Umwelt konzentriert - die »Tragik des biographischen Lebens« doppelt motiviert. Diese Feststellung erscheint weniger als Binsenweisheit, wenn man sich die Frage stellt, wie diese perennierende Konfliktanreicherung in Beethovens Leben sich konfiguriert und entwickelt hat.

In diesem Zusammenhang kommt ganz bestimmten, schon aus der frühen Jugend Beethovens überlieferten Charakter- und Verhaltenszügen Gewicht zu. Sie lassen sich unter die Trilogie: Melancholie, Einsamkeit, Bizarrheit fassen. Daß damit Charakteristika der Persönlichkeit schlechthin angesprochen sind, die zum Topos-Feld des Genies gehören (vgl. R. und M. Wittkower, Born under Saturn, L. 1963, deutsch als: Künstler – Außenseiter der Gesellschaft, Stg. 1965), sollte dabei trotz gewisser Einwände (Goldschmidt 1979, S. 176) weder überraschen noch irritieren. Tatsächlich sind es ja diese Sammelbegriffe, unter die sich das fassen läßt, was das Beethoven-Bild so verwirbelt hat. Auch der psychoanalytischen Sicht bereiten diese Eigenheiten Probleme, die nur allzuleicht zur Überziehung des methodischen Kredits führen, stellt sie sich nicht auf den Standpunkt von Eissler: »*Was an Ungeselligkeit, Unhöflichkeit und Brutalität in Beethovens alltäglichem Leben auftauchte, war der Grundpfeiler seiner Kreativität. Die Beherrschung des Gefühls hätte niemals zu jenen musikalischen Kompositionen geführt, die wir bewundern*« (K. R. Eissler, Goethe, Bd. 2, Basel/Ffm. 1985, S. 1441).

3. Identität als unendlicher Prozeß

Auch diese Feststellung Eislers (s. o.), so deutlich sie auch die absonderlich erscheinenden Züge Beethovens im Sinne einer tieferen Sinngebung des ›Genialen‹ bestimmt, steht freilich sogleich wieder zur Disposition, wenn sich die Frage nach dem inneren und äußeren Wirkungszusammenhang des Konfliktpotentials in Beethovens Persönlichkeit stellt. Hier vermögen Reflexionen und Diskurse neue Perspektiven zu eröffnen, die im Rahmen der Gruppe Poetik und Hermeneutik zum Thema ›Identität‹ angestellt wurden. Mehrere Zitate gehören in den unmittelbaren Zusammenhang des Problembereichs, auch und gerade wenn man Goldschmidts Diktum »*Konfliktbiographie*« ernst nimmt, indem man es auf den Teststand seiner Umsetzbarkeit bringt:

»*Die Zeit desintegriert und differenziert – gewiß im Rahmen einer lebensgeschichtlichen Kontinuität, in die ein Element von Identität eingeht, das gleichwohl mit einem hart analytisch-leibnizschen Identitätskriterium […] unvereinbar ist. Es gibt keinen festen Kern, keine fixe Identität eines Individuums*« (M. Frank, in: Individualität [= Poetik und Hermeneutik 13], Mn. 1998, S. 16). Und: »*Fortan wird identitätspräsentationsfähig und speziell autobiographiefähig, was es vorher nicht war: die Präsentation von Irrungen und Konversionen, von Wankelmut und Wandel, von Brüchen, Zu- und Zwischenfällen, von Anfechtungen, Schwächen, Lastern, Schuld und Sühne, von Niederlagen, von Eitelkeiten, Schrullen, ›Hökkern‹, Eigenarten, kurzum: die von Menschlichem und Allzumenschlichem*« (O. Marquardt, Identität – Autobiographie – Verantwortung (ein Annäherungsversuch), in: Identität [= Poetik und Hermeneutik 8], Mn. ²1996, S. 692).

In diesen, um den Problemverbund Individualität (Persönlichkeit) – Identität – Autobiographie kreisenden Reflexionen wird ein Moment überdeutlich: die nicht durch irgendein Schema – auch nicht durch ein psychoanalytisches – rasterförmig domestizierbare (deduzierbare) Komplexität und Dynamik der Persönlichkeit und ihres Identitätspotentials. Bezeichnend zu allem Überfluß, was Dieter Henrich, um Abgrenzung des philosophischen vom sozialpsychologischen Identitätsbegriff bemüht, sagt: »Der sozialpsychologische Identitätsbegriff hat eine ganz andere logische Verfassung [als der philosophische]: Hier ist ›Identität‹ eine komplexe Eigenschaft, die Personen von einem gewissen Lebensalter an erwerben können. Sie müssen diese Eigenschaft nicht haben und können sie gar nicht zu jeder Zeit besitzen« (D. Henrich, Identität – Begriffe, Probleme, Grenzen, in: Identität [= Poetik und Hermeneutik 8], Mn. ²1996, S. 135).

Beethoven verkörpert diesen dynamischen Identitätsbegriff. Das wird gerade an der Offenheit und Krisenanfälligkeit seines individuellen Profils erkennbar. Gerade deswegen ist aber auch die Frage der Beethovenschen Identitätsgewinnung, will man sie nicht schematisch erfassen, vorrangig und schwierig zu beantworten. Bei dieser Formierung von Identität sind offenbar – wenn auch in zeitlicher Staffelung und unterschiedlicher Überlappung und Durchdringung – drei Faktoren von entscheidender Bedeutung gewesen: die Musik – die Liebe zur Mutter, überlagert und schließlich nach deren Tod abgelöst durch die zweite Heimat im Hause Breuning – die ideengeschichtlich-politischen Strömungen im Gefolge von Aufklärung und Französischer Revolution.

4. Selbstfindung durch Musik

Wird das Bild von Beethovens Vater nicht zu undifferenziert gezeichnet, dessen spätere Haltlosigkeit und Persönlichkeitsauflösung nach dem Tod seiner Frau zu sehr auf die vorangehende Zeit projiziert? Daß Beethovens Vater als Musikerzieher mit Mozarts Vater keinen Vergleich aushält, daß er ›Didaktik‹ und übermäßige Strenge verwechselte, bedeutet nicht, daß er den Unterricht grundlegend fehlgeleitet hätte. Auf einem Fußbänkchen stehend die ersten Klavierinstruktionen zu erhalten, war für den vielleicht 5-jährigen Knaben ebenso unvermeidlich wie unangenehm. Aber welchem unverzichtbaren Drill sind seit je – und werden heute wohl mehr denn je – begabte (oder begabt sein sollende) Kinder unterworfen, um sie besonderen Leistungen zuzuführen? Zweifellos zeigte Johann van Beethoven Züge von Beschränktheit, wenn er seinem Sohn das Spiel ohne Noten, also erste improvisatorische Schritte verwies, eine Haltung, die Beethoven in die spätere Klage über seine mangelhafte musikalische Ausbildung einschloß. Doch hat der Vater seinen Knaben nicht über unnötig lange Zeit mit seinem Unterricht gepeinigt, dem dieser sehr bald entwachsen war, sondern ihn anderen Lehrern anvertraut (van den Eeden, Pfeifer, Neefe), offenbar dann mit dem Ziel auch kompositorischer Unterrichtung (Aufzeichnungen Fischer, s. J. Schmidt-Görg 1971, S. 43 [B.III.]). Schließlich hat er ihm wohl zudem die Wahl (Orgelspiel: Bruder Willibald Koch; Minoritenkloster) selbst überlassen. Auch finden sich, was die Atmosphäre im Hause Beethoven

vor dem Tod der Mutter angeht, in den Fischerschen Aufzeichnungen keine
Berichte, die dem über eine von »Beiden [geführte] rechtschaffene friedliche Ehe« (ebd.,
S. 30) widersprächen.

Bei aller Problematik der ersten musikalischen Ausbildung liegt jedenfalls im
Elternhaus Beethovens der Ausgangspunkt für seine musikalische Entwicklung.
Hier wurde gewiß auch angesichts der raschen Fortschritte und angesichts des
väterlichen Gegenüber, das er so bald in den Schatten stellte, das Gefühl des eigenen
Vermögens schnell ausgeprägter. Damit aber – und angesichts der wachsenden
Anerkennung, die er außerhalb der Familie fand – begann sich hier der Bereich seines Selbstbewußtseins auszubilden, der später zum tragenden Pfeiler seiner Persönlichkeit, seiner Identität werden sollte: die Musik. Dabei dürften ihm das immer
stärkere Bewußtsein und die rasche Entwicklung des eigenen Könnens gerade auch
im vom Vater anfangs unterdrückten kompositorischen Bereich aus dieser familiären Konfliktsituation heraus jenen Impetus der unablässigen Selbstoptimierung
vermittelt haben, der seinen gesamten künstlerischen Weg bestimmen sollte.

Abb. 3: Skizzen zum Streichquartett op. 131 (1825)
Staatsbibliothek zu Berlin – Preußischer Kulturbesitz

»*Sie war mir eine so gute liebenswürdige mutter, meine beste freundin; o! wer war glücklicher als ich, da ich noch den süßen namen mutter aussprechen konnte, und er wurde gehört, und wem kann ich ihn jezt sagen? den stummen ihr ähnlichen bildern, die mir meine einbildungskraft zusammensezt?*« (15. Sept. 1787, GA, Bd. 1, Nr. 3, S. 5f.). Von ambivalenten Gefühlen gegen seine Mutter, von einer »*unsatisfying relationship*« zu ihr zu sprechen (M. Solomon 1977, S. 18), gibt diese Quelle, gibt es überhaupt keinen quellengestützten Anlaß. Im Gegenteil: die Zeilen des Briefes an Joseph Wilhelm von Schaden zeugen von tiefer Liebe und einem Gefühl der Geborgenheit, dem er durch ihren Tod jäh entrissen wurde. Wegelers Erinnerung an den Tod von Beethovens »*edler Mutter*« klingt wie der Widerhall von Beethovens Worten, und allein seine Angabe, Beethoven habe in Bonn bei allem Widerwillen gegen das Unterrichten sich gleichwohl seiner Mutter zuliebe überwunden (Wegeler/Ries 1838, S. 24 [D.I.]), spricht für sich. Sie war ihm zudem durch die Reise nach Rotterdam, die ja für ihn nicht zuletzt eine Konzertreise war, auch mit Blick auf seine Musik ganz sicher nahegekommen. Hatte nicht Mozart die Reise von 1777 mit seiner Mutter unternommen? Und hatte der junge Beethoven offenbar nicht auch »*in großen Häusern gespielt, die Leute durch seine Fertigkeit in Erstaunen versetzt*« (TDR, Bd. 1, S. 145f.)?

Hoch zu gewichten ist auch Beethovens auf die schwierigen Seiten der Bonner Jahre zurückblickender Brief an den Neffen vom »*18ten May* [1825]«, der keinen Zweifel daran läßt, daß es liebende Verantwortung war, die das Verhältnis zu seinen Eltern, trotz aller Mißlichkeiten, bestimmte: »*für einen nun bald 19 jähr[igen] Jüngling kann es nicht anders als wohl anstehen, mit seinen Pflichten für seine Bildung u fortkommen auch jene gegen seinen Wohlthäter Ernährer zu verbinden – habe ich doch recht dieses bey meinen Eltern vollführt –*« (18. Mai. 1825/GA, Bd. 6, Nr. 1974, S. 70). Daß der Tod der Mutter eine unausfüllbare Lücke gerissen hatte, daran lassen Beethovens Zeilen keinen Zweifel. Der Vater wird in dem Brief an Schaden mit keinem Wort erwähnt - oder eher indirekt: Denn sicherlich sind die Krankheitssymptome, die er erwähnt, nicht so sehr hypochondrischer als vielmehr psychosomatischer Art und auf seine Trauer und die Leere zurückzuführen, die selbst ein weniger sensibler Knabe empfunden haben dürfte. (Bei aller Unsicherheit rückgreifender Diagnostik, dürfte es nach heutiger medizinischer Erkenntnis nicht schwer sein, in Beethovens Engbrüstigkeit und »*Melankolie*« derartige Symptome auszumachen.) Seine Mutter war zweifellos das entscheidende Ferment einer halb imaginierten halb gelebten Idylle, in die sich Beethoven, folgt man den Fischerschen Berichten und anderen Quellen, bei aller häuslichen Enge eingerichtet hatte. Zudem wird Beethoven den Verkauf der Garderobe seiner Mutter nach deren Tod durch den Vater mit ebensolchen Gefühlen entsetzter Trauer aufgenommen haben wie Cäcilie Fischer, die davon berichtet (Aufzeichnungen Fischer, s. J. Schmidt-Görg 1971, S. 74 [B.III.]). Man sollte indes bei der Beurteilung dieses väterlichen Vorgehens mehrere Aspekte nicht vergessen: Zum einen drückten Johann von Beethoven, wie eine Eingabe an den Kurfürsten bezeugt (L. Schiedermair 1925, S. 191 [D.II.1.b.]), große finanziellen Sorgen, zum anderen war es damals »*vielfach geübte Gepflogenheit, die Kleider eines Verstorbenen bald aus dem Hause zu schaffen und versteigern zu lassen*« (ebd., S. 191); man sollte in Verbindung damit aber Johann van Beethoven auch zubilligen, daß er, der mit dem Tod seiner Frau - wie seine nun sich forcierende Trunksucht zeigt - nie fertig wurde, den Anblick dieser Kleider einfach nicht ertrug. Möglicherweise steht diese Erinnerungsphobie auch hinter der ihm angelasteten Tatsache, daß er seines Vaters Bild, das sein Sohn später mit Hilfe Wegelers nach Wien kommen ließ (29. Juni 1801/GA, Bd. 1, Nr. 65, S. 81) und stets hochhalten sollte, ins Leihhaus brachte.

Grundsätzlich ist - bei allen Begabungs- und Persönlichkeitsschwächen Johann van Beethovens - zu fragen: Hat Beethoven seinen Vater wirklich gehaßt? Wenn man schon die Eintragung »*Von meinem teuren Vater geschrieben*« auf einer Kopie von C. Ph. E. Bachs Kantate *Morgengesang am Schöpfungstage* (W. Kirkendale 1966, S. 257 [E.I.]; TDR, Bd. 1, S. 152; M. Solomon 1977, S. 19) nicht ernstnehmen will: Wird er ihn nicht eher bedauert haben? In diesem Zusammenhang sind zwei Schuldzuweisungen zu entkräften:

1. Der seit den Sterbas (E. und R. Sterba 1954 [D.II.2.a.]) entsprechend aufgeladene Verdacht, Beethoven habe seinen Vater durch seine Eingabe wegen der Umleitung des väterlichen Gehalts auf ihn, den Sohn, in einer Art Handstreichverfahren ins familiäre und soziale Abseits gestoßen (s. auch NGroveD, Bd. 2, S. 355). Schon Schiedermair (S. 194) hat angenommen, was naheliegt: daß Beethoven hier von Freunden beraten, wenn nicht gedrängt wurde. Und wenn man den großen Einfluß des Grafen Waldstein zugunsten des jungen Komponisten in Rechnung stellt, von dem Wegeler glaubwürdig berichtet - »*der wichtigste Mäzen Beethoven's war Graf Waldstein* […] *Liebling und beständiger Gefährte des jungen Kurfürsten*« (Wegeler/Ries 1838, S. 17) -, dann ist anzunehmen, daß dieser auch hier - möglicherweise unterstützt vom Hause Breuning - beratend und Wege ebnend aktiv geworden ist.

2. Beethoven habe durch seine Abreise nach Wien, kurz vor seines Vaters Tod, die Konstellation des ›Elternmordes‹ (Solomon 1977) heraufbeschworen. Hierzu ist folgendes zu sagen:

a) Wir wissen nichts Definitives über den Zustand des Vaters im Oktober 1792, nichts über die Vorhersehbarkeit seines Todes.

b) Beethovens erste Wienreise von 1787 war im Zusammenhang mit der Erkrankung seiner Mutter vorzeitig abgebrochen worden. Gemessen an den Erwartungen, die man daran geknüpft hatte – und die bezeugte Enttäuschung des Kurfürsten (23. Dez. 1793 / vgl. GA, Bd. 1, Nr. 14, S. 22) spricht für sich –, hatte diese Reise praktisch nicht stattgefunden.

c) Die zweite Wienreise war folglich vorprogrammiert, Ersatz für die fehlgegangene erste; sollte Beethoven doch zudem ursprünglich nach einer gewissen Zeit wieder nach Bonn zurückkehren (s. auch hier den Brief des Kurfürsten vom 23. Dez. 1793).

d) Auch bei dieser Reise und ihrer Begründung dürfte Graf Waldstein (im Hintergrund) treibende Kraft gewesen sein. Sein Stammbuchtext enthält einen verdeckten, doch herauszulösenden Hinweis: Zum einen spricht er von Beethovens (und gewiß seiner Freunde!) »lange bestrittenen Wünschen«, die der Erfüllung harren, zum anderen aber verbirgt sich hinter dem Passus »Mozart's Genius trauert noch und beweint den Tod seines Zöglings. [Bey dem unerschöpflichen Haydn fand er Zuflucht, aber keine Beschäftigung; durch ihn wünscht er noch einmal mit jemanden vereinigt zu werden.] Durch ununterbrochenen Fleiß erhalten Sie: Mozart's Geist aus Haydns Händen« (M. Braubach [Hrsg.], Die Stammbücher Beethovens und der Babette Koch, Bonn 1970, S. 19) auch der Gedanke, daß diese Reise der Vollendung des Zieles der ersten zu dienen habe: Mozarts Genius, wenn auch nun nur auf dem ›Umweg Haydn‹, doch noch teilhaftig zu werden.

e) Ist folglich nicht sogar davon auszugehen, daß Beethovens Vater, wie krank auch immer, seinen Sohn seinerseits zu dieser Reise ermuntert, wenn nicht gedrängt hat? Mußte er doch besorgt sein, daß seine, wohl in die Zeit nach seiner Frau Tod fallende ›Prophezeiung‹ wahr werde: »mein Sohn Ludwig [,] da habe ich jetzt meine einzige Freude, er nimmt in der Musick und Componiren so zu, er wird von alle Bewunderungswürdig angesehen. Mein Ludwig, Mein Ludwig, ich sehe es ein. Er wird mit der Zeit ein großer Mann in der Welt werden« (J. Schmidt-Görg 1971, S. 72 [B.III.]; s. auch TDR, Bd. 1, S. 470).

f) Hielt Beethoven nicht zudem Kontakte zu seiner Familie und zu Bonner Freunden offen? Zum einen angesichts seiner Brüder, deren Versorgung in Bonn ihm nach wie vor oblag? Dann aber auch über Briefkontakte, die zweifellos über diejenigen hinausgingen, die uns bekannt sind? So vertrat Johann Martin Degenhart, wie Beethovens – von Degenhart geschriebener und mit Beethovens Namen unterzeichneter – Brief an Kurfürst Maximilian Franz vom April 1793 ausweist (GA, Bd. 1, Nr. 7, S. 12), Beethovens Interessen in Bonn ebenso wie Franz Ries, der des Komponisten Gehalt entgegennahm und wohl nach Wien weiterleitete. Mit beiden

Bonner Freunden muß es einen Briefwechsel gegeben haben. Außerdem schrieb Beethoven mehrmals an Babette Koch und an Carl August Malchus, Briefe, die offenbar unbeantwortet blieben (vgl. GA, Bd. 1, Nr. 11, S. 17). Und so ist überhaupt nicht auszuschließen, daß er – trotz seiner ›Schreibfaulheit‹ – auch an die Brüder, wenn nicht an seinen Vater schrieb, ohne daß sich eine Spur erhalten hätte.

6. Ausgelagerte Idylle

Indem Beethoven nach Wien ging, verließ er indes nicht nur eine Notfall-Familie, sondern auch einen Ort seiner werdenden Seelen- und Geistestopographie, den als »Ausgelagerte Idylle« zu bezeichnen nicht übertrieben scheint: die Breningsche Familie und ihren Kreis. Sie wurde die tatsächliche Ersatzfamilie, die Beethoven in seiner Bonner Zeit schon ca. 1782 gefunden hatte und in die er mehr und mehr hineinwuchs. Unverständlich bleibt jedenfalls, weshalb »to ascribe his [Beethoven's] cultural growth primarily to his relationship with the Breunings is surely exaggerated« (Solomon 1977, S. 36 [D.I.]). Beethovens eigene, sicherlich unverbrämte Aussagen wissen es anders: »Sie und ihre theure Mutter werde ich nie vergessen, sie waren so gütig gegen mich, daß mir ihr verlust sobald nicht ersetzt werden kann und wird, ich weiß, was ich verlohr, und was sie mir waren« (Sommer 1792/GA, Bd. 1, Nr. 4, S. 9) und: »sie erhalten hier eine dedication von mir an sie […] nehmen sie diese Kleinigkeit hin […] es sey eine kleine wieder Erweckung an die Zeit, wo ich so viele und so seelige Stunden in ihrem hause zubrachte, vieleicht erhält es mich im Andenken bey ihnen, bis ich einst wiederkomme« (2. Nov. 1793/GA, Bd. 1, Nr. 11, S. 17). Sind diese beiden Briefe Beethovens an Eleonore von Breuning aus den Jahren 1792 und 1793 schon sprechend genug, so bestätigt Franz Gerhard Wegelers Brief vom »28/12 [18]25« rückblickend expressis verbis, daß und in welchem Maße das Breningsche Haus Beethovens wahres Zuhause wurde: »war doch das Haus meiner Schwiegermutter [von Breuning] mehr dein wohnhaus als das deinige, besonders nachdem du die edle Mutter verloren hattest« (28. Dez. 1825/BA, Bd. 6, Nr. 2100, S. 196). So unbestritten Beethovens sonstige soziale und menschliche Kontakte – in der Bonner Lesegesellschaft und im Zehrgarten – für seinen sich weitenden und profilierenden geistigen Horizont gewesen sein mögen (Solomon 1977, S. 36; H. Goldschmidt 1979 [F.III.2.]), das, worauf es primär ankam und was prägende Erinnerung schuf, fand er ohne Zweifel in der Breningschen Familie: menschliche Wärme und Geborgenheit, namentlich angesichts des Verlustes der Mutter, und dazu eine Umgebung, die seine Musik schätzte, zur Entfaltung kommen ließ und darüber hinaus Bildung als Bindekraft innerer, seelisch-geistiger Entwicklung und Strebekraft förderte. Wie hätte sich Beethoven auch sonst nicht nur in der ersten, sondern auch noch in der letzten Wiener Zeit mit unverminderter ›Gemüths‹-Wärme dieses Kreises von Menschen erinnern können? Wie er erinnerte sich auch Wegeler: »*Beethoven wurde bald als Kind des Hauses* [Breuning] *behandelt; er brachte nicht nur den größten Theil des Tages, sondern selbst manche Nacht dort zu. Hier fühlte er sich frei, hier bewegte er sich mit Leichtigkeit, Alles wirkte zusammen, um ihn heiter zu stimmen und seinen Geist zu entwickeln. Fünf Jahre älter als Beethoven, war ich fähig, dieses zu beobachten und zu beurtheilen*« (Wegeler/Ries 1838, S. 14). Und es besteht kein Grund, Wegeler zu mißtrauen, wenn er im zitierten Brief vom 28. Dez. 1825 das Breuningsche Haus (»*das Haus meiner Schwiegermutter*«) als das eigentliche Heim Beethovens nach dem Tod der Mutter bezeichnet.

7. Schwierige Domestizierung

Wegeler ist es auch, der die zu dieser Zeit natürlich auch schon hervortretende Reizbarkeit Beethovens erwähnt, namentlich wenn man ihm finanzielle Unterstützung zukommen lassen wollte, Empfindlichkeiten, mit denen Graf Waldstein gut umzugehen wußte (Wegeler/Ries 1838, S. 18), die zugleich in Beethovens spätere Zeit vorausweisen. Die Hofrätin Maria Helene von Breuning aber war es offenbar, die seinen Eigensinn zu lenken sich mühte. Und wenn Beethoven in seinen Briefen vom Sommer 1792 (GA, Bd. 1, Nr. 4, S. 9) und vom 2. Nov. 1793 (GA, Bd. 1, Nr. 11, S. 16) an Eleonore von Breuning wie auch in dem von 1795 (?) an Wegeler (GA, Bd. 1, Nr. 19, S. 27), wenn er gleichermaßen in dem von Anfang November 1804 (GA, Bd. 1, Nr. 197, S. 227) an Stephan von Breuning, Vergebung, Harmonie und die Fortsetzung der Freundschaft heischend, die Ausbrüche seines Temperaments reuevoll bekennt, dann spricht aus diesen Äußerungen ein moralisches Bewußtsein, das wesentlich durch die Mutter der Breuningschen Kinder wenn nicht geweckt, dann doch gebildet worden sein dürfte. Wegelers Mitteilung (Wegeler/Ries 1838, S. 14): »*Die noch bei mir lebende, am 3. Januar 1750 geborene, Mutter von Breuning, besaß die größte Gewalt über den oft störrischen, unfreundlichen Jüngling*« und Beethovens Satz »*aber man sagt, die aufrichtigste reue sey diese, wo man sein verbrechen selbst gestehet, dieses habe ich gewollt*« (2. Nov. 1793/ GA, Bd. 1, Nr. 11, S. 17), wie auch seine Bitte an Wegeler »*grüße mir alle, auch die gute Frau Hofrätin, und sag ihr, daß ich noch zuweilen einen raptus han*« (29. Juni 1801/ GA, Bd. 1, Nr. 65, S. 81) korrespondieren unübersehbar miteinander. Sie bezeugen, wie umfassend tief und nachhaltig bewußtseinsprägend die Maximen und Vorhaltungen tatsächlich waren, die Beethoven im Breuningschen Haus zu hören bekam und die ihm vorgelebt wurden. Hier wird aber auch zugleich das Konfliktpotential deutlich, das Beethovens Temperament barg: Dieses nie zu domestizierende Temperament, das bis zuletzt immer wieder durchbrach und das er selbst bezeichnenderweise von seinem Charakter zu unterscheiden bemüht war (vgl. den Brief an Eleonore von Breuning vom 2. Nov. 1793, GA, Bd. 1, Nr. 11, S. 16). Wenn Bettina Brentano in ihrem Brief an Goethe vom 28. Mai 1810 Beethoven die Worte in den Mund legt: »Hab' ich das gesagt? – nun, dann hab ich einen Raptus gehabt« (TDR, Bd. 3, S. 222, 225f.), dann dürfte sie Beethovens Worte inhaltlich korrekt wiedergegeben haben.

8. ›An die Muse‹

Vor allem aber keimte bei Breunings, begünstigt durch den Unterricht, den er jungen Damen des Hauses und aus dem Freundeskreis erteilte, jenes Verhältnis zwischen Lehrer und Schülerin, das der verehrten oder auch geliebten Schülerin eine katalytische Funktion für den Komponisten zuwachsen ließ, die wohl am besten unter dem Begriff der Muse zu fassen ist. Beethovens Scheu vor dem anderen Geschlecht war auch eine kreative: hochsensibel gegenüber der Frau – verantwortlich gegenüber der kompositorischen Aufgabe. Seinem raschen Entflammtsein, von dem Ries berichtet (Wegeler/Ries 1838, S. 139), war die Sublimierung beigegeben. Sollten dies die Frauen, die Schülerinnen – in Bonn Eleonore von Breuning, Jeanette d'Honrat, Wilhelmine von Westerholt –, denen er sich verliebt gab, nicht gespürt haben?

Es wird sicher zu Recht angenommen, daß der zu den Kurfürstensonaten (WoO 47) gehörende Widmungsbrief unter den Augen von Beethovens Lehrer Neefe entstanden sei; nicht auszuschließen ist indes, daß hier auch Breuningscher Geist und Vorstellungen des jungen Beethoven selbst im Spiele waren. Jedenfalls wird in diesem Schriftstück ein Akzent auf dem schöpferischen Impetus, auf dem Dialog mit der Muse, deutlich, der sich über Selbstzweifel wegen möglicher Fachkritik hinwegsetzt – eine Konstellation, die angesichts der Erfahrung früher väterlicher Zurechtweisung nahelag. Wie dem aber auch sei: daß Beethoven die Funktion der Muse als fördernde Begleiterin und Gegenüber des schöpferischen Künstlers nicht unbekannt war, geht aus diesem Schriftstück eindeutig hervor. Das muß gar nicht bedeuten, Beethoven sei diese Funktion der Muse im intentionalen Sinne bewußt gewesen – später freilich wird die Muse auffallenderweise fast zu einem Brieftopos. Viel wahrscheinlicher ist die Annahme, daß sich dies aus der Konstellation ganz natürlich ergab. Es gilt gerade dann, wenn man die ursprüngliche, in der Antike hoch angesetzte Vermittlerrolle der Muse als Atem (Inspiration), Erinnerung und Botschaft bedenkt und weiterhin bedenkt, daß sich das Bild der Muse in der Antike ausdifferenzierte, wobei auch die Geliebte gleichsam ins Gewand der Muse schlüpfte (G. Neumann, *L'inspiration qui se retire*, in: Memoria [= Poetik und Hermeneutik XV], Mn. 1993, S. 433f.). Derlei ›Verfallssymptome‹ wurden durch die nachfolgenden Jahrhunderte noch übertroffen, bis die »Muse« schließlich »zur ›vergriffensten‹ *Formel des Klassizismus*« geriet (Th. W. Adorno, *Noten zur Literatur*, in: GA, Bd. 2, S. 61). In welchem Maße Beethoven die hoch angesetzte Bedeutung der Muse sich wiedergewonnen hatte und zu bewahren wußte, ist indes aus seinem Liederkreis *An die ferne Geliebte* zu erfahren. Wird doch hier die Geliebte gerade als Entfernte zur Inspirierenden und – dank ihrer Erinnerungsmacht zugleich Zeit und Raum überbrückend – zur Adressatin einer Botschaft, die sich aus ihr speist und sie – und sich – doch zugleich überhöht.

9. Beethovens ›Fernblick‹

Beethoven beschwört im Liederkreis *An die ferne Geliebte* erfahrungsgesättigt die katalytische Fusion aus seelischer Erinnerungsspannung, schöpferischer Dynamik und geistiger Gerichtetheit (Inspiration), eine Konstellation, die zurückverweist auf jene versonnene, frühe Versenkung in die Ferne, die den Fischerschen Hausgenossen nur sonderbar erscheinen konnte, die aber allein angesichts jener späten Komposition sinnträchtig wird: »*Lutwig v: Beethoven war am Morgen auf seinem schlafzimmer, nach dem Hof zu, und lag an der Fänster und hat sein Kopf in beide Hännde gelegt und sah ganz ärnsthaft starr auf einen Fläcken hinn. Cicilia Fischer kam über den Hof vorbey, sagte ihm, wie sichs aus, Lutwig, erhielt kein antwort, sie sagt, kein gut Wätter bey dir, kein antwort. Nachhehr fragte sie ihn mal, was das beteute, kein antwort ist auch antwort. er sagte, O Nein, das nicht, entschultige mich, ich war da, in einem so schöne, tiefe Gedanken beschäftigt, da konnt ich mich gar nicht stören laße, Uhrsach*« (J. Schmidt-Görg 1971, S. 56f. [B.III.]). Diese Passage ruft geradezu die innertextuelle Verknüpfung zur Fernrohrfaszination Ludwig van Beethovens auf den Plan: »*Darauf der zweite große hohe Speicher war die schöne Aussicht auf den Rhein und ander seit, ansicht auf die sieben Gebürgen [...] auf dem Speicher zwey Färrenröhre [Fernrohre], eine kleine, eine große, da konnte mann sieben Stund weit mit sehen, das war Herr Lutwig v: Beethoven sein wohlgefallen. Denn Beethovens liebten den Rhein*« (J. Schmidt-Görg 1971, S. 69 [B.III.]). Wenn sich Beethoven später seiner schönen Heimat erinnerte (vgl. GA, Bd. 1, Nr. 65, S. 79), dann standen ihm sicher auch diese Fernrohrbilder vor Augen, diese Bilder realer Fernsicht, deren sieben Stunden Blickweite in die Gedankenweite imaginierter, die Geliebte neblig verhüllender »*ferner Triften*« hinüberspielen sollten.

Der Lebens-Bogenschlag von den »*sieben Stunden weit* [...] *sehen*« zur Konstellation der erinnerungsschweren ›fernen Triften‹ überwölbt einen Naturhorizont, den zu preisen Beethoven nie müde geworden ist. Schlicht von Beethovens Naturverbundenheit oder Naturliebe, wie in der Beethoven-Literatur üblich, zu sprechen, ist im Grunde eine Untertreibung. Natur war für Beethoven gewiß Befreiung aus der Enge von Stadt und bedrängendem Alltag (vgl. GA, Bd. 5, Nr. 1885, S. 374, Bd. 6, Nr. 2222, S. 300), im höheren Sinne aber bedeutete sie ihm Kontrastaufhebung und numinose Entgrenzung zugleich – »*Allmächtiger/im Walde/ich bin selig/glücklich im/Wald jeder/Baum spricht/durch dich*« (TDR, Bd. 3, S. 506). Eine Komposition wie der Liederkreis, der eine Botschaft der ›Fernliebe‹ birgt und damit den Schatten der »*unsterblichen Geliebten*« beschwört, selbst wenn dieser Schatten nur als Schemen erscheint (J. Kerman, *An die ferne Geliebte*, in: Beethoven Studies 1, hrsg. von A. Tyson, N. Y. 1973, S. 131 f.), zeigt damit ineins die Spannung lösende, überhöhende Funktion von Kunst und Natur.

Dieses Moment steht im Zusammenhang mit dem für Beethoven charakteristischen ›Verhaltensritual‹ von Konflikt und Konfliktglättung, Kontrast-Konstellationen, wie sie sich während seiner Jugend zu entfalten begannen. Beethovens Lehrer Neefe hatte es mit seinem eigenwilligen Schüler offenbar nicht immer leicht (vgl. Wegeler/Ries 1838, S. 16), wie Beethoven ja auch schon in der Bonner Zeit aus der Musik selbst besondere Herausforderungen gewann, die gleichsam ›außermusikalische‹ Konsequenzen hatten. Davon spricht der sicherlich authentische Bericht vom Wettstreit mit dem Sänger Heller, den Beethoven durch seine Kunst der permanenten Ausweichung aus der Tonart warf, was eine Beschwerde beim Kurfürsten zur Folge hatte (vgl. Wegeler/Ries 1838, S. 19. Zur Datierung des Ereignisses in die Zeit 1790–92 und zur Identifizierung des Sangers als Dragonetti oder Delombre vgl. J. Kerman, Bd. 2, 1970, S. 287 [E.IV.3.c.]). Hier klingt bereits Beethovens spätere Freude an, durch seinen schwierigen Klaviersatz »*die hiesigen* [Wiener] *in verlegenheit zu sezen*« (2. Nov. 1793/GA, Bd. 1, Nr. 11, S. 18), Schwierigkeiten, die später gleichsam ins Innere der Komposition wanderten und bestimmten seiner Werke gezielt besondere ästhetische Qualifikation erwerben sollten.

11. Schöpferische Pausen – »neue Kraft fühlend«

Nachdem Solomon das Augenmerk auf die Tatsache zeitlich begrenzter Lücken in Beethovens Schaffen und namentlich schon in seiner frühen Zeit gerichtet und diese Momente einmal mit einer Krise des Komponisten, vor allem einer negativen Kritik in Forkels *Musikalischem Almanach* von 1784, zugleich aber auch mit Beethovens familiärer Situation erklärt hat (M. Solomon 1972, S. 165–172 [D.II.1.b.] und 1977, S. 27ff.), bestehen drei grundsätzliche Fragen: 1. Trifft die Tatsache eines »*compositional hiatus*« grundsätzlich zu?, 2. wenn ja, welches war seine zeitliche Ausdehnung?, 3. welche Gründe lassen sich hierfür ausmachen? Douglas Johnson kommt trotz gewisser ›Durchschnittsmengen‹ mit Solomons Hypothese zu der Auffassung: »*Nevertheless, we may be reluctant to accept that Beethoven simply abandoned composition for several years between 1786 and 1790 [...] the bad notices had not discouraged him from attempting the ambitious piano quartets of 1785 [WoO 36] and the piano trio of 1786 [WoO 37] [...] it is difficult to imagine a youth of Beethoven's temperament and growing pianistic ability arbitrarily giving up composition altogether for three years [...] we may wonder why the serious task of composing a cantata on the death of Joseph II. in early 1790 would have been entrusted to a nineteen-year-old composer who had not written a major work in the three years*« (D. Johnson 1977, S. 224 [E.IV.3.c.]).

Dieser Auffassung ist rundum beizupflichten. Man könnte noch hinzufügen, daß die Unterbrechung der Wienreise und der Tod der Mutter samt allen familiären Konsequenzen Beethoven zweifellos in seelische Turbulenzen gestürzt haben dürften, die sich nicht zuletzt der Reibungshitze zwischen künstlerischer Ambition und familiärer Notlage verdankten, Turbulenzen, die ihren Niederschlag wiederum in den beschriebenen Krankheitssymptomen fanden (s. auch den Brief an Schaden, 15. Sept. 1787, GA, Bd. 1, Nr. 3, S. 5f.). Das waren Schwierigkeiten, die nicht auf einen Schlag zu überwinden waren. Schließlich ist auch durchaus denkbar, daß man Beethoven, trotz aller frühen Rezensenten-Nachrede, gerade wegen all dieser Schwierigkeiten, doch seinem unzweifelhaften Talent vertrauend, mit der Komposition der Kantate auf den Tod Josephs II. bedachte.

Zudem sollte man aber auch Beethoven schöpferische Pausen zubilligen – ihn sich als permanent Fortschritt produzierenden Kompositionsroboter vorzustellen, ist schlechterdings absurd. Er selbst hat das schöpferische Atemholen, spät, aber wohl gültig fürs ganze Leben betont: »*Es heißt übrigens bey mir immer: nulla dies sine linea, u. lase ich die Muse schlafen, so geschieht es nur, damit sie desto kräftiger erwache*« (GA, Bd. 6, Nr. 2236, S. 320). Es gab zweifellos schöpferische Pausen unterschiedlicher Motivation, differierenden Kontextes, ungleicher Dauer, man bedenke nur auch den Brief an Hoffmeister & Kühnel in Leipzig »*ich bin auf'm Land, und lebe ein wenig faul, um aber hernach wieder desto – thätiger zu leben*« (14. Juli 1802/GA, Bd. 1, Nr. 98, S. 117): grundsätzlich aber kann man angesichts ihrer stets neuen Überwindung zum Motto erheben, was schließlich die körperlich-existentielle Krise von

1825 als Satzüberschrift und Siegel der Überwindung in op. 132 zeitigte: »neue Kraft
fühlend«.

12. Moral – persönliches und politisches Prinzip

»hol' sie der Teufel, ich mag nichts von ihrer ganzen Moral wissen. Kraft ist die
Moral der Menschen, die sich vor andern auszeichnen, und sie ist auch die meinige« (um
1798/GA, Bd. 1, Nr. 35, S. 43). Beethoven seiner »Kraft«-Beschwörung wegen als Ver-
ächter von »Moral« anzusehen, würde den Sachverhalt auf den Kopf stellen. Freilich
verleitet die Tatsache, daß man gewöhnlich nur diesen Passus des Beethovenschen
Briefes an Zmeskall (Wien, um 1798) ›ausplakatiert‹, zu solcher Auffassung. Dabei
steht er in einem Textzusammenhang, der ganz andere Schlußfolgerungen nahelegt: »übrigens verbitte ich mir in's künftige mir meinen frohen Muth, den ich zuweilen habe,
nicht [sic] zu nehmen, denn gestern durch ihr Zmeskal-domanovezisches geschwäz bin ich
ganz traurig geworden, hol' sie der Teufel« (ebd.).

Beethovens Hinweis auf seinen »frohen Muth«, den er »zuweilen [!] habe«, den
man ihm nicht durch moralisierendes »Zmeskal-domanovezisches geschwäz« austrei-
ben dürfe, zeigt, daß hier indirekt die Kraft der Selbstüberwindung und Selbstbe-
wahrung, also ein besonderer individueller Aspekt moralischer Kraft angesprochen
wird, den Beethoven angesichts der – so ist zu schließen – häufigeren unfrohen
Zustände indirekt als ein Kennzeichen wahrer Moral anspricht. Diese Moral ist
indes nicht nur eine persönliche, sondern die »Moral der Menschen, die sich vor andern
auszeichnen« (ebd.). So nachdrücklich Beethoven demnach hier auch den persönlichen Aspekt von Moral – genauer: moralischer Kraft – betont, er verlängert ihn
unmittelbar ins Allgemeine, Gesellschaftliche – Beethovens persönlicher Moralbe-
griff hatte eine politische Dimension. Und so sehr dieser auch – und für Beethoven
höchst charakteristisch – ein unverkennbar elitäres Moment beinhaltet, so verweist
er doch, als nur im Sinne uneingeschränkter Selbstverwirklichung vorstell- und rea-
lisierbar, auf den für Beethoven zentralen Begriff der Freiheit.

Tatsächlich fallen im Begriff der Freiheit individuelle, öffentlich-politische und
künstlerische Komponente der Selbstfindung zusammen. So eindeutig Beethovens
Entwicklung in und aus seiner Familie in Korrespondenz mit dem Breuningschen
Haus eine für die Kunst war, so diente sie doch zugleich der Ausbildung seiner Persönlichkeit als eines seiner selbst sich gewisser werdenden Charakters – gerade aber
in diesem Punkt begriff das Einzugsfeld der Selbstfindung die Kommuniktionszo-
nen »Zehrgarten«, Lesegesellschaft und Universität ein. Der »Zehrgarten«, das war
der ›geistige Whirlpool‹ Bonns, dessen Besitzerin mit Eleonore von Breuning

befreundet war, in dem junge Künstler »*geistreiche Männer von jedem Stand und Alter*« (Wegeler/Ries 1838, S.72) verkehrten und dessen dazugehörige Bibliothek die neueste Literatur führte. Wie nahe Beethoven die 1787 als Auffangstation für die freimaurerische Illuminaten-Loge gegründete Lesegesellschaft als geistiger Orientierungs- und Einflußbereich war, ergibt sich allein daraus, daß zu ihr auch Beethovens Lehrer Neefe gehörte (TDR, Bd. 1, S. 182). Neefes Leitsätze anläßlich seiner Aufnahme in die Illuminaten-Loge dürften Beethoven kaum unbekannt geblieben sein: »*Insbesondere: Handhabung der Rechte der Menschheit*« – zu erreichen sei diese mittels »*Trachten nach Tugend; Ausdauern in ihr; Widerstreben dem Laster; Mitleid und Hilfe dem Unglücklichen; Verderben dem unverbesserlichen Bösewicht; Duldung der Schwachheit; Unterricht dem Unwissenden; Aufklärung dem Irrthum; Bekanntschaft mit den Eigenheiten der verschiedenen Stände in der bürgerlichen Gesellschaft*« (A. Becker, *Christian Gottlob Neefe und die Bonner Illuminaten*, Bonn 1969, S.7; vgl. auch Küthen, 1996, S. 38ff., A. 41). Es sind dies aufklärerische Maximen, es ist die Vorausnahme dessen, was Beethoven später immer wieder mündlich und schriftlich äußern sollte. Wie etwa gegenüber Varena, November/Dezember 1811: »*Nie, von meiner ersten Kindheit an ließ sich mein Eifer der armen leidenden Menschheit wo mit meiner Kunst zu dienen mit etwas anderm Abfinden, und es brauchte nichts anders als das innere WohlGefühl, das d.g. immer begleitet*« (GA, Bd. 2, Nr. 531, S. 224). Sie stehen zudem in toto hinter Beethovens empörter Ablehnung einer diesen Prinzipien entgegenstehenden Haltung, wie sie ihm mit Napoleons Ausrufung zum Kaiser entgegentrat. Besonders nachdrücklich aber werden sie dadurch bestätigt, daß Beethoven ihre zeitgleiche kompositorische Umsetzung in der Kantate auf den Tod Kaiser Josephs II. (1790/WoO 87) später mit der Komposition seiner Oper *Leonore/Fidelio* (1805/1806/1814) selbst rezipierte: der Kantate melodisch höchst expressive Lichtmetapher des Textes »*Da stiegen die Menschen, die Menschen ans Licht*« wird die klangliche ›Fassung‹ der Ent-Fesselung Florestans durch Leonore. Die Lösung der Ketten als Auftakt zu einer Eruption des Jubels über den Sieg der Freiheit.

Daß Beethoven auch am philosophischen ›Überbau‹ solchen Komponierens wenigstens in rudimentärer Form (vgl. Solomon 1977, S. 36ff.), möglicherweise anhand von Vorlesungen und Vorlesungsskripten partizipierte, diese Vermutung legt seine Einschreibung an der Bonner Universität gemeinsam mit Karl von Kügelgen und Anton Reicha im Jahre 1789 ebenso nahe wie die Tatsache eines die geistige Elite Bonns, und nicht nur dieser Stadt, zu dieser Zeit ergreifenden ›Kantfiebers‹. Kants *Grundlegung der Metaphysik der Sitten* war 1786 in 2. Auflage erschienen. Es bedurfte keines wissenschaftlich ambitionierten Studiums, um einen Satz aufzunehmen wie: »*Der kategorische Imperativ ist also nur ein einziger und zwar dieser: handle*

nur nach derjenigen Maxime, durch die du zugleich wollen kannst, daß sie ein allgemeines
Gesetz werde« (I. Kant, Werke in zehn Bänden, Bd. 6, Dst. 1975, S. 51).

Beethovens Horizont aus Leitsätzen rekrutierte sich auch aus der literarischen,
der Ideenwelt der Antike, die sein Denken, seine Briefe und Aufzeichnungen durch-
wirkt. Der Horizont geistig-seelischer Zurüstung der Bonner Jahre, der Beethovens
künstlerisch-menschlicher Identität Halt und Fixpunkte der Orientierung schuf,
barg aber zugleich Irritationen und konfliktträchtige Konstellationen, die die Kom-
ponenten seines Identitätsgefüges ins dynamische Verhältnis eines ›multifaktoriel-
len Parallelogramms der Kräfte‹ überführten. Wird allein die Nichtaufführung seiner beiden Kantaten (WoO 87 und 88) – im Falle von WoO 87 offenbar begründet in
technischen Schwierigkeiten (vgl. Wegeler/Ries 1838, S. 20f.) – nicht einerseits sein
künstlerisches Selbstwertgefühl, andererseits sein Fortschrittstreben angestachelt
haben? Es war Beethovens moralischem Willen vorbehalten, die fluktuierende
Spannung zwischen Schaffensdynamik, Lebenswirklichkeit und schwankender see-
lisch-körperlicher Verfaßtheit einem ›Autopiloten‹ gleich ständig neu auszubalan-
cieren.

In diesem dynamischen Selbstfindungsgefüge spielte freilich auch Beethovens
aufklärerisch verfaßtes republikanisches Bewußtsein ein wichtige Rolle. Er hatte die
Gedichte des radikalen Aufklärers Eulogius Schneider subskribiert, der bis zu seiner
Ausweisung (1791) an der Bonner Universität gelehrt hat (aus inneren wie äußeren
Gründen kommt als Subskribent weit eher Ludwig van Beethoven als sein Vater
Johann in Frage). Die Annahme, Beethoven habe diese Vorlesungen zumindest registriert, zudem aber wahrscheinlich Schneiders Predigt im Dezember 1789 in der
Schloßkapelle gehört, erscheint berechtigt. Schneider stellte sich dabei auf die Seite
der Französischen Revolution. Seine deklaratorisch vorgetragene Bestimmung
genuinen Adels aber dürfte auf Beethoven zutiefst identitätsstimulierend gewirkt
haben: »nur durch Größe des Geistes und Güte des Herzens« sei »ächter Adel« zu gewinnen
(vgl. H. J. Marx, *Beethoven als politischer Mensch*, in: Ludwig van Beethoven, Bonn/Bad
Godesberg 1970, S. 26). Hier nimmt wohl jene Art von ideellem Adelsbewußtsein
ihren Ausgang, die Beethoven zum Geburtsadel in ein individuelles Konkurrenz-, ja
Überbietungsverhältnis stellte (vgl. auch A. Schmitz 1927, S. 64–71 [D.I.]). Schon
Harry Goldschmidt (1979, S. 203ff. [F.III.2.]) hat dieses höchst differenzierte Adelsbe-
wußtseins Beethovens aufgezeigt und gegen Solomons Hypothese des »nobility pretense« (1977, S. 23f., 87ff. und passim) gestellt, die des Komponisten Bewußtseinsfeld
auf Kosten seiner unzweifelhaft republikanisch-demokratischen Gesinnung allzu-
sehr dem aufgeklärten Absolutismus zuweise.

Allein hieran zeigt sich, wie schwer es ist, Beethovens politisches Bewußtsein ebenso präzis wie im Kontext ideologischer Facettierung differenziert zu bestimmen. Das gilt namentlich für sein Verhältnis zur Französischen Revolution. So sehr ihn deren Freiheitsgedanke angesprochen haben wird, so intensiv ihn das »*Revoluzions fiber*« auch vorübergehend erfaßt haben mochte (vgl. Brief an Hoffmeister & Kühnel, 8. Apr. 1802/GA, Bd. 1, Nr. 84, S. 105) - mußte nicht die aus der Revolution erwachsende, selbstzerstörerische Unfreiheit, ja Tyrannei Beethovens Abscheu wecken? Geht die These fehl, man könne Beethovens Empörung angesichts der Entpuppung Napoleons als Usurpator stellvertretend für seine Bewertung der Terrorherrschaft heranziehen?

Komplementär hierzu steht die weitgespannte Intentionskurve, die von dem Bericht Fischenichs ausgeht, Beethoven wolle »*Schillers Freude und zwar jede Strophe bearbeiten*« (L. Schiedermair 1925, S. 222 [D.II.1.b.]). So unbezweifelbar Beethoven zu dieser Zeit bei weitem noch nicht auf die Vertonung dieses Textes im symphonischen Rahmen zielen konnte (vgl. S. Brandenburg 1984, S. 89f. [E.IV.3.c. opus 125]), so einleuchtend erscheint seine lebensüberdauernde Faszination. (Zur Theorie, daß Schillers *Lied an die Freude* ursprünglich ein *Lied an die Freiheit* war, vgl. U. Martin, *Im Zweifel für die Freiheit...*, in: Germanisch-Romanische Monatsschrift, N.F. 48, 1998, H. 1., S. 47-59)

IV. Stationen, Konstellationen und Krisen der Identität I

1. Beethoven in Wien - Schöpferische Virtuosität

Das Ziel von Beethovens zweiter Wienreise war ein kompositorischer Gradus ad Parnassum. Beethovens »Genie« - das meinte auch bei Neefe bereits eine Klassifizierung der grundsätzlich überhöhenden Begabung, Komposition eingeschlossen, nicht etwa den individuell charakterisierenden Funkenschlag des Talents. Doch Eröffnung und erste Fundierung seines Eintritts in diese Stadt gehörten dem Virtuosen und dem genialen Improvisator. Dies zu betonen, bieten die Berichte über die Wirkungsakzente seiner Kunst reichlich Stoff - solches zu betonen ist aber auch deswegen unverzichtbar, weil diese Berichte per se die jüngst aufgestellte These konterkarieren, Beethoven sei das Wiener Produkt einer, ästhetische Produktion und Künstlerkarrieren manipulierenden mäzenatischen Kaste (T. DeNora 1995 [F.I.2.]). Man kann diese Auffassung nur mit Charles Rosens Frage beantworten: »*Did Beethoven have all the Luck?*« (*The New York Review of Books* 48, 14. November 1996, S. 57-63).

Die Konstellation, daß der Klavierspieler anfangs den Komponisten überbot, speiste sich aus der Bonner Zeit. Neefes, Junkers, Wegelers und Simrocks Berichte schreiben in diesem Punkte am gleichen Tenor frühen Ruhms; zur kompositorischen Entwicklung konnte sich Neefe zu dieser Zeit nur erst positiv-prognostisch äußern. In welchem Maße sich diese Resonanz in Wien fortschrieb, zeigen etwa die (nicht seltenen) Berichte über Beethovens Auftreten als Pianist und Improvisator in den Salons des Wiener Adels - bei den Lichnowskys, der Gräfin Thun und Kinskys, bei Lobkowitz -, zeigen nicht zuletzt auch die Kommentare Wenzel Tomascheks. Für ihn war Beethoven der »Riese unter den Klavierspielern« (vgl. TDR, Bd. 2, S. 72ff.), während sein Urteil über den Komponisten ambivalent blieb.

Bereits 1796 heißt es in Schönfelds Jahrbuch der Tonkunst: »Bethofen, ein musikalisches Genie, welches seit zween Jahren seinen Aufenthalt in Wien gewählet hat. Er wird allgemein wegen seiner besonderen Geschwindigkeit und wegen den außerordentlichen Schwierigkeiten bewundert, welche er mit so vieler Leichtigkeit exequirt« (Schönfeld, Jb. d. Tonkunst, S. 7). Komplettiert wird dieses Bild, wenn man die Berichte über die Virtuosen-Wettkämpfe hinzunimmt, in denen Beethoven als Improvisator glänzte - und seine Gegner düpierte, wie im Falle von Steibelt und Gelinek (vgl. Frimmel 1906 [H.II.], TDR).

Es waren nicht bloß die technischen Fertigkeiten, die an Beethovens Spiel imponierten und faszinierten, sondern dessen Tiefe und Feuer; den Komponisten und Pianisten Cramer, der ihn für einen »der ersten und bewunderungswürdigsten Klavierspieler« hielt, beeindruckte er »sowohl hinsichtlich des Ausdruckes als der Fertigkeit« (Frimmel a.a.O., S. 245). Beethoven unterschied sich vom bloßen Virtuosentum, wie er es Simrock gegenüber, auf Rodolphe Kreutzer bezogen, ausgedrückt hat: »seine Anspruchslosigkeit und Natürlichkeit ist mir lieber als alles Exterieur ohne interieur der Meisten Virtuosen« (4. Okt. 1804/GA, Bd. 1, Nr. 193, S. 224).

Diese Äußerungen sagen indes noch nicht alles. Im Urteil über den pianistischen Wettstreit mit Wölfl, einem Schüler Mozarts, findet Erwähnung, was die differentia specifica Beethovenschen Klavierspiels, das aber heißt seines Improvisierens ausmacht: »Beethovens Spiel ist äusserst brillant, doch weniger delicat, und schlägt zuweilen in das Undeutliche über. Er zeigt sich am allervortheilhaftesten in der freien Phantasie. Und hier ist es wirklich ausserordentlich, mit welcher Leichtigkeit und zugleich Fertigkeit in der Ideenfolge Beethoven auf der Stelle jedes ihm gegebene Thema nicht etwa mit den Fingern variert (womit mancher Virtuos Glück - und Wind macht), sondern wirklich ausführt« (Frimmel a.a.O., S. 243f.). Man muß nicht weitere Aussagen dieser Art hinzufügen, um zu erkennen, daß es gerade in Wien die Wirkung von Beethovens Phantasieren am Klavier war, die seine Reputation fundierte, eines Phantasierens, das kompositorische Qualität hatte. Diese Erkenntnis ist wichtig angesichts der Auffassung, Beethovens Ruhm sei ein »*gossip-subventionierter*« gewesen, wie es in besagter Literatur suggeriert wird (DeNora a.a.O., vgl. S. 118ff. und passim). Kein Wiener Mäzen, er mochte einer noch so oberflächlichen Ästhetik angehangen haben und urteilsvernetzt gewesen sein, wäre bereit gewesen, den zweifellos mit Vorschußlorbeeren nach Wien gekommenen jungen Künstler länger als einige wenige Wochen zu protegieren und weiterzureichen, hätte dieser die höchsten Erwartungen nicht nur erfüllt, sondern übertroffen. Bei dieser fachgerechten Beurteilung aber spielten die Wiener Künstler, mit denen Beethoven sofort zusammenkam, ihn entsprechend unter die Lupe nahmen, ihn auf der Folie seines vorauseilenden Ruhmes testeten, eine ganz entscheidende Rolle – ein Aspekt, der bei DeNora nicht entsprechend gewichtet, wenn überhaupt wirklich gesehen wird (vgl. Rezension Rosen, a.a.O., S. 58 [DeNora 1995, F.I.2.]).

2. Selbstbehauptung

Beethovens erste Zeit in Wien war nicht die eines Weltenbummlers in Sachen Kunst, sondern eines Professionellen, der keine Zeit, keinen Rat und keine Möglichkeit der Selbstpräsentation zu verlieren hatte. Wenn man nur die Herausforderungen bedenkt, denen er sich mit dem womöglich schon im November 1792 begonnenen Unterricht bei Haydn, später bei Schenk, samt den erforderlichen Anschlußstudien, der Überarbeitung von Bonner Kompositionen, den gesellschaftlich-musikalischen Verpflichtungen und last, but not least der Vervollkommnung seines Klavierspiels stellte, dann liegt eine plausible Erklärung für die jüngst gestellte Frage, warum »*no substantial new works were written in 1793; during that initial year of study with Haydn*« (D. Johnson 1982, S. 1f. [E.III.2.]) nahe. Gerade weil der Hauptakzent in der ersten Zeit seiner unumgänglichen Präsentation nach außen vom Pianisten und seinem besonderen improvisatorischen Genie gesetzt wurde, sah sich Beethoven sogleich der Gegnerschaft eines Teils der zahlreichen pianistischen Population Wiens gegenüber, die er aus dem Feld schlagen mußte. Sein Brief an Eleonore von Breuning vom 2. Nov. 1793 (GA, Bd. 1, Nr. 11, S. 18) mit dem Hinweis, eine besondere Schwierigkeit in seinen Variationen über *Se vuol ballare* (und das kann man auf seinen schwierigen Klavierstil überhaupt hochrechnen) verdanke sich auch der Tatsache, daß er die »*hiesigen Klaviermeister in verlegenheit* [...] *sezen*« wolle, von denen »*manche*« seine »*Todfeinde*« seien, spricht für sich.

Die nicht gerade zahlreichen Briefe der ersten Wiener Jahre zeigen Beethovens Bestreben, die in Bonn erlangte künstlerische und menschliche Identität ausbauend zu festigen – doch die im Brief an Eleonore von Breuning nur angedeuteten Verhältnisse lassen erkennen: es ging auch um Selbstbehauptung. Doch hatte er nicht nur Feinde und Gegnerschaft zu bestehen – Freundschaften waren es, die, teils als Fortsetzung von Bonner Verbindungen, teils neu geknüpft, seelische Anlegestellen des Ich waren.

3. Freunde und »Freunde«

»Du bists, der der zärtlichsten und treuesten Freundschaft werth ist, die ich mit aller Hingebung Dir nie genug werde zollen können; und nur in Deinem eigenen biederen Herzen, liegt ohne mein Verdienst die Gegenliebe, die mit ihm für mich fortdauern wird. [...] Du bist kein gewöhnlicher Mensch! Wer Dich kennt wie ich, und Dich nur gewöhnlich liebte, den halt ich des göttlichen Gefühls der Liebe unwerth« (1800/01/GA, Bd. 1, Nr. 51, S. 56). In diesem Beethoven zugedachten Briefpassus Amendas werden Aspekte der Freundschaft genannt, die auch diejenigen Beethovens waren. Auf seine Wiener ›Freunde‹ angewandt, wurden sie freilich zum Instrumentarium rigoroser Unterscheidung. Wer genügte von den neuen Wiener Freunden den Maximen: Hingebung aus zärtlichster und treuester Freundschaft – biederes Herz – kein gewöhnlicher Mensch? Keiner. Beethoven an Amenda: »du bist kein <u>Wiener-Freund</u>, nein du bist einer von denen wie sie mein Vaterländischer Boden hervorzubringen pflegt [...] und dann unter so elenden Egoistischen Menschen wie die Zmeskal , Schuppanzigh etc , ich kann sagen unter allen ist mir der Lichnowski der erprobteste, er hat mir seit vorigem Jahr 600 fl. ausgeworfen« (1. Juli 1801/GA, Bd. 1, Nr. 67, S. 84 f.). In einem Brief, den Beethoven Zmeskall Jahre danach schrieb (Nov./Dez. 1816/GA, Bd. 3, Nr. 1008, S. 331), bezeichnete er Zmeskall dann zwar expressis verbis als seinen Freund, aber der Tonfall ist – verglichen mit den Briefen an Amenda und Wegeler – ein ganz anderer; von Gleichgestimmtheit der Seelen ist hier keine Rede, und gegenüber Zmeskall hat er nie zum »Du« gefunden. Zmeskall war ihm wohl stets »bloßes Instrument, worauf ich, wenn's mir gefällt, spiele« (1. Juli 1801/GA, Bd. 1, Nr. 67, S. 85).

Beethovens Differenzierung im Begriff Freundschaft bzw. Freund ist unverkennbar. Nie hätte er auch Amenda etwa zum Federnschneiden, Bedienten-Anwerbung und -prüfung, Spiegel- und Brillendienst, für sonstige häusliche Belange und geschäftliche Angelegenheiten eingespannt wie Zmeskall. Die tiefere, von Bewunderung erfüllte Freundschaft lag zweifellos auf seiten Zmeskalls, der eine große Zahl von Beethovens Briefen und Billetten aufbewahrte und mit dem Empfangsdatum versah – für die Briefdatierung heute von großem Nutzen. Zmeskalls Briefe dagegen sind bis auf einen verloren. Und bei diesem einen Brief vom 4. Mai 1822 (GA, Bd. 5, Nr. 1463, S. 481) geht es um Sachen Beethovens, die Zmeskall auf seinem Dachboden gefunden hatte und nun zurückschickt; er legte der Sendung noch »*vier Flaschen Ofner*« bei.

Freilich lag nicht nur zwischen Freund und ›Freund‹ ein Graben. Zum wahren Freund konnte sich plötzlich ein Abgrund öffnen. Charakteristisch ist der Streit mit Stephan von Breuning wegen einer Lappalie von Hauszins: »*Und nun keine Freundschaft mehr!* [...] *Nein, nie mehr wird er in meinem Herzen den Platz behaupten, den er hatte*«, heißt es an Ries am 24. Juli 1804 (GA, Bd. 1, Nr. 186, S. 217). Und dann der Brief an Stephan von Breuning vom Anfang November (GA, Bd. 1, Nr. 197, S. 227), der den totalen Umschlag dokumentiert: »*verzeih mir, wenn ich dir wehe that, ich litt selbst nicht weniger, als ich dich so lange nicht mehr um mich sah, empfand ich es erst recht lebhaft, wie theuer du meinem Herzen bist, und ewig seyn wirst.*«

Die hier zutage tretende Haltungspolarität gehört einer anderen Kategorie an als die Stimmungsumschwünge, wie sie für Beethoven reichlich überliefert sind. Beethoven erscheint hier vielmehr als ein dem Kontrast und der Kontrastauflösung lebender Mensch. Gerade deswegen aber bedurfte er der wahren Freundschaft, des Gleichklangs der Seelen. Sie war, obgleich in sich spaltungsfähig, der innere Ruhepol, Gegengewicht des äußeren Lebens. Hierbei war auch Beethovens moralischer Wille ein Korrektiv; doch auch durch ihn lief ein Riß: im Falle der Aussöhnung mit von Breuning aktiv, verlor er angesichts der zweckbestimmten ›Freundschaft‹ an Gewicht.

4. Die nachrückende Familie

Beethoven, der noch von Wien aus seine Brüder – wie er selbst schreibt – weiter nähren und kleiden mußte, hat sie wohl nacheinander nach Wien geholt: (Kaspar Anton) Karl im Jahre 1794, (Nikolaus) Johann im darauffolgenden Jahr. Es ist nicht bekannt, wie das Verhältnis der drei Brüder untereinander in Bonn wirklich war, klammert man einmal wenig ergiebige Berichte wie die in den Fischerschen Erinnerungen aus. Auch die ersten Jahre in Wien bleiben, abgesehen von gewissen Daten über den Ausbildungsgang und Berufsweg, im Dunkel. Ein Brief Beethovens an Johann aus Prag, datierend vom 19. Febr. 1796 während seiner Konzertreise, mit der Adresse Johanns, »*Apotheke beim Kärntner Thor*«, und der an »*Bruder Caspar*« aufgetragene Gruß lassen auf ein zur damaligen Zeit gutes Verhältnis schließen. Mit zunehmender Lebensdauer indes komplizierten sich die Beziehungen auf je eigene Weise, fluktuierend zwischen affektiver Zuneigung und Streit, ja Feindschaft. Berichte, wonach Ludwig und Karl während der Jahre, da dieser die Verlagskorrespondenz weitgehend in der Hand hatte, häufig heftige Kontroversen ausfochten, dürften die zwischen den Brüdern intermittierend wiederkehrenden atmosphärischen Spannungen angemessen andeuten. Zu überprüfen wäre hierbei, inwieweit die Mitteilung Griesingers an Breitkopf & Härtel vom 29. Dez. 1804 (GA, Bd. 1, Nr. 200, S. 232 Anm. 5) zutrifft: »*Dem Bruder ist aber weniger zu trauen und ich vermuthe selbst, dass er sich einige Accidentien verschafft, von denen wahrscheinlich Louis Beethoven nichts weiß.*« Das wenig positive Urteil von Ferdinand Ries über Karl van Beethoven (vgl. u.a. GA, Bd. 1, Nr. 136, S. 162) konveniert mit Griesingers Mißtrauen und ist erst jüngst von Th. Albrecht gerechtfertigt worden (vgl. Th. Albrecht 1992, S. 87ff.). Gleichwohl war Beethoven namentlich seinem Bruder Karl, aber auch Johann (beide Brüder änderten ihre Namen), oft im jähen Haltungs- oder Stimmungsumschwung, zugetan (vgl. auch TDR 2, S. 342–347, 358). Keine menschliche Beziehung war so zwiespältig und konfliktgezeichnet bis zur harschen Ablehnung, wie die Beethovens zu den Brüdern.

5. Wien – Prag – Dresden – Leipzig – Berlin

Gemessen am Reisekalender des jungen Mozart ist der Beethovens dürftig. Von der mit seiner Mutter 1783 unternommenen Reise, die ihm – wohl ungerechtfertigt (vgl. Th. Albrecht 1996, S. 3f. [B.I.] und Mf 18, 1965, S. 182f.) – den Eindruck vermittelt hatte, die Holländer seien knausrig (vgl. J. Schmidt-Görg 1971, S. 66 [B.III.]), und auf der er in Den Haag immerhin mit Carl Stamitz zusammengetroffen sein muß, ist es ein großer zeitlicher, aber auch künstlerischer Sprung zur einzigen großen Reise, die er von Februar bis Juli 1796 unternahm. Bis Prag, der ersten Station, hatte ihn Fürst Karl Lichnowsky – wie seinerzeit schon Mozart – begleitet. Der künstlerische und pekuniäre Erfolg, letzterer im Brief an seinen Bruder Johann vorsichtig angedeutet, muß mehr als zufriedenstellend gewesen sein. Nicht nur in Berlin, wie allgemein zitiert, sondern auch in Dresden wurde er für sein Spiel ausgezeichnet. Der Dresdner Hofmarschall August von Schall berichtet: »*Beethoven hat sich ungefähr acht Tage hier aufgehalten [;] jedermann, so ihn auf'm Klavier spielen gehört, war entzückt. Beim Kurfürsten von Sachsen, einem Kenner in der Musik, hatte Beethoven die Gnade, abends ganz allein ohne Accompagnement bei 1¹/₂ Stunden zu spielen. S. K. D. sind ausnehmend zufrieden gewesen und beschenkten denselben mit einer goldenen Tabatiere*« (H. Volkmann 1942, S. 21f. [D.II.2.b.]).

Auch auf den Stationen dieser Reise glänzte Beethoven wieder mit der technischen Brillanz und dem Feuer seiner Improvisation. Es ist vielleicht preußischer Nüchternheit zuzuschreiben, daß Beethovens zweimaliges Stegreifspiel in der Berliner Singakademie nur als karger Kladdeneintrag überliefert ist. Ebenso wenig ist über seinen und des Cellisten Jean-Louis Duport (vgl. L. Lockwood 1978, S. 176 [E.II.4.]) Vortrag der beiden Cellosonaten op. 5, die in Berlin für Friedrich Wilhelm II. entstanden (vgl. Wegeler/Ries 1838, S. 130), irgendeine Nachricht auf uns gekommen. Was sich erhalten hat, sind Anekdoten: so über seinen pianistischen Wettstreit mit Himmel, dem er allzu sarkastisch begegnete, und sein positives Urteil über Louis Ferdinand Prinz von Preußen.

Diese Konzertreise konnte bei Beethoven die hochfliegendsten Hoffnungen wecken; und selbst die kargen Berichte und künstlerischen Resultate geben uns eine Vorstellung, welchen Weg Beethoven unter normalen gesundheitlichen Bedingungen sehr wahrscheinlich gegangen wäre. Daß das Spektrum und der Zuschnitt seiner Kompositionen sich anders entwickelt hätte als schließlich der Fall, dürfte ebenso unzweifelhaft sein, wie es offenbleiben muß, welches Profil diese (hypothetischen) Kompositionen wirklich gezeigt, welche Entwicklung sie genommen hätten.

Unübersehbar aber ist die Kluft, die Beethovens Leben unter dem Titel »Reisen« auf der Folie der Reise von 1796 durchziehen sollte: dem durch die Jahre kontinuierlich geäußerten Wunsch zu reisen, steht – sieht man von kurzen Abstechern nach Prag, Budapest und Preßburg (?) ab – die ebenso perennierend sich ergebende Unmöglichkeit gegenüber, welche Reise auch immer zu verwirklichen. Aus dem Spektrum ins Auge gefaßter Reiseziele aber treten Paris und gegen Ende des Lebens (spätestens ab 1817) vor allem London dominierend hervor.

6. Konsolidierung und Krise

Es ist kaum zuviel gesagt, wenn man Beethovens Vier-Stationen-Reise des Jahres 1796 als ein ganz entscheidendes Zeichen der Konsolidierung für sein künstlerisches Image und sein künstlerisch-menschliches Selbstverständnis im Kontext Wien wertet. Diese Konsolidierung betrifft auch die im Anschluß an die entscheidende Zeit von 1794/95 (vgl. D. Johnson 1982 [E.III.2.]) entstehenden Kompositionen. Ein deutliches Zeichen für seine sich nach außen und innen festigende künstlerische Stellung sind aber nicht zuletzt die beiden Briefe an Johann Andreas Streicher, der 1794 von Augsburg nach Wien gekommen war, und über dessen Frau vor allem Beethoven auf Kontakte der ersten Wienreise, wo Augsburg berührt wurde, zurückgreifen konnte. Äußert er sich doch grundsätzlich kritisch über die »Art das Klavier zu spielen«, die für ihn als »unkultiwirteste von allen Instrumenten bisher« den Eindruck vermittelt, »nur eine Harfe zu hören« (vielleicht August/September 1796/GA, Bd. 1, Nr. 22, S. 32). Die in diesem Urteil zutage tretende, über die bisherige Klang- und Klavierdürre entschieden hinausweisende, künstlerische Intention wird

ergänzt durch Beethovens Kritik am Instrument selbst: Er kritisiert ein ihm von
Streicher zugesandtes *forte piano* geradezu gegen den Strich: »*vorgestern erhielt ich ihr
forte piano, was wahrlich vortefflich gerathen ist, jeder andre würde es suchen an sich zu halten,
und ich – lachen sie ja recht, ich müßte lügen, wenn ich ihnen nicht sagte, daß es mir zu gut ist
für mich, und warum?– weil es mir die Freiheit benimmt, mir meinen Ton selbst zu schaffen*«
(19. Nov. 1796/GA, Bd. 1, Nr. 23, S. 33). Sein Pendant hat dieses auf kreative und differenzierte Tongebung gerichtete und damit jedwede technifizierte Virtuosität über-
bietende Urteil in Beethovens Kompositionen, die sich – gattungsgetrennt erklin-
gend und die Wiener Künstler- und Kennergemeinde fesselnd – in Richtung auf
Symphonie und Quartett entfalteten.

Vor allem aber zog das Interesse, die Nachfrage der Verlage an: »*meine Komposi-
zionen tragen mir viel ein, und ich kann sagen, daß ich mehr Bestellungen habe, als es fast
möglich ist, daß ich machen kann. auch habe ich auf jede Sache 6, 7 Verleger und noch mehr,
wenn ich mir's angelegen sein lassen will, man accordirt nicht mehr mit mir, ich fodere und
man zahlt*« (GA, Bd. 1, Nr. 65, S. 79). Dieses Zitat vom 29. Juni 1801 steht im Brief an
Wegeler neben dem ersten umfangreichen Krankheitsrapport, den Beethoven überhaupt geschrieben hat, und man muß diesen Text auf der Folie desjenigen im Briefe
an Schaden vierzehn Jahre zuvor, aber auch in der Perspektive der immer wiederkehrenden privaten ›Krankheits-Bulletins‹ der kommenden Jahre lesen, um einen
entscheidenden Unterschied sogleich zu verstehen: Dieser Brief – und der nachfolgende an Amenda sowie der an Wegeler vom November desselben Jahres sind gleichen Zuschnitts – dieser Brief wird gleichsam hinter verschlossenen Türen verlesen:
»*Ich bitte dich von diesem meinen Zustand niemanden auch nicht einmal der Lorchen etwas zu
sagen, nur als geheymniß vertrau ich dir's an*« (29. Juni 1801/GA, Bd. 1, Nr. 65, S. 80).
Wenn Beethoven seine Feinde fürchtete, »*deren Anzahl nicht geringe ist*« (ebd.), so war
damit einmal seine Tätigkeit als Pianist gemeint; doch es liegt nahe, auch an Beethovens Ambitionen auf eine Kapellmeisterstelle zu denken, die er ja ein Leben lang –
wie fortlaufend frustriert auch immer – nicht aufgeben sollte. Hier steht unausgesprochen Beethovens permanente Hoffnung auf eine feste Anstellung im Hintergrund, sicherlich auch mit Blick auf die Bonner Position seiner Jugend, mochte sie
auch noch so bescheiden gewesen sein; vor allem aber wird er an seinen Großvater,
den Kapellmeister, gedacht haben.

7. › Heiligenstädter Testament ‹

Neben dem Brief an die »*unsterbliche Geliebte*« ist das sog. ›Heiligenstädter
Testament‹ das wohl berühmteste Dokument zu Beethovens Biographie – zu seiner

›inneren Biographie‹. Und als solches ist es das eminente autobiographische Zeugnis einer profunden Existenzkrise, die Beethovens künstlerischen Selbstentwurf zu unterminieren drohte.

Daß der Hauptgrund dieser Krise, Beethovens abnehmende Hörfähigkeit für äußere akustische Eindrücke, schon einige Jahre bestanden hatte, darüber geben die Briefe des Jahres 1801 an Wegeler und Amenda Nachricht (vgl. GA, Bd. 1, Nr. 65, 67 und 70, S. 78-91). Diese Briefe informieren auch darüber, daß Beethoven mit dieser Erkrankung seine künstlerische und menschlich-gesellschaftliche Kommunikationsfähigkeit grundlegend gefährdet sah – seine Identität als Musiker durchzog ein Riß. Diese Befürchtungen mögen hypochondrisch forciert erscheinen; bedenkt man indes, daß Beethoven diese Einschränkung erfuhr: a) auf der Folie seiner bisherigen exzeptionellen Hörfähigkeit, b) mit dem höchsten Anspruch des öffentlich konzertierenden Musikers (angesichts erfolgreicher Konzerte in den vorangehenden Jahren), c) im Bewußtsein bis zur Feindschaft gehender künstlerischer Konkurrenz, d) voller Ungewißheit auch über die Auswirkungen auf seine schöpferische Potenz, e) von Isolierung bedroht ob mangelnder Kommunikationsfähigkeit – dann ist der wohl schubartig sich immer wieder einstellende, existentielle Schock angesichts dieser Erfahrung wohl zu verstehen. Kaum zu hoch zu veranschlagen ist aber dann auch, daß er, nachdem er den Arzt und damit die Therapie gewechselt hatte, zu der ganz entscheidend der Bade-Aufenthalt in Heiligenstadt gehörte, mit großer, gerade weil möglicherweise schwankender, Hoffnung diesen Kuraufenthalt antrat.

Dies sind wohl die drei, in der Diskussion um das ›Heiligenstädter Testament‹ entscheidenden Punkte: 1) die mehrschichtige Adressatenbühne, 2) der mehrmals nur durch eine Leerstelle vertretene Name des Bruders Johann, während der des Bruders Karl angeführt wird, 3) der als ominös empfundene Wechsel im Kodizill des Briefes von der Mehrzahl der Anrede zur Einzahl, zum »dir«.

Zu 1) Es ist bisher nicht oder nicht angemessen berücksichtigt worden, daß die Adresse zu Beginn des ›Heiligenstädter Testaments‹ de facto gar keine ist, bestenfalls eine indirekte: Beethoven schreibt nicht »an«, sondern »für meine Brüder«, und dies in beiden Teilen des Briefes. Dieses Moment tritt insofern noch besonders hervor, als Beethoven zuerst mit »an« begonnen hatte, dann aber »für« darüberschrieb. Daraus ist zu schließen: die Brüder waren in erster Linie als Vermittler dieses Briefes gedacht, als diejenigen, die ihn der Nachwelt zu übergeben haben, erst in zweiter Linie waren sie selbst Adressaten.

Zu 2) So verstanden wäre aber durchaus anzunehmen, daß das Fehlen des Namens »Johann« damit insofern zusammenhängt, als Bruder Karl Beethoven näher stand und ihm für diese Funktion geeigneter erschien; hebt er ihn doch auch ob seiner »*in dieser leztern spätern Zeit bewiesenen Anhänglichkeit*« hervor. Schließlich wäre auch zu bedenken, daß es Beethoven grundsätzlich ausreichend scheinen mochte, einen Bruder für die Vermittlung solcher Botschaft namentlich zu nennen. Warum er dann freilich im Kodizill wiederum den zweiten Bruder nur qua Namens-Vakanz postiert, könnte einmal mehr auch als Botschaft im Sinne einer unterschiedlichen Nähe bzw. Ferne der Brüder zu Beethoven verstanden werden; als eine gesplittete Wendung an beide Brüder, wobei der eine stellvertretend für beide steht. Einleuchtender erscheint freilich das, was Solomon eher distanziert und skeptisch als »*common sense*«-Erklärung (Solomon 1977, S. 120) bezeichnet, während Goldschmidt die Möglichkeit einer solchen Deutung durchaus anerkennt (Goldschmidt 1979, S. 214f.): Beethoven war sich über den aktuellen – ja geänderten – Vornamen seines Bruders nicht schlüssig (vgl. auch MacArdle 1966, S. 188 Anm. 66). Für diese These spricht, worauf Alan Tyson hingewiesen hat (vgl. Goldschmidt 1979, S. 214f.): daß Beethoven ursprünglich auch den Namen Karls ausgespart, nur durch eine Leerstelle angedeutet hatte (der vollständige Vorname lautet Kaspar Karl).

Zu 3) Der intensiv diskutierte Wechsel von der Mehrzahl zur Einzahl der Anredepronomina, wobei erstere ihrerseits wiederum zwei Adressaten gilt, den Brüdern, diesen vorgeordnet aber der ganzen Menschheit – »*O ihr Menschen*« –, ist ganz offensichtlich durch die personifizierende Fixierung des »*dir*« und mit allen psychoanalytischen oder sonstigen Deutungsimplikationen in eine Sackgasse geraten. Dagegen wird, so man das Pronomen »*dir*« des Kodizills sowohl im sprachlichen als auch im lebensweltlichen Kontext liest, klar, daß das angesprochene ominöse ›Du-Wesen‹ nichts anderes als die »Hoffnung« ist. Der Text, der – am Ende eines langen, der Heilung des Gehörs zugedachten Sommer/Herbstaufenthalts – das Scheitern einer Kur konstatiert, gipfelt notwendig im Abschied von der Hoffnung. Das sprachliche Argument stützt diese Interpretation: Bei dem Wort/Satzgebilde: »*so nehme ich den[n] Abschied von dir – und zwar traurig   ja die geliebte Hofnung […] sie muß ich nun gänzlich verlassen*« handelt es sich um eine parenthetisch angereicherte Anakoluthkonstruktion. Und gerade die Lesart »*ja die geliebte Hofnung*« enthüllt das vorangehende Wort »*dir*« als gerichtet an die »Hoffnung«, die der Komponist dann, nach dem Satzbruch, nicht mehr anspricht, sondern über die er sich nun resigniert ergeht. Diese Lesart schließt Solomons Erklärung, Beethoven beziehe sich hier auf einen Schattenadressaten, hinter dem sich womöglich Beethovens ›tabuisierter‹ Vater verbirgt, wie überhaupt jede personifizierende Deutung des »*dir*« (vgl. G. Grove 1896, Ausgab. 1962, S. 45 Anm. [E.II.1.]) aus. Schon gar nicht nimmt Beethoven hier Abschied von Heiligenstadt – diese Art von »*Muß i denn...*« war seine Sache bestimmt nicht.

Ein historisch wie inhaltlich integrierendes Erklärungsmodell des ›Heiligenstädter Testaments‹ ist der *Werther*-Gestus (vgl. V. Karbusicky 1977, H. Goldschmidt
1977, S. 156ff.). Er absorbiert sowohl den, sich zweifellos der Eigenredaktion verdan-
kenden Kothurn-Stil des Briefes (die erstaunliche Reinschrift des Autographs ist zu
Recht hervorgehoben worden), wie auch den als Nemesis-Gewicht in den Text ein-
gebauten Suizid-Gedanken. Vor allem aber macht der Verweis auf *Werther* die
Mischform aus Brief und (Menschheits-)Botschaft, aus Privatheit und Pathos sinn-
fällig. Es gehört nicht zu den geringsten Fragen des Beethoven-Diskurses, ob der
Werther-Gestus in Beethovens Briefen an Josephine Gräfin Deym und an die »*unsterbliche Geliebte*« überdaure oder nicht.

8. Kontrast und Kreativität

Das hohe spezifische Biographie-Gewicht des ›Heiligenstädter Testaments‹ hat die Forschung als ein Erklärung verlangendes Phänomen vielfach hervorgehoben. Im Zentrum steht die Spannung zwischen Text und kompositorischem
Umfeld, spezifischer: Die Frage nach einer möglichen Relation zu bestimmten
Kompositionen des zeitlichen Umkreises, ein Aspekt, den eindeutiger zu bestimmen freilich schwerfällt. Besonders betont hat man den Schatten-Licht-Kontrast,
der zwischen der Stimmungslage des Textes und einer durchhellten Komposition
wie der 2. Symphonie besteht (TDR, Bd. 2, S. 335); Solomon sieht in dem Text »*the
literary prototype of the Eroica Symphony*« (M. Solomon 1977, S. 121). Als dritte ›Bezie-
hungs-Komposition‹ erscheint die Es-Dur-Klaviersonate op. 31,3, eine »*humoristische
Sonate im strengen Hegelschen Sinne*« (H. Goldschmidt 1977, S. 263 [D.II.1.e.]). Fishman
hat diese Gegensatz-Beziehung auf das diese Sonate enthaltende Moskauer Skizzenbuch, das er »*Heiligenstädter Skizzenbuch*« nannte, angewandt (vgl. Goldschmidt
a.a.O.).

Dabei gibt das ›Heiligenstädter Testament‹ im Kodizill selbst Zeugnis von den
kontrastierenden Stimmungen dieses Sommers, dem »*Hohen Muth*«, der ihn »*in den
Schönen Sommertagen beseelte*«, den er nun, obgleich verschwunden, wieder herbei-
sehnt – als »*reine Freude*« von der Vorsehung wieder erfleht. Doch die den Brief
beschließende Frage »*Nie? – nein – o es wäre zu hart*« – hält sie nicht den Text offen?
Glimmt der gefallenen Hoffnung im Spannungsfeld von Freude des Sommers und
herbstlichem Blätterfall nicht doch noch ein »*Licht in der Nacht*« (Th. Mann, *Doktor
Faustus*, GS 4, Ffm., S. 651) – das Licht der schöpferischen Überwindung? Der aus diesem Kontrast resultierende, der Überwindung sich verdankende kompositorische
Schub, der praktisch über ein ganzes Jahrzehnt trug und an dessen Anfang die *Eroica*

mit ihren Satellitenkompositionen, den Variationen op. 34 und 35 steht, hatte frei-
lich eine besondere, zusätzliche innere Antriebskraft, einen ›Nachbrenner‹, dessen
Dokumente lange verborgen geblieben sind und erst in den 1950er Jahren vor die
Öffentlichkeit kamen.

9. Josephine

Das Gewicht der zwischen Beethoven und Josephine Gräfin Deym gewech-
selten Briefe wird in der Beethoven-Literatur unterschiedlich gemessen. Während
Goldschmidt und Tellenbach sie – und dies im Kontext des Briefes an die »*unsterbliche Geliebte*« – hoch veranschlagen, dokumentieren sie nicht allein für Solomon,
mißt man die Unbedingtheit des Liebesgefühls, eine eher einseitige Angelegenheit,
die – ganz im Sinne von Forbes – mit Beethovens letztem Brief »*a wistful end*« fand
(M. Solomon 1977, S. 153; vgl. auch G. R. Marek 1969, dt. Fassung 1970, S. 244). Damit
einher geht eine höchst unterschiedliche Bewertung der Persönlichkeit der Gräfin
Josephine Deym. Bei Solomon erscheint sie als moralisch leicht anrüchig, wobei zu
fragen ist, ob ihrer Schwester Therese Tagebuch – als blanker Text gelesen – wirklich
als Auskunft über einen Lebensstil »*alternated between the extremes of chastity and pro-
miscuity*« (Solomon 1977, S. 152) zu lesen ist; ob es ferner angemessen erscheint,
einen klatschhaften polizeilichen Spitzelbericht (!) vom 12. Juli 1815 über Josephine
unbedenklich dem Konto ihrer angeblich problematischen Moralität zuzuschlagen.
Goldschmidt und Tellenbach jedenfalls lesen diesen Text überzeugend ganz anders:
als Teil einer Kampagne ihres zweiten Mannes, Baron von Stackelberg, gegen Josephine Deym-Stackelberg, die sich gegen die polizeilich abgeschirmte Entführung
ihrer Kinder zur Wehr setzte (Goldschmidt 1977, S. 407f.; Tellenbach 1983, S. 131–141
[D.II.1.e.]). Es ist klar, daß eine moralische Abwertung von Josephine Deym ihre
Qualität als ideale, »einzige« Geliebte des Briefwechsels von ca. 1804–1809, damit aber
ihre Chancen, darüber hinaus als »*unsterbliche Geliebte*« des Jahres 1812 identifizie-
rungswürdig zu sein, herabsetzt.

Goldschmidt hat indes in seinen akribischen und gedankenreichen Untersuchungen (1977 [D.II.1.e.]) plausibel gemacht, daß Beethovens Liebe zu der anfangs
noch ledigen, alle Männer bezaubernden Frau schon im Jahr 1799, der Zeit des
ersten Zusammentreffens und Unterrichts, erwachte, durch die Heirat Josephines
mit Deym aber enttäuscht gleichsam in den Untergrund ging, durch die Guicciardi-
Affäre – äußerlich illuminiert – verdrängt wurde, um anschließend zuerst auf Spar-
flamme zu simmern, dann aber mit dem Tode des Grafen im Jahre 1804 endlich ent-
facht zu werden (Goldschmidt 1977, S. 186–195). Damit aber wird ein wesentliches

Moment sofort überdeutlich erkennbar: Die Verstehens-Pauschale für Beethovens Beziehung zu Frauen – »*the standard pattern of Beethoven's love affairs: his attraction to a woman who is firmly attached to another man, so that he may participate vicariously in their relationship*« (Solomon 1977, S. 151) – trifft für die Zeit des Beethoven-Deymschen Briefwechsel (ca. 1804–1809) und das Verhältnis der Briefpartner zueinander entschieden nicht zu. War doch Graf Deym am 27. Jan. 1804 gestorben, das Datum der Verbindung Josephines mit Stackelberg aber ist der 13. Febr. 1810 (Tellenbach 1983, S. 91).

Von einem Beethoven-Deymschen Briefwechsel zu sprechen, ist freilich nach dem Quellenbefund, streng genommen, ein Euphemismus. War das Auftauchen und die Veröffentlichung dieser Briefe (J. Schmidt-Görg 1957 [B.I.]) eine Sensation, so verleiht die Tatsache, daß die Briefe der verwitweten Gräfin Josephine Deym nur im Entwurf, teilweise fragmentarisch erhalten sind, diesem Austausch etwas Geheimnisvolles. Josephines Briefe sprechen wie unter einem Schleier, oder hinter vorgehaltener Hand; und wenn man für die Blockierung dieser Beziehung wohl zu Recht in erster Linie die zur damaligen Zeit entscheidenden Standesunterschiede, dann aber auch Josephines Einsicht, »*daß er [Beethoven] sich zum Ehemann und vor allem zum Vater ihrer vier Kinder nie geeignet haben würde*« (Goldschmidt 1977, S. 206), veranschlagt, so stellt sich unweigerlich die Frage, ob diese Briefe, die ohne Zweifel als fertige Schreiben an Beethoven gelangt sein müssen (das briefbezogene Antwortverhalten einzelner Schreiben Beethovens ist unverkennbar), von ihm zurückgegeben und dann womöglich vernichtet oder ob sie – von wem und wie auch immer – aus seinem Nachlaß entfernt wurden.

Wenn es überhaupt eine Dokumentation gibt, den Verdacht von Beethovens Homosexualität ad absurdum zu führen, dann diese Briefe. Das charakterisierende Epitheton »*glutvoll*«, von Schmidt-Görg auf den Brief vom März/April 1805 (GA, Bd. 1, Nr. 216, S. 250f.) angewendet, charakterisiert die Haltung Beethovens insgesamt. Zu bedenken ist ja, daß diese Briefe nur der ›Kontrapunkt‹ vieler Begegnungen und Gespräche sind, die namentlich in den Briefentwürfen Josephines ein Echo finden.

Grundsätzlich ist bemerkenswert, daß Josephine diesen Austausch, diesen intensiven Minne-Diskurs sich überhaupt entwickeln ließ. »*Ein Gefühl das tief in meiner Seele liegt und keines Ausdrucks fähig ist, machte mich Sie lieben; noch ehe ich Sie kan[n]te machte ihre Musick mich für Sie enthousiastisch – Die Güte ihres Charakters, ihre Zuneigung vermehrte es*« (GA, Bd. 1, Nr. 265, S. 296) – diese Sätze des Briefes (»*vermutlich*«) vom Winter 1805/06 verdeutlichen, daß auf seiten der Frau eine noch der Prägung harrende Begeisterung durch den persönlichen Kontakt mit Beethoven zu einer tiefen

Zuneigung wuchs –: »*machte mich Sie lieben*« – dieses Bekenntnis dieser verwöhnten und umschwärmten, adelsbewußten Gräfin ist bestimmt nicht so dahergesagt – man fragt sich, wie eine Feststellung wie die folgende möglich ist: »*Her letters speak of her ›affection‹, her ›deep interest‹, her ›enthousiasm‹ for Beethoven, but rarely of her love*« (Solomon 1977, S. 152). Ist die korrekte Übersetzung des Wortes »Liebe« nicht »love« – noch dazu in solchem Kontext? Das gilt gleichermaßen für Coopers Feststellung, es bestehe nur »*insufficient evidence that she [Josephine] was ever really in love with him*« (Music & Letters, LX [1979], S. 464). Jedenfalls gibt es diesen Grad brieflich bezeugter – und dokumentierbarer – Liebeskundgabe von Antonies Seite nicht. Daß Beethovens Briefe auch hier als dem *Werther*-Gestus zugehörig gesehen werden (Goldschmidt 1977, S. 156ff.) kann nicht verwundern. Beethoven spricht mit der ›Flatterzunge des Herzens‹: »*Lange – Lange – Dauer – möge unsrer Liebe werden –*« /// »*von ihr – der einzig Geliebten – warum giebt es keine Sprache die das Ausdrücken kann was noch weit über Achtung – weit über alles ist […] Sie Sie mein Alles meine Glückseligkeit*« /// »*Damit das liebste – was für mich auf der Welt ist – auch nicht einen Gedanken an mich fruchtlos haben soll […] Leb wohl Engel – meines Herzens – meines Lebens*«.

Wenn Beethoven das Thema leidenschaftlicher Liebe immer neu variiert und Josephine diese Leidenschaft spiegelt mit Sätzen wie »*Mein Herz haben Sie schon längst, lieber Beethoven […] den größten Beweiß meiner Liebe – meiner Achtung empfangen Sie, durch dieß Geständnis*« (erstes Viertel 1805/GA, Bd. 1, Nr. 215, S. 248), so wird freilich deutlich, daß ihre Liebesbezeugungen zwar echt und tief empfunden, aber zugleich gesellschaftlich, qua Standesdifferenz, und kontextbezogen – angesichts der Sorgfaltspflicht für ihre Kinder gefiltert, abgefedert – sind. Im Kontext der Briefe selbst tritt nun aber zugleich der Widersacher (Widerpart) von Beethovens grenzenloser Liebe hervor: seine mit Mißtrauen versetzte Eifersucht. Sein Brief vom April/Mai (?) 1805 (GA, Bd. 1, Nr. 220, S. 254), in dem er ironisch von zwei »*interessanten Menschen*« spricht, die Josephine morgen treffen könne: zuerst »*einen gewissen h*« (bei »*Tante F*«) und dann bei ihr ihn, Beethoven, deutet schon an, was mehrere von Josephines Briefen wie ein Tenor durchzieht und zusammenhält: »*Sie wissen nicht, wie wehe Sie meinem Herzen thun – Sie behandeln mich ganz falsch […] handeln Sie mit mehr Schonung – Und vor allem – zweifeln Sie nicht an mir Ich kann es nicht ausdencken, wie tief kränkend es ist […] niedrigen Geschöpfen […] gleichgesetzt zu werden! Dieser Verdacht den Sie so oft, so kränkend mir zu verstehen geben, ist das was mich über allen Ausdruck schmerzt –*« (vermutlich 24. Apr. 1806/GA, Bd. 1, Nr. 250, S. 283).

Wenn es also schon die gesellschaftlichen Schranken gab – und hier braucht man keine Zweifel auszuräumen, keinen Dissens zu moderieren –, so hat Beethovens leidenschaftlich werbendes und eifersüchtiges Verhalten das überaus positive

Echo im Herzen Josephines zugleich nachhaltig irritiert. Und daß Beethovens Leidenschaft, bei allen esoterischen Beteuerungen seiner Briefe, auch handfest-sinnlich war, darüber kann aufgrund Josephines Reaktion wohl kein Zweifel bestehen. Wenn das Wort »sinnlich«, wie ausgiebig erörtert wird (Schmidt-Görg 1957, S. 21ff.), im Sprachgebrauch Josephines und ihrer Schwester Therese auf sie selbst bezogen »alles, was über eine rein geistige Freundschaft hinausging, und sei es auch der natürlichste Ausdruck einer engeren Herzensbeziehung gewesen« bedeutete, dann fällt es, auf Beethovens eben auch libidogesteuertes Werben gemünzt, in eine ganz andere Kategorie. In diesem Zusammenhang ist ein Satz vom 24. Juli 1812 an Breitkopf & Härtel (GA, Bd. 2, Nr. 588, S. 280) am Platz: »denn ich bin ein armer österreichischer Musikant – povero Musico ! (Jedoch nicht im Kastratensinn)«. Und noch 1816 schreibt er an Sigmund Anton Steiner (GA, Bd. 3, Nr. 967, S. 290): »ich umarme den g.l. u. wünsche ihm die Ruthe eines Hengstes«.

Umso höher ist zu veranschlagen, daß Josephine im letzten ihrer Briefe, er mag nun 1807 (Schmidt-Görg; Albrecht) oder 1809 (Brandenburg) zu datieren sein, die Versicherung lebenslanger Vergegenwärtigung des Anderen gibt: »Nun sagen Sie mir wie es Ihnen geht, was Sie machen? wie Ihre Gesundheit, Ihr Gemüth, Ihre Lebensart ist – der innige Antheil den ich an allem was Sie betrifft, nehme und so lange ich lebe nehmen werde macht es mir zum Bedürfnisse Nachricht darüber zu haben. Oder glaubt mein Freund Beethoven, darf ich sie wohl so nennen, ich habe mich geändert. – Was würde mir dieser Zweifel anders sagen als Sie selbst, wären nicht immer derselbe« (laut GA vielleicht Herbst 1809 / GA, Bd. 2, Nr. 403, S. 85). Beethoven schließt seinen, die Trauer des Herzens verdeckenden (letzten) Antwortbrief: »sie wollen ich soll ihnen sagen, wie es mir geht, eine Schwerere [sic !] Frage kann man mir nicht aufwerfen – und ich will sie lieber unbeantwortet lassen, als – sie zu wahr beantworten – leben sie wohl liebe J.[osephine] / wie immer ihr ihnen ewig ergebener / Beethowen« (vielleicht Herbst 1809 / GA, Bd. 2, Nr. 404, S. 86). Wer wollte nach diesem Brief mit Sicherheit sagen, die Verbindung zwischen Beethoven und Josephine Deym habe nicht über die zeitliche Außenerstreckung ihres Verhältnisses in eben dem Sinne weitergelebt, den Beethoven ausdrückte, wenn er ihrer Schwester Therese gegenüber Ende 1810 die geistige Fernverbindung zwischen gleichgestimmten Menschen hervorhob und/oder beschwor? – »Auch ungesucht gedenken die Bessern Menschen sich« (23. Nov. 1810 / GA, Bd. 2, Nr. 479, S. 169).

Es gibt einen Sachverhalt, der dafür spricht, daß Josephine und Beethoven einander in der Tat nicht vergessen haben. Gemeint ist die schon mehrfach betonte (B. und J. Massin 1970 [D.I.]; D. W. MacArdle / L. Misch 1957, S. 86 Anm. 2 [B.I.]; M. E. Tellenbach 1983, S. 126 [D.II.1.e.]) und auch argumentativ eingesetzte Tatsache (Tellenbach 1983, S. 126), daß Therese von Brunsvik Beethovens Brief vom 23. Nov. 1810 (GA,

Bd. 2, Nr. 479, S. 169), der ihr über ihren Bruder Franz zugestellt worden war, kopierte und an Josephine schickte. Sie reichte damit Beethovens in dem Brief ausgesprochenen Wunsch weiter, Therese möge die Handzeichnung von einem Adler, der in die Sonne schaut, die er verloren hatte, für ihn erneuern. Daß Josephine dem Wunsch, ihrerseits den Adler zu zeichnen, trotz zweimaliger Nachfrage Thereses nicht nachkam, kann wohl kaum als Desinteresse, von dem Therese gewußt haben dürfte, ausgelegt werden; eher dürfte Josephine in ihrer neuen Ehe und angesichts des neuen, reichlich unbequemen Ehemanns keinen seelischen, keinen Freiheits-Raum für ein so delikates Vorhaben gefunden haben (vgl. auch Goldschmidt 1977, S. 214f.).

Wichtig wäre es, weitere Erkundigungen bzw. Überlegungen über die Bedeutung anzustellen, die diese Zeichnung für die Brunsviks und trotz seines Dementis (GA, Bd. 2, Nr. 479, S. 169) auch für Beethoven gehabt haben mag. In der christlichen Ikonographie ist »der Adler, der in die Sonne blicken kann, ohne geblendet zu werden,« »ein Symbol der guten Gewohnheit, der religiösen Kontemplation und Johannes des Evangelisten«, und der »Adler, der unentwegt in die Sonne blickt, [ist] u.a. ein Sinnbild des frommen Menschen« (Lex. der christl. Ikonographie, Bd. 1, Wien 1959–1967, S. 53f.). Nicht auszuschließen ist aber auch eine Bedeutung im Sinne von Beethovens Brief an Erzherzog Rudolph (Juli/August 1821/GA, Bd. 4, Nr. 1438, S. 446): »höheres gibt es nichts, als der Gottheit sich mehr als andere Menschen nähern, u. von hier aus die strahlen der Gottheit unter das Menschengeschlecht verbreiten«.

V. Dialektik der hohen Ziele
1. Hohe und irdische Liebe

Ein Satz in Josephines letztem Brief ist besonders hellsichtig: »Was würde mir dieser Zweifel anders sagen als Sie selbst, wären nicht immer derselbe.« Diese Umkehrung der Kausalität im Verhältnis wechselseitiger Spiegelung verweist auf Beethovens fluktuierendes Persönlichkeitsbild. Diese Problematik war indes in seinen eigenen künstlerischen und moralischen Maximen angelegt, wie er sie im Brief an Wegeler formuliert hatte: »nicht [nur] als Künstler sollt ihr mich größer, sondern auch als Mensch sollt ihr mich besser, Vollkommener finden« (29. Juni 1801/GA, Bd. 1, Nr. 65, S. 79). Die in diesem Verbund moralischer und künstlerischer Maximen steckende Dynamik sollte im Verlauf seines Lebens im kollisionsreichen Bandenspiel mit körperlich-seelischem Befinden und den politischen, gesellschaftlichen sowie finanziellen Schicksalssteinen unvorhersehbare existentielle, damit aber identitätswirksame Fliehkräfte freisetzen.

So mußten Moral und Ethik immer wieder als Berufungsinstanz delegiert werden. Die nicht ohne Grund in Verbindung mit der Josephine-Konstellation forcierte Beziehung zu dem Ehepaar Marie und Paul Bigot ist hierfür ein Musterbeispiel. Seine Einladung an Marie, mit ihm und ihrer Tochter auszufahren, die möglicherweise nur zum Ziel hatte, »*to join the Bigot's family circle*« (M. Solomon 1977, S. 153), die aber zugleich durchaus auch als signalgebende Verehrungsofferte für Marie Bigot in Richtung Josephine gedacht sein mochte, die er mit Attacken von Eifersucht liebte, hatte Schockwirkung. Sie wurde abgelehnt, und Beethoven entschuldigte sich: »*ohnedem ist es einer meiner ersten Grundätze, nie in einem andern als freundschaftlichen Verhältniß mit der Gattin eines andern zu stehn […] nie, nie werden sie mich unedel finden, von Kindheit an lernte ich die Tugend lieben*« (6. März 1807/GA, Bd. 1, Nr. 273, S. 306).

Weit mehr noch im Kontext der – nun sich verlaufenden – Beziehungen zu Josephine Deym ist wohl Beethovens Werbung um Therese Malfatti zu sehen. Vergleicht man den noch zur Zeit der sich entwickelnden Beziehungen, »*gegen Ende Mai 1810*« geschriebenen Brief (GA, Bd. 2, Nr. 442, S. 122f.), so läßt der sachlich klingende, leicht sarkastische Tonfall ein völlig anderes seelisches Klima erkennen: »*Es wäre wohl zu viel gebaut auf sie, oder Meinen* [sic !] *Werth zu hoch angesezt, wenn ich ihnen zuschriebe ›Die Menschen sind nicht nur zusammen, wenn sie beysammen sind, auch der Entfernte, der Abgeschiedne lebt unß*‹ [aus Goethes Egmont, 5. Akt] *wer wollte der Flüchtigen* [sic !] *alles im Leben leicht behandelnden T. so etwas zuschreiben?*« Wurde dieser Brief tatsächlich vor dem Scheitern der Werbung um Therese Malfatti geschrieben, dann scheint es, als habe der kritische Künstler dem werbenden Mann subtil entgegengearbeitet.

2. Werke und Verleger

Welches Konfliktpotential in der Parallelisierung von künstlerischer und menschlicher Optimierung steckte, zeigt sich an Beethovens äußerst schwierigem und wechselhaftem, von Finessen, Fintierung und Rückschlägen, aber auch von partieller Stetigkeit und sich entwickelndem Vertrauen gezeichnetem Verhältnis zu seinen Verlegern. Obgleich die Kritik an Beethovens zeitweiligem Verhalten gegenüber seinen Verlegern sicherlich begründet ist (vgl. u. a. TDR, Bd. 3, S. 262f.; G. Kinsky/H. Halm 1955, S. 365 [A.I.]; Tellenbach, S. 315, Anm. 2 [D.II.1.e.]), sind doch immer die besonderen Umstände, persönliche wie allgemeine, in Rechnung zu stellen (vgl. B. Cooper 1991, S. 192 [D.I.]). Wichtiger Hintergrund für Beethovens Verhalten in Verlagsgeschäften ist folgender, nach der Behandlung von aktuellen editorischen Angelegenheiten stehender grundsätzlicher Passus im Brief vom 15. Januar 1801 an den Leipziger Verleger Franz Anton Hoffmeister: »*nun wäre das saure Geschäft vollendet, ich nenne das So, weil ich wünschte, daß es anders in der Welt seyn könnte, es sollte nur ein* Magazin der Kunst *in der Welt seyn, wo der Künstler seine Kunstwerke nur hinzugeben hätte, um zu nehmen, was er brauchte, so muß man noch ein halber Handelsmann dabey seyn, und wie findet man sich darein – du lieber Gott – das nenne ich einmal sauer*« (GA, Bd. 1, Nr. 54, S. 64).

Maynard Solomon hat die historischen Wurzeln dieser Idee eines »*Magazins der Kunst*« im utopisch-protosozialistischen Gedankengut herausgearbeitet (Solomon 1997, S. 193–204). Der Kern dieser Idee ist der freizügig organisierte, geldfreie Warentausch von Gütern aller Art, also auch künstlerischer Produkte, der es dem Künstler erlaubt, ganz seiner Kunst zu leben. 1810 schrieb Beethoven an Breitkopf & Härtel, gegen deren restriktive Honorarpolitik gewendet: »*sie als ein Humanerer und Weit Gebildeter Kopf als alle andern Musikalischen Verleger dörften auch zugleich den Endzweck haben den Künstler nicht bloß nothdürftig zu bezahlen, sondern ihn vielmehr auf den weg zu leiten, daß er alles das ungestört leisten könne, was in ihm ist, und man von außen von ihm erwartet*« (21. Aug. 1810/GA, Bd. 2, Nr. 465, S. 148). Dieses Moment: ganz seiner Kunst zu leben, ist zweifellos der Punkt, an dem der grundsätzliche, Beethoven durch zeitgenössische Literatur bekanntgewordene Gedanke eines »*Magazins der Kunst*« (ebd., S. 195–199) mit seiner Intention zur Deckung gelangt. Wird hier erkennbar, welch unglaubliche, zeit- wie nervenraubende und das künstlerische Selbstbewußtsein strapazierende Aufgabe es speziell für Beethoven bedeuten mußte, diese Geschäfte auf sich zu nehmen, die für ihn, der alles andere als ein »*Handelsmann*« war, zur Alltagstortur werden mußten, so leuchtet auch die Mischung aus Unwille, Ekel, Eile, ja Hektik, Schreibflucht, vorgreifenden Versprechungen und überfälliger Lieferung, Mehrfachangeboten und Preisforcierung ein, die für seinen Verlagsverkehr kennzeichnend sind. Die »*6, 7 Verleger oder noch mehr*« für eine Komposition, wie Beethoven Wegeler 1801 mitteilt, sind sicherlich keine Übertreibung; doch die frühe Beliebtheit Beethovenscher Kammermusik hatte auch ihre Kehrseite, wie die Auseinandersetzung mit Artaria wegen des Nachstichs von op. 29 zeigt, die sich dann wegen der Übernahme des Nachstichs durch die Firma Mollo in einem Rechtsstreit noch bis ins Jahr 1805 hinzog. Überhaupt belastete die Gefahr dieser Art von Raubkopie viele Verlagsverhandlungen (vgl. auch GA, Bd. 1, Nr. 189, S. 220), so daß die Verlage vielfach Sicherheitsvorkehrungen in Form von »*gerichtlichen Eigentumserklärungen*« (GA, Bd. 1, Nr. 198, S. 229; Nr. 204, S. 236) zur Voraussetzung machten, was wiederum zu Verzögerungen führte oder die Verhandlungen überhaupt scheitern ließ.

114

Ein anderes Hindernis waren die von so manchem Verleger als zu hoch empfundenen Preise Beethovens, ein Aspekt, auf den nicht zuletzt Breitkopf & Härtel unter Berufung auf die schwierigen Zeitumstände während der napoleonischen Kriege immer wieder setzte. Doch fielen nicht nur diese äußeren Faktoren ins Gewicht, auch die Werkgattung beeinflußte die Verlagsentscheidungen. So mußte Beethoven, weil die Nachfrage nach kirchenmusikalischen Werken vom Verlag als nicht zufriedenstellend beschrieben wurde (18. Juni 1808/GA, Bd. 2, Nr. 328, S. 16), »feilschen«, damit Breitkopf & Härtel die C-Dur-Messe op. 86 überhaupt annahm: hatte er die Herausgabe zuerst noch an die anderer Werke gekoppelt (»*die Meße müßen sie nehmen, sonst kann ich ihnen die andern Werke nicht geben*« [etwa 10. Juli 1808/GA, Bd. 2, Nr. 329, S. 16]), so schenkte er dem Verlag die Komposition schließlich (Ende Juli 1808/GA, Bd. 2, Nr. 331, S. 18). Es versteht sich, daß es Beethoven bei diesen Verhandlungen nicht etwa nur um den materiellen Gewinn ging. Er hat das mehrfach nachdrücklich erklärt (»*Beethowen macht keinen Wind, und verachtet alles, was er nicht grade durch seine Kunst und seinen Verdienst erhalten kann*« [GA, Bd. 1, Nr. 223, S. 257]), und bestätigt wird es nicht nur durch sein Verhalten im Falle von op. 86, sondern auch angesichts seines immer wieder vorgetragenen Wunsches nach Partitureditionen (zur Eroica vgl. GA, Bd. 1, Nr. 188, S. 218). Auch hier war die Reaktion des Verlags Breitkopf & Härtel hinhaltend bis negativ, wiederum mit der Begründung: »*Besonders schwierig ist jetzt die Herausgabe größerer und ernsthafter, wenn auch noch so vortrefflicher Werke in Partitur. Wir haben diese Erfahrung an Mozarts Requiem und Don Giovanni, an Händels Messias, an Haydns Messen und ähnlichen Werken zu großem Nachteil von uns gemacht, denn ob wir sie gleich zu äußerst niedrigen Preisen gesetzt haben, so ist doch die Nachfrage danach bei weitem nicht hinreichend gewesen, um nur die simplen Druckkosten zu ersetzen*« (30. Aug. 1804/GA, Bd. 1, Nr. 189, S. 221). Hier wie auch mit Bezug auf die C-Dur-Messe wird die Aufhebung der Klöster als ein wichtiger Grund für den defizitären Absatz angeführt. Gerade der Verlag Breitkopf & Härtel hat aber, da er sich außerstande sah, auf Beethovens Vorstellungen einzugehen, im Jahre 1807 den für Beethoven wichtigen Vertrag mit Muzio Clementi in die Wege geleitet (vgl. Th. Albrecht 1996, Nr. 118, S. 185 [B.I.]).

Beethovens Verlagsgeschäfte waren also immer auch eine Auseinandersetzung mit den absatzhemmenden Zeitumständen, der Konkurrenz unter den Verlegern (ein Moment, das er freilich auch wieder zu seinem Vorteil ausnutzen konnte), der Terminproblematik (er war abonniert auf die Überziehung von Terminen), der auf Minimalangebote geeichten, aber durch die Zeitumstände auch dazu gezwungenen Verlegermentalität. In dieses Schwierigkeitsfeld griffen dann aber, namentlich gegen Ende seines Lebens, schließlich auch seine eigenen finanziellen

Probleme auf eine unangenehm direkte Weise insofern ein, als er bei dem Wiener Verleger S. A. Steiner verschuldet war, der sich zu allem Überfluß auch noch weigerte, »op. 114, 116, 117 und 118 mit Titeln herauszugeben, die Beethovens Angaben entsprachen. Er hatte – offensichtlich aus Geschäftsinteresse – z. T. Titel von Originalkompositionen auf deren Klavierbearbeitung übertragen, was von Beethoven nicht gebilligt werden konnte und nachhaltig seinen Zorn hervorrief« (E. Bartlitz 1984, S. 11 [B.I.]); vgl. auch Küthen 1980 [B.I.], und – nicht weniger unangenehm –, weil er seinem Bruder, um ein Darlehen abzutragen, noch nicht veröffentlichte Werke übertrug, mit denen dieser – der geldversessene Apotheker Johann van Beethoven – nun seinerseits Handel trieb.

Daß die Verstrickungen von Beethovens Verlagsverhandlungen, damit aber auch seiner Kunst, ins Alltäglich-Erniedrigende selbst vor seinen besten und treuesten Freunden nicht haltmachten, zeigt das Versteck- und Täuschungsspiel, das er mit dem Bonner Verleger Simrock und dem – von Wien nach Frankfurt zurückgekehrten – Kaufmann Franz Brentano zu treiben sich veranlaßt sah. Angesichts der Tatsache, daß Brentano Beethoven 1820 das Honorar für die Missa solemnis vorgeschossen hatte, liest sich die Zeit- und Datenskala bis zur Veröffentlichung für Beethovens Verhalten nicht gerade vorteilhaft.

Übergreifend betrachtet, war das gesamte Panorama der Verlagsproblematik vom Kampf der Verleger um Komponisten- und Werkanteile beherrscht, so daß man, Beethovens Idealvorstellung eines »Magazin der Kunst« vor Augen, sagen muß: er war ins ›Magazin der Verleger‹ geraten. Nichts vermag dies deutlicher zu zeigen als die diffamierenden Äußerungen, die dabei ausgestreut wurden. So mußte Beethoven im anlaufenden, nicht gerade erfreulichen Briefwechsel mit dem Leipziger Verleger Carl Friedrich Peters erfahren, daß die Konkurrenz unter den Verlegern durch Judenfeindlichkeit zusätzlich höchst unschöne Töne erhielt. Ausgehend von seinem Austausch mit dem Wiener Verleger Steiner schrieb Peters am 15. Juni 1822 (GA, Bd. 4, Nr. 1469, S. 496): »ich wähle dieses Werk [die Missa solemnis] zuerst um Ihrentwillen, zweitens, zur Ehre meiner Handlung, worauf ich eben sosehr als auf Gewinn sehe, drittens, weil mir Steiner sagte, daß Schlesinger auch darum handle, nun und in die Hände eines Juden, zumal eines solchen Juden, kann doch eine geistliche von einem Beethoven komponirte Messe nicht kommen.« Beethoven antwortete am 26. Juli [Juni] 1822 (GA, Bd. 4, Nr. 1473, S. 500): »Schlesing.[er] erhält auf keinen Fall mehr etwas von mir, da er mir ebenfalls einen jüdischen streich gemacht hat, er gehört ohnehin nicht zu denen, die die Meße erhalten hätten.« Es ist unbekannt, ob und welche konkret begründeten Vorwürfe gegen Adolph Martin Schlesinger hinter Beethovens Äußerung standen. Überhaupt sollte man vorsichtig sein, diese Antwort Beethovens, wie überhaupt seine Äußerungen über Juden als antisemitisch im heutigen Sinne zu verstehen, eine Bezeichnung, die es zur damaligen Zeit noch gar nicht gab (vgl. auch S. Kaznelson 1954, S. 286–295 [D.II.1.e.]). In diesem Zusammenhang ist auch Beethovens Zuschrift an Maurice Schlesinger vom 1. Sept. 1825 zu erinnern (GA, Bd. 6, Nr. 2038, S. 154): »*soll ich ihnen sagen wie angenehm es ist, einen sehr gebildeten um sich zu haben, deren ich sonst immer gewohnt war, aber – unter dem volk der Fayaken [= Fäaken, Beethovens Bezeichnung für die Bevölkerung Wiens] ist das alles selten, um desto mehr wird mich ihre Gegenwart erfreuen.*« Maurice Schlesinger, schon seit Ende August 1825 in Wien (TDR, Bd. 5, S. 236), war bei der Vergabe der letzten Streichquartette mit von der Partie. Beethoven sprach ihm bei dieser Gelegenheit die beiden nächsten Quartette – also die späteren Quartette in a-Moll op. 132 und B-Dur op. 130 – vertraglich zu – »*it seems clear that when Maurice Schlesinger left Vienna in September 1825 he believed that he would receive the Bb quartet as soon as it had been completed*« (A. Tyson 1963, S. 188 [A.I.]).

Indes: Schlesinger erhielt zwar (schon in Wien) op. 132, nicht aber op. 130; das große B-Dur-Quartett mit dem Fugenfinale konnte Artaria für seinen Verlag gewinnen; und wenn Beethovens damit verbundener Sinneswandel und Vertragsverstoß auch mit der Verzögerung des bei Ablieferung zu zahlenden Betrags durch Schlesingers Wiener Beauftragten Biedermann im Zusammenhang zu sehen ist (vgl. Bkh, Bd. 8, S. 253; Bkh, Bd. 9, S. 358 Anm. 181), so war dies doch nicht der einzige Grund. Der zweite, tieferreichende, war atmosphärischer Natur: es war das durch Karl Holz' antijüdisches Vorurteil wachgehaltene Mißtrauen, das dieses Vorgehen maßgeblich beeinflußte (vgl. Bkh, Bd. 8, S. 112, 116, 143, 144f., 148, 253f.; Kl. Kropfinger 1995, Bd. 1, S. 314f. [E.IV.1.a.opus 130]; ferner TDR, Bd. 5, S. 250). Dabei hatte Schlesingers Beauftragter allen Grund, seinerseits enttäuscht, wenn nicht mißtrauisch zu sein; war doch in den Gesprächen, die Schlesinger am 4. Sept. 1825 mit Beethoven in Baden geführt hatte, vereinbart worden, daß Biedermann das B-Dur-Quartett am 15. Okt. mit nach Paris nehmen sollte (Bkh, Bd. 8, S. 92; GA, Bd. 6, Nr. 2065, S. 169 Anm. 1). Zu diesem Zeitpunkt war das Quartett noch nicht beendet. Beethoven aber hatte Schlesinger – geht man von den erhaltenen Briefen aus – in der Zwischenzeit keine Mitteilung gemacht.

Wenn man nach Gründen für Beethovens Ungeduld sucht, so sind diese freilich in seiner fast schon permanenten Geldverlegenheit zu suchen, die er keinesfalls durch den Verkauf einer seiner Aktien beheben wollte. Diese Aktien waren für ihn unantastbar, des Neffen Karl Erbe. Hier deutet sich ein Zug des späten Beethoven an: sein Widerstehen im Ausharren, ein ›Heroismus‹ eigener Art.

Schwierigkeiten, wie im letzten Kapitel geschildert, lagen in den Jahren, die dem ›Heiligenstädter Testament‹ folgten und die Deym-Briefe begleiteten, der Folgezeit eines dialektischen Umschlags von suizidal gefärbter Melancholie in schöpferische Emphase, fern. Außer dem Lichnowskyschen Jahresgehalt hatte Beethoven aus seinen Kompositionen, aber auch durch sein Benefizkonzert vom 5. Apr. 1803, das 1800 fl. erbrachte, sicherlich keinen Überfluß, aber objektiv doch wohl keine akuten finanziellen Sorgen. Unbezweifelbarer Überfluß aber bestimmte seine Werkstatt. Die integrierende und steuernde Kraft der Musik in jenem Parallelogramm der dynamischen Interferenzen und Kontraste war in diesen Jahren, die man im Schlepptau der *Eroica* und angesichts der Konfiguration von ›Heiligenstädter Testament‹, *Eroica, Christus am Ölberg* und *Leonore* (vgl. Tyson 1969, S. 139 ff. [E.III.3]) als die ›heroischen‹ zu bezeichnen sich angewöhnt hat, mit einer kaum faßbaren, die Jahre von 1803 bis 1810/1812 überflutenden Fülle von Kompositionen bestimmend geworden. In allen Genres hatte Beethoven Neues und Bahnbrechendes akkumuliert: Symphonie (opp. 55, 60, 67, 68, 92, 93), Solokonzert (opp. 37, 58, 61, 73), Ensemblekonzert (op. 56), Streichquartett (opp. 59, 74, 95), Klaviertrio (opp. 70, 97), begleitete Solosonate (opp. 47, 69, 96), Klaviersonate (opp. 49, 53, 54, 57, 78, 79, 81a), Lied (opp. 48, 75, 83), Messe/Oratorium (op. 86 und 85) und Oper (op. 72).

Gerade in jener Zeit indes, im Jahre 1803, beschäftigten Beethoven, wie aus einem Brief von Ferdinand Ries an Nikolaus Simrock (6. Aug. 1803/GA, Bd. 1, Nr. 152, S. 176) hervorgeht, Pläne für eine Übersiedelung nach Paris. Dieses Vorhaben ist – ungeachtet aller mäzenatischen Privilegien, die ihm der Wiener Adel gewährte – zu Recht als Ausbruch aus feudaler Enge verstanden worden (Solomon 1977, S. 137). »*Lumpen gibts in der Kaiserlichen stadt wie am Kaiserlichen hof*« (8. Apr. 1802/GA, Bd. 1, Nr. 84, S. 105), diesem eindeutigen, höchst abschätzigen (und nicht ungefährlichen) Satz steht der ironische, vielzitierte zur Seite »*so lange der österreicher noch Braun's Bier und würstel hat, revoltirt er nicht*« (GA, Bd. 1, Nr. 17, S. 26), dies angesichts eines Hinweises auf den geplanten Aufstand des Jakobiners Franz Hebenstreit. Dieser Grund war höchst widersprüchlich mit Beethovens Enttäuschung verbunden, in Wien noch keine feste Anstellung gefunden zu haben. Die unübersehbare Distanz zum Hofe, den er mehrfach teils ägerlich, teils ironisch kritisiert hat, durchzieht Beethovens Leben. Hier ist wohl auch ein Motiv für seine in mehrfacher Hinsicht angestrengte freundschaftlich-ergebene Nähe zu Erzherzog Rudolph zu suchen.

Im Zentrum des Übersiedelungsvorhabens aber standen Napoleon und die für die Parisreise ursprünglich aufgesparte Eroica (11. Dez. 1803/GA, Bd. 1, Nr. 173, S. 199). Beethoven hatte sogar noch eine weitere Symphonie für Paris vorgesehen; welche der nach der Eroica entstandenen, ist allerdings nicht klar (GA, Bd. 1, Nr. 173, S. 199). War Napoleon der Attraktionspunkt der Parisplanung, so führte seine Ausrufung zum Kaiser im Mai 1804 zu dem berühmten Wutparoxysmus Beethovens, dem das Titelblatt der gerade entstandenen, Buonaparte zugedachten Eroica zum Opfer fiel. Wenn die Beethoven von Ries in den Mund gelegten Worte gegen den gerade noch bewunderten, nun verachteten Mann zutreffen – und daran ist nicht zu zweifeln – sind sie höchst charakteristisch: nun würde auch er, Napoleon, nur noch »alle Menschenrechte mit Füßen treten [...] ein Tyrann werden!« (Wegeler/Ries 1838, S. 93). Nach dieser Erfahrung sah sich Beethoven offenbar nur noch als potentieller Parisbesucher. Doch an Breitkopf & Härtel schrieb er im August 1804 (GA, Bd. 1, Nr. 188, S. 219): »die Simphonie ist eigentlich betitelt Bonaparte«. Das Wörtchen »eigentlich« in diesem Satz ist es auch, das die Hypothese von Virginia Oakley Beahrs, Beethoven habe durch Ries von der Krönung Napoleons zum Kaiser (2.12.1804), nicht aber schon von der öffentlichen Proklamation erfahren (The Beethoven Newsletter, 4/2 [Summer 1989], S. 33 f.), abgesehen von der faktischen Unwahrscheinlichkeit, ins Reich der irrelevanten Alternativen verweist.

Wenn Beethoven Buonaparte auch verachtete, ja gehaßt haben mag – er blieb ihm gleichwohl eine faszinierende Erscheinung. Dies darf man dem Bericht des Baron de Trémont glauben, der – zum Gefolge Napoleons gehörend – Beethoven im Jahre 1809 traf (vgl. Fr. Kerst 1913, Bd. 1, S. 133ff. [D.II.2.d.]). Die Konversationshefte liefern überdies Belege dafür, daß Napoleon als Folge der österreichischen Restaurationspolitik spätestens zu Beginn der 1820er Jahre geradezu nostalgisch erinnert wurde – »[Holz]: Bonaparte war ein großer Mann, und als Beschützer der Künste wird nicht bald ein solcher kommen« (z.B. Bkh, Bd. 8, S. 262). In den Konversationsheften kommt man auch auf Bernadottes Wienbesuch zurück, ein indirekter nachträglicher Beleg für das Zusammentreffen (Bkh, Bd. 3, S. 53). Beethovens Brief an Bernadotte als König von Schweden vom 1. März 1823 (GA, Bd. 6, Nr. 1601, S. 77 f.) schließlich, der Subskriptionsofferte für die Missa solemnis beigelegt, legt den Schluß nahe, daß Beethoven 1798 nicht nur mit Rodolphe Kreutzer musiziert, sondern auch bei General Bernadotte ›gastiert‹ haben muß.

Beethoven erschien auf dem Höhepunkt von Napoleons Erscheinung freilich nicht dieser, sondern sein Bruder Jérôme, 1807–1813 König von Westfalen, als
»Beschützer der Künste«. Er machte Beethoven im Herbst 1808 (jedenfalls vor dem
1. Nov. 1808, vgl. GA, Bd. 2, Nr. 340, S. 26) das Angebot, in fester Anstellung als *»erster
Kapellmeister«,* mit einem Gehalt von 600 Golddukaten und zusätzlich 150 Dukaten
für Reisekosten, an den Kasseler Hof zu kommen (GA, Bd. 2, Nr. 375, S. 58; Th.
Albrecht 1996, S. 206 [B.I.], vgl. auch G. R. Marek 1969, dt. Fassung 1970, S. 370). Über-
bringer war Graf Truchsess-Waldburg, oberster Kammerherr des Königs von Westfalen oder dessen Beauftragter. Es scheint allerdings, als habe Beethoven nach der
Offerte des Grafen Truchsess-Waldburg noch einen (verlorenen) Brief nach Kassel,
womöglich mit der Bitte um Bestätigung und/oder Präzisierung gesandt, wie aus
einem Schreiben an Gleichenstein (November/Dezember 1808/GA, Bd. 2, Nr. 345,
S. 29) zu schließen ist.

Es ist unbekannt, ob und welche Fäden im Vorfeld dieser Einladung im Hintergrund gesponnen wurden. Bemerkenswert ist auf jeden Fall, welch großen Wert
Beethoven der Tatsache, als *»erster Kapellmeister«* berufen worden zu sein, beimaß.
Sein Brief an Breitkopf & Härtel vom 5. April 1809, in dem es u.a. um die Berichti-
gung geht, nicht durch Johann Friedrich Reichardt, sondern Graf Truchsess-Waldburg sei der Ruf nach Kassel erfolgt, gibt über diesen Akzent Beethovenschen Hoch-
gefühls deutlich Auskunft (GA, Bd. 2, Nr. 375, S. 58f.).

Zu einem Höhepunkt der Identitätskurve wurde die Angelegenheit für Beethoven indes erst durch die Tatsache, daß die Kasseler Einladung der Anlaß für die Bildung der aus Erzherzog Rudolph, Fürst Kinsky und Fürst Lobkowitz bestehenden
›Mäzene-Trias‹ war, mit dem Ziel, die Kasseler Einladung zu überbieten, Beethoven
in Wien zu halten, möglicherweise auch zu verhindern, daß er sich an das unsichere
Geschick eines Königs von Napoleons und dessen Kriegsglücks Gnaden binde. So allgemein diese Tatsache des ›Jahresgehalts‹ auch bekannt ist, so ist doch – wie
namentlich bei Thayer, Forbes und Solomon (TDR, Bd. 3, S. 116ff.; Forbes 1964, Ausgabe 1970, S. 454ff. [D.I.]; Solomon 1977, S. 148f.) – hervorzuheben, daß und in welchem Maße Beethoven selbst an der Formulierung der für sein Bleiben in Wien entscheidenden Voraussetzungen beteiligt war. Sein Briefwechsel mit Gleichenstein
vor dessen, Mitte Februar 1809 erfolgter Abreise nach Freiburg (vgl. GA, Bd. 2,
Nr. 345, S. 29, Nr. 352, S. 39ff., Nr. 367, S. 51) gibt darüber Auskunft. Sowohl aus Beethovens *Entwurf einer musikalischen Constitution* (TDR, Bd. 3, S. 122) als auch aus seinem

Brief an Gleichenstein (vor Mitte Februar 1809/GA, Bd. 2, Nr. 353, S. 40) wird sein
»*höchster Wunsch*« deutlich, dereinst »*einmal in kaiserliche Dienste zu treten*«, ein Punkt,
der dann in den Vertrag (»*Dekret*«) über die Lebensrente ebensowenig eingegangen
ist wie der angestrebte »*Contract mit den Theatern*«. Möglicherweise waren sich die
Initiatoren und Verfasser des Vertrags, zu denen auch die Gräfin Erdödy und Gleichenstein zählten, darin einig, daß Beethoven mit derlei musikalischen Dienstver-
hältnissen nur kontraproduktiv zu seiner eigentlichen Bestimmung bedient wäre.
Entsprechend hoch und allein gewichtet findet man dagegen die Intention der
Mäzene, Beethoven in den Stand zu setzen, unbeengt von Sorgen des Alltags »*große,
erhabene und die Kunst veredelnde Werke zu erzeugen*« (TDR, Bd. 3, S. 125).

2. »Wilde Zerstörung … Ungemach«

Es mag wie eine Ironie des Schicksals erscheinen, daß Beethoven ausgerechnet von der Seite, die ihm den Glanz und die finanzielle Sicherheit einer Kapellmeisterstelle versprach, zugleich die Bedrohung dessen ausging, was diese Offerte
an Besserem noch bewirkt hatte. Beethoven erfuhr die Dialektik des Schicksals.
Wenn er 1801 im Brief an Wegeler von dem »*schlechten Stein*« sprach, den ihm das
Schicksal (»*der neidische Dämon*«) »*ins Brett geworfen*« habe (29. Juni 1801/GA, Bd. 1,
Nr. 65, S. 79), so hatte er angesichts der 1809 durch Krieg und französische Besetzung
sich einstellenden Lebensumstände einmal mehr Grund, das »*Fatum*« zu beklagen.
Was er vorerst nur als vorübergehende Begleiterscheinung einer Zeit einschätzen
konnte, die ihm »*zerstörendes wüstes Leben* […] *nichts als trommeln Kanonen Menschen
Elend in aller Art*« vor Augen führte, wie zumal die Tatsache, daß »*auf alles* [*was*] *in
meinem Dekret zugesagt* […] *im Augenblick nicht zu rechnen*« sei (26. Juli 1809/GA, Bd. 2,
Nr. 392, S. 71), war freilich nur der Vorgeschmack einer Langzeitwirkung der Pro-
blemsequenzen. Gleichwohl sollte man die zwar zuerst arbeitshemmende, dann
aber neue Antriebskräfte freisetzende Wirkung dieser kriegerischen Ereignisse,
nicht zuletzt die erzwungene Sprengung der Wiener Festungsanlagen, akustische
Eruptionen, die – wie überliefert – für Beethovens zugleich empfindliche und
kranke Ohren eine Pein gewesen sein müssen, nicht gering veranschlagen. Am 26.
Juli 1809 meldet er Breitkopf & Härtel, er habe »*seit dem 4ten May wenig zusammen
hängendes auf die Welt gebracht, beynahe nur hier und da ein Bruchstück – der ganze Hergang
Der Sachen hat bey mir auf leib und Seele gewirkt*« (GA, Bd. 2, Nr. 392, S. 71); vier Monate
später, am 22. Nov. 1809, weiß er glücklich zu berichten: »*Ich schreibe ihnen endlich einmal – nach der wilden Zerstörung einige Ruhe, nach allem unerdenklichen ausgestandenen
Ungemach – Arbeitete ich einige wochen hintereinander, daß es schien mehr für den Tod als für*

die Unsterblichkeit« (GA, Bd. 2, Nr. 408, S. 88) – diese Briefpassagen machen die Abfolge von äußerer/innerer Blockierung und Schaffensentfesselung überdeutlich. Und es ist wohl nicht zu unterschätzen, daß Beethoven in unmittelbarer zeitlicher Nachbarschaft zum Abschluß des »Dekrets« »schon wieder [...] knickern« mußte (26. Juli 1809/GA, Bd. 2, Nr. 392, S. 71). Kaum die Möglichkeit vor Augen, wirklich den geistigen, höheren Werten seiner Kunst zu leben, mußte er wieder um der materiellen ›Werte‹ willen, um leben zu können, mit ihr hausieren gehen. Doch auch angesichts äußerer Mißhelligkeiten war die Kunst Beethovens Gegenpol und ›Identitätspool‹.

3. Festmusik und Badereise

Bettina Brentanos Brief an Goethe vom 28. Mai 1810 hatte diesen neugierig gemacht, so daß Beethovens Brief vom 12. April 1811 (GA, Bd. 2, Nr. 493, S. 185), in dem er sich auch noch auf sie bezog, auf günstigen Boden fiel. Goethe hat nicht nur ihm am 25. Juni 1811 zurückgeschrieben (GA, Bd. 2, Nr. 509, S. 200), sondern auch ihr am 6. Juni geantwortet: »Sage Beethoven das Herzlichste von mir [...] vielleicht vermagst Du so viel über ihn, daß er sich zu einer Reise nach Carlsbad bestimmen läßt« (Goethes Briefwechsel mit einem Kinde. Seinem Denkmal von Bettine von Arnim, hrsg. von H. Amelung, Bln. u. a. 1914, S. 349f.). Beethoven hatte zudem die Zusendung seiner Egmont-Musik in Aussicht gestellt.

In den Jahren 1811 bis 1813/14 durchkreuzen sich in Beethovens Leben gesellschaftliche Öffnung und tiefreichendes seelisches Erlebnis, weltzugewandte, zeitbezogene und werkgemäße Kompositionen, äußerer und ›innerer‹ Auftrag auf einmalige Weise. Die damit verbundene Stufung der ästhetischen Qualität der Kompositionen, die in den Konzerten des Wiener Kongresses Furore machten, ist unübersehbar (vgl. auch St. Wolf 1995, S. 68 [D.II.1.a.], der wiederum Solomon zitiert). Weit mehr noch als für die im Sommer 1811 in Bad Teplitz entstandenen – wahrscheinlich auf Empfehlung von Franz Brunsvik, der 1819–1822 das Pester Stadttheater leitete, in Auftrag gegebenen – opp. 113 und 117 gilt dies für Beethovens op. 91, Wellingtons Sieg oder die Schlacht bei Vittoria. Es ist dies eine Komposition, deren Qualität und Abstand zu den Symphonien Nr. 7 und 8, die 1811/12 entstanden, durch die Tatsache bedingt war, daß Beethoven sie – unterstützt und beraten von Mälzel – für Mälzels großes Automatenwerk Panharmonikon komponierte und danach, Mälzels Drängen folgend, aufs Orchester übertrug.

Zugleich aber reicherte sich Beethovens Lebenshorizont durch die beiden Badereisen (1811 und 1812) nach Teplitz an. Während er 1811 Joseph Ritter von Varena aus Graz, Varnhagen und Rahel Levin, für die er auch spielte, Tiedge und

Gräfin von der Recke sowie Amalie Sebald kennenlernte und Seumes Grab besuchte, dürfte ihn der reiche höfisch-diplomatische Flor (TDR, Bd. 3, S. 314f.), der 1812 angesichts des napoleonischen Rußlandfeldzugs Teplitz überzog, weit weniger interessiert haben als Goethe, dem er nachstrebte (er überschrieb das Autograph des Liedes *Sehnsucht* »*Sehnsucht von Göthe und Beethoven*« [K-H, S. 598]), mit dem er in Teplitz mehrmals zusammentraf und für den er auch spielte.

Es ist höchst aufschlußreich, wie Goethe und Beethoven aufeinander reagierten. Beethoven mit seiner – vom Anspruch der Verehrung gesteuerten – Kritik, daß sich Goethe gleichsam allzu willig mit »*Hofluft*« parfümiere (vgl. GA, Bd. 2, Nr. 591, S. 287) – also mit einer Art persönlich bezogener Gesellschaftskritik, die Goethe zugleich mangelnde praktische Vorbildfunktion anlastet –; Goethe mit seinem oft zitierten Briefe an Zelter vom 2. Sept. 1812 (*Briefwechsel zwischen Goethe und Zelter in den Jahren 1799 bis 1832*, in: Sämtliche Werke, hrsg. von K. Richter u.a., Bd. 20.I, S. 281f.), der sieben Punkte heraushebt: 1. das Talent Beethovens, das ihn »*in Erstaunen gesetzt*« hatte, ein Moment, das zu ergänzen wäre durch das Diktum im Brief an seine Frau: »*Zusammengeraffter, energischer, inniger habe ich noch keinen Künstler gesehen*«, 2. die »*ganz ungebändigte Persönlichkeit*« des Komponisten, 3. (und damit verbunden) Beethovens Weltgefühl, daß die »*Welt detestable*« sei, 4. Goethes Kritik, daß dieses durchaus berechtigte Monitum an den allgemeinen Lebensumständen, mit Beethovens Insistenz wachgehalten und durchlebt, die Welt »*weder für sich noch für andere genußreicher*« mache, 5. die bedauernswerte Tatsache, daß Beethoven »*sein Gehör verläßt*«, 6. (und damit verbunden) seine Geselligkeitsscheu und endlich 7. (und damit im Austausch) seine »*lakonische Natur*«. Dieser bemerkenswerte Katalog läßt sich akzentuierend zu einem Raster umprägen, in dem Beethovens Talent, seine beeindruckende Persönlichkeit, seine insistierende Existenzkritik und seine fortschreitende Ertaubung eine ›kritische Masse‹ ergeben, die noch an potentieller Brisanz gewinnt, wenn man wiederum Beethovens Kritik an Goethes Mangel als »*erster Lehrer der Nation*« als pädagogische Kompromißlosigkeit liest und in Goethes Katalog einbezieht. Man geht wohl kaum zu weit, wenn man dieses Beethovensche Persönlichkeitsraster, wie es sich aus dem Korrespondenzverhältnis Goethe – Beethoven herauskristallisiert, als Abstraktionsmodell Beethovenscher Lebenszüge versteht.

Wenn auch das überaus positive Echo, das Solomons Beethoven-Buch begrüßte – die Rezensionen (z. B. B. Cooper in Music & Letters LX [1979], S. 464 ff.; L. Lockwood, in: 19th Century Music 3, 1979, H. 1, S. 76–82; R. Winter, in: Notes 34, 1977, S. 847–850) und Übersetzungen sowie die eingestreuten Akklamationen in wissenschaftlichen Abhandlungen – wenn dieses Echo den Eindruck vermittelt, die Solomonsche These, in Antonie Brentano sei die »*unsterbliche Geliebte*« gefunden, entspreche mittlerweile wissenschaftlichem Konsens und werde als unwiderlegbar betrachtet, so gibt dieser Eindruck doch nur ein Teilbild wieder. In Wirklichkeit ist die Identifizierung der »*unsterblichen Geliebten*« nach wie vor heiß umstritten.

Dabei ist jedoch zu differenzieren. Während Harry Goldschmidt sowohl Antonie Brentano als Josephine Deym in einem fairen, material-, aspekt- und gedankenreichen Diskurs der Hypothesen (Goldschmidt 1977 passim; vgl. auch L. Finscher 1979, S. 428 [F.II.2.]) als gleichberechtigte Aspirantinnen der Identifikation diskutiert – mag er auch offensichtlich persönlich Josephine Deym, geb. Brunsvik den Vorrang einräumen (H. Goldschmidt 1979, S. 171 [F.III.2.]) –, sieht Tellenbach (1983 passim [D.II.1.e.] und 1998, S. 661–719 [D.II.1.e.]) in Josephine Deym die allein denkbare »*unsterbliche Geliebte*« Beethovens.

Für ein angemessenes Verstehen des Briefes ist die richtige Lesung unerläßlich. Indes hat sich bis zuletzt die falsche Version einer Stelle erhalten. Schindler hatte in seiner Biographie die Lesung verbreitet: »*ach, wo ich bin, bist auch Du mit mir; mit mir und dir werde ich machen, daß ich mit Dir leben kann*«; in Wirklichkeit lautet die Stelle aber »*ach, wo ich bin, bist du mit mir, mit mir und dir rede ich [,] mache daß ich mit dir leben kann*«. Die falsche Lesart hat bis in Solomons Beethoven überlebt –»*I will arrange it with you and me that I can live with you*« (Solomon 1977, S. 160; dazu Goldschmidt 1979, S. 212 f.). Sie steht dort im Kontext der Auffassung, Beethovens Brief an die »*unsterbliche Geliebte*« spiegele seinen Kampf zwischen Akzeptanz und Verzicht (Solomon 1977, S. 184) – von Verzicht ist auch im Kommentar der Edition des Beethoven-Hauses die Rede (1986, S. 27). Und so wird auch die Beschreibung der gefahrvollen Nachtfahrt interpretiert als »*symbolizing Beethoven's terror of Antonie's love*« (Solomon 1977, S. 187). In der Auffassung Solomons steht der Brief an die »*unsterbliche Geliebte*« für das Scheitern von »*Beethoven's illusions that he could lead a normal sexual life*« (Solomon 1977, S. 188); für Goldschmidt ist dies »*ein Musterbeispiel dafür, wie die psychoanalytische Hermeneutik sich über Fakten hinwegsetzt*« (Goldschmidt 1979, S. 217).

Als ein – wenn auch unter inneren Widerständen und Qualen ausgesprochenes – ›Nein‹ hat auch Kaznelson (1954, S. 244–257 [D.II.1.e.]) den Brief an die »unsterbliche Geliebte« gelesen. Er, dem der Briefwechsel Beethoven – Josephine unbekannt geblieben ist, unterscheidet zudem noch zwischen einer »fernern Geliebten«, Rahel Levin (1811), und einer »unsterblichen Geliebten«, Josephine Deym (1812).

Anders dagegen Goldschmidt. Für ihn ist der Brief ein Dokument für Beethovens Wunsch, mit der Geliebten auf Dauer vereint zu sein, schließlich doch noch mit ihr leben zu können (Goldschmidt 1979, S. 212f.). Demzufolge fordert er sie nicht nur auf – »mache daß ich mit dir leben kann« –, er verfolgt die Verwirklichung dieses Wunsches sogar als Fernziel: »ja ich habe beschlossen in der Ferne so lange herum zu irren, bis ich in deine Arme fliegen kann, und mich ganz heymathlich bey dir nennen kann, meine Seele von dir umgeben in's Reich der Geister schicken kann.« Exakt dieser Fernwunsch trägt auch noch Beethovens Andeutung gegenüber Giannattasio del Rio aus dem Jahre 1816, überliefert durch Fanny del Rios Tagebuch (vgl. TDR, Bd. 3, S. 564). Schon Unger hat indes zu Recht darauf verwiesen, daß Fannys Aufzeichnungen nicht widerspruchsfrei sind (M. Unger 1911, S. 49, 82 [D.II.1.e]).

So wie die Bestimmung des Jahres, in das der Brief fällt, mit 1812 als endgültig geklärt angesehen werden muß, hat sich die Frage nach der Adressatin inzwischen auf die Alternative Josephine Deym-Stackelberg oder Antonie Brentano verengt. Diese beiden Namen haben sich aus einer ganzen Identifikations-Stafette der Prätendentinnen für die »unsterbliche Geliebte« herauskristallisiert: Therese Brunsvik (Thayer/La Mara/R. Rolland), Gräfin Erdödy (Steichen), Giulietta Guicciardi (Schindler/Kalischer/P. Bekker), Dorothea Ertmann (Landon/Marek), Amalie Sebald (A. Thomas-San-Galli).

Wollte man die beiden Positionen charakterisieren, so könnte man sagen, daß sich ein kriminalistischer (Solomon) und ein (inner-)biographisch-kontextueller Indizienbeweis ([Goldschmidt]/Tellenbach) gegenüberstehen. Ersterer (re-)konstruiert eine Sachverhaltsverkettung aus Freundschafts- und Reisedaten, die auf das Zusammentreffen von Beethoven und Antonie Brentano zuläuft, aber die Vereinigung gleichwohl nicht als Fait accompli beweisen kann; letzterer geht davon aus, daß die unbestreitbare Liebesbeziehung zwischen Beethoven und Josephine Deym über das Ende des Briefwechsels hinaus als Feuer der inneren Biographie beiderseits weitergeglüht habe, um 1812 in Prag wieder aufzuflammen, und zieht dafür dokumentarisches Material aus dem Nachlaß Brunsvik-Deym, insbesondere Briefe und Aufzeichnungen Therese Brunsviks sowie die Tagebücher Josephines heran. Außerdem werden vergleichende Textanalysen der Briefe an Josephine und an die »unsterbliche Geliebte« einbezogen (B. und J. Massin 1970 [D.I.], V. Karbusicky 1977),

die nach »*Wortschatz und Gedankenbereich eine weitgehende Übereinstimmung feststellen*«
(Tellenbach 1983, S.43). Hinzu kommen musiksemantische Untersuchungen mit
dem Ziel, eine Musiksprache ad personam herauszufiltern, ein Verfahren, das auch
Goldschmidt einsetzt, das indes erhebliche methodische Probleme aufwirft (vgl.
L. Finscher 1979, S.429ff.). Keine der beiden Ansätze kann jedoch eine evidente
Lösung der Frage: ›Wer war Beethovens »*unsterbliche Geliebte*«?‹ herbeiführen. Es
bleiben wichtige Fragen offen.

Zur Antonie-Hypothese:

1. Müßten Brentanos und Beethoven bei den engen beiderseitigen Beziehungen, die sie in Wien unterhielten, nicht vor Reiseantritt über des anderen Reiseroute
und Reiseziel informiert gewesen sein, so daß das Überraschungsmoment, das dem
Zusammentreffen Beethovens mit der »*unsterblichen Geliebten*« eigen war, unter diesen Umständen gar nicht denkbar ist (vgl. auch H. Goldschmidt 1977, S.76f.)?

2. Wie ist ein Treffen und eine Vereinigung Beethovens mit Antonie Brentano,
die ja im Kreise ihrer Familie und von Bediensteten reiste, in Prag überhaupt als
plausibel vorstellbar (vgl. auch Goldschmidt 1977, S.123f., 233)?

3. Ausgehend von der Tatsache, daß Brentanos und Beethoven während ihrer
Bädertour dann noch verschiedentlich gemeinsam reisten: Hätten wir uns folglich
die ganze Angelegenheit als drehbuchreife ›ménage à trois‹ vorzustellen, bei der der
Ehemann billigend/duldend – ab welchem Zeitpunkt auch immer – abseits aus-
harrt, als Teil dieser Troika aber weiter reist, dem genialen Rivalen später, von
Frankfurt aus, mit Darlehen aushilft und verwindet, daß dieser in seinen Briefen so
tut, als sei nie etwas geschehen? So etwa mit der Grußwendung an seine Frau Antonie: »*leben sie wohl verehrte Freundin ich grüße Franz von Herzen wünsche ihm das Seeligste,
froheste Leben, auch ihre lieben Kinder grüßet ihr wahrer verehrer und Freund Beethowen*«
(Anfang November 1815/GA, Bd. 3, Nr. 850, S. 177) oder »*u. seze nur noch hinzu, daß ich
die Stunden, welche ich in ihrer beyderSeitigen Gesellschaft zubrachte, als die mir unvergeß-
lichsten mir gern zurückrufe*« (6. Febr. 1816/GA, Bd. 3, Nr. 897, S. 222); und an Franz
Brentano: »*vorzüglich werde ich mich ihrer mein Verehrter Freund immer mit wahrer Achtung erinnern, ich wünsche selbst, daß sie es glauben mögen, daß ich öfter den Himmel für
Lange Erhaltung ihres Lebens angefleht, damit sie noch Lange als verehrtes Oberhaupt für ihre
Familie nützlich wirken können, mit diesen Gesinnungen werden sie mich immer erfüllt finden*« (15. Febr. 1817/GA, Bd. 4, Nr. 1083, S. 26).

4. Ist denkbar, daß Beethoven – bei allen Fluktuationen seines Persönlichkeits-
feldes – sich in eine solche, in jeder Hinsicht ›großzügige‹ Liaison geschickt hätte?

5. Ist denkbar, daß Beethoven sich, eingedenk der Sätze, die er über die Unver-
letzlichkeit von Freundschaftsehen an das Ehepaar Bigot gerade zwei Jahre zuvor

geschrieben hatte, plötzlich auf diese Weise als erotischer Freibeuter gerieren konnte?

6. Wie ist zu erklären, daß es keinen einzigen wirklichen (Liebes-)Brief Antonie Brentanos an Beethoven gibt?

7. Wie ist es zu erklären, daß Beethovens Briefe an Antonie Brentano (GA, Bd. 3, Nr. 763, S. 85; Nr. 850, S. 176; Nr. 897, S. 222; Nr. 978, S. 300) in einem für seine Verhältnisse ausgemacht steifen Ton gehalten sind (vgl. auch Goldschmidt 1977, S. 121)?

Zur Josephine-Hypothese

1. Gibt es mittlerweile einen besseren Modus als den von Solomon zu Recht kritisierten Zirkelschluß: »Da der Brief vom 6. und 7. Juni nur an Josephine geschrieben gewesen sein kann, muß sie sich im Sommer 1812 in Böhmen aufgehalten haben« (Tellenbach 1983, S. 113)?

2. Sind mittlerweile Quellen aufgetaucht, die über die fragliche Zeit im Juni/Juli 1812 zusätzliche Information zu Josephines Reiseplänen und eventuell tatsächlichen Reisen Auskunft geben und damit auch den möglichen Aufenthalt in Prag belegbar machen?

3. Ist Josephines mögliches Prager Quartier im Haus der Gräfin Goltz eventuell eine über die bisherigen Vermutungen hinaus weiterführende Spur (vgl. Goldschmidt 1977, S. 175, 180, 192; Tellenbach 1983, S. 111)?

4. Inwieweit läßt sich ein Fortbestehen der Liebe Beethovens zu Josephine Deym über das Jahr 1809 hinaus mit seiner Werbung um Therese Malfatti vereinbaren?

5. Läßt sich irgendwelche Erklärung, lassen sich direkte Belege dafür finden, daß Josephine Deym Beethoven am Ende den Zutritt auf Druck ihrer Familie verwehrte - oder ist eher davon auszugehen, daß sie dies aus persönlichem Antrieb, aus innerer Überzeugung oder möglicherweise aufgrund besonderer häuslicher Umstände tat?

6. Lassen sich mittlerweile Aufenthaltsorte und Reisebewegungen Christoph von Stackelbergs und damit seine Anwesenheit in Wien weiter präzisieren?

7. Wie ist in diesem Zusammenhang der Brief Stackelbergs vom 14. Juni 1812 einzuschätzen: Trifft die Deutung Goldschmidts zu, der diesen Brief als Täuschungsmanöver versteht (Goldschmidt 1977, S. 166) - oder ist Solomon rechtzugeben, der diesen Brief als Beweis dafür nimmt, daß die Ehe zu diesem Zeitpunkt noch intakt war (Solomon 1977, S. 159)?

Unabhäbhängig von den Positionen ist aber eine wichtige, immer wieder gestellte, Fage nach wie vor offen: Wurde der Brief an die »unsterbliche Geliebte« überhaupt abgesandt (vgl. u.a. TDR, Bd. 2, S. 149; Goldschmidt 1977, S. 125, 229, 379 A.

671)? Wenn nein: Fiel damit nicht eine wichtige kommunikative zeitliche Über-brückung zwischen dem Treffen vom 3. Juli und dem in Aussicht genommenen weg?

2. Konfliktstrukturen

Die Betrachtungen zur »*unsterblichen Geliebten*« ergeben: Der Antonie-Hypothese (Solomon) fehlt vor allem die ›innere‹, die menschlich-qualitative Plau-sibilität, der Josephine-Hypothese (Massin/Tellenbach/Goldschmidt) die eines ein-zigen ›kriminalistischen‹ Indizes: Josephines Aufenthalt in bzw. ihre Reise nach Prag. Welche Tendenz man aber auch dem Brief entnimmt – er ist ein eindeutiges Zeichen für Beethovens heterosexuelle Veranlagung und seine Liebesintensität, dar-über hinaus aber ist er ein dramatisches Zeugnis für sein Leben im und aus dem inneren Widerspruch, dem seelisch-mentalen Konflikt. Der Satz »*Deine Liebe macht mich zum glücklichsten und unglücklichsten zugleich*« ist ein Kernsatz des Briefes, er demonstriert, in welchem Maße Beethoven Kontrastkonstellationen, sie mögen wie auch immer bedingt gewesen sein, internalisierte.

Diese als (innerer) Glück-Unglück-Kontrast gespiegelte Konstellation von Ver-einigungs-Wunsch und Vereinigungs-Versagung sollte Beethoven in eine neue, schwere Identitätskrise stürzen. Es ist dieser Aspekt, der die differierenden Deutun-gen des Briefes an die »*unsterbliche Geliebte*« punktuell bündelt. Zitiert man freilich Goldschmidts resümierenden Satz, so wird sogleich wiederum der Unterschied in der Bewertung der Lebens- und Krisenstufen des Kontextes deutlich: »*Den Schlag von Ende 1807* [recte 1809 – Abbruch oder Versickern der Beziehungen zu Josephine Deym] *hatte er durch den gewaltsamen Heiratsversuch zu kompensieren versucht. Den Schlag von Ende 1812 hat er nicht mehr verwunden*« (Goldschmidt 1977, S. 202). Bei Solomon (und Marek) spielt das Verhältnis zu Josephine Deym als Folie des Briefes an die »*unsterbliche Geliebte*« keine Rolle.

Freilich fand Beethoven auch hier wieder in seiner Kunst ein Mittel der Konso-lidierung. Hatte der schöpferische Impetus an Kraft verloren? Schon Thayer hat, allerdings mit Blick auf das abgewiesene Heiratsgesuch an Therese Malfatti, festge-stellt, daß bereits ab etwa 1810 der ungeheure Schaffensrausch der Jahre 1800–1809 offenbar merklich nachgelassen hatte (TDR, Bd. 3, S. 237f.). Zwar waren in den Jah-ren 1811/12 mit den Symphonien Nr. 7 und 8 und dem Klaviertrio op. 97 noch Kom-positionen außerordentlichen Ranges entstanden, doch die dichte Abfolge und zeit-liche Überlappung großer Werke schien vorüber.

Gleichwohl wäre die Feststellung eines Rückgangs der kreativen Kraft entschieden überzogen, ja verfehlt. Betrachtet man das zweite Jahrzehnt, so könnte man eher sagen, der Rhythmus der Werkentstehung habe sich geändert, die werkgeschichtlichen ›Einsatzabstände‹ der bestimmenden Kompositionen werden größer. Indes: Die Violinsonate op.96 (1812) wurde im Jahre 1815 einer umfassenden Revision unterzogen (S. Brandenburg 1977, S. 19–25 [E.IV.1.a.]); im Jahre 1814 entstanden, neben zahlreichen kleineren Werken, nicht nur die Klaviersonate op.90, sondern (im Frühjahr) auch die 3. Fassung der Oper *Fidelio*, die *Fidelio-* (E-Dur-) Ouvertüre und das Terzett »*Tremate, empi, tremate*«; das Jahr 1815 bringt die zwei ungewöhnlichen Violoncello-Sonaten op.102, die Ouvertüre *Zur Namensfeier* op.115 [begonnen 1809] und *Meeresstille und Glückliche Fahrt* op. 112 (begonnen 1814) nebst anderen Kompositionen wie die Lieder *Merkenstein* op. 100 und *Sehnsucht* WoO 146 hervor; 1816 ist das Jahr des wegweisenden Liederzyklus *An die ferne Geliebte* op. 98, aber auch der ebenso avancierten Klaviersonate in A-Dur op.101; 1817/18 wird der ›Grundstein‹ für die phänomenale Klaviersonate in B-Dur op. 106, 1819 für die nicht weniger exzeptionellen Diabelli-Variationen op. 120, aber auch für die exorbitante *Missa solemnis* op. 123 gelegt; schließlich ist das Jahr 1820 vorwiegend der Arbeit an der Klaviersonate in E-Dur op. 109 und der *Missa solemnis* gewidmet. Nach 1820 sollten dann noch die Klaviersonaten op. 110 und 111 sowie die späten Streichquartette folgen.

Im Lebenszusammenhang betrachtet, tauchen diese Kompositionen wie erhabene Eilande auf, in einer unendlichen Szenerie der finanziellen Misere, familiären Konflikte, der häuslichen Widerwärtigkeiten, der einander ablösenden Krankheitssymptome und -schübe, der seelischen Verwerfungen und des ›Schismas‹ zwischen Intention und Realisation (Neffe Karl). Hierbei wäre auch die Frage zu ventilieren, ob die in einer größeren Schrittfolge des schöpferischen Rhythmus entstandenen Kompositionen strukturelle Abdrücke von dieser Verzahnung der Kontrastkonstellationen in sich hineinnehmen und kompositorisch vermitteln.

3. 1812–1815: Finanzen und Auspizien

Als sollte die biographische Konfliktstrategie auf die Spitze getrieben werden, überschneiden sich ums Jahre 1812 die dem Gipfelpunkt zustrebende äußere Erfolgskurve Beethovens und der ›Exponent‹ seiner Liebes- und Leidensleidenschaft, genannt »*unsterbliche Geliebte*«, expandiert schließlich das Netz tragischer Verstrickung im Jahre 1815 mit dem Tod des Bruders Karl und dem beginnenden, jahrelangen Streit um die Vormundschaft des Neffen ins Verhängnisvolle. Und die mit der Abwertung des Jahres 1811 sich abzeichnende Finanzkrise wird gleichsam kontrapunktiert von den Konzerten, die den napoleonischen Niedergang gleich Fanfarenstößen signalisierten. Daß Beethoven sich vorübergehend auf dem Weg wähnte, seine durch Krieg und Abwertung erodierenden Finanzen zu konsolidieren, zeigt sein Brief vom 13. Febr. 1814 (GA, Bd. 3, Nr. 696, S. 8) an Franz Brunsvik: »*du freust dich wohl über alle siege – auch über den meinen – den 27ten dieses Monaths gebe ich ein 2ten [sic] Akademie im großen Redout[en]-saale [...] so rette ich mich nach und nach aus meinem Elend, denn von meinen Gehalten habe ich noch keinen Heller erhalten*«.

Das Programm dieses Konzerts – 7. Symphonie A-Dur op. 92, 8. Symphonie F-Dur op. 93, »*Tremate, empi*« Terzett op. 116 und *Wellingtons Sieg oder die Schlacht bei Vittoria* op. 91 – enthielt mit dem letztgenannten Stück eine Komposition, die zugleich eingängig, äußerst programmverträglich, hochaktuell und – damit verbunden – gewinnbringend war. Tatsächlich war der Erfolg von op. 91 »*one reason that Beethoven earned more from public concerts during the single year 1814 than during the entire period before and after*« (J. Moore 1992, S. 214 [D.II.2.b.]). Es ist interessant, daß diese Komposition zusammen mit der 7. Symphonie, ungeachtet des enormen ästhetischen Gefälles, der 8. Symphonie, was den Publikumserfolg angeht, den Rang ablief. Es mag die Konnotation von kriegerischem ›Feuer‹, attackierendem Rhythmus und den pantheonhaften Aufwölbungen des sofort ›da capo‹ gewünschten Allegrettos gewesen sein, die beide Kompositionen als Programmreißer zusammenband. Op. 91 führte freilich auch zu einem Streit mit Mälzel, in dem Beethoven sich äußerst zwiespältig präsentieren sollte.

Die Zeit des Wiener Kongresses war auf ihre Weise glanzvoll für Beethoven. Es war einer der wenigen Augenblicke, da politische Macht und menschlich-künstlerische Größe sich auch einmal wechselseitig ›erhebend‹ begegneten. Doch gerade vor dieser Zeit durchlitt er einen Tiefstand des Gemüts. Neben tiefreichender, persönlicher Frustration bedrückte ihn auch die beginnende Tuberkulose-Erkrankung seines Bruders. Diese Verfassung spricht aus dem Brief an Gräfin Maria Eleonora Fuchs (Wien, kurz nach dem 6. Januar 1813 / GA, Bd. 2, Nr. 616, S. 315): »*Mein Kopf ist unermüdet, meinen jezigen Zustand wieder zu verbessern, und ist das einmal der Fall, dann sehn sie mich einmal wieder bey ihnen Mit einem überall zerrissenen Herzen auf sich selbst zurück gewiesenen Menschen ist in Gesellschaft nichts anzufangen.*«

War es 1813, im Vorfeld des Wiener Kongresses, folgt man Schindlers Bericht, wirklich so schlimm um Beethovens Garderobe und die häuslichen Verhältnisse bestellt, daß Nannette Streicher und ihr Mann dem Komponisten aus dieser desolaten Lage heraushelfen mußten (vgl. TDR, Bd. 3, S. 371)? Dies ist umso erstaunlicher, als seine Einkünfte nicht schlecht waren und die Situation des Jahres 1814 einen Trend der Konzerteinnahmen bestätigte, der im Verhältnis zu den Auspizien bezüglich der Zahlungen aus dem »*Dekret*« (»*Jahresgehalt*«) Gegenläufiges erwarten ließ. Es war freilich eine Tendenz, die sich nach dem Wiener Kongreß, wie nicht anders zu erwarten, umkehrte.

4. Baisse der Mäzene

Wenn Beethoven in verschiedenen Äußerungen nach Abschluß des Vertrages über das Jahresgehalt klagte, daß dieses noch nicht angelaufen sei, so bezog er sich auf eine Situation, die sich bald, aber nur vorübergehend änderte. Die Zahlungen begannen zu fließen. Doch dann wurde das aufgrund der Abwertung des Jahres 1811 reduzierte ›Gehalt‹ durch die Dezimierung der Mäzene sehr rasch in wesentlichen Teilen überhaupt in Frage gestellt. Am 3. Nov. 1812 starb Fürst Kinsky an den Folgen eines Reitunfalls; im Mai 1813 wurde das Lobkowitzsche Vermögen unter »*freundschaftliche Administration*« (M. Gutiérrez-Denhoff 1988, S. 122) gestellt, der Fürst verließ Wien, erkrankte sehr bald und starb am 15. Dez. 1815. Bereits am 15. Apr. 1814 war einer der frühesten, wenn nicht überhaupt der erste – wenngleich nicht am Jahresgehalt beteiligte – Förderer Beethovens, Fürst Karl Lichnowsky dahingegangen, und zu allem Überfluß zerstörte in der Nacht des 31. Dez. 1814 eine Feuersbrunst große Teile des Palastes des Grafen Razumowsky, des Mäzens, der, Widmungsträger von op. 59, seit 1808 mit dem von ihm unterhaltenen ständigen Streichquartett Beethovens Streichquartette besonders gepflegt hatte. Dieser Brand, der erhebliche Teile des Razumowskyschen Vermögens vernichtete, hatte u.a. zur Folge, daß das Razumowsky-Quartett entlassen wurde, allerdings mit Pension. Wenn festzustellen ist, daß Beethoven von 1810 bis zu seinem Spätwerk keine Streichquartette mehr komponierte, so lag der Grund hierfür möglicherweise auch in diesem desaströsen Ereignis. All diese Ereignisse waren Teile einer sich bündelnden krisenhaften Situation, die sich immer komplexer auswuchs.

5. ›Journal intime‹

Das Gewicht von Beethovens die Jahre 1812–1818 überspannendem Tagebuch besonders betonen, heißt Eulen nach Athen tragen. Doch ist eine solche Erwähnung dann gerechtfertigt, wenn sie als Hervorhebung der ebenso verantwortungsvollen wie kenntnis- und findungsreichen Herausgebertätigkeit Maynard Solomons gedacht ist. Und es erscheint völlig gerechtfertigt, wenn das Resultat dieser Tätigkeit nunmehr in drei Texteditionen vorliegt, zwei davon in englischer (Solomon 1982 [B.III.], 1988 [D.I.]), eines in der deutschen ›Originalfassung‹ (Solomon 1990). Das Wort Originalfassung ist deshalb in Anführungszeichen zu setzen, weil das Autograph verloren ist. Der uns vorliegende Text ist eine Übertragung, die – obgleich neuerdings nicht unwidersprochen (M. E. Tellenbach 1998, S. 688ff. [D.II.1.e.]) – als der Handschrift Beethovens am nächsten kommende Version gilt.

Das Tagebuch von 1812 bis 1818 ist ein nicht zu überschätzendes Zeugnis seiner inneren Biographie, gleichsam ein Mosaik autobiographischer Ausrisse. Es als Journal intime zu bezeichnen, ist deshalb nicht zu hoch gegriffen. In keinem seiner früheren Selbstzeugnisse, den Brief an die »unsterbliche Geliebte« eingeschlossen, hat er sich derart facettiert und zugleich eindringlich in die Fragen und Probleme seiner, wie der menschlichen Existenz überhaupt vertieft. Das ist freilich nicht so zu verstehen, als habe Beethoven permanente Selbstbespiegelung betrieben. Allein, der weite Horizont der literarischen Bezugs- und Orientierungspunkte zeigt, in welchem Maße er, selbst bei größter und schmerzlichster existentieller Selbstbetroffenheit, ins Allgemein-Menschliche ausgreift. Auch und gerade das Eigene ist ihm nur Stoff im Spiegel des Übergeordnet-Allgemeinen – und Größeren. Angesichts solcher Beobachtung wird auch rückblickend klar, daß z.B. die umrätselte und – man möchte fast sagen mit Gewalt – mißverstandene (nur allzuleicht als ›verwirrt‹ mißzuverstehende) Stelle im Brief an die »unsterbliche Geliebte« – »und wenn ich mich im Zusammenhang des Universums betrachte, was bin ich und was ist der – den man den Größten nennt – und doch – ist wieder hierin das Göttliche des Menschen« – als Ausdruck eines existentiellen Lebensgefühls zu verstehen ist, das sich in seinen besten und höchsten Augenblicken als ›kommunizierende Röhre‹ des Göttlichen (Numinosen) erfährt.

Es gibt aber in dem Breitband-Mosaik von Tagebucheintragungen, die abgesehen von Bemerkungen des trivialsten Alltags (»7 paar Stiefeln« [S. 53] – »15 Buteillen im Zimmer der Dienstmagd/18 Hemden«) und Notizen zur aktuellen Familienmisere (»Wahrscheinlich glaubt sie[,] daß ich alles dieses nicht bemerkte« [S. 59]) auch solche über Hörhilfen (»Die Ohrenmaschinen womöglich zur Reife bringen« [S. 55]) bringen, ferner die Zeugnisse dienlicher Verehrung (»Haendel, Bach, Gluck, Mozart, Haydn's Portraite in meinem Zimmer --- Sie können mir auf Duldung Anspruch machen helfen [recte: helfen, auf Duldung Anspruch zu erheben]« [S. 57]), Werkstattnotizen (»Die Oper Fidelio 1814 statt März bis 15 May neu geschrieben und verbessert« [S. 51]), Bibliotheksinitiativen (»Zwei Eintheilungen meiner Musikalien« [S. 59]), Homer-, Platon-(?), Kant-, Herder- und Schiller-Zitate (S. 59, 83; 87; S. 95ff.; S. 41 und passim; S. 112f.) Revue passieren lassen, auch originale oder nachempfundene Textfragmente indischer Religion (S. 73-79). Wird damit schon auf Beethovens stark auf eine überkonfessionelle, existentiell-religiös gestimmte Verfassung verwiesen, so zeigen die relativ ausgedehnten Exzerpte aus Schicksalstragödien von Amadeus Gottfried Adolf Müllner (Die

Schuld – S. 41–47) und Zacharias Werner (*Die Söhne des Thals* – S. 65–72) Beethoven in höchstem Maße engagiert. Interessanterweise sind es gerade die Auszüge aus Werners Schicksalstragödie, die auch auf den erhaltenen Einzelblättern des Tagebuchs auf uns gekommen sind. Welche (wohl kaum erschließbaren) Gründe das auch immer haben mag, es wird sehr schnell klar, daß ausgerechnet in den Werner-Passagen das Problem des schicksalgebeutelten, schwankenden Menschen (der sich gleichwohl gegen das Schicksal aufbäumt, um erneute Selbstfindung ringt) ein zentraler Punkt ist – »*Momente – wo der Mensch [,] von mächtiger Natur bezwungen[,] sein höheres Selbst ein Spiel der Wogen wähnt!*« (S. 69). Und wenn auch Beethoven diesen Texten auf der Suche nach einem Libretto sein Augenmerk geschenkt haben sollte (Solomon 1990, S. 127f.), so wird aus dem Tagebuchcharakter des Zitats der existentielle, autobiographische Bezug unverkennbar. Allein diese Zitate aus Schicksalstragödien, speziell aus derjenigen Zacharias Werners, weisen das Tagebuch – bei allen Marginalien – als Dokument einer Identitätsbalance in schwerster Zeit aus.

6. »werde ja nicht Rameaus Neffe«

Beethovens Verhältnis zu seinem Neffen, für den er nach dem Tod von dessen Vater, seines Bruders Karl am 15. Nov. 1815, eine konfliktträchtige Vormundschaft übernahm und gegen die Mutter des Knaben in wechselvollen Rechtsstreitigkeiten schließlich durchsetzte, ist im Verlauf der Beethoven-Forschung unterschiedlich bewertet worden. So unwiderlegbar das »*vollständige Fiasko der Erziehungskünste Beethovens an seinem Neffen*« ist (Goldschmidt 1977, S. 151), so divergierend sind die Meinungen über dessen Ursachen und die Art der Onkel-Neffe-Beziehung. Eine ebenso material- und aspektreiche wie abwägend-kritische Zusammenfassung dieses äußerst schwierigen Problemfeldes – Forschungsansätze und Forschungsstand eingeschlossen –, das schon in sich, dann aber durch die große Zahl und Vielfalt der Untersuchungen zusätzlich komplex geworden ist, hat Wolf gegeben (St. Wolf 1995 [D.II.1.a.]).

Als Extreme der Beurteilung stehen sich die Schuldzuweisung an die Mutter Johanna – von Beethoven »*Königin der Nacht*« genannt – sowie an den schwachen Charakter des Neffen auf der einen (vgl. in etwa Frimmel, Beethoven-Handbuch I, S. 461) und das Buch der Sterbas (E. und R. Sterba 1954 [D.II.2.a.]) auf der anderen Seite gegenüber, die Beethovens affektive Bindung an seinen Neffen als pathologisch, basierend auf einer unbewußten Homosexualität, maskiert durch eine Mutter-Kind-Beziehung, begreifen. Beethovens Verhältnis zu seinem Neffen wird von den genannten, homoerotisch fixierten Bezugsschemata prismatisch verzerrt, nicht

aber verdeutlicht erfaßt (Solomon 1988, Ausgabe 1997, S. 142, 148ff.; H. Goldschmidt   133
1979, S. 220 [F.III.2.]).

   Gerade das Problem der Schuldzuweisung lenkt freilich auf das Ausgangsmotiv
zurück: Was bezweckte Beethoven eigentlich mit der Übernahme einer Erziehungs-
aufgabe, die sich schon 1813, als das erste Testament Karls aufgesetzt wurde, und
überhaupt angesichts der komplizierten Familienverhältnisse als sisyphosgerecht
abzeichnen mußte? Verdeckt die psychoanalytisch dominierte Forschung nicht allzuleicht, daß Beethoven – zumindest anfangs – nicht so sehr von Macht- oder eifer-
süchtigem Dominanzstreben beherrscht war, sondern ein Erziehungsmotiv, ein
pädagogisches Ziel hatte? Er hat es selbst ausgesprochen, aber nicht etwa im nachhinein, womöglich als späte Rechtfertigung seines nicht selten ›bizarren‹ Verhaltens, sondern in einem Brief an Zmeskall vom 21. Jan. 1816 (GA, Bd. 3, Nr. 880,
S. 212): »ich werde also nun in diesem meinem lieben Neffen allen meinen Feinden u. Freunden
suchen etwas besseres hervorzubringen als ich selbst.«

   Dies war nicht etwa so dahingesagt. Dafür gibt es zahlreiche unwiderlegliche
Beweise. Der stärkste ist seine Erschütterung, seine melancholische Reaktion nach
dem Selbstmordversuch des Neffen, nach fast 11 Jahren eines Zusammenlebens, das
von seiner Seite entbehrungsreich, aufopfernd, zugleich von Auseinandersetzungen
mit Karls Mutter, Behörden, Erziehern und dem Knaben bestimmt, das von Überre-
aktionen und dem Wechselbad kontrastierender Verhaltensweisen gezeichnet war.
An Karl Holz schrieb Beethoven am 9. Sept. 1826 (GA, Bd. 6, Nr. 2197, S. 276): »ich bin
ermüdet, u. lange wird mich die Freude fliehn, die jezo u. noch künftigen erschreklich.[en] Ausgaben müßen mir sorge machen, alle Hofnungen verschwunden, ein wesen um mich zu haben,
welches ich hofte wenigstens in meinen beßern Eigenschaften mir zu gleichen!«.

   Welches waren die Prinzipien, die Beethoven bei der Erziehung des Neffen verfolgte? Zur Beantwortung der Frage gehört, daß man sich Beethovens Ziel hier, wie
überall und stets, als das höchste vergegenwärtigt. Sein von Karl von Bursy aus dem
Jahr 1816 überliefertes Diktum: »Der Knabe muß Künstler werden oder Gelehrter, um ein
höheres Leben zu leben und nicht ganz ins Gemeine zu versinken. Nur der Künstler oder der
freie Gelehrte tragen ihr Glück im Innern« (Fr. Kerst 1913, Bd. 1, S. 200f. [D.II.2.d.]; TDR,
Bd. 3, S. 558) ist als authentisch zu nehmen, selbst wenn es sich mit einem Denkmu-
ster überschneidet, wie es gekrönte Häupter zu brauchen sich nicht schämten (vgl.
R. Burton, *Anatomy of Melancholy*, über Jakob I., der eine abbreviierte, nur auf den
»*University man*« gemünzte Hervorhebung prägte). Wie ja überhaupt klar sein
sollte, daß Beethoven, wenn er, falls überhaupt, zu Klischees griff, diese nicht etwa
weiter ausblies, sondern mit neuem Inhalt füllte, von innen her vitalisierte. Beethoven hat zudem dieses alternative Erziehungsziel – Künstler oder Gelehrter – dann,

6. »werde ja nicht Rameaus Neffe« MGGprisma

wie aus den Ausbildungsschritten zu entnehmen ist, auch umzusetzen versucht, zu seinem großen Leidwesen vergeblich. Eine Aussage wie diese unterminiert auch die schon von Goldschmidt (1977) befehdete Hypothese Solomons von Beethovens »nobility pretense« (vgl. u.a. Solomon 1997, S.43-55) und daran anknüpfend die Vermutung, Beethoven habe aus dem Neffen einen adligen Zögling destillieren wollen. Beethovens Adel war einer eigenen Rechts, und in diesem Sinne hob ihn das »van« seines Namens, obgleich es, wie er sehr wohl wußte, kein Adelsprädikat im herkömmlichen Sinne war, von dem ab, was er gegenüber Bettina Brentano am 10. Febr. 1811 (GA, Bd. 2, Nr. 485, S. 178 und 179 Anm. 3) in einem Gedankenzug als »Weltgeschmeiß« bezeichnet hatte.

Es ist bemerkenswert, daß Beethoven die Bildung von »Gefühl und Gemüth« als wichtige Voraussetzung hierfür erkannte. Indem er von den »größten Schriftstellern wie von Goethe u. a.« ausgeht, postuliert er, daß »ohne Gemüth […] gar kein ausgezeichneter Mensch bestehen könne, u. keine Tiefe schon gar nicht in selbem vorhanden sey« (möglicherweise vor Mai 1816/GA, Bd. 3, Nr. 928, S. 250f.). Zugleich bittet er Giannattasio del Rio, Karl »zum püncktlichsten gehorsam« anzuhalten, im übrigen solle er ihn behandeln wie sein eigenes Kind, dabei allerdings bedenken, daß Karl »gewohnt war nur durch schläge gezwungen bey seines vaters Lebzeiten zu folgen, dies war mir sehr übel, allein Es war nun einmal nicht anders, u. man darf dieses nicht vergeßen« (Anfang August 1817/GA, Bd. 4, Nr. 1152, S. 91).

Der Eindruck, den man aus diesen Briefen und anderen gewinnt, in denen es um das geistig-seelische und leibliche Wohl des Knaben geht, ist der, daß Beethoven die umrissenen Idealvorstellungen mit aller Kraft und keine Mittel schonend zu verwirklichen bestrebt war. Seine Vorstellungen waren indessen so hoch angesetzt (›ideal‹), und er hielt die Erzieher derart kompromißlos und keine Auseinandersetzung scheuend (Blöchlinger) zu ihrer Verwirklichung an, daß es zwangsläufig immer wieder Schwierigkeiten und Konflikte gab, daß sich Widerstand formierte, und zwar in erster Linie bei Karls Mutter, in Verbindung damit aber auch bei dem Knaben selbst. Es gibt keinen Dissens darüber, daß der Wunsch der Mutter, ihr Kind zu sehen, ebenso verständlich ist, wie der des Knaben, Kontakt mit seiner Mutter zu behalten. Daß Beethoven dies zu unterbinden suchte, war in der zweifellos ebenso berechtigten Befürchtung begründet, daß die Mutter überhaupt kein Verständnis für seine, offenbar von spartanischen Maßstäben geprägten Erziehungsmaximen haben würde. In diesem Zusammenhang ist die ins Jahr 1816 zu datierende Tagebucheintragung »Diese Laceda[e]monier starben nicht Tod, nicht Leben für Ehre achten, sondern Tod und Leben mit Ehre bekrönt zu haben« (Solomon 1990, S. 93, ohne weiteren Kommentar) als Hinweis auf dieses Moment seiner Orientierung erhellend. Hierher gehört auch Beethovens Hinweis auf historische Beispiele als Rechtfertigung für seine erzieherische Kompromißlosigkeit im Dienste höchster Zielsetzung: das Erzieher/Schüler-Verhältnis des Aristoteles zu Alexander und des Feldmarschalls Loudon zu seinem Neffen (1. Febr. 1819/GA, Bd. 4, Nr. 1286, S. 232f.).

Um den Dissens mit Johanna van Beethoven zu begründen, kam Beethoven natürlich die Verfehlung der Mutter aus dem Jahre 1811 gerade recht, sie wurde zum Dauerargument. Damit aber war gleichsam eine sich spiralförmig entfaltende Büchse der Pandora geöffnet, die alle Übel der sich nun über Jahre hinziehenden, mit wechselnden Vorteilen ausgetragenen, gerichtlichen und außergerichtlichen Streitigkeiten ausspie, und jene unsägliche Atmosphäre der kommenden Jahre verbreitete, eine Atmosphäre, die Beethoven seinerseits aufheizte (»O verflucht u. verdammt über das elende Menschengesindel« [22. Juli 1819/GA, Bd. 4, Nr. 1315, S. 289]) und die ihn selbst am meisten in Mitleidenschaft zog, deren Unterströmungen auch nach dem endgültigen ›Szenenverbot‹ für Johanna van Beethoven weiterwirkten. Daß dabei Erfahrungen und Haltungsmuster der Jugend und des Verhältnisses zu seinem Bruder Karl aus der gemeinsamen Wiener Zeit im Spiel waren, dürfte außer Frage stehen; daß dabei auch »Hybridisierte ›Vaterliebe‹« die »versagte Liebeserfüllung zwischen Mann und Weib« die beschriebene Grundstruktur aufgeladen haben könnte (H. Goldschmidt 1985, S. 124. Vgl. auch Adorno, der grundsätzlich zur Diskussion stellt, ob nicht »das Grimmige, Abweisende [in Beethovens Verhalten] »mit Scham und zurückgestoßener Liebe zusammenhängt« [Adorno 1993, S. 56]), erscheint nachvollziehbar. Fraglich ist indes, ob psychoanalytischer Rollenwechsel und Mehrfachbesetzung, wie ihn psychoanalytische Betrachtung im Rahmen der »Family romance« und der »fantasy family« nahelegt (Solomon 1977, S. 254), wirklich notwendig sind, um dem Phänomen »Beethoven und seine Neffe« nahezukommen. Ein Haupteinwand gegen diese Methode ist, daß die dafür unverzichtbare »›Überdeterminierung‹ der Bildungen des Unbewußten« und der daraus resultierende Möglichkeitsspielraum für die Deutung bei dem »lückenhaften biographischen Material« »verschiedene psychoanalytische Hypothesen [...] freisetzt«, gegen die »die Dokumente [...] keine wirkliche Falsifikationschance haben« (Wolf 1995, S. 46f. [D.II.1.a.]). So bleibt es der kritischen Rezeption psychoanalytischer Hypothesen vorbehalten, die Quellen gegenzulesen, und vor allem die im Hintergrund oder unterbelichtet gebliebenen sprechen zu lassen.

In welche Richtung die unglückselige Entwicklung schließlich in Beethovens Augen trieb, zeigt sein Brief an den Neffen Karl vom 12. Okt. 1825 (GA, Bd. 6, Nr. 2069, S. 171f.), in dem Beethovens Unmut über das lockere Treiben des gerade Neunzehnjährigen in dem Satz gipfelt: »werde ja nicht Rameaus Neffe«. Der Neffe sollte diese Besessenheit permanenter erzieherischer Tuchfühlung nach seinem

Selbstmordversuch am 6. Aug. 1826 mit dem Satz quittieren: »*Ich bin schlechter gewor-den, weil mich mein Onkel besser haben wollte*« (Bkh, Bd. 10, S. 169). Holz faßte die Kala-mität in einem einzigen, zutreffenden Satz zusammen: »*Das Künstlerleben verträgt sich nicht mit solchen Vormundschaften*« (ebd., S. 178).

Es läßt sich indes, ausgehend von Beethovens rigoroser Unnachgiebigkeit als Erzieher seines Neffen, eine ganz eigene Sicht der Dinge versuchen: Beethoven hatte sich mit der Erziehung seines Neffen ein Ziel gesetzt, dessen Gewicht nur mit dem seiner kompositorischen Intentionen in Parallele gesetzt werden kann (vgl. auch Wolf 1995, S. 224). Beethovens Neffen-Kompositionsplan hatte nur einen gravieren-den Fehler: der ›Einfall‹ – Neffe Karl – taugte nicht für die Rigorosität seiner Zielset-zung, allein schon deswegen, weil dieser sich allen Verbesserungsbemühungen, jed-weder ›Skizzenarbeit‹, widersetzte.

7. »Krankheit [,] vormundschaft, u. allerley Miserabilitäten«

Diese Diagnose seines Zustandes gab Beethoven bereits im November/De-zember 1816 (GA, Bd. 3, Nr. 1009, S. 332) an Zmeskall, sein längeres Ausbleiben erklä-rend. Schon zwei Jahre zuvor, im Herbst 1814 (GA, Bd. 3, Nr. 747, S. 64), hatte er geschrieben: »*wenn ich mich noch so hoch erhoben finde, wenn ich mich in glücklichen Augenblick in meiner Kunstsphäre befinde, so ziehn mich die Erdengeister wieder herab.*« Es ließe sich ein eigenes Buch schreiben über die Mischung aus Krankheit, Neffenpro-blematik und häuslichen Schwierigkeiten, die Beethoven mit der Übernahme der Vormundschaft verglichen mit der Zeit zuvor zunehmend stärker in Atem hielten. Wenn man bei Beethoven einen biographischen Angriffspunkt für die Anwendung des Adornoschen Satzes sucht: »*Es lohnt den Versuch, die Haufen von Abfall, Schutt und Unrat zu betrachten, auf denen die Werke bedeutender Künstler sich zu erheben scheinen, und denen sie, knapp Entrinnende, etwas von ihrem Habitus doch verdanken*« (Th. W. Adorno, *Versuch über Wagner*, Ffm. 1952, S. 30), dann ist es die Zeit ab 1815, in der Voriges wei-terschwingt und Neues herausfordernd eintritt. Beethoven hat dieses Problemge-menge selbst immer wieder in einzelnen Briefen getroffen: »*elende zeit verderbende Geschäfte*« (Frühjahr 1815/GA, Bd. 3, Nr. 798, S. 131); »*Meine Haußhaltung sieht einem schiffbruche beynahe ganz ähnlich oder neigt sich dazu […] dabey scheint meine Gesundheit sich auch nicht in der Eile wieder herstellen zu wollen*« (Anfang November 1816/GA, Bd. 3, Nr. 990, S. 313) – »*er* [Dr. Staudenheim] *erklärt nun doch endlich meinen Zustand für Lungenkrankheit*« (7. Juli 1817/GA, Bd. 4, Nr. 1137, S. 77) – »*elendeste* [,] *alltäglichste unpoetische Szenen*« (GA, Bd. 3, Nr. 822, S. 157) – »*Allegro di Confusione*« (zwecks Charak-terisierung seines Haushalts; Herbst 1817/GA, Bd. 4, Nr. 1176, S. 114).

Was bei diesen Stichworten der Misere oft unausgesprochen mitschwingt, sind Beethovens »Einsamkeit« und seine zunehmende Taubheit, die – um eine relativ ungestörte Unterhaltung zu gewährleisten – schließlich die Benutzung der bekannten Konversationshefte erzwingt. »Einsamkeit« war schon für den jungen Beethoven ein Wort der Lebenswahrheit, einer notwendigen schöpferischen Lebensform. Indes handelt es sich bei Beethovens »Einsamkeit« um ein in sich dialektisches Moment, um ein echte Konstellation ›innerer Biographie‹. Einerseits war Einsamkeit – genauer wohl: Eingezogenheit – ein ganz entscheidender Faktor seines Schaffens, eine conditio sine qua non seiner kompositorischen ›Potenz‹: »*ich bin Vor den Menschen hier nicht sicher, ich muß mich flü[c]hten, um Einsam seyn zu können*« (GA, Bd. 1, Nr. 182, S. 213), andererseits suchte er – über Geselligkeit hinaus »*mit dem weltleben wars immer schwer für mich*« (Bkh, Bd. 3, S. 373) – nach ›Zweisamkeit‹, und der stärkste potentielle Brückenschlag zu ihr war seine sich nie erfüllende Liebessehnsucht. In den Krisenjahren ab etwa 1815 wurde Einsamkeit zu einem Zug des Schicksals; im ›Heiligenstädter Testament‹ vorausahnend beschworen, wird sie nun bittere Realität. »*so lange ich krank bin, wäre mir ein anderes Verhältniß zu anderen Menschen nöthig, so sehr ich sonst die Einsamkeit liebe, so schmerzt sie mich jetzt um so mehr*« – dieser Brief vom 7. Juli 1817 (GA, Bd. 4, Nr. 1137, S. 77) als seelischer Zustandsbericht steht nicht allein. Besonderes Gewicht hatten hierbei Beethovens – sein Lebensbuch durchschießende – fluktuierende Krankheitszustände, die sich vielfach zweifellos auch einer, heute nur noch vermutend differentialdiagnostisch zu erfassenden, psychosomatischen Konstellation (vgl. St. Wolf 1995, S. 200–213 [D.II.1.a.]), verdankten. Beethoven hat das selbst angezeigt. Eine seiner seltenen positiven Befindlichkeitsmeldungen (4. Juli 1813 / GA, Bd. 2, Nr. 661, S. 357) lautet: »*Nb : mit meiner Gesundheit geht es besser, und wird wohl ganz gut gehn, sobald die Moralischen Ursachen, die drauf wirken, sich verbessern.*« Freilich gibt es gerade zu Beethovens Gesundheit völlig undurchsichtige Texte, wie den im Tagebuch (1814), der sich der Erhellung sperrt, weshalb mit dem daran geknüpften Verdacht, es könne sich um eine luetische Erkrankung gehandelt haben (vgl. Solomon, 1990, S. 131), vorsichtig umzugehen ist.

VIII. Finis
1. Widerstehen im Ausharren

Man hat sich in der Beethoven-Forschung darauf geeinigt, Beethovens Schaffensperiode von ca. 1803–1810 als die heroische Phase seines Schaffens zu verstehen. *Heroismus* ist ein Begriff, der mit dem heldenhaft-überwältigend Daherkommenden verbunden wird – sein ›Heiligenstädter Testament‹ und die *Eroica* stehen dafür; und Beethovens Satz im Brief an Wegeler »*ich will dem schicksal in den rachen greifen*« ist einer des wahrhaft heroischen Pathos. Es mit dieser Formulierung als Beethovens Selbstbestimmung heroischen Verhaltens und der besagten zeitlichen Eingrenzung bewenden zu lassen, hieße jedoch seinen eigenen Begriff von Heroismus verkürzen, aus der gesamten Formulierung herausreißen; setzt sich der Satz doch fort »*ganz niederbeugen soll es mich gewiß nicht*«. Beethoven hat also unter heroischem Verhalten zwei Momente gefaßt: aufbäumenden, das Schicksal attakkierenden und selbst gebeugt noch sich widersetzenden – das aber heißt ausharrenden Widerstand.

Trifft das erste Charakteristikum für die Jahre von etwa 1803 bis 1810 zu, so der zweite Teil für die Zeit von ca. 1814/15 bis zu seinem Tod. In Beethovens Heroismus des Ausharrens bewährt sich der Gestus des sich sieghaft aufbäumenden Widerstandes gleichsam als Gegenkurve, als Pendelschlag einer (Grund-)Haltung. Dazu gehört auch und gerade das tiefste Ausloten der Identitätskrise. Am 28. Oktober 1817 wendet er sich an Zmeskall (GA, Bd. 4, Nr. 1191, S. 126): »*verzeihen sie mir von gestern, ich wollte ihnen heute Nachmittag selbst deswegen Abbitte thun, in* meiner Lage, worin ich mich jetzt befinde *bedarf ich überall Nachsicht, denn ich bin ein armer unglücklicher Mensch.*« Daß solche Krisen auch zu den 1820er Jahren gehörten, bezeugt ein Brief an Nannette Streicher von Anfang September 1824 (GA, Bd. 5, Nr. 1869, S. 358): »*übrigens haben sie Geduld mit mir, in meiner jetzigen Lage kann ich nicht mehr, wie ich sonst* handelte, handeln *ob schon ich noch* Beethowen *heiße.*«

Doch so gebeugt Beethoven sich auch erfuhr, er scheute sich nicht – ein scaevolahafter Gestus – schlimmes Neues sich zuzuziehen; »*noch haben sie vieleicht schreckliches für mich verborgen, dies ist nicht nöthig [...] also, nur heraus, meine Brust ist stark, steche u. stoße man nur zu*« fordert er Bernard im November 1819 (GA, Bd. 4, Nr. 1354, S. 343) auf. Diese Haltung korrespondiert mit einer, auf antike Denkungsart verweisenden Tagebuchsentenz aus dem Jahre 1816: »*Die große Auszeichnung eines vorzüglichen Mannes: Beharrlichkeit in widrigen, harten Zufällen*« (Solomon 1990, S. 89). Und es ist zugleich die Haltung dessen, der aus allem Selbstverlust sich wieder aufzurichten bestrebt ist, so, wie es im Brief vom 13. Mai 1816 an Gräfin Marie Erdödy in Padua (GA, Bd. 3, Nr. 934, S. 258) zum Ausdruck kommt: »*Es ist nicht anders mit dem Menschen, auch hier soll sich seine Kraft bewähren d. H. auszuhalten ohne zu murren u. seine Nichtigkeit zu fühlen u. wieder seine Vollkommenheit zu erreichen, deren unß der höchste dadurch würdigen will.*« Dieser, der Niederbeugung widerstrebende Wille aber lebte gerade in dieser Zeit des Sisyphos immer aus der und für die Kunst.

Angesichts der Heimsuchungen dieser Jahre bewährte sich erneut Beethovens unerbittlicher Wille der optimierenden Selbstbehauptung – durch seine Kunst. Schon während der Zeit der Übersiedelung von Bonn nach Wien hatte sich dieser in dem leider nur fragmentarisch überlieferten Brief an seinen Lehrer Neefe artikuliert: »*Werde ich einst ein grosser Mann, so haben Sie Theil daran*« (GA, Bd. 1, Nr. 6, S. 11). Dieser Satz, für einen 22jährigen fast etwas zu selbstbewußt und auf äußeren Erfolg fixiert erscheinend, war aber nur das sich immer deutlicher entfaltende Leitmotiv eines Künstlerlebens, das man unter den abgewandelten Lacedaemonier-Leitspruch des Tagebuchs stellen könnte: ›der wahre Künstler schafft, nicht Tod, nicht Leben für seine Kunst achtend, sondern Tod und Leben mit seiner Kunst bekrönt zu haben.‹

Das aber hatte als Antriebsmotiv einen Impetus, den Beethoven selbst Wegeler gegenüber schon früh, 1801, bekundet: »*nichts von ruhe! – Ich weiß von keiner andern, als dem schlaf, und wehe genug thut mir's, daß ich ihm jezt mehr schenken muß, als sonst*« (GA, Bd. 1, Nr. 70, S. 88). Mit dem Bewußtsein unbarmherziger Qualitätsselbstkontrolle aufgeladen, erscheint dieser Treibsatz unbedingten Vorwärtswillens im Brief an Matthisson, der die Zusendung des Liedes *Adelaide* op. 46 begleitete: »*Zwar auch jezt schicke ich Ihnen die Adelaide mit Ängstlichkeit. sie wissen selbst, was einige Jahre Bey einem Künstler, der immer weiter geht, für eine Veränderung hervorbringen, je größere Fortschritte in der Kunst man macht, desto weniger befriedigen einen seine ältern Werke*« (GA, Bd. 1, Nr. 47, S. 52).

Über seine »ältern Werke« war Beethoven – mochte er sie nun hoch oder als weniger bedeutend einschätzen und besonders deutlich im Falle des Septetts op. 20 – immer sehr bald hinweg; wobei man freilich die Kompositionen seiner sich auch entwickelnden pragmatischen Ader ganz beiseite lassen muß. Dieses unbedingte Vorwärtsschreiten hat seine Marksteine und Merksätze, wie den berühmten Brief an Erzherzog Rudolph: »*allein Freyheit, weiter gehn ist in der Kunstwelt, wie in der ganzen großen schöpfung, zweck*« (29. Juli 1819 / GA, Bd. 4, Nr. 1318, S. 298). Doch es ist zu beobachten, daß sich dieses Fortschrittsbewußtsein zunehmend auf dem Nährboden eines enthusiastischen Kunstgefühls, ja -begriffs entwickelt, der mit der Natur und dem Erhaben-Numinosen einen Akkord letzter rettender Lebensstimmigkeit bildet, einen Akkord, der die Mißklänge im Identitätsgefüge immer wieder absorbiert. Ries erfuhr es im Brief vom 6. Juli 1822 (GA, Bd. 4, Nr. 1479, S. 510): »*ich bin wie allzeit ganz meinen Musen ergeben u. finde nur darin das Glück meines Lebens, u wirke u. Handle [sic !] auch für andre, wo ich kann*«. Gegenüber B. Schott's Söhnen bekennt er am 17. Sept. 1824

(GA, Bd. 5, Nr. 1881, S. 368): »Apollo u. die Musen werden mich noch nicht dem KnochnMann überliefern laßen, denn noch so vieles bin ich ihnen schuldig, u. muß ich vor meinem Abgang in die Elesaischen Felder hinterlaßen, was mir der Geist eingibt u. heißt vollenden, ist es mir doch, als hätte ich kaum einige Noten geschrieben.« Das war ein Jahr nach Beendigung der Missa solemnis und jener Subskriptionsaktion, die Beethoven gleichsam mit ›Briefen vom Parnaß‹ bestritt, in denen die Formel »Der Unterzeichnete hat so eben sein neuestes Werk vollendet, welches er für das gelungenste seiner Geistesprodukte hält« (vgl. u. a. 5. Febr. 1823/GA, Bd. 5, Nr. 1550, S. 27) angesichts des Bedeutung der Komposition und den unsäglichen äußeren Umständen, unter denen sie entstand, schlicht ist, nichts mit Ruhmsucht und Medaillenseligkeit zu tun hat.

Sehr deutlich artikuliert Beethoven seinen Willen, »weiter [zu] gehn«, in seinem Entwurf einer Denkschrift (eines Memorandums) für die Edition aller seiner Werke: »(Unter unß gesagt so republikanisch wir denken, so hat's auch sein gutes um die oligarchische Aristokratie) daß man der Kunst selbst schuldig sey, die Fortschritte des Künstlers in der Kunst zu bemerken, daß jedes Heft von einer Gattung mit einem derley neuen werk in dieser Gattung gepaart seyn werde« (März 1825; Beethoven-Haus, Signatur BH 58).

3. Späte Werkstattberichte

Sieht man einmal von der für sich sprechenden Skizzenbibliothek Beethovens ab, die Beethovens Komponieren in der freien Natur wie im Haus bezeugen, so gibt es verschiedene Äußerungen, die auf sein ausgeprägtes Werkstattbewußtsein hinweisen. Zmeskall gegenüber spricht er einmal, im Oktober 1800, von seinem »laboratorium artificiosum« (GA, Bd. 1, Nr. 48, S. 53), ein andermal – im Brief hervorgehoben (eingekreist) – von seinem »Componir cabinet« (November 1802/GA, Bd. 1, Nr. 114, S. 135). Das waren scherzhafte Formulierungen mit tieferer Bedeutung. Auch seine zahlreichen Korrekturbriefe an Verleger legen hiervon Zeugnis ab. Eigentlichen ›Einblick‹ in die Arbeitsszene gewähren sie nicht. Hier geben die Konversationshefte einige, wenn auch zeitlich und inhaltlich begrenzte Einblicke. Sie informieren folglich nicht nur darüber, in welchem Maße sich Beethovens persönlicher Kreis, nach dem vorangehenden Verlust an Freunden und Mäzenen, schon vor dem Beginn der 1820er Jahre wieder auffüllte, in welchem Maße er aber auch das Ziel vieler Besucher mit einem weltweiten Einzugsgebiet wurde.

Ein wichtiger Teil der Konversationshefte präsentiert Skizzennotierungen zu verschiedenen Werken, Informationen über Kompositionen und Aufführungen, Rezeptionsaspekte seiner und fremder Werke, Ausführungsprobleme, editionstechnische und -organisatorische Fragen – und natürlich Stoff des alltäglichen Lebens,

von den trivialsten Gegenständen über die Streitigkeiten um des Neffen Vormundschaft, Fragen seiner Erziehung bis zur Notierung von Buchtiteln und zum Austausch in ästhetischen und geistigen Fragen, einschließlich dem allgegenwärtigen
Klatsch.

Zu den in den Konversationsheften angesprochenen, skizzierten und diskutie-
ren Kompositionen zählen nicht nur die zu dieser Zeit entstandenen, wie die opera
106, 109, 110, 111, 120, 123, 127, 132, 130, 131, sondern auf die eine oder andere Weise
praktisch das gesamte Œuvre Beethovens. Wie intensiv dieser Werkstattverkehr
auch gesellschaftlich sein konnte, tritt mit dem Besuch Maurice Schlesingers im
Herbst 1825 hervor, der die Vorstellung einzelner später Quartette durch das Schup-
panzigh-Quartett mit sich brachte und bei dem Beethoven auch noch einmal
improvisierte – was er übrigens auch für Friedrich Wieck, den Vater Clara Wiecks,
im Jahre 1823 noch getan hatte.

Die Konversationshefte schließen nicht nur zeitlich an Beethovens ›Journal
intime‹ an, sie sind gleichsam sein nach außen gewendetes Pendant. Und so diskutiert man auf den Seiten dieser ›Journaux ouverts‹ auch – neben allen Querelen um
Schwägerin und Neffen – dessen Selbstmordversuch. Er brach über Beethovens her-
ein, aufwühlend und zur seelisch-körperlichen Ermüdung des Lebensfadens beitra-
gend (vgl. St. Wolf 1995), wie Schindler berichtet, dem der Komponist über Nacht
als alter Mann von 70 Jahren erschien. Doch wurde Beethovens schöpferischer ›Plus-
ultra-Willen‹ nicht gelöscht. Gneixendorf, letzter Treffpunkt brüderlicher Ambivalenz, war der Ort des angestückten Allegrosatzes für op. 130 und von op. 135.

Man hat die, durch die Quellen nicht wirklich zu erhärtende, Hypothese aufge-
stellt, die einzige Person, die neben Anselm Hüttenbrenner beim Tode des Komponisten anwesend war, sei die »Königin der Nacht«, Johanna van Beethoven gewesen
(Solomon 1977, S. 292). Thayers Recherchen indes (E. Forbes 1964, S. 1051 [D.I.])
machen wahrscheinlich, daß der Mitteilung, diese Frau sei seines Bruders Johann
Frau gewesen, mehr zu trauen ist.

Beethovens Werkstatt war auch der Ort seines letzten Krankenlagers. Trotz
Arztbesuchen, Aszitespunktionen, Besuchen, Gesprächen und Lektüre ließen ihn
die Gedanken wegen der Dedikation des Streichquartetts op. 131, der Opuszahl für
diese Komposition, der Vermittlung der Metronomzahlen für die 9. Symphonie an
die Philharmonische Gesellschaft London, ja selbst Pläne für künftige Kompositionen nicht los. Die drängenden pekuniären Sorgen waren angesichts der großzügi-
gen Gabe der Philharmonischen Gesellschaft London über 100 £ hinfällig geworden.
Im Schreiben an Moscheles vom 18. März 1826, einem seiner letzten Briefe,
neun Tage vor seinem Tod, heißt es: »Möge der Himmel mir nur recht bald wieder meine

Gesundheit schenken, und ich werde den edelmüthigen Engländern beweisen, wie sehr ich ihre Theilnahme an meinem traurigen Schicksale zu würdigen wissen werde« (GA, Bd. 6, Nr. 2284, S. 381).

B. WERK

I. Biographie – Werk

1. Werk und Widmung

Die Grenzlinie zwischen Biographie und Werk durchzieht sich teilweise verzahnende Bereiche. Widmungsträger Beethovenscher Kompositionen bezeichnen zweifellos die am eindeutigsten und zugleich sichtbar begrenzten Kontaktstellen zwischen Biographie und Komposition. Daß Fürst Karl von Lichnowsky op. 1, 13, 26, 36 und WoO 69 zugeeignet sind, liest sich ebenso als mäzenatisches Referenzregister wie die dem Fürsten Franz Joseph von Lobkowitz zugedachten op. 18, 55, 56, 67, 68, 74, 98, und gleiches gilt für den Grafen Georg von Browne (op. 9, 22, 48 und WoO 46), den Grafen Moritz von Fries (op. 23, 24, 29, 92), Erzherzog Rudolph (op. 58, 72, 73, 81a, 96, 97, 106, 123, 133, 134, WoO 179, 199, 200, 205e), die Fürstin Odescalchi (op. 7, 15, 34, WoO 73), Gräfin Marie Erdödy (op. 70, 102, WoO 176) und Freiin Dorothea von Ertmann (op. 101) – um nur einige wenige zu nennen. Bei jedem dieser Namen öffnen sich, abgesehen vom aktuellen finanziellen Widmungszweck, Biographiefenster – etwa mit Lichnowsky der Blick auf Beethovens erste Wiener Zeit wie die wechselvolle Geschichte einer Freundschaft, die Beethoven bei aller Dankbarkeit (s. die Briefe Nr. 65 und Nr. 219) in künstlerischen Dingen auf die Durchsetzung des eigenen Willens bedacht zeigte (des Fürsten vergebliche Bitte, in Graetz vor französischen Offizieren zu spielen, Th. Frimmel I, S. 347 [s. Lit. H.III.]), wie namentlich auch im Falle Lobkowitz', dessen Orchester für Beethovens Probeaufführungen (op. 55 !) von unschätzbarem Wert war, den Beethoven aber gleichwohl »Lobkowitzscher Esel« titulierte, als er sich in einer Besetzungsfrage uneinsichtig verhielt (Frimmel, I, S. 368). Andere Widmungen spiegeln Beethovens sich modifizierendes Verhältnis zu Personen seines Umkreises, wie etwa die ursprünglich möglicherweise Bettina Brentano zugedachte Messe op. 86 (vgl. u. a. D. W. MacArdle 1958, S. 17 [D.II.2.a.], s. aber Briefe GA, Bd. 2, Nr. 523, S. 216f.). Andere Beispiele hierfür sind die kurzzeitig (1807) geänderten Widmungen der op. 58, 59 und der Klavierbearbeitung von op. 61 (vgl. A. Tyson 1982, S. 134f. [E.IV.1.a. opus 59]).

Eine Widmung ist – im Unterschied zum Werktitel (C. Dahlhaus 1987, S. 51f. [D.I.]) – ein biographisches und kein werkrelevantes Moment. Diese Tatsache ist insofern von Gewicht, als sie gravierenden Einfluß des Widmungsträgers auf den Komponisten prinzipiell ausschließt. Beethoven erweist sich, bei allem mäzenatischen ›Hintergrund‹ und seiner selbstverständlichen, aber unterschiedlich gewichtigen und zu gewichtenden, kompositorischen Orientierung an früherer und zeitgenössischer Musik, in seinen künstlerischen Entscheidungen als weitgehend eigenständig. Die Umarbeitungen, speziell die für die 2. Fassung des *Fidelio* (vgl. Fr. G. Wegeler/F. Ries 1838, S. 124f. [s. Lit. D. I., im folgenden Wegeler/Ries]), punktuelle Betrachtungen der Vertonungen des Librettos, aber auch Beethovens Reaktion wegen einer ihm angetragenen »Revolutions-Sonate« (Briefe GA, Bd. 1, Nr. 84, S. 105) sowie Jahre später (Ende 1815) im Zusammenhang mit dem Auftrag für das Oratorium *Der Sieg des Kreuzes* von seiten der *Gesellschaft der Musikfreunde* (GA, Bd. 3, Nr. 898, S. 223) zeigen, daß Beethovens kompositorisches Bewußtsein, gerade auch bei der Umsetzung kritischer Rezeption, deren Vorstellungen – und dazu gehörten auch Änderungen des Textbuchs – ›novellierte‹.

Während eine Widmung nicht notwendig einen Kompositionsauftrag (oder -wunsch) des Widmungsträgers voraussetzt (wie z. B. im Falle der Widmung der Klaviersonate op. 101 an die Baronin Ertmann oder der Klaviersonate op. 109 an Maximiliane Brentano), zieht umgekehrt ein Kompositionsauftrag nicht zwangsläufig eine Widmung nach sich. Dafür stehen etwa die Diabelli-Variationen op. 120, die der Verleger Diabelli in Auftrag gab, die aber Erzherzog Rudolph gewidmet wurden. Die Kompromißlosigkeit, mit der sich Beethoven über die gewünschte Zahl der Variationen und die Qualität des Themas hinwegsetzte, ist ein besonders eklatantes Beispiel für Beethovens künstlerische Unabhängigkeit. Während in diesem Falle kein Zweifel daran besteht, daß die Komposition durch den Auftrag, auch was das musikalische Material angeht, ausgelöst wurde, ist das Verhältnis von Auftrag und kompositorischem Ausgangspunkt bei vielen der frühen Auftragswerke (vgl. den Brief von Beethovens Bruder Karl vom 5. Dezember 1802/GA, Bd. 1, Nr. 119, S. 139) unklar (vgl. hierzu auch B. Cooper 1990, S. 28–41 [E.IV.3.d.]). Die Kompositionsgeschichte der Klaviersonaten op. 31, die offiziell durch eine Auftragsanfrage des Schweizer Musikverlegers Nägeli angestoßen wurde (M. Staehelin 1982, S. 19ff. [G.III.1.]), deutet jedenfalls darauf hin, daß Nägelis Kompositionsauftrag Beethoven nicht unvorbereitet traf (vgl. Cooper a.a.O., S. 178), wie ja auch im Falle der späten Galitzin-Quartette die Möglichkeit, daß Beethoven ohnehin wieder an Quartette gedacht hatte, nicht auszuschließen ist.

Die Frage nach dem eventuellen ästhetischen Widmungsgewicht stellt sich freilich in den Fällen neu, wo die Widmung keine öffentliche ist, sondern wo sie intim, gleichsam als esoterische Zueignung, sich manifestiert, ein Dokument innerer Biographie darstellt. Dies jedenfalls ist die Beurteilungskonstellation, wie sie sich namentlich in Verbindung mit dem kompositorischen Umfeld der – wie auch immer hypothetisch visierten – »unsterblichen Geliebten« stellt (vgl. Biographischer Teil VII.1.). Dabei reicht das Feld der fraglichen Kompositionen über die unmittelbaren Nahtstellen der Kommunikation, denen naturgemäß besonderes Gewicht zukommt, hinaus. Ja man kommt bei unvoreingenommener Betrachtung zu dem Schluß, daß der esoterische Charakter der Zuwendung in dem Maße des quellengestützten Widmungs-Nachweises entbehrt, in dem er seinem ›Zueignungs-Tiefgang‹ folgt: Verschollene Autographe mit (verbürgten) Widmungen scheinen die sprachlosen Zeugen emphatischer Zuwendung.

Die Lieder An die Hoffnung (op. 32), Nähe des Geliebten (WoO 74), Andenken (WoO 136) sind unterschiedlich enge persönliche Zeugnisse einer Zueignung aus Zuneigung. WoO 74 steht am Anfang der Freundschaft mit den Schwestern Therese und Josephine Deym. Die in deren (verschollenem) Stammbuch mit den Liedvariationen zu vier Händen (Nr. 1, 2, 5, 6) gekoppelte Widmung lautete: »Ich wünsche nichts so sehr, als dass sie sich zuweilen beym durchspielen und singen dieses kleinen musikalischen Opfers, erinnern mögen an ihren sie wahrhaft verehrenden Freund Ludwig van Beethoven. Wien 23ᵗ März 1799« (G. Kinsky/H. Halm 1955, S. 526 [A.I.]).

Zwischen dieses Bekenntnis beginnender Freundschaft und der emphatischen, briefgebundenen Darreichung des Andante favori (WoO 57) vom Frühjahr 1805, dem ursprünglich zweiten Satz der Waldsteinsonate, »hier ihr – ihr – Andante« (vgl. GA, Bd. 1, Nr. 220, S. 254) – ein Referenzaspekt, der in der Literatur nur partiell beachtet wurde (vgl. M. E. Tellenbach 1983 [D.II.1.e.], S. 206f.; dagegen M. Solomon 1977 [D.II.1.a.], B. Cooper 1991, Ausg. 1996, S. 206,241,248) – fällt ein so bedeutendes Zeugnis, wie das durch Josephine Deyms Brief vom 24. März 1805 als persönliche Gabe Beethovens angezeigte Lied An die Hoffnung op. 32. Das Autograph dazu ist verschollen (D. Johnson/A. Tyson/R. Winter 1985, S. 150 [A.I., im folgenden JTW]; GA, Bd. 1, Nr. 216, S. 251 Anm. 1 schlägt WoO 136 vor; doch scheint der Zweifel angesichts op. 32 nicht überzeugend: Gerade weil An die Hoffnung ihrer Mutter und Therese schon bekannt war, mußte Josephine die persönliche Zueignung durch den adorierten Komponisten ein mitteilenswertes Ereignis sein.)

Zu bedenken ist bei solchen biographisch, ja autobiographisch zu gewichtenden Kompositionen (Liedern) freilich auch die Unterscheidung zwischen spontan zugedachten und lediglich auf Wunsch zugeeigneten Stücken. Das für Beethovens Liebe zu Antonie Brentano selbst bei Goldschmidt (1977, S. 108f. [D.II.1.e.]) Zeugnisrecht erlangende Lied *An die Geliebte* (WoO 140) war keine spontane, von Beethoven ausgehende Gabe. Hat doch Antonie Brentano selbst auf der ersten Fassung vermerkt: »*den 2^{n} März 1812 mir vom Author erbeten*« (G. Kinsky/H. Halm 1955, S. 609 [A.I.] und Goldschmidt 1977, S. 108f.). Außerdem war Antonie nicht die einzige Zueignungsberechtigte. Bereits 1811 hatte Beethoven eine erste Liedversion für das Stammbuch der Hofsängerin Regina Lang komponiert – offenbar spontan zugedacht. Eigentliche und uneigentliche Zueignung in Konkurrenz? Es ist unausweichlich, daß angesichts dieser die innere Biographie Beethovens angehenden Kontaktpunkte von Leben und Werk jede eingehendere Betrachtung mit der Sphäre Beethovenscher Herzensbeziehungen sich herausgefordert sieht, auch deren kompositorischen Tiefgang – als ›Durchschnittsmenge‹ von Biographie und Werk – auszuloten. Sind Beethovens Kompositionen als Kommentare, womöglich als Teil der Lebens- und Seelenlandschaft dekodierbar?

Auf das Buch von Tellenbach bezogen, blieb Carl Dahlhaus, der einer hypothetischen Identifizierung der »unsterblichen Geliebten« mit Josephine von Brunsvik unbegrenzten Kredit einräumt, was ihm heftige Kritik eintrug (J. Webster 1993, S. 209, Anm. 15 [D.I.]), angesichts einer so weitgehenden Verknüpfung von biographischen Daten und musikalischen Beobachtungen gleichwohl grundsätzlich skeptisch: »*Außerdem bleibt es offen, ob eigentlich die musikalischen Werke als Dokumente der* ›*inneren Biographie*‹ *oder umgekehrt die Lebensgeschichte als ästhetische Substanz der Werke gelten soll – das eine wäre unverfänglich, das andere heikel.*« (Dahlhaus, in: Frankfurter Allgemeine Zeitung 24. 2. 1984). Dahlhaus meldet hier Bedenken an, die Ludwig Finscher – wie bereits erwähnt (1979, S. 430f. [F.III.2.]) – angesichts der Bemühungen von Goldschmidt detailliert und eingehend artikuliert hat.

3. Werk – Biographie – Programm

Daß das Verhältnis Werk – Biographie komplizierter ist, tritt jedoch allein bei Harry Goldschmidt angesichts der unterschiedlichen Ansätze, die er dem Problem widmet, zutage. Einerseits hebt Goldschmidt für die Korrespondenz von Autobiographie und Werk die »*Brechung*« ersterer durch die Schicht des »*Ideals*« als »*geistigen Filter*« hervor (1979, S. 232 [F.III.2.), andererseits erscheint in seinem Versuch, Instrumentalkompositionen, wie etwa das *Andante favori* (WoO 57) oder das Arietta-

Thema aus op.111 mit Josephines Namen zu unterlegen (1977, S.298f. [D.II.1.e.]) – und dies mit individuell bekenntnishaftem Akzent –, der die unkünstlerische Subjektivierung vermeidende Filter des ›Ideals‹ außer Funktion. Dieser methodische Vorbehalt erscheint besonders gravierend angesichts eines Satzes wie diesem: »*Der Abschied von der Klaviersonate scheint mit dem Abschied von Josephine zusammenzufallen.*« (ebd., S.299)

Das hier hervortretende Problem ›infiziert‹ naturgemäß auch den Versuch, andere Kompositionen in die Aura Josephines zu bannen. Ein Beispiel hierfür, und damit für das Bemühen, explizite biographische Haftpunkte im Werk als Orientierung und Ausgangspunkt einer Beethovenexegese zu nehmen, ist auch Beethovens Klaviersonate op.81a. Goldschmidt bindet an Beethovens Bemerkung im Brief an Breitkopf & Härtel vom 9. Okt. 1811 (GA, Bd. 2, Nr. 523, S. 215), »*das Lebewohl*« sei dem Erzherzog nicht gewidmet gewesen, die Vermutung, op.81a gehöre zur »*Sphäre der Zwiesprache mit der geliebten Person*« – also mit Josephine. Doch am 12. April 1811 hatte Beethoven an den Verleger geschrieben: »*Das Lebewohl das widersehn kann keinem als dem Erzherzog Rudolf gewidmet werden*« (GA, Bd. 2, Nr. 492, S. 184). Müßte ein solcher Widerspruch nicht aufgelöst werden, ehe die Komposition in ein so weitreichendes Hypothesen-Netz einbezogen würde? G. Kinsky/H. Halm (1955, S. 218 [A.I.]) bringt eine ebenso einfache wie überzeugende Erklärung: Beethoven bezieht sich mit dem (tadelnden) Hinweis, die *Lebewohl*-Sonate sei dem Erzherzog nicht gewidmet, auf den Befund der ihm zusandten zwei Abdrucke, nicht etwa auf seine Widmungsintention. Damit wird Goldschmidts Hypothese – jedenfalls soweit sie op.81a einschließt – der Boden entzogen.

Unter dem Blickwinkel einer grundsätzlichen Infragestellung des Verhältnisses von Biographie und Werk hat Carl Dahlhaus Momente wie Titel und Widmung der Sonate op.81a lediglich als »*peripheres Moment*« (1987, S.31) gesehen. Für ihn steht auf dem Prüfstand: »*Was in Beziehung gesetzt werden soll, sind nicht nur Details, sondern vielmehr die Totalität des Werkes und des Lebens*« (ebd.). Dem aber stehen, Dahlhaus zufolge, folgende Momente entgegen:

1. die mittlerweile erreichte, anekdotenfeindliche »*wissenschaftliche Präzisierung*«, damit aber Auseinanderentwicklung von Biographik und musikalischer Analyse (1987, S. 29). 2. Zwischen der biographisch verankerten Genese einer Komposition und deren ästhetischer Geltung besteht eine Trennung, ähnlich der von Entdeckungs- und Begründungszusammenhang wissenschaftlicher Thesen (ebd., S. 32). 3. Es ist eine Illusion, verlorene ästhetische Unmittelbarkeit durch biographische Unmittelbarkeit, die in dem Maße schrumpft, in dem unser historisches Wissen wächst, kompensieren zu wollen (ebd., S. 36). 4. Die Erklärungsblockade ist wechselseitig: weder

können aus dem Werk ›Lebensmomente‹ destilliert werden, noch läßt sich das Leben als Stoff für Werke, gleichsam zu Notenköpfen ›vermahlen‹ (ebd., S. 30).

Doch gibt es ›synaptische‹ Ansätze: 1. An die Stelle des empirischen tritt das ästhetische Subjekt, »*das einzig im Werk als ästhetischer Gegenstand und nirgends sonst präsent ist*«, 2. die Theorie des Werkes als ästhetisch autarker, biographieentbundener Gegenstand ist »*eine Regel mit begrenztem historischem Geltungsbereich*« (ebd., S. 31), 3. »*nicht selten gehört ein Stück Entstehungsgeschichte, das gekannt werden muß, zum Werk selbst als ästhetischer Gegenstand*« (ebd., S. 30).

Daß diese Ansätze Werk und Biographie gleichwohl nicht näher bringen, bedarf kaum näherer Erläuterung. Der Hinweis auf die historische Begrenzung kommt im Sinne (relativer) ästhetischer Autonomie gerade der Klassik, damit aber Beethoven zu, ansonsten aber dominiert der ästhetische Bereich. Ein nicht zu unterschätzendes Element in dem hier angesprochenen Problemfeld – und dies könnte als zusätzlicher Punkt genannt werden – ist 4. der werkrelevante Kontextbezug. Er wird z.B. von Alan Tyson (1969, S. 139–141 [E.III.3.]) und Barry Cooper (1990, S. 48 [E.IV.3.d.]) in Verbindung mit Beethovens Komposition *Christus am Ölberge* thematisiert. Zwischen Dahlhaus' Auffassung und dieser Sichtweise, darüber hinaus aber zu einem Ansatz wie dem von M. Geck/P. Schleuning (1989 [E.IV.2.]) könnte der Unterschied kaum größer sein. Ist doch bei letzteren die Biographie – und zwar sowohl die ›äußere‹ wie die ›innere‹ (›Heiligenstädter Testament‹) – für das Werk (*Eroica*) Stoff und Funke zugleich. Die Stoßrichtung aber ist ein Stück musikwissenschaftlicher Aufklärung, ein Stück angewandter Rezeptionskritik mit Hilfe des Werkes und seines Gehalts: »*Die Autoren wollen mit ihrem Buch gegen die Bewußtlosigkeit angehen, mit der hierzulande ›klassische‹ Musik gehört und verwendet wird*« (S. 11f.).

4. Perioden und Zeitkerben

Wie gliedern sich Leben und Werk Beethovens und welche zeitlichen Grenzlinien liegen dieser Gliederung zugrunde? Das dominierende Zeitraster ist das der »*drei Perioden*« (vgl. u.a. A. Tyson 1969, S. 139–141); indes ist diese Einteilung nicht die einzige (vgl. J. Webster 1994, S. 19ff. [E.III.2.]), und immer wieder und womöglich mehr und mehr neigt man dazu, sie zu differenzieren. So wenig Beethoven eine eigene Einstellung zu dieser Frage angesichts seiner autobiographischen Abstinenz artikuliert hat, so ist immerhin von Interesse, daß er offenbar grundsätzlich zum Drei-Perioden-Schema tendierte. Seine »*Romantische LebensBeschreibung des Tobias Haßlinger allhier in 3 Theilen*« vom 22. Jan. 1825 (vgl. Briefe GA, Bd. 6, Nr. 1925, S. 10 und S. 127) wie auch sein Brief an Schindler vom Juni 1823 (GA, Bd. 5, Nr. 1685,

S. 162), in dem sich die Anweisungen als »*Anfang*«, »*Verfolg*« und »*Ende*« voneinander abheben, läßt – bei aller gebotenen Vorsicht – darauf schließen.

Die Einteilung der Biographie Beethovens in Perioden ist ein in letzter Zeit wieder eingehend diskutiertes Problem. Solomon (1997, S. 116-125), Webster (1994, S. 1-27) und Knittel (1995, S. 17-36 [E.III.1.]), aber auch Dahlhaus (1981, S. 120, 126 [E.II.6.]), Cooper (1990, S. 45f. [E.IV.3.d.]) u.a. haben diese Frage reflektiert. Wie schwierig sie sich stellt, zeigt allein die differierende Begrenzung der 1. Periode nach unten. In Solomons Beethoven (S. 26) heißt es: »*Beethoven's musical abilities expanded to the point where he became assistant court organist (without salary) in 1782 and ›cembalist in the orchestra‹ in 1783. In june 1784 he received an official appointment as deputy court organist, at a salary of 150 florins. These events mark the end of Beethoven's childhood and the beginning of his ›first period‹ as a composer.*« In Solomons Essay The Creative Periods of Beethoven (1973, 1997, S. 122 [E.III.1.]) indessen beginnt die ›Zeitrechnung Beethoven‹, so wie sie Winters Rezension unterstreicht (in: Notes 34, 1977, S. 850), unbestimmt mit »*the Bonn period, 1790-1792*«. Abgesehen davon differieren auch die Auffassungen über die für die Einteilung maßgebende Orientierung: Biographie oder Werk. Während für Solomon Schindlers Einteilung »*on style periods rather than biographical considerations*« (1997, S. 116) beruht, war Schindler Knittel (S. 24) zufolge »*consistently more concerned with life-events than descriptions of pieces.*« Diese Differenz ist wohl vor allem auf die Frage zurückzuführen, ob und wie die Einbeziehung bzw. Nennung einzelner Kompositionen zu gewichten ist.

Eine ganze Anzahl von Untersuchungen zur Periodeneinteilung Beethovenschen Lebens und Schaffens sind demnach kritisch orientiert und von mehreren Aspekten geprägt: von den Fragen 1. inwieweit die jeweilige Einteilung den Sachverhalten tatsächlich entspricht, 2. welche Verbesserungen der Drei-Phasen-Periodengliederung möglich sind, 3. wie Leben und Werk hierbei zu gewichten sind.

Es gibt aber auch (4.) den Versuch, grundsätzlich von den bisherigen Einteilungsprinzipien Abstand zu halten, wie bei Webster (1994, S. 1-27), der nach einer historisch-systematischen Analyse von Periodeneinteilungen im allgemeinen und der auf Beethoven angewandten Raster im besonderen dazu übergeht, die Unterscheidungsmomente in Beethovens Musik namentlich für die Zeit zwischen 1790 und 1810 – anstelle einer Abhebung einzelner Lebensabschnitte – im Kontext eines übergreifenden »*First Viennese-European Modern Style*« zu sehen (ebd., S. 25). Er will damit in erster Linie das Problem bemühter Periodisierungsmerkmale eliminieren, und er verneint damit zugleich, daß sich mit Beethovens ›heroischer‹ Phase irgendetwas gegenüber der vorangehenden Zeit ab 1790 grundsätzlich geändert habe. Man wird diesem Versuch nur in dem Maße zustimmen können, wie man geneigt ist,

Beethovens Einbettung in diesen übergeordneten musikgeschichtlichen Entwicklungszug als eigentlich relevantes Moment anzuerkennen, das alle andere bisherige Periodisierung gleichsam absorbiert – oder annuliert. Es ist indes nicht aus dem Auge zu verlieren, daß Webster zu völlig anderen Kategorien übergeht. Er ersetzt ein relativ kleinteiliges Raster durch ein großteiliges und er verwendet einen völlig anderen Stilbegriff: den des Epochenstils anstelle des Personalstils. Außerdem aber – und das ist gewichtiger – stellt er sich damit außerhalb einer mit der Periodisierung untrennbar verbundenen Betrachtungsweise, die in jedem Fall zwei Aspekte miteinander zu verknüpfen bemüht ist: die Erfassung größerer Einheiten von Leben und Werk und damit verbunden zugleich eine Differenzierung, die eben diese Einheiten wiederum auseinanderhält. Die Schwierigkeiten und Unterschiede in der Auffassung liegen im System selbst, das dialektisch strukturiert ist. Darüber hinaus aber läßt Websters Ansatz das bei der Periodisierung bisher nur marginal gewichtete, aber überaus interessante und gravierende Verhältnis von Biographie und Werk im Rahmen einer Periodengliederung am Rande – anders als Cooper (vgl. Cooper 1990, S. 44ff., auch Tyson 1969, S. 139–141). Dabei hatte sich bereits angedeutet, daß gerade die Einbeziehung dieses Aspekts – geht man nicht nur von parallelen Konstellationen aus – aufschlußreich ist. Ist es nicht so, daß in der Zeit ab ca. 1802 – nach dem Krisenschub des ›Heiligenstädter Testaments‹ – das Werk die Biographie bestimmt, während etwa beginnend mit dem Jahr 1812 und vermittelt durch eine Übergangsphase (ca. 1812–1814) das Werk bis ca. 1819/20 (?) in das unwegsame Gelände äußerst schwieriger und komplexer Lebensumstände, gleichsam in ›schweren Boden‹ gerät, der das (äußere) kompositorische Wachstum verlangsamt, der zugleich aber, aufgrund einer permanenten Widerstandssituation, Gewebe und Konstitution der Kompositionen verdichtet und kondensiert, so daß ihnen ein ganz anderes spezifisches ästhetisches Gewicht zuwächst?

Es mag zu spät sein, mit dem Drei-Perioden-Schema der Beethoven-Biographie zu hadern (vgl. D. Johnson, 1982, S. 1–28 [E.III.2.]) – unangebracht und überflüssig ist es, wie die angeführten Sondierungen zeigen, nicht. Entscheidend ist indes auch gar nicht so sehr oder nicht allein die Grobeinteilung, als vielmehr deren Feingliederung. Man sollte sich hierbei freilich nicht von der Tatsache so unterschiedlicher, zeitlich nebeneinanderstehender Kompositionen irritieren lassen, wie sie sich gerade in der Wiener Zeit bis 1812 zunehmend nach Zahl und Proncierrtheit ergeben; für Webster, der bereits zuvor Aspekte einer Binnengliederung der ›mittleren Periode‹ Beethovens ins Auge gefaßt hatte (1980, S. 123ff. [E.II.5.]), liegt hier einer der Gründe, die ›heroische Periode‹ aus ihrer Periodenbindung zu entlassen. Indes ist gerade der ›Zickzack-Kurs‹ des Werkzuschnitts und der -charaktere, das Komponieren in gegensätzlichen Werkpaarungen, eines der Merkmale, das zu Beethovens kompositorischem Habitus etwa ab 1800 bis 1812 so unverwechselbar gehört, wie zu dem Arnold Schönbergs (Th. W. Adorno, *Der dialektische Komponist*, in: GS, Bd. 17, S. 198-203), und das es rechtfertigt, auch von ihm, Beethoven, als »*dialektischem Komponisten*« zu reden. Gerade in diesem Punkte unterscheiden sich freilich die Jahre bis (ca.) 1812 und die darauffolgenden: Die Violoncellosonaten op. 102 – wie op. 98 und op. 101 (vgl. J. Kerman 1973, S. 138 [E.IV.1.a. opus 98]) im Grenzbereich zwischen Übergangszeit und Spätstil – sind die einzigen, als Werkpaar dastehenden Kompositionen der Zeit danach. Man könnte diese Spanne der op. 98, 101, 106, 109, 120, 123, 110, 111, 125 im Sinne einzelwerkbestimmter Zeitkerben gegliedert sehen, wobei zuweilen mehrere Kompositionen für dieselbe Zeitkerbe ›zeichnen‹. Das gilt namentlich für die letzten Streichquartette, die als Untergliederungseinheit zusammengehören, wenn auch in diskussionswürdigen Untergruppierungen (vgl. J. Kerman 1967, S. 225ff. [E.II.5.]) und mit op. 135 als ›Einzelwerk‹, das aber offenbar ursprünglich umfassender geplant war, das als »*Kritik am pathetisch-idealistischen Formprinzip der klassischen Sonate*« zu verstehen (K. von Fischer 1976, S. 121 [E.IV.1.a.]) zurückgewiesen worden ist (S. Brandenburg 1983, S. 227 [E.IV.3.c.opus 127]).

Denkbar wäre indes auch eine Verschränkung mehrerer Aspekte oder Schichten der Periodengliederung. In ihr könnten sich verbinden bzw. überlagern: 1. eine Gliederung nach Maßgabe der kompositorischen Entwicklung, wobei a) Dreiteilung und b) Fünfteilung, z. B. im Sinne von Dahlhaus (1981, S. 120) – Bonn: bis 1792; Wien: bis 1802; ›heroische Phase‹: 1802/03-1809; Übergangszeit: (›Zwischenzeit‹) 1809-1814; ›Spätwerk‹: ab 1815/16 – als Gliederungsskalierung nebeneinanderstehen; schließlich ist aber die von Kerman vorgeschlagene Erweiterung und zugleich Verfeinerung des Drei-Perioden-Schemas mittels voller Wertung der Bonner Zeit und zugleich Unterteilung der nunmehr vier Perioden ernstzunehmen (NGroveD, Bd. 2, 376-378): Bonn (I): 1782-1785 und 1790-1791/92; Frühzeit Wien (II): 1793-1799 und 1800-1802; mittlere Periode (III): 1802/03-1809 und 1809-1812; Spätperiode: 1813-1818 und 1818/20-1826 (IV), 2. eine andere, die Biographie und Werk ins Verhältnis setzt, wobei Überwindung (1802/03 bis ca. 1809/12) und Ausharren (ab 1812/15) – gerade auch in der Interdependenz von Biographie und Werk – als bestimmende Momente hervortreten. Und man könnte diese Unterteilungsbündelung schließlich noch ergänzen durch die von Liszt, vor allem aber von Wagner vertretene Zweigliederung, mit der die *Eroica* als gravierender, alle anderen Unterteilungsaspekte überbietender Einschnitt gewichtet wird (Kl. Kropfinger 1975/1991, S. 138/118 [F.III.1.]), eine Gliederung, die sich neuerdings auch bei M. E. Broyles (1987 [E.II.9.]) findet.

Wenn in der frühen künstlerischen Entwicklung Beethovens eine Differenzierung sich anbietet, dann ist es die zwischen der Bonner Zeit und dem mit der Übersiedelung nach Wien sich öffnenden Weg. Gustav Nottebohm hat in seinem auch heute noch als »ingenious« (vgl. R. A. Kramer 1973, S. 19 [D.II.1.c.]) geltenden Einleitungskapitel *Bonner Studien*. *Eine hypothetische Untersuchung seines Buches Beethovens Studien* (1873, S. 3–18) Beethovens während der Bonner Zeit erworbene Kontrapunktkenntnisse geprüft. Das Resultat: Beethoven erhielt von Neefe zwar Unterricht im reinen Satz, indes war Beethovens kontrapunktische Ausbildung – zumal sie auch nicht nach Maßgabe des strengen Satzes (Fux) erfolgte – lückenhaft. Er erkennt außerdem Näherungswerte zu C. Ph. E. Bach, vor allem aber – beginnend mit den drei Klavierquartetten des Jahres 1785 – einen zunehmenden Einfluß Mozarts (ebd., S. 13).

Angesichts solcher Betonung des frühen Mozart-Einflusses sollte indes das Augenmerk angemessen auch auf Carl Philipp Emanuel Bach als vielleicht nicht ausreichend gewürdigte Orientierungsgröße gelenkt werden. Die von Schiedermair zitierten Bekenntnispassagen von Beethovens Bonner Lehrer Neefe sind hoch zu veranschlagen; hatte dieser dem zweitältesten Bach-Sohn doch nicht nur seine zwölf Klaviersonaten von 1773 gewidmet, sondern in einem fingierten »*Gespräch zwischen einem Kantor und Organist*« ersterem u. a. die Worte eingegeben: »*Bachs Versuch über die wahre Art das Klavier zu spielen, und seine Klavierstücke sind immer noch denen, die vortrefflich auf diesem Instrument werden wollen, vorzugsweise zu empfehlen*« (L. Schiedermair 1925, S. 154 [D.II.1.b.]).

Wenn schließlich Riemann ausgehend von den drei ›Kurfürstensonaten‹ (WoO 47) des Jahres 1783 auf den starken Mannheimer Einfluß verweist (H. Riemann 1919, Teil 1, S. 28 [E.II.6.]), so hat er andererseits doch einen Einfluß von Neefes Sonaten selbst nicht völlig negiert (ebd., S. 58f.), womit auch C. Ph. E. Bach selbst zumindest indirekt ins Spiel kommt. Darüber hinaus hat aber sicherlich Bachs ebenso affektdifferenzierender wie kontrastbetont-fantasiereicher Stil seinen Eindruck auf Beethoven sicherlich nicht verfehlt (vgl. Schiedermair 1925, S. 254, 275f.). Das gilt vordringlich im Zusammenhang mit Beethovens in seinem Brief an den Klavierbauer Streicher vom 19. Nov. 1796 betontem Nachdruck auf möglichst individuellen und reichen Tongestaltungsmöglichkeiten. Berührt sich nicht Beethovens Insistieren auf der »Freiheit […], mir meinen Ton selbst zu schaffen« (GA, Bd. 1, Nr. 23, S. 33) mit Bachs Satz: »*Das Clavicord ist also das Instrument, worauf man einen Clavieristen aufs genaueste zu beurtheilen fähig ist*« (C. Ph. E. Bach, *Versuch*, 1753, S. 9)? Diese Feststellung mutet nur paradox an, wenn man die durchaus einleuchtende Möglichkeit ausschließt, daß Beethoven aus seinem Klavierunterricht bei Neefe und der Kenntnis der Bachschen Lehrschrift, in der »*Fortepiano und Clavicord*« als »*den grösten Feinigkeiten des Geschmacks*« gleichermaßen angemessen vorgestellt werden (Bach, a.a.O., 2. Teil, S. 2), als ebenso bewahrenswert wie aktualisierbar übernahm, was seinem Sinn für Klang- und Anschlagsdifferenzierung unverzichtbar erschien. Aktualisierbar meint hierbei: Anwendung auf das anschlagtechnisch flexible, moderne »*Forte-Piano*«. Dem muß der dem jungen Beethoven eigene, von seinem Orgelspiel in Bonn herrührende harte Anschlag nicht widersprechen. Vielmehr dürfte hier gerade C. Ph. E. Bachs Vorbild – direkt oder durch Neefe vermittelt – eine Herausforderung zur Vervollkommnung gewesen sein (zu Bach vgl. in diesem Kontext auch W. Riezler 1936, Aufl. 1951, S. 80f., 259 Anm. 11), wie ja Beethoven, folgt man dem Bericht seiner außerordentlichen pianistisch-stilistischen Anpassungsfähigkeit an Sterkel (Schiedermair 1925, S. 214f.), eine ohrgelenkte Flexibilität und Lernfähigkeit besaß, die solche Herausforderung spielend zu meistern vermochte. Daß Beethoven für den Unterricht Carl Czernys, den selbst zu übernehmen er sich bereit erklärte, als erstes die Anschaffung von Bachs *Versuch* verlangte (Fr. Kerst, Bd. 1, S. 43 [D.II.2.d.]), siegelt seine besondere Wertschätzung für diesen Bach-Sohn (vgl. auch: E. Derr 1984, S. 45–76 [E.V.]).

2. Perspektiven

So zunehmend informativ und orientierend auch die mit seinen diversen musikalischen Aufgaben und Tätigkeiten bei Hofe und im Theater, so augen- und ohrenöffnend, aber auch zeitlich weiterwirkend (vgl. bezüglich des Hiller-Einflusses: M. R. Obelkevich 1971 [E.IV.1.a.opus 96]) namentlich der Unterricht bei Neefe auch gewesen sein dürfte: Wien brachte Beethoven eine neue Stufe musikalischer Weltöffnung – es war der Schritt aus der Provinz in die Metropole der Kunst. Das läßt sich nicht etwa nur mit den übermäßig zitierten prognostischen Stammbuchzeilen des Grafen Waldstein belegen. Werden nun auch Haydn (D. Johnson 1982, S. 1–28 [E.III.2.]; J. Webster 1994, passim [E.III.2.]) und Mozart (L. Lockwood 1994 [E.V.]) zu neu visierten Protagonisten von Orientierung und Lehre, so weitete sich Beethovens schöpferische Rezeptionsperspektive zu einem künstlerischen Kommunikations-Raum ganz außerordentlichen Umfangs. Neben Joseph Haydn unterrichteten ihn Albrechtsberger, Schenk und Salieri, und er wird auch durch den Geigenunterricht Schuppanzighs nicht nur über Geigentechnik, sondern auch Violinlite-

ratur instruiert worden sein; in Schuppanzigh ist zudem neben Lichnowsky, Lobkowitz, dem Grafen Browne, Zmeskall und anderen eine der Schlüsselfiguren zu
sehen, die ihn in die reich facettierte Musikszene der privaten und halbprivaten Veranstaltungen Wiens einführten; schließlich partizipierte Beethoven in Wien aber
auch am Opern- und Theaterleben. Nicht nur einzelne Briefe, sondern die ›Thematik‹ seiner Variationszyklen für Klavier lesen sich wie ein (ausschnitthaftes) Dia-
rium von Opernbesuchen. Zudem sprechen Briefe, in denen er sich u.a. zu Cherubini äußert, eine beredte Sprache. In welchem Maße ihn gerade das Genre der Theatermusik fesselte und herausforderte, verdeutlichen seine Studien bei Salieri, aber
auch sein Studium des Rezitativ-Artikels von Johann Abraham Peter Schulz in Sul-
zers *Allgemeine Theorie der schönen Künste*, ein Artikel, der – »a true inquiry into the pro-
perties of recitative« (R. A. Kramer 1973, S. 25 [D.II.1.c.]) – nicht zuletzt von der Kunst
Carl Heinrich Grauns handelt.

Man wird Beethovens künstlerische Erfahrungs- und Orientierungswelt, so
wie sie sich ihm mit dem Eintritt in Wien schrittweise eröffnete, zu Recht als viel-
schichtig bezeichnen können; gleichwohl waren die neben seinen pianistischen
Unternehmungen intensivsten und künstlerisch verantwortungsvollsten die verschiedenen kompositorischen Unterrichtsbereiche und die Erweiterung seines
kompositorischen Horizonts – dazu gehörte auch ein sehr ausgeprägtes, selbstkriti-
sches zähes Streben nach einer künstlerischen ›Niveauregulierung‹, die namentlich
auf Haydn und Mozart geeicht war. Dabei verlief dieser Ausbildungs- und Vervoll-
kommnungsweg alles andere als willkürlich. Wenn man davon ausgeht, daß der
Unterricht bei Haydn mehr der kompositorisch gestaltenden Festigung und Steigerung galt, dann erhält der – die Stunden bei Haydn ablösende – intensive Unterricht
in Fuxschem Kontrapunkt und freiem Satz bei Albrechtsberger – abgesehen von
dem ›Kulissenunterricht‹ Schenks – besonderes Gewicht; und es ist im Sinne strin-
genter Ausbildung, wenn man Beethovens Unterrichtszeit bei Salieri, als Stufe zur
Beherrschung vokaler dramatischer Komposition (vgl. Kramer 1973, S. 23) nicht in
die Zeit von 1792 bis 1802 verlegt, sondern vielmehr in die Zeit von etwa 1798 bis
1801 (Kramer 1973, S. 22). Derlei Übungen in Kompositonstechnik haben Beethoven
nicht davon abgehalten, sein kompositorisches Sensorium und Imaginationsvermö-
gen am Beispiel der beiden Meister zu schärfen und anzuheben, die Waldstein
gewissermaßen als ›Penaten‹ seiner Wiener Kompositionswerkstatt abgestellt hatte
– Haydn und Mozart. Zugleich ist indes immer wieder zu erinnern, daß die Galerie
der Beethovenschen ›Hausgötter‹ im musikalischen Bereich größer ist. Gehörte ihr
früh – und ein Leben lang – J. S. Bach an (M. Zenck 1986 [F.I.1]), so zählen jedenfalls
auch Händel (vgl. im kompositorischen Bereich Beethovens Ouvertüre *Die Weihe des*

Hauses op. 124) und Gluck dazu (vgl. Tagebuch [M. Solomon 1990], S. 57 Nr. 43), nicht zu vergessen Cherubini, für den Beethoven außerordentliche Hochachtung hegte sowie Clementi (vgl. Bkh 10, S. 233 und 389 Anm. 654) und Cramer (B. Cooper 1991, Ausgabe 1996, S. 83f. [D.I.]).

III. Gattungsstrategie
1. Schneisen

»[...] womit könnte ich mich jetzt nicht messen! Ich habe seit der Zeit du fort bist, alles geschrieben, bis auf opern und Kirchensachen« (GA, Bd. 1, Nr. 67, S. 85). Beethovens Brief an Amenda (1. Juli 1801) ist gemischten Ausdrucks: zwischen Niedergeschlagenheit und außerordentlichem künstlerischen Selbstgefühl stehend, ist er auch insofern bemerkenswert, als er die ›Abmessungen‹ seines bisherigen Œuvres nicht nach Zahl oder dem Gewicht einzelner Werke oder Werkgruppen hervorhebt, vielmehr betont er die Bandbreite der bisher eroberten Genres.

Dieses Gattungsbewußtsein hatte sich gewiß erst in Wien in dem Maße ausgebildet, wie es der Amenda-Brief zum Ausdruck bringt. Es ist ein Gattungsbewußtsein, das, zu dieser Zeit jedenfalls, mit dem Ziel gattungsgerechter Werkqualität verbunden, sich zugleich in der Bitte kundtut, das Amenda übermachte Streichquartett in F-Dur (op. 18/1) »ja nicht« weiterzugeben, »*indem ich erst jetzt recht quartetten zu schreiben weiß*« (ebd., S. 86). Dabei kann man nicht sagen, Beethovens Kompositionen der Bonner Zeit hätten sich auf Klaviervariation (WoO 63, 64, 65, 66, 67 u. a.), Lied (op. 52; WoO 109, 110, 111, 112, 113, 114, 117 u. a.) und große Orchesterwerke (WoO 87 und 88) beschränkt. Er komponierte außer den ›Kurfürstensonaten‹ WoO 47 und Klavierquartetten WoO 36 drei Konzertarien (WoO 89, 90 und 92), ein Klavierkonzert (WoO 4), ein Trio für Klavier, Flöte und Fagott (WoO 37), ein Klaviertrio (WoO 38), das Oktett für Bläser op. 103. Freilich differiert die Bewertung bestimmter Kompositionen. Während die drei ›Kurfürstensonaten‹ im Sonatengenre einerseits Beethoven als »*less interesting composer*« erscheinen lassen (NGroveD, Bd. 2, S. 378), sind sie, anderer Auffassung zufolge, gerade unter dem Gattungsaspekt keineswegs leichtgewichtiger als die Sonaten op. 49 und 79. Schließlich sollten die aus der Bonner Zeit stammenden Skizzen, aber auch bestimmte Fragmente nicht überschlagen werden. So das Fragment einer *Romance cantabile* für Klavier, Flöte und Fagott, begleitet von 2 Oboen und Streichern in e-Moll (Hess 13), von Hess »*um 1792/93*«, von Kerman dagegen »*perhaps 1786-7*« datiert (J. Kerman, Bd. 2, 1970, S. 288 [E.IV.3.c.]). Es umfaßt zwar nicht mehr als 58 Takte, könnte aber, geht man von Kermans Datierung aus, als ein Beispiel dafür gelten, daß Beethoven nach

1785 und bis ca. 1789 zumindest keine totale Kompositionspause einlegte, wofür auch die c-Moll-Symphonie-Skizze (Hess 298) spricht, die um 1788 entstanden sein wird (Kerman a.a.O. S. 291). Zudem dürfte die Wienreise 1787, mit dem intendierten und doch wohl ›angerissenen‹ Studium bei Mozart, Beethovens kompositorisches Bewußtsein im höchsten Maße aktiviert haben. So scheinen es nach dem abgebrochenen Wienaufenthalt und trotz des durch den Tod der Mutter hervorgerufenen Schocks gerade Beethovens Skizzen zu sein, die für seine fortgesetzte, wenn zu dieser Zeit auch eher suchende als vollendende kompositorische Aktivität sprechen.

Diese Aktivität war sicherlich auch schon in Bonn eine Funktion des Adressaten, der Angebotsrichtung des jeweiligen Genres. Variation und Lied gehörten zur gängigen ›Ware‹, fanden im privaten Musizierzirkel Abnehmer wie auch Klaviersonate und Klavierquartett (WoO 36). Die beiden Kantaten des Jahres 1790 dagegen waren Auftragsarbeiten, die Beethoven die Möglichkeit gaben, sich und seinen Gönnern zu beweisen, was er künstlerisch vermochte.

Der zitierte, aus Wien an Amenda gerichtete Brief reflektiert der Bonner Musikszene gegenüber ein ganz anderes, weiter und differenzierter gespanntes und anspruchsgeladenes musikalisches Panorama, bestimmt von den Vorbildern Haydn und Mozart, aber auch von der konkurrenz- und intrigenträchtigen Wiener Musikszene, die von Beethoven als Allround-Herausforderung begriffen werden mußte. Daß sich bei Beethovens auf unbedingtes ›Vorwärtsschreiten‹ gerichtetem Bewußtsein die Forderung ergab, allen Gattungen möglichst optimal gerecht zu werden, liegt nahe. Und der individuelle Zuschnitt der Werke und Werkgruppen berechtigt zu der Annahme, daß das, was man folgerichtig als Beethovens Gattungsstrategie bezeichnen kann, auf das unbedingte, das große Werk, das opus perfectum zielte, das Werk, dem er nie genug genügen konnte – letztlich auf die im Wortsinne ›bedeutende‹ Symphonie großen, œuvrebestimmenden Zuschnitts.

Dafür sprechen mehrere Momente:

1. die viersätzige zyklische Anlage kammermusikalischer Werke verschiedener Gattungen selbst kleiner Besetzung, wie der Streichtrios op. 9, dann aber vor allem der Klaviertrios op. 1, der Klaviersonaten op. 2, op. 7 (in der Originalausgabe als »Große Sonate« apostrophiert), op. 10/3, op. 22 (ebenfalls als »Grande Sonate« veröffentlicht), ferner op. 26, 27/1, 28, 31/3,

2. die Betonung des Gewichts der Viersätzigkeit insofern, als sowohl in op. 10 als auch in op. 31 die Werkgruppe jeweils in einer viersätzigen Sonate gipfelt (zu op. 31/3 vgl. L. Finscher 1967, S. 385–396 [E.IV.1.a.]),

3. die zur Satz-, ja Zyklusintegration tendierende Gestaltung: in op. 13 durch zweimalige Wiederholung der fragmentierten langsamen Einleitung im Kopfsatz;

in op. 2/1 die Anknüpfung des Schlußsatzes mittels der komprimierten, register-gleichen Schlußkadenz aus dem Kopfsatz und dem als ›nachgeholtes‹ kantables Sei-tenthema des Kopfsatzes zu verstehenden Mittelteil, an dessen Hauptthema er überdies erinnert und demgegenüber es nun in der Durchführung des Schlußsatzes einen Hörer – und die Interpreten/Analytiker – herausfordernden Akzent setzt,

4. die bereits in op. 2/1 sowohl in der Gestaltung des Kopf- wie des Schlußsatzes sich abzeichnende Problematisierung der Formidee Sonate, die praktisch zu Beetho-vens von Werk zu Werk individuell formgenerierendem Prinzip wurde (C. Dahlhaus 1981, S. 118 und passim [E.II.6.]), die demnach einem schöpferischen Sog im Sinne des ›Plus ultra‹ gleichkam,

5. die dem optimierten äußeren Zuschnitt entsprechende Steigerung der inne-ren Ausdruckskräfte, nicht zuletzt mit Hilfe der tonartgetragenen (c-Moll, vgl. op. 3/3, op. 10/1 und op. 13), in op. 13 zudem schon in der Originalausgabe stehen-den, titelgebundenen Pathosformel »Grande Sonate Pathetique«,

6. die bereits in op. 2/1, aber auch in den Klaviertrios op. 1 deutliche Finalisie-rungstendenz, im Schlußsatz von op. 10/3 rein äußerlich signalisiert durch die Überschrift Finale,

7. die ausgeprägte Individualität der Kompositionen, gerade auch im Verbund von Werkgruppen, auch dies ein Zeichen für die Problematisierung der Formidee Sonate,

8. die Tatsache, daß dieses Problembewußtsein gattungsübergreifend ist, wie es möglicherweise in Beethovens offenbar nicht gattungsgebundener Verwendung des Wortes Sonate (GA, Bd. 4, Nr. 1258, S. 187 f.) zum Ausdruck kommt,

9. die besonders beeindruckend in Beethovens Fantasie-Sonaten op. 27 Nr. 1 und 2 sich herausbildende, formgenerierende Problematisierung der Sonate (des Sona-tenprinzips).

Beethoven hat sich über die Stelle im Amenda-Brief hinaus noch verschiedent-lich gattungsorientiert geäußert. Dabei sollte indes die Zeit und überdies sollten auch die Umstände der jeweiligen Äußerung beobachtet werden. Seine Stellung-nahme im Brief an Peters vom 20. Dez. 1822 (GA, Bd. 4, Nr. 1516, S. 553) favorisiert bestimmte Gattungen gegen das marktorientierte Verlangen von Verlegern: »nicht immer ist das dem Wunsche des Autors gemäß, was man fordert, wär mein Gehalt nicht gänzlich ohne Gehalt, ich schriebe nichts als Opern, Sinfonien, Kirchenmus. höchstens noch Quartetten.«

Daß hier die Klaviersonate (Solosonate) nicht erwähnt wird, könnte im ersten Moment mit der gehörsbedingten Feedback-Schwäche von Beethovens eigenem Klavierspiel in Verbindung gebracht werden. Sehr wahrscheinlich aber liegt hier – paradoxerweise, so möchte man sagen – eine weiter zurückreichende Skepsis gegenüber dem Klavier als dem Instrument zugrunde, das als d a s Instrument Beethovenschen Avancements gilt; schrieb Beethoven doch am 19. Sept. 1809 an Breitkopf & Härtel: »*nächstens über Quartetten , die ich schreibe, – ich geb mich nicht gern mit Klavier Solo Sonaten ab, doch verspreche ich ihnen einige.*« Diese Bemerkung steht nicht allein. Am 2. Juni 1805 notierte Beethoven unter Skizzen: »*Finale immer simpler – alle Klavier-Musik ebenfalls – Gott weiß es – warum auf mich noch meine Klavier-Musik immer den schlechtesten Eindruck* [macht,] *besonders wenn sie schlecht gespielt wird*« (Nottebohm 1887, S. 446; JTW, S. 150). 1796 noch hatte sich Beethoven demgegenüber angesichts der guten Wiedergabe einer seiner Klavierkompositionen noch bestimmt gesehen »*mehr für's Klavier zu schreiben als bisher*« (GA, Bd. 1, Nr. 22, S. 32).

Trotz des Komponisten unverkennbarer Interpretationskritik birgt die Skizzen-Bemerkung auch Selbstkritik. Sie erscheint weniger widersprüchlich und rätselhaft, wenn man bedenkt, daß, gerade wenn und weil Beethovens Klaviermusik – und man denkt hier natürlich primär an die Klaviersonaten und einige exemplarische Variationswerke, wie die op. 34 und 35 – gleichsam die Vorhut seiner Werkstatt war, er an sie die schärfsten Maßstäbe anzulegen, am kritischsten zu sein hatte. Dies umso mehr, als die Klaviersonaten Beethovens kompositorische Avantgarde in seinem Streben nach der großen, der symphonisch-klanglich ausladenden Form waren, deren steigernde interpretatorische Umsetzung nicht nur zu Beethovens Zeit völliges Neuland war – man denke nur an die Aufführungsgeschichte der Hammerklaviersonate. Und nicht ohne Grund zählte er die *Appassionata* op. 57, für deren symphonischen Zuschnitt der Name einsteht, zu seinen größten Werken dieses Genres.

Nicht zufällig allerdings kommt auch in den Streichquartetten op. 59, speziell im F-Dur-Quartett, der symphonische Zuschnitt zu weitreichender Entfaltung – Kerman (1967, S. 119 [E. II. 5.]) spricht von »›*symphonized*‹ quartets«. Damit wird als wichtiges Moment die gattungsübergreifende Perspektive Beethovenschen Avancements erkennbar. Indirekt mag sich dieser gattungsübergreifende Zug in Beethovens Brief an Ries vom ca. 19. Mai 1818 (GA, Bd. 4, S. 187f.) andeuten, in dem er das Klaviertrio op. 1 / 3 als »Klavier Sonate« bezeichnet. Es scheint, als habe Beethoven, so deutlich er auch die musikalischen Gattungsbereiche Symphonie, Streichquartett, Triokompositionen, Oper, Kirchenmusik usw. auseinanderhält, andererseits unter dem Aspekt struktureller Konfigurationen und Formprozesse bestimmte Gattungen, die dem ›Prinzip Sonate‹ unterlagen, zusammengesehen. Das ist weniger ein ›Überhang‹ der früheren mangelnden Trennungsschärfe hinsichtlich von Gattungs- und Werkbezeichnungen – ein Moment, das z. B. für Beethovens Formulierung »*Sonate mit einer Violin in A=Moll Op. 47*« (E. Kastner / J. Kapp 1923, Nr. 92, S. 76

158 [B.I.]) in puncto »*the eighteenth-century concept of the violin as the assisting instrument in a sonata for piano und violin*« durchaus noch zutrifft (D.W.MacArdle/L.Misch 1957, S.31, Anm. 2 [B.I.]); vielmehr tritt hier hervor, was die Untersuchungen über den ›neuen Weg‹ zeigen: daß die hierfür entscheidenden Momente des kompositorischen Zuschnitts, namentlich das der Prozessualität und der damit zusammenhängenden Kontur der Themen, gattungsübergreifend sind (vgl. C.Dahlhaus 1974 [E.IV.1.c.]; s. auch S. 199 ff.).

Es scheint deshalb gerade angesichts des besonders kritischen Auges Beethovens auf seine Klaviermusik durchaus als sinnvoll, Beethovens Klaviersonaten als Muster für seine jeweils neue kompositorische Problemstellung, gewissermaßen als Zeuge für Beethovens unendliches Bewußtsein der kritischen Form, zu durchleuchten (Dahlhaus 1981, S. 113–132).

2. Opernpläne

Beethovens Negativbefund aus dem Jahre 1801 über den Bestand seines bisherigen Œuvres an Opern und Kirchensachen, täuscht über seine Intentionen – jedenfalls in puncto Oper – hinweg. Amendas Brief vom 20. März 1815 (GA, Bd. 3, Nr. 791, S. 122) zeigt, daß sich Beethoven schon in den 1790er Jahren mit dem Wunsch, eine Oper zu komponieren, trug. »*Aus deinem Munde vernahm ich's damals zuweilen, wie du dir ein würdiges Sujet zu einer großen Oper wünschtest*« schreibt Amenda, der gemeinsamen Wiener Zeit (1798/99) eingedenk. Und wenn er seinem Brief ein Libretto *Bacchus* (Große lyrische Oper in drei Aufzügen seines Freundes Rudolph vom Berge – heute in der Staatsbibliothek Berlin, aut. 37,3) hinzufügte (s. auch TDR, Bd. 3, S. 501), hoffte er (vergeblich), dessen Text möge des Komponisten Vorstellungen treffen. So wie eine Reihe anderer Autoren, die, um Beethovens Wunsch nach einem geeigneten Operntext wissend, diesem über die Jahre hinweg ihre Libretti und/oder Vorstellungen unterbreiteten:

- 1801 bietet Emanuel Schikaneder Beethoven ein Libretto, betitelt *Alexander*, das Beethoven postwendend ablehnte (Anderson, 1961/62, S. 62).
- 1803 begibt sich Beethoven an die Vertonung eines Librettos von Schikaneder mit dem Titel *Vestas Feuer*.
- 1803 erhält Beethoven von Johann Friedrich Rochlitz, dem Redakteur der *Allgemeinen Musikalischen Zeitung* Leipzig ein – noch nicht beendetes (zweiaktiges ?) – Textbuch, das er mit einem Schreiben vom 4. Jan. 1804 ablehnend zurücksendet. Kritikpunkt war der Märchen-Zuschnitt des Sujets – »*wäre ihre Oper keine Zauber-Oper gewesen, mit beyden Händen hätte ich darnach gegriffen, aber das Publikum ist hier*

eben jetzt so wider d.g. eingenommen, als es sie vorher gesucht und gewünscht hat« (GA, Bd. 1, Nr. 176, S. 206). In dem Begleitbrief erwähnt er auch, daß er die Arbeit an Schikaneders *Vestas Feuer* zugunsten der »*gescheiden und Sinnigen* [!] *französischen opern*« aufgegeben habe (S. 205). Seine Einwände gegen Schikaneders Opernbuch, das er schon zu vertonen begonnen hatte: »*stellen sie sich ein Römisches Süjet Vor* [!] (*Wovon ich weder Plan noch sonst etwas erfahren konnte*), *und die sprache und Versen, wie unsere hiesigen Aepfelweiber*« – Mängel, deren Verbesserung Schikaneder, als »*so von sich eingenommener Mann*« (ebd., S. 206) verweigerte. Beethoven hat aber das für *Vestas Feuer* bereits komponierte Trio teilweise für den Beginn des Finalduetts zwischen Leonore und Florestan »*O namenlose Freude*« herangezogen.

- In den Kontext von Beethovens ›Opernhorizont‹ gehört die für Collins Tragödie *Coriolan* 1807 komponierte Ouvertüre (op. 62) ebenso wie die 1809/10 entstandene Musik zu Goethes *Egmont* (op. 84).

- 1812 tritt Theodor Körner mit Beethoven wegen eines Opernsujets in Verbindung (GA, Bd. 2, Nr. 574, S. 260).

- Offenbar 1823 durch Moritz Graf Lichnowsky angesprochen (Bkh 3, S. 27), von Ignaz Mosel, Vogel und Forti beraten (Bkh 3, S. 183), schreibt Grillparzer, nachdem sein Vorschlag für ein böhmisches Sujet *Drahomira* abgelehnt worden war, für Beethoven den Operntext *Melusine*, der mit Unterstützung Adolph Martin Schlesingers zur Begutachtung bis zum Berliner Intendanten Graf Brühl gelangte, der indes angesichts der bereits bestehenden Vertonung E. T. A. Hoffmanns die Wahl eines anderes Sujets empfahl (vgl. GA, Bd. 6, Nr. 2142, S. 235f.).

- Im Juni 1822 zeigt der Verleger Härtel über Griesinger sein Interesse an, mit Beethoven über die Vertonung eines »*Ihrer Kunst würdigen Operngedichts*« (GA, Bd. 4, Nr. 1470, S. 498) wieder ins Geschäft zu kommen.

- Im April 1825 schickt Rellstab Beethoven ein Opernbuch *Orest* (GA, Bd. 6, Nr. 1959, S. 55f.). Rellstabs Gespräch mit Beethoven am 28. April (Bkh 7, S. 237f.) zeigt Beethovens Unzufriedenheit mit dem Text ebenso wie Rellstabs Brief kurz danach, in dem er schreibt: »*Tag u Nacht denke ich an eine Oper für Sie, und ich zweifle nicht daß ich einen Stoff finden werde der* alle[n] *Ansprüchen des Componisten, des Dichters und – des vielköpfigen Publikums genügen möge*« (GA, Bd. 6, Nr. 1961, S. 56).

- Daneben erhielt Beethoven eher kuriose Offerten, wie die am 9. Juli 1810 avisierte, nicht identifizierte des Geschichts- und Literaturlehrers Hellmuth Winter, der Beethoven schon zuvor den letzten Aufzug eines Trauerspiels *Theodor und Emilie oder der Kampf der Leidenschaften* überlassen hatte (GA, Bd. 2, Nr. 455, S. 136ff.).

- Johann Chrysostomus Sporschil schrieb für Beethoven das Textbuch *Die Apotheose* im Tempel des Jupiter Ammon sowie das Konzept für eine Oper Wladimir der Große (GA, Bd. 4, Nr. 1520, S. 559 Anm. 2).

Abgesehen von den ihm angetragenen Opernstoffen, Entwürfen und Libretti war Beethoven selbst immer wieder auf der Suche nach einem vertonenswerten Sujet. Vor allem im Kalkül waren dabei große Stoffe der Literatur, wie Goethes *Faust* (bereits 1808/09), weswegen er Goethe möglicherweise 1812 in Teplitz angesprochen hat, ein Plan, der 1822/23 wieder aufkam (vgl. M. Unger 1952 [E.II.9.]).

Sieht man einmal von der Tatsache ab, daß Beethoven im Jahre 1807 der Direktion des K. K. Theaters in Wien gegen ein festes Engagement angeboten hatte, »*jährlich wenigstens eine große Oper [...] zu komponieren*« (GA, Bd. 1, Nr. 302, S. 333f.), so erscheinen die in den nachfolgenden Jahren unternommenen Versuche, den Weg zu einem geeignetes Opernsujet zu finden, nicht überraschend:

- Anfang Juni 1811 übersendet Beethoven Treitschke das Textbuch *Les Ruines de Babylone* von Pixerécourt, hoffend, daß dieser es lesen und bearbeiten werde – ein Projekt, das sich schließlich zerschlug (GA, Bd. 2, Nr. 501, 503, 504, 510, S. 192ff., 201). In einem in diesem Zusammenhang an den Grafen Pálffy gerichteten Brief vom 11. Juni 1811 schreibt Beethoven u. a.: »*Es ist so schwer ein gutes Buch zu finden für eine oper, ich habe seit vorigem Jahr nicht mehr als 12 d.g. zurück gegeben*« (GA, Bd. 2, Nr. 504, S. 195).

- Am 28. Jan. 1812 schreibt Beethoven Kotzebue wegen eines Operntextes an: »*freylich würde mir am liebsten ein Großer [!] Gegenstand aus der Geschichte seyn, und besonders aus den Dunkleren Zeiten z. B. des Attila etc doch werde ich mit dank annehmen, wie der Gegenstand auch immer sey, wenn etwas nur von ihnen kommt von ihrem poetischen Geiste, das ich in meinen Musikalischen [!] übertragen kann*« (GA, Bd. 2, Nr. 546, S. 238).

- Am 21. April 1812 reagiert Beethoven auf Theodor Körners Operntext-Offerte (GA, Bd. 2, Nr. 574, S. 260f.).

- Am 6. Jan. 1816 wendet sich Beethoven an Anna Milder-Hauptmann: »*wenn Sie den Baron de la motte Fouqué in meinem Namen bitten wollten, ein großes opern Süjet zu erfinden, welches auch zugleich für Sie anpassend wäre, da würden sie sich ein großes Verdienst um mich u. um Deutschlands Theater erwerben*« (GA, Bd. 3, Nr. 875, S. 205).

3. Leonore/Fidelio

Im Einvernehmen mit Treitschke hatte sich Beethoven Ende 1814 entschlossen, dessen Operntext *Romulus und Remus* zu vertonen (GA, Bd. 3, Nr. 760, S. 82), ein Vorhaben, das wie alle von Beethoven außer *Leonore/Fidelio* ins Auge gefaßten Opernprojekte nicht zustande kam. Dabei war Beethoven für das Textbuch gewonnen, konnten eine Intrige (vgl. GA, Bd. 3, Nr. 769, S. 90f.) und die obligatorische Knickrigkeit der »*Theatral Direkzion*« (GA, Bd. 3, Nr. 828, S. 162f.) offenbar überwunden werden (GA, Bd. 3, Nr. 863, S. 187).

Beethovens lebenslange Geschichte seiner ›Opernfehlstarts‹ ist so etwas wie der prismatisch verzerrte Schattenwurf der Geschichte von *Leonore*/*Fidelio* (Sujet von Bouilly), seiner einzigen realisierten Oper, die in drei Fassungen (1805, 1806, 1814) auf uns gekommen ist – wenn auch mit sehr unterschiedlicher Quellenüberlieferung (vgl. u.a. W. Hess 1953 und 1986 [E.IV.1.a.opus 72]). In ihrer Wahl spiegelt sich die für Beethovens unendliche Librettosuche neben pragmatischen Gründen wesentliche Textbuchmisere ebenso wider wie ihre Überarbeitungen sich dem Weg von Beethovens anfänglicher Opernunerfahrenheit über darob unvermeidliche Rezeptionspragmatik bis hin zu des Komponisten unermüdlich-unerbittlicher Selbstkritik verdanken, wobei Beethovens unerschöpfliche Kapazität als Instrumentalkomponist von Anfang an eine wesentliche Rolle zufiel.

Im Dezember 1805 waren es Beethovens Freunde, waren es vor allem Beethovens Freund und Mäzen Fürst Karl Lichnowsky und seine Frau, die Beethoven die gegenüber der 1. Fassung (Text: Sonnleithner) nun zweiaktige, gekürzte Version (Textänderungen: Stephan von Breuning) von 1806 abrangen (W. Dean 1996 [E.IV.1.a.opus 72]; vgl. Röckels Bericht, wiedergegeben u.a. bei TDR, Bd. 2, S. 492ff.). 1814 indes, als drei Sänger, Saal, Vogel und Weinmüller, für eine Vorstellung zu ihrem Vorteile Beethovens *Fidelio* wählten (vgl. TDR, Bd. 3, S. 409f.), war es Beethoven, der, zur Mitarbeit bereit, ausdrücklich jedoch sich »*viele Veränderungen*« ausbedang (ebd., S. 419). Diese Umarbeitung (Textänderungen: Friedrich Treitschke), über die in der Literatur ausführlich gehandelt worden ist (vgl. Hess 1953, 1986; Dean 1986, S. 43ff.), bestätigt einerseits die bereits 1806 festgeschriebene Zweiaktigkeit, sie zementiert Kürzungen, restituiert aber andererseits Roccos ›Goldarie‹, und sie bringt eine ganze Anzahl von Textänderungen an, die als nicht durchweg glücklich kommentiert worden sind (Dean 1986, S. 44ff.), namentlich angesichts der symbolischen Überformung von in den früheren Fassungen individuell-genrehafter Szenerie. Wenn andererseits dem neuen Finale des 2. Akts musikalisch »*great improvement*« (Dean, S. 49) zuerkannt wird, so verdiente eine zwar allgemein erwähnte, ja hervorgehobene Änderung gleichwohl größeren positiven Nachdruck: Florestans F-Dur-Ekstase in seiner Arie zu Beginn des 2. Aufzugs. Die Vision der Entrückung in eine höhere Freiheit ersetzt die in den Versionen von 1805 (und 1806) eher menschlich anrührende Rückerinnerung Florestans (Leonores Bild vor Augen) an die Tage des häuslichen Glücks wie auch die Wiederholung pflichtsicherer Zufriedenheit, die, in der vorhergehenden Strophe bereits akzentuiert, eher bieder wirkt, gerade

deswegen aber der ekstatischen Version von 1814, je nach Geschmack, gerne vorgezogen wird (vgl. W.Hess 1986, S. 171, 176). Man muß indes diese 66-taktige, gar
nicht meßbare überhöhende Intensivierung der Florestan-Arie von 1814 im Kontext
des Finales – namentlich der Stelle »O Gott! o Gott! *Welch ein Augenblick*« (und auf der
Folie der, auch in der Fassung von 1814 zitierten, Kantatenstelle »*Da stiegen die Menschen ans Licht*« [WoO 87]) – hören, um zu begreifen, daß der ganze zweite Akt, damit
aber die Oper überhaupt, hier erst ihre eigentliche Dimension gewinnt. Nicht zufällig ist ja auch das Melodiezitat der Oboe übergeben – ein untrüglicher Rückbezug
auf die faszinierende Oboenbegleitung im neukomponierten *Poco-Allegro-Aufstieg.*
Die Befreiung Florestans wird zur Einlösung einer Vision, die, an der Grenze des
Lebens schon dem Tode sich öffnend, nun auf wunderbare Weise sich als beschwö-
rende Lebensahnung in der Todeserwartung enthüllt. An dieser einen Stelle tritt
auch besonders hervor, was es bedeutet, wenn Beethoven an Treitschke vom »*Ganzen*« schreibt, das es gerade im Zuge der Überarbeitung nun neu zu gewinnen gelte.
Trotzdem ist in der Literatur mit guten Gründen der *Leonoren*-Fassung von 1805
neben der von 1814 gleiches kompositorisch-ästhetisches Recht zugesprochen worden (Hess 1986, S. 177, 225, 269-273). (In diesem Zusammenhang kommt der Einspielung unter Blomstedt [EMI 1C 157-02 853/55 Q] wie auch der von Gardiner gelei-
teten [DG Complete Beethoven Edition, Vol. 4, 453 729-2/453 721-2] große Bedeutung zu.)

4. Exkurs: Literatur – Textbewußtsein – Lied

Beethovens lebenslanges Bemühen um das angemessene Operntextbuch
wie auch die Wahl des Bouilly-Librettos für seine einzige verwirklichte Oper sprechen nicht nur für sein Sujetgespür, sie bestätigen auch sein Textbewußtsein. Dieses wiederum korrespondiert mit seiner – vorwiegend autodidaktisch erworbenen,
aber ›breuning-fundierten‹ – Literaturkenntnis. Literarisches Interesse und kompositorisches Sensorium spielen ineinander. Für ersteres stehen seine Briefe an Goethe
vom 12. Apr. 1811 – »*ein Großer* [!] *Verehrer von ihnen* […] (*Denn seit meiner Kindheit kenne
ich sie*)« (GA, Bd. 2, Nr. 493, S. 185) – und 8. Febr. 1823 – »*Immer noch wie von meinen
Jünglingsjahren an Lebend in Ihren Unsterblichen nie veralternden Werken*« (GA, Bd. 5,
Nr. 1562, S. 369) –, für letzteres sein Empfehlungschreiben für Franz Sales Kandler:
»*Es ist zwar die Pflicht jedes Tonsezers überhaupt alle ältern u. neuern dichter zu kennen, u. in
Rücksicht für den Gesang sich das beste u. passendste zu seiner Absicht selbst wählen zu kön-
nen*« (GA, Bd. 3, Nr. 1044, S. 362).

Man darf davon ausgehen, daß ein Komponist wie Beethoven, dessen Lebens-Literaturliste sicher oder sehr wahrscheinlich gelesener oder zumindest gekannter Autoren an antiken: Aristoteles, Boethius, Euripides, Hesiod, Homer, Lukian, Plutarch, Platon, Quintilian, Tacitus, an neueren und neuesten: Goethe, Herder, Kant, Klopstock, Lessing, Ossian, Schelling, Schiller, August Wilhelm und Friedrich Schlegel, Schleiermacher, Eulogius Schneider, Scott, Shakespeare (in Schlegels Übersetzung) umfaßt, nicht einfach und ausschließlich pragmatische oder enge belkantistische Interessen zur Opernkomposition drängten. Was ihn eigentlich antrieb, hat er Kotzebue im Brief vom 28. Jan. 1812 (GA, Bd. 2, S. 238) angedeutet: »*wie der Gegenstand auch immer sey, wenn etwas nur von ihnen kommt von ihrem poetischen Geiste, das ich in meinen Musikalischen übertragen kann.*«

Diese künstlerische Grundintention des Komponisten drückt sich – selbstverständlich und nicht etwa paradoxerweise – in seinem Opernbewußtein aus. Dieses verrät aber auch wesentliches über die Ausmessungen seines künstlerischen Vorstellungsbereichs, darüber, daß es »*Großer Gegenstände*« (GA, Bd. 2, Nr. 546, S. 238) bedurfte, um ihn imaginativ zu entzünden und zu beflügeln. Deshalb wohl seine Ablehnung eines durchschnittlichen Zauberstoffes (Rochlitz), wohl aber die Anerkennung eines so abgründigen Sujets wie *Melusine* (Grillparzer).

War die Transformation der Vielfalt des Menschlichen und seiner Kundgabe in die höchstmögliche, immer neu und anders vollkommen zu gestaltende klingende Kunstform ein tragender kompositorischer Impuls Beethovens, so war das Wort für ihn in textgebundener Musik auf höchst bezeichnende Weise ein Medium der Bedeutungsinfusion. Der Briefwechsel wegen der Liedbearbeitungen für George Thomson bietet dafür mehrere Beispiele. »*Je vous prie instentement d'adjoindre toujours le texte aux Chansons ecossais. Je ne comprend pas comme vous, qui êtes connoisseur, ne pouvés comprendre, que je produirois des Compositions, tout à fait autres, si j'aurai le texte a la main, et les chansons ne peuvent jamais devenir des Produis parfaites, si vous ne m'envoyés pas le texte, et vous m'obligerés a la fin de refuser vos ordres ulterieurs.*« Dieser Briefpassus vom 29. Febr. 1812 (GA, Bd. 2, Nr. 556, S. 248) wiederholt nur, was Beethoven bereits am 23. Nov. 1809 (GA, Bd. 2, Nr. 409, S. 91) Thomson gegenüber betont hatte: daß der Text unverzichtbar sei »*pour donner la vrai expression*«.

In welcher Form die Musik – Accompagnement und Ritornell – möglichst ›punktgenau‹ Ausdrucksträger des Wortes sein solle, hat der Komponist in einem anderen Brief dargelegt, in dem er sich gegen Thomsons permanentes Lamento wegen der Schwierigkeiten der Liedbearbeitungen und dessen unablässige Feilscherei zur Wehr setzt: »*mais la simplicité, le Caractère de Nature du chant, pour y reussir, ce n'est pas toujours si facile comme vous peut-être croyes de mois, on trouve un Nombre infinie des Harmonies, mais seulement une est Conforme au genre et au Caractère de la Melodie, et vous pouves toujours encore donner une douzaine ducats de plus, et pourtant cela ne sera pas vraiment payé«* (21. Febr. 1818, GA, Bd. 4, Nr. 1244, S. 174).

Beethovens Ausführungen, wonach es unter einer unendlichen Zahl von auf den ersten Blick denkbaren Harmonien nur eine gebe, die wirklich trifft, sind die des Übersetzers in eine andere Sprache. Und sie sind deshalb so gewichtig, weil sie die Frage der musikalischen Sprache – und damit des musikalischen Metiers als eigenständig gehaltgebendes – unmißverständlich verdeutlichen. Die Konsequenzen für die überdauernde *»cause programmatique«* sind klar.

Was die Lieder Beethovens angeht, so hat Riezler hervorgehoben, daß *»Beethoven nichts so schwer fiel wie die Gesangsmelodie«* (W. Riezler 1936, Ausgabe 1951, S. 179). Sein Verweis auf die Skizzenbücher wird durch Lockwoods brillante Studie über Beethovens 1815 entstandenes Lied *Sehnsucht* (nach Reissig; WoO 146) modifiziert (1992, S. 95–117 [E.IV.3.d.]). Lockwood arbeitet gegenüber Nottebohm, der lediglich von 16 Skizzennotierungen ausging, mit 31 bzw. 23 Melodieansätzen; und trotz der großen Zahl von ›Versuchen‹ kommt er aufgrund paläographischer Kriterien zu dem Ergebnis, daß die Skizzen *»were written rapidly and consecutively. Since they evidently represent a highly concentrated effort to explore various possibilities for the organization of the opening phrase (and its declamation), they could, indeed, be plausibly interpreted as the product of a very short span of time – and would thus represent not long and tedious labour, but the rapid tumbling out of ideas, one after another«* (L. Lockwood 1992, S. 101). Gleichwohl bezeugen Beethovens Skizzen zu WoO 146, daß er nicht nur ein ganzes rhythmisch-metrisches Möglichkeitsfeld ›durchexperimentierte‹, sondern auch den angemessenen melodischen Kontur sondierte. Dies aber geschah auf der Folie eines konzeptionellen Rasters, dessen verschiedene Fixpunkte Beethoven mit den diversen Skizzen zum optimalen Einstand zu bringen versuchte.

Daß Beethovens Verhältnis zum Lied alles andere als ›einfach‹ war, daß es vielmehr zwischen ›einfach‹ und ›komplex‹ schwankte, hat Kerman in seiner erhellenden Untersuchung über Beethovens vorausweisenden Liederkreis *An die ferne Geliebte* dargelegt: *»Beethoven seems to have been caught between an innate allegiance to Kunstgepränge on the one hand and a growing sensitivity to the attractions of Volksweise and strophic setting on the other«* (J. Kerman 1973, S. 123–157, hier S. 133 [E.IV.1.a. opus 98]). Diese Ambivalenz hat Beethoven in für ihn höchst charakteristischer Weise als Herausforderung genommen. Auch hier beflügelt ihn über die Zeit hinweg das, was man als Kontrastsüchtigkeit bezeichnen könnte. Stehen sich auf der einen Seite hoch artifizielle Gebilde wie *Adelaide, Neue Liebe, neues Leben, Mailied* und *Bußlied* gegenüber und bewegte er sich auf der anderen über die experimentelle Vierfachvertonung von

Goethes *Sehnsucht* (1808; WoO 134) in Richtung auf das andere Extrem, so war
gerade auch bei der Komposition von Goethes *Sehnsucht* zweifellos sein Gebot ›innerer Präzision‹ der Textvertonung ein wesentliches Antriebsmoment (der Vermerk
auf der ersten, sonst unbeschriebenen Seite ist sprechend genug: »*Ich hatte nicht Zeit
genug, um ein wirklich Gutes hervorzubringen, daher Mehrere* [!] *Versuche Ludwig
van Beethoven*«). Das gilt zweifellos auch für den kompositionsgeschichtlich weittra-
genden Liederzyklus *An die ferne Geliebte* (op. 98; 1816), der Schlichtheit, Tiefe
plus Nuancierung des Ausdrucks und genial strukturierten zyklischen Aufbau
verbindet.

5. »Kirchensachen«

Vielleicht in keinem Genre hat Beethoven größeres Gewicht auf die angemessene Textvertonung gelegt, als in seinen Messen und in dem Oratorium *Christus
am Ölberge*, in dessen Protagonist, Christus, Tyson den Ur-Florestan erkennt (A. Tyson 1969, S. 140 [E.III.3.]). Ein Brief vom 23. Aug. 1811 an Breitkopf & Härtel (GA,
Bd. 2, Nr. 519, S. 209ff.) legt die Akzente: »*hier und da muß der text bleiben wie er
ursprünglich ist, ich weiß der text ist äußerst schlecht, aber hat man auch sich einmal aus
einem schlechten text sich ein ganzes gedacht, so ist es schwer durch einzelne Änderungen zu
vermeiden, daß eben dieses nicht gestört werde, und ist nun gar ein Wort allein, worin manchmal große Bedeutung gelegt, so muß es schon bleiben*«. Daß Beethoven hier einmal mehr
das »ganze« hervorhebt, kann nicht verwundern, Beachtung verdient jedoch, welches Gewicht er dem einzelnen Wort über seine (mittels seiner) Bedeutung im
Gesamtzusammenhang beimißt, mag es selbst auch schlecht gewählt sein. Wollte
man daraus herleiten, Beethoven habe dem Wort eine gegenüber der Musik dominierende Rolle eingeräumt, so ginge diese Auffassung an dem vorbei, worauf es dem
Komponisten ankam. Das wird aus dem folgenden Schreiben an den Verlag deutlich
(28. Jan. 1812/GA, Bd. 2, Nr. 545, S. 236), nachdem dieser sich über Beethovens Ein-
spruch gegen die angebrachten Textveränderungen hinweggesetzt hatte: »*bey dem
Chor* [der Krieger] *im oratorium* ›*wir haben ihn gesehen*‹ *sind sie trotz meiner Nota für den
alten Text , doch wieder bey der* <u>*unglücklichen*</u> *Veränderung geblieben, Ey du lieber himmel,
glaubt man den[n] in Sachsen, daß das Wort die Musik mache? wenn ein nicht passendes Wort
die Musik verderben kann, welches gewiß ist, so soll man froh seyn, wenn man findet, daß
Musick und wort nur ein's sind und trotz dem, daß der Wortausdruck an sich gemein[t] ist,
nichts besser machen wollen – dixi –*«.
Nicht das Wort also ›macht die Musik‹, vielmehr besteht die schwierige Kunst
angemessener Textvertonung – abgesehen von der rhythmisch-deklamatorischen

Komponente – darin, die Wellenlänge des Wortgehalts, damit aber auch möglichst viel seines Gefühls- und Konnotationsfeldes, im Medium der Musik zum Schwingen zu bringen, auf daß »Musick und wort ein's« seien. Diese Punktgenauigkeit der gehaltlichen Breitbandinterferenz hat Beethoven angesichts der Übersetzung des Messetextes in op. 86 beschworen (GA, Bd. 2, Nr. 484, S. 176): »die Übersezung zum gloria scheint mir sehr gut zu paßen [,] zum Kyrie nicht so gut [,] obwohlen der Anfang ›tief im Staub anbeten wir‹ sehr gut paßt, so scheint mir doch bey manchen Ausdrücken wie ›ew'gen Weltenherrscher‹, [›]Allgewaltigen‹ Mehr zum gloria tauglich, der allgemeine charakter (Bey solch einer Übersezung sollte nur wie mir scheint der allgemeine Karakter jedes Stückes angegeben seyn) in dem Kyrie ist innige Ergebung, woher innigkeit religiöser Gefühle ›der Karakter‹ ›Gott erbarme dich unser‹ ohne deswegen Traurig zu seyn, sanftheit liegt dem Ganzen zu Grunde, hier scheint mir die Ausdrücke Allgewaltiger nicht im sinne des Ganzen.«

Analytisches Gespür hat diese Besonderheit der Wortbehandlung als durchaus zutreffendes Merkmal der Beethovenschen C-Dur-Messe herausgestellt. Hinter der »Vorherrschaft des Vokalen« und der damit verbundenen »inhaltlichen Betonung« einzelner Wörter (R. Stephan 1994, S. 14 [E.IV.1.a.opus 86]), steht eine Musikalisierung des Textes, eine »innere Dynamisierung des musikalischen Prozesses« – für die Kirchenmusik der Beethovenzeit eine »neue Qualität« (ebd., S. 15). So wird auch der vielzitierte, tadelnde Ausspruch des Fürsten Nikolaus Esterházy d.J. erklärlich – »Aber, lieber Beethoven, was haben Sie denn da wieder gemacht?« –, der eine Messe in Fortsetzung des Haydnschen Werkes erwartet hatte (vgl. J. P. Larsen 1978, S. 12ff. [E.IV.1.a.]). Beethoven freilich hatte, durchaus in Kenntnis Haydnscher Messekompositionen und mit »anxiety of influence«-gefilterter Orientierung, eine ganz eigene Auffassung zu verwirklichen gewußt, eine Haltung, für die er, wie sein Brief an den Fürsten vom 26. Juli 1807 (GA, Bd. 1, Nr. 291, S. 321) zeigt, schon im Vorfeld fürchten mußte.

Hatte Beethoven von der Messe op. 86 zutreffend gesagt: »jedoch glaube ich, daß ich den text behandelt habe, wie er noch wenig behandelt worden« (GA, Bd. 2, Nr. 327, S. 15), so hat seine Aussage bezüglich der Missa solemnis, als das »gelungenste seiner Geistesprodukte« (GA, Bd. 5, Nr. 1525, S. 5), abgesehen von der Akklamation, die das Werk von kompetenter Seite einzelner Subskribenten, so dem Leiter des Frankfurter Cäcilien-Vereins, Johann Nepomuk Schelble (GA, Bd. 5, Nr. 1613, S. 95), aber auch von anderen Musikern – so etwa von seiten Cherubinis (vgl. Bkh, Bd. 9, S. 57) – erhielt, nicht zuletzt eine quasi metaphorische erfahren: wenn Rätselhaftigkeit eine Metapher für Größe ist, hat Adornos Diktum »Verfremdetes Hauptwerk« (Ges. Schriften, Bd. 17, S. 145–161, auch Adorno 1959 [E.IV.1.a.opus 123]) dieser späten Komposition Beethovens den Rang des Ungewöhnlichen zuerkannt – mag man nun Adornos Ausführungen im einzelnen zustimmen oder nicht. Man könnte geradezu, gegen Adornos

Vorbehalte argumentierend , den Mangel aus sich heraus erzeugter thematischer Arbeit auf eine auf innere Fusionierung von Text und Musik gerichtete Thematik und ihrer strukturell-formalen Disponierung positiv zurückführen.

Beethoven musikalisiert den Text in der Missa solemnis durch:

a) motivische Wortakzentuierung (vgl. die verarbeitende Auseinanderlegung von »Kyrie« und »eleison«);

b) Anwendung des Gloria-Themas samt Orchesterbegleitung, und oft nur dieser, auf andere Textabschnitte, die musikalische Durchtränkung des Textes mit Gloria-Thematik; er führt folglich, so könnte man sagen, den musikalisch aufgeladenen Text im Sinne seiner inneren Wahrheit durch: er bringt durch die Wiederholung zum Ausdruck, daß nicht nur der Text, sondern alles vom »Gloria in excelsis Deo« durchdrungen, getragen ist;

c) musikalisch formale Anwendung der Gloria-Thematik auf den letzten Teil des »Gloria« – das aber ist eben nicht nur eine formale Abrundung (vgl. W. Drabkin 1991, S. 51 [E.IV.1.a.opus 123]), sondern eine inhaltlich-musikalisch bestätigende Überhöhung des Textes mit musikalischen Mitteln. Überhaupt ist die Wiederholung der Gloria-Thematik, die Durchdringung des Textes mit musikalischer Substanz, als das kompositorische Zeichen dessen zu begreifen, was Beethoven mit dem Diktum meinte, er habe religiöse Gefühle vermitteln wollen. Hier geschieht es nicht allein mit Hilfe musikalischer Sprachlichkeit, sondern durch die Gestaltung ihrer Insistenz. Hier liegt auch der Punkt, an dem ›Barock bei Beethoven‹ mit Beethovenschem Geist eine Legierung eingeht, was man mit dem Diktum ›Barock in der Beethovenschmelze‹ umschreiben könnte;

d) inhaltsgebundene ›Vervielfältigung‹ des Credo-Motivs, dies gleichfalls eine ›durchführende‹ Abwandlung alter Technik – hier der der Credo-Messe (vgl. W. Kirkendale 1970, S. 128f. [E.IV.1.a.opus 123]).

e) Daß in der Missa solemnis »nahezu jedes Wort musikalisch ausgelegt ist« (ebd., S. 154), läßt sich ferner sowohl aus der dorischen Intonation des »Et incarnatus est« (ebd., S. 130f.) wie aus dem dreimaligen vollständigen Agnus-Dei-Ruf erkennen (ebd., S. 147).

f) Ein für Beethoven höchst charakteristisches Kontrastmoment ist schließlich im »Dona nobis pacem« mit der Einblendung kriegerischer Klänge - u.a. auf der Folie von Haydns Missa in tempore belli - präsent. Während aber bei Haydn Pauken und Clarini über größere Passagen erklingen, dringen sie bei Beethoven als kurze Einwürfe zwischen »Dona nobis pacem« und das Rezitativ »Agnus Dei« in das Klanggeschehen ein, eine Konstellation der Extreme Frieden - Krieg aufreißend, aus der das imitierende »Dona nobis pacem« der Solostimmen und schließlich das Fugato des Chores als musikalische Konsequenz einer inhaltlichen Zuspitzung hervorgehen.

Solcher Intensivierung eignet der Gestus des Symphonischen (vgl. P. Gülke 1971, S. 67–95 [E.II.1.]) auf besondere Weise. So wenig allein schon angesichts der Textstaffelung und der Textstruktur ein entwickelndes Wechselverhältnis von musikalischem (thematisch-motivischem) Material und Orchesterpotential gegeben sein kann, so wächst doch mit der besonderen Textbehandlung der musikalischen Sprachlichkeit der Missa solemnis gleichsam eine zusätzliche, eine erweiterte symphonische Dimension zu, die sich jeweils innerhalb der einzelnen Sätze – und dem Satz/Textcharakter entsprechend jeweils unterschiedlich – entfaltet.

Gerade bei der Missa solemnis ist zu vergegenwärtigen, daß diese Art der Textbehandlung ihre Voraussetzung und Grundlage in Beethovens der Komposition vorausgehenden Studien hat, wie sie – neben den Skizzen und Konversationsheften – sein Brief vom 29. Juli 1819 an den Erzherzog Rudolph kundgibt: »ich war in Vien, um aus der Bibliothek I. K. H. das mir tauglichste aus zusuchen, die Hauptabsicht ist das geschwinde Treffen u. mit der bessern Kunst vereinigung, wobey aber practische Absichten ausnahmen machen können« (GA, Bd. 4, Nr. 1318, S. 298).

Es besteht sicherlich nicht unbegründete Unsicherheit in der Frage, ob Beethoven hier auf der Suche nach Studienmaterial war und/oder Beispiele für den Kompositionsunterricht des Erzherzogs sondiert habe (vgl. GA, Bd. 4, Nr. 1318, S. 298, Anm. 1). Indes: die Tatsache, daß Beethoven in seinem Brief unmittelbar nachfolgend auf »Händel und Seb. Bach« als die einzigen »altvordern« von Genie verweist und der Kontext seiner manifesten, besonderen Textbehandlung in der Missa solemnis läßt den Rückschluß, Beethoven habe hier mit dem »geschwinden Treffen« und der »bessern kunst vereinigung« eben die ihm einzig angemessen erscheinende Verbindung von Text und Musik gemeint, nicht zu weit hergeholt scheinen. (Diese Interpretation schließt Hans-Werner Küthens auf Beethovens Bach-Rezeption gemünzte Deutung [1980, S. 296–307, Lit. B.I.] nicht etwa aus. Vielmehr darf man Beethoven sehr wohl ein gefächertes Interesse zutrauen, für das die fraglichen Briefwendungen summierende Formulierungen darstellen. Es wäre dies ein Beispiel, daß Exegese neben dem »aut – aut« auch das »et – et« tolerabel sein sollte.)

6. Gattungsoptimierung

Damit wirft gerade Beethovens Missa solemnis unweigerlich die Frage nach dem Verhältnis von Gattungsnorm und individuellem Kunstwerk auf. Nichts macht diese Problemstellung wohl deutlicher als Adornos Wendung gegen die

»übliche Behauptung«, diese Komposition übersteige »die traditionelle Messeform« (Ges. Schriften, Bd. 17, S. 151, auch Adorno 1959 [E.IV.1.a.opus 123]), womit zwar nicht die »Sonderstellung«, wohl aber die Feststellung konterkariert werden soll, die Missa solemnis greife »über alle Vorbilder weit hinaus« (Fischer-Lexikon Musik, Ffm. 1957, S. 214).

Zunächst einmal wäre zu fragen, ob Adornos Feststellung von der »völligen Exterritorialität der Missa in Beethovens œuvre« (Th. W. Adorno 1993, S. 200 [D.I.]) zutrifft. Abgesehen von der sich sofort erhebenden Gegenfrage, welcher Komponist derartige Klangballungen und Kontrastkonstellationen in einer Komposition dieser Größenordnung hätte aufbauen und kompositorisch durchhalten können, wenn nicht Beethoven? Im übrigen dürfte auch durch William Kindermans Feststellung über die Verbindung zwischen Missa solemnis und 9. Symphonie (W. Kinderman 1985, S. 115 [E.IV.1.a.opus 123]), aber auch zu Beethovens Diabelli-Variationen (ebd., S. 113) dieses Adornosche Statement sich als fehlgehend erwiesen haben. In diesem Zusammenhang ist eine Notierung aus Adornos postumem Beethoven von besonderem Interesse: seine Antwort auf die Frage, »was denn nun eigentlich an der Missa Solemnis so unverständlich sei«: »daß kaum einer, der es nicht wüßte, dem Werk überhaupt anhören könnte, daß es von Beethoven ist« (Adorno 1993, S. 201). Gründe für diese überraschende Feststellung hat Adorno im Kontext selbst geliefert, deren wichtigste wohl sind: »1) es gibt keine faßlichen ›Themen‹ – und daher keine Durchführung. 2) die ganze Musik ist in undynamischen, aber nicht ›vorklassischen‹ Flächen gedacht«, zusammengefaßt in dem Statement: »NB daß ihr alle handfest Beethovenschen Charakteristika abgehen« (ebd., S. 200 f.).

Es gibt indes gewichtige Gegenargumente. Allein Toveys – alle Stellungnahmen und Klagen dieser Art gleichsam zusammenfassende – Bemerkung: »Its [Beethoven's choral writing] difficulties are appalling, and even Bach seems easy in comparison« (D. F. Tovey, Bd. 5, Ausgabe 1972, S. 164 [E.IV.1.c.]) nennt ein ›pro-beethovensches‹ Kriterium, das mit dem vielschichtigen Kennzeichen der Schwierigkeit, zugleich den Blick in den Organismus dieses Klang-Kosmos lenkt. Ganz zu schweigen von der signifikant-anekdotenhaften Begebenheit, wonach Sir George Henschel, beim Blick auf den ersten Akkord sagte: »›Isn't it extraordinary how you can recognize any single common chord scored by Beethoven?‹« (ebd., S. 165).

Über derlei rezeptive Schlaglichter hinaus dürften freilich allein schon die Dimensionen der Missa solemnis und die damit einhergehende Mannigfaltigkeit in der Verbindung von klanglicher Wucht und differenzierender Zurücknahme den herkömmlichen Rahmen sprengen. Wenn Beethoven zudem in seinen ›Briefen vom Parnaß‹ (Subskriptionsofferten) schrieb, die Messe könne auch als Oratorium, also außerhalb der Kirche aufgeführt werden, so hat das im Falle dieser Komposition eine ganz besondere Berechtigung.

Diese Überlegung erscheint besonders dimensioniert angesichts der Frage nach Beethovens Religiosität, die sicherlich alles andere als dogmatisch eng, alles andere als von Abschottung im Christlichen geprägt war. Gott war für Beethoven eine Größe, deren ›Umfang‹ nach heutigen Begriffen den Bereich vergleichender Religionswissenschaft überschritt. Auf die *Missa solemnis* angewandt stellt sich also die Frage, ob mit den Worten »*von Herzen – Möge es wieder – zu Herzen gehen*« (man beachte den zweiten Gedankenstrich) und der Briefbemerkung, er habe mit diesem Werk der Menschen »*Religiöse Gefühle zu erwecken und dauernd zu machen*« intendiert (GA, Bd. 5, Nr. 1875, S. 364), nicht die Idee einer Botschaft im weitesten religiösen Sinne gemeint ist, einer Botschaft an die Menschheit, als Pendant des Religiösen zu dem rein Menschlichen in der 9. Symphonie.

Als gemeinsamen Nenner, als œuvreübergreifendes Moment von Beethovens Tendenz zur Grenzüberschreitung kann wohl die in allen Gattungen erreichte neue Qualität der Individualisierung des Kunstwerks gelten. Wie sattsam bekannt und viel kommentiert, treten Beethovens Klaviersonaten in diesem Punkte maßgebend hervor. Allein die an sich schon experimentell erscheinende Tatsache des eigenen Ansatzes für jede einzelne unter 32 Kompositionen stellt die Grenzziehung des Genres grundsätzlich in Frage. Sicherlich kann man frühe Sonaten wie die op. 2, 7 und 10 orientierend nutzen, doch steht hier bereits die Viersätzigkeit wider die Norm; haben doch weder Haydn und Mozarts noch etwa Clementi, was Klaviertechnik, Klangfülle sowie Verschränkung von Satzzahl und Zykluskonzeption angeht, Sonaten Beethovenschen Zuschnitts komponiert. Bezeichnend ist eine zeitgenössische Rezensionsnotiz H. G. Nägelis, in der von Sonaten »*in mannichfaltigen Abweichungen von der gewöhnlichen Sonaten-Form*« die Rede ist (AmZ 1803, Sp. 97). Derlei »*Abweichungen*« steigerten sich in den Phantasiesonaten op. 27, die die Form der Einzelsätze wie auch des Zyklus indirekt als nicht festlegbar, unendlich modifizierbar vorstellbar machten. Es ist ein Punkt, der nicht nur als Ausgangspunkt neuer Spielräume der strukturell-formalen Konfiguration, sondern – damit verbunden – zugleich als kompositorische Deklaration der Sonate als Form von Fall zu Fall individueller, je steigerungsfähiger innerer Schlüssigkeit anzusehen ist. Dieser Schritt bereitete den Weg und rechtfertigte gewissermaßen: die ›Meta-Strukturen‹ in op. 31/2 und 3; den symphonischen Zuschnitt von op. 53 und 57; die die Haydnsche Zweisätzigkeit als Stringenz der Kontraste überbietenden opera 78, 90, 111; die Kombination von Satzverschränkung und Kontrast (op. 101, 110); die dimensionssteigernde Integration von Sonatenzyklus und Fuge (op. 106, 110, 130, 131); die Monumentalisierung des Sonatenzyklus (op. 106).

Nichts verdeutlich die Teilhabe der anderen Gattungen an diesem Phänomen der Gattungsoptimierung besser, als daß namentlich Beethovens Klaviertrios op. 1, Nr. 2 und 3 nicht nur einen Quantensprung von seinen frühen Trios WoO 37 und 38 (aber auch von den Klavierquartetten WoO 36) entfernt stehen, sondern daß sie zu Haydns Klaviertrios in Konkurrenz tretend, sogleich die Beethovensche Perspektive dieser Gattung öffnen; daß die begleitete Solosonate das Streichinstrument emanzipiert, wobei die Violinsonaten in einzelnen Fällen viersätzig sind (op. 24 und 96), die Violoncellosonaten op. 102 den Spätstil ›einläuten‹; daß schließlich die Streichquartette der ›heroischen Periode‹ die Gattungsgrenzen im symphonischen Zugriff erheblich weiten, in der Spätphase aber, indem sie die Dimension der Viersätzigkeit sprengen, die neue Herausforderung der zyklischen Integration bei gleichzeitigem Kontrastzuwachs auf je eigene Weise meistern (op. 132, 130, 131) und diese Integration die Verdichtung der Stimmführung (durchbrochene Arbeit) einbegreift; daß schließlich im experimentellen Status namentlich der späten Bagatellen op. 119 und 126 Beethoven eine Kurzform kreiert, die als improvisationsnahe Kurzform den Spätstil werkstattgerecht verdichtet.

Die ganze Spannweite und zugleich Zielgerichtetheit Beethovenschen Komponierens wird zusätzlich klar, wenn man sich die drei Streichtrios op. 9 (1797/98) auf der Folie der Streichtrio-Tradition vergegenwärtigt. Da man von einer direkten Orientierung an Haydn, der 34 Streichtrios komponierte, alle dreisätzig und außer Nr. 8 alle für zwei Violinen und Baß, kaum sprechen kann, bleibt als Abstoßungspunkt Mozarts Streichtrio-Divertimento in Es-Dur, KV 563 (1788). Auf dieses bezog sich Beethoven indes zwar mit seinem Streichtrio-Divertimento op. 3 (1793/94), ebenfalls in Es-Dur, 6-sätzig und in der Abfolge der Satzcharaktere sehr ähnlich, die Streichtrios op. 9 indes gehen im Gattungsanspruch – da alle viersätzig – darüber entschieden hinaus (was kein Qualitätsurteil sein soll und kann). Außerdem hat Beethoven hier einen geschlossenen Werkgruppenzyklus komponiert – der Beginn des ersten Trios mit einer langsamen Einleitung und die Tonart des letzten (c-Moll) lassen kaum einen anderen Schluß zu. Geht man von diesem zyklischen Zusammenhalt aus, dann wäre dies – im Kontext anderer Werkgruppen – ein Hinweis darauf, daß dieser Aspekt von Fall zu Fall geprüft werden muß, folglich durchaus nicht davon auszugehen ist, Beethoven habe sich auf eine derartige Durchorganisierung des Zyklus ein für allemal festgelegt. Doch hat er mit diesem Opus zweifellos einen ganz entscheidenden Schritt für die Konsolidierung einer Gattung getan.

Kein Zufall ist es aber gewiß, daß Beethovens op. 9 einzige Komposition dieser Gattung in seinem Œuvre blieb. Ebensowenig ein Zufall ist es, daß die Komposition im Kontext einer gegenüber den ersten Wiener Jahren – aber vor 1802/03 – sich auffallend intensivierenden kompositorischen Tätigkeit entstand, zu der außer Klaviersonaten die Streichquartette op. 18 und das Streichquintett op. 29 zählten. Wenn man von Schubert weiß, daß er sich erklärtermaßen den Weg zur »großen Symphonie« »über die Komposition von Quartetten bahnen wollte« (vgl. P. Gülke, Franz Schubert, Laaber 1991, S. 180), dann war Beethovens Weg zielgerichteter kompositorischer Intensität implizit, den Weg zur Symphonie zu öffnen. Streichtrio, Streichquartett und Streichquintett waren hierbei – ungeachtet alles schöpferischen Engagements – auch so etwas wie ›Trittsteine‹ der Gattungs- und Zeitüberquerung. Man könnte meinen, Beethoven habe sich selbst zum Symphonischen bestimmen wollen, um die »Bestimmung des Sinfonischen« (vgl. P. Gülke 1971) auch wirklich angemessen annehmen zu können.

7. Symphonische Synthese und Gattungsintegration

Es scheint überhaupt, als habe Beethoven in dieser Zeit nicht nur die Kompositionen innerhalb einer Gattung, sondern die Gattungen selbst dialektisch gegen- und auseinandergehalten, freilich nur, um sie zugleich wieder integrativ zu funktionalisieren. Damit war indes nur ein ganz besonderer Aspekt angeschlagen worden, der sich durchhalten sollte.

Integration war aber auch das geheime, ja womöglich unbewußte Stichwort von Beethovens kompositorischer Orientierung, für die das Wort »Einfluß« insofern unangemessen sein dürfte, weil eine »anxiety of influence« der Katalysator kompositorischer Amalgamierung wurde. Davon geben nach den frühen Beispielen der Mozart-Nähe in den Klavierquartetten WoO 36 auch Skizzen Auskunft (L. Lockwood 1994, S. 39ff. [E.V.]), dann aber sein Streichquartett op. 18/5 (J. Yudkin 1992, S. 30–74 [E.IV.1.a.opus 18]) und schließlich nicht weniger seine Symphonien – wie könnten es andere in erster Linie als die Symphonien Nr. 1 und 2, op. 21 und 36 sein (vgl. C. Schachter 1991 und R. Kamien, 1990 [E.IV.a.1.opus 21 und 36]). Für die beiden Frühwerke ist das nicht weiter überraschend. Aber wenn völlig zu Recht das g-Moll-*alla Marcia* im Finale der Eroica als »*the center of the arch of the movement*« bezeichnet wird, »*while being stylistically the most eccentric moment in the finale*« (L. Lockwood 1992, S. 162 [E.IV.3.d.]), dann spricht die Tatsache, daß die schlagende Nähe zum c-Moll-Marsch im Finale von Mozarts Klavierkonzert (KV 491) bisher offenbar unentdeckt blieb, für perfekt verkleidende Fusion mit dem anderen musikalischen Material. Diese Feststellung gewinnt an Plausibilität im Zusammenhang eines, freilich anekdotisch gefärbten biographischen Schlaglichts: »*Cramer! Cramer! Wir werden niemals im Stande sein, etwas Ähnliches zu machen!*« soll Beethoven, bei einem Augartenkonzert mit Johann Baptist Cramer Mozarts c-moll-Klavierkonzert hörend (TDR, Bd. 2, S. 78), ausgerufen haben. Um welche Stelle mag es sich gehandelt haben? Sehr wahrscheinlich bezieht sich die bei Thayer nachzulesende Darstellung auf das Marschthema im letzten Satz, das damit in der Tat erst gegen Ende des Stückes eintritt und das dann weiter bearbeitet und steigernd bearbeitet wird, speziell durch den Übergang der linken Hand von Triolen zu brillant-rasanten Sechzehntelverkettungen. Wenn diese Zuweisung zutrifft, dann dürfte Beethoven freilich nicht nur an dem ›schönen Motiv‹ sich erfreut haben, vielmehr haben ihn diese Passagen wohl 1. wegen ihres Marschrhythmus, der dem ganzen Konzert einen Höhepunkt verleiht, ferner 2. wegen des damit verbundenen Kontrastes und schließlich 3. angesichts der auf diesem Kontrast sich aufbauenden Entwicklung (›Steigerung‹) so enthusiasmiert.

Dies ist ein Beispiel dafür, in welchem Maße Beethoven in der Tat symphonisches Neuland erschloß, indem er »*Form und Dimension neuartig synthetisierte*« (P. Gülke 1971, S. 67 und passim [E.II.1.]). Es ist ein Verfahren, an dem alle Symphonien Beethovens, allerdings auf unterschiedliche Weise, partizipieren. Natürlich ist die Eroica das Exempel par exellence, wird doch in ihr bereits im Kopfsatz der symphonische Apparat, was Klangentfaltung und zeitliche Erstreckung angeht, Zeichen des Fortschritts setzend, selbst thematisch; wandeln sich doch die Ganzheitsidee des gestörten Themas und das Potential des Orchesters in wellenförmigen Gestaltungs- und Steigerungstrajektorien einander bis zum Höhepunktseinstand der Coda an. Aber auch die 4. Symphonie, der man bezüglich der Verbindung von langsamer Einleitung und Allegro zu Unrecht motivische Beziehungsarmut nachsagt (M. Gielen/P. Fiebig 1995, S. 52 [E.II.1.]), eine Relation, die zudem den Widerspruch im System austrägt (P. Gülke 1969 [E.IV.1.d.β]), zieht in Wirklichkeit einen Entwicklungsbogen aus, der Teil dessen ist, was Adornos Diktum vom »*großartigen, ganz unterschätzten Stück*« (Adorno 1993, S. 158 [D.I.]) meint, nicht zuletzt wenn dieser »*Synkopierung an sich*«, »*thematisch als Bindemittel*« begreift, worunter gerade auch die synkopierende Schlußgruppe als Höhepunkt von Expositionserstreckung und Orchesterklang fallen dürfte. Am motivträchtigen Entfaltungsklangraum des Orchesters aber hat das »*quasi neue Thema*« der Durchführung – es erinnert Adorno an das im Kopfsatz der Eroica (a.a.O., S. 158) – auch im Sinne melodischer Elevation (a.a.O., S. 62) teil. In der 5. Symphonie ist die dichtgewirkte Lakonik des Kopfsatzes gleichsam nur Auftakt eines Entwicklungswurfes, der – in dieser zwingenden Form in Beethovens Symphonie-Œuvre zum ersten Mal – auf das Finale zielt, das (im Verein mit der späteren Wiederkehr des Scherzos) gleichsam die ›Sonatenmauer‹ durchbricht; ein Klang-Phänomen, an dem die Klangarmierung der französischen

Revolutionsmusik entschiedenen Anteil hat (P. Gülke 1971, S. 636–640; A. Schmitz 1927, S. 163ff. [D.I.]); ein Klang-Erlebnis, das – assoziationsträchtig aufrüttelnd – französische Zuhörer zu dem Ausruf »*C'est l'empereur! Vive l'Empereur!*« hinriß. Wie zwingend dieser Entwicklungszug orchestraler Motivik ist, zeigt die Deutung einer Skizze zum langsamen Satz, deren C-Dur-Weiche als eine Art ›Ahnungserweckung‹ des C-Dur-Durchbruchs zu Finalebeginn gelesen werden kann (P. Gülke 1978, S. 28 [E.IV.1.a.opus 67]). Ähnlich, nur in einer ganz anderen Stimmungslage, ist in der *Pastorale* die anfänglich flächige Gleichförmigkeit des motivisch-orchestralen Wellenschlags gleichsam die Klangform eines Landschaftspanoramas, aus der sich dann die der Naturereignisse aufbäumen. In der 7. Symphonie, deren in der langsamen Einleitung in halben Noten absteigendes Sextakkord-Motiv im Allegro mannigfach und bis zu neapolitanischer Einkleidung (Takt 162f. und 374f.) rhythmisch und harmonisch modifiziert wiederkehrt, entwickelt sich der Orchesterapparat an der thematischen Genese; und es sind vor allem die orchestralen Klangformen rhythmischer Impulsfolgen die, mit dem Orchestersatz fusioniert, die Spannungsbögen artikulieren.

Könnte man zugespitzt sagen, daß die 7. Symphonie den Zeitlauf symphonisch artikuliert, so die 8. Symphonie die gemessene Zeit. Deren ›Zeitzeichen‹ ist der 2. Satz, und die Symphonie – als »*konservativ stilisierend*« (Gülke 1971, S. 82) oder als geschehensreich, dynamisch grenzdehnend und mit revolutionären Zügen ausgestattet (Gielen/Fiebig 1995, S. 94ff.) charakterisiert – hat ihr wesentliches Moment womöglich in einer (paradoxen) Gemessenheit des Ungebärdigen, die, orchestral artikuliert und paradigmatisch umgesetzt im 2. Satz, schließlich im Finale ihren Höhepunkt findet (Adorno spricht von der »*Zentrierung des Finales*«, a.a.O., S. 166).

Könnte man bei der 8. Symphonie von einer orchestralen Synthetisierung des Paradoxen sprechen, so ist die 9. Symphonie als die umfassende Integration von thematischer Entwicklung, zyklischem Kontrast, orchestralen und vokalen Klangformen zu begreifen. Daß damit auch Gattungsgrenzen durchlässig werden, äußerte sich in der Marxschen Deutung der Symphonie als »*Kantate*« (A. Eichhorn 1993, S. 40, 214 [F.I.1.]). Dies zeigt nur, welche Herausforderung die Komposition darstellte, die von nicht synthesewilligen (oder -fähigen) Rezipienten als »*heterogeneous*« (Harmonicon, 3 [1825], S. 69) empfunden wurde. Adorno hat Beethovens Neunter die Qualität des Spätwerks abgesprochen (1993, S. 195). Diesem Verdikt verfällt in seiner Sicht auch der Schlußsatz des a-Moll-Quartetts op. 132, stammt dieser doch ursprünglich aus dem Skizzenaufkommen für die 9. Symphonie. Dieser Auffassung zuzustimmen fällt schwer angesichts der Tatsache, daß Beethovens späte Quartette offenbar ein wesentliches Merkmal repräsentieren, wie es sich paradigmatisch an der *Cavatine* von op. 130 festmachen läßt, wie es aber gleichermaßen für Beethovens 9. Symphonie gilt:

>*Beethoven shows in the most palpable way that this late quartet is itself a transcendent composition of a new type (and the same is true in other ways for the other late quartets). It can not only encompass the most complex instrumental movement-types yet attempted in string chamber music, but can reach out to embrace genres from song to opera as well. The extension of expression that is often ascribed to Opus 130 and its neighboring quartets thus arises in part from the annexation of normally independent genres«* (L. Lockwood 1992, S. 211 [E.IV.1.d.]).

8. Klaviersonaten- und Streichquartett-Avantgarde

Beethoven hätte selbst wohl kaum widersprochen, wenn man seinen Klaviersonaten der Zeit vor und um 1800 den Vorrang gegenüber seinen anderen Kompositionen gegeben hätte. Das gilt auch im Verhältnis zu den Streichquartetten op. 18. Hier belasteten die durch Haydn und Mozart enorm gesteigerten Anforderungen der Gattung seine Ambitionen – und sie forcierten sie. Nichts macht dies deutlicher als die Umarbeitung seines Streichquartetts op. 18/1; andererseits kann man die Streichquartettbearbeitung der Klaviersonate op. 14/1 (vgl. Finscher, 1981, S. 11–23 [E.II.12.]) als frühes ›Rauchzeichen‹ einer Konkurrenz der Gattungen lesen. Wenn gleichwohl zu dieser Zeit von einem Übergewicht der Klaviersonate zu sprechen ist, wäre es indes kaum angemessen, dieses Übergewicht uneingeschränkt für die späten Jahre und Phasen des Beethovenschen Schaffens konstatieren zu wollen. Zwar enstanden zwischen 1803 und 1805 die für die Charakteristik der ›mittleren Epoche‹ so zentralen Klaviersonaten op. 53, 54 und 57, doch für die darauffolgenden Jahre bis 1809 änderte sich die Situation. Es muß auffallen, daß Beethoven, trotz eines Auftrags von Clementi aus dem Jahre 1807 (TDR, Bd. 3, S. 27), zwei Klaviersonaten und eine Klavierphantasie zu komponieren, für vier Jahre keine Klaviersonate schuf. In einem Brief vom 19. September 1809 an Breitkopf & Härtel (GA, Bd. 2, Nr. 400, S. 81) heißt es sehr dezidiert: »*ich geb mich nicht gern mit Klavier Solo Sonaten ab, doch versprech ich ihnen einige*«. Vorangegangen aber war dieser Feststellung: »*nächstens über Quartetten, die ich schreibe.*«

Zu dieser Zeit war wohl op. 74 bereits vollendet, doch Beethoven plante noch ein weiteres Quartett unmittelbar danach (vgl. GA, Bd. 2, S. 82 Anm. 9). 1810/11 sollte op. 95 folgen; doch vorangegangen waren die Streichquartette op. 59. Es sind diese Kompositionen, von denen man ohne Übertreibung sagen kann, daß sie – jedenfalls für die Zeit zwischen 1805 und 1809 – den Klaviersonaten den Rang streitig machen, vergleichbar durchaus der Situtation nach 1822, dem Jahr der Klaviersonate op. 111, Beethovens letzten Werk in diesem Genre, da die Offerte Galitzins Beethovens möglicherweise bereits bestehende Intention nach neuen Quartetten zum definitiven kompositorischen Neuansatz beflügelte.

Man könnte die Hypothese wagen, daß zwischen Beethovens Klaviersonaten und seinen Streichquartetten eine Art Konkurrenzverhältnis bestand, das immer dann zugunsten des Streichquartetts umschlug, wenn die Klaviersonate in die Krise geraten war. Äußerungen zu Beethovens kritischem Verhältnis zur Klaviersonate wurden ja bereits zitiert. Und es dürfte auch kaum strittig sein, daß - stellt man die Klaviersonaten op. 53 und op. 57 neben die Quartette op. 59 - letztere angesichts ihrer auskomponierten ›Selbsthinterfragung‹ der satzimmanenten wie zyklischen Sonatenstruktur (vgl. L. Finscher 1974 [E.IV.1.a.opus 59/3]) - eine Distanznahme erkennen lassen, die mit Beethovens 1809 komponierter, der Phantasie angenäherter Sonate op. 78 - von der Klavierphantasie op. 77 ganz zu schweigen - auf eine neue Ebene übertragen wird, die zugleich Instrument und Genre sowie Beethovens phantasiegetragenem Verhältnis zum Instrument Rechnung trägt. Man könnte sagen, daß das Potential an satz- und klangtechnischer Subtilität des Streichquartetts in den Klaviersonaten sein Pendant in den Grenzdurchbrechungen des Satz-, Form- und Zyklusgefüges hatte.

Die Streichquartette op. 59 sind gleichsam die Vorläufer einer Avantgarderolle des Genres im Œuvre Beethovens, die mit den späten Quartetten ihre Fortsetzung finden sollte, eine Fortsetzung, die Beethovens neue Art der Stimmführung hervorbrachte. Damit nicht genug überschritt er zugleich die zyklische Vierzahl. Nichts könnte Beethovens ›Hohe Kunst des Weitergehens‹, die auch die Gattungen unter sich in Konkurrenz hielt, besser unter Beweis stellen.

9. Konzertkonsolidierung

Neben Bemerkungen in Verbindung mit *Adelaide* (GA, Bd. 1, Nr. 47, S. 52), zur ersten Fassung von op. 18/1 (GA, Bd. 1, Nr. 67, S. 86), zum Sextett op. 71 (GA, Bd. 2, Nr. 395, S. 77), schließlich zu op. 113, 115 und 117 (GA, Bd. 3, Nr. 983, S. 305, und Nr. 1016, S. 339) sind Beethovens Aussagen über seine beiden frühen Klavierkonzerte Zeugnisse ausgeprägter, unermüdlich wacher Selbstkritik. Daß er op. 15, vor allem aber op. 19 für » *kein's von meinen Besten ausgebe[n]* « wollte (GA, Bd. 1, Nr. 49, S. 54, und Nr. 59, S. 69), läßt sich an der etappenreichen, korrekturgesättigten Entstehungsgeschichte, insbesondere von op. 19 deutlich ablesen. Zudem läßt dieses Konzert - wie Arno Forchert gezeigt hat (A. Forchert 1994, S. 151–157 [E.IV.1.a.opus 19]) Schwachstellen erkennen, die auch Beethovens Korrekturanstrengungen (D. Johnson 1977, S. 364–385 [E.IV.3.c.]) nicht wirklich tilgen konnten.

Weit mehr noch als Beethovens C-Dur-Klavierkonzert – das trotz seiner Opuszahl definitiv zweite – zeigt das 3. Klavierkonert in c-Moll, op. 37, Beethoven auf dem Weg zur Vervollkommnung. Gleichwohl ist es nicht von Kritik verschont geblieben. Während Donald Francis Tovey die Wendung des einleitenden Orchesterritornells nach C-Dur als »*in itself dramatic*« (D. F. Tovey 1972, Bd. 3, S. 71 [E.IV.1.e.]) kennzeichnet, wird sie von Leon Plantinga als »*a dead end*« (L. Plantinga 1999, S. 139 [E.II.2.]) kritisiert. Doch möglicherweise war Beethoven der profilierende c-Moll-Eintritt des Solisten auf der Folie einer vorangehenden, großräumigen C-Dur/c-Moll-Präsentation des Hauptthemas (T. 74ff./105ff.), das nach der (monierten) Modulation im Seitenthemenbereich wiederkehrt, wichtig. Auch nimmt die Abfolge von Es-Dur und C-Dur die Tonarten vorweg, in denen das Seitenthema in Exposition (T. 164f.) und Reprise (T. 340ff.) erklingt. Grundsätzlich kommt in der Gegenüberstellung von C-Dur/c-Moll etwas von der Beethovenschen Akzentuierung der C-Tonarten zum Ausdruck. So ist auch die mediantische Tonart E-Dur des Largo-Mittelsatzes auf C-Dur zu beziehen; E-Dur, eine Tonart, die diesen Satz, der überhaupt einen wichtigen Schritt der Ausdruckssteigerung darstellt, besonders vom musikalischen Kontext abhebt. Ist es doch auch dieser Satz – Tovey nennt ihn »*one of the great independent symphonic slow movements*« (a.a.O., S. 73) –, der einen Sog des Kontrasts bewirkt, der das Final-Rondo – abgesehen von thematischen Bezugspunkten – an den Kopfsatz rückbindet.

Zu den Kompositionen, die Beethovens Konzerte an hervorragender Stelle repräsentieren, gehört sein Violinkonzert in D-Dur op. 61. Ein ausnehmend hervorstechender Zug ist das vielbesprochene Paukenmotiv, das nicht allein Eröffnungs- und Auftaktfunktion hat, sondern darüber hinaus unverkennbar thematisch ist (Ch. Rosen 1972, S. 98 [E.III.5.]). Aber gerade in dieser Funktion besteht es eben nicht nur aus vier (so bei Rosen und Plantinga), sondern fünf Schlägen (einschließlich der folgenden »Eins«), wie Tovey sehr richtig bemerkt hat (Tovey 1972, Bd. 3, S. 88). Diese thematische Einbindung des Paukenmotivs hilft auch bei der Unterscheidung von Haupt- und Nebengedanken. Was also als »*Gedanken*« »*eins*« und »*vier*« bezeichnet wird (Chr.-H. Mahling 1994, S. 459f. [E.IV.1.a.opus 61]), ist Haupt- und Nebenthema, die anderen »*Gedanken*« sind formal-funktional ambivalente Elemente. Gleichwohl fungiert das Paukenmotiv übers Thematische hinaus auch harmonisch, wie das berühmte, weiterwirkende dis T. 10 und 12 zeigt (vgl. Tovey a.a.O., S. 88f.; Plantinga 1999, S. 218), das im Kontext des noch berühmteren cis zu Beginn der *Eroica* steht. Überhaupt birgt die thematische Verbindung von Paukenmotiv und Holzbläser-Fortsetzung bereits jene »Unruhe«, von der Schönberg als treibendes Moment spricht (Plantinga: »*Each of the three pastoral statements* [...] *is undermined by a contradictory gesture*«, der eine Konnotation von »*military ceremony*« eignet [1999, S. 218]). Und wenn das Paukenmotiv bald darauf auch harmonisch eingefärbt wird, so intensiviert dies das weitertreibende Unruhe-Moment zusätzlich. Jedenfalls ist der immer wiederkehrende Rhythmus des Paukenschritts, abgesehen von allen erwähnten Aspekten, ein eminent vereinheitlichendes Element, nicht unähnlich der vereinheitlichenden Funktion des Anfangsmotivs der 5. Symphonie oder dem Eingang des Soloklaviers im 4. Klavierkonzert G-Dur op. 58.

Geradezu eine Darstellung des Vorgangs, in dem das Improvisatorische kompositorischen Status erhält, findet sich im Beginn des 4. Klavierkonzerts. Der leise Tonfall des Klaviersolos »*vermischt sich mit der Phantasievorstellung, daß wir dem Solisten vielleicht vor dem eigentlichen Anfang des Stücks beim ›Präludieren‹ zuhören*« (R. Kerman 1994, Bd. 1, S. 417 [E.IV.1.a.opus 58]). Es ist ein kompositorisch kalkuliertes Präludieren; doch gerade dieses Phänomen zeigt, in welchem Maße Improvisatorisches als Material in Beethovens Bewußtsein selbst dann präsent war, wenn es darum ging, Festgefügtes zu gewinnen. Dieses Präludieren des Klaviers, das immer wieder auf der Folie von Mozarts Es-Dur-Konzert, KV 271 (*Jeunehomme*) gesehen wird (obwohl das Verhältnis von Orchester und Soloinstrument dort definitiv ein anderes ist), erhebt das bei Mozart bereits verdeutlichte Moment des Dialogs erst eigentlich zum Prinzip. Dies nicht nur mit der Konsequenz des Wechselspiels zwischen Solist und Orchester im Kopfsatz, sondern über dieses hinaus in unnachahmlicher Vertiefung des *Andante con moto* und bis ins *Rondo* hinein. Wenn man eine Idee dieser Komposition zu bestimmen sich anschickt, dann wäre wohl auf dieses Moment, als in sich und durch sich mittels aller Valeurs des Ausdrucks und der musikalischen Kundgabe fähiges zu verweisen. Daß diese Vorstellung einer struktur- und formtragenden Idee des mit musikalischen Mitteln durchgehaltenen Dialogs triftig ist, darauf verweist allein die harmonische Konstellation des Beginns. Die mediantische ›Verrückung‹ des Orchestereinsatzes (T. 6ff.) von G- nach H-Dur reißt nicht nur rein klanglich einen weiten Erwartungshorizont des seelischen Widerklangs auf, er signalisiert darüber hinaus konstruktiv einen zyklusübergreifenden harmonischen Bogenschlag. Daß der tiefgründige Dialog des 2. Satzes in e-Moll steht, daß der erste Klaviereinsatz dort auf H-Dur anhebt, ist alles andere als Zufall. Es ist vielmehr – allgemein gesprochen – die Fortsetzung des Dialogs auf charakteristisch anderer Ausdrucksebene und es ist zugleich – im zyklischen Kontext – die Antwort des 2. auf den 1. Satz. Wenn schießlich das Finalrondo in C einsetzt und dieses subdominantische C-Dur über den Satz hinweg bei jeder Wiederkehr des Themas beibehalten bleibt, dann drückt sich hierin eine Großschrittfolge des harmonischen Rhythmus aus, die die zyklische Spannung der Tonarten bis zum Schluß, und nunmehr im Interesse der Zielgerichtetheit des Schlußsatzes aufrecht erhält.

Diese Zielgerichtetheit erhält Steuerungsimpuls und Perspektive aber bereits mit dem thematischen Eintritt des Soloklaviers. Ist dieser samt seiner harmonisch öffnenden Beantwortung durch das Orchester zugleich eines der vielen Beispiele für Beethovens entwicklungsträchtige Fragmentierung des Themas, so findet sich in Beethovens gewöhnlich unterbewertetem Tripel-Konzert op. 56 ein ganz spezielles, besetzungsgerechtes Beispiel für dieses Verfahren, das Adorno zugespitzt auf die für Beethoven grundsätzlich gültige Formel von der »*Nichtigkeit des Einzelnen*« gebracht hat (Th. W. Adorno 1993, S. 47 und passim [D.I.]). Der für die Themenbildungen des Kopfsatzes durchgehend zuständige »*Baustein punktierte Achtel plus Sechzentel*« (Chr. M. Schmidt 1994, S. 404 [E.IV.1.a.opus 56]), der, ganz im Gegensatz zu Beethovens sonstigem Verfahren, die Sonatensatzstruktur verflächigt (und entsprechend kritisiert worden ist), kann freilich in Korrespondenz mit der Nähe zur barocken Konzertform (Schmidt a.a.O., S. 402) als bewußte Annäherung an den melodischen Fortspinnungstyp verstanden werden. So gesehen wäre die Qualität melodischer Tragfähigkeit, die die Themen, ihre instrumentale Verteilung und Entwicklung prägt, womöglich auch positiv zu gewichten. Ist dies nicht weit mehr »*cantabile*« als »*thematischer Prozeß*«, Beethoven folglich nicht das Pauschalmaß seiner selbst? Überdies hat diese Komposition in einem nichtvollendeten Concertante wenn nicht eine Vorstudie, so doch eine Vorstufe, die für op. 56 nicht ohne Auswirkungen blieb (vgl. R. Kramer 1977, S. 33–65 [E.IV.3.d.]).

Konsolidierung des präludierend eingeführten Dialogprinzips und, damit verbunden, Integration eines untergründig durchklingenden improvisatorischen Impetus, der das Konzert durchschießt, »*as if the the pianist, in nonresponse to the orchestra, is trying out an idea that we imagine could have taken many forms*« (Plantinga 1999, S. 186) sind hervorstechende Charakteristika des 4. Klavierkonzerts. Diese Charakterisierung, die dem Klavier das Potential einräumt, aus formaler Gebundenheit auszubrechen, hat im Konzert grundsätzlich den Ort ihrer Lizenz in der Kadenz. Bleibt diese im 4. Klavierkonzert noch als Freistelle des solistischen Einsatzes offen – Beethoven hat zum Kopfsatz zwei, zum Finalrondo eine Kadenz ausgeschrieben – so hat er dieses Prinzip der Kadenz als ›Einsatz-Stück‹ mit dem 5. Konzert aufgegeben. Wenn Beethoven nunmehr die Kadenz als festeinkomponierten Teil realisiert (T. 497ff.), so hat doch dieser formal-strukturelle Sachverhalt seine ›Voraussetzung‹ wiederum in der Initialzündung des Ganzen. Werden gemeinhin auch 4. und 5. Klavierkonzert unter dem Aspekt des Beginns per Soloeinsatz zusammengesehen – allein die Tatsache, daß im G-Dur-Klavierkonzert das Soloinstrument völlig unbegleitet beginnt, es im Es-Dur-Konzert hingegen aus dem Orchesterklang mit einer gewaltigen Eröffnungspartie emaniert, ist ein ganz entscheidendes Merkmal der Individualisierung beider Werke. Man kann in diesem Satzbeginn des Es-Dur-Konzerts eine thematisch noch nicht signifikante ›Einleitung‹ zur späteren, thematisch gebundenen, formal ›exterritorialen‹ solistischen Durchführung (T. 184ff. und T. 442ff.) in einem allgemeineren Sinne sehen, wie sie gerade an den Stellen hervortritt, die bei Mozart und noch bei Hummel als Ausbreitung virtuoser Spielfiguren hervortreten. Es ist charakteristisch, daß diese ›thematische Virtuosität‹ der Takte 184ff. und 441ff. (Partien, die im 4. Konzert keine Entsprechung haben [vgl. Plantinga 1999, S. 264]) in der ›eigentlichen‹ Durchführung mit jener gewaltigen Oktavenstelle ins Trans-Thematische expandiert und dabei lediglich von jenem Marschrhythmus begleitet wird (T. 310ff.), der auch dem Eintritt der ausgeschriebenen Kadenz vorausgeht, jener Kadenz, die den fließenden Übergang zur Coda bewirkt, in dem die Virtuosität noch einmal aufgipfelt, kombiniert mit dem Marschrhythmus und jener Schlußgruppenmelodik, die T. 99ff. bereits anklingt.

In Beethovens letzten beiden Konzerten sind die Mittelsätze Meditation und Diskurs in Richtung auf den Schlußsatz. Die offengehaltene Struktur ihrer Kundgabe weist über sie hinaus. So sind langsamer und Schlußsatz besonders eng aufeinander bezogen, was im Es-Dur-Konzert durch den »attacca«-Anschluß deutlich wird, eine explizite Anweisung, die im G-Dur-Konzert dem musikalischen Gestus des fermatenverebbenden Dialogs implizit ist.

10. »Laboratorium artificiosum«

Die Zeit, zu der Beethoven die scherzhaft-ernste Bezeichnung *Laboratorium artificiosum* für seine Kompositionswerkstatt verwandte – das Jahr 1800 (GA, Bd. 1, Nr. 48, S. 53) – kann nicht als repräsentativ gelten für Ort und Umstände seiner kompositorischen Tätigkeit. War doch der Ort von Beethovens Werkstatt oft – und mit den Jahren offenbar in zunehmendem Maße (B. Cooper 1990, S. 7 [E.IV.3.d.]) – die freie Natur, ein Moment, auf das auch die erst mit dem Jahr 1814 einsetzende beachtliche Zahl von Taschenskizzenbüchern (»*pocket sketchbooks*«; vgl. JTW, S. 12) verweist, während die (oft) festgebundenen, großformatigen Skizzenbücher (»*desk sketchbooks*«) der Kompositionsarbeit im Hause dienten. Doch ist nicht auszuschließen, daß Beethoven mit dieser Bezeichnung nicht nur eine räumlich-reale Lokalität meinte, sondern auch auf die schöpferische Imaginationssphäre anspielte.

Ein Merkmal scheint indes für die gesamte Lebensspanne zuzutreffen: die gleichzeitige Arbeit an mehreren Kompositionen. Er hat dies selbst brieflich angesprochen – »*so wie ich jetzt schreibe, mache ich oft 3 4 sachen zugleich*« (GA, Bd. 1, Nr. 65, S. 81); aber auch die Skizzenbücher geben darüber Auskunft, nicht zuletzt unter dem Gesichtspunkt, »*daß Beethoven kurz vor dem absehbaren Abschluß einer größeren Komposition* […] *in eine Vielzahl neuer Pläne stürzte, welche bei weitem seine Arbeitskraft überstiegen und sich nicht nur gegenseitig behinderten, sondern auch die Vollendung des vorhergehenden Werkes verzögerten*« (S. Brandenburg 1984, S. 106 [E.IV.3.c. op. 125]).

Die Überlegung, was denn Beethoven eigentlich bewogen haben könnte, seine Kompositionsarbeit auf einem vielfach langwierigen und verzweigten Skizzenprozeß aufzubauen, ist naturgemäß unterschiedlich beantwortet worden. Man hat sie mit des Komponisten Ertaubung verbunden, ohne zu bedenken, daß Beethovens früheste Skizzen schon in die Bonner Zeit fallen; zudem hat er schließlich in Wien bis etwa 1810 noch keine Hörprobleme der Art gehabt, die diese Begründung auch nur von ferne als plausibel erscheinen lassen. Im Petterschen Skizzenbuch findet sich schließlich fürs Jahr 1812 die Notiz: »*Baumwolle in den Ohren am Klavier benimmt meinem Gehör das unangenehm rauschende –*« (G. Nottebohm 1887, S. 289 [E.IV.3.a.]). Überhaupt rührt diese Frage an den inneren Kern der schöpferischen Vorstellung nicht nur Beethovens, sondern der kompositorischen Imaginationskraft überhaupt. Wie dominierend und absolut lenkend diese gewesen sein muß, läßt sich aus einer – leider unkommentierten – Notiz in Beethovens Tagebuch von 1812–1818 schließen: »*Nur wie vorhin wieder auf dem Clavier / in eignen Phantasien – trotz allem Gehör*« (Solomon 1990, Nr. 102, S. 93f.). Aus dem Kontext zu schließen, dürfte diese Selbstaufforderung ins Jahr 1816 fallen, die Zeit, da Beethoven Hörrohre benutzte, die Ertaubung also schon beträchtlich fortgeschritten war. Eine Eintragung wie diese korrespondiert in ihrer Herausforderung fürs klangliche Imaginationspotential mit der verbalen Skizzennotiz aus dem Jahre 1810: »*Sich zu gewöhnen gleich das ganze alle Stimmen wie es sich zeigt im Kopfe zu entwerfen*« (Nottebohm 1887, S. 281).

Wenn es um Beethovens eigene Äußerungen zur Arbeit mit Skizzen geht, so wird gewöhnlich – und völlig zu Recht – der Passus aus seinem Brief an Erzherzog Rudolph vom 1. Juli 1823 (GA, Bd. 5, Nr. 1686, S. 165) zitiert, aus dessen Ratschlägen sich Rückschlüsse auf den Komponisten selbst ergeben: »*fahren E. K. H. nur fort, besonders sich zu üben, gleich am Klawier ihre Einfälle flüchtig kurz niederzuschreiben, hierzu gehört ein kleines Tischgen an's Klavier, durch d.g. wird die Phantasie nicht allein gestärkt, sondern man lernt auch die entlegensten Ideen augenblicklich festzuhalten; ohne Klawier zu schreiben ist ebenfalls nöthig, u. manchmal eine einfache Melodie Choral mit einfachen u. wieder mit verschiedenen Figuren nach den Kontrapunkten u. auch darüber hinaus durchzuführen*

[...] *nach u. nach entsteht die Fähigkeit gerade nur das, was wir wünschen fühlen, darzustellen, ein den Edlern Menschen so sehr wesentliches Bedürfnis.«*

Dieser Passus ist nicht nur allgemein wegen des Hinweises auf die Skizzierung von Einfällen aufschlußreich. Hinter der Bemerkung über die Stärkung der Phantasie steht sicherlich auch die Erfahrung des improvisatorischen Einfalls und seiner Entwicklung, eine Entwicklung, die in die schriftliche Fixierung übergeht (wie ja auch von Haydn bekannt) und damit eine besondere Straffung der Phantasie verlangt; daneben aber ermöglicht es die Skizzierung, plötzlich auftauchende, von der augenblicklichen Arbeit abliegende, musikalische Einfälle festzuhalten – ein interessanter Gesichtspunkt, der auf die Funktion der Skizzen als Gedanken- und Ideenspeicher (Themen- und Motivspeicher) verweist. Schließlich wird im Zusammenhang mit der Arbeit ohne Klavier die kontrapunktisch gebundene Ausarbeitung einfacher Melodien empfohlen.

Zu dieser Empfehlung steht eine acht Jahre früher liegende Briefbemerkung (GA, Bd. 3, Nr. 824, S. 158), ebenfalls Erzherzog Rudolph gegenüber, in deutlichem Widerspruch: »*die üble Gewohnheit von Kindheit an meine ersten Einfälle gleich niederschreiben zu müssen, ohne daß sie wohl nicht öfter mißriethen, hat mir auch hier geschadet.*« Zitiert man diese Briefstelle ohne den Kontext (B. Cooper 1990, S. 4), so bleibt die Erklärungsmöglichkeit verborgen, daß Beethoven hier die – völlig natürliche – Kehrseite der Skizzenfixierung, daß sie nämlich im Einzelfall zu nichts führt und der Entwurf im Sande verläuft, überbetont, um die Nichteinhaltung eines Termins mit dem Erzherzog, eben wegen einer solchen Skizze, zu entschuldigen: »*Als Sie Sich neulich in der stadt befanden, fiel mir leider dieser chor ein, ich eilte nach Hause selben niederzuschreiben, allein verhielt mich länger hiebey, als ich anfangs selbst glaubte, und so versäumte ich I. K. H. zu meinem größten Leidwesen – die üble Gewohnheit.*« Inwieweit hierbei auch eine Art ironischer Selbstbeschuldigung vorliegt, um übler Nachrede, gegen die sich Beethoven in Briefen an den Erzherzog mehrfach glaubt verwahren zu müssen, den Boden zu entziehen, muß offenbleiben.

IV. Improvisation und Skizze

Stellung und Funktion von Improvisation und »*Fantasie*« sind im Gedankenraum zwischen Einfall und Komposition nur schwer zu fassen (vgl. zu diesem Problemkreis: H. A. Löw 1962 [E.V.], E. R. Sisman 1998, S. 67–96 [E.III.5.]). Das berührt ihr Verhältnis zur Skizzenarbeit. Bekannt und vielzitiert sind die Berichte von Ries (Wegeler/Ries 1838, S. 118) und Treitschke (Fr. Kerst, Bd. 1, S. 182 [D.II.2.d.]), ersterer im Zusammenhang mit dem Schlußsatz der *Appassionata*, letzterer angesichts der

(1814). Man hat von improvisatorischen »*Vorstudien*«, einer »*vorläufigen Zusammen-fassung neuen Gedankenmaterials*« gesprochen (K. Huschke 1919, S. 50 [F.IV.3.]). Doch so berechtigt diese Beurteilung im Einzelfall auch sein mag, läßt sie sich verallge-meinern? Diese Frage steht im Kontext anderer. Macht nicht die Feststellung der ›Vorstudie‹ zu früh halt? Müßten wir nicht wissen, welche musikalischen Gedan-ken(-verbindungen) aus besagten Improvisationen in die ausgeführte Komposition übergegangen sind – genauer: ob und welche Skizzen sich anschlossen, die den Weg zur ausgeführten Komposition weitergingen? Eins steht fest: Als Pendant zur aus-geführten Komposition, ja als deren Äquivalent sind derlei Improvisationen nicht zu bewerten. Und doch hat Beethoven sich – schenken wir Anton Reichas Bericht Glauben – offenbar einmal so geäußert, als könnte dies der Fall sein: »*Er versicherte uns einst, ungefähr fünfundzwanzig Jahre vor seinem Tode, in einem Anfall von Laune, daß er den Entschluß gefaßt, von nun an so zu komponieren, wie er fantasierte, das heißt, alles sogleich und unverändert zu Papier zu bringen, was seine Einbildungskraft ihm Gutes eingäbe, ohne sich um das Übrige zu kümmern*« (A. Reicha 1833, S. 283 [E.IV.1.d.κ]). Reichas kriti-scher Kommentar folgt auf dem Fuß: »*Man kann aber nicht sagen, daß er dieses Verspre-chen erfüllt hätte. Denn obwohl seine Kompositionen, welche sich von jener Epoche herschrei-ben, meistens in einem mehr oder wenig romantischen Stil komponiert sind [sic!], so enthalten sie doch so viele kunstreiche Schönheiten, Durchführungen der Ideen und die Beachtung eines vorher bestimmten Planes, daß die freie Improvisation dieses nicht erreichen könnte*«. Eine beachtenswerte Stelle aus Beethovens Brief an Therese Malfatti von Ende Mai 1810 (GA, Bd. 2, Nr. 442, S. 122) läßt sich ganz in diesem Sinne lesen: »*Welchen Unterschied werden sie gefunden haben in der Behandlung des an einem Abend erfundenen Themas und so wie ich es ihnen leztlich niedergeschrieben habe, erklären sie sich das selbst.*«

Diese anscheinend so klare Abgrenzung wird indes wieder aufgeweicht. Man ist versucht – denkt man nur an opus 80, dann aber auch an Beethovens Konzerte (vgl. Kross 1990, S. 132–139 [E.II.2.]) – von in den Kompositionen enthaltenem Fanta-siepotential zu sprechen, weiß man doch zudem um die unterschiedlichen Ferti-gungsstadien in Beethovens Klavierkonzert op. 19, B-Dur, um die ›Weiße-Blatt-Par-titur‹ des Beethovenschen Klavierparts – wie auch im 3. Klavierkonzert (G. Block 1982, Bd. 1, S. 97f. [E.IV.3.d.]), dessen Realisierung im Konzert – spricht man auch von dessen Speicherung im Kopfe des Komponisten – sicherlich auch für improvisierte Abweichungen freigegeben war, möglicherweise auch für improvisatorische Einla-gen. Für einen Formteil wenigstens – die Kadenz – ist das improvisatorische Moment unbestritten (Löw 1962, S. 59f.). Nicht zu übergehen ist in diesem Zusam-menhang die mit erweiternden und modifizierenden Notierungn Beethovens versehene Abschrift des 4. Klavierkonzert in G-Dur, op. 58. Sie ist u. a. mit Czernys Bericht zu verbinden, »Beethoven habe das G-Dur-Concert öffentlich sehr »muthwillig« gespielt und bei Passagen viel mehr Noten angebracht, als da standen« (Nottebohm, 1887, S. 75; Plantinga, 1999, S. 213 ff.).

Improvisieren, quasi aus dem Nichts und improvisierend die Herausforderung bereits bestehender Themata annehmen – diese Differenzierung ist auch in derjenigen Carl Czernys (Löw 1962, S. 24ff.) enthalten, die noch entschieden weiter ausgreift. Wenn thematische Vorwürfe aber zum Handwerk improvisatorischer Kunst zählten, dann kann es nur einleuchten, daß Beethoven sich selbst thematische Inspirationsfunken und ›Fahrplankürzel‹ notierte, die es dann umzusetzen galt.

Der Weg zur Skizze ist nur ein Schritt. Und hier ist auch an den wägenden Bericht über Beethovens Improvisationskunst zu erinnern, in dem die »Leichtigkeit und zugleich Fertigkeit in der Ideenfolge« gerühmt wird, mit der »Beethoven auf der Stelle jedes ihm gegebene Thema nicht etwa mit den Fingern variiert (womit mancher Virtuos Glück – und Wind macht), sondern wirklich ausführt« (Th. von Frimmel 1906, S. 243f. [H.II.]). Studiert man die (wenigen) Berichte über Beethovens Phantasieren am Klavier etwas genauer, so gelangt man zu der Überzeugung, daß ›freies‹ Phantasieren bereits für Beethoven im höchsten Sinne Optimierung des musikalischen Materials war und dies als Entwicklungsprozeß.

Verhält sich möglicherweise die Improvisation zur Skizze wie diese zum Werk? Drücken nicht sowohl die Skizzen und ihre Entwicklungs-Spurensuche als auch gewisse, ein »battlefield of conflicting ideas« (L. Lockwood 1992, S. 8 [E.IV.3.d.]) repräsentierende Partituren die Tatsache aus, daß sich Beethoven komponierend so verhielt, als ob er improvisiere, aber – im Gegensatz zum Improvisationsprozeß – die Möglichkeit nutzte, permanent seine Einfälle zu fixieren und zu überprüfen – die Skizze als ›widerstandsgefilterte Improvisation‹? Jeder Einfall, der beim Improvisieren der stringenten Fortsetzung dient, wird auf diese Weise in den Skizzen umgekehrt unter die Lupe der kompositorischen Selbstkritik gelegt, so daß die Skizzen wie eine Folge immer wieder sich einstellender, dann aber auch immer wieder ›aufgebrochener Endlosschleifen‹ der Einfallproduktion und Reproduktion erscheinen.

Hier ist womöglich der Grund dafür zu suchen, daß Beethoven seine Skizzen aufhob: Sie sind nicht nur Ideen-Bank und Werkstatt-Studienbuch, sie sind – als ›gebändigte Improvisation‹ – die ›genetische Bank‹ der Komposition. Hier liegt womöglich der Grund dafür, daß die Rigorosität, mit der Beethoven seine Skizzenbücher an sich hielt, im umgekehrten Verhältnis zu der Freizügigkeit stand, mit der seine Partituren unter Freunden kursierten (vgl. Lockwood 1992, S. 252 Anm. 20).

Anders als in der Bildenden Kunst haben in der Musik Skizzen erst spät Konjunktur gefunden. Daß in jener das Entwurfsstadium schon lange einen hohen Rang einnahm, spiegelt noch Karl Friedrich Schinkels *Theoretisches II* wider, in dem der Architekt und Maler reflektiert: »*zu erklären warum eine Skizze ?/viel mehr und höher wirkt als die Ausführung/weil in letzterer mehr mit aufgenommen/wird was man füglich entbehren konnte/in der Skizze hingegen nur das Nothwendigste/die Phantasie anregende*« (Staatliche Museen zu Berlin-Preußischer Kulturbesitz/Zentralarchiv. Nachlaß Schinkel, 4. Theoretische Schriften II, Zur Baukunst, S. 14).

Man muß sich des Komponisten Wenzel Tomaschek Bericht über seinen Besuch bei Beethoven im Oktober 1814 vergegenwärtigen, um der Bewußtseinskluft gewahr zu werden, die sich zwischen dessen Kommentar zu Beethoven-Skizzen und den Notizen Schinkels auftut: »*auf der Klaviatur lag ein Bleistift, womit er die Skizze seiner Arbeiten entwarf; daneben fand ich auf einem soeben beschriebenen Notenblatte die verschiedenartigsten Ideen ohne allen Zusammenhalt hingeworfen, die heterogensten Einzelheiten nebeneinandergestellt, wie sie ihm eben in den Sinn gekommen sein mochten. Es waren die Materialien zu der neuen Kantate. So zusammengewürfelt wie diese musikalischen Teilchen war auch sein Gespräch*« (Fr. Kerst, Bd. 1, S. 186 [D.II.2.d.]). Nicht daß hier ein fundamentales Vorurteil unter Kompositionskollegen Nahrung fand, ist entscheidend: Maßgeblich ist vielmehr das profunde Desinteresse am geistigen Potential der Skizze, das Tomaschek, der – wie erwähnt – den Improvisator Beethoven entschieden über den Komponisten stellte, demonstriert.

Die positive Bewertung der Bild-, (Architektur- und Plastik-)skizze ist freilich neben dem größeren Realitätsanteil – und zwar gerade auch mit Blick auf die Umsetzung der Studie ins abgeschlossene Werk (man denke nur an Raffaels Brief an Conte Castiglione, in dem er die Zusendung von Zeichnungen zwecks kritisch wählender Sichtung ankündigt (M. Winner, »... una certa idea«, in: Ders. (Hrsg.), *Der Künstler über sich in seinem Werk. Internationales Symposium der Bibliotheca Hertziana Rom 1989, S. 543*) – auch einem praktischen Aspekt zuzuschreiben: der Tatsache, daß Skizzen der Bildenden Kunst Werkstattbestand waren, gleichsam den ›Materialstand‹ der Werkstatt repräsentierten, damit aber auch den allgemeinkünstlerischen Kontextbezug offenhielten. Mochten sie selbst gehütetes Werkstattgeheimnis sein, als Geheimnis waren sie gleichwohl zugleich dem ›inneren Kreis‹ des Meisters zugänglich. Auch bei Beethoven sind zumindest Berührungspunkte mit diesem Werkstattdenken unübersehbar.

186   Bedenkt man die heutigen, exorbitanten Preise für auch nur einzelne Skizzen-
blätter, so gibt es wohl keine Spezies des am 5. November 1827 versteigerten Beethovenschen Nachlasses, die derartige Steigerungsraten zu verzeichnen hat. Das mag
einmal darin begründet sein, daß die Zahl der vom 5. bis 7. November 1827 an der
Auktion partizipierenden Verleger und Interessenten klein war (vgl. JTW, S. 15; vgl.
auch G. Kinsky 1935 [B.III.]), von einer Auktion unter hart konkurrierenden Bietern
wohl kaum die Rede sein kann. Ferner konnte von einem künstlerischen oder gar
wissenschaftlichen Interesse für Beethovens Skizzen absolut keine Rede sein. Wenn
man bedenkt, daß bei der Versteigerung für die Skizzen vor allem Händler-, bestenfalls Kuriositäteninteresse bestand und 60% des Skizzenmaterials, darunter die auf-
fallenderen Partiturskizzen (oder besser -fragmente) von Artaria zu niedrigen Preisen erworben wurden (JTW, S. 17; S. Brandenburg 1991, S. 346 [E.IV.3.a.]), dann wird
daraus die zu diesem Zeitpunkt geringe Einschätzung der Skizzen deutlich genug.
»None of the Viennese dealers seems to have attached much value to the sketches. The process of
their dispersal began almost at once, and by the 1860s, when scholarly interest in them was first
aroused by Thayer and Nottebohm, most of the sketchbooks were in new hands« (JTW, S. 18).

    Diese Zerstreuung des Beethovenschen Skizzennachlasses basierte freilich nicht
lediglich auf Besitzerwechsel. Nicht allein, daß von den ›Loseblattsammlungen‹, die
Beethoven z. T. selbst zusammengeheftet hatte (so das sog. Kafka-Skizzenbuch [nach
Johann Nepomuk Kafka], vgl. JTW, S. 27), Skizzen veräußert oder anderen Konvolu-
ten hinzugefügt wurden (Notierungsbuch L, vgl. JTW, S. 26); vielmehr wurden aus
gebundenen Skizzenbüchern Blätter entnommen, so daß der ursprüngliche
Bestand, aber auch die Reihenfolge der Skizzen(blätter) mehr oder minder obskur
wurden. Während die meisten der Beethovenschen Skizzenbücher unterschiedlich
umfangreiche Einbußen an Skizzenblättern erlitten, genügt es auf zwei Extremfälle
am unteren und obern Ende der Skala zu verweisen: Das sog. Sauer-Skizzenbuch,
dessen Besitzer, Ignaz Sauer, das gesamte Buch auflöste und wahrscheinlich alle
Blätter verkaufte (JTW, S. 113) und das Keßlersche Skizzenbuch, das mit 96 Blättern
noch völlig unversehrt ist (Keßlersches Skizzenbuch [C.II.]; JTW, S. 124).

    Unter anderem an einem zerstörten Skizzenbuch wie dem Sauerschen hat sich
die neueste Skizzenforschung mit einem methodischen Ansatz bewährt, dem
ursprünglichen Zustand bis zu welchem Grade auch immer versehrter Skizzenbücher nachzuspüren, ihn möglichst weitgehend wieder herzustellen (D. John-
son/A. Tyson 1972, S. 137–150 [E.IV.3.b.]; JTW, S. 44–67). Hier liegt der entscheidende,
von vermittelnder Forschung beflügelte Fort-Schritt (vgl. W. Virneisel 1952 [E.IV.3.c.
opus 29]) gegenüber der die Zustandsfrage nicht in Rechnung stellenden Skizzen-
buch-Veröffentlichung.

Auch heute sind insbesondere die Untersuchungen Gustav Nottebohms, aber auch seine Auseinandersetzungen mit A. W. Thayer unverzichtbare Folie der Skizzenbetrachtung (zur Nottebohm-Thayer-Kontroverse vgl. u. a. S. Brandenburg 1979, S. 117ff. [C.II.]; zu Nottebohm ferner u. a. L. Lockwood 1992, S. 98ff. [E.IV.3.d.]; JTW, passim), eine historische Perspektive, in die auch Ludwig Nohl gehört. In verschiedenen Fällen ist Nottebohms Skizzenbeschreibung und -übertragung wegen des zwischenzeitlichen Verlustes oder der Zustandsveränderung von Skizzen sogar die einzige Möglichkeit, eine Vorstellung von dem jeweiligen Material zu gewinnen, wie im Falle der Skizzenbücher *Landsberg 5* und *Landsberg 11* (JTW, S. 195). Seine Beschreibungen sind aber immer auch insofern wichtig, als sie eine Vergleichsbasis bieten, etwaige Änderungen im Zustand des Skizzenbestandes und der Blattfolge festzustellen oder auszuschließen, aber auch eine Überprüfung der Datierung nahelegen (JTW, S. 124, 137, 146, und passim), wobei sich auch Anlaß zur Kritik an Nottebohms Angaben und Verfahren ergibt (JTW, S. 101f., 187, 197 und passim), sich zudem herausstellte, daß er bestimmte Skizzen und Skizzenbücher nicht gekannt hat bzw. kennen konnte (JTW, S. 113, 130, 156, und passim). Grundsätzlich aber ist Nottebohms Methode mittlerweile überholt. Lockwood hat deren Begrenztheit an folgenden Aspekten verdeutlicht: 1. Unvollständigkeit des Materials, 2. Unklarheit, worauf die Anordnung der Übertragung beruht, 3. die Beispiele folgen nicht den Regeln diplomatischer Übertragung, 4. Vereinfachung der Skizzenmethodik durch den undifferenzierten Hinweis auf ein Verfahren schrittweiser Verbesserung bis zum perfekten Resultat.

Es liegt auf der Hand, daß Untersuchungen wie die von Paul Mies (die, bei allem Verdienst des zeitbedingten Standards, auf Nottebohm basieren) nicht mehr genügen können, ein Punkt, auf den Mies selbst hingewiesen hat: »*Eine Einschränkung ist durch die Benutzung der Nottebohmschen Arbeiten und nicht der originalen Skizzenbücher bedingt*« (P. Mies 1925, S. 3 [E.III.5.]). Damit korrespondiert, daß Mies, dem es um stilistische Signifikanz der Skizzen unter den verschiedensten Aspekten ging, de facto Momentaufnahmen aus Kompositionen anfertigte, nicht aber den Weg der kompositorischen Entwicklung durch die Skizzen hindurch verfolgte - und, aufgrund seines Materials, auch noch gar nicht verfolgen konnte.

Erst durch eine breitangelegte Bestandsaufnahme und Erschließung der Skizzen, durch Skizzeneditionen [vgl. Mikulicz, Schmidt-Görg, Weise, Virneisel, Brandenburg], vor allem aber auch durch monographische Untersuchungen der Skizzen zu einzelnen Werken [vgl. u. a. Drabkin, Kramer, Frohlich], durch Skizzenmonographien unter dem Aspekt von Werkgenese und Werkmorphologie [vgl. u. a. Kindermann, Winter], schließlich durch die methodisch strategische Verbindung von skizzenorientierter Werkanalyse und werkorientierter Skizzenbetrachtung [vgl. Lockwood] begann man und gelang es schließlich in Einzelfällen Beethovens kompositorisches Verfahren genauer zu erfassen und besser zu verstehen. Ein Meilenstein in der Skizzenforschung aber wurde die Rekonstruktion der Skizzenbücher. Mit ihr hat sich auch die Methodik ihrer Erforschung gewandelt: »*the traditional notion of Beethoven's simply ›building up‹ a structure from fragmentary sketches remains inadequate without an attempt to uncover the direction and purpose of the building up along with consideration of the prior constraint from which the process has begun. [...] The alternative is to come down to cases and to encourage serious and close-grained examination of particular problems that will focus instead on the variety of specific structural purposes the sketches seem to have been designed to fulfill*« (L. Lockwood 1973, S. 122 [E.IV.3.c. WoO 146]).

Solche Betonung eines erheblich erweiterten Horizonts der Skizzenforschung ist freilich auch ein Argument in der Auseinandersetzung um die Relevanz und Triftigkeit der Skizzenforschung. Die sich artikulierende Kritik (D. Johnson 1978/79 [E.IV.3.a.]) hat unmittelbare Repliken provoziert (S. Brandenburg 1978/79; Drabkin, ebd. S. 274ff., insbesondere angesichts der Feststellung, Skizzenuntersuchungen seien analytisch unergiebig). Es scheint indes, daß der hier zugrundegelegte Analysebegriff zu eng gefaßt ist, den ästhetischen, den intentionalen Kontext kompositorischer Prozesse und Entscheidungen nicht angemessen berücksichtigt (K. Kropfinger, ›Über Musik im Bilde, Bd. 1, K. 1995, S. 160 [E.IV.1.a.op.130]). Am nachdrücklichsten hat sich Lewis Lockwood für die Skizzenforschung ausgesprochen: »*Our job is to interpret these entries as evidence of a process of intensive compositional activity, and the premise of this is that such study can never be wholly irrelevant to an understanding of the work itself*« (1992, S. 175 [E.IV.3.d.]).

Tatsächlich lassen sich – abgesehen von der Datierung und Identifizierung von Skizzen – unter analytischem und genetischem Aspekt wichtige Einsichten gewinnen, z. B.

- bei den Skizzen zum Eroica-Finale: »*This case conveys a prime example of the possibilities that sketch material can disclose a connection between musical ideas that occur at far-flung points in a finished composition and that we might not therefore regard as having an intended connection*« (L. Lockwood 1991, S. 96 [E.IV.3.c. opus 55], s. auch 1992, S. 162 unter Verweis auf Philip Gossett)
- Beethoven gewinnt in den Skizzen zu den Diabelli-Variationen immer wieder »*drastisch kontrastierende Variation aus einem gemeinsamen Stoff und gemeinsamen Ideen*« (W. Kinderman 1984, S. 148 [E.IV.3.c. opus 120])

- Die Skizzenanalyse duchleuchtet den Wandel kompositorischer Konzeption: *»The work [op. 120] as we know it is thus to a great extent the product of two superimposed conceptions«* (W. Kinderman 1987, S. XVIII [E.IV.1.a.])

- zu op. 130: »Die ersten Notierungen [im de Roda-Skizzenbuch], *die nicht nur die Gestaltung des Quartettbeginns – ›letztes Quartett mit einer ernsthaften und schwergängigen Einleitung […]‹ –, sondern auch bereits den mit einer ›Fugha‹ auszustattenden Finalsatz ins Auge fassen […] lassen […] eine werkübergreifende zyklische Konzeption erkennen«* (K. Kropfinger, 1995, S. 261, 289 [E.IV.1.a.op.130])

- zu op. 131: *»Although the idea of an opening fugue was central to the quartet from the outset, the equal importance assigned to the finale is demonstrated by another sketch made before any of the six remaining movements had been fixed in the overall scheme«* (R. Winter 1982, S. 138 [E.IV.3.c.]).

- die Einführung neuen (Themen- oder Entwicklungs-)Materials bedeutet nicht zwangsläufig, daß der frühere Entwurf oder die frühere Konzeption völlig aus dem Blickfeld geraten wäre. Vielmehr kann sich die ursprüngliche kompositorische Absicht behaupten (vgl. Kinderman, 1989/1999, S. 22 [E.IV.1.a.op.120]; Kropfinger, 1995, Bd. 1, S. 289 ff. [E.IV.1.a.op.130])

- Beethoven entwirft für fast alle Variationszyklen in einem ersten Durchgang eine Folge von umrißhaften Skizzen, von denen dann die weitere Arbeit ausgeht (Brandenburg, 1971, S. 355–357 [E.IV.3.c. opus 92], Kinderman, 1989/1999, S. 9 [E.IV.1.a.op. 120])

- ungeachtet der oft schwierig festzustellenden Reihenfolge der Skizzen ermöglichen sie in einzelnen Fällen, wie am Beispiel der *Eroica* erkennbar, Aufschluß über Ausgangspunkt und Richtung des Arbeitsprozesses (Lockwood, 1992, S. 134 ff. [E.IV.3.c.op.55])

- schließlich sind Skizzen grundsätzlich mit Blick auf die Intentionen des Komponisten zu untersuchen, ein Aspekt, der zu intensiven Diskussionen geführt hat.

3. Skizze – Autograph – Abschrift / Stichvorlage – Stich – Fehlerverzeichnis

Mögen die Termini *Skizze* und *Autograph* auch eine glatte Unterscheidung vermuten lassen, so breitet sich zwischen beiden ein Differenzierungsskala aus, die in beide Bereiche hineinwirkt und die auch eine der Terminologie ist. Dabei ist zu bedenken, daß der musikbezogene Begriff *Skizze* aus der Bildenden Kunst stammt, so daß die dort verwendeten differenzierenden Begriffe wie *croquis* (Erstskizze) und

Brouillon (weiter gediehener [?] *Entwurf*) also nicht unbesehen auf die Musik zu übertragen sind (H. Unverricht 1971, S. 96 [E.IV.3.a.]).

Die Schwierigkeiten, die kaum vermeidbaren Unschärfen und Überschneidungen einer Differenzierung treten auch im englischsprachigen Bereich, etwa in der Unterscheidung von *draft* (»*a small, well-determined musical entity*«) und *sketch* (»*a broad scheme for the structure of an extended musical area*« und/oder »*detailed work on a problematic compositional section*«, M. R. Obelkevich 1971, S. 91 [E.IV.3.d.]) hervor. Anders als beim Versuch, innerhalb des Gesamtbereichs Skizze nach Charakteristika definitorisch zu sortieren, sind Abschnitte innerhalb der Wegstrecke oder des Polaritätsprofils Skizze-Autograph nach Maßgabe (unter dem Aspekt) von Arbeitsschritten im Kompositionsprozeß unterschieden worden (L. Lockwood 1992, S. 4-16 [E.IV.3.d.]). Indem das Autograph für Korrekturen und Einblendungen von Prozeduren verkürzender Vorwegnahme (*cue-staff*) durchlässig wird, die den Begriff des Autographs als endgültige Niederschrift zugunsten eines im Sinne von Versuchsanordnungen und Durchgangspositionen in Frage stellen, umgekehrt aber das Skizzenkonvolut zum ›Parkplatz‹ für endgültige, partielle Lösungen wird, die im korrekturüberfrachteten Autograph keinen Platz mehr finden, beginnen die ohnehin löchrigen Mauern zwischen Autograph und Skizze zu bröckeln. Damit verbunden ist eine ganze Szenerie der Überbrückung, wie sie in Bezeichnungen wie *continuity draft* (Zusammenhangentwürfe, vgl. Beethoven, hrsg. von L. Finscher, Dst. 1983 [= Wege der Forschung 428], S. 129), deren Fortsetzung, die *score sketches* (Brandenburg 1983, S. 241 [E.IV.3.c.]; JTW S. 463ff.) und *cue-staff* (Stichwort-System, vgl. Beethoven, a.a.O., S. 134), wobei gerade der letztere – wie die vorgenannten mittlerweile fest eingebürgerte – Terminus den musikalischen Sachverhalt dann nicht mehr abdeckt, wenn er – was den eigentlichen Clou seines Auftretens ausmacht und wie im Autograph von op. 69/1 – praktisch der ganzen musikalischen Erstreckung ohne Unterlaß ›souffliert‹ (Lockwood 1992, S. 13ff.).

Es ist in diesem Zusammenhang bemerkenswert, daß Beethoven – der Skizze und Autograph selbst deutlich auseinanderhielt (»*Zwei Eintheilungen meiner Musikalien/meiner Skizzen Bücher – meiner Studien – meiner Partituren – meiner ausgeschriebenen*« [Solomon 1990, Nr. 51, S. 6of.]) – das Autograph gegenüber dem ausgeführten Druck niedriger einschätzte. Am 6. Sept. 1816 schreibt er an Johann Nepomuk Kanka (GA, Bd. 3, Nr. 971, S. 295): »*das bewußte terzett erscheint bald im Stiche* [op. 97], *welcher immer aller geschriebenen Musik vorzuziehen ist.*« Diese Haltung könnte indes weniger eindeutig sein als man – im Sinne einer Nichtachtung der Partitur – annehmen möchte. Beethoven überließ dem Verleger oft nicht seine Partitur als Stichvorlage, sondern die Kopie. Als Grund wird die wegen der zahlreichen Korrekturen und

›Schichten‹ schwere Lesbarkeit der Partituren angegeben (S. Brandenburg, in: BeJb 9, 1973/77, S. 25).

Welche Konsequenzen Beethovens schwer lesbare Handschrift hatte, dafür steht sein Verlegerbriefwechsel mit einer Fülle von Beispielen, dafür stehen aber vor allem seine Fehlerverzeichnisse, von denen das eine oder andere wie im Ozean verschollene Flaschenpost der interessierten Öffentlichkeit verborgen blieben. Lockwood etwa hat auf die Fehlerliste zu op. 69 nicht nur aufmerksam gemacht, sondern diese auch erstmals als Faksimile im Rahmen eines umfassenden Aufsatzes (1992, S. 17–94, 235–242) veröffentlicht.

V. Das »Neue«

Beethovens Diktum vom 18. Okt. 1802 gegenüber Breitkopf & Härtel (GA, Bd. 1, Nr. 109, S. 127) angesichts der »ganz neuen Manier«, in der er »zwei Werke Variationen« (op. 34 und 35) geschrieben habe, ist namentlich seit den 1980er Jahren mit einer ganzen Anzahl von Kommentaren bedacht worden, wobei nicht allein der kompositorischen Relevanz der Aussage besondere Beachtung geschenkt wurde. Der fragliche Brief Beethovens ist eine Art Postskriptum – oder Zusatzschreiben – zur geschäftsmäßig gehaltenen Mitteilung seines Bruders Karl gleichen Datums (GA, Bd. 1, Nr. 107, S. 125), in der es heißt: »Euer wohlgebohrnen hab ich die Ehre zu benachrichtigen, das wir gegenwärtig zwey Werke Variationen haben, die dadurch den Werht [sic] eines Werkes erhalten, weil es eine ganz neue Erfindung ist, Variationen auf diese Art zu machen, wie gewiß bis jetzt noch keine erschienen sind.« Die Betonung des ›Werk‹-Zuschnitts in Karl van Beethovens Brief erfolgte nicht von ungefähr. In einem vom Verlag, entgegen Beethovens ausdrücklichen Wunsch, nicht abgedruckten Vorbericht zu den Variationen op. 34 und op. 35 heißt es: »Da diese V[ariationen] sich merklich von meinen früheren unterscheiden, so habe ich sie, anstatt wie die vorhergehenden nur mit einer Nummer […] anzuzeigen, unter die wirkliche Zahl meiner größeren musikalischen Werke aufgenommen, um so mehr, da auch die Themas von mir selbst sind«.

Diese Primärquellen werden ergänzt durch eine anekdotisch gefärbte nachrangige Quelle, eine Mitteilung Carl Czernys über Beethovens Bemerkung gegenüber dem Geiger und Freund Krumpholz: »Ich bin mit meinen bisherigen Arbeiten nicht zufrieden; von nun an will ich einen anderen Weg beschreiten« (TDR, Bd. 2, S. 362).

Beethovens Aussage ist in mehrfacher Hinsicht relativiert worden:

1. als Äußerung im Fahrwasser von Haydns berühmter Bemerkung über die »ganz neue Manier«, in der seine Quartette op. 33 geschrieben seien (Brandenburg

1983, S. 222 [E.IV.3.c.]; zu Haydns »Schemabrief« vgl. L. Finscher 1974, S. 238ff. [E.IV.1.a.opus 59/3]),

2. als durch Anton Reichas *36 Fugues composées d'après un nouveau Système* provozierte Standortbestimmung des »*eigentlich Neuen*« (H.-W. Küthen 1987 [E.III.3.]),

3. als eine Hervorhebung, die nicht vergessen machen sollte und kann, daß Beethovens › Neues ‹ de facto eine Standort-Bestimmung seines Weges als Komponist überhaupt in Permanenz ist (Küthen 1987, S. 218, 221; G. Stanley 1994, S. 79 [E.IV.1.c.]).

Zu 1.: Wenn die Äußerung gegenüber Krumpholz, die Czerny zufolge in die Zeit der Arbeit an op. 28 (1801) und vor op. 31 – also plus/minus 1802 – fällt (Fr. Kerst, Bd. 1, S. 46 [D.II.2.d.]; TDR, Bd. 2, S. 362), authentisch ist, dann weist das Wort »*Weg*« auf eine Zielrichtungsänderung, also eine Komponente neuer wie zunehmender kompositorischer › Visierung ‹ hin, die über die bloße Adaptation einer Haydn-Floskel entschieden hinausreicht. Ohnehin ist im Falle Beethovens einmal mehr zu fragen, ob ein kompositionsideologischer › Topos ‹ dieses Zuschnitts bei ihm nicht sofort eine ganz eigene Qualität erhielt.

Zu 2.: Beethovens erste Äußerung gegenüber dem Verleger (Brief vom 18. Okt. 1802) und die zweite, in der er Reicha erwähnt (Brief etwa vom 18. Dez. 1802), liegen zwei Monate auseinander. Die Überlegung, ob der erste Brief nicht den genuinen Impuls des neuen »*Weges*«, nämlich den bewußt kompositorischen wiedergibt, der zweite dagegen die nach außen zielende, Reicha meinende, aber verschleiernde Wendung nachreicht, erscheint (ungeachtet der Tatsache, daß er Reicha schon früher im Jahre 1802 getroffen haben dürfte) nicht weit hergeholt. Beide Aspekte scheinen sich eher zu ergänzen als auszuschließen, wie Doppel- oder Mehrfachmotivierung grundsätzlich immer zu bedenken ist.

Zu 3.: Daran, daß ein Neues bei Beethoven angesichts der Gradationsskala seines Weges als Komponist die Schrittqualität des jeweils erreichten Status bezeichnet, in Wahrheit prinzipiell aber nichts Neues ist, besteht kein Zweifel. Es handelt sich folglich um eine Bestimmung des kompositonsbiographischen › Stellen ‹-Wertes der Äußerung. Ist sie bloß nach außen gerichtet – oder ist sie im kompositorischen Zuschnitt bestimmter Kompositionen – gewöhnlich als *Stil* bezeichnet – und im schöpferischen sowie inner-biographischen Habitus Beethovens insgesamt begründet?

Hier sind analytische Untersuchungen, wie sie vorliegen, nicht etwa nur geduldet, sondern dringend gefragt. Diese Feststellung schließt die aus dem künstlerischen Habitus grundsätzlich gewonnene Überzeugung ein, daß man Beethoven nicht etwa als › Buchhalter ‹, bzw. kommissarischen Verwalter eigener, sei es diagnostisch, sei es prognostisch zu wertender Aussagen sich vorzustellen habe. Die (triviale) Tatsache, daß Beethoven im Kontext wie in der Perspektive seiner Äußerungen nicht nur klingende Höhenkammliteratur des Gipfelsturms produzierte, kann kaum (im nachhinein) als eigentlich vorentscheidend gegen analytische künstlerische Wegvermessungen und deren Befunde ins Feld geführt werden. Auch ist zu sondieren, inwieweit die in der Literatur vorliegenden unterschiedlichen Positionen in der Bestimmung des Neuen zu vermitteln sind.

Als Ausgangspunkt hierfür kann die mit Beethovens op. 35 in Verbindung gebrachte »Doppelgerüsttechnik« (R. Flotzinger 1970, S. 174 [E.IV.1.d.β]) genommen werden. Diese unter verschiedenen Werkaspekten (Formaspekten, Gattungsaspekten) auf Beethoven unter dem Stichwort ›Barock bei Beethoven‹ angewandte, zweifellos relevante Sichtweise, ist freilich stets im Sinne der Zusatzfrage nach dem Wie der speziell Beethovenschen Aneignung in eine verlängerte Perspektive zu projizieren, zu deren Tiefenlinien auch die »anxiety of influence« gehört. Wenn Beethoven derartige musik-, stil- und/oder gattungsgeschichtliche ›Hintergrundsstrahlungen‹ in seinen Werkstattbestand konzeptioneller kompositorischer Vorstellungen einbezog, dann gewiß stets unter dem Vorbehalt des ›Beethoven ipse‹ (vgl. Kafka-Skizzenbuch, Bd. 2, S. 228 [C.II.]; vgl. auch L. Lockwood 1994, S. 39ff. [E.V.]).

Aspekte solch schöpferischer Eigenbesinnung und -bestimmung sind aus den Analysen zu op. 35 (St. Kunze 1972 [E.IV.1.c.]) und op. 31/3 (L. Finscher 1967 [E.IV.1.a.]) herauszulesen, bei ersterem unter den Gesichtspunkten: Integration der Variationen-Reihung im Sinne werkgerechter Geschlossenheit und Finalität, bei letzterem angesichts einer akribisch herauspräparierten kompositorischen Reflexionsstufe, der sich eine ›Sonate über die Sonate‹ verdankt, die gleichsam die ›innere Notwendigkeit‹ des ›neuen Weges‹ mittels einer »neuen Manier« signalisiert.

Beethovens op. 31 erweist sich dabei insofern als ›kritischer‹ Zyklus, als die Auffassungen voneinander abweichen, inwieweit die Kompositionen dieser Werkgruppe bereits mit dem ›neuen Weg‹ (der »ganz neuen Manier«) konvergieren. Dahlhaus' Untersuchungen zu dieser Thematik (1974, S. 46–62, leicht modifiziert übernommen in 1987, S. 207–222 [D.I.]) fassen vier Werke und zugleich Gattungen – op. 31/2, 35, 55 und 59/3 – als für den neuen Weg signifikant zusammen, mit den Merkmalen: 1. »paradoxe«, ›verzeitlichte‹ Themengestaltung im Spannungsfeld zwischen ›noch nicht‹ und ›nicht mehr‹, deshalb 2. »thematische Konfiguration« anstelle des herkömmlichen, greifbar umrissenen Themas, 3. ›radikale Prozessualität der Form«, 4. strukturell-formale Mehrfunktionalität. Damit wendet sich Dahlhaus sowohl gegen die biographisch ›geerdete‹, ›ethische‹ Deutung des ›neuen Weges‹, bezogen auf die Eroica bei Ph. Downes (1970, insbes. S. 603 [E.IV.1.c.]) zugleich aber auch gegen die These: ›neuer Weg = Durchbruch zur Eroica‹ unter dem Vorzeichen ›ethisch-mythologischer‹ Programmatik (Dahlhaus 1974, S. 48, Anm. 9 mit Kritik an Goldschmidt [E.IV.1.c.]). Indem Dahlhaus sowohl op. 31/2 als auch op. 59/3 (unter Berufung auf Finscher, 1974, S. 122–160) dem Kanon des ›neuen Weges‹ zuschlägt, übergreift seine Deutung nicht nur vier gattungsrepräsentative Kompositionen (Variationszyklus, Symphonie, Klaviersonate und Streichquartett), sondern auch eine Zeitspanne von mehreren Jahren. Daß dies durchaus angeht, lehrt der Blick auf spätere Kompositionen wie die op. 92, 109, 125 und die letzten Quartette, Kompositionen, in denen die hier angesprochenen Prinzipien besonders deutlich hervortreten. Damit ist auch gesagt, was selbstverständlich ist: daß es falsch wäre, diese Prinzipien in jeder Komposition Beethovens aufsuchen zu wollen.

Andererseits sind aber auch angesichts des permanenten Neuerungsprozesses bei Beethoven die Entwicklungsschritte in seinen vor 1802 liegenden Kompositionen nicht zu übersehen (vgl. Johnson, 1982, S. 1–28 [E.III.2.]; Lockwood, 1994, S. 39–52 [E.V.]; Stanley, 1994, S. 53–79 [E.IV.1.c.]). Damit stellt sich freilich einmal mehr die Frage nach dem Neuen als qualitativem Sprung. Und es wäre zu überlegen, ob die strukturelle durch die ethisch-biographische Komponente im Sinne eines Schwellenwertes nicht nur zweckdienlich, sondern sachdienlich verstärkt wird. Eine andere Frage ist freilich, wie man beide Bereiche miteinander vermittelt. Gerade dieser Aspekt erweist sich als relevant, wenn man die Frage nach dem Neuen nicht auf die Zeit um und vor 1802 beschränkt. Karl Holz hat aus der Entstehungszeit der letzten Streichquartette Beethovens stetiges Streben nach dem Neuen betont – damit aber nach dem ›Besseren‹, wie es ja auch aus dem Brief an Erzherzog Rudolph vom 29. Juli 1819 spricht (GA, Bd. 4, Nr. 1318, S. 298): »*in jeder Beziehung stellte er seine letzten Quartette über alle früheren, namentlich über die ersten sechs, die er nur als Ausfluß richtiger Empfindung und eines tiefen Gemüths erkennen wollte. Als er das B Quartett beendigt hatte, sagte ich, daß ich es doch für das größte von den dreien (op. 127, 130, 132) halte. Er antwortete: ›jedes in seiner Art! die Kunst will es von uns, daß wir, so sprach er häufig herzhaft im Kaiserstyl, nicht stehen bleiben. Sie werden eine neue Art der Stimmführung bemerken (hiermit ist die Instrumentierung, die Vertheilung der Rollen gemeint) und an Fantasie fehlt's, Gottlob, weniger als je zuvor!‹*« (W. von Lenz 1855, Bd. 5, S. 217 [D.I.]).

Die hier wie immer bei Nachrichten aus zweiter Hand, zumal zeitversetzten, sich stellende Frage nach der Authentizität ist gewiß positiv zu beantworten. Holz war, seit er zum ›inneren Kreis‹ Beethovens gehörte (ab Mitte 1825; vgl. Bkh, Bd. 8, passim), nicht nur als Beethovens persönlicher Vertrauter, ›Wasserträger‹ und vom Komponisten anerkannter Freund, sondern auch als 2. Geiger des Schuppanzigh-

Quartetts mit Beethovens künstlerischem Schaffen, soweit dies einem letztlich Außenstehenden überhaupt möglich war, vertraut. Das gilt nicht nur für Beethovens Quartettkompositionen; Holz ging vielmehr auch Beethovens Vorstellungen und Intentionen in anderen Gattungen, etwa dem nicht zustandegekommenen Oratorium *Die Elemente* oder dem nicht vollendeten *Saul*, als Vermittler zwischem dem Komponisten und Kuffner, nach (vgl. Bkh, Bd. 8, S. 310, 312 und 9, S. 213 passim).

Holz' an Lenz weitergereichte Information bestätigt, daß Beethoven sein schärfster Kritiker war, gerade weil er stets neue und bessere Wege suchte - und fand. Sie zeigt darüber hinaus, wie unerbittlich Beethoven auf K u n s t qualität zielte. Bloßer »*Ausfluß richtiger Empfindung und eines tiefen Gemüths*«, wie er sie für seine frühen Quartette anzuerkennen durchaus noch bereit war, lagen zur Zeit der letzten Quartette fernab von seinem Kunstwollen. Es ging um kompositionstechnische Verdichtung, damit aber auch um die expressive ›Durchtränkung‹ des gesamten Stimmgeflechts (Lockwood 1992, S. 211). Guido Adler hat hierfür bereits vor nahezu einem Jahrhundert den Terminus *durchbrochene Arbeit* eingesetzt, durchaus in dem Bewußtsein, daß dieses Stilmoment, dem er eine weitreichende Vorgeschichte (hierzu auch A. Schmitz 1923, S. 8 ff. [E.IV.1.d.β]) attestiert und das dem reifen Wiener Klassischen Stil ohnehin zugehört, speziell im späten Quartettschaffen Beethovens indes eine besondere Qualität erlangt (G. Adler, *Der Stil in der Musik. I. Buch Prinzipien und Arten des musikalischen Stils*, Leipzig 1911, S. 266 ff.). Im Falle der späten Beethoven-Quartette ist zudem zu bedenken, daß Beethoven sich mit dieser Ausprägung des durchbrochenen Stils den - angesichts seines vorangehenden Quartett-Œuvres eigenen, extremen - gattungsimmanenten Anforderungen des Quartetts neu stellte und kompositionstechnische Verdichtung wie Ausdrucksintensität auf eine bis ins 20. Jahrhundert hinein richtungweisende Höhe hob (vgl. z. B. Arnold Schönberg, »Analyse des zweiten Streichquartetts«, in: Ursula von Rauchhaupt (Hrsg.): *Schoenberg-Berg-Webern. Die Streichquartette. Eine Dokumentation*, 1971, Deutsche Grammophon Gesellschaft mbH, Hamburg, S. 160). Gleichwohl ist zu fragen, worin der entscheidende Unterschied zum vor den späten Quartetten auch bei Beethoven bereits präsenten Moment der durchbrochenen Arbeit (Schmitz 1923, S. 79 ff.) liegt. Die entscheidende differentia specifica ist wohl in einem Qualitätssprung der technologischen Komprimierung zu sehen, und das kompositorische Feld, auf dem diese Verdichtung am deutlichsten hervortritt, ist der Variationssatz.

Beethovens bereits grundsätzlich von Adler als Beispiel für durchbrochene Arbeit angeführtes *Andante ma non troppo e molto cantabile* aus op. 131 ist hierfür ein markantes Beispiel. Freilich ist die Betrachtung über das von Adler angeführte A-Dur-Thema hinaus auf den ganzen Satz und damit auf Beethovens Variationsprinzip auszudehnen. Man kann grundsätzlich sagen, daß Beethoven im Verlauf dieser Variationen besonders eindringlich das Prinzip der durchbrochenen Arbeit selbst variiert, damit aber gleichsam potenziert und systematisiert. Einleuchtend wird dieses Verfahren, wenn man von der im Grunde selbstverständlichen Tatsache ausgeht, daß a) zwar das Prinzip vom Thema ausgehen sollte, b) aber zugleich notwendig auf den gesamten vierstimmigen Satz flexibel angewendet werden muß, um aus dem Thema Mannigfalt der Strukturen im Sinne der durchbrochenen Arbeit zu gewinnen. Genau das aber stellt sich in der Abfolge der Variationen ein, die schließlich nach Vermittlungstakten (T. 232–242) in eine marschartig zentrierte (T. 243–253) Wiederkehr des Themas münden. Potenziert Beethoven einerseits das Prinzip der Variation mittels durchbrochener Arbeit, so bereitet er andererseits mit der thematisch verankerten Marscheinlage als Plattform der Verfestigung den Boden für das anschließende Presto.

VI. Struktur und Form
1. Splitter einer Ästhetik

Es wäre völlig falsch, Beethovens unverkennbare Lakonik oder ›Sparsamkeit‹ in theoretischen Fragen mit Blindheit oder Abwesenheit des ästhetischen Bewußtseins zu verwechseln. Freilich sind es verstreute Gedanken, vor allem in Briefen, aber auch an anderer Stelle niedergelegt, die uns zum Teil sehr wichtige Vorstellungen und Intentionen Beethovens vermitteln. Eine Hierarchie dieser Fragmente einer Ästhetik soll nicht versucht werden. Folgende (ausgewählte) Stichwörter bieten sich an:

a. Formale und strukturelle Balance
»Je ne suis pas accoutumé de retoucher mes compositions; Je ne l'ai jamais fait, penetré de la verité que tout changement partielle altere le Caractere de la composition«. Diese Bemerkung, aus einem Brief des Komponisten an George Thomson vom 19. Febr. 1813 anzuführen (GA, Bd. 2, Nr. 623, S. 321), ist ein Beleg für Beethovens hochempfindlichen Sinn für strukturelle und formale Balance und steht im Zeichen seiner Auffassung des ›Ganzen‹. Sie gehört sicherlich auch in den Kontext seiner Skizzenbücher: als Hinweis darauf, daß für ihn mit einer Skizze bzw. einer Änderung immer wieder das Verhältnis dieser jeweiligen Skizze zum Kontext, so wie er sich von Fall zu Fall darstellte, ergab. Und es leuchtet durchaus ein, wenn B. Cooper den

Zuwachs an Skizzen mit der größeren Komplexität von Kompositionen in Verbindung sieht. So ist auch die Verbindung dieser Briefstelle zu der anderen im Kontext der *Fidelio*-Umarbeitung von 1814 unübersehbar.

b. Themengestaltung

»*Bester Herr !/wozu wolltet ihr denn noch eine Sonate von mir?! Ihr habt ja ein ganzes Heer Komp.[onisten], die es weit beßer können als ich, gebt jedem einen Takt, welch wundervolles werk ist da nicht zu erwarten? – Es Lebe dieser euer Österr.verein, welcher SchusterFleck-Meisterl.[ich] zu behandeln weiß*«. Man kann darüber rätseln, ob Beethovens grandiose Diabelli-Variationen kompositorische Kritik am von Diabelli gegebenen, höchst simplen, repetitiven Variationsthema implizieren. Dieser im Ausschnitt wiedergegebene, spätere Brief an Diabelli (ca. 20. Juli 1825; GA, Bd. 6, Nr. 2017, S. 115) läßt – am Beispiel des Schusterfleck-Themas – jedoch keinen Zweifel daran, wie Beethoven zu Diabellis Kunstauffassung stand.

c. Kunst und Natur

»*jedoch noch über dieß des gesanges wegen, welcher allzeit verdient allem übrigen vorgezogen zu werden […] wie denn in der Kunst die Natur u. wiederum die Natur in der Kunst gegründet ist*«. Diese Zitatfragmente gehören zu einem Brief Beethovens an Fürst Galitzin (um den 6. Juli 1825; GA, Bd. 6, Nr. 2003, S. 96), mit dem Beethoven auf eine Anfrage Galitzins wegen einer strittigen Stelle in op. 127/II, T. 50 (Viola) unter Einbeziehung kurzer (hier weggelassener) Stimmauszüge antwortet. Die Stimmbewegung hatte im harmonisch-gesangspassablen Zusammenhang zu verlaufen. Verdeutlicht wird Beethovens naturlastiges Verhältnis Natur – Kunst durch einen Entwurf: »*in der wahren Kunst ist auch immer die Natur hervorstechen[d] so wie in selbe[r] wiede[ı] die Kunst*« bzw. den Kommentar »*ohne im mindesten an grundsäze zu denken, sobald das gefühl unß – eine[n] weg eröffnet, fort mit allen Regeln*« (GA, Bd. 6, S. 98).

d. Das »Schwere«

»›*Eine*‹ *die Schwer* [!] *zu Exequirende Sonate in A" mein bester g–ll–t wird zwar stuzen und Meynen* [!] *schwer sey ein Relatiwer* [!] *Begriff, was dem einen schwer sey dem andern leicht, mithin sey gar nichts gesagt, allein der g–nl–t muß wißen, daß mit dem* <u>alles gesagt</u> *ist,* <u>denn was schwer ist, ist auch schön, gut, groß</u> *etc, jeder Mensch sieht also ein, daß dieses* <u>das fetteste Lob</u> *ist, was man geben kann, denn das* <u>schwere macht schwizen</u>*.*« (GA, Bd. 4, Nr. 1061, S. 8). Das in dem Brief an den Verleger Siegmund Anton Steiner vom 9. Jan. 1817 betonte »Schwere« ist eine der Kategorien von Beethovens Ästhetik, die insgesamt noch der umfassenden Untersuchung harrt. Freilich ist im Begriff des Schweren bei Beethoven zu differenzieren, etwa nach

1. (spiel-)technischen Schwierigkeiten, bei denen wiederum a) gezielt herbeigefügte, eher ›äußerliche‹ und b) substantielle, vom musikalischen Material bedingte Schwierigkeiten zu unterscheiden wären;

2. strukturell-formalen Schwierigkeiten, bei denen sich a) solche der äußeren (Dauer, Dynamik, Stimmdichte etc.) und b) der ›inneren‹ Dimensionierung (Komplexität des Satz- und Zyklusaufbaus, der musikalischen Faktur etc.) voneinander abheben.

Zu 1.: Ein Musterbeispiel für den Einsatz, genauer: die bewußte Hinzufügung technischer, d. h. spieltechnischer Schwierigkeiten kommt in Beethovens Brief an Eleonore von Breuning vom 2. Nov. 1793 (GA, Bd. 1, Nr. 11, S. 18) zur Sprache. Um Nachahmer wie auch die »hiesigen Klaviermeister« zu dupieren, stockte Beethoven Erscheinungsform und pianistische Mauer auf. Daß spieltechnische Schwierigkeiten im Idealfall einen Zuwachs der rein äußeren kompositorischen Dimension bedingen, hat Beethoven Franz Anton Hofmeister gegenüber (15. Januar 1801; GA, Bd. 1, Nr. 54, S. 64) im Zusammenhang mit der B-Dur-Klaviersonate op. 22 mit die Formulierung »Diese Sonate hat sich gewaschen, geliebtester Herr Bruder!« gefaßt.

Zu 2.: »denn was schwer ist, ist auch schön, gut, groß etc« – es dürfte kein Zweifel darüber bestehen, daß diese Adjektiv-Skala in Beethovens Brief eine Steigerung des Schweren in den inneren Bereich ästhetischer Qualität bedeutet. Ein Hinweis auf die innere Qualität des Schweren unter zyklischem Aspekt dürfte Beethovens Begriff der Grösse mit Blick auf op. 125 und 123 sein. An Schlesinger schreibt er am 25. Februar 1824 (GA, Bd. 5, Nr. 1782, S. 270f.): »In Ansehung ihrer Aufforderung wegen Werken von mir trage ich Ih[nen eine] grosse solenne Messe mit Chören, Solo's und ganzem Orchester an. […] Auch biethe ich Ihnen [sic !] die Partitur einer ganz neuen grossen Symphonie, welche aber erst 1825 herausgegeben werden kann. Dazu gehört ein grosses Finale mit Chören u. Solostimmen, auf dieselbe Art, doch größer ausgeführt, als meine Clavierphantasie [op. 80]«.

Man könnte wohl kaum einen zutreffenderen Satz für dessen Charakterisierung wählen, als den auf Paul Valéry gemünzten Adornos aus Der Artist als Statthalter: »Sein Gesamtwerk ist ein einziger Protest gegen die tödliche Versuchung, es sich leicht zu machen, indem man dem ganzen Glück und der ganzen Wahrheit entsagt. Lieber am Unmöglichen zugrundegehen. Die dicht organisierte, lückenlos gefügte und gerade durch ihre bewußte Kraft ganz versinnlichte Kunst, der er nachhängt, läßt sich kaum realisieren. Aber sie verkörpert die Resistenz gegen den unsäglichen Druck, den das bloß Seiende übers Menschliche ausübt.« (Adorno, Ges. Schr., Bd. 11, S. 125).

Der Weg der Beethoven-Analyse ist die Funktion ihrer Themenbestim-
mung. Die aber ist ohne Analyse nicht möglich. Der hier angedeutete methodische
Zirkel korrespondiert mit dem Prozeßcharakter Beethovenscher Musik. Dieser ist
freilich ein Ergebnis von Beethovens eigener kompositorischer Entwicklung. Kerman hat den Weg zur neapolitanischen zweiten Stufe (in op. 57 und 95) skizziert,
der schließlich satzverknüpfend (op. 131 vom 1. zum 2. Satz) eingesetzt wird (1967,
S. 126 [E.II.5.]), Johnson hat die an der Eroica gemachte Beobachtung Beethovens
»concentration of ambiguity in a single chromatic inflection« festgehalten (D. Johnson
1982, S. 27 [E.III.2.]), P. Gülke hat am gleichen Objekt festgestellt: »In keinem Sinfonie-
satz Beethovens erscheint die Thematik auf so eigentümliche Weise entwirklicht, so wenig das
Abgehandelte zu vertreten, wie in dem der Eroica« (P. Gülke 1971, S. 81 [E.II.1.]) und anläßlich der 5. Symphonie heißt es: »Tatsächlich ist seit der Fünften Sinfonie und mit Aus-
nahme der bewußt klassizistischen Achten bei Beethoven kein Hauptthema eines ersten Sinfo-
niesatzes mehr als selbstverständlich Funktionierendes einfach ›da‹« (ebd., S. 73). Hinter
diesem Phänomen steht, was Adorno als des Themas Nichtigkeit erfaßt hat: »Die
Nichtigkeit des Einzelnen, daß das Ganze alles bedeutet und – wie am Schluß von op. 111 –
rückblickend Details als vollzogen beschwört, die nie da waren, bleibt ein zentrales Anliegen
jeder Theorie Beethovens« (Th. W. Adorno 1993, S. 47 [D.I.]).

Adornos Aussage, gezielt überspitzt, verweist gleichwohl auf ein Moment, das
er an anderer Stelle angemessener faßt: »Analyse des I. Satzes von op. 59,2. Der ganze Satz
ist die Geschichte der Relation des 1. und 3. Taktes d. h. ihrer Identität. Sie wird erst in der Coda
realisiert d. h. erst von der Coda aus ist der Anfang verständlich. Teleologie bei Beethoven:
rückwirkende Kraft in der Zeit« (ebd., S. 114). Die Tatsache, daß Früheres sich erst aus
Späterem erschließt, resultiert aus der Funktionalisierung des (relativ ›nichtigen‹)
Einzelnen im Dienste des Ganzen. Darin aber liegt auch die Prozessualität Beethovenscher Musik begründet: Das Einzelne, so könnte man sagen, ist im Dienste des
Ganzen auf der Flucht vor sich selbst. Die Formspur dieses Weges aber ist das Werk.

Analytisch ausformuliert hat den hier skizzierten Sachverhalt Carl Dahlhaus.
In seinem Beethoven-Buch (1987, S. 207ff. [D.I.]) geht er Beethovens Themenbildung
als einer musikalischen Logik und damit Prozessualität verpflichtete nach. Er unterscheidet in diesem Zusammenhang »Thematik« und »Thema« – »Die ›Thematik‹ ist
kein ›Thema‹ mehr« (S. 208). Die Wortprägung »paradoxe Thematik« geht von der kompositorischen Konstellation aus, daß ›prozessual‹ wirkende Themen zugleich thematisch (als unverwechselbarer Referenzpunkt) und ›nicht-thematisch‹ seien
(S. 208). Es ist Thematik des ›neuen Weges‹.

Auf seine Weise hatte schon Arnold Schönberg im Manuskript *Gedanke und Dar-stellung* (1934, hrsg. von P. Carpenter/S. Neff, N. Y. 1995) Beethovensche Themenbil-dung beschrieben: »*Durch die Verbindung von Tönen verschiedener Höhe, Dauer und Beto-nung (Stärke???) entsteht eine* <u>Unruhe</u>: *Ruhe wird in Frage gestellt durch einen Kontrast*« (S. 104). Und: »*Durch die Erklärung des musikalischen* <u>Gedankens</u> *aus einer* <u>Unruhe</u> *ist auch erklärt, warum die Entwicklung der Musik, den Weg gegangen ist, immer neue Arten von* ›*Unruhen*‹ *herzustellen: die alten konnten die Nerven nicht mehr beunruhigen, es bedurfte stärkerer Reize*« (S. 106).

3. Sonaten(-satz)-Dialektik und Dialektik der Sonatenauffassung

Wer das unvermeidliche Problem von Beethovens Auffassung der Sonate, spezieller der Sonatenform aufwirft, kommt nicht an zwei grundsätzlichen Feststel-lungen vorbei, an August Halms Satz: »*Was eine Fuge, was eine Sonate sei, scheint nicht gesagt werden zu können, sondern nur, was in jeder der beiden Formen vorgeht und was jede verlangt: eine Definition der Fuge oder der Sonate ist mir bis heute weder gelungen noch begegnet*« (A. Halm 1913, S. 9 [D.II.2.e.]) und an Charles Rosens Aussage: »*Die* ›*Sonate*‹ *ist ohnehin keine Form wie das Menuett, die Da capo-Arie oder die französische Ouvertüre; sie ist vielmehr gleich der Fuge eine Kompositionsweise, d. h. ein gewisser Sinn für Proportion, Richtung und Textur, und nicht ein Schema*« (Ch. Rosen 1971, dt. Ausg. 1983, S. 30 [E.III.5.]).

Tatsächlich stellt sich das zerklüftete Panorama des Beethovenschen Sonaten-schaffens einer formelhaften ›Erschließung‹ strikt entgegen. Und der Versuch, des-sen Individualformen auf der Folie eines als Versuchsanordnung begriffenen Rasters zu sondieren, kommt solange über einen bloßen Katalog der Abweichungen nicht hinaus, solange nicht die Frage nach dem Warum gestellt wird. Sie läßt das Raster schlagartig verblassen und rückt die jeweilige Individualform in den Vorder-grund. Wirkt folglich die Vielfalt Beethovenscher Sonatensatzgestaltungen wie eine Bestätigung der beiden Anfangszitate, so hat dieser Befund, gerade wenn er aus der Beethoven-Betrachtung gewonnen wurde bzw. auf sie bezogen wird, umgekehrt wiederum die Frage nach dem hinter dieser Vielfalt stehenden Prinzip aufgeworfen. Dabei ist es eine entscheidende Frage, ob man die ›Versuchsanordnung‹ des Rasters lediglich als analytisches Verfahren (methodisches Hilfsmittel) begreift, oder ob man sie in dem von Jürgen Uhde formulierten Sinne als eine »Vorordnung« erfährt, zu der sich der Komponist so oder so »verhält« (J. Uhde 1968, Bd. 2, S. 16f. [E.II.6.]).

Diese Schwierigkeit wird auch nicht durch Beethovens formbezogenes, ohne-hin nicht mit Gewißheit zu entschlüsselndes Vokabular aufgehoben, so wie es sich

aus seinen Skizzenbüchern ergibt (Drabkin, Beethoven's Understanding of »Sonata
Form«: The Evidence of the Sketchbooks, in: W. Kinderman: Beethoven's Compositional Process, Lincoln/London, 1991, S. 14–19 [E.IV.3.d.])

Unabhängig von der Frage nach Beethovens Sonaten-Begriff und der Frage
nach seinem dialektischen Verhältnis zur Sonatenform (Uhde, passim) stellt sich
das Problem des relationalen Gefüges der Strukturen, Formteile und Formen. So fest
auch das Schema des Sonatensatzes herkömmlicher Art scheinen mag, es weist Lük-
ken auf, die Dahlhaus aufgezeigt hat: »Die Schlußgruppe ist nicht der einzige Formteil,
dessen Bedeutung in der ›klassischen‹ Sonatentheorie, die in Wahrheit eine epigonale ist,
unterschätzt wurde« (1987, S. 137). Dahlhaus plädiert indirekt dafür, der Schlußgruppe
den Rang eines dritten Themas zuzuerkennen (ebd., S. 136), eine Auffassung, die
mit der Beachtung korrespondiert, die die Schlußgruppe in analytischer Betrachtung zuweilen findet. Uhde geht immer wieder näher auf die Schlußgruppe – d. h.
auf deren Funktion im Sonatensatzgefüge – ein. So z. B. im Zusammenhang mit
op. 31/2/I (Uhde 1968, Bd. 3, S. 54). Jeder einigermaßen aufmerksame Hörer etwa
von Beethovens 4. Symphonie wird diese Überlegung ebenso berechtigt finden, wie
die Kritik an der analytischen Namenlosigkeit (ebd., S. 137), der, zuweilen nichtssa-
gend als »Spielepisode« bezeichneten, »relativen Selbständigkeit der Fortsetzung des Sei-
tenthemas« (ebd., S. 137).

Die hiermit angeschnittene Problematik reicht jedoch weiter. Sie betrifft das
relationale Gefüge der Formteile über das sog. Sonatensatzschema hinaus und unter
Einschluß des gesamten Werkzyklus. Wie triftig diese Betrachtungsweise ist, zeigt
die Gleichgültigkeit oder Hilflosigkeit, die angesichts der Frage der Expositionswie-
derholung sich einstellt. Dabei ginge es nicht nur darum, warum in der Appassionata ebenso wie im Streichquartett op. 59/1 der Kopfsatz ohne Expositionswiederho-
lung konzipiert ist, während in der Eroica einem Brief von Beethovens Bruder Karl
zufolge, der Komponist nach einigem Schwanken schließlich zu der Überzeugung
gelangte, die Exposition müsse wiederholt werden. Besagter Brief jedenfalls gibt
keinen Anlaß anzunehmen, daß »Beethoven himself was able to entertain both readings«
und daraus für »each interpreter the right to freedom of choice« (N. Del Mar: Conducting
Beethoven, vol. 1, Oxford [USA], 1992, S. 26).

Hier ist eine Betrachtungsweise aufgerufen, die man vielleicht versuchsweise
als Organologie des Sonatensatzes bezeichnen könnte – als eine Formauffassung, die
das Verständnis des strukurell-formalen Funktionsgefüges sich zur Aufgabe stellt,
schemaorientierte Betrachtungsweise ähnlich zu überbieten trachtet wie der »mul-
tivalent approach« (vgl. J. Webster 1992, S. 26ff. [E.IV.1.a.opus 125]). Im Falle der angesprochenen drei, in zeitlicher Nachbarschaft und unter der kompositorisch ausge-

sprochenen Maxime des symphonischen Zuschnitts gehaltenen Werke wäre zu
überlegen, ob Beethovens differierende Entscheidung womöglich damit zusammenhängt, daß in Klaviersonate und Streichquartett die Konstellation der Themen
im Verhältnis zur Eroica jeweils entschieden einfacher, auf überschaubare Kontrast-
verhältnisse zugeschnitten sich darstellt, während die Vielthematigkeit und –
gerade – die außerordentliche Länge der Exposition ein zweimaliges Hören (Beethoven ging von der eigenen Hörerfahrung aus) unverzichtbar machte, damit die
Abhebung der Durchführung von der Exposition umso deutlicher werde.

4. Kontrast – Kontrastdifferenzierung – Kontrastvermittlung

Der Hinweis auf die für Beethovens Kompositionen zentrale Bedeutung der
Kontraste gehört zu den Binsenweisheiten. In fast jeder Untersuchung zu Beethovenscher Musik ist das Wort Kontrast ein selbstverständlicher Begriff, den näher zu erklären sich erübrigt. Walter Riezler spricht freilich von den »vielbesprochenen, oft mißver-
standenen ›Kontrasten‹ in der Musik Beethovens« (W. Riezler 1936, Ausg. 1951, S. 106ff.
[D.I.]), was zeigt, daß Häufigkeit des Wortgebrauchs und begriffliche Klarheit in
umgekehrtem Verhältnis zueinander stehen. Eingehende Beachtung finden Beethovens Kontrastbildungen, einschließlich seiner Kontrastdifferenzierung, indes vor
allem bei Kerman, speziell mit Blick auf die späten Quartette (1967, S. 223–268 [E.II.5.]).

Früh bereits hat zur Verfeinerung des Begriffs Kontrast Arnold Schmitz beigetragen (1923). Die Tatsache, daß seine Untersuchung von dem mittlerweile als fin-
giert entlarvten Gespräch (D. Beck/G. Herre 1979, S. 11–89 [B.II.]) zwischen Schindler
und Beethoven über des Komponisten Zwei Prinzipe ausgeht, tut der Relevanz seiner
musikalischen Analyse keinen Abbruch. Zu deutlich sprechen die musikalischen
Sachverhalte für den aufgedeckten Unterschied von »ursprünglichem Kontrast« und
»kontrastierender Ableitung«. Kommt indes ersterer, bei Schmitz am Beispiel Mozarts
exemplifiziert, nicht auch bei Beethoven vor?

Selbstredend sind Kontrastbildungen in der Musik nichts Neues. Allein die
musikalische Formarchitektur, wie die dreiteilige (ABA-) Form, die Relation der Binnensätze im viersätzigen Werkzyklus, das Verhältnis von erstem und zweitem The-
menbereich in der Sonatenhauptsatzgestaltung ist kontrastorientiert (kontrastbestimmt). So ist das Verhältnis von langsamer Einleitung und Allegrosatz als »Widerspruch im System« (P. Gülke 1969, S. 5–40 [E.IV.1.d.β]) kontrastbestimmt und Kontraste
tragend. Doch Beethoven schärft nicht nur überkommene Kontrastkonstellationen.
Desiderat ist eine umfassende Untersuchung, die den Umfang Beethovenscher Kontrastbildungen erfaßt, sie zugleich aber auch unterscheidend auffächert.

Es geht folglich nicht nur um: die sattsam bekannten, geradezu ein Signum Beethovenscher Handschrift darstellenden, widerborstigen Sforzati, die gegen das Metrum gesetzten Akzente, seine plötzlichen piano-Einbrüche (oft schwer wirklich überzeugend umzusetzen), den klaffenden Abgrund, die Spannung zwischen hoher und tiefer Lage (vor allem für das Spätwerk charakteristisch, so etwa in op. 101, 106, 110, 111, 123, 125 und 133), Kontraste von in Gegenrichtung verlaufenden Themengliedern, wie im ›Scherzothema‹ (vgl. Becking 1921 [E.IV.b.]), dynamische Kontraste (vgl. Uhde, II, S. 46, 143; III, S. 80, 238 [E.II.6.]), harmonische Kontraste, Kontraste der Tonarten. Sondern insbesondere sind auch anzuführen: Kontrastbildungen zu Werkbeginn, aufgebaut aus dem Gegeneinander von a) langsamer Einleitung und Allegrobeginn (op. 13, 127, 132, 130 – vgl. Kropfinger 1967 [E.IV.1.d.β] und 1995 [E.IV.1.a. opus 130]), b) unmittelbarer Kontrastbildung zu Satzbeginn (op. 31/2, op. 109), c) eine mit dem Themenkontrast einhergehende »parenthetical enclosure« (W. Kinderman 1988, S. 45ff. [E.IV.1.a.opus 109]) wie namentlich im *Credo* der *Missa solemnis*, aber auch im Kopfsatz von op. 111 in Gestalt des zweiten Themas (ebd., S. 44ff., 48ff.).

Gerade die letztgenannten Kontrastbildungen – mit deren Nennung die Phänomenologie der Kontraste bei Beethoven nicht etwa als abgeschlossen gelten soll und kann – stellen die Funktion im musikalischen Zusammenhang zur Diskussion. Das aber heißt sogleich, zwischen dem Themenkontrast in der *Missa solemnis* sowie op. 111 auf der einen Seite und in op. 109 auf der anderen unterscheiden. Dient er in der Missa, gleichsam mit dem »et incarnatus est« einen gehaltlichen ›Unterdruck‹ schaffend, der Verbindung von »descendit de coelis« und »ascendit in coelum«, und stellt er im Kopfsatz der letzten Beethoven-Sonate eine besonders eingetiefte lyrische Stelle dar, so ist die Aufgabe der Kontrastbildung im Kopfsatz der E-Dur-Klaviersonate, aber auch der genannten späten Quartette eine ganz andere.

In Arnold Schönbergs *Fundamentals of Musical Composition* steht der notable Passus: »Large forms develop through the generating power of contrasts. There are innumerable kinds of contrast; the larger the piece, the more types of contrast should be present to illuminate the main idea« (1977, S. 178). Es scheint, als sei es im Spätwerk Beethovens diese »generating power« von Kontrastkonstellationen zu Werkbeginn, die den Antrieb nicht nur – wie in op. 127 und 132 der Fall – für den Kopfsatz, sondern – werküberspannend, oder werkübergreifend – für die ganze Komposition liefert. Op. 130 in der ursprünglichen Fassung mit Schlußfuge ist hierfür ein Beispiel (vgl. K. Kropfinger 1995, S. 241–275 und 277–323 [E.IV.1.a.opus 130]). Ein weiteres wichtiges Beispiel für diese Kontrastverdichtung hätte möglicherweise die Gedanken-Fragment gebliebene 10. Symphonie abgegeben, die sich aufgrund des Skizzenbefundes so darstellt: »*Das Andante sollte nicht lediglich als Einleitung fungieren, sondern nach dem Allegro als eine Art Leitgedanke wiederkehren*« (S. Brandenburg 1984, S. 110 [E.IV.3.c. opus 125]).

Es scheint somit, daß die Skizzen die Angabe von Karl Holz bestätigen: »*Zur 10ten Symphonie war die Einleitung in Es-Dur, ein sanfter Satz, und ein gewaltiges Allegro in C-moll*« (Brandenburg a.a.O., S. 113). Geht man von dieser Konzeption als für Beethoven über Jahre bedeutungsvoll aus (ebd., S. 114), dann läge in dieser Kontrast-Konfiguration von langsamer Einleitung und anschließendem Allegro, beide alternierend, möglicherweise die Kernidee für die ähnlichen, aber gattungsbedingt und individuell modifizierten ›Kontrastkomplexe‹ vor, die die Kopfsätze der op. 127, 132 und 130 strukturell-dynamisierend bestimmen (K. Kropfinger 1967, S. 198ff., 211ff. [E.IV.1.d.β.]).

So unverrückbar auch feststeht, daß derlei Kontraste nicht erst im Spätwerk, sondern bereits weit früher wirksam werden, so unverkennbar ändern sich doch Erscheinungsform und Wirkungsmodalität. Wenn darauf hingewiesen wird, daß es sich in op. 109 um unmittelbare, geschärfte Kontraste handelt, so scheint es sich dabei in der Tat um ein Phänomen des Beethovenschen Spätstils zu handeln, ein Phänomen indes, das auch die zyklischen Konstellationen der jeweiligen Komposition affiziert. Joachim von Hecker hat an den wegweisenden analytischen Befund ausgeprägter und weitreichender Kontrastbildungen in den späten Beethoven-Quartetten – übrigens auch mit Blick auf den ›Abbremseffekt‹ des 2. Themas im Kopfsatz von op. 111 (J. von Hecker 1956, S. 35 [E.IV.3.c. opus 131]) – die bisher nicht angemessen berücksichtigte Feststellung angeschlossen, daß im Spätwerk Beethovens »*die Kontraste* [...] *jedoch nicht nur* [...] *auf engstem Raum*« wirksam werden, auch nicht nur, darüber hinaus, sich auf den »harmonikalen Bereich« (etwa am Beispiel des cis-Moll/D-Dur-Kontrasts in den Rahmensätzen von op. 131) erstrecken, sondern »*dies alles zusammenfassend und ins Große übertragend, im Verhältnis der Sätze, kleinerer Satzteile und ganzer Satzgruppen zueinander*« zutage treten (ebd., S. 35ff.). Und so kommt er denn auch zu der Feststellung, daß im Kopfsatz des a-Moll-Quartetts op. 132 »*eine wohl einzigartige Verflochtenheit und Verschmelzung von Einleitung und Hauptsatz*« festzustellen ist, im B-Dur-Quartett op. 130 dagegen Einleitung und Hauptsatz als »*Nebeneinanderstellung der Kontraste*« gefügt sind (ebd., S. 37).

Die Tragweite solcher Feststellung ist kaum zu überschätzen. Verweist sie doch alle Bemerkungen über den Bezug der letzten, vielsätzigen Quartette Beethovens zur Suite an den Rand einer Spekulation, die gegenüber der viel wahrscheinlicheren Erklärung als Genese aus Beethovenschen, immanenten Gesetzen der Gestaltung kaum noch nennenswert erscheint.

Wenn nicht alles trügt, dann wäre die Grenzüberschreitung der Zyklus-Vier-
zahl als formaler Gerinnungsprozeß (oder Prozeß einer ›Ausfällung‹) im Bereich
von Kontrastbildungen zu verstehen, wie sie Beethovens Kunst von Anfang an – und
nicht nur im Kopfsatz-Bereich (op. 18/6/IV) durchziehen. So ist ja auch schon in
op. 27/1 die Verbindung von drittem, langsamem, Satz und Finalsatz einerseits sehr
wohl als Moment der entwickelnden Satzverschränkung zu sehen (J. Uhde 1985,
Bd. 2, S. 359 [E.II.6.]); andererseits handelt es sich zugleich um eine Kontrastverschränkung (vergleichbar der in op. 110), die als Einheit im Kontrast nur zum form-
gebenden Strukturprinzip sich verselbständigen mußte, um die Zweisätzigkeit als
zyklischen Typ eigenen Rechts Gestalt werden zu lassen. Die formal-strukturelle
Kontrastverschränkung verleiht der so entstehenden Konfiguration gleichsam ein
neues spezifisches Gewicht – es ist der Schritt zur ›Patentierung‹ einer eigenen
Werkform. So verstanden stünden Zweisätzigkeit (op. 54, 78, 90, 111) und ›Vielsätzigkeit‹ (op. 132, 131, 130) durchaus im komplementären Verhältnis zueinander,
wobei Zweisätzigkeit – wie W. Drabkin betont (1977, S. 271 [E.IV.3.c. opus 111]) –
nicht gleich Zweisätzigkeit ist, sondern in op. 111 »slow movement and brilliant finale«
verschmolzen werden. Grundsätzlich aber wäre die Vielsätzigkeit nichts anderes als
das Mehrfache der ›Zweisatz-Zelle‹ – allerdings mit der Aufgabe befrachtet, eine
zyklische Integration zu leisten, deren erstere enthoben sind.

Es ist das besondere Kennzeichen Beethovenscher Kontrastbildungen, daß
ihnen ein Maximum an Entwicklungspotential abgewonnen wird. Man kann, ohne
in die Euphorie von Ernst Kurth zu verfallen, sagen, daß Beethoven der Komponist
ist, der wie kein zweiter Spannungs- in Bewegungsenergie transformiert. Dieser
Vorgang manifestiert sich als Kontrastvermittlung auf zweierlei Weise: einmal,
indem die beiden Kontrastelemente, a und b, im Ableitungsverhältnis zueinander
stehen, b folglich aus a sich herleitet, wie etwa vielfach im Verhältnis von 1. und
2. Thema (kontrastierende Ableitung), zum anderen dadurch, daß das Spannungs-
verhältnis sich – als unvermittelter (oder unmittelbarer) Kontrast – im Wechsel der
Gegenüberstellung entfaltet, derart, daß der Entfaltungsschub aus dem Gegensatz,
indem er sich als ›Widerpart‹ entwickelt, die Antwort des Gegenüber bedingt und
für den Hörer als zu erwartenden Wiedereintritt rechtfertigt (vgl. etwa 3. und 4. Satz
in op. 110, aber auch die Kontrastkonstellation zu Beginn von op. 130).

Eine Sichtweise unter dem Aspekt Kontrast und Kausalität glaubt in Beethovens späten Quartetten angesichts ihrer Disparatheit der Elemente, Strukturen und
Sätze völligen Mangel an »psychological linear progression« erkennen zu können, »not-
hing really follows anything logically« (D. K. L. Chua 1995, S. 161 [E.II.5.]). Sicherlich
überwiegt in Beethovens später kompositorischer Handschrift – ohne daß der abge-

leitete Kontrast ausgespart würde (vgl. das Seitensatzthema in op.130/I) – der unmittelbare Kontrast. Dabei wird freilich übersehen, daß Kontrasten dieser Art eine eigene Logik der Spannungskonstellation (oder -konfiguration) eignet, die sich als ›potentielle Energie‹ konstituiert, um sich dann in Form ›kinetischer Energie‹ zu entfalten, derart daß der Vorgang an sich schon ›logisch‹ ist. Wenn sich dann noch, wie in op.130/I, das musikalische Material der Entfaltung aus der Kontrastkonstellation herleitet, die Durchführung Fragmente des Kontrastes konfrontiert, um sie dann zu verschmelzen, wenn schließlich die Coda die Kontrastelemente erneut verarbeitend zusammenführt – wer wollte einer solchen Verarbeitungstechnik musikalische Konsequenzlogik absprechen? Aber auch dort, wo die Motivspur weniger deutlich ist, wie in op.127/I, verläuft sie im Gefälle eines aus dem Kontrast sich herleitenden Spannungsbogens.

a. Cantabile – »Subthematik« – Kontrast

Wendete man Adornos Satz, es komme bei Beethoven »zur *Emanzipation der Melodie nur in den Augenblicken der Transzendenz*« (Th. W. Adorno 1993, S. 62 [D.I.]), auf bestimmte Kompositionen ab etwa 1809 an, so wäre die Emanzipation des Cantabile, die Carl Dahlhaus für die Übergangsphase zwischen ›heroischem‹ und spätem Stil am Beispiel der Kompositionen von op.74 bis 97 festgestellt und als dessen struktur- und formtragenden ›Gerüstzug‹ er das ins Spätwerk bestimmend hineinwirkende »*Subthematische*« eruiert hat (C. Dahlhaus 1980, S. 81–98 [E.IV.d.β]), im Sinne entfesselt übergreifender Transzendenz zu verstehen. Diese strukturanalytische Akzentuierung freilich sieht – was die Jahre 1809/10 bis 1815 angeht – von Kompositionen wie dem Streichquartett op.95 und den Violoncellosonaten op.102 ab, die keinerlei Übergreifen des Kantablen auf den Sonatensatz und damit auch keinen Verlust des diesem bei Beethoven eignenden dynamischen Bewegungszuges erkennen lassen.

Es wäre aber grundsätzlich zu ventilieren, wie weit der analytische Aspekt des »*Subthematischen*« wirklich trägt und wie unverzichtbar er ist. In op.101 wird er als aus dem Mittelstimmen-Kontrapunkt zu gewinnender »*Terzzug*« extrahiert (Dahlhaus ebd., S.91), der an bestimmten Stellen – zwischen »*Latenz*« und »*Substanz des musikalischen Gedankens*« (Seitensatz) fluktuierend – korsettstangenartig eingezogen erscheint, »*die – in der Kantilene gewissermaßen ›aufgehobenen‹ – Themen oder Melodiestücke miteinander verknüpft*« (Dahlhaus ebd., S.92). Doch ist die Melodik dieses Satzes, die eine im Sinne des Sonatensatzes strikte Differenzierung von Haupt- und Seitenthema unmöglich macht (J. Uhde 1985, Bd. 3; auch H. Schenker legt den 2. Gedanken nicht eindeutig fest, 1913, Ausgabe 1972, S. 15ff. [E.II.6.]) und die als »*unendliche*«

(Wagner) den ganzen Satz durchhält, als prozeßhaftes »*lyrisches Singen und Sagen*«
(P. Gülke 1970, S. 254), als harmonischer Spannungsbogen und rhythmisch-
metrisch-synkopierend impulsgesteuert, nicht selbst struktur- und formgenerie-
rend genug? Außerdem übergeht solche den Sonatensatz subventionierende Kom-
pensationsanalyse die Tatsache des Kontrastes zwischen Kopfsatz und *Vivace alla
Marcia*, der bei genauerem Hinsehen einen diastematischen Näherungswert der
Melodie- und Themeneröffnungen erkennen läßt und damit beide Sätze ins dialogi-
sierende Kontrastverhältnis setzt. Was als Kontrast im Kopfsatz fehlte, wird demnach im Verhältnis der beiden Sätze ›nachgeholt‹. Hier wird bereits das sichtbar,
was von Hecker als Auslagerung der Kontraste aus dem Sonatensatz ins Verhältnis
der Sätze zueinander bezeichnet hat.

Überanalysiert erscheint auch der Kopfsatz des Streichquartetts in a-Moll
op. 132 (Dahlhaus 1980, S. 83); bleibt doch die Eröffnungsfigur *gis-a-f-e*, weil thematisch im Kontrastverhältnis von *Assai sostenuto* und Allegrogedanken integriert und
zu Beginn der Durchführung und der Coda motivisch verarbeitet wiederkehrend,
den ganzen Satz hindurch wirksam. Angesichts der Kontrast-Konstellationen in den
Kopfsätzen von op. 127, 132 und 130 wäre überhaupt zu bedenken, daß die langsame
Einleitung in diesen Stücken, sobald ihre Einleitungsfunktion in der Konfrontation
mit dem Allegrogedanken in die thematische umschlägt, nicht mehr eröffnend-
hinleitend wirkt, sondern spannungsbildend, derart, daß sich aus der Spannung
allein die nachfolgende Entwicklung herleitet, gleichsam ›legitimiert‹.

b. Ambivalenz der Formstrukturen

Diese Entwicklung aus dem Kontrast funktionalisiert die Kontrastglieder.
Nicht nur fluktuiert die Musik im Wechselspiel der Strukturen, die Teile stehen
auch, je nach Kontext, ganz oder partiell in einem neuen Funktionszusammenhang.
Sie haben sich von dem früheren wegentwickelt: man konnte ebenso, im Sinne von
Charles Rosen (Ch. Rosen 1977, dt. Ausg. 1983, S. 42f. [E.III.5.]) von einer »*Wandlung
der Bedeutung*« sprechen. So kann eine zuerst im Rahmen der langsamen Einleitung
stehende Motiveinheit im Kontrastgefüge ›thematisch‹ werden, um dann in der
Durchführung und in der Coda – wie namentlich in op. 130 und 132 – neu konfiguriert zu werden; andererseits kann der Gegensatz der musikalischen Charaktere
aber auch einen ganzen Sonatensatz prägen, in Form eines in der Reprise wiederkehrenden Spannungsfeldes bipolar ›zentrieren‹, wie im Kopfsatz von op. 109. Auch
wenn man das Verhältnis von 1. und 2. Thema hier als das von »*präludierend*« zu
»*improvisierend*« fortschreitend auffaßt (J. Uhde 1968, ²1980, Bd. 3, S. 477 [E.II.6.]), so
reicht doch die Tatsache von »*Takt- und Tempowechsel*« (H. Schenker 1913, Ausgabe

1971, S. 5 [E.II.6.]) aus, um von einem Kontrast zu sprechen. Andererseits erfaßt die Bezeichnung des 1. Themas als ›präludierend‹ durchaus dessen eröffnenden, hin-führenden Charakter, der sich freilich gerade im Zusammenhang des Kontrasts, also in dieser Perspektive rückblickend, als thematisch erweist. Solche Mehrfunktionali-tät (genauer: Doppelfunktionalität) des Satzbeginns, die ein Moment des Präludie-rens, im Werkzusammenhang gesehen, als zugleich einleitend und thematisch aus-weist, findet sich bei Beethoven freilich auch schon wesentlich früher: im Kopfsatz der Klaviersonate op. 31/2, in op. 13. Sie ist auch nicht beschränkt auf den Satzan-fang. Vielmehr zeigen Beethovens späte Bagatellen op. 119 und 126 innerhalb eines ganzen Spektrums von Ambivalenzen am Beispiel von op. 126 Nr. 4 die Doppelfunk-tion des Trios, wird es doch von Beethoven schließlich als Coda eingesetzt (E. T. Cone 1977, S. 97 [E.IV.1.d.1]).

c. Aspekte des Ganzen

Beethovens Angabe, er arbeite alles im Kopfe aus, findet sich nicht nur in Schlössers Bericht und in dem Brief an Treitschke; er findet sich sinngemäß auch in einem Schreiben an A. M. Schlesinger vom 13. Nov. 1821. Ausgehend von op. 109, ent-standen zur Zeit seiner Gelbsucht, dem Vorboten der Todeskrankheit, und ange-sichts der in Arbeit befindlichen Klaviersonaten op. 110 und 111 heißt es: »*das vorige-mal geschah es, indem ich meiner kränklichen Umstände wegen mein Concept weitläufiger aufgeschrieben als gewöhnlich, jetzt aber wo wie es scheint meine Gesundheit beßer ist, zeige ich wie sonst auch nur gewiße Ideen an u. bin ich mit dem ganzen fertig im Kopfe, so wird alles aber nur einmal aufgeschrieben*« (GA, Bd. 4, Nr. 1446, S. 455). Dieser Bericht entspricht – allein angesichts der detaillierten und namentlich im Spätwerk umfangreichen Skizzenarbeit – scheinbar nicht den Tatsachen und ist dementsprechend kritisch aufgenommen worden (B. Cooper 1990, S. 4 [E.IV.3.d.]). Weniger widersprüchlich und unwahrscheinlich steht er indessen da, geht man davon aus, daß Beethovens Skizzen, mögen sie nun reichlich und vielfältig oder nur spärlich auf uns gekom-men sein, lediglich die Spitze des Eisbergs darstellen. In diesem Zusammenhang verdient die bereits zitierte Wortnotiz besondere Beachtung, die sich ausgerechnet im Skizzenbuch *Landsberg* 11 findet: »*Sich zu gewöhnen gleich das ganze alle Stimmen wie es sich zeigt im Kopfe zu entwerfen*« (G. Nottebohm 1887, S. 281 [E.IV.3.a.]). Was stünde hinter diesem Satz, wenn nicht das Bewußtsein einer den Skizzennotierungen über-geordneten, diese überspannenden kompositorischen Geistesarbeit, zu der sich die Skizzen verhalten wie die Kurzschrift zum ausgeführten Text? In diesem Sinne ist wohl auch die Briefbemerkung gegenüber Wilhelm Ehlers vom 1. Aug. 1826 zu ver-stehen »*ich werde Schott schreiben, daß man ihnen auch das* Opferlied *einhändige, wenn sie*

sich doch hieraus die konzeptionelle ›Eigengesetzlichkeit‹, damit aber die erst allmählich reifende Vorstellung des Ganzen, entnehmen.

Zahlreiche Skizzenuntersuchungen wie die von Tyson über die Entstehungs-
stufen von op. 70/1 [A. Tyson 1971 [C.II.]) schärfen das Problem, insbesondere angesichts der Tatsache, daß Beethoven-Autographe immer wieder für die Fortsetzung
des Kompositionsprozesses über den Skizzenstatus hinaus zeugen. Man wird wohl
davon ausgehen dürfen, daß Beethoven bei seinen Aussagen über das Ganze einen
Vorstellungsbereich ansprach, der sich im ständigen Wechselspiel mit seinen
schriftlichen Fixierungen entfaltete, konsolidierte und gegebenenfalls auch
(immer) wieder wandelte – seien sie nun als zum Skizzen- oder Autographenbereich
gehörig zu bezeichen. Auch und gerade Beethovens Skizzenarbeit wirft folglich das
Problem auf, was er mit dem Ganzen gemeint haben mag. Sicherlich nicht die
Summe aller Details, auch nicht den äußeren Umfang einer ganzen Komposition –
er hat damit wohl viel eher die Gesamtvorstellung eines Werkes gemeint, die kraft
der künstlerischen Imagination in seinem Geiste entstand und bewegt wurde, die –
als Noten- oder Wortformel gar nicht faßbar – in den Skizzen nicht erscheinen
konnte. Wir sind damit wieder bei dem umstrittenen, rätselhaften Begriff der Idee
angelangt, der die Beethoven-Forschung bis heute bewegt und kontroverse Auffassungen gezeitigt hat.

α) Sonatensatz

Keine musikalische Gattung spiegelt die Phänomenologie des Beethovenschen Sonatensatzes so deutlich, damit aber auch in seiner ganzen Vielfalt wider,
wie Beethovens Klaviersonaten. Und die Idee der Sonate wird dort am klarsten, wo
sich das musikalische Gebilde am weitesten von dem entfernt, das man gewöhnlich
anvisiert: das Sonatensatzschema. Op. 27/2, die sogenannte *Mondscheinsonate*, die
weitgehend zum Schlummerlied der Beethoven-Rezeption verkommen scheint, ist
im Kopfsatz unter der Oberfläche gleichmäßiger Triolen von eben der Unruhe
gezeichnet (Dissonanzspitzen und chaconneähnliche Baßstereotypie), die Schönberg als generierendes Prinzip anführt. Es sind die Antriebsmomente eines prälu-
dierenden Fantasiestückes, das, indem es schließt, die Fortsetzung aus sich hervor-
treibt: *Attacca subito il seguente*. Der dritte Satz aber folgt auf den zweiten im Sog des
ersten. Noch deutlicher wird dies in op. 27/1, in dem alle vier Sätze *attacca* verknüpft
sind. Der Gedanke ans Spätwerk, speziell an op. 131, ist nicht abwegig, hat man doch
auch bereits das Experimentelle dieser frühen Sonaten zu dem des Spätwerks in
Beziehung gesehen.

Hier wird deutlich, was für Motiv und Thema Beethovens gilt: Der Kopfsatz der Sonate ist eine Funktion des Ganzen. Beethoven komponiert über ihn hinaus. Und wenn man aus diesem einfachen Befund für die Interpretation von Skizzen einen Hinweis gewinnen kann, dann den, daß Beethovens übergreifendes konzeptionelles Denken auf Späteres, ja auf den Schlußsatz vorgreifende Notierungen alles andere als dem eigenen Schaffen exterritorial erscheinen läßt.

β) Werkzyklus

Die Feststellung, daß die für den Sonatensatz unübersehbare Spielbreite der Erscheinungsformen gleichermaßen für Beethovens werkübergreifende zyklische Gestaltung gilt, ist ebenso selbstverständlich wie unumgänglich. Resultieren doch aus dem ›statistischen‹ Befund sogleich die Fragen nach dem Wie und Warum. Hierbei ist sicherlich auch zu bedenken, zu welcher Zeit seiner kompositorischen Entwicklung Beethoven im Rahmen welcher Satzzahl welche Satzfolge und welche Satzcharakteristika wie zueinander in Beziehung gesetzt hat. Übereinstimmung dürfte darüber bestehen, daß in den ersten Wiener Jahren, bis etwa zu den Streichquartetten op. 18, Viersätzigkeit ein Zeichen besonderer Gewichtung war. Das gilt, neben den Streichtrios op. 9 und dem Streichquintett op. 29, namentlich für die Klaviersonaten, die als viersätzige sich deutlich von denen Haydns und Mozarts abheben. Daß die Klaviersonaten fast parallel hierzu experimentelle Züge tragen, wie op. 13, 26, 27, aber auch danach von der ›Norm‹ abweichen (op. 54, 78, 90, 111), kann als schöpferische Transformation der ans Klavier gebundenen Improvisationshaltung Beethovens gewertet werden. Daß Beethoven in seinen Streichquartetten nie dreisätzig schrieb, dafür aber in den letzten Quartetten die Vierzahl der Sätze überschritt, leitet sich wohl einmal vom besonderen grundsätzlichen Gewicht der Gattungsnorm her, ist aber, im Falle der späten Quartette, damit zu erklären, daß nun diese ›Gegenstand‹ seines ›Fortschreitens‹ im »Laboratorium artificiosum« geworden waren.

Die speziell für die späten Quartette, aber auch bereits seit den Streichquartetten op. 18 (Nr. 4-6) und der Klaviersonate op. 27/1 wichtige Abfolge der Sätze – in der Viersätzigkeit speziell die Stellung der Binnensätze – hat Beethoven als Mittel zyklischer Werkintegration ausgebaut. Das gilt – unter Einschluß der 5. Symphonie – für die Klaviersonaten op. 27/1, 53, 110. Nicht weniger bedeutsam für die zyklische Integration ist die auch an anderer Stelle angesprochene – in der ›Kurfürstensonate‹ in f-moll sich ankündigende – Einbeziehung der langsamen Einleitung (op. 13, op. 127, 132, 130) oder einleitender Struktur- bzw. Formteile in den zyklischen Verlauf (op. 31/2, 101).

Hierbei ist jedoch nicht zu vergessen, daß die Violinsonaten op. 24, 30/2 und 96 als viersätzige rein äußerlich – abgesehen von dem hinzugewonnenen Gleichgewicht der Instrumente – demonstrieren, welchen Bedeutungszuwachs die begleitete Solosonate durch Beethoven gewonnen hatte. Das gilt freilich gleichermaßen für die Violoncellosonaten, für die – ob nun zweisätzig (op. 5), drei- (op. 102) oder viersätzig (op. 69) – die Gleichberechtigung des Streichinstruments selbstverständlich wird. Op. 69 stellt dem Finalsatz zudem den sehr kurzen langsamen Satz als Einleitung voran, op. 102/1 verschränkt Andante-Einleitung und Adagio derart, daß erstere wiederum als Einleitung fungiert, diesmal zum Allegro-Schlußsatz.

γ) Werkgruppen

Ob Beethovens Werkgruppen jeweils einen besonderen Zusammenhang oder Gefügecharakter aufweisen, ist umstritten, auch schwer zu klären, weil eine von ästhetischer Wertung nicht immer und leicht zu trennende Frage. Die Problematik erweist sich gerade an den für Beethovens kompositorische Entwicklung so wichtigen Streichquartetten op. 59. Der Interpretation von Ludwig Finscher (1974 [E.IV.1.a.opus 59/3]), wonach die drei Quartette einen, vom letzten Quartett in C-Dur gekrönten Zyklus bilden, ist von Webster mit dem etwas seltsamen Hinweis auf eine »*recent German tendency*« (1980 [E.II.5.]) ohne eigentliche Begründung widersprochen worden. Tyson freilich unterstreicht in seiner Untersuchung der Skizzen zu op. 59/3 (A. Tyson 1982, S. 131f. [E.IV.1.a.opus 59/3]), daß das C-Dur-Quartett gegenüber dem F-Dur- und dem e-Moll-Quartett eindeutig leichtgewichtiger sei – eine rezeptionsgeschichtlich interessante Umbewertung, wurde doch zu Beethovens Zeiten gerade dieses Quartett höher eingeschätzt. Aus seiner Sicht fällt hierbei auch negativ ins Gewicht, daß »*the absence of a genuine ›thème russe‹ has never been explained*« (ebd., S. 132). Wenn Finscher indes schreibt, das russische Element sei in op. 59/3 »*nun so weit zurückgenommen, daß es eben nicht mehr als Thema, sondern nur noch als ›fremder‹ Tonfall eines Themas und Satzes und erst damit eigentlich integriert erscheint*«, so greift der Hinweis auf den Skizzenbefund nicht, wonach »*it cannot be a true ›thème russe‹*«, da es sich nur aus den Skizzen entwickelt habe (Tyson a.a.O., 126f.).

Der entscheidende Punkt liegt wohl in der Gewichtung unterschiedlicher Aspekte: der – wie auch immer ausfallenden und begründeten – ästhetischen Wertung des Quartetts als Einzelkomposition (individuelle Komposition) auf der einen und seiner Funktion im Zusammenhang des Opus-Zyklus auf der anderen Seite. Die Menge abwertender Gesichtspunkte Kermans: oberflächliche Parallelisierung von Menuett-Coda und langsamer Einleitung (J. Kerman 1967, S. 141 [E.II.5.]), repetitive, das Material ›streckende‹ Themen- und Entfaltungsstruktur des Finalsatz-

Themas (S. 142), Rossini-Tonfall (S. 142), »*operatic swing*« der Schlußcoda (S. 145) schlägt jedoch im Kontext seiner übergeordneten Feststellung, dem Finale eigne »*barnstorming fury*« oder »*commanding ebullient power*« (S. 144), in ein qualitatives Argument zugunsten der Funktion um. Diese, zumal mit Blick auf das Finale der 5. Symphonie getroffene Feststellung finalisierender Überhöhung und Finschers wichtige Erkenntnis, daß sich das Quartett aus einem doppelten Einleitungsschritt entwickle, unterstreichen Höhepunktsfunktion und Zielcharakter des C-Dur-Quartetts nach den beiden vorangehenden Kompositionen.

Man wird sicherlich zu unterscheiden haben: Nur im Falle von op. 59 stellt sich die Frage nach Finalisierung und Integration derartig schroff. Doch wäre immerhin zu berücksichtigen, daß in op. 1 und 9 das letzte Werk jeweils in c-Moll, Beethovens ›intensivster‹ Tonart steht – op. 1/3 war ja auch das Trio, dem Haydn glaubte eine problematische Rezeption voraussagen zu müssen; daß die virtuos ausgreifende Klaviersonate op. 2/3 in C-Dur steht, daß op. 31/3 zudem, anders als die G-Dur und die d-Moll-Sonate viersätzig, also allein unter diesem Gesichtspunkt, sich darstellt.

δ) Gesamtausgabe zu Lebzeiten

Es mag weit hergeholt scheinen, Beethovens Versuche und Vorstellungen zu einer Gesamtausgabe seiner Werke unter dem Aspekt des ›Ganzen‹ zu subsumieren. Es gibt indes wenigstens zwei Gründe, die das rechtfertigen mögen: 1. das verständliche Verlangen, seine Werke als Einzelkompositionen in einer zuverlässigeren Textverfassung im Umlauf zu wissen und der Nachwelt zu hinterlassen, 2. eine Abrundung des gesamten Œuvres unter dem Aspekt a) der Vollständigkeit und b) unter dem einer Aktualität des Authentischen. Punkt 1 ergibt sich ohne weiteres aus dem Konvolut der Verlegerbriefe, in denen es um Fehlervermeidung und Fehlertilgung im Dienste der Werkechtheit geht – »*Ich würde jeden Bogen gegen ein honorar worüber wir uns verstehen müßten genau nachsehen, hie & da Veränderungen anbringen, kurz meinerseits alles mögliche beitragen ein richtiges, correctes & permanentes Werk zu liefern*« (GA, Bd. 2, Nr. 464, S. 146f.), Punkt 2 a) liegt im Begriff selbst begründet – »*näher als alles andere liegt mir die Herausgabe meiner Sämmtlichen Werke gar sehr am Herzen, da ich selbe in meinen Lebzeiten besorgten [sic] mögte*« (GA, Bd. 4, S. 491ff.), Punkt 2b) aber geht deutlich genug aus Beethovens mehrfach erklärter Absicht hervor, zu jeder Gattung ein neues Werk zu liefern – »*wegen der Herausgabe sämtlicher Werke von mir glauben wir hier, daß es gut sey, zu jeder Gattung von Komposition noch ein neues werk hinzufügen – z. B. zu den Variationen ein neues Werk dieser Art zu den Sonaten eben etc – etc –*« (GA, Bd. 4, Nr. 1403, S. 411).

Daß Beethovens Vorstellungen sich nicht verwirklichen ließen, hatte wohl vor allem eine wirtschaftliche Seite, lag aber sicherlich auch an des Komponisten schwierigen geschäftlichen Umgangsformen, die freilich nicht Beethoven allein anzulasten, sondern auch als eine Art Feedbackverhalten einzustufen sind. Immerhin wirft der Versuch eines der engsten und besorgtesten Freunde Beethovens, des Klavierbauers Johann Andreas Streicher, im Jahre 1824 im Verein mit dem Leipziger Verleger Peters eine Gesamtausgabe zuwege zu bringen (GA, Bd. 5, Nr. 1883, S. 372) – ein Unternehmen, das in dieser Form wegen der sehr getrübten Beziehungen zwischen Beethoven und Peters wohl nicht zustande kam – ein bezeichnendes Licht auf die Verhältnisse. Streichers Brief deutet Beethovens Chancen und die Grenzen an, die er ihnen selbst setzte: »*Der Autor (den Sie wohl ahnden werden) ist schon vor 3 Jahren von H.[ärtel] in L.[eipzig] darum angegangen worden; ebenso hat man ihm hier die schönsten Vorschläge dazu gemacht, allein er ist bis jezt noch immer unbestimmt geblieben. Nun aber scheint er doch ernstlich an die Sache zu denken […] Schreiben Sie mir Ja! so werde ich ernstlich darauf treiben, und ein vollständiges Verzeichnis aller seiner Werke begehren. Schreiben Sie aber Nein! so muß ich ihn seinen eigenen Weg gehen lassen, und mich mit dem Bewußtseyn begnügen, alles für ihn gethan zu haben was ich konnte.*«

C. REZEPTION UND INTERPRETATION
1. Schaffensimplizite Rezeption

Die Frage nach dem Ausgangspunkt der Beethoven-Rezeption – kaum je gestellt, noch beantwortet – ist nicht gering zu veranschlagen. Zwar möchte man meinen, ihr sei etwa mit dem Hinweis auf erste Rezensionen genügt. Doch beinhaltet die Reaktion der Verleger nicht bereits Rezeption? Indes beginnt die Beethoven-Rezeption gewiß schon vor der Reaktion und dem Verhalten der Verleger, deren erste dokumentarische (Negativ-)Reflexe Beethovens Briefe samt einliegenden Fehlerlisten darstellen. Das Feedback seiner Kompositionen reicht über die Abmahnung von Verlegern, Proteste gegen unangemessen abwertende, als ungerecht erfahrene Rezensionen zurück. Sie setzt ein im engsten Umkreis des Komponisten.

Beethovens tadelnder Brief vom 20. Oktober 1800 an Zmeskall (GA, Bd. 1, Nr. 48, S. 53) verweist auf dessen Kritik am Trio, an dem »Mineur«, in WoO 13 Nr. 11 als Beispiel einer über die Zeit hinweg omnipräsenten, internen Diskussion, von der zweifellos nur wenig an die Öffentlichkeit gedrungen ist. Immerhin zeugt der Diskurs angesichts der Umarbeitung von Beethovens Oper *Leonore*, um die Neukomposition des Mittelsatzes von op. 53 und des Schlußsatzes von op. 130 dafür, daß diese früheste Rezeptionsstufe – mit welchem Resultat und welchem Echo auch immer – bestand und Wirkung zeigte.

In fast gleicher Nähe zur Komposition, aber anders gelagert, ist die erwähnte Verleger-Reaktion. Sie zeigt, daß der von Beethoven selbst erwähnte frühe Ansturm auf seine Kompositionen (vgl. Brief an Wegeler vom 29. Juni 1801; GA, Bd. 1, Nr. 65, S. 79) naturgemäß von Geschäftsinteressen bestimmt war und daß sich erst allmählich ein wirklich von (Hoch-)Achtung vor Beethovens Künstlertum bestimmtes Verhältnis durchsetzte. Der Briefwechsel mit Breitkopf & Härtel bietet in dieser Hinsicht ein ebenso zwiespältiges wie informatives Bild. Auf der einen Seite hatte der Verlag schon im Mai 1801 geschrieben: »*Der Ruhm Ihres Talents ist fest genug gegründet*« (GA, Bd. 1, Nr. 62, S. 75), auf der anderen Seite entblödete er sich nicht, noch 1811 den Komponisten und Dirigenten Philipp Jakob Riotte als quasi Gutachter über die Qualität der neuesten Beethovenschen Werke zu befragen (vgl. GA, Bd. 2, Nr. 484). Man muß dem Verleger freilich zugutehalten, daß Beethoven ganz zweifellos ein Talent der schöpferischen Überraschung war – dies die Kehrseite des ›dialektischen Komponisten‹ –, ein Moment, das immer wieder neue Konstellationen der ästhetischen Distanz schuf.

2. Wandernde ästhetische Distanz

Beethovens Verlegerbriefwechsel lenkt aber auch den Blick darauf, daß der Ruf bestimmter Kompositionen die kritische Schwelle für andere anhob. So konnte sich Peters in Leipzig partout nicht für die ihm zugesandten Bagatellen erwärmen. Sein Brief vom 4. März 1823 (GA, Bd. 5, Nr. 1604, S. 81) ist hierfür ein beredtes Zeugnis: »*komme ich nun an die Bagatellen* [op. 119, Nr. 1–6]– *von welchen ich sehr überrascht worden bin; ich habe solche von mehrern spielen lassen, aber auch* <u>*nicht einer*</u> *will mir glauben, daß solche von* <u>*Ihnen*</u> *sind* […]. *es ist möglich, daß ich mir zu viel erwartete, denn ich dachte mir kleine niedliche Sachen, welche, ohne große Schwierigkeiten zu haben, doch recht freundlich und* <u>*ansprechend*</u> *sind* […]. *Um nicht mißverstanden zu werden, will ich nichts weiter darüber sagen, als daß ich diese Kleinigkeiten nie drucken werde, sondern lieber das dafür bezahlte Honorar verlieren will.*« Peters Reaktion ist ein Musterbeispiel für sich verschiebende ästhetische Distanz, die Differenz zwischen Rezeptionserwartung und ästhetischer Qualität des jeweils neuen Werkes (vgl. H. R. Jauss, *Literaturgesch. als Provokation der Literaturwissenschaft*, in: *Literaturgesch. als Provokation*, Ffm. 1970, S. 177f.).

Das Panorama der sich mit Beethovens Werk fortschreibenden ästhetischen Distanzrelationen ist bisher erst in Ansätzen sichtbar geworden und wäre mit Blick auf eine mögliche Periodisierung der Rezeption bereits zu Beethovens Lebzeiten noch eingehender zu untersuchen. Es ist komplex. Geht es doch gerade nicht nur um die Gradationsskala der Akzeptanz einzelner Stücke, sondern eben um die durch angenommene Kompositionen nur allzuleicht bewirkte neue Akzeptanzschwelle. Dabei war die Relationsrichtung keineswegs festgelegt. Selbst schwierige, als »*bizarr*« und »*grotesk*« (St. Kunze 1987, S. 43 f. [F.II.2.]) aufgefaßte Kompositionen, wie die Violinsonate op. 47 wurden zum Maßstab für eingängliche (auch frühere) Kompositonen wie die 8 Lieder op. 52, die (1805) als etwas »*durchaus Gemeines, Armes, Mattes, zum Theil sogar Lächerliches*« (ebd., S. 44) erschienen; 25 Jahre später dagegen akklamierte man sie als »*Bagatellen*« des Genies (S. 47).

Natürlich muß es das Ziel jeder angemessen akribischen Rezeptionsuntersuchung sein, das in solchen Verdikten zutage tretende Vorurteil mit Blick auf den jeweiligen (nicht selten schwer zu identifizierenden) Verfasser, also das Vorurteil in seiner Kontextbestimmung, zu ergründen. Andererseits kann man, kontextgeleitet, auch von Rezeptionstrends ausgehen, für die das einzelne Urteil steht. Die Urteilswende im Falle der *Eroica* konnte indes, folgt man einer Rezension wie der zur 4. Symphonie op. 60 (Kunze 1987, S. 73), nicht verhindern, daß die *Eroica* – wie vereinzelt zu klären wäre – weiterhin als durch »*Bizarrerien*« in ihrer Klarheit getrübte Komposition aufgefaßt wurde. Überdauerte hier die ursprüngliche Ablehnung der *Eroica* punktuell, wurde sie womöglich auch durch die (fälschlich) als einfacher eingestufte B-Dur-Symphonie neu angefacht, baute diese also rückwirkend eine ästhetische Distanz auf? Dies eine Rezeptionsrelation, die sich später, etwa in Wagners höhenkammorientierter Rangbestimmung (9. Symphonie) radikal und fernwirkend umkehren sollte, der die 4. Symphonie als kalte Musik, den erhaben punktierten Rhythmus des Adagios mit der Bemerkung »ich weiß schon« abtat (Vgl. Cosima Wagner, *Die Tagebücher*, hrsg. und kommentiert vom M. Gregor-Dellin/D. Mack, Bd. 2: 1878–1883, Mn./Z. 1977, S. 50).

Abgesehen von dem Spektrum asthetischer Distanz in der Aufnahme und relationalen Bewertung Beethovenscher Kompositionen gibt es indes namentlich die Rezeptionsspannung, die sich mit dem Spätwerk aufbaute. Für seine Zeit (und aus seiner Sicht) resümierend hat sich Rochlitz 1828 in der AMZ anläßlich seiner Rezension von Beethovens op. 131 in diesem Sinne geäußert, wenn er schreibt: »*Beethoven schonte nicht; er schonte ganz und gar nicht [...] in seinen spätesten Werken aber [...] da schonte er am Allerwenigsten*« (AMZ 23. Juli 1828, Nr. 30 Sp. 490). Das vielleicht bemerkenswerteste an diesen Ausführungen ist aber, daß Rochlitz in einer ausholenden Anmerkung vor einem schmissigen Hic-et-nunc-Verriß gerade angesichts des Beethovenschen Spätwerks und speziell des letzten Quartettschaffens warnt (ebd, Sp. 488f.). Ihm war die (von Beethoven wiederholt beklagte und attackierte) Rezensionspraxis, ja die Rezeptionsgeschichte der Leipziger AMZ aus dem Überblick des leitenden Redakteurs im Bewußtsein und die zeitgebundene Vorläufigkeit und Hinfälligkeit der ästhetischen Begutachtung nur allzu gegenwärtig. Hier wirkt die Erkenntnis der oft unvorhersehbar kurzen (freilich auch zuweilen erschreckend langen) Halbwertzeit ästhetischer Distanz graduell urteilsfilternd.

3. Ruhm und Verstehen

Rochlitz spricht in seinen Ausführungen auch an, was den Blick auf viele Rezeptionszeugnisse nur allzu leicht und immer wieder verunklärt, deren Bewertung in den Zwist treibt: das trübe Quidproquo von Ruhm und Verstehen. Nicht allein wird Beethoven als der »Held der musikalichen Welt« auf den Schild gehoben, der ganze Artikel ist – namentlich in seinem Schlußteil, der angesichts besonderer, in Rochlitz' Text akzentuierter Schwierigkeiten (Sp. 506) die Geschichte einer stekkengebliebenen Einstudierung vorstellt – eine wenn auch von Skepsis und Vorbehalten getragene, so doch unter dem Schutzschild von Beethovens Ruhm und Unantastbarkeit vorgetragene Annäherung an den Verstehensprozeß.

So wird Rezeptionsgeschichte als durch die Kompositionen defintiv auferlegte, ruhmgeschützte Geschichte des Verstehens deutlich. Was selbstredend für große Kunst überhaupt gilt, wird durch Beethovens Œuvre in vorher ungeahnter Stringenz paradigmatisch: daß das Verstehen der Werke eine Funktion ihrer rezeptiven geschichtlichen Entfaltung sei. Auf seine Weise hat das auch Beethovens Schüler und Freund Carl Czerny erkannt und Heinrich Albert Probst gegenüber ausgesprochen (7. März 1825 [GA, Bd. 6, Nr. 1945, S. 38]): »Daß Beethovens Werke im ersten Augenblick selten übersehen u verstanden werden können, hat uns eine lange Erfahrung gelehrt, u gerade die, anfangs scheinbar unverständlichsten bewähren sich durch die Zeit als die vorzüglichsten. Doch muß man sie sorglich auch vortragen können, wozu ein Studium gehört das man selbst bey manchen Virtuosen vermißt.«

Es ist folglich auch nicht zwangsläufig eine besondere Art von Besserwisserei, wenn aus der Position späterer (respektive heutiger) Rezeption frühere Positionen kritisch beleuchtet werden. Solange derlei Betrachtungen – der Relativität ihrer Sicht bewußt – mit dem früheren Standpunkt sich selbst in rezeptionsgeschichtlicher Perspektive sehen, wird damit allein einem geschichtlichen Distanzgebot Rechnung getragen, dem nur zu entkommen glaubt, der seine Position gern als das Ende aller Dinge deklarieren möchte. Solche Einstellung mag mancher nicht zuletzt hinter dem Versuch sehen, programmatische Deutungen früherer Zeit zu aktualisieren, ihnen damit womöglich überzeitliche Gültigkeit zu verleihen.

Überzeitliche Wirkung hat das ›Ruhm-Gen‹ in höchst unterschiedlicher Weise gezeitigt. Vom Huldigungsgedicht der Gräfin Marie Erdödy (evtl. 20. Juli 1815; GA, Bd. 3, Nr. 819, S. 154) - »*Apollons erster Sohn!/Du größter großer Geister,/Der Tonkunst erster Meister, Den jetzt Europa kennt,/Dem selbst Apollo frönt*« -, dem sich Oberamtmann Sperl anschloß - »*Ich kam von Jedlesee als Both/Zum ersten Composteur nach Gott*« (GA, Bd. 3, Nr. 820, S. 155), über Clemens Brentanos preisende Lyrik - *Vier Lieder von Beethoven an sich selbst* (vgl. GA, Bd. 3, Nr. 689, S. 4), Medaillen und Ehrungen, festigte sich eine ›Kettenreaktion‹ der Topoi, die freilich nicht nur im Positiven sich bewegte (vgl. H. H. Eggebrecht 1972 [F.I.1.]; dazu MGG2S Bd. 8, Sp. 218). Die Euphorie für die späten Quartette etwa zeitigte bei Ferruccio Busoni Abwehr: »*die frühere Aureole meiner fantastischen Deutung*«, so schreibt er am 15. Nov. 1917 (NZfM 121 [1960], S. 416), wich harscher Enttäuschung. Seine Begründung: »*Die durch zwanzig Jahre in Berlin eingesogene (auferzwungene) Unantastbarkeit Beethoven's, die mich einschüchterte, u. das allgemein geltende Verbot einer kritischen Prüfung gegenüber den Thaten des Meisters, mag in erster Linie ihre Reaktion in mir ausgelöst haben.*«

Trotz Mißtrauen und Distanz gegenüber allzu ungefiltertem Ruhm, der - schon früh angelegt (vgl. E. E. Bauer, 1992 [F.I.2.]) - in, auch bildgetragenen, Heroenkult und Beethoven-Mythos überging, war es nur ein Schritt zum politischen Mißbrauch. Seit 1870 zunehmend annektierend (vgl. R. Wagners Beethoven-Schrift, H. v. Bülows Bismarck-Apotheose) und im I. Weltkrieg abgefeimt militaristisch barbarisierend (vgl. u. a. W. Sombart: *Händler und Helden*, München/Leipzig 1915, S. 84 f., 94) - stellte er sich schließlich mit Nazi- und DDR-Diktatur jeweils spezifisch ausgeprägt ein (vgl. u. a. D. B. Dennis 1996, S. 14 ff., 32 ff. und passim [F.II.6.]; J. Ernst: *Nicht gerade ein Stilleben. Erinnerungen an meinen Vater Max Ernst*, Köln 1991, S. 115, 149 f.). Beethoven und seine Musik waren jener ›Verhunzung‹ ausgesetzt, die Thomas Mann in den Tagebüchern für Wagner konstatierte (1933/34, S. 513). Wobei Beethoven auferlegt wurde, was bei Wagner untergründig - als gedanklicher (auch interpretatorischer) Schwelbrand angelegt - erscheint.

4. Initien und Probleme der Tradition

Dabei wurde zu Beethovens Lebzeiten nicht notwendig und in jedem Fall bild-, text- oder jedenfalls literarisch gedankengebundene Exegese aufgerufen, um Beethovens Kompositionen näherzukommen. Für Carl Czerny etwa, Schüler und zum engsten Umgang des Komponisten gehörend, war Beethovens Es-Dur-Klavierkonzert op. 73 ein höchsten Maßstäben genügendes, aber auch ans Limit gehendes Werk, dem musikalisch, als Pianist, er sich gewachsen wußte, dem gerecht zu werden es allerdings ausreichender künstlerisch nachschöpfender Vorbereitungszeit bedurfte. Sein Wissen um die besondere Qualität der Komposition hieß ihn Beethovens Wunsch, »adagio und Rondo von meinem Konzert in Es zu spielen« (GA, Bd. 5, Nr. 1838, S. 324) ablehnen, eine Entscheidung, die nur zu verstehen ist, wenn man die musikalisch-geistige Dimension des Werkes und das besondere Problem des Aufführungsortes in Rechnung stellt, und nicht etwa bloß den Aspekt (manueller) ›Übung‹. Czerny antwortete Beethoven am 21. Mai 1824 (GA, Bd. 5, Nr. 1839, S. 325): »Und nun soll ich, – nach dem ich seit 14 Jahren außer aller Übung bin vor dem großen Kennerpublikum Wiens auftreten, plötzlich, ohne alle Vorbereitung, kaum 2 Tage zum Exerzieren Zeit habend, – Eine der größten, durchdachtesten Compositionen von Ihnen produziren! und noch dazu in dem gefährlichsten Lokale das für den Clav.risten existirt! der große Redutensaal ist für dieß Instrument der undankbarste Ort, und alle Klavierspieler die bis jetzt in demselben spielten haben es bereut. Übrigens ists nicht die Rücksicht auf mich selbst, sondern die gegründete Furcht das ich Ihr hohes Werk, in diesem kurzen übereilten Zeitraum von kaum 2 vollen Tagen unmöglich so vollendet vortragen kann, als meine unbegrenzte Achtung vor Ihnen mir vorschreibt, – die Ursache die mich nöthigt auf diese Auszeichnung zu resigniren.« Wenn Czerny hier von einer der größten, durchdachtesten Kompositionen Beethovens spricht, so war dabei gewiß kein Gedanke im Spiel, der sich mit dem heute auf Schallplattenhüllen nach Konzertführermanier prunkenden Schmucktitel »Emperor concerto« auch nur berührt hätte. Eine effekthaschende Bezeichnung, die zu Recht von Grove und Tovey (»the vulgartitle« – Bd. 3, 1972, S. 84 [E.IV.1.e.]) abgelehnt wurde und die jüngst wieder Plantinga (1999, S. 255 [E.II.2.]) nachdrücklich zurückweist (vgl. auch Küthen 1996, S. 41 [G.III.3.]).

Die Ursprünge der Aufführungsgeschichte der späten Streichquartette lassen – soweit diese noch in Beethovens Lebenszeit fällt – trotz aller sich ergebenden Schwierigkeiten (vgl. Bkh 8, S. 243–247, 250; Kl. Kropfinger, Über Musik im Bilde, Bd. 1, K. 1995, S. 243) – nur wenig von der Berührungsangst erkennen, die eine mehr oder minder große Zeitspanne danach die Aufführungsgeschichte – namentlich die der Großen Fuge – kennzeichnen sollte (Mahaim 1964, Bd. 1 und 2 [E.II.5.]). Das gilt gleichermaßen für ein so exorbitant schweres Werk wie die B-Dur-Klaviersonate op. 106. Diese Komposition, von der es in der Wiener Zeitung vom 15.9.1819 hieß, daß »dasselbe in Rücksicht der künstlerischen Vollendung und des gebundenen Stils gleichsam eine neue Periode für Beethovens Klavierwerke bezeichnen wird« (G. Kinsky/H. Halm 1955, S. 294 [A.I.]), muß privat, im kleinen und kleinsten Zirkel eine außerordentliche Attraktionskraft gehabt haben. Joseph Czerny berichtet November/Dezember 1819: »Der Zmeskal hört jetzt gar keine Musik ausser Ihre Sonate op. 106, die ich ihm schon einigemal vorgespielt habe« (Bkh, Bd. 1, S. 92). Über Nannette Streicher, die selbst eine sehr gute Pianistin war, weiß Joseph Cerny: »*Die Streicher studiert Ihre letz[t]e Sonate [op. 106] schon 3 Monathe und kann noch nicht den 1ten Theil. Am meisten beklagt sie sich über den Anfang*« (Bkh, Bd. 1, S. 109). Im April 1820 (Bkh, Bd. 2, S. 93) fragt dann Frau Streicher, offenbar in ihrem Studium des Werkes fortgeschritten: »*Ich bitte das Sie mir ein paar Stellen aus Ihrer großen Sonate sagen ob ich's recht nehme*«. November/Dezember 1819 berichtet Oliva »*der Profeßor Klein [Heinrich Klein, Komponist, Pianist, Organist] aus Preßburg, war zweimal bey Ihnen; er wünscht Ihre große Sonate zu haben, und kömmt bald wieder hieher*« (Bkh, Bd. 1, S. 105, 441 Anm. 242). Es sollte Franz Liszt vorbehalten bleiben, Beethovens op. 106 wirkungsvoll und überzeugend sowohl in die Öffentlichkeit zu tragen (P. Raabe, *Liszts Leben*, Bd. 1, ²1968, S. 36) wie diesem Werk auch im Zirkel emphatischer Innerlichkeit - im Kreis Richard Wagners - zu (freilich geteilter) Wirkung zu verhelfen (C. Wagner, *Die Tagebücher*, Bd. 1, Mn./Z. 1976, S. 243 und Bd. 2, S. 677). Auch Wagner war hier nur ein Beispiel unter vielen dafür, daß sich das Bewußtsein und die Anerkennung von Beethovens Ruhm und Größe eine Begründung suchte. Hans von Bülow schließlich hat op. 106, wie den späten Klaviersonaten überhaupt, den ›Laissez-passer‹ des Konzertpodiums ausgestellt - es war nur der erste Schritt zur Einbürgerung. Interesse und Wertschätzung des Spätwerks schloß schon zu Beethovens Lebzeiten die letzten Klaviersonaten ein. Eine Bemerkung des Grafen Moritz Lichnowsky im Konversationsheft 22 (etwa 30. Januar - 6. Februar 1823) lautet: »*die 2 pariser Sonaten [op. 110 und 111, 1822 bei Maurice Schlesinger in Paris erschienen] werden allgemein bewundert*« (Bkh, Bd. 2, S. 356).

Die lange Zeit fehlende öffentliche Wiedergabe dieser insgesamt extrem komplizierten und ungewohnten Kompositionen bedeutete nicht zwangsläufig Desinteresse. Sie war einmal im Zuschnitt des damaligen Konzertbetriebs begründet, andererseits aber auch darin, daß Werkanspruch und Publikumserwartung in zunehmend größere Distanz zueinander traten: Es entstanden Kompositionen, die professionelle Instrumentalisten und Ensembles ebenso verlangten wie den fürs Professionelle speziell gebildeten und offenen Kenner. Das signalisierten bereits früher entstandene Werke wie die Streichquartette op. 59, deren drittes in C-Dur dank seiner scheinbar leichten Verständlichkeit zu Schuppanzighs Abschiedskonzert am 11. Febr. 1816 gespielt wurde. Paradigmatisch hat Beethoven es für das f-Moll-Quartett op. 95 im Brief an Sir George Smart vom Oktober 1816 (GA, Bd. 3, Nr. 983, S. 306) formuliert: »*The Quartett is written for a small circle of connoisseurs and is never to be performed in public*«. Man sollte indes bei diesem Brief auch den Kontext des Adressaten in die Überlegungen einbeziehen. So sehr Beethoven Smart schätzte, so mochte er Thomsons mehrfache Bekundungen über den äußerst niedrigen Erwartungshorizont des durchschnittlichen englischen Publikums im Sinn gehabt haben: »*vous* introduiriez un goût pour ce qui est excellent; Mais helas Mons.ʳ nous n'aimons pas de tout ce que nous fait trop de travail. Le goût des Anglois est tout a fait corrompu par les miserables petites Compositions des Artistes inferieurs; et la musique la plus meprisable a ordinairement le plus grand succes! Tout ceci est bien vrai je vous assure« (GA, Bd. 2, Nr. 605, S. 301). Dies um so mehr, als Thomson Beethoven ein übers andere Mal um Instrumentalpartien der Liedarrangements gebeten hatte, »tout a fait simple et aisée à dechiffrer et à exécuter« (5. August 1812; GA, Bd. 2, Nr. 590, S. 283). Das könnte die mit Erstaunen vermerkte Tatsache erklären, daß op.95 trotz Beethovens späterer brieflicher Erklärung im Mai 1814 anläßlich einer Prater-Matinée, also gewiß vor einem aristokratisch-bürgerlich gemischtem Publikum, gespielt wurde (vgl. K. v. Fischer, BeJb 9, 1973–1977, S. 88 [E.IV.1.a.op.95]). Damit wird gleichwohl die Sonderstellung des als *Quartetto serioso* bezeichneten Werkes keinesfalls in Frage gestellt.

5. Tempo-Querelen

Was Hürden baute, war, abgesehen von den technischen Schwierigkeiten, das, was heute als die interpretatorische Dimension gilt: die geistige Spannweite. Daß als gemeinsamer ›Transmissionsriemen‹ von Technik und Geist aber auch schon zu Beethovens Lebzeiten das Tempo fungierte, davon zeugen die Kommentare zur Einführung des Mälzelschen Metronoms und die in den Positionskämpfen der Kontroverse vertretenen Auffassungen. In welchem Maße Beethoven Tempofragen favorisierte, ist sattsam bekannt. Abgesehen von der stehenden Frage nach dem Tempo einer Aufführung, findet sich ein relativ früher Hinweis in einem Brief an Zmeskall aus dem Winter 1804/05 (GA, Bd. 1, Nr. 207, S. 238). Von dezidierten und häufigeren Stellungnahmen zur Frage des Tempos kann man freilich erst im Zusammenhang mit Mälzels Metronom sprechen und – was hervorgehoben zu werden verdient – in Verbindung mit dem Übergang zu Beethovens Spätstil. Scheint mit Mälzels Metronom das Erfordernis eines feststehenden Grundtempos verbunden, so mit der Perspektive des späten Werkzuschnitts über dieses hinaus die ihm einbeschriebene Modifikation des Tempos.

Der sich daraus ergebende Konflikt der beiden Exponenten Carl Czerny und Anton Felix Schindler trägt bis in die heutige Zeit (vgl. Kolisch 1943 und 1992 passim und die weitere Lit. F.IV.4.). Die unterschiedliche Auffassung bereits zu Beethovens Zeit wird deutlich beim Vergleich von Czernys *Über den richtigen Vortrag der sämtlichen Beethovenschen Klavierwerke* (hrsg. von P. Badura-Skoda 1963) und Schindlers Empfehlungen für einen freien, reichlich tempoflexiblen Vortrag, explizit in der dritten Ausgabe seiner Beethoven-Biographie, implizit in Beethovens Annotationen zu 21 Cramer-Etüden, die – wie auch von William S. Newman für möglich erachtet - »*Schindler [...] could well have forged*« (W. S. Newman, *Beethoven on Beethoven*, New York 1991, S. 176). Es ist bezeichnend für die Suggestionskraft der Schindlerschen Ausführungen, daß sie von Newman trotz des Fälschungsverdachts namentlich in Verbindung mit der Flexibilität des Tempos wie auch u. a. mit der Markierung und Bedeutung von Abschnitte schaffenden Einschnitten ausführlich diskutiert werden. Nicht zu übersehen ist, daß die gesamte Konstellation objektiv durch zwei Momente verunklärt wird. Einmal durch die Wahrscheinlichkeit, daß Beethovens Tempoauffassung der frühen und partiell auch noch der mittleren Zeit sich von der der späteren abhob. Czerny aber kannte Beethoven seit dem Winter 1799/1800, Schindler dagegen lernte erst den späten Beethoven persönlich kennen. Doch während Czerny, aufrichtig genug, eingestand, daß er mit den – von ihm nur dürftig kommentierten – Spätwerken nur wenig anzufangen wußte (vgl. Ausg. Badura-Skoda 1963, S. 7f.), proklamierte Schindler umgekehrt seine Auffassung als Maßstab authentischer Interpretation aller Werke – eine Haltung, die allein schon mißtrauisch macht. Aber auch Beethovens eigene Stellungnahmen haben die Situation verunklart. So unbestritten sein Eintreten fürs Metronom sein kann – mochte es selbst um den von Zmeskall und Gottfried Weber bevorzugten Schnurpendel-Taktmesser gehen (vgl. GA, Bd. 4, S. 131 Anm. 2 und Nr. 1209, S. 142f.) –, so zurückhaltend, wenn nicht ablehnend scheint er gegenüber der mechanischen Ausdehnung eines Zeitmaßes auf ein ganzes Stück – » – die Metronomiserungen (hohl der Teufel allen Mechanismus) folgen – folgen – folgen« (19. August 1826; GA, Bd. 6, Nr. 2187, S. 269). Und ebenso vorläufig klingt im Einzelfall seine Tempobestimmung: »*Nun auf ihre Wünsche! Mit Vergnügen werde ich Ihnen die Tempi von Christus am Oelberg durch das Metronom bezeichnen, so wankend auch noch diese Zeitbestimmung ist*« (an Ries 11. Februar 1825; GA, Bd. 6, Nr. 1935, S. 26). Doch sprechen Hörerfahrung und Analysefeedback dafür, daß einerseits das Struktur und Form straffende ›neue Tempo‹ als Grundtempo (Th. W. Adorno, GS, Bd. 17, S. 66–73) wie andererseits die (toleranzoffene) so knapp- wie wohldosierte ›innere‹ Tempomodifikation für eine angemessene Interpretation unverzichtbar sind. Hier nähern sich Aufnahmen wie die des Violinkonzerts mit Josef Wolfsthal (1928) und die mit Léon Spierer (1988) an. Wiederum sollte aber nicht außer Betracht bleiben, daß speziell bestimmte unter Beethovens späten Kompositionen wie die Klaviersonate in A-Dur op. 101 alles andere als eine durchgehend metronomisch gesteuerte Wiedergabe verlangen. Das bezeugen die Urteile über der Baronin Ertmann Vortrag dieser Komposition, dessen Besonderheit der Tempomodifikation im leicht kritischen Unterton von Mendelssohns Bericht am deutlichsten hervortritt (A. G. Huber, *Ludwig van Beethoven, seine Schüler und Interpreten*, Wien u. a. 1953, S. 26f.).

Es ist nicht klar, welche Rezension Beethoven meinte, wenn er aus Wien oder Baden Ende Juli/August 1810 an Nikolaus Zmeskall schrieb (GA, Bd. 2, Nr. 461, S. 144): »Es wird wohl in ihrem Bureau abschreiber geben, ich wünschte die Recension nicht um des schmeichelhaften willen, was für mich dran, sondern um mir selbst bemerken zu können, daß das was ich nicht anders gewollt habe, auch so von andern aufgenommen werde.« Beethoven war offensichtlich an einer Rezension seiner Pastoral-Symphonie interessiert. Entgegen Max Unger, der davon ausging, Beethoven habe die Rezension von Mosengeil in der Zeitschrift für die elegante Welt (5. Mai 1810) gemeint (vgl. St. Kunze 1987, S. 125–128 [F.II.2.]), kann es sich aber auch um die Besprechung von M. G. Fischer gehandelt haben, die im gleichen Jahr (17. Jan. 1810) in der Leipziger AMZ erschienen war (Kunze 1987, S. 118–125). Und die Erwähnung beider Rezensionen ist nicht gleichgültig, zeigt sie doch, daß es bereits um 1810 die Differenz der Auffassungen bezüglich einer »Sinfonia caracteristica« Beethovens gab, die auch heute noch, zumal in verstärktem Maße, die Diskussion bestimmt: die zwischen programmatisch-szenisch ›nachstellender‹ (Mosengeil) und musikalisch-empfindungsbestimmtes, gemäß Beethovens Angabe »Mehr Ausdruck der Empfindung als Malerey« (Fischer). Die Besinnung darauf, welche der beiden ›Einstellungen‹ Beethovens Auffassung näher kommt, führt zu einem interessanten Gespräch, das Holz mit Beethoven führte (Bkh, Bd. 8, S. 268):

»Einen bestimmten Charakter in einem Instrumentalmusik, ich meine, eine analoge Darstellung irgend eines Seelenzustandes findet man in seinen [Mozarts] Werken nicht so, wie in den Ihrigen.

_____

Ich frage mich immer selber, wenn ich so etwas höre, was soll das vorstellen?

_____

Ihre Stücke haben durchaus den eigentlich a u s s c h l i e ß e n d e n Charakter Ich möchte den Unterschied zwischen den Mozart'schen und Ihren Instrumental-Compositionen so erklären: zu einem Ihrer Stücke könnte ein Dichter nur ein Werk schreiben; zu einem Mozartschen könnte er aber 3 bis 4 analoge schreiben«.

Auch wenn wir Beethovens Antworten nicht kennen – die nicht schwankende Gesprächsführung seines Partners läßt auf seine Zustimmung schließen.

Es wäre sicher falsch, aus Holzens Äußerungen auf einen simpel abbildhaften programmatischen Zuschnitt der Beethovenschen Kompositionen zu schließen. Spricht doch Holz von »Seelenzuständen«, geht es doch darum, daß Beethovens Instrumentalsprache als musikalische zu plastisch ist, um verschiedene Textanklänge offenzulassen, daß sie vielmehr den ihr entsprechenden Worttext wie den Schattenwurf scharfer Beleuchtung erzwingt. Es ist die Eigenart des musikalischen Charakters, wie er sich im Kontext der Zeit bei einer Komposition einstellt, die »nicht das Sujet oder das Programm, sondern die besondere Bestimmtheit und die Eindeutigkeit des Ausdrucks« als »charakteristisch« ausweist, so wie auch Amadeus Wendt und die Musikwörterbücher von Häuser und Gathy den Begriff der »charakteristischen Musik« begreifen (vgl. J. de Ruiter, Der Charakterbegriff in der Musik, Wbdn. 1989, S. 112.).

Wenn also heute der Versuch, bestimmte Kompositionen Beethovens als »Ideenkunstwerk« oder »Sujetmusik« (Constantin Floros) zu deklarieren, in Beethovens Zuspruch für Adolph Bernhard Marx eine Stütze zu finden scheint, so wäre Peter Gülkes Rezension des Buchs von Martin Geck und Peter Schleuning (1989 [E.IV.2.]) heranzuziehen, in der es einerseits zwar heißt: »Die These, daß ›die Eroica wahrscheinlich das erste Ideenkunstwerk auf dem Gebiet der Musik ist‹, hat bisher noch nicht in so hellem Lichte gestanden wie hier«, andererseits aber kritisch angemerkt wird, »ein Mißverhältnis zwischen ›aggressiver‹ Erklärungsweise und deren Fundierung indessen bleibt bestehen« (Mf 43, 1990, S. 382). Damit wird ein Problem thematisiert, das auch für das Buch von Floros (F.II.3.) gilt: die Schwierigkeit nämlich, Sujet und/oder Idee in musikalischen Sachverhalten, Zusammenhängen, Spannungskonstellation und Entwicklungsbögen (kurz, in dem was Beethoven als Musik für diese Komposition als einzig angemessen hielt), lesbare Spuren, gleichsam die Sujet-, die Ideen-›Pause‹ aufzuspüren und triftig nachzuweisen. Selbst wo die programmatische Ausdeutung in der historischen Perspektive im Sinne einer »analytical metalanguage« (S. Burnham, The Programmatic Reception of Beethoven's Eroica Symphony, in: Beethoven Forum 1992, S. 3 und passim) versucht wird, bestätigt ein solches Vorgehen nur um so nachhaltiger die Eigenständigkeit und durch sich selbst ausdrucksfähige Kundgabe musikalischer Instrumentalsprache. Darüber hinaus ist zu bedenken, daß die Symphonische Dichtung nach Liszts Auffassung (Ges. Schr., Bd. IV, Leipzig 1910, S. 103) zwar ein, künstlerischen Fortschritt implizierendes, schöpferisches Umpolen der – »poetisch und philosophisch« kommentierenden – Rezeption Beethovenscher »Symphonien, Quartette und Sonaten« war. Mit Programmen nicht »vorbereitend hinzudeuten«, sondern sie »nachträglich zu entwerfen und den Gefühlsinhalt einer Instrumentaldichtung erklären zu wollen«, hielt er indes für »kindisch müßig, ja meistens verfehlt.« (das., S. 125)

Außerdem müßte dann endlich einmal ernsthaft dem Problem nachgegangen werden, wie sich denn der Rezipient, mag er nun Ausführender oder ›nur‹ Aufnehmender (Hörer, Partiturleser, Analysierender) sein, dieses Wissens um Idee und Sujet sinngebend zu bedienen habe: Soll er sich in eine Anmutungs-, Gefühls- oder

Vorstellungswolke hüllen, die in ihm gewissermaßen ein ästhetisch-halluzinatorisches Verschmelzungspotential freisetzt? Oder soll er sich Sequenzen von Sujetszenen zurechtlegen, die er dann parallel zur Musik ablaufen läßt, eine Art klingender Sujet-Parade – ein ›narratives Sicherungsnetz‹ der Sujetakrobatik? Oder soll er Fixpunkte größter musikalischer Sujetdichte ausmachen, um einen programmatischen Höhenkamm-Parcour absolvieren zu können, der die nicht (so) sujetangereicherten musikalischen Tieflagen kühn überspringt? Zudem stellt sich dann aber das Problem der Koinzidenz von Autorenintention und Rezipienten-Wellenlänge ganz neu: Zu prüfen wäre auf jeden Fall, inwieweit denn diese jener eigentlich entspricht – wer aber wollte das triftig nachweisen? Ganz zu schweigen von der Gefahr, daß solche sujet/ideengeleitete Interpretation den Harnisch der Ideologie im Argumentationsgepäck mit sich führt und als falsches ästhetisches Bewußtsein deklariert, was nicht ihrer Linie folgt. Sollte folglich nicht als letzte Instanz die Betrachtung der musikalischen Sachverhalte uneingeschränkte, nicht zensierte Auftrittserlaubnis erhalten – jedoch mit dem Blick auf das, was diesen zweifelsfrei, struktur- und formgebunden eignet: eine ganze Welt von Ausdrucksqualitäten, von Spannungs- und Lösungsvaleurs, von Konstellationszentren und -stafetten, die der musikalisch-prismatisch gebrochene Reflex von Beethovens vielschichtiger, komplexer, konfliktgeladener und doch zugleich harmoniesüchtiger Persönlichkeit sind?

Hier türmen sich keine geringen Schwierigkeiten auf. Ja, es sind gerade die Probleme der »*rein strukturell und formal orientierten Analyseverfahren, die das Verlangen nach tieferreichendem musikalischem Verstehen und damit die musikaliche Hermeneutik hervorriefen. In der Tat: Die strukturelle Analyse Beethovenscher Kompositionen hat von E. T. A. Hoffmann über A. B. Marx, Bekker, Riemann, Schenker, Reti bis hin zu Forte und zeichengebundenen Analyseverfahren*« (Chr. Kaden, Art. Zeichen, in: MGG2S, Bd. 9, 1998) wohl keine Methode unerprobt gelassen. Unter diesem Blickwinkel erweist sich der Begriff *absolute Musik* als sowohl falsch verstanden wie voreingenommen rezipiert. Es geht darum, die Überzeugung zu vermitteln, »Musik übertrage Ausdruckswerte« (ebd., Sp. 2197), mit der Auffassung, Struktur als relationales Gefüge der Spannungen, Kontraste, Vermittlung und Auflösung sei Ausdrucksträger per se, zu vermitteln. Diese Verbindung darf man wohl Robert Schumanns analytisch-poetisierendem Beethoven-Verständnis ebenso attestieren (vgl. B. Bischoff 1994 passim [F.II.5.]) wie dem ›klassizistischen‹ Felix Mendelssohn Bartholdys.

Es ist für die Herausforderung, die Beethovens Musik darstellt, bezeichnend, daß das Schisma des Beethoven-Verstehens auch die kompositorische Rezeption prägt. Und es ist aufschlußreich, wenn sich in diesem Zusammenhang die Epochengliederung zur Abhebung des Spätwerks von allem Vorherigen vereinfacht, wie am Beethoven-Erbschaftsstreit zwischen der Neudeutschen Schule und dem Kreis um Brahms und Joachim zu erkennen. Sie wurde von Karl Franz Brendel thematisiert, in der *Neuen Zeitschrift für Musik*, dem von Robert Schumann gegründeten Blatt. Brahms' Ausspruch: »*Die drei Quartette op. 59 [von Beethoven] sind das Höchste von Schöpferkraft und Meisterschaft, was ein Mensch leisten kann, und bei den späteren Quartetten wird es immer verklärter*« steht Wagners Beschwörung der späten Quartette und der 9. Symphonie im Dienste des »*musikalischen Dramas*« gegenüber. Gerade Wagners Beethoven-Rezeption reicht indes über das Kompositorische hinaus. Sie schließt Quartetteinstudierungen ebenso ein wie seine ein Leben überspannende Tätigkeit als Dirigent. Diese hat – über Schriften und ›Musteraufführungen‹ zeitlich unmittelbare (Hans von Bülow, Damrosch) ebenso wie ›langfristige‹ Wirkungen gezeitigt (Gustav Mahler, Schönberg; vgl. A. Eichhorn 1993 [F.I.1.]). Diese Wirkungen verzweigten sich jedoch angesichts von Wagners exzessiven Tempomodifikationen und Instrumentationsretuschen in Kontroversen, die bis in unsere Zeit weiterwirken (vgl. Eichhorn passim; ferner u. a. NZfM 117, 1956, S. 198ff., 618ff.).

Was ins 20. Jh. hineinwirkte, war nicht zuletzt Beethovens strukturgetragene Expressionslogik. Ihre Spuren finden sich in Arnold Schönbergs Schriften und Selbstanalysen ebenso wie in Luigi Nonos Streichquartett *Fragmente, Stille – An Diotima* und bei Wolfgang Rihm, für den Beethoven zu den Komponisten enthusiasmierender, »*direkter Musik-Äußerungen*« gehört (W. Rihm, ausgesprochen, in: *Schriften und Gespräche*, Bd. 2, Winterthur, 1994, S. 73 und Bd. 1 und 2, passim). Ein besonderer Fall ›kritischer‹ Beethoven-Rezeption ist Mauricio Kagel, dem es in der Filmfassung von *Ludwig van* darum ging, »*seine Musik so umzuinstrumentieren, daß gewisse Klangbereiche und Frequenzen, die ein Tauber kaum oder verzerrt wahrnimmt, dementsprechend behandelt werden*« (M. Kagel, *Tamtam. Dialoge und Monologe zur Musik*, Mn. 1975, S. 83). Kagel ist auch ein Beispiel für die erst durch Arnold Schönberg vermittelte Beethoven-Annäherung (ebd., S. 84). Das bei Kagel insgesamt sich manifestierende, zugleich gesellschaftskritisch gerichtete Materialbewußtsein, steht auch hinter der Analyse Dieter Schnebels (*Das angegriffene Material. [Zur Gestaltung bei Beethoven]*, in: *Denkbare Musik, Schriften 1952–1972*, Köln 1972, S. 130–138).

Auch und gerade die kompositorische Beethoven-Rezeption ist ›nur‹ die Übersetzung des einen Codes in einen anderen. Sie reiht sich ein in den unendlichen Reigen von Annäherungstänzen, jeder choreographiert unter der Vorstellung größtmöglicher Distanzüberwindung, für die doch einzig das gilt, was Adorno – selbstskeptisch-erkenntnisbesessen – sagt: »*Es muß als ein Grundmotiv der Arbeit hervortreten, daß Beethoven, seine Sprache, sein Gehalt, überhaupt die Tonalität, d. h. das System der bür-*

gerlichen Musik für uns unwiederbringlich verloren ist und den Aspekt, den wir ihm abgewinnen, nur untergehend gewährt. Der Blick Eurydikens. Alles muß daraus verstanden werden« (Th. W. Adorno 1993, S. 25 [D.I.]). Aus solchen Feststellungen indes hat der auf das Verstehen von Kunst gerichtete menschliche Erkenntnisdrang noch immer seine beste und unerschöpfliche Motivation gewonnen.

WERKE

(WOO = Werk ohne Opuszahl;

Hess = W. HESS, Verzeichnis der nicht in der GA veröffentlichten Werke Ludwig van Beethovens, Wiesbaden 1957;

GA: Vollständige kritisch durchgesehene überall berechtigte Ausgabe, 24 Bde., Leipzig 1862–1865, Bd. 25 [Supplement] Leipzig 1888, SBG: Supplemente, hrsg. von W. Hess, Wiesbaden 1959–1971;

NGA: Neue Ausgabe sämtlicher Werke, hrsg. von J. Schmidt-Görg u. a., München/Duisburg, ab 1961; in der Tabelle bedeutet die Angabe Band bzw. Reihe/Teilband)

D. WERKVERZEICHNIS

A. Vokalmusik

I. Oratorium und Messen

OPUS	WOO	HESS	SKIZ-ZEN	TITEL / TONART	ENTSTE-HUNGSZEIT	EA	ERSTDRUCK BEMERKUNGEN	WIDMUNG	GA	NGA
85			x	Oratorium Christus am Ölberge (Franz Xaver Huber) für 5, T, B, Chor und Orch.	1803; 1804 (1. Revision); 1811 (2.Revision)	5. April 1803	Lpz. 1811 (Part.)		XIX/205	
86			x	Messe C-Dur für S, A, T, F, Chor und Orch.	1807	13. Sept. 1807	Lpz. 1812 (Part.)	Fürst Ferdinand Kinsky	XIX/204	
123			x	Missa solemnis D-Dur für 5, A, T, B, Chor, Orch. und Orgel	1819/1822/23	7. April 1824, St. Petersburg 7. Mai 1824 Wien (ohne Gloria und Sanctus)	Mz. 1827 (Part.)	Erzherzog Rudolph von Österreich, Kardinal-Erzbischof von Olmütz; urspr. gedacht zur Einsetzung Rudolphs als Kardinal am 9. März 1820	XIX/203	

II. Kantaten mit Instrumentalbegleitung (außer Klavier)

1. Mehrsätzig

OPUS	WOO	HESS	SKIZ-ZEN	TITEL / TONART	ENTSTE-HUNGSZEIT	EA	ERSTDRUCK BEMERKUNGEN	WIDMUNG	GA	NGA
	87		x	Kantate auf den Tod Kaiser Josephs II. (S.A.Averdonk)	März 1790		Lpz. 1888		XXV/264	
	88		x	Kantate auf die Erhebung Leopolds II. zur Kaiserwürde (S.A.Averdonk)	Okt. 1790		Lpz. 1888		XXV/265	
136			x	Der glorreiche Augenblick (Aloys Weissenbach), für S, S, T, B, Chor und Orch.	1814	29. Nov. 1814	Wien 1835/1837; außerdem mit neuem Text veröffentlicht von Fr. Rochlitz als Preis der Tonkunst, Wien 1837	komp. zum Wiener Kongreß	XXI/208	

2. Einsätzig

OPUS	WOO	HESS	SKIZZEN	TITEL/TONART	ENTSTEHUNGSZEIT	EA	ERSTDRUCK BEMERKUNGEN	WIDMUNG	GA	NGA
80		16	x	Fantasie c-Moll für Kl., Chor und Orch. (Chorfantasie)	1808	22. Dez. 1808	L. 1810; Lpz. 1811 (St.); ebd. 1849 (Part.); Klavierst. vervollständigt 1809; Streicherst. der verworfenen Orchestereinleitung in SBG X	König Maximilian Joseph von Bayern	IX/71	XII/1
112			x	Meeresstille und Glückliche Fahrt (Goethe), für gem.Chor und Orch.	1814/15	25. Dez. 1815	Wien 1822	Goethe	XXI/209	
121b		91	x	Opferlied »Die Flamme lodert« (Friedrich von Matthisson), für S, Chor und Orch.	1796? 1. Version; 1797/98 2. Version (=WoO 126 → A.V.); 1802/1823 (3. Version); 1824 (4. Version)	23. Dez. 1822 (3. Version); 20. Okt. 1825 (4. Version)	Lpz. 1888 (1. Version); Bonn 1808 (2. Version); Mz. 1825 (4. Version); Bearb. für Kl. → D.		Suppl. (1. Version) 1808 (2. Version) XXV/268 XXII/212	
122		92	x	Bundeslied »In allen guten Stunden« (Goethe) für S, A, Chor, 2 Klar., 2 Fg. und 2 Hr.	1797 (? Entwurf) 1822/1824?		Mz. 1825; Fassung mit Klavierbegl. in SBG V; Bearb. für Kl. → D.		XXII/213	

III. Einsätzige Werke für eine oder mehrere Solostimmen mit Instrumentalbegleitung

1. Mit Orchester oder Streichquartett

OPUS	WOO	HESS	SKIZZEN	TITEL/TONART	ENTSTEHUNGSZEIT	EA	ERSTDRUCK BEMERKUNGEN	WIDMUNG	GA	NGA
65			x	Szene und Arie »Ah! perfido« (z.T. Metastasio), für S und Orch.	1796	21. Nov. 1796 (Lpz.)	Lpz. 1805 (Stimmen, KLA.; Part. → GA	Comtesse Josephine de Clary (Widmung im Autogr., nicht im Erstdruck)		X/3
116			x	Terzett »Tremate, empi, tremate« (Bettoni), für S, T, B und Orch.	1802	27. Febr. 1814	Wien 1826 (Stimmen, KLA.; Part. → GA		XXII/211	X/3

	SKIZZEN	TITEL / TONART	ENTSTEHUNGSZEIT	EA	ERSTDRUCK BEMERKUNGEN	WIDMUNG	GA	NGA
89		Arie Prüfung des Küssens »Meine weise Mutter spricht« für B und Orch.	1790/1792		Lpz. 1888		XXV/269 I	X/3
90	x	Arie Mit Mädeln sich vertragen aus Claudine von Villa Bella (Goethe), für B und Orch.	um 1790(/1792); 1795/96 (Revision)		Lpz. 1888		XXV/269 II	X/3
91	x	2 Arien zum Singspiel Die schöne Schusterin (Ignaz Umlauf): »O welch ein Leben« für T und Orch., »Soll ein Schuh nicht drükken« für S und Orch.	1795 oder 1796	27. Apr. 1795 (Nr. 1)	Lpz. 1888		XXV/270	X/3
92		Szene und Arie Primo amore für S und Orch.	1790/91		Lpz. 1888		XXV/271	X/3
92a	x	Szene und Arie »No, non turbarti« aus La tempesta (Metastasio), für S und StrOrch.	1801/02		Wbdn. 1949			X/3
93	x	Duett »Nei giorni tuoi felici« aus Olimpiade (Metastasio), für S, T und Orch.	1802?/03		Lpz. 1939 (Part.)			X/3
118	x	Elegischer Gesang »Sanft wie Du lebtest« für 4 v. und StrQu./Kl.	1814	5. Aug. 1814?	Wien 1826 (mit Klavierbegl.; separate St. für StrQu.)	Johann Freiherr von Pasqualati	XII/214	

2. Mit Klavier

OPUS	WOO	HESS	SKIZZEN	TITEL / TONART	ENTSTEHUNGSZEIT	EA	ERSTDRUCK BEMERKUNGEN	WIDMUNG	GA	NGA
103		127	x	Cantata campestre »Un lieto brindisi« (Clemente Bondi), für S, T, T, B und Kl.	1814	24. Juni 1814	Winterthur 1945 (Jb. der Literarischen Vereinigung Winterthur)	Giovanni Malfatti; auf Bitten Andreas Bertolinis?	SBG V	
105		124 (A-Dur) 125 (C-Dur)		Hochzeitslied »Auf, Freunde, singt dem Gott der Ehen« (Anton Joseph Stein), für T, MCh. und Kl. (C-Dur-Version); für Männerst., Chor und Kl. (A-Dur-Version)	14. Jan. 1819; ?.1819		L. 1858 (A-Dur-Version); Lpz. 1927 (Der Bär; C-Dur-Version)	Anna Giannattasio del Rio	SBG V	

OPUS	WOO	HESS	SKIZ-ZEN	TITEL / TONART	ENTSTE-HUNGSZEIT	EA	ERSTDRUCK BEMERKUNGEN	WIDMUNG	GA	NGA
106				Geburtstags-Kantate für Fürst Ferdinand Lobkowitz »Es lebe unser theurer Fürst« (Beethoven), für S, Chor und Kl.	1823		Stg. 1867 (L. Nohl, Neue Briefe Beethovens)	(anläßlich des 26. Geburtstags von F. J. J. Fürst von Lobkowitz)	XXV/274	

IV. Mehrstimmige Gesangswerke ohne Begleitung in einfacher oder mehrfacher Besetzung

OPUS	WOO	HESS	SKIZ-ZEN	TITEL / TONART	ENTSTE-HUNGSZEIT	EA	ERSTDRUCK BEMERKUNGEN	WIDMUNG	GA	NGA
	99	208–232	x	Mehrstimmige italienische Gesänge	um 1800		SBG I; Hess 229 »Languisco e moro« für 2 v. (1803) in: N. Fishman, Kniga eskizov Beethoven za 1802–1803 gody, M. 1962 (SBG XIV), auch skizziert für 1 V. und Kl.; →A.VI.		SBG I	
	100	278		Lob auf den Dicken (»Schuppanzigh ist ein Lump«), Musikalischer Scherz, für 3 Solost. (T, 2 B) und Chor	1801		1890	Ignaz Schuppanzigh	SBG V	
	101	279		»Graf, Graf, liebster Graf« für 3 v.	1802		Bln. 1865 (A. W. Thayer, Chronologisches Verzeichnis der Werke L. van Beethovens)	Brief an Nikolaus Zmeskall von Domanovecz, Nov. 1802	SBG V	
	102		x	Abschiedsgesang »Die Stunde schlägt« (Joseph von Seyfried), für 2 T und B	1814		Lpz. 1888	Leopold Weiss; auf Bitte Mathias Tuschers	XXV/273	
	104			Gesang der Mönche »Rasch tritt der Tod« aus Wilhelm Tell (Schiller), für 2 T und B	1817		NZfM Juni 1839	zum Gedenken an Franz Sales Kandler und Wenzel Krumpholz	XXIII/255	

V. Lieder und Gesänge mit Klavierbegleitung

OPUS	WOO	HESS	SKIZZEN	TITEL / TONART	ENTSTEHUNGSZEIT	EA	ERSTDRUCK BEMERKUNGEN	WIDMUNG	GA	NGA
	107			Schilderung eines Mädchens »Schildern, willt ich der Freund, soll ich dir Elisen?«	1783		Speyer 1783 (H. P. Bossler, Blumenlese für Klavierliebhaber, Bd. 2)		XXIII/228	
	108			An einen Säugling »Noch w-ißt du nicht, wess Kind du bist« (J. von Döhring)	1782 (1784)		Speyer 1784 (H. P. Bossler, Blumenlese für Klavierliebhaber, Bd. 2)		XXIII/229	XII/1
	110			Elegie auf den Tod eines Pudels »Stirb immerhin, es welken ja so viele der Freuden« (Autor unbekannt)	1787		Lpz. 1888? (mglw. bereits in den 1830er Jahren veröffentlicht)		XXV/284	
	109			Trinklied (beim Abschied zu singen) »Erhebt das Glas« (Autor unbekannt)	um 1787		Lpz. 1888		XXV/282	
	113			Klage »Dein Silber schien durch Eichengrün« (L. Hölty)	1790? (1.Autogr.); 1792 (2.Autogr.)		Lpz. 1888		XXV/283	
	111	126		Punschlied »Wer nicht, wenn warm von Hand zu Hand« (Autor unbekannt)	1790/1792?		Lpz. 1925 (L.Schiedermair, Der junge Beethoven)		SBG V	
		151		Traute Henriette (Autor unbekannt)	1790/1792		SBG V_5		SBG V	
112		128	x	An Laura »Freud' umblühe dich auf allen Wegen« (Friedrich von Matthison)	1792?		K. 1916 (G. Kinsky, Musikhist. Museum von Wilhelm Heyer in Cöln: Katalog, Bd. 4, 3ff.); Klavierbearb. → C.V.2.d		SBG V	
	114		x	Selbstgespräch »Ich, der mit flatterndem Sinn« (Johann Wilhelm Ludwig Gleim)	Bonn/Wien 1792/93		Lpz. 1888		XXV/275	
	115		x	An Minna »Nur bei dir, an deinem Herzen« (Autor unbekannt)	1792/93		Lpz. 1888		XXV/280	

OPUS	WOO	HESS	SKIZZEN	TITEL / TONART	ENTSTEHUNGSZEIT	EA	ERSTDRUCK BEMERKUNGEN	WIDMUNG	GA	NGA
	117	146	x	Der freie Mann »Wer ist ein freier Mann?« (Gottlieb Konrad Pfeffel)	1791/92 (1. Version); um 1794 (2. Version)		Bonn 1808		XXIII/232; SBG V	
	116	129 (1. Version) 130 (2. Version)		»Que le temps me dure« (Jean-Jacques Rousseau)	1792		Version 1: 1902 (in: Mk. 1, 1901/02); Version 2: 1935 (in: ZfM 102)		SBG V	
	119			»O care selve« (Metastasio)	1795?		Lpz. 1888		XXV/279	
	126	145	x	Opferlied (Friedrich von Matthison); → A.II.2.	1798		Bonn 1808		XXIII/233; SBG V	
	118		x	Seufzer eines Ungeliebten »Hast du nicht Liebe zugemessen« und Gegenliebe »Wißt ich, daß du mich liebst« Es-Dur (Gottfried August Bürger)	1794/95(/96?)		Wien 1837		XXIII/253	
46			x	Adelaide »Einsam wandelt dein Freund im Frühlings Garten« B-Dur (Friedrich von Matthisson)	1794–1795/96		Wien 1797	Fr. von Matthisson	XXIII/216	
		137		»Ich wiege dich in meinem Arm« (Autor unbekannt)	1795?		(verschollen)			
	123			Zärtliche Liebe »Ich liebe dich« (Karl Friedrich Herrosee)	1795		Wien 1803		XXIII/249	XII/1
	124		x	La Partenza »Ecco quel fiero istante« (Metastasio)	1795/96		Wien 1803		XXIII/251	XII/1
	121			Abschiedsgesang an Wiens Bürger »Keine Klage soll erschallen« (Friedelberg)	1796		Wien 1796	Obristwachtmeister von Kövesdy	XXIII/230	XII/1
	122			Kriegslied der Österreicher »Ein großes deutsches Volk sind wir« (Friedelberg)	1797		Wien 1797		XXIII/231	XII/1
		139		Minnesold von Bürger, in Tönen an Amenda ausbezahlt (Gottfried August Bürger?)	ca. 1798?		(verschollen)			

127	136	x	Neue Liebe, neues Leben »Herz, mein Herz, was soll das geben« (Goethe)	1798		Bonn 1808; gleicher Text vertont als op. 75/2	SBG V	
125	135	x	La tiranna »Ah grief to think« (William Wennington)	1798	Mrs. Tschoffen (durch W. Wennington)	L. 1799	SBG V	
128	131	x	Plaisir d'aimer (Autor unbekannt)	1798		1902 (in: Mk 1, 1901/02)	SBG V	
		x	»Meine Lebenszeit verstreicht« (Christian Fürchtegott Ge lert)	um 1797/1803?		(verschollen); → op. 48/3		
	143	x	An die Freude (Schiller)	1798/1803		(verschollen)		
120			»Man strebt die Flamme zu verhehlen« (Autor unbekannt)	um 1795	[Frau von Weißenthurn]	Lpz. 1888	XXV/278	
48		x	6 Lieder (Christian Fürchtegott Gellert): 1. Bitten »Gott, deine Güte reicht so weit« 2. Die Liebe des Nächsten »So jemand spricht: ich liebe Gott« 3. Vom Tode »Meine Lebenszeit verstreicht« 4. Die Ehre Gottes aus der Natur »Die Himmel rühmen« 5. Gottes Macht und Vorsehung »Gott ist mein Lied« 6. Bußlied »An dir allein, an cir hab ich gesündigt«	1798 bis 1802?	Graf Johann Georg von Browne	Wien 1803; Nr. 3 1798 skizziert	XXIII/217; SBG V (Nr. 6)	XII/1
	141							
129		x	Der Wachtelschlag »Ach mir schallt's dorten« (Samuel Friedrich Sauter)	1803	Graf Johann Georg von Browne	Wien 1804	XXIII/234	XII/2
88		x	Das Glück der Freundschaft »Der lebt ein Leben wonniglich« (Autor u.bekannt)	1803		Wien 1803	XXIII/222	XII/1
52	144		8 Lieder 1. Urians Reise »Wenn jemand eine Reise tut« (Matthias Claudius) 2. Feuerfarb »Ich weiß eine Fcrbe« (Sophie Mereau)	um (vor?) 1795; 1798/99 (rev.) (zusammengestellt 1802/03)		Wien 1805; Thema von Nr. 4 auch in WoO 91/1 verwendet → A.III.1, B.I.	XXIII/218; SBG V (Nr. 2)	XII/1

MGGprisma V. Lieder und Gesänge mit Klavierbegleitung

OPUS	WOO	HESS	SKIZZEN	TITEL / TONART	ENTSTEHUNGSZEIT	EA	ERSTDRUCK BEMERKUNGEN	WIDMUNG	GA	NGA
52				3. Das Liedchen von der Ruhe »Im Arm der Liebe« (Wilhelm Ueltzen) 4. Maigesang »Wie herrlich leuchtet mir die Natur« (Goethe) 5. Mollys Abschied »Lebe wohl, du Mann der Lust und Schmerzen« (Gottfried August Bürger)	um (vor?) 1795; 1798/99 (rev.) (zusammengestellt 1802/03)		Wien 1805; Thema von Nr. 4 auch in WoO 91/1 verwendet →A.III.1, B.I.		XXIII/218; SBG V (Nr. 2)	XII/1
52				6. Die Liebe »Ohne Liebe lebe wer da kann« (Gotthold Ephraim Lessing) 7. Marmotte »Ich komme schon durch manche Land« (Goethe) 8. Das Blümchen Wunderhold »Es blüht ein Blümchen irgendwo« (Gottfried August Bürger)						
	131	148	x	Erlkönig »Wer reitet so spät« (Goethe)	1794/96 (?)		Lpz. 1897 (R. Becker) Skizzen/Entwurf			
		149	x	Rastlose Liebe »Dem Schnee, dem Regen« (Goethe)	1794/96 (?)		Paris 1902 [J. Chantavoine in: La Revue Mus.] Skizzen/Entwurf			
32			x	An die Hoffnung »Die du so gern in heilgen Nächten feierst« (Christoph August Tiedge)	1804/05?		Wien 1805; →op. 94		XXIII/215	
	132			Als die Geliebte sich trennen wollte »Der Hoffnung letzter Schimmer« (?Hoffmann, Übs. nach Stephan von Breuning)	1806		Lpz. 1809 (in: AmZ 12, 1809/10); auch veröffentlicht als Empfindung bei Lydiens Untreue		XXIII/235	XII/1
	133			Arietta »In questa tomba oscura« (Giuseppe Carpani und Stephan von Breuning)	1807		Wien 1808 (in einem Sammelwerk von 46 Vertonungen des Textes)	Fürst [Franz] Joseph Lobkowitz (Widmung des Hrsg.)	XXIII/252	XII/1
	134			Sehnsucht »Nur wer die Sehnsucht kennt« (Goethe), 4 Vertonungen	1808		Wien 1810; Nr. 1 zuerst veröffentlicht 1808 (in: Prometheus, Nr. 3)		XXIII/250	XII/1
	136			Andenken »Ich denke dein« (Friedrich von Matthisson)	1808		Lpz./L. 1810		XXIII/248	XII/1

137			Lied aus der Ferne »Als mir noch die Thräne« (Christian Ludwig Reissig)	1809		Lpz./L. 1810; Text zuerst verwendet für WoO 138 (s. SBG V)	XXIII/236	XII/1
138			Der Jüngling in der Fremde »Der Frühling entblühet« (Christian Ludwig Reissig)	1809	Erzherzog Rudolph (durch Reissig)	Wien 1810; zuerst mit Text von WoO 137 komponiert (s. SBG V)	XXIII/237	XII/1
139		x	Der Liebende »Welch ein wunderbares Leben« (Christian Ludwig Reissig)	1809	Erzherzog Rudolph (durch Reissig)	Wien/L. 1810	XXIII/238	XII/1
75		x x x	6 Lieder 1. Mignon »Kennst Du das Land« (Goethe) 2. Neue Liebe, Neues Leben »Herz, mein Herz, was soll das geben« (Goethe) 3. Flohlied »Es war einmal ein König« (Goethe) 4. Gretels Warnung »Mit Liebesblick und Spiel und Sang« (Georg Anton von Halem) 5. An den fernen Geliebten »Einst wohnten süße Suh« (Christian Ludwig Reissig) 6. Der Zufriedene »Zwar schuf das Glück hienieden« (Christian Ludwig Reissig)	1809	Fürstin Karoline Kinsky	Lpz./L. 1810 →WoO 127 skizziert ca. 1792?	XXIII/219	XII/1
82	140	x	5 Arietten und Duette 1. Hoffnung »Dimmi ben mio« (Autor unbekannt) 2. Liebes-Klage »T'intendo, sì, mio cor« (Metastasio) 3. Arietta buffa L'amante impatiente »Che fa il mio bene?« (Metastasio) 4. Arietta assai seriosa L'amante impatiente »Che fa il mio bene?« (Metastasio) 5. Duett Lebens-Genuss »Odi l'aura che dolce sospira« für S und T (Metastasio)	1809		L./Lpz. 1811; könnte auch ca. 1801 komponiert worden sein	XXII/220; SBG V (Nr. 1)	XII/1

MGGprisma   V. Lieder und Gesänge mit Klavierbegleitung

OPUS	WOO	HESS	SKIZZEN	TITEL / TONART	ENTSTE-HUNGSZEIT	EA	ERSTDRUCK BEMERKUNGEN	WIDMUNG	GA	NGA
83		142	x	3 Lieder (Goethe) 1. Wonne der Wehmut »Trockne nicht« 2. Sehnsucht »Was zieht mir das Herz so?« 3. Mit einem gemalten Band »Kleine Blumen, kleine Blätter«	1810		Lpz. 1811	Fürstin Karoline Kinsky	XXIII/221 1. Version von Nr. 1: Suppl., Bd. 5, Nr. 12	XII/1
	140		x	An die Geliebte! »O daß ich dir vom stillen Auge« (Johann Ludwig Stoll)	1811	[Stammbuch Regine Hitzelberger-Lang]	Agb. 1826 (1. Version; mit Begl. von Kl./Git.); Wien 1814 (in: Friedensblätter, 12. Juli 1814, 2. Version)		XXIII/243a	XII/1
	141			Der Gesang der Nachtigall »Höre, die Nachtigall singt« (Johann Gottfried Herder)	3. Juni 1813		Lpz. 1888		XXV/277	
	142			Der Bardengeist »Dort auf dem hohen Felsen sang« (Franz Rudolph Hermann)	1813		Wien 1813[/14] (Erichson, Musenalmanach für das Jahr 1814)		XXII/241	XII/1
	143		x	Des Krieges Abschied »Ich zieh' ins Feld« (Christian Ludwig Reissig)	1814		Wien 1815	Caroline Bernath (durch Reissig)	XXIII/240	XII/1
	144			Merkenstein »Merkenstein! Wo ich wandle denk' ich dein« (Johann Baptist Rupprecht)	1814		Wien 1815/16 (in: Selam: ein Almanach für Freunde des Mannigfaltigen auf das Schaltjahr 1816)		XXV/276	
100			x	Merkenstein »Merkenstein! Wo ich wandle denk' ich dein« (Johann Baptist Rupprecht) für 2 v.	1814		Wien 1816	Graf Joseph Karl von Dietrichstein	XXIII/226	XII/1
94			x	An die Hoffnung »Ob ein Gott sein« (Christoph August Tiedge)	1815	25. Mai 1816	Wien 1816; → op. 32	Fürstin Karoline Kinsky	XXIII/223	XII/1
	135			Die laute Klage »Turteltaube, du klagtest so laut« (Johann Gottfried Herder)	um 1815		Wien 1837		XXIII/254	XII/1
	145			Das Geheimnis »Wo blüht das Blümchen« (Ignaz von Wesenberg)	1815/16		Wien 1816 (in: Wiener Zs. für Kunst, Literatur, Theater und Mode 1)		XXIII/245	XII/1
	146		x	Sehnsucht »Die stille Nacht umdunkelt« (Christian Ludwig Reissig)	1815		Wien 1816		XXIII/239	XII/1

				Komponiert	Erstdruck / Ort	Widmung		
98		x	Liederkreis An die ferne Geliebte (Alois Jeitteles) 1. »Auf dem Hügel sitz ich spähend« 2. »Wo die Berge so blau« 3. »Leichte Segler in den Höhen« 4. »Diese Wolken in den Höhen« 5. »Es kehret der Maien« 6. »Nimm sie hin denn diese Lieder«	Apr. 1816	Wien 1816	Fürst Franz Joseph von Lobkowitz	XXIII/224	XII/1
99		x	Der Mann ein Wort »Du sagtest, Freund, an diesen Ort« (Friedrich August Kleinschmid)	1816	Wien 1816		XXIII/225	
	147	x	Ruf vom Berge »Wenn ich ein Vöglein wär« (G. Friedrich Treitschke)	Dez. 1816	Wien 1817 (in: Gedichte von Friedrich Treitschke)		XXIII/242	
	148	x	So oder So »Nord oder Süd!« (C. Lappe)	1817	Wiener Zs. für Kunst 2, 1817		XXIII/244	
	149	x	Resignation »Lisch aus, lisch aus mein Licht!« (P. von Haugwitz)	1814 (frühe Skizze); 1816	31. März 1818 (in: Wiener Zs. für Kunst 3); originale Skizzen für 4 v., 1816		XXIII/246	
200			O Hoffnung	1818	Wien 1819			
130	75	x	Gedenke mein	1820 (1804/05?)	Wien 1844		XXV/281	XII/2
150		x	Abendlied unter gestirntem Himmel »Wenn die Sonne nieder sinket« (Heinrich Geibel)	4. März 1820	28. März 1820 (Beil. zur Wiener Zs. für Kunst 5/38)	Dr. Anton Braunhofer	XXIII/247	XII/1
128	147	x	Ariette Der Kuß »Ich war bei Chloen ganz allein« (C.F. Weisse)	1798 (Entwurf?) 1822 (Revision)	Mz. 1825		XXIII/227	XII/1
151	132	x	Kanon Der edle Mensch »Der edle Mensch sei hülfreich und gut« (Goethe)	1823	Bln. 1900 (in: G. Lange, Musikgeschichtliches; Faks. in: Allgemeine Wiener Musik-Zeitung, 23. Nov. 1843)	für das Stammbuch der Baronin Cäcilie von Eskeles	SBG V	
150		x	Heidenröslein »Sah ein Knab« (Goethe)	1818, 1822/23	NY 1898 (H. E. Krehbihl) in: NY Tribune Illustr. Supplement; Skizzen			

MGGprisma   V. Lieder und Gesänge mit Klavierbegleitung

VI. Kanons

OPUS	WOO	HESS	SKIZ-ZEN	TITEL / TONART	ENTSTEHUNGS-ZEIT	EA	ERSTDRUCK BEMERKUNGEN	WIDMUNG	GA	NGA
	159			Kanon »Im Arm der Liebe ruht sich's wohl« für 3 v.	1795?		Wien 1832 (in: I. von Seyfried, L. van Beethovens Studien im Generalbaß); Kontrapunktstudien für Albrechtsberger		XXIII/256/1	
	160/1–2	247–248		2 Kanons (untextiert), G, C für 4 und 3 v.	1795?		Wien 1832 (in: I. von Seyfried, L. van Beethovens Studien im Generalbaß); Kontrapunktstudien für Albrechtsberger		SBG V	
		276		»Herr Graf, ich komme zu fragen«, C-Dur für 3 v.	1797		auch mit anderem Text skizziert		SBG V	
		229		»Languisco e moro« für 2 v.	1803		M. 1962; → A.IV.			
		274		Kanon (untextiert) G-Dur für 2 v.	1803		M. 1962 (in: N. Fishman, Kniga eskizov Beethoven za 1802–1803 gody); SBG IX/14		SBG IX/14	
		275		Kanon (untextiert) As-Dur für 2 v.	Nov. 1803		SBG IX/16		SBG IX/16	
	161			»Ewig dein« für 3 v.	1810?		Lpz. 1865 (in: AmZ, N.S. 1)		XXIII/256/14	
	162			»Ta ta ta...lieber Mälzel« für 4 v.	1812?		Lpz. 1844 (in: Musikalisch-kritisches Repertorium aller neuen Erscheinungen im Gebiete der Tonkunst, hrsg. von H. Hirschbach, Bd. 1/2); Fälschung von Schindler	Johann Nepomuk Maelzel	XXIII/256/2	
	163			»Kurz ist der Schmerz« für 3 v.	23. Nov. 1813 (1. Vertonung)		Lpz. 1841 (in: NZfM 11, Suppl.)	(für Johann Freidrich Naue)	XXIII/256/3a	

164		»Freundschaft ist die Quelle wahrer Glückseligkeit« für 3 v.	1814	Lpz. 1888		XXV/28/2
165		»Glück zum neuen Jahr!« für 4 v.	31. Dez. 1819	Wien 1816	(für Baron von Pasqualati)	XXIII/256/16
166		»Kurz ist der Schmerz« für 3 v.	3. März 1815 (2. Vertonung)	Faks. in: L. Spohr, Selbstbiographie, Kassel / Grg. 1860	2.Vertonung für L. Spohr (1.Vertonung Stammbuch von J. F. Naue)	XXIII/256/3b
167	249	»Brauchle, Linke« für 3 v.	1815?	Bln. 1865 (in: A. W. Thayer, Chronologisches Verz. der Werke L. van Beethoven)	(für Joseph Xaver Brauchle und Joseph Linke)	SBG V
168	306 x	2 Kanons Das Schweigen »Lerne Schweigen« (a; Rätselkanon), Das Reden »Rede, rede« (b)	1815 (a); 24. Jan. 1816 (a und b)	Wien 1816 (a; in: Wiener allgemeine musikalische Zeitung 1); Lpz. 1864 (b)	(für Charles Neate)	XXIII/256/5 und 4
169	250	Rätselkanon »Ich küsse Sie« für 2 v.	6. Jan. 1816	Wien 1853 (in: Die Jahreszeiten 12/3)	(Brief an Anna Milder-Hauptmann)	SBG V
170	251	»Ars longa, vita brevis« für 2 v.	1816	Stg. 1867 (in: L. Nohl, Neue Briefe Beethovens)	(für Johann Nepomuk Hummel)	SBG V
171	252	»Glück fehl' dir vor allem« für 4 v.	1817	T. von Frimmel, Neue Beethoveniana, Wien 1888	(für Anna Giannatasio del Rio)	SBG V
172		»Ich bitt' dich, schreib mir die Es-Scala auf« für 3 v.	1818 ?	Lpz. 1863	(für Vinzenz Hauschka)	XXIII/256/15
173	253 (a) 254 (b)	Canon infinitus »Hol euch der Teufel/B'hüt euch Gott!«	1819 (a)	Bln. 1865 (in: A. W. Thayer, Chronologisches Verz. der Werke L. van Beethovens)	(a) für Sigmund Anton Steiner (b) für Schuppanzigh	SBG V
174		»Glaube und hoffe« für 4 v. (nicht kanonisch)	21. Sept. 1819	Stg. 1865 (in: L. Nohl, Briefe Beethovens; Faks. in: A. B. Marx, L. van Beethoven: Leben und Schaffen, Bd. 2, Bln. 1859)	für Maurice Schlesinger	XXV/28/3

OPUS	WOO	HESS	SKIZZEN	TITEL / TONART	ENTSTEHUNGS-ZEIT	EA	ERSTDRUCK BEMERKUNGEN	WIDMUNG	GA	NGA
	176			»Glück, Glück zum neuen Jahr!« für 3 v.	19. Dez. 1819		Lpz. 1863	(für Gräfin Marie Erdödy)	XXIII/256/6	
	179			»Alles Gute! alles Schöne« für 4 v. (mit nichtkanonischer Einleitung »Seiner kaiserlichen Hoheit«)	Dez. 1819		Stg. 1865 (in: L. Nohl, Briefe Beethovens)	(für Neujahrsgruß) für Erzherzog Rudolph)	XXIII/256/7	
	175	255(a) 256(b)	x	Rätselkanons »St. Petrus war ein Fels«; »Bernardus war ein Sankt« für 4 v.?	1819/20 (a) 1820 (b)		Bln. 1865 (a) (in: A. W. Thayer, Chronologisches Verz. der Werke L. van Beethovens); (b) basiert auf der Melodie von (a), in rhythmischer Vergrößerung	(Brief an Carl Peters Febr. 1820?) für Carl Peters und Carl Bernard	SBG V	
		300	x	»Liebe mich, werther Weißenbach« für 2 v.?	Jan. 1820?		Bonn 1952 (in: Drei Skizzenbücher zur Missa solemnis, Bd. 1, hrsg. von J. Schmidt-Görg)	(für Aloys Weißenbach)		
		301		»Wähner...es ist kein Wahn« für 2 v.?	Jan. 1820?			für Friedrich Wähner?		
	177	257	x	»Bester Magistrat, Ihr friert?« für 4 v. mit Vc./Kb.	um 1820 (1819?)		Norman/Okla. 1957 (in: D. MacArdle/L. Misch, New Beethoven Letters) Bln. 1928 (Faks. im Auktionskat. Nr. 132 von K. E. - Henrici)		SBG V	
	178			»Signor Abate« für 3 v.	?		Lpz. 1863	für Abbé Maximilian Stadler?	XXIII/256/13	
	180			»Hoffmann, sei ja kein Hofmann« für 2 v.	1820		Mz. 1825 (in: Caecilia 1)	(auf den Namen E. T. A. Hoffmanns gemünzt)	XXIII/256/8	
	181a		x	»Gedenket heute an Baden« für 4 v.	1822		Lpz. 1888		XXV/285/4	
	181b	258	x	»Gehabt euch wohl« für 3 v.	1822		Bln. 1937 (in: Fs. A. Schering)		SBG V	

181c	259	x	»Tugend ist kein leerer Name« für 3 v.	1822		Bln. 1937 (als WoO 181 b)	SBG V
182		x	»O Tobias« für 3 v.	10. Sept. 1821	1863 (in: AmZ, N.S.1, 1863)	(in Brief an Haslinger)	XXIII/256/9
183	261		»Bester Herr Graf, Sie sind ein Schaf!« für 4 v.	20. Febr. 1823	1954 (in: Mf 7, 1954); Lpz. 1844 (Faks. in: Mus.-kritisches Repertorium aller neuen Erscheinungen im Gebiete der Tonkunst, hrsg. von H. Hirschbach, Bd.1/10; ungenaue Ausg. in: A. W. Thayer, L. van Beethovens Leben, Bd.4, hrsg. von H. Riemann, Lpz. 1907)	(auf Moritz Graf Lichnowsky gemünzt)	SBG V
184	262	x	»Falstafferel, lass' dich sehn« für 5 v.	26. Apr. 1823	1903 (in: Mk 2, 1902/03)	(in Brief an Schuppanzigh)	SBG V
260		x	Fettlümmerl	1823		Skizze	
185		x	»Edel sei der Mensch« für 6 v.	1823	Wien 1823 (in: Wiener Zs. für Kunst 8, in E-Dur; außerdem schrieb Beethoven Version in Es-Dur); ein Kanon in Es-Dur für 3 v. auf den Text »Edel hülfreich sei der Mensch« wurde 1822 skizziert	(für Louis Schlösser)	XXIII/256/10
186	263–264	x	»Te solo adoro« für 2 v.	1824	Lpz. 1888	(für Carlo Soliva)	XXV/285/1
187			»Schwenke dich ohne Schwänke« für 4 v.	1824	Mz. 1825 (in: Caecilia 1/7)	(für Carl Schwencke)	XXIII/256/11
188	265		Rätselkanon »Gott ist eine feste Burg« für 2 v.	1825	Wien 1909 (in: F. Prelinger, Beethovens sämtliche Briefe, Bd.4); Bln. 1906 (Faks. im Auktionskat. Nr. 36 von Leo Liepmannssohn	für Oberst von Düsterlohe	SBG V

MGGprisma   VI. Kanons

OPUS	WOO	HESS	SKIZZEN	TITEL / TONART	EA	ENTSTEHUNGSZEIT	ERSTDRUCK BEMERKUNGEN	WIDMUNG	GA	NGA
	189	266		»Doktor, sperrt das Tor dem Tod« für 4 v.		13. Mai 1825	Stg. 1865 (in: L. Nohl, Briefe Beethovens)	(für Dr. Braunhofer Briefe GA 6, S. 62)	SBG V	
	190	267		Rätselkanon »Ich war hier, Doktor, ich war hier« für 2 v. ?		4. Juni 1825	Bln. 1912 (Faks. im Auktionskat. Nr. 21 von M. Breslauer)	(für Dr. Braunhofer)	SBG V	
35		273		Kanon (untextiert) für 2 v. mit 2 V.?		3. Aug. 1825	Stg. 1867 (in: L. Nohl, Neue Briefe Beethovens)	(für Otto de Boer)	SBG VI	
	191			»Kühl, nicht lau« für 3 v.		kurz nach dem 2. Sept. 1825	Wien 1832 (in: I. von Seyfried, L. van Beethovens Studien im Generalbaß);	(für Friedrich Kuhlau)	XXIII/ 256/12	
	192	268		Rätselkanon »Ars longa, vita brevis« für 4 v. ?		16. Sept. 1825	Bln. 1865 (in: A. W. Thayer, Chronologisches Verz. der Werke L. van Beethovens)	(für Sir George Smart)	SBG V	
	193	269		Rätselkanon »Ars longa, vita brevis«		1825?	Bln. 1927			
	194			Rätselkanon »Si non per portas, per muros« für 2 v. ?		26. Sept. 1825	Stg. 1865 (in: L. Nohl, Briefe Beethovens); Bln. 1859 (Faks. in: A. B. Marx, L van Beethoven: Leben und Schaffen, Bd. 2)	(für Maurice Schlesinger)	XXIII/ 256/17	
	195		x	»Freu« Dich des Lebens« für 2 v.		16. Dez. 1825	Lpz. 1888	(für Theodor Molt)	XXV/ 285/5	
	299 (?)		x	»Bester Magistrat« für 3 v.		Apr. ? 1826	(unterscheidet sich von WoO 177); unveröffentlicht, erscheint im Skizzenbuch »Autograph 24«, D-B			
196		270	x	»Es muß sein« für 4 v. (Vortragsangabe: Schnell, in Eifer)		Aug. 1826	Lpz. 1908 (in: A. W. Thayer, L. van Beethovens Leben, Bd. 5, hrsg. von H. Riemann; Karlsruhe 1844; Faks. in: Gassner, Zs. für Deutschlands Musikvereine und Dilettanten 3)	(für Ignaz Dembscher)	SBG V	

OPUS	WOO	HESS	SKIZZEN	TITEL / TONART	ENTSTEHUNGSZEIT	ERSTDRUCK / BEMERKUNGEN	GA	NGA
	197	271		»Da ist das Werk« für 5 v.	vor dem 5. Sept. 1826	Z. 1949	(für Karl Holz Briefe GA 6, S. 274)	SBG V
		277	x	»Esel aller Esel« für 3 v.	1826			SBG V
	198	280		Rätselkanon »Wir irren allesamt« für 2 v.	um den 3. Dez. 1826	Stg. 1865 (in: L. Nohl, Briefe Beethovens	(Brief an Carl Holz Briefe GA 6, S. 318)	SBG V
		302	x	»uns geht es kannibalisch wohl als wie fünfhundert Säuen«	Sept./Okt. 1825		unter Skizzen zu op. 130/VI	

VII. Volkslied-Arrangements

OPUS	WOO	HESS	SKIZZEN	TITEL / TONART	ENTSTEHUNGSZEIT	ERSTDRUCK / BEMERKUNGEN	GA	NGA
108			x	25 Schottische Lieder				
108			x	1. Music, Love, and Wine (Smyth; mit Chor)	Febr. 1817	L./Edinburgh 1818;	XXIV/257	
				2. Sunset (Scott)	Febr. 1818	Bln. 1822	XXIV/257	
		200		3. Oh! Sweet Were the Hours (Smyth)	Febr. 1817	L./Edinburgh 1818;		
				4. The Maid of Isla (Scott)	Febr. 1817	Bln. 1822		
				5. The Sweetest Lad Was Jamie (Smyth)	Mai 1815			
				6. Dim, Dim Is My Eye (Smyth)	Mai 1815			
				7. Bonnie Laddie, Highland Laddie (Hogg)	Mai 1815			
				8. The Lovely Lass of Inverness (Burns)	1816			
				9. Behold My Love How Green (Burns; Duett)	Febr. 1817			
				10. Sympathy (Smyth)	Mai 1815			
		202		11. Oh! Thou art the Lad (Smyth)	Okt. 1815			
				12. Oh, Had My Fate (Byron)	1816			
				13. Come Fill, Fill, My Good Fellow (Smyth; mit Chor)	Febr. 1817			
				14. O, How Can I Be Blithe (Burns)	1816			
				15. O Cruel Was My Father (Ballantyne)	1816			
				16. Could This Ill World (Hogg)	1816			
				17. O Mary, at Thy Window Be (Burns)	Febr. 1817			
				18. Enchantress, Farewell (Scott)	Febr. 1818			
				19. O Swiftly Glides the Bonny Boat (Baillie; mit Chor)	Mai 1815			
		203		20. Faithfu' Johnie (Grant)	Febr. 1813			
				21. Jeanie's Distress (Smyth)	Febr. 1817			

OPUS	WOO	HESS	SKIZ-ZEN	TITEL / TONART	ENTSTEHUNGS-ZEIT	ERSTDRUCK BEMERKUNGEN	GA	NGA
108			x	22. The Highland Watch (Hogg; mit Chor)	Anfang 1817	L./Edinburgh 1818; Bln. 1822	XXIV/257	
108			x	23. The Shepherd's Song (Baillie)	Febr. 1818	L./Edinburgh 1818; Bln. 1822	XXIV/257	
				24. Again, My Love (Smyth)	Mai 1815			
				25. Sally in Our Alley (Carey)	Anfang 1817			
	152		x	25 Irische Lieder		L./Edinburgh 1814	XXIV/261	
				1. The Return to Ulster (Scott)	Juli 1810			
				2. Sweet Power of Song (Baillie; Duett)	Juli 1810			
				3. Once More I Hail Thee (Burn)	Juli 1810			
				4. The Morning Air (Baillie)	Juli 1810			
		192		5. On the Massacre of Glencoe (Scott)	Juli 1810			
				6. What Shall I do (Anon; Duett)	Juli 1810			
				7. His Boat Comes (Baillie)	Juli 1810			
				8. Come Draw We Round (Baillie)	Juli 1810			
				9. The Soldier's Dream (Campbell)	Juli 1810			
				10. The Deserter (Curran)	Febr. 1812			
				11. Thou Emblem of Faith (Curran)	Febr. 1812			
				12. English Bulls (Anon)	Juli 1810			
				13. Musin on the Roaring Ocean (Burns)	Febr. 1812			
				14. Dermot and Shelah (Toms)	Juli 1810			
				15. Let Brain-Spinning Swains (Boswell)	Juli 1810			
				16. Hide not thy Anguish (Smyth)	Juli 1810			
				17. In Vain to This Desert (Grant and Burns; Duett)	Febr. 1812			
				18. They Bid Me Slight (Smyth; Duett)	Juli 1810			
		193		19. Wife, Children and Friends (Spencer; Duett)	Febr. 1812			
				20. Farewell Bliss (Grant and Bliss; Duett)	Febr. 1812			
				21. Morning a Cruel Turmoiler is (Boswell)	Febr. 1812			
				22. From Garyone (Toms)	Febr. 1812			
				23. A Wand'ring Gypsy (Wolcot)	Juli 1810			
				24. The Traugh Welcome (Anon)	Juli 1810			
				25. Oh Harp of Erin (Thomson)	Juli 1810			
	153			20 Irische Lieder		L./Edinburgh	XXIV/262	
				1. When Eve's Last Rays (Thomson; Duett)	Juli 1810	1814 (Nr. 1-4); 1816 (Nr. 5-10)		
				2. No Riches from His Scanty Store (Williams)	Juli 1810			
				3. The British Light Dragoons (Scott)	Juli 1810			
				4. Since Greybeards Inform Us (Toms)	Juli 1810			

194	5. Dream'd I Lay (Burns; Duett)	Febr. 1813		
	6. Sad and Luckless (Smyth)	Mai 1815		
	7. O Soothe Me, My Lyre (Smyth)	Febr. 1813		
	8. Norah of Balamagairy (Boswell; mit Chor)	Febr. 1813		
	9. The Kiss, Dear Maid (Byron)	Febr. 1813		
195	10. Oh! Though Hapless Soldier (Smyth; Duett)	Juli 1810		
196	11. When Far from the Home (Thomson)	Febr. 1813		
	12. I'll Praise the Saints (Smyth)	Febr. 1813		
178	13. 'Tis Sunshine at Least (Smyth)	Okt. 1815		
	14. Paddy O'Rafferty (Boswell)	Juli 1810		
197	15. 'Tis but in Vain (Smyth)	Febr. 1813		
	16. O Might I but My Patrick Love (Smyth)	Febr. 1813		
	17. Come, Darby Dear (Smyth)	Febr. 1813		
	18. No More, My Mary (Smyth)	Febr. 1813		
	19. Judy, Lovely, Matchless Creature (Boswell)	Febr. 1813		
	20. Thy Ship Must Sail (Smyth)	Febr. 1813		
154	12 Irische Lieder		L./Edinburgh 1816 (ohne Nr. 2 und 7)	XXIV/258
	1. The Elfin Fairies (Thomson)	Febr. 1813		
	2. Oh Harp of Erin (Thomson)	Febr. 1813		
	3. The Farewell Song (Smyth)	Febr. 1813		
	4. The Pulse of an Irishman (Boswell)	Febr. 1813		
	5. Oh! Who, my Dear Dermot (Smyth)	Febr. 1813		
	6. Put Round the Bright Wine (Smyth)	Febr. 1813		
	7. From Garyone (Toms)	Febr. 1813		
198	8. Save Me from the Grave and Wise (Smyth; mit Chor)	Febr. 1813		
	9. Oh! Would I Were (Smyth; Duett)	Febr. 1813		
	10. The Hero May Perish (Smyth; Duett)	Febr. 1813		
199	11. The Soldier in a Foreign Land (Baillie; Duett)	Febr. 1813		
	12. He Promised Me at Parting (Smyth; Duett)	Febr. 1813		
155	26 Walisische Lieder		L./Edinburgh 1817	XXIV/263
	1. Sion, the Son of Evan (Grant; Duett)	Juli 1810		
	2. The Monks of Bangor's March (Scott; Duett)	Juli 1810		
	3. The Cottage Maid (Smyth)	Juli 1810		
	4. Love without Hope (Richardson)	Juli 1810		
	5. The Golden Robe (Hunter)	Juli 1810		
	6. The Fair Maids of Mona (Smyth)	Juli 1810		

MGGprisma   VII. Volkslied-Arrangements

OPUS	WOO	HESS	SKIZ-ZEN	TITEL / TONART	ENTSTEHUNGS-ZEIT	ERSTDRUCK BEMERKUNGEN	GA	NGA
155				7. Oh Let the Night (Smyth)	Juli 1810	L./Edinburgh 1817	XXIV/263	
				8. Farewell, though Noisy Town (Smyth)	Juli 1810			
				9. To the Aeolian Harp (Hunter)	Juli 1810			
				10. Ned Pugh's Farewell (Hunter)	Juli 1810			
		204		11. Merch Megan (Hunter)	Juli 1810			
				12. Waken Lords and Ladies Gay (Scott)	Juli 1810			
				13. Helpless Woman (Burns)	Juli 1810			
		205		14. The Dream (David ap Gwillim [Gwilym])	Febr. 1813			
				15. When Mortals All to Rest Retire (Smyth)	Juli 1810			
				16. The Damsels of Cardigan (Jones)	Juli 1810			
				17. The Dairy House (Hunter)	Juli 1810			
				18. Sweet Richard (Opie)	Juli 1810			
				19. The Vale of Clwyd (Opie)	Juli 1810			
		206		20. To the Blackbird (David ap Gwillim)	Febr. 1813			
				21. Cupid's Kindness (Smyth)	Juli 1810			
				22. Constancy (Burns)	Juli 1810			
				23. The Old Strain (Smyth)	Juli 1810			
				24. Three Hundred Pounds (Litwyd)	Juli 1810			
				25. The Parting Kiss (Smyth)	Mai 1815			
				26. Good Night (Spencer)	Juli 1810			
156				12 Schottische Lieder		Edinburgh 1822 (Nr. 1);	XXIV/260	
				1. The Banner of Buccleuch (Scott; Trio)	1819	1824/25		
				2. Duncan Gray (Burns; Trio)	1818	(Nr. 2–4, 8, 9 und 12); 1839		
				3. Up Quit thy Bower (Baillie; Trio)	1819	(Nr. 5 und 6);		
				4. Ye Shepherds of this Pleasant Vale (Hamilton; Trio)	1818	1841 (Nr. 7, 10 und 11)		
				5. Cease Your Funning (Gay)	Anfang 1817			
				6. Highland Harry (Burns)	Mai 1815			
				7. Polly Stewart (Burns)	Herbst 1818			
				8. Womankind (Smyth; Trio)	Herbst 1818			
				9. Lochnagar (Byron; Trio)	Herbst 1818			
				10. Glencoe (Scott; Trio)	1819			
				11. Auld Lang Syne (Burns; Trio mit Chor)	Herbst 1818			
				12. The Quaker's Wife (Hunter; Trio)	Herbst 1818			
157				12 verschiedene Volkslieder		Edinburgh 1816 (Nr. 2, 6, 8	XXIV/259	
				1. God Save the King (englisch; mit Chor)	Anfang 1817	und 11) 1822 (Nr. 3)		

	2. The Soldier (irisch, Smyth)	Mai 1815	1824/25 (Nr. 5)
	3. O Charlie is my Darling (schottisch; Trio)	Anfang 1819	1839 (Nr. 1)
	4. O Sanctissima (sizilianisch; Trio)	Febr. 1817	
	5. The Miller of the Dee (englisch; Trio)	1819	
	6. A Health to the Brave (irisch, Dovaston; Duett)	Mai 1815	
	7. Robin Adair (irisch; Trio)	Okt. 1815	
	8. By the Side of the Shannon (irisch, Smyth)	Mai 1815	
	9. Highlander's Lament (schottisch, Burns; mit Chor)	1820	
	10. Sir Johnie Cope (schottisch)	Febr. 1817	
	11. The Wandering Minstrel (irisch, Smyth; mit Chor)	Mai 1815	
	12. La Gondoletta (venezianisch)	1816	
158/1	23 Lieder verschiedener Völker		SBG XIV
	I. Kontinentale Lieder		Lpz. 1941
156	1. Ridder Stig tjener (dänisch)	Febr. 1817	
172	2. Horch auf, mein Liebchen (deutsch)	1816	
173	3. Wegen meiner bleib d'Fräula (deutsch)	1816	
174	4. Wann i in der Früh aufsteh (Tiroler Lied)	1816	
182	5. I bin a Tyroler Bua (Tiroler Lied)	1816	
183	6. A Madel, ja a Madel (Tiroler Lied)	1816	
187	7. Wer solche Buema afipackt (Tiroler Lied)	1817	
189	8. Ih mag di nit nehma (Tiroler Lied)	1817	
184	9. Oj, oj upilem sie w karczmie (polnisch)	1816	
185	10. Poszta baba po popiot (polnisch)	1816	
158	11. Yo no quiero enburcarme (spanisch)	1816	
159	12. Seus lindos olhos (portugiesisch; Duett)	1816	
160	13. Im Walde sind viele Mücklein geboren (russisch)	1816	
161	14. Ach Bächlein (russisch)	1816	
162	15. Unsre Mädchen (russisch)	1816	
177	16. Schöne Minka (russisch-kosakisch; »Air cosaque«)	1816	
186	17. Lilla Carl (schwedisch)	1817	
171	18. An ä Bergli bin i gesässe (schweizerisch)	1816	
163	19. Bolero a solo : Una paloma blanca (spanisch)	1816	
(164, 207)	20. Bolero a due ; Como la mariposa (spanisch; Duett)	1816	
165	21. La tiranna se embarca (spanisch)	1816	
188	22. Édes kínos emlékezet (ungarisch)	1817	
181	23. Da brava, Cattina (venezianisch)	1816	

OPUS	WOO	HESS	SKIZ-ZEN	TITEL / TONART	ENTSTEHUNGS-ZEIT	ERSTDRUCK BEMERKUNGEN	GA	NGA
158/2				23 Lieder verschiedener Völker			SBG XIV	
				II. Britische Volkslieder				
		152		1. Adieu My Lov'd Harp (irisch)	Febr. 1813			
		153		2. Castel O'Neill (irisch; Quartett)	Febr. 1813			
		154		3. O Was not I a Weary Wight (schottisch)	Febr. 1817			
		155		4. Red gleams the Sun (schottisch)	Febr. 1817			
		157		5. Erin! oh, Erin! (schottisch / irisch)	Mai 1815			
		170		6. O Mary Ye's Be Clad in Silk (schottisch)	Mai 1815			
		180		7. Lament for Owen Roe O'Neill (irisch; Text unvollständig)	Juli 1810			
158/3				6 verschiedene Volkslieder			SBG XIV	
		166		1. When My Hero in Court Appears (Gay; aus: The Beggar's Opera)	Anfang 1817			
		167		2. Non, non, Colette (Rousseau; aus: Le Devin du village)	1820			
		169		3. Mark Yonder Pomp (Burns)	1820			
		175		4. Bonnie Wee Thing (Burns; Trio)	Herbst 1818			
		176		5. From Thee, Eliza, I Must Go (Burns; Trio)	Juli 1810			
		179		6. [ohne Text oder Titel] (irisch)				
		133		Das liebe Kätzchen (österreichisch)	März 1820			
		134		Der Knabe auf dem Berge (österreichisch)	März 1820			
		168		[ohne Text oder Titel] (französisch)	Anfang 1817		SBG XIV	
		192		On the Massacre of Glencoe (schottisch)	Febr. 1813			
		194		I Dream'd I Lay (Burns)	Juli 1810			
		195		When Far from the Home (Thomson)	Febr. 1813			
		196		I'll Praise the Saints	Juli 1810			
		197		'tis but in Vain (Smyth)	Juli 1810			
		198		Oh Would I Were (Smyth)	Febr. 1812			
		203		Faithfu' Johnie (Grant)	Juli 1810			
		206		To the Blackbird	Juli 1810			

VIII. Textierte Notenscherze / Noten in Briefen

OPUS	WOO	HESS	SKIZZEN	TITEL / TONART	ENTSTEHUNGSZEIT	EA	ERSTDRUCK BEMERKUNGEN	WIDMUNG	GA	NGA
199		281		Ich bin der Herr von zu…	1814		Stg. 1867			
200		75		O Hoffnung	1818		Wien 1819			
201		282		Ich bin bereit…	nach dem 19. Mai 1818		Bln. 1865	(Brief an Vincenz Hauschla, Briefe GA 4, S. 190f.)		
202		283		Das Schöne zum Guten	27. September 1823		Bln. 1865; zweitaktiger, nichtkanonischer Gruß auf den gleichen Text wie in WoO 203	(für Marie Pachler-Koschak)		
203		272		Rätselkanon Das Schöne zu dem Guten	3. Mai 1825		Lpz. 1854 (in: L. Rellstab, Garten und Wald, Bd. 4)	(Brief an Ludwig Rellstab)	SBG V	
204		284		Holz, Holz geigt…	Ende Sept. 1825		Lpz. 1908 (in: A. W. Thayer, L. van Beethovens Leben, Bd. 5, hrsg. von H. Riemann)	(in: Bkh 8, S. 172, offenbar nicht von Beethoven)		
205		286		Baron, Baron…	1798/99		Stg. 1865	(Briefe GA 1, S. 46)		
205		287		allein allein allein	21. Sept. 1814		1863	(Brief an Graf Moritz Lichnowsky, Briefe GA 3, S. 58)		
205		288		O Adjudant	zwischen 9. und 23. Jan. 1817		Wien 1832	(Briefe GA 4, S. 12)		
205		289		Wo? Wo?	um den 27. Juli 1817		Stg.1867	(Briefe GA 4, S. 87)		
205		290		Erfüllung Erfüllung	3. März 1819		1900	(Briefe GA 4, S. 245)		
205		291		Scheut euch nicht	zwischen 1818 und 1822		Bln. 1888	(Briefe GA 4, S. 149)		
205		292		Tobias! Paternostergäßler	Ende Sept. 1824		1906 (Mk. 5/18, 1906, 371)	(Briefe GA 5, S. 375)		

OPUS	WOO	HESS	SKIZZEN	TITEL/TONART	ENTSTEHUNGSZEIT	EA	ERSTDRUCK BEMERKUNGEN	WIDMUNG	GA	NGA
	205	293		Tobias Tobias	Frühjahr 1825 oder 1826		in: AmZ 37, 1869	(Briefe GA 6, S. 50)		
	205	294		Bester To ----	2. Okt. 1826		Stg. 1865	(Briefe GA 6, S. 297)		
	205	295		Erster aller Tobiasse	13. Okt. 1826		Lpz. 1908	(Briefe GA 6, S. 298)		

B. Opern und Bühnenmusiken

I. Opern und Schauspielmusiken

OPUS	WOO	HESS	SKIZZEN	TITEL/TONART	ENTSTEHUNGSZEIT	EA	ERSTDRUCK BEMERKUNGEN	WIDMUNG	GA	NGA
	91			2 Arien zum Singspiel Die schöne Schusterin [Ignaz Umlauf] → A.III.1.	1795 oder 1796					
		115	x	Vestas Feuer (Schikaneder) (Fragment)	1803		SBG XIII/2			
72		109, 111, 121, 122	x	Leonore [Fidelio] (Joseph Sonnleithner nach Jean-Nicolas Bouilly, Léonore ou L'amour conjugal), Oper 3 Akte; 1. Version mit Ouv. Leonore II (→ B.II)	1804/05	20. Nov. 1805 (Wien, Theater an der Wien)	1905 (KLA; Privat-Edition der Part. Lpz. 1908/10)		XX/206	
		110, 112		Leonore [Fidelio] (Joseph Sonnleithner und Stephan von Breuning), Oper 2 Akte; 2. Version mit Ouv. Leonore III (→ B.II)	1805/06	29. März 1806 (Wien, Theater an der Wien)	Lpz. 1810 (KLA; Nr. 3 separat, Wien 1807) Part. SBG			
84			x	Musik zu Egmont (Ouvertüre und Begleitmusik zu Goethes Trauerspiel Egmont): Ouv. 1. »Die Trommel gerühret« (Lied Clärchens) 2. Entr'acte I 3. Entr'acte II	1809/10	15. Juni 1810	Lpz. 1810 (St., Ouv.); Lpz. 1812 (St., Rest); Lpz. 1812 (KLA, [ohne Ouv.]); Lpz. 1831 (Part.); Bearb. von Nr. 1 vgl. D. Clärchens Lied → D.		II/12 Ouv. III/27; SBG V (Nr. 4)	IX/7

	x						
93		4. »Freudvoll und leidvoll« (Lied) 5. Entr'acte III 6. Entr'acte IV 7. Clärchen's Tod 8. Melodrama 9. Siegessymphonie					
113	x	Musik zu Die Ruinen von Athen (August von Kotzebue) Ouv. 1. »Tochter des mächtigen Zeus« (Chor) 2. »Ohne Verschulden« (Duett) 3. »Du hast in deines Ärmels Falten« (Chor der Derwische) 4. Türkischer Marsch 5. Hinterbühnenmusik 6. »Schmückt die Altäre« (Marsch und Chor) 7. »Mit reger Freude« (Rezit. und Aria) 8. »Heil unserm König, heil!« (Chor)	1811	9. Febr. 1812	Wien 1822/23 (Nr. 4 für Kl. zu 4 Hdn.); Wien 1823 (Part., Ouv.); Wien 1846 (Part., vollst.); → op. 114, WoO 98 und D., Hess 118; Nr. 4 verwendet Thema aus op. 76 (→ C.V.2.b)	Part. Wien 1846 vom Hrsg. dem König Friedrich Wilhelm IV. von Preußen gewidmet	XX/207, III/28
114		Marsch mit Chor aus Die Ruinen von Athen	1811 als Nr. 6 der Ruinen (→ op. 113), 1822 für Die Weihe des Hauses (→ D., Hess 118) bearbeitet	3. Okt. 1822	Wien 1826 (Part.); → WoO 98 und D., Hess 118		III/22
117	x	Musik zu König Stephan (August von Kotzebue) Ouv. 1. »Ruhend von seinen Taten« (Chor) 2. »Auf dunklem Irrweg« (Chor) 3. Siegesmarsch 4. »Wo die Unschuld Blumen streute« (Chor) 5. Melodrama	1811	9. Febr. 1812	Wien 1822/23 (Ouv., Nr. 3 für Kl. zu 4 Hdn.); Wien 1826 (Part./Ouv.); Lpz. 1864		XX/207b, III/23 (Ouv., 2. Abdruck)

MGGprisma   B. Opern und Bühnenmusiken

OPUS	WOO	HESS	SKIZZEN	TITEL / TONART	ENTSTEHUNGSZEIT	EA	ERSTDRUCK BEMERKUNGEN	WIDMUNG	GA	NGA
117			x	6. »Eine neue strahlende Sonne« (Chor) 7. Melodrama 8. »Heil unserm Königl« (geistlicher Marsch, Chor und Melodrama) 9. »Heil unsern Enkeln!« (Chor)	1811	9. Febr. 1812	Wien 1822/23 (Ouv., Nr. 3 für Kl. zu 4 Hdn.); Wien 1826 (Part./Ouv.); Lpz. 1864		XX/207b III/23 (Ouv., 2. Abdruck)	
	98	118	x	Chor »Wo sich die Pulse« zum Festspiel Die Weihe des Hauses	1822 (als op.124; → C1.2.)	3. Dez. 1811	Lpz. 1888 (Suppl. der GA); → D., Hess 118		XXV/266	
[72]		113–114		Fidelio 3. Version (Georg Friedrich Treitschke), Oper 2 Akte, mit Fidelio-Ouvertüre (→ B.II)	1814	23. Mai 1814 (Kärntnertor-Theater, Wien)	Wien 1814 (KlA.); P. 1826; Bonn 1847 (Part.)			
	94		x	Arie B-Dur »Germania«, als Finale für das Singspiel Die gute Nachricht (Georg Friedrich Treitschke) für B und Chor	1814	11. Apr. 1814 (Kärntnertor-Theater, Wien)	Wien 1814 (St./Part.); Die gute Nachricht ist ein Pasticcio		XX/207d	IX/7
	95		x	Chor auf die verbündeten Fürsten »Ihr weisen Gründer« mit Orch. (Carl Bernard)	1814		Lpz. 1888	für den Wiener Kongreß	XXV/267	
2a		117		Triumphmarsch C-Dur zum Trauerspiel Tarpeja (Christoph Kuffner)	1813	26. März 1814	Wien 1813 (für Kl.); Wien 1840 (St.)		II/14	IX/7
2b				Einleitung zum 2. Akt Tarpeja (Christoph Kuffner)	1813	26. März 1814	Mz. 1938		II/13 SBG IV	
	96		x	Musik zu Leonore Prohaska (Friedrich Duncker) 1. »Wir bauen und sterben« (Chor) 2. »Es blüht eine Blume« (Romanze) 3. Melodrama 4. Trauermarsch	1815		1888 (Suppl. der GA) (Nr. 4 von op.26 entlehnt; → C.V.2.)		XXV/272	IX/7
	97		x	Arie D-Dur »Es ist vollbracht« für Baß, Chor und Orch. für das Singspiel Die Ehrenpforten (Georg Friedrich Treitschke)	1815	15. Juli 1815 (Kärntnertor-Theater, Wien)	Wien 1815 (KlA.); Die Ehrenpforten ist ein Pasticcio		XX/207c	IX/7

II. Ouvertüren (zu op. 72)

OPUS	WOO	HESS	SKIZZEN	TITEL/TONART	ENTSTEHUNGSZEIT	EA	ERSTDRUCK BEMERKUNGEN	WIDMUNG	GA	NGA
[72]			x	Leonore II	Herbst 1805	20. Nov. 1805	Lpz. 1842 (verkürzt)		III/20	
[72]			x	Leonore III	1806	29. März 1806	Lpz. 1810 (St.)		III/21	
138			x	Leonore I [recte: III] C-Dur	1807	7. Febr. 1828	Wien 1838		III/19	
			x	Fidelio-Ouvertüre	1814	26. Mai 1814	Lpz. 1822		III/26	

III. Ballette

OPUS	WOO	HESS	SKIZZEN	TITEL/TONART	ENTSTEHUNGSZEIT	EA	ERSTDRUCK BEMERKUNGEN	WIDMUNG	GA	NGA
	1	89, 116	x	Musik zu einem Ritterballett (Graf Waldstein, in Zusammenarbeit mit Habich?) 1. Marsch 2. Deutsches Lied 3. Jagdlied 4. Liebeslied (»Romanze«) 5. Kriegslied 6. Trinklied 7. Deutscher Tanz 8. Coda	1790/91	6. März 1791	Lpz. 1872 (Kl.A.); Lpz. 1888 (Part.) (Suppl. der GA) (→ D., Hess 89)		XXV/286	II/2
43		90	x	Die Geschöpfe des Prometheus (Ouv., Introduktion, 16 Nrn.)	1800/01	28. März 1801 (Burgtheater, Wien)	Lpz. 1801 (Kl.A.); Lpz. 1804 (St., Ouv.) Auftrag von Salvatore Viganò, Hofballettmeister; verwendet Thema aus op. 35 (→ C.V.2.b); (Klavierbearb. → D., Hess 90);	Fürstin Maria Christine Lichnowsky	II/11	II/1

C. Instrumentalmusik

I. Orchesterwerke
1. Symphonien

OPUS	WOO	HESS	SKIZZEN	TITEL / TONART	ENTSTEHUNGSZEIT	EA	ERSTDRUCK BEMERKUNGEN	WIDMUNG	GA	NGA
		298	x	Symphonie c-Moll (unvollendet)						
			x	Symphonie C-Dur (unvollendet)	1795/96					
21			?	1. Symphonie C-Dur	1799?/1800 (1796 Vorarbeiten?)	2. Apr. 1800	Lpz. 1801 (St.)	Freiherr Gottfried van Swieten	I/1	I/1
36			x	2. Symphonie D-Dur	1801/02	5. Apr. 1803	Wien 1804 (St.); Bearb. → D.	Fürst Carl von Lichnowsky	I/2	I/1
55			x	3. Symphonie (Eroica) Es-Dur	1802/03	Privat-Auff. 1804/05; UA 7. Apr. 1805	Wien 1806 (St.); verwendet im 4. Satz Thema aus op. 35 (→ C.V.2.b)	Fürst Franz Joseph von Lobkowitz	I/3	
60			x	4. Symphonie B-Dur	1806	März 1807 (Palais Lobkowitz)	Wien 1808 (St.)	Graf Franz von Oppersdorff	I/4	
67			x	5. Symphonie c-Moll	1803/04 (erste Notierungen bis 1807/08)	22. Dez. 1808	Lpz. 1809 (St.)	Fürst Franz Joseph von Lobkowitz und Graf Andreas von Razumowsky	I/5	I/3
68			x	6. Symphonie F-Dur (›Pastorale‹)	1803/04 (erste Notierungen bis 1807/08)	22. Dez. 1808	Lpz. 1809 (St.)	Fürst Franz Joseph von Lobkowitz und Graf Andreas von Razumowsky	I/6	
92		96	x	7. Symphonie A-Dur	1811/12	8. Dez. 1813	Wien 1816 (Part. und St.)	Graf Moritz von Fries; Elisabeth Alexiewna von Rußland (Klavierbearb. für Kl., Kl. zu 4 Hdn. und 2 Kl.)	I/7	

OPUS	WOO	HESS	SKIZZEN	TITEL / TONART	ENTSTEHUNGSZEIT	EA	ERSTDRUCK BEMERKUNGEN	WIDMUNG	GA	NGA
93			x	8. Symphonie F-Dur	1812	27. Febr. 1814	Wien 1817 (Part. und St.); gekürzte Version des Schlusses von Satz 1 SBG IV		I/8	
125			x	9. Symphonie d-Moll (4. Satz: S, A, T, B, Chor und Orch.)	1815 (früheste Notierung?) Stadien der Ausarbeitung: 1817/18, 1822, 1823/24	7. Mai 1824	Mainz 1826 (Part. und St.)	König Friedrich III. von Preußen	I/9	

2. Ouvertüren (nicht zu Bühnenmusiken)

OPUS	WOO	HESS	SKIZZEN	TITEL / TONART	ENTSTEHUNGSZEIT	EA	ERSTDRUCK BEMERKUNGEN	WIDMUNG	GA	NGA
62				Ouvertüre zu Coriolan (Heinrich Joseph von Collin) c-Moll	1807	März 1807	Wien/Pest 1808 (St.)	Heinrich Joseph von Collin	III/18	II/1
115			x	Ouvertüre Zur Namensfeier C-Dur	1809–12 (Skizzen); 1814/15	4. Okt. 1815	Wien 1815 (Part. und St.)	Fürst Anton Heinrich Radziwill	III/22	II/1
124		118	x	Ouvertüre Die Weihe des Hauses (C. Meisl) C-Dur	1822	3. Okt. 1822 (Josephstadt-Theater, Wien)	Mainz 1825; Auftrag von Hensler für die Eröffnung des Josephstädter Theaters (→ D., Hess 118)	Fürst Nikolaus Galitzin	III/24	II/1

3. Andere Orchesterwerke (auch Tänze für Streicher allein)

OPUS	WOO	HESS	SKIZZEN	TITEL / TONART	ENTSTEHUNGSZEIT	EA	ERSTDRUCK BEMERKUNGEN	WIDMUNG	GA	NGA
91		97, 108		Wellingtons Sieg oder Die Schlacht bei Vittoria	Aug. bis Nov. 1813	8. Dez. 1813	Wien 1816 (Part. und St.); (→ D., Hess 97 und 108)	Prinzregent Georg von England (später König Georg IV.)	II/10	II/1

MGGprisma I. Orchesterwerke

OPUS	WOO	HESS	SKIZZEN	TITEL/TONART	ENTSTEHUNGSZEIT	EA	ERSTDRUCK BEMERKUNGEN	WIDMUNG	GA	NGA
	3		x	Gratulationsmenuett Es-Dur	1822	3. Nov. 1822	Wien 1832 (St.)	komponiert für Carl Friedrich Hensler; Karl Holz durch den Hrsg. gewidmet	II/13	II/3
	7	101	x	12 Menuette D, B, G, Es, C, A, D, B, G, Es, C, F für Orch.	1795	22. Nov. 1795	Wien 1795 (für Kl.); Wien 1798? (St.); Wien 1802 (für 2 V. und Baß); Vertrieb der St. als hs. Kopien; ferner Klavierübtr. Beethovens (→ D., Hess 100–102)		II/16	II/3
	8	100	x	12 deutsche Tänze C, A, F, B, Es, G, C, A, F, D, G, C, C für Orch.	1795	22. Nov. 1795	s. WoO 7		II/17	II/3
	9	26		6 Menuette für 2 V. und Baß	um 1795		Mz. 1933		SBG VI	II/3
	10	27	x	6 Menuette für C, G, Es, B, D, C für Orch.	1795		Wien 1796 (? – Klavierübtr.)		XVIII/194 (Kl.)	II/3
	11	27	x	7 ländlerische Tänze D-Dur (für 2 V. und Baß/Vc.?)	1799 (um 1797?)		Wien 1799 (als Klavierübtr.)		XVIII/198	
	12	2	x	12 Menuette C, A, D, F, B, Es, C, F, D, B, Es, C für Orch.	1797	24. Nov. 1797	P. 1903 (für Kl.) und P. 1906 (Part.)	Shin A. Kojima schreibt WoO 12 Bruder Kaspar Karl von Beethoven zu)		SBG IV	
	13	5	x	12 deutsche Tänze D, B, G, D, F, B, D, G, Es, C, A, D für Orch.	um 1795 (z.T. auch vor und nach 1795)		Wien 1929 (es existiert nur eine von Beethoven angefertigte Klavierübtr.)		SBG V (Kl.)	
	14	102	x	12 Contretänze C, A, D, B, Es, C, Es, C, A, C, G, Es für Kl.	1795 (Nrn. 3, 4, 6); 1802 (Nrn. 2, 7, 9, 10); vor 1802 (alle übrigen Nrn.)		Wien 1802 (St.; für Kl.; für 2 V., Baß) 1802 (Klavierübtr. der Nrn. 8, 7, 4, 10, 9, 1; → D., Hess 100–102); Shin A. Kojima schreibt Nr. 8 und 12 Bruder Kaspar Karl von Beethoven zu; verwendet in Nr. 7 Thema aus op. 35 (→ C.V.2.b)		II/17a	II/3

OPUS	WOO	HESS	SKIZZEN	TITEL/TONART	ENTSTEHUNGSZEIT	EA	ERSTDRUCK BEMERKUNGEN	WIDMUNG	GA	NGA
15			x	6 ländlerische Tänze D, C, D, d, D, D, a) Tänze für 2 V. und Baß, b) Klavierversion	1802		Wien 1802 (beide Versionen)		XXV/291	II/3
16		3, A5		12 Ecossaisen für Orch.	?		angekündigt Wien 1807 (Kojima: uncht) (→ C.V.2.c, WoO83)			
17		20		11 Tänze (›Mödlinger Tänze‹) für 2 Fl., 2 Klar., 2 Hr., Fg., 2 V. und Baß	1819?		Lpz. 1907 (Part.); vielleicht uncht		SBG VII	

II. Werke für Bläser

OPUS	WOO	HESS	SKIZZEN	TITEL/TONART	ENTSTEHUNGSZEIT	EA	ERSTDRUCK BEMERKUNGEN	WIDMUNG	GA	NGA
	18	6, 7, 99, A2	x	1. Marsch F-Dur für Militärmusik (›Yorck'scher Marsch‹)	1809	24. Aug. 1810	Prag 1809? (Kl.A.); Bln. 1818/1819 (Part., fremde Bearb.); (→ D., Hess 99); Trio B-Dur zu WoO 18 (1822/23?), SBG IV	Erzherzog Anton von Österreich (auf dem Autogr.)	XXV/287 I; SBG IV	
	19	8, 9		2. Marsch F-Dur für Militärmusik	1810	24. Aug. 1810	Wien 1810 (Kl.A.); Lpz. 1888; Trio f-Moll zu WoO 19 (1822/23?), SBG IV	Erzherzog Anton von Österreich (auf dem Autogr.)	XXV/287 II (SBG IV)	
	20			Marsch C-Dur für Militärmusik	1809/10?		Lpz. 1888 (Part.)		XXV/288 (SBG IV)	
	21			Polonaise D-Dur für Militärmusik	1810		Lpz. 1888 (Part.)		XXV/289 (Suppl.)	
	22			Ecossaise D-Dur für Militärmusik	1810		Lpz. 1888 (Part.)		XXV/290 (Suppl.)	
	23	4		Ecossaise G-Dur für Militärmusik	1810?		Wien um 1834? (Kl.A. in: Czerny, Musikalisches Pfennig-Magazin 1)		XXV/306 (Kl.) (Suppl.)	

OPUS	WOO	HESS	SKIZZEN	TITEL / TONART	ENTSTEHUNGSZEIT	EA	ERSTDRUCK BEMERKUNGEN	WIDMUNG	GA	NGA
	24		x	Marsch D-Dur für Militärmusik	1816		Wien 1827 (Klavierübtr.)		II/15	
	30		?	3 Equale d, D, B für 4 Pos.	2. Nov. 1812		Lpz. 1888 (Part.); Transkr. für 4 Männerst. von I. von Seyfried, aufgeführt zu Beethovens Beerdigung, veröffentlicht Wien 1827		XXV/293 (Suppl.)	

III. Werke für Orchester mit konzertierenden Instrumenten

1. Mit mehreren Instrumenten

OPUS	WOO	HESS	SKIZZEN	TITEL / TONART	ENTSTEHUNGSZEIT	EA	ERSTDRUCK BEMERKUNGEN	WIDMUNG	GA	NGA
		13	x	Romance cantabile e-Moll für Kl., Fl., 2 Ob., Fg. und Orch. (Fragm.)	1786/[87]		Wbdn. 1952; gedacht als langsamer Satz eines größeren Werkes		SBG III	
			x	Concertante D-Dur für Kl., V., Vc. und Orch. (Fragm.)	1802					
56			x	Konzert C-Dur für Kl., V., Vc. und Orch. (»Tripelkonzert«)	1803/04	Mai 1808	Wien 1807 (St.)	Fürst Franz Joseph von Lobkowitz	IX/70	III/1

2. Mit Klavier

OPUS	WOO	HESS	SKIZZEN	TITEL / TONART	ENTSTEHUNGSZEIT	EA	ERSTDRUCK BEMERKUNGEN	WIDMUNG	GA	NGA
	4		x	[nur von Beethoven korrig. Abschrift der Pfte.-St.]	1784		Lpz. 1890; erhalten nur als Particell mit Hinweisen zu Orchestereinsätzen im Solopart		XXV/310	

No.		x	Werk	Entstehung	Datum	Bemerkungen	Widmung	GA	NA
6		x	Rondo B-Dur für Kl. und Orch.	1793 (oder 1795?)		Wien 1829; ursprünglich Finale des Klavierkonz. op. 19; Solost. für den Erstdruck vervollständigt von Czerny		IX/72; SBG III	
19	14, 79	x	2. Klavierkonzert B-Dur	1787/88, 1790 (1. Version) (mit WoO 6-Finale?); 1793 (2. Version) (mit WoO 6-Finale?); 1794/95 (3. Version); 1798 (4. Version)	(1. Version): ?; (2. Version): 1793?; (3. Version): 1794/95?; (4. Version): 1798	Lpz. 1801: Partiturfragm. der ersten Version verworfen, SBG III; Kadenz für 1. Satz (1809?), GA IX/70a	Carl Nicklas Edlem von Nickelsberg	IX/66	III/2
15	76–78	x	1. Klavierkonzert C-Dur	1795; 1800 (Revision); 1809 Kadenz	29. März (?) 1795	Wien 1801 (St.); 3 Kadenzen für 1. Satz (1809?), GA IX/70a	Fürstin Barbara Odescalchi	IX/65	III/2
37	65, 80	x	3. Klavierkonzert c-Moll	1796/97: Ideen zu einem Konzert in c-Moll; 1799?; 1800; 1803 (Revision?)	5. Apr. 1803	Wien 1804 (St.); Kadenz für 1. Satz (1809?), GA IX/70a	Louis Ferdinand Prinz von Preußen	IX/67	III/2
58	81–83	x	4. Klavierkonzert G-Dur	1804 (frühe Skizze); 1805/06	März 1807	Wien 1808 (St.); 2 Kadenzen für 1. Satz, Kadenz für Finale (1809?), GA IX/70a; Kadenz für 1. Satz, 2 Kadenzen für Finale (1809?; Hess 81, 82, 83) SBG X, NA VII/7	Erzherzog Rudolph von Österreich	IX/68	III/3
61	84, 85	x	Klavierübtr. des Violinkonzerts D-Dur (→ C.III.3)	1807		Wien 1808 (St.); L. 1810 (St.); Kadenz für 1. Satz, Kadenz für Finale (1809?), GA IX/70a; 2 Kadenzen für Finale (1809?; Hess 84-85), SBG X, NA VII/7 (→ D.)	Julie von Breuning	IX/73	III/3

MGGprisma   III. Werke für Orchester mit konzertierenden Instrumenten

OPUS	WOO	HESS	SKIZZEN	TITEL/TONART	ENTSTEHUNGSZEIT	EA	ERSTDRUCK BEMERKUNGEN	WIDMUNG	GA	NGA
73			x	5. Klavierkonzert Es-Dur	1808/09	Lpz. 28. Nov. 1811	L. 1810 (St.); Lpz. 1811 (St.)	Erzherzog Rudolph von Österreich	IX/69	III/3
		15	x	Klavierkonzert D-Dur (Fragm.)	1814/15					

3. Mit Violine

OPUS	WOO	HESS	SKIZZEN	TITEL/TONART	ENTSTEHUNGSZEIT	EA	ERSTDRUCK BEMERKUNGEN	WIDMUNG	GA	NGA
	5		x	Violinkonzert C-Dur (Fragm.)	1790/1792		Wien 1879 (nur ein Teil des 1. Satzes)	Gerhard von Breuning (Erstdruck)	SBG III,3	
61		7	x	Violinkonzert D-Dur	1806	23. Dez. 1806	Wien 1808 (St.); L. 1810 (St.); (Bearb. → C.III.2 und D.)	Stephan von Breuning, Julie von Breuning	XXIX/4	III/4
50				Romanze F-Dur für V. und Orch.	1798?	Nov. 1798?	Wien 1805 (St.)		IV/31	III/4
40				Romanze G-Dur für V. und Orch.	1800/1802?		Lpz. 1803 (St.)		IV/30	III/4

4. Mit anderen Instrumenten

OPUS	WOO	HESS	SKIZZEN	TITEL/TONART	ENTSTEHUNGSZEIT	EA	ERSTDRUCK BEMERKUNGEN	WIDMUNG	GA	NGA
		12	x	Konzert F-Dur für Ob. und Orch.	1790/1793?		verloren; von Bonn nach Wien geschickt gegen Ende 1793; einige Skizzen erhalten			

IV. Kammermusik

1. Mit Klavier

a) Quintette und Quartette für Violine, Viola und Violoncello und Klavier

OPUS	WOO	HESS	SKIZZEN	TITEL/TONART	ENTSTEHUNGSZEIT	EA	ERSTDRUCK BEMERKUNGEN	WIDMUNG	GA	NGA
	36			3 Quartette Es, D, C für V. Va., Vc. und Kl.	1785		Wien 1828; Autogr.: Clavecin statt Kl.; motivisches Material in op.2/1 und op.2/3 (→ C.V.2.a)		X/2-4	IV/1
16			x	Quintett für V. Va., Vc. und Kl. [Bearb.; → C.IV.1.f) und D.]	1796 [in Berlin]	6. Apr. 1797				

b) Trios für Violine, Violoncello und Klavier

OPUS	WOO	HESS	SKIZZEN	TITEL/TONART	ENTSTEHUNGSZEIT	EA	ERSTDRUCK BEMERKUNGEN	WIDMUNG	GA	NGA
	48		x	Klaviertrio Es-Dur ("Allegretto") [Fragm.]	1790/1792		L. 1955		SBG IX	IV/3
[36]			x	Klaviertrio D-Dur bearb. nach der 2. Symphonie (→ C.I.1. und D.)	1801/02					
38				Trio Es-Dur für Kl., V. unc Vc. nach dem Septett op.20 (→ C.IV.2.a)	1802?/03		Wien 1805; (→ D.)	Prof. Johann Adam Schmidt	IX/91	IV/3
44			x?	14 Variationen Es-Dur über ein eigenes Thema für Klaviertrio	1792 (frühe Skizze?), ca. 1801		Lpz. 1804		XI/88	IV/3
1/1			x	Klaviertrio Es-Dur	1792 bis 2; rev. 1794/95	1793 (94?)	Wien 1795	C. von Lichnowsky	XVI/79	

OPUS	WOO	HESS	SKIZZEN	TITEL/TONART	EA	ENTSTEHUNGSZEIT	ERSTDRUCK BEMERKUNGEN	WIDMUNG	GA	NGA
1/2-3		98	x	2 Klaviertrios G, c	1793/(94?)	1794/95	Wien 1795; (Bearb. von op.1/3 → C.IV.2.b und D., op.104)	C. von Lichnowsky	XVI/80, 81	
63				Klaviertrio Es-Dur (Bearb.; → D.; nicht von Beethoven)						
64				Klaviertrio Es-Dur (Bearb.; → D.; nicht von Beethoven)						
70			x	2 Klaviertrios D, Es		1808	Lpz. 1809	Gräfin Marie Erödy	XI/82, 83	
97			x	Klaviertrio B-Dur (›Erzherzog‹)	11. Apr. 1814	1811 (bis ca. 1815?)	Wien/L. 1816	Erzherzog Rudolph von Österreich	XI/84	
	39			Klaviertrio in einem Satz in B-Dur (›Allegretto‹)		1812	Ffm. 1830	Maximiliane Brentano	XI/85	IV/3
121a			x?	Variationen G-Dur über Wenzel Müllers Lied »Ich bin der Schneider Kakadu« für Klaviertrio		1815/16 (oder früher?)	Wien/L. 1824; wahrscheinlich 1803 zur Veröffentlichung angeboten; erhaltenes Autograph datiert auf ca. 1816/17		XI/87	IV/3
			x	Klaviertrio f-Moll (Fragm.)		1816?				

c) Trios für andere Besetzungen

OPUS	WOO	HESS	SKIZZEN	TITEL/TONART	EA	ENTSTEHUNGSZEIT	ERSTDRUCK BEMERKUNGEN	WIDMUNG	GA	NGA
	37			Trio G-Dur für Kl., Fl. und Fg.		1786/87/1790	Lpz. 1888; Autogr.: Clavicembalo statt Kl.		XXV/294	IV/3
11				Trio B-Dur für Kl., Klar./V., Vc.		1797/98	Wien 1798	Gräfin Maria Wilhelmine von Thun	XI/89	
38				Trio Es-Dur für Kl., Klar. und Vc. nach dem Septett op.20 (→ C.IV.2.a)		1802?/03	Wien 1805 (→ D.)	Prof. Johann Adam Schmidt	IX/91	IV/3

d) Werke für Violine und Klavier

OPUS	WOO	HESS	SKIZZEN	TITEL / TONART	ENTSTEHUNGSZEIT	EA	ERSTDRUCK BEMERKUNGEN	WIDMUNG	GA	NGA
		46		Sonate A-Dur (Fragm.)	1790/1792		SBG IX, 33		SBG IX, 33	
	40		x	Variationen F-Dur über »Se vuol ballare« aus Le nozze di Figaro	1792/93 (Bonn/Wien)		Wien 1793	Eleonore von Breuning	XII/103	V/2
	41			Rondo G-Dur	1794 oder später		Bonn 1808		XII/102	V/2
	42		x	6 Deutsche Tänze, F, D, F, A, D, G	1796 (Prag)		Wien 1814		XXV/308	V/2
12/1				Sonate D-Dur	1797/98		Wien 1798/1799	Antonio Salieri	XII/92	V/1
12/2			x	Sonate A-Dur	1797/98		Wien 1798/1799	Antonio Salieri	XII/93	V/1
12/3			x	Sonate Es-Dur	1797/98		Wien 1798/1799	Antonio Salieri	XII/94	V/1
23			x	Sonate a-Moll	1800/01		Wien 1801	Graf Moritz von Fries	XII/95	V/1
24			x	Sonate F-Dur	1800/01		Wien 1801	Graf Moritz von Fries	XII/96	V/1
30			x	3 Sonaten A, c, G	1801/02		Wien/L. 1803	Zar Alexander I. von Rußland	XII/97–99	V/2
47			x	Sonate A-Dur (›Kreutzer‹)	1802/03	24. Mai 1803	Bonn/P./L. 1805	komp. für George P. Bridgetower, Rodolphe Kreutzer gewidmet, Finale urspr. komp. für Violinson. op. 30/1	XII/100	V/2
96			x	Sonate G-Dur	1812 (1. Version); 1815 (2. Version)	29. Dez. 1812 (1. Version)	Wien/L. 1816	komp. für Pierre Rode, Erzherzog Rudolph von Österreich gewidmet	XII/101	V/2

e) Werke für Violoncello und Klavier

OPUS	WOO	HESS	SKIZ-ZEN	TITEL / TONART	ENTSTE-HUNGSZEIT	EA	ERSTDRUCK BEMERKUNGEN	WIDMUNG	GA	NGA
5/1-2			x	2 Sonaten F, g	1796 (Berlin)	Mai/Juni 1796	Wien 1797	Friedrich Wilhelm II. von Preußen	XIII/105	V/3
	45			12 Variationen G-Dur über »See the conqu'ring hero comes« aus Judas Maccabäus	1796		Wien 1797	Fürstin Christine von Lichnowsky	XIII/110	V/3
66			x	12 Variationen F-Dur über »Ein Mädchen oder Weibchen« aus Die Zauberflöte	1796	Berlin, Sommer 1796?	Wien 1798		XIII/111	V/3
17			x	Sonate F-Dur für Kl. und Vc. (Bearb.; → C.IV.1.f) und D.)	1799/1800?					
	46			7 Variationen Es-Dur über »Bei Männern, welche Liebe fühlen« aus Die Zauberflöte	1801?		Wien 1802	Graf Johann Georg von Browne	XIII/111a	V/3
69			x	Sonate A-Dur	1807/08		Lpz. 1809	Freiherr Ignaz von Gleichenstein	XIII/107	V/3
102			x	2 Sonaten C, D	1815	18. Febr. 1816?	Bonn/K. 1817	Gräfin Marie von Erdödy	XIII/108–109	V/3

f) Werke für andere Instrumente und Klavier

OPUS	WOO	HESS	SKIZ-ZEN	TITEL / TONART	ENTSTE-HUNGSZEIT	EA	ERSTDRUCK BEMERKUNGEN	WIDMUNG	GA	NGA
	37			Trio G-Dur für Kl., Fl. und Fg.	1786/87/1790		Lpz. 1888 (→ C.IV.1.c)		XXV/294	IV/3
	43/a		x	Sonatine c-Moll für Mandoline und Cemb.	1796 (Prag)		L. 1880	(für Comtesse Josephine de Clary?)	XXV/295	V/4
	43/b	44	x	Adagio Es-Dur für Mandoline und Cemb.	1796 (Prag)		L. 1880; leicht abweichende Version in: Sudetendeutsches Musikarchiv, 1940, Nr. 2	(für Comtesse Josephine de Clary?)	XXV/296; SBG IX	V/4

OPUS	WOO	HESS	SKIZZEN	TITEL/TONART	ENTSTEHUNGSZEIT	EA	ERSTDRUCK BEMERKUNGEN	WIDMUNG	GA	NGA
	44/a	43	x	Sonatine C-Dur für Mandoline und Cemb.	1796 (Prag)		1912 (in: Der Merkr 3, 1912)	(für Comtesse Josephine de Clary?)	SBG IX	V/4
	44/b	45	x	Andante con Variazioni D-Dur für Mandoline und Cemb.	1796 (Prag)		1940 (in: Sudetendt. Musikarchiv, 1940, Nr. 1)	(für Comtesse Josephine de Clary)	SBG IX	V/4
16			x	Quintett für Kl., Ob., Klar., Hr. und Fg.	1796 [in Berlin]	6.Apr. 1797	Wien./Ffm. 1801; Bearb. → C.IV.1.a und D.	Fürst Joseph Johann zu Schwarzenberg	X/74	IV/1
17			x	Sonate F-Dur für Kl. und Hr.	1799/1800?	18.Apr. 1800	Wien/Lpz./Ffm. 1801; Bearb. → D.	Baronin Josefine von Braun	XIV/112	V/4
41		IX		Serenade D-Dur für Kl. und Fl. /V. (Bearb.; → D.; nicht von Beethoven)	1803					
42		IX		Notturno D-Dur für Kl. und Va., (Bearb.; → D.; nicht von Beethoven!)	1803					

2. Ohne Klavier

a) größere Besetzungen

OPUS	WOO	HESS	SKIZZEN	TITEL/TONART	ENTSTEHUNGSZEIT	EA	ERSTDRUCK BEMERKUNGEN	WIDMUNG	GA	NGA
103			x	Oktett Es-Dur für 2 Ob, 2 Klar, 2 Hr. und 2 Fg.	vor 1792 (Bonn); 1793 (Revision)		Wien 1830; Vorlage für op.4 (→ C.IV.2.b)		VIII/59	
20		21	x	Septett Es-Dur für V., Va., Klar., Hr., Fg., Vc. und Kb.	1799/1800	20.Dez. 1799	Wien/Lpz. 1802 (→ C.IV.1.b. und c. sowie D.)	Kaiserin Maria Theresia	V/32	
	25			Rondo (Rondino) Es-Dur für 2 Ob, 2 Klar, 2 Hr. und 2 Fg.	1792?/93		Wien 1830; zeitweise geplant als Finale für Oktett op.103		VII/60	
81b			x	Sextett Es-Dur für 2 Hr., 2 V., Va., Vc.	1795		Bonn 1810		V/33	

OPUS	WOO	HESS	SKIZZEN	TITEL/TONART	ENTSTEHUNGSZEIT	EA	ERSTDRUCK BEMERKUNGEN	WIDMUNG	GA	NGA
71				Sextett Es-Dur für 2 Klar., 2 Hr. und 2 Fg.	ca. 1796		Lpz. 1810; 1. und 2. Satz wahrscheinlich vor 1796 komp.		VIII/61	
	29	87	x	Marsch B-Dur für 2 Klar., 2 Hr. und 2 Fg.	1797/98		Lpz. 1888 (Suppl.) (Bearb. → C.VI., Hess 107 und D., Hess 87)		XXV/292	

b) Quintette

OPUS	WOO	HESS	SKIZZEN	TITEL/TONART	ENTSTEHUNGSZEIT	EA	ERSTDRUCK BEMERKUNGEN	WIDMUNG	GA	NGA
		19		Quintett Es-Dur für Ob., 3 Hr., Fg.	1793/?	1795?	SBG VII,4; unvollständig: 1. Satz, langsamer Satz und Menuett Fragm.			
4			x	Streichquintett Es-Dur (nach dem Bläseroktett op.103 → C.IV.2.a)	1794/95		Wien 1796 (→ D., op.6)		V/36	VI/2
29			x	Streichquintett C-Dur	1801		Lpz. 1802	Graf Moritz von Fries	V/34	VI/2
137			x	Fuge D-Dur für Streichquintett	1817		Wien 1827		V/35	VI/2
104			?	Streichquintett c-Moll (nach dem Klaviertrio op.1/3 → C.IV.1.b)	1817	13. Dez. 1818	Wien 1819 (→ D.)		V/36a	VI/2
[62]		41	x	Streichquintett C (Fragm.) »letzter musikalischer Gedanke«	1826		Wien 1838; erhalten nur als Klavierübertragung (→ C.V.2.d, WoO 62)		SBG VIII	
		40	x	Streichquintettsatz, d-Moll	?		in: SMZ 95, 1955		SBG VI, 15	VI/2 (Anh.)
		38		Streichquintett nach der Fuge b-Moll aus Bachs Wohltemperierten Klavier I			SBG VI, 14		SBG VI, 14	
		39		Streichquintett F-Dur (verschollen)						

c) Quartette und Quartettsätze für 2 Violinen, Viola und Violoncello

OPUS	WOO	HESS	SKIZ-ZEN	TITEL / TONART	ENTSTE-HUNGSZEIT	EA	ERSTDRUCK BEMERKUNGEN	WIDMUNG	GA	NGA
		33		Menuett As-Dur	1790/1792		SBG VI, 8; Klavierbearb. →D, Hess 88			
		30		Präludium und Fuge F-Dur	1795		SBG VI, 10			
		31		Präludium und Fuge C-Dur	1794/95		SBG VI, 11			
18/3			x	Streichquartett D-Dur	1798/99		Wien/Lpz./Ffm. 1801	Fürst Franz Joseph von Lobkowitz	VI/39	VI/3
18/1		32	x	Streichquartett F-Dur	1799 (1.Version); 1800 (2. Version)		Wien/Lpz./Ffm. 1801	Fürst Franz Joseph von Lobkowitz	VI/37	VI/3
18/2			x	Streichquartett G-Dur	1799; 1800 (rev.)		Wien/Lpz./Ffm. 1801	Fürst Franz Joseph von Lobkowitz	VI/38	VI/3
18/4–5			x	2 Streichquartette, c, A	1799		Wien/Lpz./Ffm. 1801	Fürst Franz Joseph von Lobkowitz	VI/40-41	VI/3
18/6			x	Streichquartett B-Dur	1799/1800		Wien/Lpz./Ffm. 1801	Fürst Franz Joseph von Lobkowitz	VI/42	VI/3
		34		Streichquartett F-Dur (Bearb. nach op.14/1; →D.)	1800/01		Wien 1802	Baronin Josefine von Braun	SBG VI, 13	VI/3
59			x	3 Streichquartette, F, e, C (Razumowsky)	1805?/06 (Apr. bis Nov.)	Ende Febr. 1807?	Wien/Pest 1808, L. 1809	Graf Andreas Kyrillowitsch Razumowsky	VI/43-45	VI/4
74			x	Streichquartett Es-Dur (Harfenquartett)	1809		L./Lpz. 1810	Fürst Franz Joseph Ivon Lobkowitz	VI/46	VI/4
95			x	Streichquartett f-Moll (Serioso)	1810/11; 1814–1816 [Überarbeitung]	25. Mai 1816?	L./Wien 1816	Nikolaus Zmeskall von Domanovecz	VI/47	VI/4
127			x	Streichquartett Es-Dur	(1822/23/?); 1824/25	6. März 1825	Mz. 1826 (Part.)	Fürst Nikolaus Galitzin	VI/48	
132			x	Streichquartett a-Moll	1825	6. Nov. 1825	P./Bln. 1827	Fürst Nikolaus Galitzin	VI/51	

OPUS	WOO	HESS	SKIZZEN	TITEL / TONART	ENTSTEHUNGSZEIT	EA	ERSTDRUCK BEMERKUNGEN	WIDMUNG	GA	NGA
130			x	Streichquartett B-Dur	1825 (1. Version mit Fugenfinale [s. op. 133] Herbst 1826) [nachkomp. Schlußsatz s. 2. Version]	21. März 1826 (1. Version) 22. Apr. 1827 (2. Version)	1. Version: Stich bis Mitte August 1826 beendet (unveröff.), 2. Version: Wien 1827	Fürst Nikolaus Galitzin		VI/49
133			x	Streichquartettsatz B-Dur (urspr. Schlußsatz zu op. 130; »Große Fuge«)	1825	21. März 1826 (als Finale von op. 130)	Wien 1827 (Klavierbearb. → D, op. 134)	Kardinal Erzherzog Rudolph von Österreich	VI/53	
131			x	Streichquartett cis-Moll	1825/26	5. Juni 1828 Halberstadt [?]	Mz. 1827	Baron Joseph von Stutterheim	VI/50	
135			x	Streichquartett F-Dur	1826	23. März 1828	P./Bln. 1827	Johann Wolfmayer	VI/52	

d) Trios

OPUS	WOO	HESS	SKIZZEN	TITEL / TONART	ENTSTEHUNGSZEIT	EA	ERSTDRUCK BEMERKUNGEN	WIDMUNG	GA	NGA
3		25,47	x?	Streichtrio Es-Dur	1793 oder 1794		Wien 1796; Fragm. (Bearb. → D, op. 64)		VII/54; SBG VI	VI/6
		29	?	Streichtrio e-Moll für 2 V. und Vc.	1794/95					
87			x	Trio C-Dur für 2 Ob. und Englischhr.	1794?/95		Wien 1806; Transkr. als Streichtrio wahrscheinlich mit Billigung Beethovens		VIII/63	
	28	18	x	Variationen C-Dur über »Là ci darem la mano« aus Don Giovanni für 2 Ob. und Englischhr.	1795	23. Dez. 1797	Lpz. 1914		SBG VII	
8				Serenade D-Dur für V., Va. und Vc.	1796/97		Wien 1797; (Bearb. → D, op. 42)		VII/58	VI/6
[9/1]		28	x	2. Trio G-Dur für Menuett in op.9/1/III	1797/98		Wien 1798 (»zum Einlegen«); Bonn 1924	Graf Johann Georg von Browne	VII/55-7	VI/6

OPUS	WOO	HESS	SKIZZEN	TITEL / TONART	ENTSTEHUNGSZEIT	EA	ERSTDRUCK BEMERKUNGEN	WIDMUNG	GA	NGA
9			x	3 Streichtrios G, D, c	1797/98		Wien 1798	Graf Johann Georg von Browne	VII/55-7	VI/6
25			x	Serenade D-Dur für Fl., V. und Va.	1801 (1794/95?)		Wien 1802; Bearb. → D.		VIII/62	
		297		Adagio As-Dur für 3 Hr.	1815		SBG VII, 3			

e) Duos

OPUS	WOO	HESS	SKIZZEN	TITEL / TONART	ENTSTEHUNGSZEIT	EA	ERSTDRUCK BEMERKUNGEN	WIDMUNG	GA	NGA
			x	Duo E-Dur für V. und Vc. (Fragm.)	1790?					
	26	17		Duo G-Dur für 2 Fl. (›Allegro und Menuett‹)	23. Aug. 1792		Bln. 1901 (in: A. W. Thayer, L. van Beethovens Leben, Bd. 2, hrsg. von H. Deiters)	J. M. Degenhart	SBG VII	
	32	22, (23, 24)		Duo Es-Dur für Va. und Vc. (›mit zwei obligaten Augengläsern‹; 1. Satz und Menuett)	um 1795/1798		Lpz. 1912 (1. Satz); Ffm. 1952 u. a. (Menuett)	wahrscheinlich komp. für Nikolaus Zmeskall von Donamovcz	SBG VI	VI/6
	27			3 Duos C, F, B für Klar. und Fg.	um 1800?		P. um 1810/15 (St.); wahrscheinlich unecht		VIII/64	
	34	42		Kleines Stück A-Dur für 2 Violinen	29. Apr. 1822		Bln. 1901 (in: T. von Frimmel, L. van Beethoven)	(für Alexandre Boucher)	SBG VI,2	
	35	273		Untextierter Kanon (für 2 V.?)	3. Aug. 1825		Stg. 1867	(Otto de Boer)		

V. Klaviermusik

1. Zu 4 Händen

OPUS	WOO	HESS	SKIZZEN	TITEL / TONART	ENTSTEHUNGSZEIT	EA	ERSTDRUCK BEMERKUNGEN	WIDMUNG	GA	NGA
	67		x	8 Variationen C-Dur über ein Thema des Grafen Waldstein	1790, 1791/92 (2 Versionen?)		Bonn 1794; für 2 Hd. → C.V.2.b		XV/122	VII/1
6			x	Sonate D-Dur	1796/97		Wien 1797		XV/120	VII/1
	74		x	Lied mit 6 Variationen »Ich denke dein« (Goethe)	1799 (Var. 1, 2, 5, 6 am 23. Mai 1799 ins Stammbuch der Schwestern Brunsvik); 1803 (Var. 3 und 4)		Wien 1805	Gräfin Therese von Brunsvik und Josephine Deym (geb. Brunsvik)	XV/123	VII/1
45				3 Märsche, C, Es, D	1803		Wien 1804	Fürstin Maria Esterházy	XV/121	VII/1
134		86		Klavierbearb. von op.133 (→ C.IV.2.c)	1826		Wien 1827	Kardinal Erzherzog Rudolph von Österreich	Suppl. VIII/13	VII/1

2. Zu 2 Händen

a) Klaviersonaten

OPUS	WOO	HESS	SKIZZEN	TITEL / TONART	ENTSTEHUNGSZEIT	EA	ERSTDRUCK BEMERKUNGEN	WIDMUNG	GA	NGA
	47			3 Sonaten Es, f, D (›Kurfürsten‹)	1782/83		Speyer 1783	Kurfürst von Köln, Erzbischof Maximilian Friedrich	XVI/156–158	
	50	53 (63)		Sonatine F-Dur	um 1788/1790		Mn./Duisburg 1950; Bln. 1909 (Faks. in: L. Schmidt, Beethoven-Briefe)	Franz Gerhard Wegeler	SBG IX	

2/1	x	Sonate f-Moll		[1793]/1794/95	Sept. 1795	Wien 1796; 2. Satz verwendet Material aus WoO 36/3 (→ C.IV.1.a]]	Joseph Haydn	XVI/124	VII/2
2/2	x	Sonate A-Dur		1795	Sept. 1795	Wien 1796	Joseph Haydn	XVI/125	VII/2
2/3	x	Sonate C-Dur		1794/95	Sept. 1795	Wien 1796; 1. Satz verwendet Material aus WoO 36/3 (→ C.IV.1.a]]	Joseph Haydn	XVI/126	VII/2
49	x	2 leichte Sonaten g, G		Nr. 1: 1797?; Nr. 2: 1796?		Wien 1805		XVI/142–143	VII/3
7	x	Sonate Es-Dur		1796/97		Wien 1797	Gräfin Babette von Keglevich	XVI/127	VII/2
10/1	x	Sonate c-Moll		[1795]/1796		Wien 1798 (? urspr. vorgesehene Sätze → WoO 52, WoO 53, Hess 69 → C.V.2.d)	Gräfin Anna Margarete von Browne	XVI/128	VI//2
10/2	x	Sonate F-Dur		1797		Wien 1798	Gräfin Anna Margarete von Browne	XVI/129	VI//2
10/3	x	Sonate D-Dur		1797/98		Wien 1798	Gräfin Anna Margarete von Browne	XVI/130	VI//2
		Leichte Sonate C-Dur (Fragm.)	51	1798		Ffm. 1830; Erstdruck vervollständigt von Ferdinand Ries		XVI/159	
13	x	Sonate c-Moll (Pathétique)		? bis 1798		Wien 1799	Fürst Carl von Lichnowsky	XVI/131	VII/2
14/1	x	Sonate E-Dur		1798		Wien/Lpz./Ffm. 1799; Bearb. → D., Hess 34	Baronin Josefine von Braun	XVI/132	VII/2
14/2	?	Sonate G-Dur		1799?		Wien/Lpz./Ffm. 1799	Baronin Josefine von Braun	XVI/133	VII/2
22	x	Sonate B-Dur		1799/1800; 1795/96: erste Skizzen		Lpz. 1802	Graf Johann Georg von Browne	XVI/134	VII/2

OPUS	WOO	HESS	SKIZ-ZEN	TITEL / TONART	ENTSTE-HUNGSZEIT	EA	ERSTDRUCK BEMERKUNGEN	WIDMUNG	GA	NGA
26			x	Sonate As-Dur	1800/01		Wien 1802; Trauermarsch bearb. für WoO 96 (→ B.I.)	Fürst Carl von Lichnowsky	XVI/135	VII/2
27/1			x	Sonate Es-Dur (›quasi una fantasia‹)	1800/01		Wien 1802	Fürstin Josephine von Liechtenstein	XVI/136	VII/3
27/2			x	Sonate cis-Moll (›quasi una fantasia‹; ›Mondschein‹)	1801		Wien 1802	Gräfin Giulietta Guicciardi	XVI/137	VII/3
28			x	Sonate D-Dur (›Pastorale‹)	1801		Wien 1802	Johann Edler von Sonnenfels	XVI/138	VII/3
31/1-2			x	2 Sonaten G, d (›Sturm‹)	1802		Z. 1803, Bonn 1803 (Edition très correcte)		XVI/139–140	VII/3
31/3			x	Sonate Es-Dur	1802[/03?]		Z./L. 1804		XVI/141	VII/3
53			x	Sonate C-Dur (›Waldstein‹)	1803/04		Wien 1805; urspr. 2. Satz → C.V.2.d), WoO57	Graf Ferdinand von Waldstein	XVI/144	VII/3
54			x	Sonate F-Dur	1804		Wien 1806		XVI/145	VII/3
57			x	Sonate f-Moll (Appassionata)	1804/05		Wien 1807	Graf Franz von Brunsvik	XVI/146	VII/3
78				Sonate Fis-Dur	Okt. 1809		L./Lpz. 1810	Gräfin Therese von Brunsvik	XVI/147	
79			x	Sonatine G-Dur	1809		L./Lpz. 1810		XVI/148	
81a			x	Sonate Es-Dur (Les Adieux)	1809/10		L./Lpz. 1811; frz. Untertitel »Les Adieux, l'absence et le retour«; Untertitel der dt. Ausgabe: »[das] Lebewohl«/»Abwesenheit«/»Wiedersehen« [Beethoven favorisierte die deutschen Titel, vgl. GA, Bd. 2, Nr. 5623, S. 215]	Erzherz. Rudolph von Österreich	XVII/149	
90			x	Sonate e-Moll	1814	18. Febr. 1816?	Wien 1815	Graf Moritz Lichnowsky	XVI/150	
101			x	Sonate A-Dur	(1813?–) 1816	18. Febr. 1816?	Wien 1817	Freiin Dorothea Ertmann	XVI/151	

OPUS	WOO	HESS	SKIZZEN	TITEL/TONART	ENTSTEHUNGSZEIT	EA	ERSTDRUCK BEMERKUNGEN	WIDMUNG	GA	NGA
106			x	Sonate B-Dur (»Hammerklavier«)	1817/18		Wien/L. 1819	Erzherzog Rudolph von Österreich	XVI/152	
109			x	Sonate E-Dur	1820		Bln. 1821	Maximiliane Brentano	XVI/153	
110			x	Sonate As-Dur	1821/22?		P./Bln./Wien 1822, L. 1823		XVI/154	
111			x	Sonate c-Moll	1821/22		P./Bln./Wien 1822, L. 1823	Erzherzog Rudolph von Österreich; Antonie Brentano (Ed. L. 1823)	XVI/155	

b) Variationen

OPUS	WOO	HESS	SKIZZEN	TITEL/TONART	ENTSTEHUNGSZEIT	EA	ERSTDRUCK BEMERKUNGEN	WIDMUNG	GA	NGA
	63			Variationen c-Moll über einen Marsch von Dressler	1782(/83?)		Mannheim 1782	Gräfin Felice von Wolf-Metternich	XVII/166	VII/5
	64			6 leichte Variationen F-Dur über ein Schweizer Lied für Kl./Hf.	1790/1792 (1793?)		Bonn ca. 1798		XVII/177	VII/5
	65	55		Variationen D-Dur über Righinis Arietta »Venni amore«	1791 oder früher		Mz. 1791 (kein Exemplar erhalten); Wien 1802	Gräfin Maria Anna Hortensia von Hatzfeld	XVII/178	VII/5
	67		x	8 Variationen C-Dur über ein Thema des Grafen Waldstein	1790, 1791/92 (2 Versionen?)		Bonn 1794; zu 4 Hd. →C.V.1.			VII/5
	66			13 Variationen A-Dur über »Es war einmal ein alter Mann« aus Dittersdorfs Das rote Käppchen	1792 (noch Bonn) (1790/91?)		Bonn 1793		XVII/175	VII/5
	68			12 Variationen C-Dur über das »Menuett à la Vigano« aus Haibels Le nozze disturbate	1795		Wien 1796		XVII/169	VII/5
	69			9 Variationen C-Dur über »Quant' è più bello« aus Paisiellos La molinara	1795		Wien 1795	Fürst Carl von Lichnowsky	XVII/167	VII/5

OPUS	WOO	HESS	SKIZ-ZEN	TITEL/TONART	ENTSTE-HUNGSZEIT	EA	ERSTDRUCK BEMERKUNGEN	WIDMUNG	GA	NGA
	70			6 Variationen G-Dur über »Nel cor più non mi sento« aus Paisiellos La molinara	1795		Wien 1796		XVII/168	VII/5
	72		x	8 Variationen C-Dur über »Un fièvre brûlante« aus Grétrys Richard Coeur de Lion	1795 oder 1796		Wien 1798		XVII/171	VII/5
	71		x	12 Variationen A-Dur über den russischen Tanz aus Wranitzkys Ballett Das Waldmädchen	1796/97		Wien 1797	Gräfin Anna Margarete von Browne	XVII/170	VII/5
	73		x	10 Variationen B-Dur über »La stessa, la stessissima« aus Salieris Falstaff	1799		Wien 1799	Gräfin Barbara von Keglevics	XVII/172	VII/5
	76			6 (8) Variationen F-Dur über »Tändeln und Scherze« aus Süssmayrs Soliman II	1799		Wien 1799	Gräfin Anna Margarete von Browne	XVII/174	VII/5
	75		x	7 Variationen F-Dur über das Quartett »Kind willst du ruhig schlafen« aus Winters Das unterbrochene Opferfest	1799		Wien 1799		XVII/173	VII/5
	77		x	6 leichte Variationen G-Dur über ein eigenes Thema	1800		Wien 1800		XVII/176	VII/5
34			x	6 Variationen F-Dur über ein eigenes Thema	1802		Lpz. 1803	Fürstin Barbara Odescalchi	XVII/162	VII/5
35			x	15 Variationen und Fuge Es-Dur über ein eigenes Thema (Eroica-Var.)	1802		Lpz. 1803; Thema auch verwendet in Die Geschöpfe des Prometheus op.43 (→ B.III.), Symph. Nr. 3 op.55 (→ C.I.1.) und Contretanz WoO 14/7 (→ C.I.3.)	Graf Moritz Lichnowsky	XVII/163	VII/5
	78		x	7 Variationen C-Dur über »God save the King«	Anfang Aug. 1803		Wien/L. 1804		XVII/179	VII/5
	79		x	5 Variationen D-Dur über »Rule Britannia«	Anfang Aug. 1803		Wien 1804		XVII/180	VII/5

OPUS	WOO	HESS	SKIZZEN	TITEL/TONART	ENTSTEHUNGS-ZEIT	EA	ERSTDRUCK BEMERKUNGEN	WIDMUNG	GA	NGA
80			x	32 Variationen c-Moll über ein eigenes Thema	Herbst 1806		Wien 1807		XVII/181	VII/5
76			x	6 Variationen D-Dur über ein eigenes Thema	1809		L./Lpz. 1810; Thema später verwendet für den Türkischen Marsch (Nr.4) in Die Ruinen von Athen op.113 (→ B.I.)	Franz Oliva	XVII/164	VII/5
105			x	Six National Airs with Variations (Fl./V. ad. lib.)	1816/17?/18		L.Mai 1819, Edinburgh/Wien Sept. 1819		XIV/113–114	V/4
107			x	Ten National Airs with Variations (Fl./V. ad. lit.)	1817/18		L./Edinburgh 1819 (Nrn. 2, 6, 7); Bonn/K. 1820		XIV/115–119	V/4
120			x	33 Veränderungen C-Dur über einen Walzer von Anton Diabelli	1819/1823		Wien/Lpz. 1823	Antonie Brentano	XVII/165	VII/5

c) Tänze

OPUS	WOO	HESS	SKIZZEN	TITEL/TONART	ENTSTEHUNGS-ZEIT	EA	ERSTDRUCK BEMERKUNGEN	WIDMUNG	GA	NGA
	81		x	Allemande A-Dur	um 1800?		Lpz. 1888		XXV/307	
	82			Menuett Es-Dur	um 1803?		Wien 1805		XVIII/193	
	83			6 Ecossaisen Es-Dur	um 1806?		Lpz. 1888; mglw. zu WoO 16 (→ C.I.3.) gehörig		XXV/302	
	84			Walzer Es-Dur	1824		Wien 1824	Friedrich Demmer (durch Hrsg.)	XXV/303	
	85		x	Walzer D-Dur	14. Nov. 1825		Wien 1825	Herzogin Sophie von Österreich (durch Hrsg.)	XXV/304	
	86		x	Ecossaise Es-Dur	14. Nov. 1825		Wien 1825	Herzogin Sophie von Österreich (durch Hrsg.)	XXV/305	

d) Andere Klavierkompositionen

OPUS	WOO	HESS	SKIZZEN	TITEL/TONART	EA	ENTSTEHUNGS-ZEIT	ERSTDRUCK BEMERKUNGEN	WIDMUNG	GA	NGA
	48	51		Rondo C-Dur		1783	Speyer 1783 (in: H. P. - Bossler, Blumenlese für Liebhaber, Bd. 2)		SBG IX	
	49			Rondo A-Dur		1783	Speyer 1784 (in: H. P. - Bossler, Neue Blumenlese für Liebhaber, Bd. 2)		XVIII/196	
39				2 Präludien durch alle 12 Dur-Tonarten für Kl./Orgel		1789?	Lpz. 1803		XVIII/184	
129			x	Rondo a capriccio G-Dur (›Die Wut über den verlornen Groschen‹)		1795; 1798	Wien 1828; Autogr. durch unbekannten Hrsg. vervollständigt		XVIII/191	
		64		Fuge C-Dur		1795	MT 94, 1955		SBG IX	
		52	x	Bagatelle c-Moll (Presto)		1795 (rev.1798); um 1800 (2. Revision)	Lpz. 1888; wahrscheinlich ursprünglich für Sonate op.10/1 (→ C.V.2.a) vorgesehen		XXV/297	
		69		Allegretto c-Moll		um 1795/96; 1822 (Revision)	wahrscheinlich ursprünglich für Sonate op.10/1 (→ C.V.2.a) vorgesehen			
	53	66	x	Allegretto c-Moll		1797	Lpz. 1888; wahrscheinlich ursprünglich für Sonate op.10/1 (→ C.V.2.a) vorgesehen		XXV/299	
51			x (Nr. 2)	2 Rondos C, G		Nr. 1 1796/97; Nr. 2 1798	Nr. 1 Wien 1797, Nr. 2 Wien 1802	Nr. 2: Gräfin Henriette von Lichnowsky	XVIII/ 185–186	
33			x (für Nr. 1, 3, 5–7)	7 Bagatellen Es, C, F, A, C, D, As		1802/03?	Wien/L. 1803		XVIII/183	
	54			Klavierstück C, e Lustig – traurig		1798?; 1802?	Lpz. 1888		XXV/300	

Nr.		Titel	Datum	Bemerkungen		Verweis
57	x	Andante F-Dur (»Andante favori«)	1803/04	Wien 1805; Lpz. 1888 (ursprünglich 2. Satz von op.53 → C.V.2.a)		XVIII/192
56	A 10	Bagatelle C-Dur	1803/04	Lpz. 1888		XXV/297
55		Präludium f-Moll	1803?	Wien 1805		XVIII/195
77	x	Fantasie H-Dur (g-Moll)	Okt. 1809	L./Lpz. 1810	Graf Franz von Brunsvik	XVIII/187
58		2 Kadenzen zu Mozarts Klavierkonzert d-Moll KV 466 (1. und 3. Satz)	1809?	Wien 1836 (in: Wiener Zs. für Kunst; Kadenz zum 1. Satz); Lpz. 1864 (Kadenz zum 3. Satz)		IX/70a VII/7
59	x	Bagatelle a-Moll (»Für Elise«)	1808 [Skizze]/1810	Stg. 1867 [in: L. Nohl, Neue Briefe Beethovens] ; Lpz. 1870: verlorenes Autogr. vielleicht, »Für Therese« (Therese Malfatti) überschrieben		XXV/298
89		Polonaise C-Dur	1814	Wien 1815	Elisabeth Alexiewna von Rußland	XVIII/188
60	x	Klavierstück B-Dur	14. Aug. 1818	8. Dez. 1824 (AmZ 1); 1840 als Einzelveröffentlichung		XXV/301
61	62	Klavierstück h-Moll	18. Febr. 1818	15.3.1893 [in: Robitschek, Deutsche Kunst- und Musikzeitung]	(für Ferdinand Piringer)	SBG IX
119	x	11 Bagatellen g, C, D, A, c, G, C, C, a, A, B	1820/1822 (Skizzen von Nrn. 2 und 4 1794/95; alle übrigen auch vor 1820 skizziert)	Wien 1821 (Nr.7–11; in: Wiener Piano-Forte-Schule, Bd. 3, hrsg. von F. Starke); L. 1823 (komplett); Klavierbearb. von WoO 112 (→A.V.) veröffentlicht als Bagatelle op.119/12 Wien 1826?		XVIII/189
126	x	6 Bagatellen G, g, Es, h, G, Es	1823/24	Mz. 1825		XVIII/190

OPUS	WOO	HESS	SKIZ-ZEN	TITEL / TONART	ENTSTEHUNGS-ZEIT	EA	ERSTDRUCK BEMERKUNGEN	WIDMUNG	GA	NGA
	61a	56		Klavierstück g-Moll	27. Sept. 1825		NZfM 117, 1956	(für Sarah Burney Payne)	SBG IX,23	
	62	[41]	x	»letzter musikalischer Gedanke« (erhalten nur als Klavierübertragung des Fragments des Streichquintetts für Diabelli →C.V.2.b)	1826		Wien 1838		SBG VIII	

VI. Kompositionen *für andere Instrumente*

OPUS	WOO	HESS	SKIZ-ZEN	TITEL / TONART	ENTSTE-HUNGSZEIT	EA	ERSTDRUCK BEMERKUNGEN	WIDMUNG	GA	NGA
39				2 Präludien durch alle Dur-Tonarten für Kl./Orgel	1789?		Lpz. 1803		XVIII/184	
	64			6 leichte Variationen F-Dur über ein Schweizer-Lied für Kl./Hf.	1790/1792 (1893?)		Bonn ca. 1798		XVII/177	VII/5
	33	103–106		5 Stücke F, G, G?, C?, C? für die Flötenuhr	1799		Nr. 1 (Adagio): 1902 (in: Mk. 1, 1901/02); Nr. 2 (Scherzo): Lpz. 1921 (in: G. Becking, Studien zu Beethovens Personalstil: das Scherzothema); Nr. 3 (Allegro): 1957 (in: Ricordiana 3); Nr. 4 (Allegro): Mz. 1940; Nr. 5 (Allegro): Mz. 1940		SBG VII	
31				zweistimmige Fuge D-Dur für Orgel	1783/84		Lpz. 1888		XXV/309	
		107		Grenadiermarsch F-Dur für die Flötenuhr	um 1798?		Rgsbg. 1927 (in: Beethoven-Almanach der Dt. Musikbücherei auf das Jahr 1927); enthält Marsch von Haydn, Durchführung nach WoO 29 (→C.IV.2.a)	Prinz Joseph Johann zu Schwarzenberg	SBG VII.9	

D. Bearbeitungen

OPUS	WOO	HESS	SKIZ-ZEN	TITEL / TONART	ENTSTE-HUNGSZEIT	EA	ERSTDRUCK BEMERKUNGEN	WIDMUNG	GA	NGA
16			x	Quintett für Kl., Ob., Klar., Hr. und Fg. (→ C.IV.1.f), bearbeitet für V. Va., Vc. und Kl.	1796 [in Berlin]	6. April 1797	Wien/Lpz./Ffm. 1801 (mit Kl. und Bläserversion); Authentizität bestätigt von Wegeler/Ries, Biographische Notizen über L. van Beethoven, Koblenz 1838	Fürst Joseph Johann zu Schwarzenberg	X/78	IV/1
17			x	Sonate F-Dur für Kl. und Vc. (anstelle des Horns) (→ C.IV.1.f)	1799/1800?	18. April 1800	Wien/Lpz./Ffm. 1801	Baronin Josefine von Braun		
[36]			x	2. Symphonie D-Dur als Klaviertrio (→ C.I.1.)	1801/02	5. April 1803	Wien 1804 (St.)	Fürst Carl von Lichnowsky	I/2	IV/3
38				Trio Es-Dur für Klar./V., Vc. und Kl. nach dem Septett op.20 (→ C.IV.2.a)	1802?/03		Wien 1805 (→ C.IV.1.b. und c.	Professor Johann Adam Schmidt	IX/91	IV/3
41		A12		Serenade D-Dur für Kl. und Fl. /V. (Bearbeitung von op.25 – nicht von Beethoven) (→ C.IV.2.d)	1803		Lpz. 1803; Bearb. erfolgt mit Billigung und Korrekturen Beethovens			
42		A13		Notturno D-Dur für Kl. und Va., (Bearbeitung von op.8 – nicht von Beethoven!) (→ C.IV.2.c)	1803		Lpz. 1804; Bearb. erfolgt mit Billigung und Korrekturen Beethovens			
61			x	Klavierkonzert D-Dur (Bearbeitung des Violinkonzerts op.61 → C.III.2. und 3.)	1807		Wien 1808 (St.); L. 1810 (St.)	Julie von Breuning	IX/73	III/3
63				Klaviertrio-Bearbeitung von op.4 (nicht von Beethoven) (→ C.IV.2.b)			Wien 1806 (St.)			

Nr.	?	Bearbeitung	Entstehung	Datum / Ort	Ort / Ausgabe	Widmung	SBG
64		Klaviertrio-Bearbeitung von op.3 (nicht von Beethoven) (→ C.IV.2.d)			Wien 1807		SBG IX
104	?	Streichquintett c-Moll (nach dem Klaviertrio op.1/3) (→ C.IV.1.b)	1817	13. Dez. 1818	Wien 1819		V/36a
134		Klavierbearbeitung zu 4 Hdn. der Fuge op.133 (→ C.IV.2.c)	1826		Wien 1827	Kardinal Erzherzog Rudolph von Österreich	VIII/13 (Suppl.) VII/1
34		Bearbeitung der Klaviersonate op.14/1 für Streichquartett (→ C.V.2.a)	1800/01		Wien 1802	Baronin Josefine von Braun	SBG VI, 13 VI/3
		Klavierbearbeitung von WoO 29 (→ C.IV.2.a)	1797/98		veröffentlicht in: Schweizerische musikpädagogische Blätter 20, 1931; SBG VIII		
87		Klavierbearbeitung von Hess 33 (→ C.IV.2.c)	1790/1792		SBG VIII, 3		
88		Klavierbearbeitung von WoO 1 (→ B.III.)	?	Lpz. 1872	SBG VIII, 1		
89		Klavierbearbeitung der Geschöpfe des Prometheus op.43 (→ B.III.)	1801	Wien 1801	SBG VIII, 9		
90		Klavierbearbeitung des Opferliedes op.121b (→ A.II.2.)			SBG V, 23		
91		Klavierbearbeitung des Bundesliedes op.122 (→ A.II.2.)			SBG V, 24		
93–95		Vereinfachter Satz und 2 Klavierbearbeitung von Clärchens Lied aus der Musik zu Egmont op.84 (→ B.I.)	1810		SBG V, 20a/b		
97		Klavierbearbeitung von Wellingtons Sieg op.91 (→ C.I.3)	1816	L./Wien 1816	SBG VIII, 12		
99		Klavierbearbeitung des Militärmarsches WoO 18 (→ C.II.)	1809		SBG VIII, 11		

OPUS	WOO	HESS	SKIZ-ZEN	TITEL/TONART	ENTSTE-HUNGSZEIT	EA	ERSTDRUCK BEMERKUNGEN	WIDMUNG	GA	NGA
		100–102		Klavierbearbeitung der Tänze WoO 8, 7 und 14 (→ C.I.3)		Wien 1795 (Nr. 7 und 8); Wien 1802 (Nr. 14)	SBG VIII, 4, 5, 7			
		108		Originalfassung von Wellingtons Sieg op. 91 (→ C.I.3); für Mälzels Panharmonikon (nur 2. Teil)	1813		SBG IV, 5			
		118		Vollständige Musik für Die Weihe des Hauses (C. Meisl), übernommen aus der Musik zu Die Ruinen von Athen op. 113 (→ B.I.) mit neuen oder überarbeiteten Texten (Nr. 1, 6–8)		Nr. 1 veröff. in SBG XIII; Nr. 6 als op. 114 veröff. Wien 1826 (→ B.I.) Ouv. op. 124 → C.I.2);				

(generelle Abkürzungen im Text: TDR für
A. W. THAYER, Ludwig van Beethovens Leben, I-III, hrsg. von
H. Deiters, Bln. 1866–1879, IV-V aufgrund Thayerscher
Materialien bearb. von H. Deiters, nach dessen Tod weitergeführt von H. Riemann, Lpz. 1907–1908, Band II-III
²1910–1911, Band I ²1901, ³1917 [s. Lit. D.I.] ▪ Wegeler/Ries
1838 für FR. G. WEGELER/F. RIES, Biogr. Notizen über Ludwig van Beethoven, Coblenz 1838, Nachdr. Hdh./N. Y. 1972
[D.I.] ▪ Solomon 1977 für M. SOLOMON, Beethoven, N. Y.
1977, L. 1978, N. Y 1998, dt. Mn. 1979 [D.I.] ▪ JTW für:
D. JOHNSON/ A. TYSON/R. WINTER, The Beethoven Sketchbooks: History, Reconstruction, Inventory, Berkeley 1985 [A.I.]
▪ Solomon 1990 für M. SOLOMON, Beethovens Tagebuch,
hrsg. von S. Brandenburg, Mz. 1990 [B.III.] ▪ Bkh für K.-
H. KÖHLER/G. HERRE/D. BECK. u.a. (Hrsg.), Ludwig van
Beethovens Konversationshefte, Bd. 1–10, Lpz. 1968–1993 [B.II.]
▪ GA für S. BRANDENBURG (Hrsg.), Ludwig van Beethoven.
Briefwechsel Gesamtausgabe, 7 Bde., Mn. 1996)

A. Werkverzeichnisse und Bibliographien
I. Werkverzeichnisse A. W. THAYER, Chron. Verz. der
Werke Ludwig van Beethoven's, Bln. 1865 ▪ G. NOTTEBOHM,
Thematisches Verz. der im Druck erschienenen Werke Ludwig van
Beethovens, Lpz. 1868, Nebst der Bibliotheca Beethoveniana von
E. Kastner ergänzt von Th. Frimmel, ebd. 1925 ▪ W. HAAS,
Systematische Ordnung Beethovenscher Melodien, Bonn/Lpz.
1932 ▪ A. BRUERS, Beethoven: catalogo storico-critico di tutte le
opere, Rom 1940 ▪ G. BIAMONTI, Catalogo cronologico di tutte
le musiche di Beethoven, Bd. 1, Rom 1951 ▪ DERS., Schema di
un catalogo generale cronologico delle musiche di Beethoven,
1781–1827, Rom 1954 ▪ G. KINSKY/H. HALM, Das Werk
Beethovens. Thematisch-Bibliogr. Verz., Mn./Duisburg 1955
▪ W. HESS, Verz. der nicht in der GA veröff. Werke Ludwig van
Beethovens, Wbdn. 1957 ▪ A. TYSON, The Authentic English
Editions of Beethoven, L. 1963 ▪ H. SCHMIDT, Verz. der Skizzen
Beethovens, in: BeJb 6, 1965–1968, 7–128 ▪ G. BIAMONTI,
Catalogo cronologico e tematico delle opere di Beethoven comprese quelle inedite e gli abbozzi non utilizzati, Turin 1968
▪ H.-G. KLEIN, Beethoven. Autogr. und Abschriften. Kat., Bln.
1975 (= StB Preußischer Kulturbesitz, Kat. der Musikabt.
1. Reihe: Hss. 2) ▪ D. JOHNSON/ A. TYSON/R. WINTER,
The Beethoven Sketchbooks: History, Reconstruction, Inventory,
Berkeley 1985

II. Bibliographien E. KASTNER, Bibliotheca Beethoveniana, Lpz. 1913; erw. von Th. von Frimmel, ²1925 ▪ Beethoven-Bibliogr., in: Neues Beethoven-Jb. 1-10, 1924–1942
▪ Beethoven-Bibliogr., in: BeJb 1953ff. ▪ D. W. MACARDLE,
Beethoven Abstracts, Detroit 1973 ▪ K. DORFMÜLLER
(Hrsg.), Beitr. zur Beethoven-Bibliogr. Studien und Materialien
zum Werkverz. von Kinsky-Halm, Mn. 1978 ▪ NGroveD 2,
410–414

B. Dokumente
I. Briefe Aus Beethovens letzten Lebensjahren. 2. Ungedruckte Briefe Beethovens, in: Die Grenzboten 16, 1857,
1. Semester, 2. Bd., 53 (Nr. 6) ▪ L. VON KÖCHEL, Drei und
achtzig neu aufgefundene Original-Briefe Ludwig van Beethovens an den Erzherzog Rudolph, Wien 1865 ▪ L. NOHL, Ungedruckte Briefe Beethoven's, in: Westermanns illustrirte
Monats-Hefte für das gesammte geistige Leben der
Gegenwart 15, 1865, 306 und 310 ▪ DERS., Briefe Beethovens,
Stg. 1865 ▪ DERS., Neue Briefe Beethovens, ebd. 1867
▪ A. SCHÖNE, Briefe von Beethoven an Marie Gräfin Erdödy,
geb. Gräfin Niszky, und Mag. Brauchle, Lpz. 1867 ▪ A. CHR.
KALISCHER, Ludwig van Beethovens sämtliche Briefe, Bd. 1–5,
Bln./Lpz. 1906–1908 ▪ F. PRELINGER (Hrsg.), Ludwig van
Beethoven: sämtliche Briefe und Aufzeichnungen, Wien 1907–
1911 ▪ A. LEITZMANN, Stud. zu Beethovens Briefen. Ein Beitr.
zur Kritik ihres neuesten Hrsg., in: Dt. Rundschau 37, 1908,
76–90 ▪ FR. MALOTA, Autogr.-Katalog enthaltend 25 Briefe
sowie eine eigenhändige Denkschrift von Ludwig van Beethoven,
Wien [1908], mit einem Geleitwort von Th. von Frimmel
▪ A. LEITZMANN, Ludwig van Beethovens Briefe (Auswahl),
Lpz. 1909, ²1912 ▪ L. SCHMIDT, Beethoven-Briefe an Nicolaus
Simrock, F. G. Wegeler, Eleonore von Breuning und Ferdinand
Ries, Bln. 1909 ▪ A. EBERT, Sechs Briefe Beethovens an die Gräfin Marie von Erdödy und an Therese von Malfatti, in: Die
Musik 9/3, 1909/10, 126–133 ▪ A. SCHLOSSAR, Ungedruckte
Briefe Beethovens, in: Die Musik 9/3, 1909/10, 35–41
▪ R. WALLASCHEK, Beethoven und Erzherzog Rudolph. Mit
einem ungedruckten Brief des Tondichters, in: Österr. Rundschau 29, 1911, 201 ▪ M. UNGER, Neue Briefe an Beethoven,
in: NZfM 81, 1914, 409–413 ▪ DERS., Von alten und neuen
Beethoven-Briefen, in: NMZ 37, 1916, 379 ▪ A. WEISSEN
BÄCK, Drei noch unveröffentlichte Briefe Albrechtsbergers an
Beethoven, in: Musica Divina 9, 1921, 10 ▪ M. FRIEDLAEN
DER, Ein ungedruckter Brief Beethoven's, in: AfMw 4, 1922,
359–363 ▪ E. KASTNER/J. KAPP (Hrsg.), Ludwig van Beethovens sämtliche Briefe, Lpz. 1923, Nachdr. Tutzing 1975
▪ H. RIETSCH, Aus Briefen Johanns van Beethoven, in: Neues
Beethoven-Jb. 1, 1924, 115–127 ▪ M. UNGER, Beethovens
Handschrift, Bonn 1926 (= Veröff. des Beethoven-Hauses in
Bonn 4) ▪ W. HITZIG, Aus den Briefen Griesingers an Breitkopf
& Härtel entnommene Notizen über Beethoven, in: Der Bär
1927 ▪ DERS., Die Briefe Gottfried Wilhelm Härtels an Beethoven, in: ZfMw 9, 1927, 322–340 ▪ O. G. SONNECK, Beethoven
Letters in America, N. Y. 1927 ▪ M. UNGER, Zu Beethovens
Briefwechsel mit B. Schott's Söhnen Mainz, in: Neues Beethoven-Jb. 3, 1927, 51–61 ▪ G. KINSKY, Beethovens Briefe an Baron
de Trémont, in: Mélange de musicologie offert à M. Lionel
de la Laurencie, P. 1933, 269–273 ▪ M. UNGER, Eine Schweizer Beethovensammlung, in: Neues Beethoven-Jb. 5, 1933,
28–47 ▪ FR. SCHNAPP, Ein autobiogr. Brief Carl Czernys aus
dem Jahre 1824, in: ZfM 108, 1941, 89–96 ▪ M. UNGER, Beet-

hovens letzte Briefe und Unterschriften, in: Die Musik 34, 1942, 153–158 ▪ M. HÜRLIMANN (Hrsg.), Beethoven, Briefe und Gespräche, Z. 1946 ▪ M. HAMBURGER (Hrsg.), Beethoven: Letters, Journals and Conversations, L. 1951 ▪ O. JONAS, A Lesson with Beethoven by Correspondence, in: MQ 38, 1952, 215–221 ▪ E. ANDERSON, The Text of Beethoven's Letters, in: ML 34, 1953, 212–223 ▪ D. WEISE, Ungedruckte oder nur teilweise veröff. Briefe Beethovens aus der Slg. H. C. Bodmer – Zürich, in: BeJb 1, 1953/54, 9–62 ▪ J. SCHMIDT-GÖRG, Neue Briefe und Schriftstücke aus der Familie Brunsvick, in: BeJb 2, 1955/56, 11–23 ▪ D. W. MACARDLE/L. MISCH, New Beethoven Letters, Norman/Okla. 1957 ▪ J. SCHMIDT-GÖRG, Beethoven. Dreizehn unbekannte Briefe an Josephine Gräfin geb. Brunsvick, Bonn 1957, Neuaufl. 1986 (= Veröff. des Beethoven-Hauses Bonn, Neue Folge, 3. Reihe, Bd. 3) ▪ L. MISCH, Rätsel um einen Beethoven-Brief, in: Mf 12, 1959, 81–84 ▪ E. ANDERSON (Hrsg.), The Letters of Beethoven, Bd. 1–3, L. 1961 ▪ B. PLEVKA, Beethovens Brief an die Unsterbliche Geliebte (tschech.), Teplice 1965 ▪ J. SCHMIDT-GÖRG, Wasserzeichen in Beethoven-Briefen, in: BeJb 5, 1961/64, Bonn 1966, 7–74 ▪ C. FLAMM, Ein Verlegerbriefwechsel zur Beethovenzeit, in: Beethoven-Studien: Festgabe der Österr. Akad. der Wiss., hrsg. von E. Schenk, Wien 1970, 57–110 ▪ J. RACEK, Wann und wo entstand Beethovens Brief an die sogenannte »unsterbliche Geliebte«?, in: Anzeiger der Österr. Akad. der Wiss., Phil.-hist. Klasse Wien 108, 1971, 210 ▪ M. SOLOMON, Light on Beethoven's Letter to an Unknwon Woman, in: MQ 58, 1972, 572–587 ▪ H. GOLDSCHMIDT, Beethoven in neuen Brunsvick-Briefen, in: BeJb 9, 1973/77, 97–146 ▪ A. TYSON, Prolegomena to a Future Edition of Beethoven's Letters, in: Beethoven Studies 2, hrsg. von A. Tyson, L./Oxd./N. Y. 1977, 1–19 ▪ DERS., New Beethoven Letters and Documents, in: dass., 20–32 ▪ H.-W. KÜTHEN, Quaerendo invenietis. Die Exegese eines Beethoven-Briefes an Haslinger vom 5. Sept. 1823, in: Musik Edition Interpretation, Gs. Günther Henle, hrsg. von M. Bente, Mn. 1980, 282–313 ▪ C. HILL (Hrsg.), Ferdinand Ries, Briefe und Dokumente, Bonn 1982 (= Veröff. des Stadtarchivs Bonn 27) ▪ M. SCHULER, Unveröff. Briefe von Ludwig van Beethoven und Georg Friedrich Treitschke. Zur dritten Fassung des »Fidelio«, in: Mf 35, 1982, 53–62 ▪ M. STAEHELIN, Beethovens Brief an den Freiherrn von Schaden von 1787, Bonn 1982 ▪ E. BARTLITZ, Ein aufgefundener Beethoven-Brief, in: Zu Beethoven. 2. Aufsätze und Dokumente, hrsg. von H. Goldschmidt, Bln. 1984, 10–13 ▪ N. L. FISMAN (FISHMAN, FISCHMANN), Zur Frage der Datierung von Beethoven-Briefen, in: dass. ▪ W. OSTHOFF, Ein unbekannter Beethoven-Brief in Venedig, in: Ars iocundissima, Fs. Kurt Dorfmüller, hrsg. von H. Leuchtmann/R. Münster, Tutzing 1984, 247–250 ▪ Der Briefwechsel mit dem Verlag Schott, hrsg. vom Beethoven-Haus Bonn, Mn. 1985 ▪ S. BRANDENBURG (Hrsg.), Beethoven. Der Brief an die Unsterbliche Geliebte, Beethoven-Haus Bonn 1986 ▪ O. BIBA, »Eben komme ich von

Haydn …« Georg August Griesingers Korrespondenz mit Joseph Haydns Verleger Breitkopf & Härtel 1799–1819, Z. 1987 ▪ E. ROCH, Emphatische Figuration in Beethovens Briefen und Aufzeichnungen, in: Zu Beethoven. 3. Aufsätze und Dokumente, hrsg. von H. Goldschmidt, Bln. 1988, 209–239 ▪ A. M. RUSSO, Una lettera sconosciuta di Beethoven, in: NRMI 25, 1991, 74–82 ▪ TH. ALBRECHT (Übs. und Hrsg.), Letters to Beethoven and Other Correspondence, Lincoln 1996 ▪ S. BRANDENBURG (Hrsg.), Ludwig van Beethoven. Briefwechsel Gesamtausgabe, 7 Bde., Mn. 1996

II. Konversationshefte L. NOHL, Ludwig van Beethovens Konversationshefte, I/1 (8 Konversationshefte von 1819/20), Mn. 1924 ▪ G. SCHÜNEMANN, Ludwig van Beethovens Konversationshefte, I–III (Konversationshefte Febr. 1818–Juli 1823), Bln. 1941–1943 ▪ M. UNGER, Beethovens Konversationshefte als biogr. Quelle. Zu Georg Schünemanns Erstausgabe, in: Die Musik 34, 1942, 377–386 und 35, 1942, 37–47 ▪ J.-G. PROD'HOMME, Les cahiers de conversation 1819–1827, P. 1946 ▪ L. MAGNANI, I quaderni di conversazione di Beethoven, Mld. 1962 ▪ K.-H. KÖHLER/G. HERRE/D. BECK u. a. (Hrsg.), Ludwig van Beethovens Konversationshefte, Bd. 1–10, Lpz. 1968–1993 ▪ D. BECK/G. HERRE, Einige Zweifel an der Überlieferung der Konversationshefte, in: Ber. über den Internat. Beethoven-Kgr. 20. bis 23. März 1977 in Berlin, Lpz. 1978, 257–268 ▪ DIES., Anton Schindlers fingierte Eintragungen in den Konversationsheften, in: Zu Beethoven. Aufsätze und Annotationen, hrsg. von H. Goldschmidt, Bln. 1979, 11–89

III. Andere Dokumente L. NOHL, Ludwig van Beethovens Brevier, Lpz. 1870, [2]1901 (bearb. von P. Sakolowski) ▪ F. PRELINGER (Hrsg.), Ludwig van Beethovens sämtliche Briefe und Aufzeichnungen, 3 Bde., Wien/Lpz. 1907, 4. Bd.: Nachträge, ebd. 1909; 5. Bd.: Nachträge, Erläuterungen, ebd. 1911 ▪ A. LEITZMANN (Hrsg.), Beethovens persönliche Aufzeichnungen, Lpz. [1918] ▪ DERS., Ludwig van Beethoven. Berichte der Zeitgenossen, Briefe und persönliche Aufzeichnungen, 2 Bde., Lpz. [2]1921 ▪ G. KINSKY, Zu Beethovens Heiligenstädter Testament, in: SMZ 74, 1934, 519–522 ▪ DERS., Zur Versteigerung von Beethovens musikalischem Nachlass, in: Neues Beethoven-Jb. 6, 1935, 66–86 ▪ ST. LEY, Beethovens Leben in Selbstzeugnissen, Bln. 1939 ▪ D. WEISE, Entwurf einer Denkschrift an das Appelationsgericht, Bonn 1953 ▪ W. SCHUBRING, Beethovens indische Aufzeichnungen, in: Mf 6, 1953, 207–214 ▪ D. VON BUSCH-WEISE, Beethovens Jugendtagebuch, in: StMw 25, 1962, 68–88 ▪ J. SCHMIDT-GÖRG, Das Wiener Tagebuch des Hofkapellmeisters M. Frey, in: BeJb 6, 1965/68, 129–204 ▪ FR. ZOBELEY, Ludwig van Beethoven in Selbstzeugnissen und Bilddok., Reinbek 1965 ▪ M. BRAUBACH (Hrsg.), Die Stammbücher Beethovens und der Babette Koch, Faks. mit Einleitung und Erläuterungen, Bonn 1970 ▪ H. JÄGER-SUNSTENAU, Beethoven-Akten im

Wiener Landesarchiv, in: E. Schenk (Hrsg.), Beethoven-Studien, Wien 1970, 11–36 ▪ J. SCHMIDT-GÖRG (Hrsg.), *Des Bonner Bäckermeisters Gottfried Fischers Aufzeichnungen über Beethovens Jugend*, Bonn/Mn. 1971 ▪ W. SZMOLYAN, *Beethoven-Funde in Mödling*, in: ÖMZ 26, 1971, 9–16 ▪ CL. BRENNEIS, *Das Fischhof-Ms. Zur Frühgesch. der Beethoven-Biographik*, in: Zu Beethoven. Aufsätze und Annotationen, hrsg. von H. Goldschmidt, Bln. 1979, 90–116 ▪ M. SOLOMON, *Beethoven's Tagebuch of 1812–1818*, in: Beethoven Studies 3, hrsg. von A. Tyson, Cambridge u. a. 1982, 193–285 ▪ CL. BRENNEIS, *Das Fischhof-Ms. in der Dt. Staatsbibl. Text und Kommentar*, in: Zu Beethoven. 2. Aufsätze und Dokumente, hrsg. von H. Goldschmidt, Bln. 1984, 27–87 ▪ BR. BUSCHMANN, *Fannys Tagebuch. Neue Überlegungen zu einer vielzitierten Quelle*, in: Zu Beethoven. 3. Aufsätze und Dokumente, hrsg. von H. Goldschmidt, ebd. 1988, 31–42 ▪ M. SOLOMON, *Beethovens Tagebuch*, hrsg. von S. Brandenburg, Mz. 1990

C. Autographe
I. Werke

1. Verzeichnisse G. ADLER, *Verz. der mus. Autogr. Ludwig van Beethovens im Besitze von A. Artaria. Auf Grundlage einer Aufnahme von G. Nottebohm neuerlich durchges. von Guido Adler*, Wien 1890 ▪ A. ARTARIA, *Verz. von mus. Autogr. […] Joseph Haydns und Ludwig van Beethovens […] im Besitze von August Artaria*, Wien 1893 ▪ A. CHR. KALISCHER, *Die Beethoven-Autogr. der Königl.* in: Monatshefte für Mg. 27, 1895, 145–150, 153–160 und 165–170 ▪ J. SCHMIDT-GÖRG, *Unbekannte Mss. zu Beethovens weltlicher und geistlicher Gesangsmusik*, Bonn 1928 (= Veröff. des Beethoven-Hauses Bonn, hrsg. von L. Schiedermair, 5) ▪ M. UNGER, *Eine Schweizer Beethovenslg.*, in: Neues Beethoven-Jb. 5, 1933, 28–47 ▪ J. SCHMIDT-GÖRG, *Kat. der Hss. des Beethoven-Hauses und Beethoven-Archivs*, Bonn 1935 ▪ M. UNGER, *Die Beethoven-Hss. der Pariser Konservatoriumsbibl.*, in: Neues Beethoven-Jb. 6, 1935, 87–123 ▪ H. SCHMIDT, *Die Beethoven-Hss. des Beethoven-Hauses in Bonn*, in: BeJb 7, 1969/70, Mn. 1971, VII–XXIV und 1–443 ▪ H. SCHMIDT, *Addenda und Corrigenda zu Katalog »Die Beethoven-Handschriften des Beethoven-Hauses in Bonn«* in: BeJb 8, 1971/72, 207–220 ▪ D. JOHNSON, *The Artaria Collection of Beethoven Manusripts: A New Source*, in: Beethoven Studies 1, hrsg. von A. Tyson, N. Y. 1973, 174–236 ▪ S. BRANDENBURG, *Die Beethoven-Hss. in der Musikalienslg. des Erzherzogs Rudolph*, in: Zu Beethoven. 3. Aufsätze und Dokumente, hrsg. von H. Goldschmidt, Bln. 1988, 141–176

2. Einzeluntersuchungen A. EBERT, *Das Autogr. der Gellert-Lieder op. 48, Nr. 5 und 6 von Beethoven*, in: Die Musik 9/1, 1909/10, 57–63 ▪ J. TIERSOT, *Manuscrits de Beethoven*, in: RMI 8, 1927, 65–76 ▪ O. JONAS, *Das Autogr. von Beethovens Violinkonz.*, in: ZfMw 13, 1930/31, 443–450 ▪ O. E.

DEUTSCH, *Das Doppelautogr. Beethoven-Schubert*, in: Neues BeJb 5, 1934, 21–27 ▪ E. HERTZMANN, *The Newly discovered Autogr. of Beethoven's Rondo a Capriccio, op. 129*, in: MQ 32, 1946, 171–195 ▪ P. MIES, *Textkritische Untersuchungen bei Beethoven*, Bonn 1957 (= Veröff. des Beethoven-Hauses Bonn, 4. Reihe: Schriften zur Beethovenforschung 2) ▪ H. UNVERRICHT, *Die Eigenschriften und die Originalausg. von Werken Beethovens in ihrer Bedeutung für die moderne Textkritik*, Kassel 1960 ▪ L. LOCKWOOD, *The Autogr. of the first Movement of Beethoven's Sonata for Violoncello and Pianoforte, Opus 69*, in: The Music Forum 2, 1970, 1–109 ▪ E. PLATEN, *Beethovens Autogr. als Ausgangspunkt morphologischer Untersuchungen*, in: Ber. über den internat. mw. Kgr. Bonn 1970, Kassel 1971, 534–536 ▪ W. DRABKIN, *Some Relationships Between the Autogr. of Beethoven's Sonata in C Minor, Opus 111*, in: Current Musicology 13, 1972, 38–47 ▪ H.-G. KLEIN/ D. JOHNSON, *Autogr. Beethovens aus der Bonner Zeit: Handschrift-Probleme und Echtheitsfragen*, in: Beitr. zur Beethoven-Bibliogr. Studien und Materialien zum Werkverz. von Kinsky-Halm, hrsg. von K. Dorfmüller, Mn. 1978, 115–124 ▪ J. SCHMIDT-GÖRG, *Die Wasserzeichen in Beethovens Notenpapier*, in: dass., 167–195 ▪ S. BRANDENBURG, *Die Stichvorlage zur Erstausg. von Beethovens Pastoralsymph. op. 68, eine neu aufgefundene Primärquelle*, in: Fs. Rudolf Elvers, hrsg. von E. Herttrich/H. Schneider, Tutzing 1985, 49–61 ▪ N. FREEMAN, *New Sources for Beethoven's Piano Concerto Cadenzas from Melk Abbey*, in: Beethoven Forum 1, hrsg. von Chr. Reynolds/L. Lockwood/J. Webster, Lincoln/L. 1992, 63–80

3. Kopisten *Beethoven's Kopisten*, in: Th. von Frimmel, Beethoven-Studien 2, Mn. 1906 ▪ A. TYSON, *Notes on Five of Beethoven's Copyists*, in: JAMS 23, 1970, 439–471 ▪ J. FOJTÍKOVÁ/T. VOLEK, *Die Beethoveniana der Lobkowitz-Musikslg. und ihre Kopisten*, in: Beethoven und Böhmen: Beitr. zur Biogr. und Wirkungsgesch. Beethovens, hrsg. von S. Brandenburg/M. Gutiérrez-Denhoff, Beethoven-Haus Bonn 1988, 219–258

4. Faksimiles *Klavierson. C-Moll Opus 111. Im Faks. der Urschrift*, Lpz. o. J. ▪ *Klavierson. op. 57*, P. o. J. ▪ *Klavierson. op. 26*, hrsg. von E. Prieger, Bonn 1893 ▪ *Klavierson. op. 111*, Mn. 1921 ▪ *Klavierson. op. 27 Nr. 2*, hrsg. von H. Schenker, Wien 1921 ▪ *Klavierson. op. 78*, Mn. 1923 ▪ *9. Sinf.*, Lpz. 1924 ▪ *5. Symph.*, hrsg. von G. Schünemann, Bln. 1942 ▪ D. WEISE, *Zum Faksimiledruck von Beethovens Waldsteinson.*, in: BeJb 2, 1955/56, 102–111 ▪ *Missa Solemnis Opus 123 Kyrie. Faks. nach dem Autogr.*, hrsg. von W. Virneisel, Tutzing 1965 ▪ K. M. KOMMA, *Die Klavierson. As-Dur Opus 110 von Ludwig van Beethoven*, Bd. 1: Faks. nach dem Autogr., Bd. 2: Beiheft zur Faks.-Ausg., Stg. 1967 ▪ *Vier Kompos. aus den Jahren 1807–08 »Nur wer die Sehnsucht kennt« (WoO 134) aus Johann Wolfgang von Goethes »Wilhelm Meister«. Faks. nach den im Besitz des Bonner Beethoven-Hauses befindlichen Autogr.*

(*Sammlung H.C.Bodmer*). Im Jahre des 200. Geburtstages des Komp. hrsg. vom Vorstand des Vereins Beethovenhaus Bonn. Mit einer Studie von Paul Mies, Bonn 1970 ▪ *Sechs Bagatellen für Klavier op. 126*, Faks. der Hss. und der Originalausg., mit einem Kommentar hrsg. von S. Brandenburg, Bonn 1984, Teil 2: Originalausg., Übertragung, Kommentar ▪ *Der Brief an die Unsterbliche Geliebte*, hrsg. und kommentiert von S. Brandenburg, ebd. 1986 ▪ M. SOLOMON, *Beethovens Tagebuch*, hrsg. von S. Brandenburg, ebd. 1990 ▪ *Piano Sonata Op. 28, Facsimile of the Autogr., the Sketches, and the First Edition with Transcription and Commentary by Martha Frohlich*, ebd. 1996 ▪ *Ein Brief an Franz Gerhard Wegeler in Bonn*, hrsg. von S. Brandenburg, ebd. 1997

II. Skizzenbücher und Skizzenblätter

G. NOTTEBOHM, *Ein Skizzenbuch von Beethoven*, Lpz. 1865 ▪ DERS., *Ein Skizzenbuch von Beethoven aus dem Jahre 1803*, ebd. 1880; Neuausg. in: *Zwei Skizzenbücher von Beethoven aus den Jahren 1801 bis 1803*, hrsg. von P. Mies, ebd. 1924 ▪ J. S. SHEDLOCK, *Beethoven's Sketch Books*, in: MT 33, 1892, 331–334, 394–397, 461–465, 523–525, 589–592, 649–652 ▪ C. DE RODA, *Un Quaderno di autografi di Beethoven del 1825*, in: RMI 12, 1905, 63–108, 592–622, 732–767 (separat veröff., Turin 1907) ▪ M. IVANOV-BORETZKY, *Ein Moskauer Skizzenbuch von Beethoven*, in: Mus. Bildung 1–2, 1927, 9–58 (Faks.) und 75–91 (Kommentar) ▪ K. MIKULICZ, *Ein Notierungsbuch (F 91) von Beethoven aus dem Besitz der Preussischen Staatsbibl. zu Berlin, vollständig hrsg. und mit Anmerkungen versehen*, Lpz. 1927 ▪ W. ENGELSMANN, *Beethovens eigenhändiges Skizzenbuch zur 9. Symph.*, Lpz. 1931 ▪ B. SZABOLCSI, *Ein Skizzenblatt Beethovens aus den Jahren 1796/97*, in: ZfMw 17, 1935, 545f. ▪ E. SZABO, *Ein Skizzenbuch Beethovens aus den Jahren 1798–99. Übertragung und Untersuchung*, Diss. Bonn 1951 (mschr.) ▪ J. SCHMIDT-GÖRG, *Drei Skizzenbücher zur Missa Solemnis, I: Ein Skizzenbuch aus dem Jahre 1819/1820* (Übertragung 1952, Faks. 1968), *II: Ein Skizzenbuch zum Credo* (Übertragung 1970, Faks. 1968), *III: Ein Skizzenbuch zum Benedictus und Agnus Dei* (Übertragung 1970, Faks.1968), Bonn 1952–1970 (= Veröff. des Beethoven-Hauses Bonn, Neue Folge, 1. Reihe, Bd. 14–16) ▪ D. WEISE, *Ein Skizzenbuch zur Chorfantasie op.80 und zu anderen Werken*, ebd. 1957 (= Veröff. des Beethoven-Hauses Bonn, N.F., 1. Reihe, 15) ▪ DIES., *Ein Skizzenbuch zur Pastoralsymph. op. 68 und zu den Trios op.70, 1 und 2*, ebd. 1962 (= dass. 13, Teil 1 und 2); dazu: L. Lockwood, *Rezension von Dagmar Weise's Edition des Pastorale Skizzenbuchs*, in: MQ 53, 1967, 128–136 ▪ N. L. FISMAN (FISHMAN, FISCHMANN), *Kniga eskizov Beethoven za 1802–1803 gody [Wielhorsky-SKb]*, 3 Bde., Moskau 1962 ▪ J. KERMAN, *Beethoven's Sketchbooks in the British Museum*, in: Proceedings of the Royal Musical Association 93, 1966/67, 77–96 ▪ DERS., *Ludwig van Beethoven, Autogr. Miscellany from circa 1786 to 1799. British Museum*

Additional Manuscript 29801 (The »Kafka Sketchbook«), 2 Bde., L. 1970 ▪ N. L. FISMAN (FISHMAN, FISCHMANN), *Das Skizzenbuch Beethovens aus dem Jahre 1802–1803 aus dem Familienarchiv Wielhorsky und die ersten Skizzen zur »Eroica«*, in: Ber. über den Internat. mw. Kgr. Bonn 1970, Kassel u.a. 1971, 104–107 ▪ A. TYSON, *Twelve Sketches and Autographs*, in: The Beethoven Companion, hrsg. von D. Arnold/N. Fortune, L. 1971, 443–58 ▪ W. VIRNEISEL, *Ein Skizzenbuch zu Streichquartetten aus op.18 (SV 46/Grasnick 2)*, 2 Tle.: Faks., Bonn 1972, Übertragung von W. Virneisel, ebd. 1974 (= Veröff. des Beethoven-Hauses Bonn, N.F., 1. Reihe, 6) ▪ R. A. KRAMER, *The Sketches for Beethoven's Violin Sonatas, Opus 30. History, Transcription, Analysis*, 3 Bde., Diss. Princeton Univ. 1974, Ann Arbor 1974 ▪ L. LOCKWOOD, *The Beethoven Sketchbook in the Scheide Library*, in: Princeton Univ. Library Chronicle 37, 1976, 139–53 ▪ *Keßlersches Skizzenbuch. Vollständiges Faks. des Autogr., mit einem Nachwort und einem Register von S. Brandenburg, Mn./Salzburg 1976* (= Publ. der Slg. der Ges. der Musikfreunde Wien 2) ▪ *Keßlersches Skizzenbuch. Übertragung*, hrsg. von S. Brandenburg, Bonn 1978 ▪ S. BRANDENBURG, *Ein Skizzenbuch Beethovens aus dem Jahre 1812. Zur Chronologie des Petterschen Skizzenbuches*, in: Zu Beethoven. Aufsätze und Annotationen, 1979, 117–148 ▪ A. TYSON, *Beethoven's ›Kafka-Sketchbook‹*, in: MT 111, 1979, 1194–1198 ▪ D. JOHNSON/A. TYSON/R. WINTER, *The Beethoven Sketchbooks: History, Reconstruction, Inventory*, Berkeley 1985 ▪ W. MEREDITH, *The Sources for Beethoven's Piano Sonata in E Major, Opus 109*, Diss. Univ. of North Carolina, 2 Bde., Chapel Hill 1985 ▪ CL. BRENNEIS, *Ludwig van Beethoven. Ein Skizzenbuch aus dem Jahre 1809 (Landsberg 5)*, 2 Teile, Bonn 1993

D. Biographie
I. Biographien und Gesamtdarstellungen

Fr. G. WEGELER/F. RIES, *Biogr. Notizen über Ludwig van Beethoven*, Koblenz 1838, Nachdr. Hdh./N.Y. 1972 ▪ A. F. SCHINDLER, *Biogr. von Ludwig van Beethoven*, Münster 1840, ⁴1845, ⁵1860, Nachdr. Hdh. 1970; engl.: *Beethoven as I Knew Him. A Biography by Anton Felix Schindler*, hrsg. von D. W. MacArdle, L. 1966 ▪ I. MOSCHELES, *The life of Beethoven by Schindler*, 2 Bde., L. 1841 ▪ W. VON LENZ, *Beethoven et ses trois styles. Analyse des sonates de piano suivies de l'essai d'un catalogue critique chronologique et anecdotique de l'œuvre de Beethoven*, 2 Bde., St. Petersburg 1852 ▪ DERS., *Beethoven. Eine Kunst-Studie*, 5 Bde., Bd. 1/2 Kassel 1855, Bd. 3–5 (Krit. Kat. der sämtlichen Werke nebst Analysen) Hbg. 1860 ▪ A. B. MARX, *Ludwig van Beethoven. Leben und Schaffen*, 2 Bde., Bln. 1859, Repr. Hdh./N.Y. 1979 ▪ L. NOHL, *Beethovens Leben*, 3 Bde., Wien 1864–1877; zweite, völlig neu bearb. Aufl. von P. Sakolowski, Bd. 1 Bln. 1909, Bd. 2 ebd. 1912, Bd. 3/Tl. 1 und 2 ebd. 1913 ▪ A. W. THAYER, *Ludwig van Beethovens Leben*, Bd. 1–2, hrsg. von H. Deiters, Bln.

1866–1879, Bd. 4–5 aufgrund Thayerscher Materialien bearb. von H. Deiters, nach dessen Tod weitergeführt von H. Riemann, Lpz. 1907–1908, Band 2–3 ²1910–1911, Band 1 ²1901, ³1917 ▪ W. J. VON WASIELEWSKI, *Ludwig van Beethoven*, 2 Bde., Lpz. 1888, ²1895 ▪ H. RIEMANN, *Gesch. der Musik nach Beethoven*, Bln./Stg. 1901 ▪ E. HÜFFER, *Anton Felix Schindler der Biograph Beethovens*, Münster 1909 ▪ P. BEKKER, *Beethoven*, Bln./Lpz. 1911, ²1914 ▪ V. D'INDY, *Beethoven*, P. 1911, engl. L. 1913 ▪ H. E. KREHBIEL (Hrsg.), *A. W. Thayer's Life of Beethoven*, 3 Bde., N. Y. 1921 ▪ A. HALM, *Beethoven*, Bln. 1926 ▪ A. SCHMITZ, *Beethoven*, Bonn 1927 ▪ R. ROLLAND, *Beethoven. Les Grandes époques créatrices*, 7 Bde., P. 1928–1945 ▪ V. D'INDY, *Beethoven*, in: Cobbett's Cyclopaedic Survey of Chamber Music, hrsg. von W. Willson Cobbett, L./N. Y. 1929, 83–106 ▪ E. BÜCKEN, *Ludwig van Beethoven*, Potsdam 1934 ▪ R. SCHAUFFLER, *Beethoven: The Man who Freed Music*, N. Y. 1934 ▪ M. M. SCOTT, *Beethoven*, L./N. Y. 1934, ⁴1943 ▪ E. HERRIOT, *The Life and Times of Beethoven*, N. Y. 1935 ▪ W. KORTE, *Ludwig van Beethoven. Eine Darstellung seines Werkes*, Bln. 1936 ▪ W. RIEZLER, *Beethoven*, Bln./Z. 1936, ⁸1962, engl. L. 1938 ▪ D. FR. TOVEY, *Beethoven*, L. 1944, ³1947 ▪ W. HESS, *Beethoven*, Z. 1956, Wbdn. 1957, Winterthur ²1976 ▪ R. BORY, *La Vie et l'œuvre van Beethoven par l'image*, P. 1960, dt. Z. 1960, engl. N.Y./Z. 1960 ▪ E. FORBES, *Thayer's Life of Beethoven*, Princeton 1964, Paperback 1970 (Rezensionen: D. Mac Ardle in: Notes 21, 1964, 541–542, und L. Misch: in: JAMS 19, 1966, 104–108) ▪ R. BORY, *Ludwig van Beethoven*, L. 1966 ▪ G. R. MAREK, *Beethoven, Biography of a Genius*, N. Y. 1969, dt. Mn. 1970 ▪ H. C. ROBBINS LANDON, *Beethoven. A Documentary Study*, Z. 1970 ▪ DERS., *Beethoven*, N. Y. 1970 ▪ B./J. MASSIN, *Beethoven. Materialbiogr., Daten zum Werk und Essay*, Mn. 1970, frz. P. 1967 ▪ B. MASSIN, *Recherche de Beethoven*, ebd. 1970 ▪ H. C. ROBBINS LANDON, *Beethoven. Sein Leben und seine Welt in zeitgenössischen Bildern und Texten*, Z. 1970 (= Beethoven. A Documentary Study) ▪ TH. K. SCHERMAN/L. BIANCOLLI (Hrsg.), *The Beethoven Companion*, N. Y. 1972 ▪ D. W. MACARDLE, *Beethoven Abstracts*, Detroit: Information Coordinators 1973 ▪ M. SOLOMON, *Beethoven*, N. Y. 1977, L. 1978, N.Y. 1998, dt. Mn. 1979 ▪ *Beethoven. Mensch seiner Zeit*, hrsg. von S. Kross, Bonn 1980 ▪ G. ABRAHAM (Hrsg.), *The Age of Beethoven 1790–1830*, hrsg. von G. Abraham, L./N.Y./Melbourne 1982 (= NOHM 8) ▪ J. KERMAN/A. TYSON, *The New Grove Beethoven*, L. 1983 ▪ G. PESTELLI, *The Age of Mozart and Beethoven*, Cambridge 1984 ▪ H. GOLDSCHMIDT, *Die Erscheinung Beethoven*, Lpz. 1985 (= Beethoven-Studien 1) ▪ D. MATTHEWS, *Beethoven*, L. 1985 ▪ C. DAHLHAUS, *Ludwig van Beethoven und seine Zeit*, Laaber 1987 (dazu in: Beethoven Forum. 2, hrsg. von Chr. Reynolds/L. Lockwood/J. Webster, Lincoln/L. 1993: Dahlhaus's Beethoven. Three Review Essays: H. Danuser, 179–188, J. Webster, 205–227, J. Daverio, 189–204) ▪ M. SOLOMON, *Beethoven Essays*, Cambridge, Mass./L., 1988, ⁷1997 ▪ W. KINDERMAN, *Beethoven*, in: Nineteenth-Century Piano Music, hrsg. von R. L. Todd, N. Y. 1990, 55–96 ▪ B. COOPER, *The Beethoven Compendium*, L. 1991, Paperback 1996 ▪ M. SOLOMON (Hrsg.), *Gerhard von Breuning, Memories of Beethoven*, Cambridge 1992 ▪ TH. W. ADORNO, *Beethoven. Philosophie der Musik*, Ffm. 1993 ▪ K. KÜSTER, *Beethoven*, Stg. 1994 ▪ *Tönende Idee. Beethovenbilder heute*, hrsg. von A. Mayeda/K. Tanimura/M. Ohmiya, Tokyo 1994 (japanisch) ▪ W. KINDERMAN, *Beethoven*, N. Y. 1995

II. Biographie und Kontext
1. Biographie

a. Familie J. SCHMIDT-GÖRG, *Stand und Aufgaben der Beethoven-Genealogie*, in: Fs. Ludwig Schiedermair, hrsg. von A. Schmitz, Bln./Bonn 1937, 114–161 ▪ D. W. MACARDLE, *The Family van Beethoven*, in: MQ 35, 1949, 528–550 ▪ J. SCHMIDT-GÖRG, *Beethoven. Die Gesch. seiner Familie*, Bonn 1964 ▪ M. SOLOMON, *Beethoven*, N. Y. 1977, 3–24 und passim ▪ ST. WOLF, *Beethovens Neffenkonflikt. Eine psychologisch-biographische Studie*, Bonn 1995 (= Veröff. des Beethoven-Hauses Bonn 4. Reihe: Schriften zur Beethoven-Forschung 12)

b. Jugendzeit G. VON BREUNING, *Aus dem Schwarzspanierhause. Erinnerungen an Ludwig van Beethoven aus seiner Jugendzeit*, Neudr. mit Ergänzungen und Erläuterungen von A. Chr. Kalischer, Bln./Lpz. 1907 ▪ J. G. PROD'HOMME, *La Jeunesse de Beethoven*, P. 1921, ²1927 ▪ G. DE SAINT-FOIX, *Nouvelle Contribution à l'étude des œuvres inconnues de la jeunesse de Beethoven*, in: RMI 30, 1923, 177–202 ▪ L. SCHIEDERMAIR, *Der junge Beethoven*, Lpz. 1925, Weimar ²1939, Bonn ³1951 ▪ J. HEER, *Zur KM. und ihrer Praxis während der Beethovenzeit in Bonn*, in: KmJb 28, 1933, 130–142 ▪ M. BRAUBACH, *Eine Jugendfreundin Beethovens. Babette Koch-Belderbusch und ihr Kreis*, Bonn 1948 ▪ L. VAN HASSELT, *Beethoven in Holland*, in: Mf 18, 1965, 181–185 ▪ A. BECKER, *Christian Gottlob Neefe und die Bonner Illuminaten*, ebd. 1969 ▪ M. BRAUBACH, *Die Stammbücher Beethovens und der Babette Koch*, Faks. mit Einleitung und Erläuterungen, ebd. 1970 ▪ J. MAINKA, *Das Weltbild des jungen Beethoven*, in: BzMw 12, 1970, 199–251 ▪ M. SOLOMON, *Beethoven's Productivity at Bonn*, in: ML 53, 1972, 165–172

c. Erziehung G. SCHÜNEMANN, *Beethovens Studien zur Instrumentation*, in: Neues Beethoven-Jb. 8, 1938, 146 ▪ A. MANN, *Beethoven's Contrapuntal Studies with Haydn*, in: MQ 56, 1970, 711–726 ▪ R. A. KRAMER, *Beethoven and Carl Heinrich Graun*, in: Beethovens Studies 1, hrsg. von A. Tyson, N. Y. 1973, 18–44 ▪ DERS., *Notes to Beethoven's Education*, in: JAMS 28, 1975, 72–101

d. Spätzeit O. E. DEUTSCH, *Aus Beethovens letzten Tagen. Briefe Johann Baptist Jengers an Marie Leopoldine Pachler-Koschak*, in: Österr. Rundschau 10, 1907, 189–203 ▪ C.-

H. MANN, Formale Probleme in den späten Werken Beethovens. Unters. zum Stil der KaM. und des Klavierwerks, Diss. Hbg. 1955 (mschr.) ▪ D. COOPER, Beethoven: The Last Decade, 1817–1827, L./N.Y./Toronto 1970, Oxd./N. Y. ²1990 ▪ S. IMESON, The Time gives it Proofe: Paradox in the Late Music of Beethoven, Diss. Univ. of Victoria 1993

e. Unsterbliche Geliebte M. TENGER, Beethovens unsterbliche Geliebte nach persönlichen Erinnerungen, Bonn 1890 ▪ LA MARA (Pseud. für I. M. Lipsius), Beethovens unsterbliche Geliebte. Das Geheimnis der Gräfin Brunswick und ihre Memoiren, Lpz. 1909 ▪ W. A. THOMAS-SAN-GALLI, Die unsterbliche Geliebte Beethovens: Lösung eines vielumstrittenen Problems, Halle 1909 ▪ DERS., Beethoven und die unsterbliche Geliebte: Amalie Sebald/Goethe/Therese Brunswick und anderes, Mn. 1910 ▪ M. UNGER, Auf den Spuren von Beethovens »Unsterblicher Geliebten«, Langensalza 1910/11 ▪ LA MARA (Pseud. für I. M. Lipsius), Beethoven und die Brunswicks, Lpz. 1920 ▪ O. G. SONNECK, The Riddle of the Immortal Beloved, N. Y. 1927 ▪ K. SMOLLE, Beethovens unsterbliche Geliebte, Wien 1947 ▪ S. KAZNELSON, Beethovens ferne und unsterbliche Geliebte, Z. 1954 ▪ D. STEICHEN, Beethoven's Beloved, Garden City 1959 ▪ J. SCHMIDT-GÖRG, Wer war »die M« in einer wichtigen Aufzeichnung Beethovens?, in: BeJb 1966, 75–79 ▪ DERS., Neue Schriftstücke zu Beethoven und Josephine Gräfin Deym, in: BeJb 6, 1969, 205–208 ▪ G. BROSCHE-GRAESER, Beethovens Unsterbliche Geliebte, Wien/Mn. 1974 ▪ H. GOLDSCHMIDT, Um die Unsterbliche Geliebte. Eine Bestandsaufnahme, Lpz. 1977 (= Beethoven-Studien 2); Rezension in: ML 60, 1979, 463f. ▪ V. KARBUSICKY, Beethovens Briefe »An die unsterbliche Geliebte«. Ein Beitrag zur vergleichenden textologischen und musiksemantischen Analyse, Wbdn. 1977 ▪ M.-E. TELLENBACH, Beethoven und seine »Unsterbliche Geliebte« Josephine Brunswick: ihr Schicksal und der Einfluß auf Beethovens Werk, Z. 1983 ▪ V. BEAHRS, The Immortal Beloved Riddle Reconsidered, in: MT 129, 1988, 64–70 ▪ H. GOLDSCHMIDT, »Auf diese Art mit A geht alles zu Grunde«. Eine umstrittene Tagebuchstelle in neuem Licht, in: Zu Beethoven. 3. Aufsätze und Dokumente, hrsg. von H. Goldschmidt, Bln. 1988, 8–30 ▪ M.-E. TELLENBACH, Psychoanalyse und historisch-philologische Methode. Zu Maynard Solomons Beethoven- und Schubert-Deutungen, in: AnMl 10, 1998, 661–719

f. ›Innere Biographie‹ J. W. N. SULLIVAN, Beethoven: His Spiritual Development, L. 1927, N. Y. 1953 ▪ G. KINSKY, Zu Beethovens Heiligenstädter Testament, in: SMZ 74, 1934, 519–522 ▪ W. KAHL, Zu Beethovens Naturauffassung, in: Fs. L. Schiedermair, hrsg. von A. Schmitz, Bln./Bonn 1937, 220–265 ▪ A. DE HÉVÉSY, Beethoven – Vie intime, P. 1949 ▪ I. KOLODIN, The Interior Beethoven, N. Y. 1975 ▪ N. CHALAT, Some Psychologic Aspects of Deafness: Beethoven, Goya, and Oscar Wilde, in: American Journal of Ontology 1, 1980, 240–246

g. Persönlichkeit G. ERNEST, Beethoven. Persönlichkeit, Leben und Schaffen, Bln. 1920, ²1922, Lpz. ³1926 ▪ A. SCHMITZ, Beethovens Religiosität, in: Ber. über den Internat. mw. Kgr. der Dt. Musikges. in Lpz. 1925, Lpz. 1926, 274–279 ▪ H. ABERT, Zu Beethovens Persönlichkeit und Kunst, ebd. 1927 ▪ G. ADLER, Beethovens Charakter, Rgsbg. 1927 ▪ E. NEWMAN, The Unconscious Beethoven: An Essay in Musical Psychology, L. 1927 ▪ A. SCHMITZ, Zur Frage nach Beethovens Weltanschauung und ihrem mus. Ausdruck, in: Fs. L. Schiedermair, hrsg. von A. Schmitz, Bln./Bonn 1937, 266–293 ▪ M. UNGER, Zum Kapitel »Beethoven und die Rezension«, in: SMZ 6, 1940, 138 ▪ A. WEISSENBACH, Beethovens Persönlichkeit, hrsg. von A. Leitzmann, Lpz. 1941 ▪ H. SCHMIDT, Beethoven und die dt. Sprache, in: ÖMZ 32, 1977, 105–118 ▪ M. SOLOMON, Beethoven's »Magazin der Kunst«, in: 19th Century Music 7, 1983/84, 199–208 ▪ DERS., Beethoven: The Nobility Pretense, in: MQ 75, 1991, 207–224

h. Künstlerische Erscheinung A. SCHERING, Zur Psychologie des Beethovenschen Schaffens, in: NMZ 1921, 85–87 ▪ W. S. NEWMAN, Beethoven's Pianos versus His Piano Ideals, in: JAMS 23, 1970, 484–504 ▪ G. BARTH, The Pianist as Orator. Beethoven and the Transformation of the Keyborad Style, Ithaca/L. 1992

i. Ikonographie LA MARA (Pseud. für I. M. Lipsius), Stieler's Beethoven-Bildniss, in: dies., Classisches und Romantisches aus der Tonwelt, Lpz. 1892, 53–66 ▪ A. F. SELIGMANN, Beethoven in der bildenden Kunst, in: Moderne Welt, Wien 1920, 9, 12 ▪ K. LÜTGE, Ein unbekanntes Beethovenbildnis A. von Kloebers aus Mödling bei Wien, in: Dt. Musikkultur 3, 1938, 130–144 ▪ FR. GLÜCK, Prolegomena zu einer neuen Beethoven-Ikonographie, in: Fs. Otto Erich Deutsch, hrsg. von W. Gerstenberg/J. LaRue/W. Rehm, Kassel 1963, 203ff. ▪ U. VON HASE, Joseph Stieler Bildnis Ludwig van Beethoven, in: Mf 23, 1970, 445–449 ▪ DIES., Joseph Stieler 1781–1858. Sein Leben und sein Werk. Kritisches Verz. der Werke, Mn. 1971 ▪ O. H. JANDER, The Radoux Portrait of Beethoven's Grandfather: Its Symbolic Message, in: Imago Musicae 6, 1989, 85–107 ▪ ST. A. BERGQUIST, Studies in Beethoven Iconography: D. C. Read's Steel Engraving: Constable, Goethe, Beethoven and a Minor Light in the History of English Engraving, in: The Beethoven Newsletter 6, 1990, H. 1, 15–17 ▪ R. STEBLIN, The Newly Discovered Hochenecker Portrait of Beethoven (1819): »Das ähnlichste Bildnis Beethovens«, in: JAMS 45, 1992, 468–497

j. Wohnungen K. SMOLLE, Wohnstätten Beethovens von 1792 bis zu seinem Tode, Mn./Duisburg 1970

k. Krankheiten M. SORSBY, Beethoven's Deafness, in: Journal of Laryngology and Ontology 45, 1930, 528–544 ▪ E. LARKIN, Beethoven's Illness: A Likely Diagnosis, in: P R Soc Med 64, 1971, 493–496 ▪ E. C. TRAMONT, Syphilis: From Beethoven to HIV, in: Mt. Sinai Journal of Medicine 57, 1990, 192–196 ▪ H. SCHERF, Die Legende vom Trinker Beethoven, in:

Münchener Beethoven-Studien, hrsg. von J. Fischer, Mn./Salzburg 1992, 236–248 ▪ J. und M. SAFFLE, Medical Histories of Prominent Composers: Recent Research and Discoveries, in: AMl 65, 1993, 82–86 (darin kritischer Literaturbericht zu Beethoven)

l. Reisen und Reisepläne S. EICHNER, Beethoven in Budapest. Unbekanntes über einen Aufenthalt des Tondichters in Ungarn, in: Dt. Musiker-Zeitung 58, 1927, 840f. ▪ E. PANZERBIETER, Beethovens erste Reise nach Wien im Jahre 1787, in: ZfMw 10, 1927/28, 153–161 ▪ M. UNGER, Beethovens Teplitzer Badereisen von 1811 und 1812, in: NMZ 30, 1931, 86–93 ▪ D. JOHNSON, Music for Prague and Berlin: Beethoven's Concert Tour of 1796, in: Beethoven, Performers, and Critics. The International Beethoven Congress Detroit 1977, Detroit 1980, 24–40

2. Kontext

a. Persönlicher Umkreis F. PACHLER, Beethoven und Marie Pachler-Koschak, Bln. 1866 (Abdruck aus: Neue Berliner Musikzeitung XIX Nr. 51 [1865], 407) ▪ L. SCHLÖSSER, Persönliche Erinnerungen an Beethoven, in: Hallelujah, Zs. für geistl. Musik in Kirche 6, 1885, 234 ▪ O. MÜLLER, Neefe und seine Beziehungen zu Beethoven, in: Chemnitzer Mitteilungen 7, 1891, 95 ▪ E. JACOBS, Beethoven, Goethe und Varnhagen von Ense, in: Die Musik 4, 1904, 387–402 ▪ V. KRATOCHVIL, Beethoven und Fürst Kinsky, in: BeJb 2, 1909, 3–47 ▪ G. HEINRICHS, Beethovens Beziehungen zu Cassel und zu Georg Christoph Grosheim in Cassel, Homberg 1920 ▪ P. NETTL, Erinnerungen an Erzherzog Rudolph, den Freund und Schüler Beethovens, in: ZfMw 4, 1921, 95–99 ▪ I. LEUX, Neue Neefeiana, in: Neues Beethoven-Jb. 1, 1924, 86–114 ▪ J. B. SCHENK, Autobiogr. Skizze, in: Studien zur Mw. 11, 1924, 75–85 ▪ I. LEUX, J. G. Neefe (1748–1798): Leben und Instrumentalkompos., Lpz. 1925 ▪ K. VETTERL, Der mus. Nachlaß zu Erzherzog Rudolph im erzbischöflichen Archiv zu Kremsier, in: ZfMw 9, 1926–27, 168–179 ▪ G. HAUPT, Gräfin Erdödy und J. X. Brauchle, in: Der Bär 1927, 76f. ▪ ST. LEY, Beethoven als Freund der Familie Wegeler – v. Breuning, Bonn 1927 ▪ O. ZEKERT, Der Apotheker Johann von Beethoven, in: Pharmazeutische Monatshefte 9, 1928 ▪ J. HEER, Der Graf von Waldstein und sein Verhältnis zu Beethoven, Bonn 1933 (= Veröff. des Beethoven-Hauses Bonn, H. 9) ▪ M. BECKER, Anton Schindler. Der Freund Beethovens. Sein Tagebuch aus den Jahren 1841–1843, Ffm. 1939 ▪ G. SCHÜNEMANN, Czernys Erinnerungen an Beethoven, in: Neues Beethoven-Jb. 9, 1939, 47–74 ▪ M. UNGER, Carl Czernys Erinnerungen an Beethoven, in: ZfM 107, 1940, 606–608 ▪ E./R. STERBA, Beethoven and His Nephew: a Psychoanalytic Study, N. Y. 1954 ▪ C. CZERNY, Recollections from my Life, in: MQ 42/43, 1956, 302–317 ▪ D. W. MACARDLE, Beethoven and George Thomson, in: ML 37, 1956, 27–49 ▪ H. FEDERHOFER, Ein thematischer Kat. der Dorothea Graumann, in: Fs. J. Schmidt-Görg, hrsg. von D. Weise, Beethoven-Haus Bonn 1957, 100–110 ▪ D. W. MACARDLE, The Brentano Family in its Relations with Beethoven, in: MR 19, 1958, 6–19 ▪ DERS., Beethoven and the Czernys, in: The Monthly Musical Record 88, 1958, 124–135 ▪ J. HARICH, Beethoven in Eisenstadt. Die Beziehungen des Meisters zum Fürsten Nikolaus Esterházy, in: Burgenländische Heimatblätter 21, 1959, 168–187 ▪ R. PERREAU, Une Grande Pianiste colmarienne, Marie Kiné, épouse Bigot de Morogues, in: Annuaire de la Société Historique et Littéraire de Colmar 12, 1962, 59–67 ▪ E. SCHENK, Beethovens Reisebekanntschaft von 1787, Nanette von Schaden, in: Fs. Karl Gustav Fellerer, Rgsbg. 1962, 461–473 ▪ W. VORTRIEDE, Bettina und Goethe in Teplitz, in: Jb. des Freien dt. Hochstifts 1964, 343 –365 ▪ H. JÄGER-SUNSTENAU, Beethoven als Bürger der Stadt Wien, in: Fs. J. Schmidt-Görg zum 70. Geburtstag, hrsg. von S. Kross/H. Schmidt, Bonn 1967, 132–145 ▪ C. CZERNY, Erinnerungen aus meinem Leben, hrsg. von W. Kolneder, Strbg./Baden-Baden 1968 (= Collection d'études musicologiques 46) ▪ G. BROSCHE, Aus Beethovens Alltag. Neue Forschungsergebnisse über einige Wiener Bekannte des Meisters in den Jahren 1819/20, in: ÖMZ 26, 1971, 381–386 ▪ G. WACHA, Dreihundert Jahre Wasserapotheke, in: Hist. Jb. der Stadt Linz 1972, Linz 1974, 177–232 ▪ DERS., Johann van Beethoven. Neue Quellen zur beruflichen Tätigkeit des Linzer und Urfahrer Apothekers, in: Hist. Jb. der Stadt Linz 1973/74, Linz 1975, 105–153 ▪ C. HILL, Ferdinand Ries. A Thematic Catalogue, Univ. of New England 1977 ▪ M. SOLOMON, Antonie Brentano and Beethoven, in: ML 58, 1977, 153–169 ▪ FR. LORENZ, Franz Gläser: Autobiogr. – Erinnerungen an Beethoven, in: Mf 31, 1978, 43–46 ▪ CL. HELLSBERG, Ignaz Schuppanzigh. Leben und Wirken, Diss. Wien 1979 ▪ R. B. WRIGHT, George Polgreen Bridgetower: An African Prodigy in England 1789–99, in: MQ 66, 1980, 65–82 ▪ C. HILL, Ferdinand Ries, Briefe und Dokumente, Bonn 1982 (= Veröff. des Stadtarchivs Bonn 27) ▪ S. KAGAN, Archduke Rudolph, Beethoven's Patron and Friend - His Life and Music, Stuyvesant 1988 ▪ M. GUTIÉRREZ-DENHOFF, »O Unseeliges Dekret«. Beethovens Rente von Fürst Lobkowitz, Fürst Kinsky und Erzherzog Rudolph, in: Beethoven und Böhmen: Beiträge zur Biographie und Wirkungsgeschichte Beethovens, hrsg. von S. Brandenburg/M. Gutiérrez-Denhoff, Bonn Beethovenhaus 1988, 91–145 ▪ J. MACEK, Franz Joseph Maximilian Lobkowitz. Musikfreund und Kunstmäzen, in: dass., 147–202 ▪ T. VOLEK,/J. MACEK, Beethoven und Fürst Lobkowitz, in: dass., 203–217 ▪ M. SOLOMON (Hrsg.), Gerhard von Breuning, Memories of Beethoven, Cambridge 1992 ▪ J. MAY, Beethoven and Prince Karl Lichnowsky, in: Beethoven Forum 3, hrsg. von Chr. Reynolds u.a., Lincoln/L. 1994, 29–38

b. Weiterer Umkreis L. RELLSTAB, Beethoven. Ein Bild der Erinnerung aus seinem Leben, in: Garten und Wald, Lpz. 1854, 4. Tl., 83f. ▪ FR. CHRYSANDER, Beethoven's Verbindung mit Birchall und Stumpff in London, in: Jahrbücher für Mus. Wiss. 1, 1863, 429–452 ▪ H. B./C. L. E. COX, Leaves from the

Journals of Sir George Smart, L. 1907 ▪ O. E. DEUTSCH, *Beethovens Beziehungen zu Graz*, Graz 1907 ▪ M. REINITZ, *Beethovens Prozesse*, in: Dt. Rundschau 162, 1915, 251 und 254 ▪ DERS., *Beethoven im Kampf mit dem Schicksal*, Wien 1924 ▪ M. UNGER, *Beethovens Handschrift*, Bonn 1926 (= Veröff. des Beethoven-Hauses Bonn 4) ▪ R. SPECHT, *Beethoven As He Lived*, N. Y. 1933 ▪ FR. KNIGHT, *Beethoven and the Age of Revolution*, ebd. 1934 ▪ H. VOLKMANN, *Beethoven in seinen Beziehungen zu Dresden*, Dresden 1942 ▪ R. KLEIN, *Beethovenstätten in Österreich*, Wien 1970 ▪ A. PAUSCH, *Ludwig van Beethoven. Steuererklärung aus dem Jahre 1818*, K. 1985 ▪ B. CHURGIN, *Beethoven and Mozart's Requiem. A New Connection*, in: The Journal of Musicology 5, 1987, 457–477 ▪ S. BRANDENBURG/M. GUTIÉRREZ-DENHOFF (Hrsg.), *Beethoven und Böhmen: Beitr. zur Biogr. und Wirkungsgesch. Beethovens*, Beethoven-Haus Bonn 1988 ▪ J. MOORE, *Beethoven and Inflation*, in: Beethoven Forum 1, hrsg. von Chr. Reynolds/L. Lockwood/J. Webster, Lincoln/L. 1992, 191–223

c. Musikleben in Wien I. FR. EDLER VON MOSEL, *Die Tonkunst in Wien während der letzten fünf Dezennien*, in: Allg. Wiener Musik-Ztg. 3, 1843, 557–560 ▪ M. UNGER, *Beethoven und das Wiener Hoftheater im Jahre 1807*, in: Neues Beethoven-Jb. 2, 1925, 76–83 ▪ O. E. DEUTSCH, *Leopold von Sonnleithners Erinnerungen an die Musiksalons des Vormärzlichen Wiens*, in: ÖMZ 16, 1961, 49 ▪ O. BIBA, *Beethoven und die ›Liebhaber Concerte‹ in Wien im Winter 1807/08*, in: Beiträge '76–78, Beethoven-Kolloquium 1977, hrsg. von der Österr. Ges. für Musik, Kassel 1978, 82–93 ▪ DERS., *Concert Life in Beethoven's Vienna*, in: Beethoven, Performers, and Critics. The International Beethoven Congress Detroit 1977, Detroit 1980, 77f.

d. Zeitgenossen - Verleger - Besucher J. R. SCHULTZ, *A Day with Beethoven*, in: Harmonicon 2, 1824, 11 ▪ L. NOHL, *Beethoven nach den Schilderungen seiner Zeitgenossen*, Stg. 1877 ▪ L. SCHLÖSSER, *Persönliche Erinnerungen an Beethoven*, in: Hallelujah, Zs. für geistl. Musik in Kirche ... 6, 1885, 234 ▪ A. CHR. KALISCHER, *Beethoven und seine Zeitgenossen*, 4 Bde., Bln./Lpz. 1908 ▪ A. HÉVÉSY, *Petites Amis de Beethoven*, P. 1910 ▪ FR. KERST, *Die Erinnerungen an Beethoven*, 2 Bde., Stg. 1913 ▪ M. UNGER, *Muzio Clementis Leben*, Langensalza 1914 ▪ DERS., *Beethoven und Rupprecht*, in: Neue Züricher Zeitung Nr. 2099, 1920 ▪ O. G. SONNECK, *Beethoven, Impressions of Contemporaries*, N. Y. 1926 ▪ M. UNGER, J. N. *Mälzels Briefe an Breitkopf & Härtel*, in: Der Bär, 1927, 135 ▪ E. MÜLLER VON ASOW, *Beethoven und Simrock*, in: Simrock-Jb. 2, 1929, 11–62 ▪ H. JÄGER-SUNSTENAU, *Beethoven als Bürger der Stadt Wien*, in: Fs. J. Schmidt-Görg, hrsg. von S. Kross/H. Schmidt, Bonn 1967, 132–145 ▪ J. P. LARSEN, *Some Obeservations on the Development and Characteristics of Vienna Classical Instrumental Style*, in: Studia Musicologica Academiae Scientiarum Hungariae 9, 1967,

115–139 ▪ M. SOLOMON, *Beethoven and Bonaparte*, in: MR 29, 1968, 96–105 ▪ D. G. MASON, *Beethoven and his Forerunners. New Edition with an Introduction*, N. Y. 1972 (N. Y. 1930) ▪ A. TYSON, J. R. *Schultz and his Visit to Beethoven*, in: MT 113, 1972, 450f. ▪ H. KLEINLERCHER, *Joseph Fischhof. Leben und Werk*, Diss. Wien 1985 (mschr.) ▪ E. F. SMIDAK, *Issak-Ignaz Moscheles. The Life of the Composer and his Encounters with Beethoven, Liszt, Chopin and Mendelssohn*, Aldershot 1988

e. Geistes- und Kulturgeschichte C. FR. VOLNEY, *Les Ruines ou méditation sur les révolutions des empires*, P. 1791, dt. von G. Forster, Braunschweig ⁷1829 ▪ A. HALM, *Von zwei Kulturen der Musik*, Mn. 1913, ³1947 ▪ DERS., *Von Grenzen und Ländern der Musik. Gesammelte Aufsätze*, ebd. 1916 ▪ K. NEF, *Beethovens Beziehungen zur Politik*, in: ZfM 92, 1925, 269–275 und 343–347 ▪ FR. KNIGHT, *Beethoven and the Age of Revolution*, N. Y. 1934 ▪ F. S. NOLI, *Beethoven and the French Revolution*, ebd. 1947 ▪ PH. T. BARFORD, *Beethoven and Hegel*, in: Musica 7, 1963, 437–440 ▪ R. M. LONGYEAR, *Beethoven and Romantic Irony*, in: MQ 56, 1970, 647–664; auch in: The Creative World of Beethoven, N. Y. 1971, 145–162 ▪ G. FLEISCHHAUER, *Beethoven und die Antike*, in: Ber. über den Internat. Beethoven-Kgr. 10.-12. Dez. 1970 in Berlin, hrsg. von H. A. Brockhaus/K. Niemann, Bln. 1971, 465–482 ▪ CHR. BALLANTINE, *Beethoven, Hegel and Marx*, in: Music and Its Social Meaning, N. Y. 1980 ▪ S. BRANDENBURG/H. LÜHNING (Hrsg.), *Beethoven: Zwischen Revolution und Restauration*, Bonn 1989 ▪ G. SCHNITZLER, *Politische Lieder im Schaffen Beethovens*, in: Beethoven. Zwischen Revolution und Restauration, hrsg. von H. Lühning/S. Brandenburg, ebd. 1989, 205–227 ▪ A. NESTROVSKI, *Beethoven's Ironies*, in: AMl 69, 1997, 50

E. Werke

A. RIETHMÜLLER/C. DAHLHAUS/A. L. RINGER (Hrsg.), *Beethoven. Interpretation seiner Werke*, 2 Bde., Laaber 1994, ²1996

I. Gattungsaspekte

P. BEKKER, *Die Sinf. von Beethoven bis Mahler*, Bln. 1918 ▪ H. ERFMANN, *Formuntersuchungen an den Bagatellen Beethovens*, Diss. Münster 1942 (mschr.) ▪ R. BELIN, *Der Marsch bei Beethoven*, Diss. Bonn 1960 ▪ W. KIRKENDALE, *Fuge und Fugato in der Kammermusik des Rokoko und der Klassik*, Tutzing 1966, engl. als Fuge and Fugato in Rococo and the Classical Chamber Music, Durham/N. C. 1979 ▪ G. KNEPLER, *Zu Beethovens Wahl von Werkgattungen – Ein soziologischer Aspekt eines ästh. Problems*, in: BzMw 12, 1970, 308–321; wiederabgedruckt in: Ludwig van Beethoven, hrsg. von L. Finscher, Dst. 1983, 388–409 (= Wege der Forschung 428) ▪ H. SCHRAMOWSKI, *Bemerkungen zu zwei Funktionsarten der Klavierimprovisation im Schaffen Beethovens*, in: Ber. über den Internat. Beethoven-Kgr. 10.-12. Dez. 1970 in Berlin, hrsg. von H. A. Brockhaus/K. Niemann, Bln. 1971, 395-404 ▪ S. BRANDENBURG/H. LOOS, Beitr. zu Beethovens Kammermusik, Symposion Bonn 1984, Mn. 1987 ▪ TH. SCHIPPERGES, Serenaden zwischen Beethoven und Reger. Beitr. zur Gesch. der Gattung, Ffm. u. a. 1989

II. Einzelgattungen

1. Symphonie A. POCHHAMMER (Hrsg.), Beethoven's Symph., Bln./Wien o. J. (= Schlesinger'sche Musik-Bibl., Meisterführer 1) ▪ E. VON ELTERLEIN, Beethoven's Symph. nach ihrem idealen Gehalt mit besonderer Rücksicht auf Haydn, Mozart und die neueren Symphoniker, Dresden ²1858, ³1870 ▪ F. L. S. VON DÜRENBERG, Die Symph. Beethovens und anderer berühmter Meister, Lpz. 1863 ▪ G. GROVE, Beethoven and His Nine Symph., L. 1896 ▪ O. NEITZEL, Beethovens Symph. nach ihrem Stimmungsgehalt erläutert, K. 1891, ³1912 ▪ M. CHOP, Ludwig van Beethovens Symph., Lpz. 1910 ▪ K. NEF, Die 9 Sinfon. Beethovens, Lpz. 1928 ▪ J. CHANTAVOINE, Les Symphonies de Beethoven, P. [1932] ▪ P. GÜLKE, Zur Bestimmung des Sinfonischen bei Beethoven, in: Dt. Jb. der Mw. für 1970, Ffm./N.Y./Lpz. 1971, 67-95 ▪ A. HOPKINS, The Nine Symph. of Beethoven, L. 1980 ▪ I. MARKEVITCH, Die Sinf. von Ludwig van Beethoven. Hist., analytische und praktische Studien, Lpz. 1983 ▪ H. GOLDSCHMIDT/R. TARUSKIN, Beethoven Symphony: the old Modernity … the new Antiquity, in: Opus 4, Oktober 1987, 37-45, 63 ▪ M. WALZ, Kontrastierende Werkpaare in Beethovens Symph., in: AfMw 46, 1989, 271-293 ▪ M. GIELEN/P. FIEBIG, Beethoven im Gespräch. Die neun Sinfonien, Stg. 1995 ▪ A. MAYEDA, Zur Kernmotivik in den mittleren Symphonien Ludwig van Beethovens, in: Studien zur Mg. Fs. L. Finscher, hrsg von A. Laubenthal, Kassel u. a. 1995, 432-445

2. Instrumentalkonzert G. ADLER, Ein Satz eines unbekannten Klavierkonz. von Beethoven, in: VfMw 4, 1888, 451-470 ▪ D. FR. TOVEY, Essays in Musical Analysis, Vol. 3, Concertos, L. 1934 ▪ DERS., Essays and Lectures on Music, L. 1949 ▪ H. F. PEYSER, Beethoven's › Lost ‹ Piano Concerto, in: The Musical America 69, 1949, 35 und 50 ▪ D. FR. TOVEY, The Forms of Music, N. Y. 1956 ▪ F. GRASBERGER, Die ersten beiden Klavierkonz. von Ludwig van Beethoven, in: ÖMZ 23, 1968, 18-23 ▪ P. MIES, Die Krise der Konzertkadenz bei Beethoven, Bonn 1970 ▪ E. G. RUST, The First Movement of Beethoven's Piano Concertos, Diss. Berkeley 1970 ▪ W. HESS, Die Originalkadenzen zu Beethovens Klavierkonz., in: SMZ 112, 1972, 270-275 ▪ N. COOK, Beethoven's Unfinished Piano Concerto: A Case of Double Vision?, in: JAMS 42, 1989, 338-374, dazu: L. Lockwood in JAMS 43, 1990, 376-382 und 382-385 ▪ R. M. FRIEDMAN, The Original Cadenzas on the Piano Concertos of Beethoven: An Analysis, Diss. Boston Univ. 1989 ▪ R. SIMPSON, Beethoven and the Concerto, in: A Companion to the Concerto, hrsg. von R. Layton, N. Y. 1989, 102-130 ▪ R. FOR-

STER, Die Kopfsätze der Klavierkonz. Mozarts und Beethovens. Gesamtaufbau, Solokadenz und Schlußbildung, Mn. 1992 (= Studien zur Musik 10) ▪ J. KERMAN, Representing a Relationship: Notes on a Beethoven Concerto, in: Representations 39, Berkeley 1992, 80-101 ▪ L. PLANTINGA, Beethoven's Concertos: History, Style, Performance, N. Y. 1999

3. Klaviertrio E. F. HIEBERT, The Piano Trios of Beethoven. An Historical and Analytical Study, Diss. Univ. of Wisconsin 1970 ▪ R. L. SMITH, A Study of Instrumental Relations. The Piano Trios of Beethoven, Diss. Florida State Univ., Tallahassee 1972 ▪ R. BOCKHOLDT/P. WEBER-BOCKHOLDT (Hrsg.), Beethovens Klaviertrios, Symposion München 1990, Mn. 1992 (= Veröff. des Beethoven-Hauses Bonn, N. F., 4. Reihe, 11)

4. Kammermusik für Violine/Violoncello O. RUPERTUS, Erläuterungen zu Beethovens Violinson., K. 1915 (= Tongers Musikbücher 7) ▪ E. ALBINI, Beethoven e le sue Cinque Sonate per Violoncello, in: RMI 30, 1923, 203-222 ▪ J. H. WETZEL, Beethovens Violinson. nebst den Romanzen und dem Konz., Bln. 1924 ▪ J. SZIGETI, Beethovens Violinwerke. Hinweise für Interpreten und Hörer, Z./Fr.i.Br. 1965 ▪ L. LOCKWOOD, Beethoven's Early Works for Violoncello and the Contemporary Violoncello Technique, in: Beitr. '76-'78. Beethoven-Kolloquium 1977. Dokumentation und Aufführungspraxis, hrsg. von R. Klein, Kassel 1978, 174-182 ▪ S. BRANDENBURG, Zu Beethovens Cellokompos., in: Programmheft der Auff. der Urfassung des 1. Satzes der Son. op. 69 am 7. Dez. 1990 im Kammermusiksaal Beethoven-Haus

5. Streichquartett H. HIRSCHBACH, Ueber Beethoven's letzte Streichquartette, in: NZfM 11, 1839, 5f., 9f., 13f. und 49-51 ▪ TH. HELM, Beethoven's Streichquartette. Versuch einer technischen Analyse dieser Werke mit ihrem geistigen Gehalt, Lpz. 1885, ²1910, ³1921 ▪ H. RIEMANN, Beethoven's Streichquartette, Bln./Wien 1903 (= Meisterführer 12) ▪ W. ALTMANN, Ein vergessenes Streichquartett Beethovens, in: Die Musik 5/4, 1905, 250-257 ▪ I. VALETTA, I Quartetti di Beethoven, Rom 1905 ▪ P. COINDREAU, Analyse des dix-sept quatuors de Beethoven; d'apres les notes prises à la Schola Cantorum de Paris, au cours de composition de M. Vincent d'Indy, P. 1910 ▪ A. EBERT, Die ersten Auff. von Beethovens Es-Dur Quartett (op. 127) im Frühling 1825, in: Die Musik 9, 1910, 42-63 und 90-106 ▪ J. JOKL, Die letzten Streichquartette Beethovens, Diss. Wien 1912 (mschr.) ▪ J. DE MARLIAVE, Beethoven's Quartets, L./N. Y. 1928 ▪ M. ROSENMANN, Studien zum Gestaltungsproblem der letzten fünf Streichquartette Ludwig van Beethoven's, Diss. Wien 1930 (mschr.) ▪ R. FISKE, Beethoven's Last Quarts, L. 1940 ▪ D. G. MASON, The Quartets of Beethoven, N. Y. 1947 ▪ I. MAHAIM, Beethoven, Naissance et Renaissance des Derniers Quatuors, 2 Bde., P. 1964 ▪ PH. RADCLIFFE, Beethoven's String Quartets, L. 1965, N.Y. 1968, ²1978 ▪ J. KERMAN, The Beethoven Quartets, N. Y. 1967, ²1968, ⁴1978 ▪ M. MILA, I quartetti di Beethoven, Turin 1968

• H. TRUSCOTT, Beethoven's Late String Quartets, L. 1968
• E. KREFT, Die späten Quartette Beethovens. Substanz und Substanzverarbeitung, Bonn 1969 • A. FORCHERT, Rhythmische Probleme in Beethovens späten Streichquartetten, in: Kgr.Ber. Bonn 1970, 394ff • R. STEPHAN, Zu Beethovens letzten Quartetten, in: Mf 23, 1970, 245–256 • J. WILDBERGER, Versuch über Beethovens späte Quartette, in: SMZ 110, 1970, 1–8 • FR. KRUMMACHER, Synthese des Disparaten. Zu Beethovens späten Quartetten und ihrer frühen Rezeption, in: AfMw 37, 1980, 99–134 • J. WEBSTER, Traditional Elements in Beethoven's Middle-Period String Quartets, 1980, 94–133 • CHR. WOLFF (Hrsg.), The String Quartets of Haydn, Mozart and Beethoven: Studies of the Autograph Manuscripts, Cambridge/Mass. 1980 • U. SIEGELE, Beethoven. Formale Strategien der späten Quartette, Mn. 1990 (= MK 67/68) • R. MARTIN/R. WINTER, The Beethoven Quartet Compendium, Berkeley 1994 • M. SOLOMON, Beethoven: Beyond Classicism, in: R. Martin/R. Winter (Hrsg.), The Beethoven Quartet Companion, Berkeley 1994, 59–75 • D. K. L. CHUA, The Galitzin Quartets of Beethoven, Princeton 1995

6. Klaviersonate E. VON ELTERLEIN, Beethovens Clavier-Son. Für Freunde der Tonkunst erläutert, Lpz. 1856, ²1857, ³1866, ⁴1875 • C. REINECKE, Die Beethoven'schen Clavier-Sonaten, Lpz. 1895, ²1897, ⁷1917, ⁹1924 • W. NAGEL, Beethoven und seine Klaviersonaten., 2 Bde., Langensalza 1903–1905, ²1923–1924 • H. SCHENKER, Die letzten (fünf) Son. von Beethoven. Kritische Ausg. mit Einführung und Erläuterung, Wien 1913–1921; neu hrsg. von O. Jonas, Wien 1971/72 • H. RIEMANN, L. van Beethovens sämtliche Klavier-Sonaten. Ästhetische und formal-technische Analyse mit historischen Notizen, 4 Teile, Bln. ²1919 • D. FR. TOVEY, A Companion to Beethoven's Pianoforte Sonatas (Bar-to bar analysis), L. 1931 • E. BLOM, Beethoven's Pianoforte Sonatas discussed, N. Y. 1938 • J.-G. PROD'HOMME, Les Sonate pour piano de Beethoven (1782–1823). Histoire et critique, P. 1937 • J.-G. PROD'HOMME, Die Klavierson. Beethovens 1782–1823. Gesch. und Kritik, Wbdn. 1948 • R. ROSENBERG, Die Klaviersonaten Ludwig van Beethovens. Studien über Form und Vortrag, 2 Bde., Olten/Lausanne 1957 • E. FISCHER, Ludwig van Beethovens Klaviersonaten. Ein Begleiter für Studierende und Liebhaber, Wbdn. 1956, Neuaufl. Lpz. 1958 • P. MIES, »... quasi una fanatsia ...«, in: Fs. J. Schmidt-Görg, hrsg. von S. Kross/H. Schmidt, Bonn 1967, 239–249 • J. UHDE, Beethovens Klaviermusik, Bd. 2/3, Stg. 1968–1974, ²1980, ³1986 • W. S. NEWMAN, The Sonata since Beethoven. The Third and Final Volume of a History of the Sonata Idea, Chapel Hill 1969 • J. KAISER, Beethovens 32 Klaviersonaten. und ihre Interpreten, Ffm. 1975 • P. LOYONNET, Les 32 Sonates pour piano. Journal intime de Beethoven, P. 1977 • C. DAHLHAUS, Mus. Gattungsgesch. als Problemgeschichte. Zu Beethovens Klaviersonaten., in: JbSIMPK, Bln. 1979/80, 1981, 113–132 • H. POLLAK, Umfangs- und Strukturfragen in Beetho-

vens Klaviersonaten., in: Ludwig van Beethoven, hrsg. von L. Finscher, Dst. 1983, 269–277 (= Wege der Forschung 428) • G. STANLEY, Genre Aesthetics and Function: Beethoven's Piano Sonatas in Their Cultural Context, in: Beethoven Forum 6, 1998, 1–29

7. Variation O. KLAUWELL, Ludwig van Beethoven und die Variationenform, Langensalza 1901 • M. BUSCH, Formprinzipien der Var. bei Beethoven und Schubert, Diss. Bln. 1955 • J. UHDE, Beethovens Klaviermusik, Bd. 1, Stg. 1968–1974, ²1980, ³1986

8. Messe und Oratorium FR. COENEN, Beethovens Kirchenmusik im dt. Urteil des 19. Jh., Diss. Bonn 1949 (mschr.) • E. FORBES, Beethoven as a Choral Composer, in: PRMA 97, 1970/71, 69–82

9. Oper und Bühnenmusik W. ALTMANN, Zu Beethovens »Fidelio« und »Melusine«, in: Die Musik 3/2, 1903/04, 433–437 • DERS., Eine verloren gegangene einaktige Oper Beethovens?, in: AMz 35, 1908, 685ff. • L. SCHIEDERMAIR, Ein unbekannter Opernentwurf für Beethoven, in: Neues Beethoven-Jb. 7, 1937, 32–36 • M. UNGER, Ein Faustopernplan Beethovens und Goethes, Rgsbg. 1952 • W. HESS, Beethovens Bühnenwerke, Gtg. 1962 • M. E. BROYLES, Stylistic Dualism in Early Beethoven and the Leonore Challenge, in: Journal of Musicology 5, 1987, 419–447 • R. PECMAN, Franz Schuberts Bühnenschaffen und Beethovens Opernpläne, in: Dialekt ohne Ende. Franz Schubert und das 20. Jh., hrsg. von O. Kolleritsch, Wien/Graz 1998, 176–186 (= Studien zur Wertungsforschung 34)

10. Lied H. BOETTCHER, Beethoven als Lieder-Komp., Agb. 1928 • O. E. DEUTSCH, Beethoven's Goethe-Kompositionen. Bibliogr. zusammengestellt, in: Jb. der Slg. Kippenberg 8, 1930, 102–133

11. Liedbearbeitung G. THOMSON, A Select Collection of Original Irish Airs, Mai 1816 • W. HESS, Neues zu Beethovens Volkslieder-Bearb., in: ZfMw 13, 1931, 317–324 • DERS., Neues zu Beethovens Volkslieder-Bearb., in: AfMf 1, 1936, 123 • C. HOPKINSON/C. B. OLDMAN, Thomson's Collections of National Song, with Special reference to the Contributions of Haydn and Beethoven, in: Transactions of the Edinburgh Bibliographical Society II/1, Edinburgh 1940, 1–64 • DIES., Addenda and Corrigenda, in: dass. III/2, ebd. 1954, 121–124 • R. ANGERMÜLLER, Neukomms schottische Liedbearbeitungen für Joseph Haydn, in: Haydn-Studien 3, 1974, H. 2, 151–153 • B. COOPER, Beethoven's Folksong Settings: Chronology, Sources, Style, Oxd. 1994

12. Bearbeitungen W. ALTMANN, Beethovens Umarbeitung seines Streichtrios Op. 3 zu einem Klaviertrio, in: ZfMw 3/3, 1920/21, 129–158 • FR. MUNTER, Beethovens Bearb. eigener Werke, in: Neues Beethoven-Jb. 6, 1935, 159–173 • W. FISCHER, Die Klaviertrio-Fassungen des Septetts und der zweiten Symphonie, in: ÖMZ 7, 1952, 88–91 • M. SCHWAGER, A Fresh Look at Beethoven's Arrangements, in: ML 54, 1973,

142–160 • DIES., *Some Observations on Beethoven as an Arranger*, in: MQ 60, 1974, 80–93 • L. FINSCHER, »*Das macht mir nicht so leicht einer nach*«. *Beethovens Streichquartettbearb. der Klavierson. op. 14/1*, in: *Divertimento für Hermann J. Abs. Beethoven-Studien*, hrsg. von M. Staehelin, Bonn 1981, 11–23 • E. ENSS, *Beethoven als Bearb. eigener Werke*, Diss. Fr.i.Br. 1987

13. Sonstiges W. A. THOMAS-SAN-GALLI, *Eine Beethoven-Phantasie*, in: Rheinische Musik- und Theater-Zeitung 22, 1921, 274 f. und 286–288 • I. PETERS, *Beethovens Klaviermusik*, Bln.-Lichterfelde 1925 • A. E. HULL, *Beethoven's Lesser Known Piano Works*, in: Musical Opinion and Musical Trade Review 50, 1927, 791 ff. und 889 ff. • W. NAGEL, *Beethovens Klaviermusik*, Rgsbg. 1927 (= Beethoven-Almanach der Dt. Musikbücherei auf das Jahr 1927) • J. H. BLAXLAND, *Eine unbekannte Canzonetta Beethovens*, in: ZfMw 14, 1931, 29–34 • J. SAAM, *Zur Gesch. des Klavierquartetts bis in die Romantik*, Diss. Mn. 1932, Lpz. u.a. 1933 • M. UNGER, *Zu Beethovens ital. Gesangsmusik*, in: ZfM 105, 1938, 150–156 • DERS., *Beethovens vaterländische Musik*, in: Musik im Kriege 1, 1943, 170 ff. • O. E. DEUTSCH, *The Numbering of Beethoven's Minor Works*, in: Notes 4, 1946, 36–38 • A. OREL, *Ein »Dona nobis pacem« von der Hand Ludwig van Beethovens*, in: Fs. Karl Gustav Fellerer, hrsg. von H. Hüschen, Rgsbg. 1962, 402–406 • H. UNVERRICHT, *Bemerkungen zum geschichtlichen Ort von Beethovens früher Kammermusik*, in: BeJb 9, 1973/77, 501–529 • K. E. SCHÜRMANN (Hrsg.), *Ludwig van Beethoven. Alle vertonten und mus. bearbeiteten Texte*, Münster 1980 • L. TREITLER, *To Worship That Celestial Sound: Motives for Analysis*, in: Journal of Musicology 1, 1982, 153–170 • ST. HOWELL, *Der Mälzelkanon – eine weitere Fälschung Schindlers?*, in: Zu Beethoven. 2. Aufsätze und Dokumente, hrsg. von H. Goldschmidt, Bln. 1984, 163–171 • M. STAEHELIN, »*Kurz ist der Schmerz, und ewig ist die Freude*«. *Zu Beethovens Kanon WoO 163 und zum Verhältnis von Kanon und Stammbuch*, in: Fs. Kurt Dorfmüller, Tutzing 1984, 323–332 • W. HESS, *Beethovens Werke für die Flöte*, in: Tibia. Magazin für Freunde alter und neuer Bläsermusik 10, 1985, 241–244

III. Stilperioden
1. Stildifferenzierung W. VON LENZ, *Beethoven et ses trois styles. Analyse des sonates de piano suivies de l'essai d'un catalogue crtitique chronologique et anecdotique de l'œuvre de Beethoven*, 2 Bde., St. Petersburg 1852 • M. SOLOMON, *The Creative Periods of Beethoven*, in: MR 34, 1973, 30–38; Wiederabdruck in: ders., Beethoven Essays, Cambridge, Mass./L. 1988, ⁷1997, 116–125 • K. M. KNITTEL, *Initiation, Individuality, and Illness: Behind Beethoven's »Three Styles«*, in: Beethoven Forum 4, hrsg. von Chr. Reynolds/L. Lockwood, Lincoln/L. 1995, 17–36

2. Frühstil M. FRIEDLAENDER, *Ein unbekanntes Jugendwerk Beethovens*, in: JbP 6, 1900, 68–76 • R. STEPHAN, *Zur Kammermusik des jungen Beethoven*, in: NZfM 138, 1977, 3–10; Wiederabdruck in: ders., Vom mus. Denken, hrsg. von R. Damm/A. Traub, Mz. u.a. 1985, 30–41 • D. JOHNSON, *1794–1795: Decisive Years in Beethoven's Early Development*, in: Beethoven Studies 3, hrsg. von A. Tyson, Cambridge u.a. 1982, 1–28 • J. WEBSTER, *The Concept of Beethoven's »Early« Period in the Context of Periodizations in General*, in: Beethoven Forum 3, hrsg. von Chr. Reynolds u.a., Lincoln/L. 1994, 1–27 • P. DIEPENTHAL-FUDER, *Menuett oder Scherzo? Unters. zur Typologie lebhafter Binnensätze anhand der frühen Ensemble-Kammermusik Ludwig van Beethovens*, Ffm. 1997 (= Europ. Hochschulschriften Reihe XXXVI, Bd. 167)

3. ›Heroischer‹ Stil A. TYSON, *Beethoven's Heroic Phase*, in: MT 110, 1969, 139–141 • M. E. BROYLES, *The Emergence and Evolution of Beethoven's Heroic Style*, N. Y. 1987 • H.-W. KÜTHEN, *Beethovens ›wirklich ganz neue Manier‹. Eine Persiflage*, in: Beitr. zu Beethovens Kammermusik, Mn. 1987, 216–224 • E. R. SISMAN, *Pathos and the Pathétique: Rhetorical Stance in Beethoven's C-Minor Sonata, op. 13*, in: Beethoven Forum 3, hrsg. von Chr. Reynolds/L. Lockwood/G. Stanley, Lincoln/L. 1994, 81–105 • W. KINDERMAN, Beethoven, N. Y. 1995, 96–138

4. Spätstil M. BAUER, *Formprobleme des späten Beethoven*, in: ZfMw 9, 1926/27, 341–348 • TH. W. ADORNO, *Spätstil Beethovens*, in: Moments Musicaux, Ffm. 1964, 13–17; wiederabgedr. in: Ges.Schr. 17, Ffm. 1982, 13–17 • PH. T. BARFORD, *The Approach to Beethoven's Late Music*, in: MR 30, 1969, 106–117 • G. SOLYOM, *Beethovens Spätwerk und die klassische zyklische Form*, in: Ber. über den Internat. Beethoven-Kgr. 10.-12. Dez. 1970 in Berlin, hrsg. von H. A. Brockhaus/K. Niemann, Bln. 1971, 373–377 • R. R. SUBOTNIK, *Adorno's Diagnosis of Beethoven's Late Style*, in: JAMS 29, 1976, 242–275 • K. KORSYN, *Integration in Works of Beethoven's Final Priod*, Diss., Yale Univ. 1983

5. Andere Stilaspekte H. J. MOSER, *Beethoven und die Zeitstile*, in: Musikzeitung 42, 1921 • H. MERSMANN, *Beethoven – Die Synthese der Stile*, Bln. 1922 • P. MIES, *Die Bedeutung der Skizzen Beethovens zur Erkenntnis seines Stiles*, Lpz. 1925 • G. MASSENKEIL, *Über Beethovens kirchenmus. Stil*, in: Jahres- und Tagungsber. der Görres-Gesell. 1970, K. 1971, 5–12 • CH. ROSEN, *The Classical Style: Haydn, Mozart, Beethoven*, N. Y. 1971, ²1972; dt. Mn./Kassel 1983 • R. WINTER, *The Bifocal Close and the Evolution of the Viennese Classical Style*, in: JAMS 42, 1989, 275–337 • E. R. SISMAN, *After the Heroic Style: Fantasia and the ›Characteristic‹ Sonatas of 1809*, in: Beethoven Forum 6, 1998, 67–96

IV. Analyse – Hermeneutik – Skizzen
1. Analyse
a. Untersuchungen zu einzelnen Werken

Opus 4 W. ALTMANN, *Beethovens Streichquintett op. 4*, in: Die Musik 1/2, 1902, 1097 ff.

Opus 9 Nr. 2 E. PLATEN, *Beethoven's Streichtrio D-Dur, Opus 9 Nr. 2. Zum Problem der thematischen Einheit mehrsätziger Formen*, in: Fs. J. Schmidt-Görg, hrsg. von S. Kross/ H. Schmidt, Beethoven-Haus Bonn 1967, 260–282

Opus 13 A. TYSON, *Beethoven's ›Pathétique‹ Sonata and its Publisher*, in: MT 104, 1963, 333f. ■ E. R. SISMAN, *Pathos and the Pathétique: Rhetorical Stance in Beethoven's C-Minor Sonata, op. 13*, in: Beethoven Forum 3, hrsg. von Ch. Reynolds/L. Lockwood/G. Stanley, Lincoln/L. 1994, 81–105

Opus 14 Nr. 1 W. FORBES, *Beethoven's op. 14, No. 1*, in: MT 86, 1945, 108–111 ■ M. E. BROYLES, *Beethoven's Sonata Op. 14, No 1 – Originally for Strings?*, in: JAMS 23, 1970, 405–419

Opus 15 E. T. CONE, *A cadenza for Op. 15*, in: Beethoven Essays: Studies in Honor of Elliot Forbes, hrsg. von L. Lockwood/Ph. Benjamin, Cambridge 1984, 99–107

Opus 18 W. H. HADOW, *Beethoven's op. 18 Quartets*, L. 1926 ■ B. SCHWARZ, *Beethovens Opus 18 und Haydns Streichquartette*, in: Ber. über den Internat. Mw. Kgr. Bonn 1970, Kassel u. a. 1971, 75–79 ■ S. BRANDENBURG, *Beethovens Streichquartette op. 18*, in: Beethoven und Böhmen: Beitr. zur Biogr. und Wirkungsgesch. Beethovens, hrsg. von S. Brandenburg/M. Gutiérrez-Denhoff, Beethoven-Haus Bonn 1988, 259–310

Opus 18 Nr. 1 C. WAACK, *Beethovens F-Dur Streichquartett Op. 18 No. 1 in seiner ursprünglichen Fassung*, in: Die Musik 3/2, 1903/04, 418–420 ■ H. J. WEDIG, *Beethovens Streichquartett op. 18 Nr. 1 und seine erste Fassung*, Bonn 1922 (= Veröff. des Beethoven-Hauses Bonn 2) ■ D. H. SMYTH, *Beethoven's Revision of the Scherzo of the Quartet, op. 18, No. 1*, in: Beethoven Forum 1, hrsg. von Chr. Reynolds/L. Lockwood/J. Webster, Lincoln/L. 1992, 147–163

Opus 18 Nr. 5 J. YUDKIN, *Beethoven's »Mozart« Quartet*, in: JAMS 45/1, 1992, 30–74

Opus 18 Nr. 6 W. F. MITCHELL, *Beethoven's La Malinconia from the String Quartet, Opus 18, Nr. 6. Techniques and Structure*, in: The Music Forum 3, 1973, 269–280

Opus 19 A. FORCHERT, *2. Klavierkonzert B-Dur op. 19 (zusammen mit dem Rondo B-Dur WoO 6)*, in: A. Riethmüller/C. Dahlhaus/A. L. Ringer (Hrsg.) 1994 (E.), Teil 1, 151–160

Opus 21 A. WILLNER, *Die melodische Entwicklung in Beethovens 1. Sinf.*, in: Die Laute 4, 1920/21 ■ L. MISCH, *Der persönliche Stil in Beethovens Erster Symph. Organismus und Idee des ersten Satzes*, in: BeJb 2, 1955/56, 55–101 ■ W. SEIDEL, *Beethoven. 1. Symph. C-Dur op. 21*, Mn. 1979 (= Meisterwerke der Musik 17) ■ A. SUDER, *Ludwig van Beethoven. 1. Sinf.*, Mn. 1986 ■ C. SCHACHTER, *Mozart's Last and Beethoven's First. Echoes of K. 551 in the First Movement of op. 21*, in: Mozart-Studies, 1991, 227–251

Opus 26 E. PRIEGER (Hrsg.), *As-dur-Son. op. 26 von Ludwig van Beethoven*, Faks., Bonn 1895 ■ H. QUITTARD, *Paer et Beethoven: à propos de la marche funèbre de la 12e sonate*, in: RM 9, 1909

Opus 28 H.-D. SOMMER, *Beethovens kleine Pastorale. Zum 1. Satz der Klavierson. op. 28*, in: AfMw 43, 1986, 109–127

Opus 29 D. W. MACARDLE, *Beethoven, Artaria and the C Major Quintet*, in: MQ 34, 1948, 567–574 ■ DERS., *The Artaria Editions of Beethoven's C Major Quintet*, in: JAMS 16, 1963, 254–257 ■ B. CHURGIN, *Beethoven's Sketches for His String Quintet op. 29*, in: Studies in Musical Sources and Style. Essays in Honor of Jan LaRue, hrsg. von E. H. Roesner/E. K. Wolf, Madison 1990, 441–479

Opus 30 R. A. KRAMER, *The sketches for Beethoven's Violin Sonatas, Opus 30. History, Transcription, Analysis*, 3 Bde., Diss. Princeton Univ. 1974, Ann Arbor 1974

Opus 30 Nr. 1 CHR. REYNOLDS, *Ends and Means in the Second Finale to Beethoven's Op. 30, no. 1*, in: Beethoven Studies: Essays in Honour of Elliot Forbes, hrsg. von L. Lockwood/Ph. Benjamin, Cambridge/Mass. 1984, 127–145

Opus 31 Nr. 2 TH. VON FRIMMEL, *Beethovens Rezitativson. op. 31, Nr. 2*, in: NMZ 42, 1921 ■ TH. ALBRECHT, *Beethoven and Shakespeare's Tempest. New Light on an Old Allusion*, in: Beethoven Forum 1, hrsg. von Chr. Reynolds/L. Lockwood/J. Webster, Lincoln/L. 1992, 81–92 ■ J. SCHMALFELDT, *Form as the Process of Becoming: The Beethoven-Hegelian Tradition and the »Tempest« Sonata*, in: dass. 4, 1995, 37–71 ■ L. KRAMER, *Primitive Encounters: Beethoven's »Tempest« Sonata, Musical Meaning and Enlightenment Anthropology*, in: dass. 6, 1998, 31–65

Opus 31 Nr. 3 L. FINSCHER, *Ludwig van Beethovens Klavierson. opus 31,3. Versuch einer Interpretation*, in: Fs. Walter Wiora, hrsg. von L. Finscher/Chr.-H. Mahling, Kassel u. a. 1967, 385–390

Opus 35 K. VON FISCHER, *Eroica-Var. op. 35 und Eroica-Finale*, in: SMZ 89, 1949, 282–286 ■ H. HERING, *Beethovens Klaviervar. Opus 35 und das Eroica-Finale*, in: Musica 29, 1975, 304–306 ■ CHR. REYNOLDS, *Beethoven's Sketches for the Variation in Eb Op. 35*, in: Beethoven Studies 3, hrsg. von A. Tyson, Cambridge u. a. 1982, 47–84

Opus 36 F. X. PAUER, *Über das Beethovensche Finale und über den Schlußsatz der zweiten Sinf.*, in: ZfM 92, 1925, 276–279 ■ C. HILL, *Early Versions of Beethoven's Second Symph.*, in: Musicology 6, 1980, 90–110 ■ A. GERSTMEIER, *Der Schlußsatz aus Beethovens zweiter Symph. Ein Beitrag zum Formverständnis der Wiener Klassischen Musik*, in: Über das Klassische, hrsg. von R. Bockholdt, Ffm. 1987, 288–298 ■ R. KAMIEN, *The Slow Introduction of Mozart's Symphony No. 38 in D, K. 504 (»Prague«). A Possible Model for the Slow Itroduction of Beethoven's Symphony No. 2 in D, op. 36*, in: Israel Studies in Musicology 5, 1990, 113–130

Opus 37 W. OSTHOFF, Ludwig van Beethoven. Klavier-
konz. Nr. 3 c-Moll, op. 37, Mn. 1965 (= Meisterwerke der
Musik 2) ▪ L. PLANTINGA, When Did Beethoven Compose His
Third Piano Concerto?, in: The Journal of Musicology 7,
1989, 275-307
Opus 43 L. SONNLEITHNER, Beethoven's Musik zu dem
Prometheus-Ballett, in: Niederrheinische Musikztg. für
Kunstfreunde und Künstler 9, 1861, 85-87 und 94f.
▪ H. RIEMANN, Beethovens Prometheus-Musik. Ein Variatio-
nenwerk, in: Die Musik 8, 1909/10, 19-34, 107-125
▪ R. LACH, Zur Gesch. der Beethovenschen »Prometheus«-Bal-
lettmusik, in: ZfMw 3, 1920/21, 223-237 ▪ A. LEVINSON, Le
Ballet de Prométhée. Beethoven et Viganò, in: RM 8, 1927, 87-
97
Opus 46 H. LÜHNING, Adelaide und die Verleger der
Beethoven-Zeit, in: Augsburger Jb. für Mw. 7, 1990, 53-85
Opus 47 H. HOLLANDER, Das Finale-Problem in Beet-
hovens »Kreuzerson.«, in: NZfM 130, 1969, 182-184
Opus 53 A. FÖRSTER, Grande Sonate durch erweiterte
Tonalität. Harmonik und Form im ersten Satz der Klavierson.
op. 53 von Ludwig van Beethoven, in: Fs. Ulrich Siegele, hrsg.
von R. Faber u. a., Kassel 1991, 135-165 ▪ M. SPITZER, The
Significance of Recapitulation in the »Waldstein« Sonata, in:
Beethoven Forum 5, hrsg. von Chr. Reynolds/L. Lock-
wood/J. Webster, Lincoln/L. 1996, 103-117
Opus 55 W. VETTER, Sinfonia eroica. Betrachtungen
über Beethovens Ethik, in: Die Musik 14/1, 1914/15, 107-126
▪ A. PRÜFER, Zum Gedächtnis Hugo Riemanns. Der Schlußsatz
der Heldensinf. und Beethovens Darstellung des rein Menschli-
chen, in: NZfM 86, 1919, 195f. und 205f. ▪ H. SCHENKER,
Beethovens Dritte Sinf., zum erstenmal in ihrem wahren Inhalt
dargestellt, in: ders., Das Meisterwerk in der Musik Bd. 3,
Mn. 1930, 25-101 ▪ A. G. HUBER, Der Held der Eroica. Beetho-
vens Es Dur Symph. in ihrem Aufbau, Strbg./Z. 1948 ▪ A. L.
RINGER, Clementi and the Eroica, in: MQ 47, 1961, 454-468
▪ J. UJFALUSSY, Ungarische Aspekte im Finale der Eroica
(russ.), in: Die Musik Ungarns, Moskau 1968 ▪ A. L. RIN-
GER, Beethoven and the London Pianoforte School, in: MQ 56,
1970, 742-759 ▪ P. HAUSCHILD, Melodische Tendenzen in
Beethovens Eroica, in: Dt. Jb. der Mw. für 1969, Lpz. 1970, 41-
75 ▪ R. B. MEIKLE, Thematic Transformation in the First
Movement of Beethoven's Eroica Symph., in: MR 32, 1971, 205-
218 ▪ R. BRINKMANN, Kleine ›Eroica‹-Lese, in: ÖMZ 31,
1984, 634-638 ▪ CL. V. PALISCA, French Revolutionary Models
in Beethoven's Eroica Funeral March, in: Music and Context.
Essays for John Milton Ward, hrsg. von A. Dhu Shapiro,
Cambridge/Mass. 1985, 198-209 ▪ M. C. TUSA, Die authen-
tischen Quellen der »Eroica«, in: AfMw 42, 1985, 121-150
▪ P. SCHLEUNING, Beethoven in alter Deutung. Der »Neue
Weg« mit der »Sinfonia eroica«, in: AfMw 44, 1987, 165-194
▪ DERS., Kann eine Sinf. revolutionär sein? Beethoven und seine
»Eroica«, in: Revolution in der Musik, hrsg. von A. Rieth-

müller, Kassel/Basel 1989, 66-79 ▪ DERS., Das Urauffüh-
rungsdatum von Beethovens »Sinf. eroica«, in: Mf 44, 1991,
356-359 ▪ DERS., Eroica-Arbeitsbuch. Beethoven 1800-1806,
Ffm. 1991
Opus 56 CHR.-M. SCHMIDT, Konzert C-Dur für Kla-
vier, Violine, Violoncello und Orchester, »Tripelkonzert« op. 56,
in: A. Riethmüller/C. Dahlhaus/A. L. Ringer (Hrsg.) 1994
(E.), Teil 1, 400-409
Opus 57 E. SCHMID, Beethovens »Appassionata«. Ein
Vergleich zwischen Autogr. und Drucktexten, in: SMZ 79, 1939,
161-166 ▪ M. FROHLICH, Beethoven's ›Appassionata‹ Sonata,
Oxd. 1991 ▪ M. HOHENEGGER, Beethovens Sonata Appassionata op. 57 im Lichte verschiedener Analysemethoden, Ffm. u. a.
1992 (= Europäische Hochschulschriften: Reihe 36, Mw.,
73) ▪ TH. SIPE, Beethoven, Shakespeare and the »Appassionata«, in: Beethoven Forum 4, hrsg. von Chr. Rey-
nolds/L. Lockwood, Lincoln/L. 1995, 73-96
Opus 58 O. H. JANDER, Beethoven's ›Orpheus in
Hades‹: The ›Andante con moto‹ of the Fourth Piano Concerto,
in: 19th Century Music 8, 1984, 195-212 ▪ G. PESTELLI,
Osservazione sul primo tema del Quarto Concerto Op. 58 di Beethoven, in: AnMl 22, hrsg. von Fr. Lippmann, Rom 1984,
437-455 ▪ J. KERMAN, 4. Klavierkonzert G-Dur op. 58, in:
A. Riethmüller/C. Dahlhaus/A. L. Ringer (Hrsg.) 1994
(E.), Teil 1, 415-429
Opus 59 W. SALMEN, Zur Gestaltung der »Thèmes Rus-
ses«, in: Fs. Walter Wiora, hrsg. von L. Finscher/Chr.-
H. Mahling, Kassel u. a. 1967, 397-404 ▪ P. GÜLKE, Zur mus.
Konzeption der Rasumowski-Quartette op. 59 von Beethoven, in:
Sozialistische Musikkultur. Traditionen, Probleme, Per-
spektiven, hrsg. von J. Elsner/G. Ordshonikidse, Bln. 1977,
392-430 ▪ R. A. KRAMER, Das Organische der Fuge: On the
Autogr. of Beethoven's Quartet in F Major Opus 59 Nr. 1, in:
The String Quartets of Haydn, Mozart and Beethoven.
Studies of the Autograph Manuscripts, Isham Library
Papers 3, hrsg. von Chr. Wolff, Cambridge/Mass. 1980,
223-265 ▪ A. TYSON, The ›Razumovsky‹ Quartets: Some
Aspects of Sources, in: Beethoven Studies 3, hrsg. von A. Ty-
son, Cambridge u. a. 1982, 107-140 ▪ L. HÜBSCH, Ludwig
van Beethoven. Die Rasumowsky-Quartette op. 59, Mn. 1983
▪ J. STÜBER, Beethovens Rasumovsky-Quartette op. 59. Intona-
tionsanalyse, Bonn 1991
Opus 59 Nr. 3 L. FINSCHER, Beethovens Streichquartett
op. 59/3. Versuch einer Interpretation, in: Zur mus. Analyse,
hrsg. von G. Schuhmacher, Dst. 1974, 122-160 (= Wege der
Forschung 257)
Opus 60 A. FEIL, Zur Satztechnik in Beethovens Vierter
Sinf., in: AfMw 16, 1959, 391-399 ▪ B. CHURGIN, A New Edition of Beethoven's Fourth Symph.: Editorial Report, in: Israel
Studies in Musicology 1, 1978, 9-53 ▪ C. DAHLHAUS, Beethoven, IV. Symphonie B-Dur op. 60, Mn. 1979 (= Meisterwerke
der Musik 20)

Opus 61 O. VON TIDEBÖHL, Das Violinkonz. von Beethoven und seine Ausführung nach den Traditionen Joachims, St. Petersburg 1909 ▪ O. JONAS, Das Autogr. von Beethovens Violinkonz., in: ZfMw 13, 1930/31, 443–450 ▪ F. BONAVIA, A Point in Beethoven's Violin Concerto, in: MR 71, 1941, 14 ▪ P. MIES, Die Quellen des op. 61 von Ludwig van Beethoven, in: Ber. über den 7. Internat. mw. Kgr. Köln 1958, Kassel u.a. 1959, 193–195 ▪ H. GOLDSCHMIDT, Motivvar. und Gestaltmetamorphose. Zur mus. Entstehungsgesch. von Beethovens Violinkonz., in: Fs. H. Besseler, hrsg. vom Institut für Mw. der Karl-Marx-Univ., Lpz. 1961, 389–409; auch in: ders., Die Erscheinung Beethoven, ebd. 1974, 131–158 (= Beethoven-Studien 1) ▪ A. TYSON, The Text of Beethoven's Op. 61, in: ML 43, 1962, 104–114 ▪ FR. KAISER, Die authentischen Fassungen des D-Dur-Konz. op. 61 von Ludwig van Beethoven, in: Ber. über den Internat. mw. Kgr. Kassel 1962, Kassel u.a. 1963, 196–198 ▪ A. TYSON, The Textual Problems of Beethoven's Violin Concerto, in: MQ 53, 1967, 482–502 ▪ W. MOHR, Beethovens Klavierfassung seines Violinkonz. op. 61, in: Ber. über den Internat. mw. Kgr. Bonn 1970, Kassel u.a. 1971, 509–511 ▪ S.A. KOJIMA, Die Solovioline – Fassungen und Varianten von Beethovens Violinkonzert op. 61. Ihre Entstehung und Bedeutung, in: BeJb 8, 1971/72, 97–145 ▪ FR. KRUMMACHER, Virtuosität und Kompos. im Violinkonz., in: NZfM 135, 1974, 604–613 ▪ R. KOLISCH/R. LEIBOWITZ, Aufführungsprobleme im Violinkonz. von Beethoven, in: Musica 33, 1979, Kassel 1979, 148–155 ▪ O. JANDER, Romantic Form and Content in the Slow Movement of Beethoven's Violin Concerto, in: MQ 69, 1983, 159–179 ▪ CHR.-H. MAHLING, Violinkonzert D-Dur op. 61, in: A. Riethmüller/C. Dahlhaus/A.L. Ringer (Hrsg.) 1994 (E.), Teil 1, 455–471

Opus 62 E.T.A. HOFFMANN, Rezension der Ouverture de Coriolan, in: AMZ 14, 1812, Sp. 519–526; Wiederabdruck in: Schriften zur Musik. Nachlese. Aufsätze und Rezensionen, hrsg. von Fr. Schnapp, Mn. 1963, 97–104; ferner in: St. Kunze (Hrsg.), Ludwig van Beethoven. Die Werke im Spiegel seiner Zeit, Laaber 1987, 83–90

Opus 64 H. SCHMIDT, Eine unbekannte Beethoven Cello-Son. Zur Neuausg. der Großen Son. Es-Dur op. 64 nach dem Streichtrio opus 3, in: Das Orchester 32, 1984, 424–426

Opus 67 E.T.A. HOFFMANN, Rezension der 5. Symph. von Beethoven, in: AMZ 12, 1810, Sp. 630–642, 652–659; Wiederabdruck in: Schriften zur Musik. Nachlese. Aufsätze und Rezensionen, hrsg. von Fr. Schnapp, Mn. 1963, 34–51; ferner in: St. Kunze (Hrsg.), Ludwig van Beethoven. Die Werke im Spiegel seiner Zeit, Laaber 1987, 100–112 ▪ H. SCHENKER, Beethovens V. Symph., Wien 1925 ▪ G. SCHÜNEMANN (Hrsg.), Beethovens Fünfte Symph. Nach der Hs. im Besitz der Preußischen Staatsbibl., Bln. 1942, 5–7 ▪ C. CANISIUS, Quellenstudien und satztechnische Untersuchungen zum dritten Satz aus Beethovens c-Moll-Sinf., Diss. Hdbg. 1966 ▪ E. FORBES (Hrsg.), Ludwig van Beethoven's

Symph. no. 5 in C Minor, N.Y. 1971 ▪ P. GÜLKE, Zur Neuausg. der Sinf. Nr. 5 von Ludwig van Beethoven. Werk und Edition, Lpz. 1978 ▪ W. KONOLD, Ludwig van Beethoven. Sinf. Nr. 5 c-Moll. Einführung und Analyse, Mz. 1979 ▪ E. VOSS, Zur Frage der Wiederholung von Scherzo und Trio in Beethovens fünfter Sinf., in: Mf 33, 1980, 195–199 ▪ W. MEREDITH, Forming the New from the Old: Beethoven's Use of Variation in the Fifth Symph., in: W. Kinderman (Hrsg.), Beethoven's Compositional Process, Univ. of Nebraska Press 1991, 102–121

Opus 68 A. MORIN, Ludwig van Beethoven. Sechste Symph. F-Dur (Pastorale) op. 68, Ffm. 1896 (= Der Meisterführer 81) ▪ A. HEUSS, Ein überzähliger Takt in der Pastoralsinf., in: ZfM 92, 1925, 288–290 ▪ R. RAFFALT, Über die Problematik der Programmmusik. Ein Versuch ihres Aufweises an der Pastoral-Symph. von Beethoven, der Berg-Symph. von Liszt und der Alpensymph. von Strauss, Diss. Tbg. 1949 ▪ H.W. HAMANN, Zu Beethovens Pastoral-Sinf. Vorausnahme eines Wiener Kleinmeisters aus dem Jahre 1791, in: Mf 14, 1961, 55–60 ▪ J. UJFALUSSY, Dramatischer Bau und Philosophie in Beethovens VI. Symph., in: Studia Musicologica Academiae Scientiarum Hungaricae 11, 1969, 439–447 ▪ FR. E. KIRBY, Beethoven's Pastoral Symph. as a Sinfonia caracteristica, in: MQ 56, 1970, 605–623 ▪ S.A. KOJIMA, Probleme im Notentext der Pastoralsymph. Op. 68 von Beethoven, in: BeJb 9, 1973/77, 217–261 ▪ H. UNVERRICHT, Ludwig van Beethoven. 6. Sinf. F-Dur, op. 68 »Pastorale«. Einführung und Analyse, Mz. 1980 ▪ R. BOCKHOLDT, Ludwig van Beethoven. VI. Symph. F-Dur op. 68. Pastorale, Mn. 1981 (= Meisterwerke der Musik 23)

Opus 69 FR. BRAND, Zur dialektischen Struktur und Stellung der Violoncelloson. opus 69 A-Dur im Sonatenwerk Beethovens, in: Das Orchester 27, 1979, 818–824 ▪ G. BORINGHIERI, Nota a un Scherzo di Beethoven (dalla Sonata op. 69 per Pianoforte e Violoncello), in: NRMI 14, 1980, 368–377

Opus 70 E.T.A. HOFFMANN, Rezension der Klaviertrios op. 70, in: AMZ 15, 1813, Sp. 141–154; Wiederabdruck in: Schriften zur Musik. Nachlese. Aufsätze und Rezensionen, hrsg. von Fr. Schnapp, Mn. 1963, 118–144; ferner in: St. Kunze (Hrsg.), Ludwig van Beethoven. Die Werke im Spiegel seiner Zeit, Laaber 1987, 129–149 ▪ R. TAUB, The Autogr. of the First Movement of Beethoven's Piano Trio Op. 70 No. 1, Diss. The Juilliard School 1981 ▪ A.L. RINGER, Ein »Trio caracteristico«? Randglossen zu Beethovens op. 70 Nr. 2, in: Studien zur Mg. Fs. L. Finscher, hrsg. von A. Laubenthal, Kassel u.a. 1995, 457–465

Opus 72 A. WENDT, Gedanken über die neuere Tonkunst, und van Beethovens Musik, namentlich dessen Fidelio, in: AmZ 17, 1815, Sp. 345–353, 365–372, 381–389, 397–404, 413–420, 429–436 ▪ G. FR. TREITSCHKE, Die Zauberflöte. Der Dorfbarbier. Fidelio. Beitrag zur mus. Kunstgesch., in: Orpheus. Mus. Taschenbuch für das Jahr 1841, hrsg. von A. Schmidt, 262ff. ▪ O. JAHN, Leonore oder Fidelio?, in: ders., Gesammelte Aufsätze über Musik, Lpz. 1866, ²1867, 236–

259 ▪ L. SCHIEDERMAIR, Über Beethovens »Leonore«, in: ZIMG 8, 1906/1907, 115–126 ▪ M. CHOP, Ludwig van Beethoven: Fidelio. Geschichtlich, szenisch und mus. analysiert, Lpz. 1910, ²1923 ▪ H. VOLKMANN, Beethoven und die erste Aufführung des Fidelio in Dresden, in: Die Musik 15/1, 1922/23, 177–184 ▪ A. HEUSS, Die Humanitätsidee im »Fidelio«, in: ZfM 91, 1924, 545–552 ▪ H. W. VON WALTERSHAUSEN, Zur Dramaturgie des Fidelio, in: Neues Beethoven-Jb. 1, 1924, 142–158 ▪ R. ENGLÄNDER, Paërs »Leonora« und Beethovens »Fidelio«, in: dass. 4, 1930, 118–132 ▪ M. UNGER, Zur Entstehungs- und Aufführungsgesch. von Beethovens Oper »Leonore«, in: ZfM 105, 1938, 130–139 ▪ E. A. FRIESE, Das Leonore-Signal, in: Musica 4, 1950, 442 ▪ R. STEGLICH, Das melodische Hauptmotiv in Beethovens »Fidelio«, in: AfMw 9, 1952, 51–67 ▪ W. HESS, Beethovens Oper Fidelio und ihre drei Fassungen, Z. 1953 ▪ L. NOWAK, Beethovens »Fidelio« und die österr. Militärsignale, in: ÖMZ 10, 1955, 373–375 ▪ R. STRÜBING, Die Bearbeitungen des »Leonore«-Stoffes vor Beethoven, Diss. Kiel 1955 (mschr.) ▪ W. VETTER, Die Leonoren-Ouvertüren, in: ders., Mythos – Melos – Musica, Bd. 2, Lpz. 1961, 125–134 ▪ W. HESS, Eine unbekannte Frühfassung zweier Nummern der Oper Leonore, in: Fs. J. Schmidt-Görg, hrsg. von S. Kross/H. Schmidt, Bonn 1967, 118–131 ▪ E. SCHENK, Salieris ›Landsturm‹-Kantate von 1799 in ihren Beziehungen zu Beethovens »Fidelio«, in: dass. 338–354 ▪ W. HESS, Neun vergessene Takte im zweiten Finale des »Fidelio«, in: SMZ 108, 1968, 14–16 ▪ W. OSTHOFF, Zum dramatischen Charakter der zweiten und dritten Leonoren-Ouvertüre und Beethovenscher Theatermusik im allgemeinen, in: Beitr. zur Gesch. der Oper, hrsg. von H. Becker, Rgsbg. 1969, 11–24 (= Studien zur Mg. des 19. Jh. 15) ▪ E. SCHENK, Über Tonsymbolik in Beethovens »Fidelio«, in: Beethoven-Studien. Festgabe der Österr. Akad. der Wiss. zum 200. Geburtstag von Ludwig van Beethoven, hrsg. von E. Schenk, Wien 1970, 223–252 ▪ W. GRAF, Zum klanglichen Ausdruck in Beethovens »Fidelio«, in: dass. 253–270 ▪ W. OSTHOFF, Beethovens »Leonoren«-Arie, in: Ber. über den Internat. mw. Kgr. Bonn 1970, Kassel u. a. 1971, 191–199 ▪ J. BRINCKER, Leonore and Fidelio, in: Fs. Jens Peter Larsen, Kphn. u. a. 1972, 351–368 ▪ A. TYSON, Das Leonoreskizzenbuch (Mendelssohn 15): Probleme der Rekonstruktion und der Chronologie, in: BeJb 9, 1973/77, Bonn 1977, 469–499 ▪ M. RUHNKE, Die Librettisten des Fidelio, in: Fs. Anna Amalia Abert, hrsg. von K. Hortschansky, Tutzing 1975, 121–140 ▪ A. TYSON, The Problem of Beethoven's ›First‹ Leonore Overture, in: JAMS 28, 1975, 292–334 ▪ DERS., Yet another ›Leonore‹ Overture?, in: ML 58, 1977, 192–203
▪ J. BRINCKER, Beethovens Fidelio, in: Musik og Forskning 6, 1980, 53–67 ▪ A. CSAMPAI/D. HOLLAND (Hrsg.), Ludwig van Beethoven, Fidelio. Texte, Materialien, Kommentare, Reinbeck 1981 ▪ M. SCHULER, Zwei unbekannte »Fidelio«-Partiturabschriften aus dem Jahre 1814, in: AfMw 39, 1982, 151–167 ▪ W. HESS, Das Fidelio-Buch. Beethovens Oper Fidelio, ihre

Gesch. und ihre drei Fassungen, Winterthur 1986 ▪ H. LÜHNING, »Fidelio« in Prag, in: Beethoven und Böhmen. Beitr. zur Biogr. und Wirkungsgesch. Beethovens, hrsg. von S. Brandenburg/M. Gutiérrez-Denhoff, Beethoven-Haus Bonn 1988, 349–391 ▪ TH. ALBRECHT, Beethoven's Leonore: A New Compositional Chronology based on May-August, 1804 Entries in Sketchbook Mendelssohn 15, in: The Journal of Musicology 7, 1989, 165–190 ▪ FR. LISZT, Beethovens »Fidelio«, in: Sämtl. Schriften Bd. 5, hrsg. von D. Redepenning/Br. Schilling, Wbdn. 1989, 8–10 ▪ CL. BRENNEIS, Beethovens »Introduzione des IIdo Atto« und die »Leonore« von 1805, in: BzMw 32, 1990, 181–203 ▪ M. SCHULER, Die »Fidelio«-Partitur des K. K. Hofoperntheaters Wien, in: AfMw 49, 1992, 46–56 ▪ M. C. TUSA, The Unknown Florestan. The 1805 Version of »In des Lebens Frühlingstagen«, in: JAMS 46, 1993, 175–220 ▪ W. DEAN, Beethoven and Opera, in: P. Robinson (Hrsg.), Ludwig van Beethoven. Fidelio, Cambridge 1996, 22–50 ▪ P. ROBINSON (Hrsg.), Ludwig van Beethoven. Fidelio, Cambridge 1996

Opus 73 G. GROVE, Beethoven's Concerto for Pianoforte and Orchestra No. 5, in E flat (op. 73), in: MT 46, 1905, 172–176

Opus 74 N. MARSTON, Analyzing Variations: The Finale of Beethoven's String Quartet Op. 74, in: Music Analysis 8, 1989, 303–324

Opus 77 J. OPPEN, Beethovens Klavierfantasie op. 77 in neuer Sicht, in: Ber. über den Internat. mw. Kgr. Bonn 1970, Kassel u. a. 1971, 528–531 ▪ H. MACDONALD, Fantasy and Order in Beethoven's Phantasie op. 77, in: Modern Musical Scholarship, hrsg. von E. Olleson, Stocksfield 1980, 141–150 ▪ M. R. SITTON, Beethoven's Opus 77 Fantasy. An Improvisational Document?, in: The American Music Teacher 36/6, 1987, 25–28

Opus 78 H. RIEMANN, Beethovens Fis-dur-Sonate Op. 78. Analytische Studie, in: ders., Präludien und Studien. Gesammelte Aufsätze zur Ästhetik, Theorie und Gesch. der Musik, Bd. 3, Lpz. 1901, 83–108

Opus 80 E. DENT, The Choral Fantasy, in: ML 8, 1927, 111–121 ▪ S. A. KOJIMA, Zur Quellenkritik von Beethovens Chorfantasie op. 80, in: Musik – Edition – Interpretation. Gedenkschrift Günter Henle, hrsg. von M. Bente, Mn. 1980, 264–281 ▪ ST. M. WHITING, »Hört ihr wohl«. Zu Funktion und Programm von Beethovens »Chorfantasie«, in: AfMw 45, 1988, 132–147

Opus 84 E. T. A. HOFFMANN, Rezension der Ouverture d'Egmont..., in: AMZ 15, 1813, Sp. 473–481; Wiederabdruck in: Schriften zur Musik. Nachlese. Aufsätze und Rezensionen, hrsg. von Fr. Schnapp, Mn. 1963, 170–178, ferner in: St. Kunze (Hrsg.), Ludwig van Beethoven. Die Werke im Spiegel seiner Zeit, Laaber 1987, 221–227 ▪ E. OSTER, The Dramatic Character of the Egmont Overture, in: Musicology 2, 1948, 269–285 ▪ K. K. POHLHEIM (Hrsg.), Zwischen Goethe und Beethoven. Verbindende Texte zu Beethovens Egmont-Musik, Bonn 1982 ▪ V. KREINER, Ludwig van Beethoven. Ouvertüre zu Goethes »Egmont« op. 84, in: NZfM 148, 1987, H. 3, 30–34 ▪ FR. LISZT, Über Beethovens Musik zu Egmont, in: Sämtl. Schriften Bd. 5, hrsg. von D. Redepenning/Br. Schilling, Wbdn. 1989, 16–20 ▪ H. LÜHNING, Freudvoll oder leidvoll? Beethovens Weg zur endgültigen Fassung von Klärchens Lied, in: Fs. Franz Krautwurst, hrsg. von Fr. Brusniak/ H. Leuchtmann, Tutzing 1989, 351–386

Opus 85 A. TYSON, The 1803 Version of Beethoven's ›Christus am Oelberge‹, in: MQ 56, 1970, 551–584 ▪ S. BRANDENBURG, Beethovens Oratorium »Christus am Ölberg«. Ein unbequemes Werk, in: Fs. Günter Massenkeil, hrsg. von R. Cadenbach/H. Loos, Bonn 1986, 203–220 ▪ TH. ALBRECHT, The Fortnight Fallacy: A Revised Chronology for the Composition of Beethoven's Christ on the Mount of Olives, op. 85, and the Wielhorsky Sketchbook, in: Journal of Musicological Research 11, 1991, 263–284

Opus 86 E. T. A. HOFFMANN, Rezension der Messe in C-Dur, in: AMZ 15, 1813, Sp. 389–397 und 409–414; Wiederabdruck in: Schriften zur Musik. Nachlese. Aufsätze und Rezensionen, hrsg. von Fr. Schnapp, Mn. 1963, 154–169; ferner in: St. Kunze (Hrsg.), Ludwig van Beethoven. Die Werke im Spiegel seiner Zeit, Laaber 1987, 252–265 ▪ B. A. WALLNER, Beethovens C-Dur-Messe opus 86 als kirchliches Werk, in: Neues Beethoven-Jb. 2, 1925, 119–136 ▪ J. P. LARSEN, Beethovens C-dur-Messe und die Spätmessen Joseph Haydns, in: Beitr. ›76–78‹ Beethoven-Kolloquium 1977. Dokumentation und Aufführungspraxis, Kassel 1978, 12–19 ▪ L. M. KNAPP, Beethoven's Mass in C Major, Op. 86, in: Beethoven Essays, Studies in Honor of Elliot Forbes, hrsg. von L. Lockwood/Ph. Benjamin, Cambridge/Mass. 1984, 199–216 ▪ R. STEPHAN, Messe C-Dur op. 86, in: A. Riethmüller/C. Dahlhaus/A. L. Ringer (Hrsg.) 1994 [E.], Teil 2, 1–15

Opus 90 H. KRONES, »… er habe ihm seine Liebesgeschichte in Musik setzen wollen …«. Ludwig van Beethovens e-Moll-Son., op. 90, in: ÖMZ 43, 1988, 592–601

Opus 91 H.-W. KÜTHEN, Neue Aspekte zur Entstehung von Wellingtons Sieg, in: BeJb 8, 1971/72, 73–94 ▪ DERS., ›Wellingtons Sieg oder die Schlacht bei Vittoria‹: Beethoven und das Epochenproblem Napoleon, in: Beethoven zwischen Revolution und Restauration, hrsg. von S. Brandenburg/H. Lühning, Bonn 1989, 259–273 ▪ K. VELTEN, Ludwig van Beethoven. Wellingtons Sieg oder die Schlacht bei Vittoria op. 91, in: Programmusik, hrsg. von A. Goebel, Mz. 1992, 30–38

Opus 93 O. KAUL, Die organische Einheit in Beethovens 8. Sinf., in: Neues Beethoven-Jb. 5, 1933, 178–193 ▪ E. LAAFF, Der mus. Humor in Beethovens Achter Sinf., in: AfMw 19/20, 1962/63, 213–229 ▪ C. DAHLHAUS, Bemerkungen zu Beethovens 8. Symph., in: SMZ 110, 1970, 205–209 ▪ FR. EIBNER, Zu

Form und Satz des Finales der VIII. Sinf., in: Beethoven-Almanach, Wien 1970, 124–150 (= Publ. der Wiener Musikhochschule 4) ▪ CHR. KADEN, Ludwig vam Beethoven, Sinf. Nr. 8 op. 93, zweiter Satz Allegretto scherzando. Ansätze zu einer statistischen Strukturanalyse, in: Ber. über den Internat. Beethoven-Kgr. 20. bis 23. März 1977 in Berlin, Lpz. 1978, 113–130 ▪ N. TEMPERLY, Schubert and Beethoven's Eight – Six Chord, in: 19th Century Music 5, 1981, 142–154 ▪ M. E. BROYLES, Beethoven. Symph. No. 8, in: dass. 6, 1982, 39–46 ▪ H. SCHNEIDER, Ludwig van Beethoven. 8. Sinf. F-Dur, op. 93. Einführung und Analyse, Mn. 1989

Opus 95 K. VON FISCHER, »Never to be performed in public«. Zu Beethovens Streichquartett op. 95, in: BeJb 9, 1973–1977, 87–96 ▪ R. WIESEND, Bemerkungen zum Streichquartett Op. 95, in: Beitr. zu Beethovens Kammermusik, Symposion Bonn 1984, Mn. 1987, 125–134

Opus 96 L. MISCH, Zur Frage »Ein Fehler in Beethovens letzter Violinson.«, in: Mf 5, 1952, 367–369 ▪ O. JONAS, Bemerkungen zu Beethoven's op. 96, in: AMl 37, 1965, 87–89 ▪ M. R. OBELKEVICH, The Growth of a Musical Idea – Beethoven's Opus 96, in: Current Musicology 11, 1971, 91–114 ▪ M. STAEHELIN (Hrsg.), Nachwort zu: Ludwig van Beethoven: Son. für Klavier und Violine G-Dur Opus 96, Faks. nach dem im Eigentum der Pierpont Morgan Library New York befindlichen Autograph, Mn. 1977 ▪ S. BRANDENBURG, Bemerkungen zu Beethovens op. 96, in: BeJb 1977, S. 11ff.

Opus 97 E. PLATEN, »Voilà Quelque Chose aus dem alten Versatzamt«: Zum Scherzo des Klaviertrios B-Dur opus 97, in: Beethovens Klaviertrios. Symposion München 1990, hrsg. von R. Bockholdt/P. Weber-Bockholdt, Mn. 1992, 168–184 (= Veröff. des Beethoven-Hauses Bonn, N. F., 4. Reihe, 11)

Opus 98 J. KERMAN, An die ferne Geliebte, in: Beethoven Studies 1, hrsg. von A. Tyson, N. Y. 1973, 123–157 ▪ P. MIESS, Der Titel von Ludwig van Beethoven Op. 98, in: BeJb 9, 1973/77, 339–346 ▪ CHR. REYNOLDS, The Representational Impulse in Late Beethoven, I: An die ferne Geliebte, in: AMl 60, 1988, 43–61

Opus 102 C. DAHLHAUS, »Von zwei Kulturen der Musik«. Die Schlußfuge aus Beethovens Cello-Sonate opus 102, 2, in: Mf 31, 1978, 397–405 ▪ DERS., Zum Begriff des Thematischen bei Beethoven; Kommentar zu Opus 95 und Opus 102, 1, in: Beethoven 77, Beitr. der Beethovenwoche 1977 veranstaltet von der Musik-Akad. Basel, hrsg. von Fr. Döhl, Z. 1979, 45–64

Opus 103 A. OREL, Beethovens Oktett op. 103 und seine Bearbeitung als Quintett op. 4, in: ZfMw 3, 1920/21, 159–179

Opus 104 A. TYSON, The Authors of the Op. 104 String Quintet, in: ders., Beethoven Studies 1, N. Y. 1973, 158–173

Opus 106 A. TYSON, The Hammerklavier Sonata and its English Editions, in: MT 103, 1962, 235–237 ▪ J. FISCHER, Zur »Großen Son. für das Hammerklavier B-Dur op. 106« von Ludwig van Beethoven, in: NZfM 133, 1972, 186–194 ▪ E. PAOLONE, La grande sconosciuta »Große Sonate für das Hammerklavier« op. 106, Cagliari 1977

Opus 109 W. MEREDITH, The Origins of Beethoven's op. 109, in: MT 126, 1985, 713–716 ▪ DERS., The Sources for Beethoven's Piano Sonata in E Major, Opus 109, Diss. Univ. of North Carolina, 2 Bde., Chapel Hill 1985 ▪ N. MARSTON, The Sketches for Beethoven's Pinao Sonata in E, Opus 109, Diss. Univ. of Cambridge, 1986 ▪ W. KINDERMAN, Thematic Contrast and Parenthetical Enclosure in the Piano Sonatas, op. 109 and 111, in: Zu Beethoven. 3. Aufsätze und Dokumente, hrsg. von H. Goldschmidt, Bln. 1988, 43–59

Opus 110 L. M. KNAPP, Die Einheit der Beethovenschen Klavierson. in As-Dur, op. 110, in: A. Knab (Hrsg.), Denken und Tun. Ges. Aufsätze über Musik, Bln. 1959 ▪ K. M. KOMMA, Die Klavierson. As-Dur Opus 110, Faks.-Ausg. und Beiheft, 2 Bde., Stg. 1967 ▪ H.-W. KÜTHEN, »Die ominöse Stelle um den Orgelpunkt herum«. Text und Quellengeschichtliches zur Fuge in Beethovens Klavierson. op. 110, in: Divertimento für Hermann J. Abs. Beethoven-Studien, hrsg. von M. Staehelin, Bonn 1981, 49–68

Opus 111 PH. T. BARFORD, Beethoven's Last Sonata, in: ML 35, 1954, 320–331, Wiederabdruck in: The Beethoven Companion, hrsg. von Th. K. Scherman/L. Biancolli, N. Y. 1972, 1040–1050 ▪ W. DRABKIN, Some Relationships Between the Autographs of Beethoven's Sonata in C Minor, Opus 111, in: current musicology 13, 1972, 38–47 ▪ W. KINDERMAN, Thematic Contrast and Parenthetical Enclosure in the Piano Sonatas, op. 109 and 111, in: Zu Beethoven. 3. Aufsätze und Dokumente, hrsg. von H. Goldschmidt, Bln. 1988, 43–59

Opus 119 A. TYSON, The First Edition of Beethoven's Op. 119 Bagatelles, in: MQ 49, 1963, 331–338 ▪ H. POOS, Beethovens ars poetica. Die Bagatelle op. 119,7, in: MK 56, 1987, 3–45

Opus 120 L. U. ABRAHAM, Trivialität und Persiflage in Beethovens Diabelli-Var., in: Neue Wege der mus. Analyse, Bln. 1967, 7–17 (= Veröff. des Inst. für Neue Musik und Musikerziehung Darmstadt 6) ▪ E. SCHAEFFER, Die Diabelli-Var. von Beethoven, in: SMZ 107, 1967, 202–210 ▪ D. H. PORTER, The Structure of Beethoven's Diabelli-Var. op. 120, in: MR 31, 1970, 295–301 ▪ M. BUTOR, Dialogue avec 33 variations de Ludwig van Beethoven sur une valse de Diabelli, P. 1971 ▪ D. FR. TOVEY, 33 Variations in C on a Waltz by A. Diabelli, Opus 120, in: The Beethoven Companion, hrsg. von Th. K. Scherman/L. Biancolli, N. Y. 1972, 1056–1061 ▪ J. UHDE, Reflexionen zu Beethovens op. 120 (33 Veränderungen über einen Walzer von A. Diabelli), in: ZfMth 7, 1976, 30ff. ▪ W. KINDERMAN, Beethoven's Variations on a Waltz by Diabelli: Genesis and Structure, Diss. Univ. of California 1980 ▪ M. ZENCK, Rezeption von Gesch. in Beethovens »Diabelli-Var.«. Zur Vermittlung analytischer, ästh. und hist. Kate

gorien, in: AfMw 37, 1980, 61ff. ▪ A. MÜNSTER, Studien zu Beethovens Diabelli-Var., Mn. 1982 (= Veröff. des Beethovenhauses in Bonn. Neue Folge, im Auftrage des Vorstandes hrsg. von M. Staehelin, 4. Reihe. Schriften zur Beethovenforschung 8) ▪ W. KINDERMAN, The Evolution and Structure of Beethoven's »Diabelli« Variations, in: JAMS 35, 1982, 306–327 ▪ R. BOCKHOLDT, Beethovens Zweiundzwanzigste Diabelli-Var., in: Beitr. zu Beethovens Kammermusik, Symposion Bonn 1984, Mn. 1987, 225–253 ▪ W. KINDERMAN, Beethoven's Diabelli Variations: A Study of its Evolution and Significance, Oxd. 1987 ▪ DERS., Beethoven's Diabelli Variations [Studies in musical genesis and structure], New York 1989/1999

Opus 121a A. TYSON, Beethoven's ›Kakadu‹-Variations and their English History, in: MT 104, 1963, 108–110 und 343

Opus 122 FR. ROCHLITZ, Rezension von Beethovens Bundeslied, in: AMZ 27, 1825, Sp. 740 ▪ J. WEBER, Rezension Von Beethovens Bundeslied, in: Caecilia 5, 1826, 30–32 ▪ G. SCHULZ, Das Bundeslied von Beethoven, in: Die Einkehr. Unterhaltungsbeilage der Münchener Neuesten Nachrichten 1, 49, 1920, 393–395

Opus 123 W. WEBER, Beethovens Missa Solemnis: eine Studie, Lpz. 1908 ▪ K. VETTERL, Zur liturgischen Uraufführung der Missa solemnis von Ludwig van Beethoven, in: Musica divina 17, 1929, 6ff. ▪ J. SCHMIDT-GÖRG, Missa solemnis, Bonn 1948 ▪ L. DIKENMANN-BALMER, Beethovens Missa solemnis und ihre geistigen Grundlagen, Z. 1952 ▪ TH. W. ADORNO, Verfremdetes Hauptwerk. Zur Missa solemnis, in: Neue Dt. Hefte, H. 54, 1959; auch in: ders., Moments musicaux, Ffm. 1964, 167–185 ▪ J. SCHMIDT-GÖRG, Zur melodischen Einheit in Beethovens »Missa solemnis«, in: Fs. Anthony van Hoboken, hrsg. von J. Schmidt-Görg, Mz. 1962, 146–152 ▪ A. SCHMITZ, Zum Verständnis des Gloria in Beethovens Missa solemnis, in: Fs. Friedrich Blume, hrsg. von A. A. Abert/W. Pfannkuch, Kassel u. a. 1963, 320–326 ▪ TH. GEORGIADES, Zu den Satzschlüssen der Missa Solemnis, in: Ber. über den Internat. mw. Kgr. Bonn 1970, Kassel u. a. 1971, 37–42 ▪ E. GERSON-KIWI, Beethoven's Sacred Drama – A Revaluation, in. dass., 402–405 ▪ W. KIRKENDALE, New Roads to Old Ideas in Beethoven's Missa Solemnis, in: MQ 56, 1970, 665–701 ▪ J. LESTER, Revisions in the Autograph of the Missa Solemnis Kyrie, in: JAMS 23, 1970, 420–438 ▪ DERS., Beethovens Missa solemnis und die rhetorische Tradition, in: Beethoven-Symposion Wien, 1970, hrsg. von E. Schenk, Wien 1971, 121–158, engl., in: MQ 56, 1970, 665–701; ferner in: Ludwig van Beethoven, hrsg. von L. Finscher, Dst. 1983, 52–97 (= Wege der Forschung 428) ▪ J. SCHMIDT-GÖRG, Missa Solemnis: Beethoven in seinem Werk, in: Ber. über den Internat. mw. Kgr. Bonn 1970, Kassel u. a. 1971, 13–25 ▪ B. SCHWARZ, Zur Uraufführung von Beethoven »Missa solemnis« in St. Petersburg, in: dass., 559–561 ▪ R. KLEIN, Die Struktur von Beethovens Missa solemnis, in: Fs. Erich Valen tin, hrsg. von G. Weiß, Rgsbg. 1976, 89–107 ▪ R. FISKE, Beethoven's Missa Solemnis, L. 1979 ▪ W. KINDERMAN, Beethoven's Symbol for the Deity in the Missa solemnis and the Ninth Symphony, in: 19th Century Music 9, 1985, 102–118 ▪ W. DRABKIN, Beethoven: Missa solemnis, Cambridge 1991 ▪ N. GERTSCH, A Subscription Copy of Ludwig van Beethoven's Missa solemnis, Opus 123, for King Frederik VI of Denmark, in: Beethoven Forum 6, hrsg. von L. Lockwood u.a., Lincoln/L. 1998, 181–205

Opus 124 TH. GÖLLNER, Beethovens Ouvertüre »Die Weihe des Hauses« und Händels Trauermarsch aus »Saul«, in: Fs. Heinrich Hüschen, hrsg. von D. Altenburg, K. 1980, 181–189

Opus 125 D. FR. STRAUSS, Beethoven's Neunte Symph. und ihre Bewunderer. Mus. Brief eines beschränkten Kopfes, in: AMZ 12, 1877, 28. Febr. 1877, Sp. 129–133 ▪ CL. DEBUSSY, Die Neunte Symph. (1901) in: ders., Monsieur Croche. Sämtliche Schriften und Interviews, hrsg. von Fr. Lesure, übs. von J. Häusler, Stg. 1974, 34–36 ▪ H. SCHENKER, Beethovens Neunte Symph. Eine Darstellung des mus. Inhaltes unter fortlaufender Berücksichtigung auch des Vortrages und der Lit., Wien/Lpz. 1912, Wien ²1969 ▪ O. BAENSCH, Zur neunten Symph. Einige Feststellungen, in: Neues Beethoven-Jb. 2, 1925, 137–166 ▪ DERS., Aufbau und Sinn des Chorfinales in Beethovens Neunter Symph., Bln./Lpz. 1930 ▪ R. V. WILLIAMS, Some Thoughts on Beethoven's Choral Symph., N. Y. 1953 ▪ E. SANDERS, Form and Content in the Finale of Beethoven's Ninth Symph., in: MQ 50, 1964, H. 1, 59–76 ▪ D. B. LEVY, Wolfgang Robert Griepenkerl and Beethoven's Ninth Symph., in: Fs. Warren Fox, N. Y. 1979, 103ff. ▪ L. TREITLER, History, Criticism, and Beethoven's Ninth Symph., in: 19th Century Music 3, 1980, 193–210 ▪ S. A. KOJIMA, Die Uraufführung der neunten Symphonie. Beethovens - einige neue Tatsachen, in: Kgr.Ber. Bayreuth 1981, Kassel 1984, 390–398 ▪ M. SOLOMON, Beethoven's Ninth Symph.: A Search for Order, in: 19th Century Music, 10, 1986, 3–23 ▪ M. WULFHORST, Hill, Spohr, Mendelssohn and Beethoven's Ninth Symph.: A Mid-Nineteenth-Century Music Festival in New York, in: ISAM Newsletter, 15/2, 1986, 8–11 ▪ ST. KUNZE, »Über Sternen muß er wohnen«. Töne der Jenseitigkeit in Beethovens Neunter Symph., in: Fs. Rudolf Bockholdt, hrsg. von N. Dubowy/S. Meyer-Eller, Pfaffenhofen 1990, 283–297 ▪ H.-W. KÜTHEN, Schöpferische Rezeption im Finale der 9. Symph. von Beethoven, in: Probleme der symph. Tradition im 19. Jh., hrsg. von S. Kross, Tutzing 1990, 41–65 ▪ M. SOLOMON, Beethoven's Ninth Symph.: The Sense of an Ending, in: dass., 145–156, und in: Critical Inquiry 17, 1991, H. 2, 289–305 ▪ J. BAUER, Rhetorik der Überschreitung. Annotationen zu Beethovens Neunter Symph., Pfaffenweiler 1992 (= Mw. Studien 8) ▪ J. WEBSTER, The Form of the Finale of Beethoven's Ninth Symph., in: Beethoven Forum 1, hrsg. von Chr. Reynolds/L. Lockwood/J. Webster, Lincoln/L. 1992, 25–62

▪ H.-W. KÜTHEN, Mozart – Schiller – Beethoven: Mozarts Modell für die Freudenhymne und die Fusion der Embleme im Finale der Neunten Symphonie, in: Hudební veda (Musikwissenschaft) XXX (1993), 90–128

Opus 126 TH. W. ADORNO, Ludwig van Beethoven: Sechs Bagatellen op. 126, in: ders., Ges. Schriften 18/Mus. Schriften 5, Ffm. 1984, 185–188 ▪ S. BRANDENBURG (Hrsg.), Ludwig van Beethoven. Sechs Bagatellen für Klavier, 2 Bde., Beethoven-Haus Bonn 1984 ▪ J. SCHMALFELDT, On the Relation of Analysis to Performance: Beethoven's Bagatelle's Op. 126, Nos. 2 and 5, in: Journal of Music Theory 29/1, 1985, 1–31

Opus 127 H. Schenker, Beethoven zu seinem Opus 127, in: Der Tonwille 4, 1924, 39–41 ▪ S. BRANDENBURG, Die Quellen zur Entstehungsgeschichte von Beethovens Streichquartett Es-Dur op. 127, in: BeJb 10, 1978/81, 221–276

Opus 130 D. W. MACARDLE, Beethoven's Quartet in B flat, Op. 130, in: MR 8, 1947, 11–24 ▪ E. RATZ, Die Originalfassung des Streichquartetts op. 130 von Beethoven, Wien 1950 ▪ L. LOCKWOOD, On the »Cavatina« of Beethoven's String Quartet in B-Flat Major, Opus 130, in: Fs. Wolfgang Osthoff, hrsg. von M. Just/R. Wiesend, Tutzing 1989, 293–305 ▪ R. A. KRAMER, Between Cavatina and Ouverture: Opus 130 and the Voices of Narrative, in: Beethoven Forum 1, hrsg. von Chr. Reynolds/L. Lockwood/J. Webster, Lincoln/L. 1992, 165–189 ▪ B. R. BARRY, Recycling the End of the »Leibquartett«: Models, Meaning and Propriety in Beethoven's Quartet in B-Flat-Major, Opus 130, in: The Journal of Musicology 13, 1995, 355–376 ▪ K. KROPFINGER, Beethoven – Im Zeichen des Janus. Op. 130 ± 133 – Der widerwillig gefaßte Entschluß - Op. 134 – Der spät gefaßte Entschluß, in: ders., Über Musik im Bilde, Bd. 1, hrsg. von B. Bischoff u.a., K. 1995, 277–323 ▪ DERS., Das gespaltene Werk. Beethovens Streichquartett op. 130/133, in ders., Über Musik im Bilde, Bd. 1, hrsg. von B. Bischoff u.a., K. 1995, 241–275 ▪ B. CHURGIN, The Andante con moto in Beethoven's String Quartet Op. 130: The Final Version and Changes in the Autograph, in: The Journal of Musicology 16, 1998, 227–253

Opus 131 FR. ROCHLITZ, Auf Veranlassung von: Grand Quatuor - pour deux Violons, Alto et Violoncelle, comp. – par Louis van Beethoven, Œuvre 131 […], in: AMZ, 1828, Sp. 485–495, 501–509

Opus 132 W. KIRKENDALE, Gregorianischer Stil in Beethovens Streichquartett op. 132, in: Ber. über den Internat. mw. Kgr. Berlin 1974, Kassel u.a. 1980, 373–376 ▪ E. W. VELTE, Lineatur- und Klangorganisation in Beethovens späten Streichquartetten. Aufgezeigt am Beispiel des 1. Satzes des Streichquartettes op. 132 in a-Moll, in: Logos Musicae. Fs. für Albert Palm, hrsg. von R. Görner, Wbdn. 1982, 239–249 ▪ N. SCHWINDT-GROSS, Zwischen Kontrapunkt und Divertimento. Zum zweiten Satz aus Beethovens Streichquartett op. 132,

in: Studien zur Mg. Fs. L. Finscher, hrsg. von A. Laubenthal, Kassel u. a. 1995, 445–456

Opus 133 H. SCHERCHEN, *Beethovens Große Fuge opus
133*, in: Die Musik 20, 1927/28, 401–420, wiederabgedruckt
in: Zur musikalischen Analyse, hrsg. von G. Schumacher,
Dst. 1974, 161–185 (= Wege der Forschung 257) ▪ S. GREW,
The ›Große Fuge‹: an Analysis, in: ML 12, 1931, 497–508
▪ W. KIRKENDALE, *The »Great Fugue«, op. 133: Beethoven's
›Art of Fugue‹»*, in: AMl 35, 1963, 14–24 ▪ K. KROPFINGER,
Op. 133 – Der widerwillig gefaßte Entschluß, in: ders., Über
Musik im Bilde, Bd. 1, hrsg. von B. Bischoff u. a., K. 1995,
311–316

Opus 134 K. KROPFINGER, *Op. 134 – Der spät gefaßte
Entschluß*, in: Über Musik im Bilde, Bd. 1, hrsg. von B. Bischoff u. a., K. 1995, 317–323

Opus 135 J. KRAMER, *Multiple and Non-Linear Time in
Beethoven's Opus 135*, in: Perspectives of New Music 11/2,
1973, 122–145 ▪ K. VON FISCHER, *»Der schwer gefaßte Entschluß.« Eine Interpretationsstudie zu Beethovens Streichquartett
op. 135*, in: BzMw 18, 1976, 117–121 ▪ L. K. BUMPASS, *Beethoven's Last Quartet. A Study of op. 135 Based on Autograph Materials*, Diss. Univ. of Illinois, 2 Bde., Urbana-Champaign
1982 ▪ CHR. REYNOLDS, *The Representational Impulse in Late
Beethoven, II: String Quartet in F Major, Op. 135*, in: AMl 60,
1988, 180–194

WoO 6 E. MANDYCZEWSKI, *Beethovens Rondo in B für
Pianoforte und Orchester*, in: ZIMG 1, 1899/1900, 295–306

WoO 14 Nr. 7 P. MIES, *Ludwig van Beethovens Werke
über einen Kontretanz in Es-Dur*, in: BeJb 1, 1953/54, 80–102

WoO 59 M. UNGER, *Beethovens Klavierstück »Für
Elise«*, in: Die Musik 15, 1922/23, 334–340

WoO 126 O. JONAS, *Zur Chronologie von Beethovens
»Opferlied«*, in: ZfMw 14, 1931/32, 103f.

WoO 133 E. SCHMITZ, *»In questa tomba oscura«*, in: Fs.
A. Sandberger, Mn. 1918, 258–264 ▪ A. TYSON, *»In questa
tomba oscura«*, in: Ber. über den Internat. Beethoven-Kgr.
Berlin 1977, Lpz. 1978, 239–245

WoO 134 TH. W. WERNER, *Beethovens Kompositionen
von Goethes »Nur wer die Sehnsucht kennt«*, in: Neues Beethoven-Jb. 2, 1925, 66–75 ▪ P. MIES, *»Sehnsucht von Göthe und
Beethoven«*, in: BeJb 1, 1955/56, 112–119 ▪ W. WEISMANN,
*Die vier Fassungen Beethovens von »Nur wer die Sehnsucht
kennt«*, in: BzMw 5, 1963, 223–229 ▪ H. LÜHNING, *Nur wer
die Sehnsucht kennt. Lied in vier Fassungen (WoO 134) nach
einem Gedicht von Johann Wolfgang von Goethe von Ludwig van
Beethoven*, Faks. des Autogr. mit einer Studie von H. Lühning, Bonn 1986

WoO 163 M. STAEHELIN, *»Kurz ist der Schmerz, und
ewig ist die Freude«. Zu Beethovens Kanon WoO 163 und zum
Verhältnis von Kanon und Stammbuch*, in: Fs. Kurt Dorfmüller, Tutzing 1984, 323–332

b. Stilaspekte

G. BECKING, *Studien zu Beethovens Personalstil: Das
Scherzothema*, Leipzig 1921 ▪ A. FOLDES, *Gibt es einen zeitgenössischen Beethoven-Stil?*, in: ders., Gibt es einen zeitgenössischen Beethoven-Stil? und andere Aufsätze, Wbdn. 1963,
5–24 ▪ J. LARUE, *Fundamental Considerations in Style Analysis*,
in: Notes 25, 1968–1969, 447–464 ▪ DERS., *Guidelines for Style
Analysis*, N. Y. 1970 ▪ A. FORCHERT, *Die Darstellung der
Melancholie in Beethovens op. 18/6*, in: Ludwig van Beethoven, hrsg. von L. Finscher, Dst. 1983, 212–239 (= Wege der
Forschung 428) ▪ M. E. BROYLES, *The Emergence and Evolution of Beethoven's Heroic Style*, N. Y. 1987 ▪ A. BRENDEL,
Beethoven's New Style, in: ders., Music Sounded Out. Essays,
Lectures, Interviews, Afterthoughts, L. 1990, 60–71

c. Über das »Neue«

PH. DOWNS, *Beethoven's New Way and the Eroica*, in:
MQ 56, 1970, 585–604 ▪ K. VON FISCHER, *Versuch über das
Neue bei Beethoven*, in: Ber. über den Internat. mw. Kgr.
Bonn 1970, Kassel u. a. 1971, 3–13 ▪ ST. KUNZE, *»Die wirk-
lich ganz neue Manier« in Beethovens Eroica-Variationen*, in:
AfMw 29, 1972, 124–149 ▪ C. DAHLHAUS, *Beethovens »neuer
Weg«*, in: JbSIMPK, 1974, 46–62 ▪ ST. M. WHITING, *To the
»New Manner« Born. A Study of Beethoven's Early Variations*,
Diss. Univ. of Illinois, Urbana 1991 ▪ G. STANLEY, *The
»wirklich gantz neue Manier« and the Path to it: Beethoven's
Variations for Piano, 1783–1802*, in: Beethoven Forum 3,
hrsg. von Chr. Reynolds/L. Lockwood/G. Stanley, Lin-
coln/L. 1994, 53–79

d. Andere Aspekte

α. Sonate D. FR. TOVEY, *Some Aspects of Beethoven's Art
Forms*, in: ML 8, 1927, 131–155 ▪ R. VON TOBEL, *Die Formen-
welt der klassischen Instrumentalmusik*, Bern/Lpz. 1935 (= Ber-
ner Veröff. zur Musikforschung 6) ▪ W. BROEL, *Die Durch-
führungsgestaltung in Beethovens Sonatensätzen*, in: Neues
Beethoven-Jb. 7, 1937, 37–90 ▪ E. RATZ, *Beethovens Größe,
dargestellt an Beispielen aus seinen Klavierson.*, in: Beethoven
im Mittelpunkt. Beitr. und Anmerkungen. Internat. Beethovenfest Bonn 1970, hrsg. von G. Schroers, Bonn 1970, 41–
57 ▪ R. KAMIEN, *Aspects of the Recapitulation in Beethoven's
Piano Sonatas*, in: Music Forum 4, 1976, 195–235 ▪ D. CO-
REN, *Structural Relations Between Op. 28 and Op. 36*, in: Beethoven Studies 2, hrsg. von A. Tyson, L./Oxd./N. Y. 1977,
66–83 ▪ C. DAHLHAUS, *»Von zwei Kulturen der Musik«. Die
Schlußfuge aus Beethovens Cello-Sonate opus 102, 2*, in: Mf 31,
1978, 397–405 ▪ A. BRENDEL, *Form und Psychologie in Beethovens Klaviersonaten*, in: ders., Nachdenken über Musik, Mn.
^{6}1982, 44–46 ▪ P. CAHN, *Aspekte der Schlußgestaltung in Beethovens Instrumentalwerken*, in: AfMw 39, 1982, 19–31
▪ C. DAHLHAUS, *Eine wenig beachtete Formidee. Zur Interpretation einiger Beethoven-Son.*, in: Fs. Hans Heinrich Egge-

brecht, hrsg. von W. Breig/R. Brinkmann/E. Budde, Stg. 1984, 248–256 (= BzAfMw 23) ▪ G. E. MEYER, Untersuchungen zur Sonatensatzform bei Ludwig van Beethoven. Die Kopfsätze der Klavierson. op.79 und op.110, Mn. 1985 (= Studien zur Musik 5) ▪ L. W. KIRILLINA, Der Sonatenzyklus und die Sonatenform in Beethovens Vorstellungen, in: Muzykal'nyi jazyk, Zanr, stil, Moskau 1987, 95–114 ▪ R. M. FRIEDMAN, The Original Cadenzas on the Piano Concertos of Beethoven: An Analysis, Diss. Boston Univ. 1989 ▪ W. DRABKIN, Beethoven's Understanding of »Sonata Form«: The Evidence of the Sketchbooks, in: W. Kinderman (Hrsg.), Beethoven's Compositional Process, University of Nebraska Press 1991, 14–19 ▪ R. FORSTER, Die Kopfsätze der Klavierkonz. Mozarts und Beethovens. Gesamtaufbau, Solokadenz und Schlußbildung, Mn. 1992 (= Studien zur Musik 10)

β. Thema – Motiv – Struktur – Form A. SCHMITZ, Beethovens »Zwei Prinzipe«; ihre Bedeutung für Themen und Satzbau, Bln./Bonn 1923 ▪ W. SENN, Das Hauptthema in den Sonatensätzen Beethovens, in: StMw 16, 1929, 86–115 ▪ K. VON FISCHER, Die Beziehung von Form und Motiv in Beethovens Instrumentalwerken, Strbg./Z. 1948, Baden-Baden ²1972 ▪ E. RATZ, Einführung in die mus. Formenlehre. Über Formprinzipien in den Inventionen und Fugen J. S. Bachs und ihre Bedeutung für die Kompositionstechnik Beethovens, Wien 1951, ³1973 ▪ R. RÉTI, The Thematic Process in Music, L. 1961 ▪ R. A. RISELING, Motivic Structure in Beethoven's Late Quartets, in: Fs. Paul Pisk, Austin 1966, 141–162 ▪ K. KROPFINGER, Zur thematischen Funktion der langsamen Einleitung bei Beethoven, in: Fs. J. Schmidt-Görg, Bonn 1967, 197–216 ▪ R. RÉTI, Thematic Patterns in Sonatas of Beethoven, hrsg. von D. Cooke, L. 1967 ▪ R. FLOTZINGER, Die barocke Doppelgerüst-Technik im Variationsschaffen Beethovens, in: Beethoven-Studien. Festgabe der Österr. Akad. der Wiss. zum 200. Geburtstag von Ludwig van Beethoven, hrsg. von E. Schenk, Wien 1970, 151–194 ▪ P. GÜLKE, Introduktion als Widerspruch im System. Zur Dialektik von Thema und Prozessualität bei Beethoven, in: Dt. Jb. der Mw. für 1969, Lpz. 1970, 5–40 ▪ P. GÜLKE, Kantabilität und thematische Abhandlung. Ein Beethovensches Problem und seine Lösungen in den Jahren 1806/1808, in: BzMw 12, 1970, 252–273 ▪ V. V. PROTOPOPOV, Principy muzykal'noj formy Betchovena (Prinzipien der musikalischen Form Beethovens), Moskau 1970 ▪ K. KROPFINGER, Der mus. Strukturbegriff bei E. T. A. Hoffmann, in: Ber. über den Internat. mw. Kgr. Bonn 1970, Kassel, 1971, 480–482 ▪ C. DAHLHAUS, Satz und Periode. Zur Theorie der mus. Syntax, in: ZfMth 9, 1978, H. 2, 16–26 ▪ DERS., Zum Begriff des Thematischen bei Beethoven; Kommentare zu Opus 95 und Opus 102, 1, in: Beethoven 77, Beitr. der Beethovenwoche 1977 veranstaltet von der Musik-Akad. Basel, hrsg. von Fr. Döhl, Z. 1979, 45–64 ▪ DERS., Cantabile und thematischer Prozeß. Der Übergang zum Spätwerk in Beethovens Klavierson., in: AfMw 37, 1980, 81–98 ▪ W. STEINBECK, »Ein wahres Spiel mit musikalischen Formen«. Zum Scherzo Ludwig van Beethovens, in: AfMw 38, 1981, 194–226 ▪ A. L. RINGER, Klassisches Formbewußtsein und strukturelle Vielfalt (1973), in: Ludwig van Beethoven, hrsg. von L. Finscher, Dst. 1983, 317–337 (= Wege der Forschung 428) ▪ CHR. HATCH, Thematic Interdependance in two Finales by Beethoven, in: MR 45, 1984, 194–207 ▪ O. MESSIAEN, Entwicklung durch Verkürzung. Eine Rede über Beethoven, in: Musiktexte 4, 1986, 24f. ▪ M. H. SCHMID, Klangaufbau als Themenvorbereitung im Spätwerk Beethovens, in: Beitr. zu Beethovens Kammermusik, Symposion Bonn 1984, Mn. 1987, 283–295 ▪ W. KINDERMAN, Thematic Contrast and Parenthetical Enclosure in the Piano Sonatas op. 109 and 111, in: Zu Beethoven. 3. Aufsätze und Dokumente, hrsg. von H. Goldschmidt, Bln. 1988, 43–59 ▪ W. E. CAPLIN, Structural Expansion in Beethoven's Symphonic Forms, in: W. Kinderman (Hrsg.), Beethoven's Compositional Process, Univ. of Nebraska Press 1991, 27–54 ▪ DERS., Hybrid Themes: Toward a Refinement in the Classification of Classical Themes Types, in: Beethoven Forum 3, hrsg. von Chr. Reynolds/L. Lockwood/G. Stanley, Lincoln/L. 1994, 151–165

γ. Fuge und Kontrapunkt FR. DEUTSCH, Die Fugenarbeit in den Werken Beethovens, Diss. Wien 1925 (mschr.), auch in: StMw 14, 1927, 75–106 ▪ H. GOOS, Beethovens Kontrapunktik, Diss. Kiel 1943 (mschr.) ▪ W. VETTER, Beethoven und der strenge Satz, in: Das Musikleben 3, 1950, 2–5 ▪ J. V. COCKSHOOT, The Fugue in Beethoven's Piano Music, L. 1959 ▪ W. KIRKENDALE, The »Great Fugue«, op. 133: Beethoven's ›Art of Fuge‹, in: AMl 35, 1963, 14–24 ▪ DERS., Fuge und Fugato in der Kammermusik des Rokoko und der Klassik, Tutzing 1966, engl. Durham 1979 ▪ O. ZICKENHEINER, Zur kontrapunktischen Satztechnik in späten Werken Beethovens, in: BeJb 9, 1973/77, 553–569 ▪ C. DAHLHAUS, »Von zwei Kulturen der Musik«. Die Schlußfuge aus Beethovens Cello-Sonate opus 102, 2, in: Mf 31, 1978, 397–405

δ. Harmonik J. LARUE, Harmonischer Rhythmus in Beethovens Symphonien, in: Ludwig van Beethoven, hrsg. von L. Finscher, Dst. 1983, 181–199 (= Wege der Forschung 428) ▪ P. DINSLAGE, Studien zum Verhältnis von Harmonik, Metrik und Form in den Klavierson. Ludwig van Beethovens, Mn./Salzburg 1987 (= Berliner mw. Arbeiten 33) ▪ M. BÁLINT, Die Bedeutung des Neapolitanischen Sextakkordes im Vokalwerk Ludwig van Beethovens, Diplomarbeit Wien 1990 ▪ P. WEBER-BOCKHOLDT, B-Dur und D-Dur bei Beethoven, in: Fs. Rudolf Bockholdt, hrsg. von N. Dubowy/S. Meyer-Eller, Pfaffenhofen 1990, 321–338

ε. Rhythmik C. DAHLHAUS, Zur Rhythmik in Beethovens Diabelli-Var., in: Neue Wege der mus. Analyse, Bln. 1967, 18ff. (= Veröff. des Instituts für Neue Musik und Musikerziehung Darmstadt 6) ▪ W. S. NEWMAN, On the Rhythmic Significance of Beethoven's Annotations in Cramer's Etudes, in: Ber. über den Internat. mw. Kgr. Bonn 1970,

Kassel u. a. 1971, 43-47 ▪ H.-B. DIETZ, *Relations between Rhythm and Dynamics in Works of Beethoven*, in: dass., 47-53
ζ. Dynamik M. STAEHELIN, *Zur Stellung der Dynamik in Beethovens Schaffensprozeß*, in: BeJb 10, 1978/1981, 319-324 ▪ M. SHEER, *Comparison of Dynamic Practices in Selected Piano Sonatas by Clementi and Beethoven*, in: Beethoven Forum 5, hrsg. von Chr. Reynolds/L. Lockwood/J. Webster, Lincoln/L. 1996, 85-101

η. Musikalischer »Charakter« ST. DEAS, *Beethoven's Allegro Assai*, in: ML 31, 1950, 333-336 ▪ C. DAHLHAUS, *La Malinconia*, in: Ludwig van Beethoven, hrsg. von L. Finscher, Dst. 1983, 200-211 (= Wege der Forschung 428) ▪ A. FORCHERT, *Die Darstellung der Melancholie in Beethovens op. 18/6*, in: dass. 212-239

θ. Werkeinheit und -integration L. MISCH, *Die Faktoren der Einheit in der Mehrsätzigkeit der Werke Beethovens. Versuch einer Theorie der Einheit des Werkstils*, Mn./Duisburg 1958 ▪ D. COOKE, *The Unity of Beethoven's Late Quartets*, in: MR 24, 1963, 30-49 ▪ K. KORSYN, *Integration in Works of Beethoven's Final Period*, Diss. Yale Univ. 1983

2. Bagatellen [s. Literatur-Nachtrag]
χ. Ästhetik CHR. FR. MICHAELIS, *Etwas über sentimentale und naive Musik*, in: Berlinische mus. Ztg. 1, 1805, 149f.; Wiederabdruck in: AmZ 1, 1813, Sp. 687-690 ▪ C. DAHLHAUS, E. T. A. *Hoffmanns Beethoven-Kritik und die Ästhetik des Erhabenen*, in: AfMw 38, 1981, 79-92

λ. Sonstiges I. RITTER VON SEYFRIED, *Beethoven's neueste Compositionen*, in: Cäcilia 9/H. 33-36, 1828, 217-243 ▪ DERS., *Ludwig van Beethoven's Studien im Generalbaß, Contrapunkt und in der Compositionslehre*, Wien 1832 ▪ A. REICHA, *Art du compositeur dramatique, ou Cours complet de composition vocale*, P. 1833, dt. von C. Czerny als *Die Kunst der dramatischen Composition*, Wien 1835 ▪ C. ENGEL, *Beethoven's opus 3 an »Envoi de Vienne«?*, in: MQ 13, 1927, 261-279 ▪ K. HERBST, *Das mus.-materiale Element im Beethovenschen Schaffen*, Diss. K. 1936 ▪ E. BÜCKEN, *Das Wort-Ton-Problem bei Beethoven*, in: Fs. Ludwig Schiedermair, hrsg. von A. Schmitz, Blb./Bonn 1937, 162-176 ▪ P. HIRSCH, *A Discrepancy in Beethoven*, in: ML 19, 1938, 265-267 ▪ D. W. MACARDLE, *A Check-List of Beethoven's Chamber Music*, in: ML 27, 1946, 83-101 ▪ A. SUDER, *Die Coda bei Haydn, Mozart und Beethoven als Resultate verschiedener Gestaltungsprinzipien*, Diss. Mn. 1951 (mschr.) ▪ A. EINSTEIN, *Beethoven's Military Style*, in: Essays on Music, N. Y. 1956, 243-249 ▪ W. HESS, *Wie viele Fassungen der Marzellinen-Arie gibt es?*, in: NZfM 120, 1959, 514 ▪ D. W. MACARDLE, *Minor Beethoveniana II*, in: MQ 46, 1960, 41-55 ▪ B. S. VAN DER LINDE, *Die unorthographische Notation in Beethovens Klavierson. und Streichquartetten*, Diss. Wien 1963 und 1969 (1. und 2. Fassung) ▪ E. MELKUS, *Bogensetzung und Stricharten im Werk Beethovens*, in: Beethoven Almanach 1970, Wien 1970, 102-

123 (= Publ. der Wiener Musikhochschule 4) ▪ A. GERSTMEIER, *Motive aus frz. Revolutionsmusik in Beethovens 5. Sinf.*, in: MuG 21, 1971, 636-640 ▪ L. RICHTER, *Beethoven und die Gassenhauer seiner Zeit*, in: Ber. über den Internat. Beethoven-Kgr. 10.-12. Dez. 1970 in Berlin, hrsg. von H. A. Brockhaus/K. Niemann, Bln. 1971, 443-446 ▪ L. K. LUTES, *Beethoven's Reuse of his Own Compositions, 1782-1826*, Diss. Univ. of Southern California 1974 ▪ M. KOPFERMANN, *Beiträge zur mus. Analyse später Werke Ludwig van Beethovens*, Mn./Salzburg 1975 (= Berliner mw. Arbeiten 10) ▪ ST. KUNZE, *Figuration in Beethovens Spätwerk. Zur Krise der instrumentalen Spielformel im dt. Mus. um 1800*, in: Fs. Arno Forchert, hrsg. von G. Allroggen/D. Altenburg, Kassel u. a. 1986, 153-168 ▪ H.-KL. METZGER/R. RIEHN, *Beethoven. Analecta varia*, Mn. 1987 (= MK 56) ▪ H. KRONES, *Rhetorik und rhetorische Symbolik in der Musik um 1800. Vom Weiterleben eines Prinzips*, in: Mth 3, 1988, 117-140 ▪ A. GERSTMEIER, *Das Rezitativ in der späten Instrumentalmusik Ludwig van Beethovens*, in: Fs. Rudolf Bockholdt, hrsg. von N. Dubowy/S. Meyer-Eller, Pfaffenhofen 1990, 269-282 ▪ M. C. TUSA, *Beethoven's »C-Minor-Mood«: Some Thoughts on the Structural Implications of Key Choice*, in: Beethoven Forum 2, hrsg. von Chr. Reynolds/L. Lockwood/J. Webster, Lincoln/L. 1993, 1-28 ▪ L. TREITLER, *Beethoven's »Expressive« Markings*, in: Beethoven Forum 7, Lincoln/L. 1999, 89-111

e. Analysemethoden – Reflexionen über Analyse
A. WALKER, *Studies in Musical Analysis*, L. 1962
▪ L. LOCKWOOD, *On Beethoven's Sketches and Autographs: Some Problems of Definition and Interpretation*, in: AMl 42, 1970, 32-47; dt. in: Ludwig van Beethoven, hrsg. von L. Finscher, Dst. 1983, 113-138 ▪ CH. ROSEN, *The Classical Style: Haydn, Mozart, Beethoven*, N. Y. 1971, ²1972; dt. Mn./Kassel 1983 ▪ D. FR. TOVEY, *Essays in Musical Analysis*, 6 Bde. und Suppl., L. 7-141972 ▪ K. DREYFUS, *Beethoven's last five Piano Sonatas. A Study in Analytical Method*, in: BeJb 9, 1973/77, 37-45 ▪ DERS., *Über den Wert mus. Analysen* (1929), in: ders., Von Form und Sinn der Musik. Ges. Aufsätze, hrsg. von S. Schmalzriedt, Wbdn. 1978, 83-90 ▪ N. MARSTON, *Schenker and Forte reconsidered: Beethoven's Sketches for the Piano Sonata in E, Op. 109*, in: 19th Century Music 10, 1986, 24-42 ▪ H. FOHENEGGER, *Beethovens Sonata Appassionata op. 57 im Lichte verschiedener Analysemethoden*, Ffm. u. a. 1992 (= Europäische Hochschulschriften: Reihe 36, Mw., 73) ▪ N. MARSTON, *Review Article: Beethoven's Sketches and the Interpretative Process*, in: Beethoven Forum 1, hrsg. von Chr. Reynolds/L. Lockwood/J. Webster, Lincoln/L. 1992, 225-242

2. Hermeneutik – Programmatische Deutungen und Ansätze
TH. VEIDL, *Der mus. Humor bei Beethoven*, Lpz. 1929 ▪ O. WALZEL, *Das Prometheussymbol von Shaftesbury bis Goe-*

the, Mn. ²1932 (= Wortkunst 7) ▪ A. SCHERING, Zur Sinndeutung der 4. und 5. Symph. von Beethoven, in: ZfMw 16,
1934, 65–83 ▪ DERS., Beethoven in neuer Deutung, Lpz. 1934
▪ DERS., Beethoven und die Dichtung. Mit einer Einleitung zur
Gesch. und Ästh. der Beethovendeutung, Bln. 1936 ▪ DERS., Die
Symbolik des Pizzikatos bei Beethoven, in: AfMf 2, 1937, 237–
284 ▪ A. SCHMITZ, Zur Frage nach Beethovens Weltanschauung und ihrem mus. Ausdruck, in: Fs. Ludwig Schiedermair,
hrsg. von A. Schmitz, Bln./Bonn 1937, 266–293 ▪ A. SCHE-
RING, Zur Erkenntnis Beethovens. Neue Beiträge zur Deutung
seiner Werke, Wzbg.-Aumühle 1938 ▪ R. RAFFALT, Über die
Problematik der Programmusik. Ein Versuch ihres Aufweises an
der Pastoral-Symph. von Beethoven, der Berg-Symph. von Liszt
und der Alpensymph. von Strauss, Diss. Tbg. 1949 ▪ A. SCHE-
RING, Humor, Heldentum, Tragik bei Beethoven. Über einige
Grundsymbole der Tonsprache Beethovens, hrsg. von H. Osthoff, Strbg./Kehl 1955, 41–58 (= Slg. mw. Arbeiten 32) ▪ FR.
E. KIRBY, Beethoven's Pastoral Symph. as a Sinfonia caracteristica, in: MQ 56, 1970, 605–623 ▪ FR. SCHNEIDER, »... und
forme Menschen nach meinem Bild«. Das Prometheus-Thema bei
Beethoven, in: MuG 20, 1970, 798–804 ▪ C. FLOROS, Beethovens Eroica und Prometheus-Musik. Sujet-Studien, Wilhelms-
haven 1978 (= Veröff. zur Mf. 3) ▪ H. RÖSING, Fast wie ein
Unwetter. Zur Rezeption von Pastoral- und Alpensinfonie-
Gewitter. Über verschiedene Darstellungsebenen der mus. Infor-
mationsübermittlung, in: Fs. Walter Wiora, hrsg. von Chr.-
H. Mahling, Tutzing 1979, 65–89 ▪ P. SCHLEUNING, Beet-
hoven in alter Deutung. Der »Neue Weg« mit der »Sinfonia
eroica«, in: AfMw 44, 1987, 165–194 ▪ CHR. REYNOLDS, The
Representational Impulse in Late Beethoven, I: An die ferne
Geliebte, in: AMl 60, 1988, 43–61 ▪ DERS., The Representatio-
nal Impulse in Late Beethoven, II: String Quartet in F Major,
Op. 135, ebd. 180–194 ▪ ST. M. WHITING, »Hört ihr wohl«.
Zu Funktion und Programm von Beethovens »Chorfantasie«, in:
AfMw 45, 1988, 132–147 ▪ M. GECK/P. SCHLEUNING,
»Geschrieben auf Bonaparte«. Beethovens »Eroica«: Revolution,
Reaktion, Rezeption, Reinbeck 1989 (Rezension: P. Gülke in:
Mf 43/4, 1990, 381f.) ▪ P. SCHLEUNING, Kann eine Sinf. revo-
lutionär sein? Beethoven und seine »Eroica«, in: Revolution in
der Musik. Avantgarde von 1200 bis 2000, hrsg. von
A. Riethmüller, Kassel/Basel 1989, 66–79 ▪ B. EDELMANN,
Die poetische Idee des Adagio von Beethovens Quartett op. 18, 1,
in: Fs. Rudolf Bockholdt, hrsg. von N. Dubowy/S. Meyer-
Eller, Pfaffenhofen 1990, 247–267 ▪ KL. VELTEN, Ludwig van
Beethoven. Wellingtons Sieg oder die Schlacht bei Vittoria op. 91,
in: Programmusik, hrsg. von A. Goebel, Mz. 1992, 30–38

3. Skizzen
a. Aspekte und Probleme der Skizzenforschung
    G. NOTTEBOHM, Beethoveniana. Aufsätze und Mitthei-
lungen, Lpz./Winterthur 1872 ▪ DERS, Zweite Beethoveniana: Nachgelassene Aufsätze, hrsg. von E. von Man-

dyczewski, Lpz. 1887 ▪ P. MIES, Die Bedeutung der Skizzen
Beethovens zur Erkenntnis seines Stiles, ebd. 1925 ▪ W. GUR-
LITT, Robert Schumann in seinen Skizzen gegenüber Beethoven,
in: Beethoven. Zentenarfeier, Kgr.Ber. Wien 1927, Wien
1927 ▪ H. SCHMIDT, Verz. der Skizzen Beethovens, in: BeJb 6,
1965–1968, 7–128 ▪ K. WESTPHAL, Vom Einfall zur Symph.
Einblick in Beethovens Schaffensweise, Bln. 1965 ▪ W. VIRNEI-
SEL, Aus Beethovens Skizzenbüchern, in: Fs. J. Schmidt-Görg,
Bonn 1967, 428–440 ▪ L. LOCKWOOD, On Beethoven's Sketches
and Autographs: Some Problems of Definition and Interpretation, in: AMl 42, 1970, 32–47; dt. in: Ludwig van Beethoven,
hrsg. von L. Finscher, Dst. 1983, 113–138 ▪ S. BRANDEN-
BURG, Beethovens »erste Entwürfe« zu Variationszyklen, in:
Ber. über den Internat. mw. Kgr. Bonn 1970, Kassel u. a.
1971, 108–111 ▪ P. STADLEN, Possibilities of an Aesthetic Eva-
luation of Beethoven's Sketchbooks, in: das., 111–117 ▪ H. UN-
VERRICHT, Skizze – Brouillon – Fassung. Definitions- und
Bestimmungsschwierigkeiten bei den Skizzen Beethovens, in:
das., 95–101 ▪ L. LOCKWOOD, Nottebohm Revisited, in: Cur-
rent Thoughts in Musicology, hrsg. von J. W. Grubbs, Aus-
tin/L. 1976, 139–191 ▪ D. JOHNSON, Beethoven Scholars and
Beethoven's Sketches, in: 19th Century Music 2, 1978/79, 3–17
▪ S. BRANDENBURG, On Beethoven Scholars and Beethoven's
Sketches (reply to Douglas Johnson), in: dass., 270–274
▪ J. KERMAN, Sketch Studies, in: Musicology in the 1980's,
hrsg. von D. Kern Holomon/Cl. V. Palisca, N. Y. 1982, 53–66
▪ KL. KROPFINGER, Von der Werkstatt zur Aufführung. Was
bedeuten Beethovens Skizzen für die Werkinterpretation?, in: Fs.
Arno Forchert, hrsg. von G. Allroggen/D. Altenburg, Kas-
sel u. a. 1986, 169–174; Wiederabdruck in: ders., Über
Musik im Bilde, Bd. 1, hrsg. von B. Bischoff u. a., K. 1995,
231–239 ▪ L. LOCKWOOD, The Beethoven Sketchbooks and the
General State of Sketch Research, in: W. Kinderman (Hrsg.),
Beethoven's Compositional Process, Univ. of Nebraska
Press 1991, 6–13 ▪ S. BRANDENBURG, Beethovens Skizzen.
Probleme der Edition, in: Mf 44, 1991, 346–355 ▪ N. MAR-
STON, Review Article: Beethoven's Sketches and the Interpreta-
tive Process, in: Beethoven Forum 1, hrsg. von Chr. Rey-
nolds/L. Lockwood/J. Webster, Lincoln/L. 1992, 225–242
▪ DERS., Review Article: Landsberg 5 and Future Prospects for
the Skizzenausgabe, in: Beethoven Forum 6, hrsg. von
L. Lockwood, Lincoln/L. 1998, 207–233

b. Skizzenbuch – Rekonstruktion
    D. JOHNSON/A. TYSON, Reconstructing Beethoven's
Sketchbooks, in: JAMS 25, 1972, 137–156 ▪ A. TYSON, A Reconstruction of the Pastoral Symphony Sketchbook (British Museum
Add. MS. 31766), in: ders. (Hrsg.), Beethoven Studies 1, L.
1973, 67–96 ▪ DERS., Das Leonoreskizzenbuch (Mendelssohn
15): Probleme der Rekonstruktion und der Chronologie, in: BeJb
9, 1973/77, Bonn 1977, 469–499 ▪ W. DRABKIN, Beethoven's
Understanding of »Sonata Form«: The Evidence of the Sketch-

304

books, in: W. Kinderman (Hrsg.), Beethoven's Compositional Process, University of Nebraska Press 1991, 14–19

c. Skizzenbetrachtung zu einzelnen Aspekten und Werken

Frühe Skizzen J. KERMAN, Beethoven's Early Sketches, in: MQ 56, 1970, 515–538 ▪ D. JOHNSON, Beethoven's Early Sketches in the ›Fischhof Miscellany‹: Berlin Autograph 28, Diss. Univ. of California, Berkeley 1977 ▪ DERS., Beethoven's Early Sketches in the ›Fischhof Miscellany‹: Berlin Autograph 28, 2 Bde., Ann Arbor 1980 (= Studies in Musicology 22)

Skizzen zu einzelnen Kompositionen

Opus 5 Nr. 2 A. HOLSCHNEIDER, Unbekannte Skizzen zur Cello-Son. op. 5 II; WoO 36, WoO 37 und Hess Nr. 13 sind nicht im Autograph überliefert, in: Ber. über den Internat. mw. Kgr. Bonn 1970, Kassel 1971, 444–447

Opus 14 Nr. 1 C. SCHACHTER, Beethoven's Sketches for the First Movement of Op. 14 No. 1. A Study in Design, in: JMT 26, 1982, 1–21

Opus 18 D. JOHNSON, Beethoven's Sketches for the Scherzo of the Quartet Op. 18, No. 6, in: JAMS 23, 1970, 385–404 ▪ D. GREENFIELD, Sketch Studies for Three Movements of Beethoven's String Quartets, Opus 18 Nos. 1 and 2, Diss. Princeton Univ. 1983

Opus 19 H.-W. KÜTHEN, Probleme der Chronologie in den Skizzen und Autogr. zu Beethovens Klavierkonz. Op. 19, in: BeJb 9, 1973/77, 263–292

Opus 24 C. SCHACHTER, The Sketches for the Sonata for Piano and Violin, Op. 24, in: Beethoven Forum 3, hrsg. von Chr. Reynolds/L. Lockwood/G. Stanley, Lincoln/L. 1994, 107–125

Opus 29 W. VIRNEISEL, Aus Beethovens Skizzenbuch zum Streichquintett op. 29, in: ZfM 113, 1952, 142–146

Opus 30 R. A. KRAMER, The Sketches for Beethoven's Violin Sonatas, Opus 30. History, Transcription, Analysis, Diss. Princeton Univ. 1974, 3 Bde., Ann Arbor 1974

Opus 35 CHR. REYNOLDS, Beethoven's Sketches for the Variation in Eb Op. 35, in: Beethoven Studies 3, hrsg. von A. Tyson, Cambridge u. a. 1982, 47–84

Opus 36 N. MARSTON, Stylistic Advance, Strategic Retreat: Beethoven's Sketches for the Finale of the Second Symph., in: Beethoven Forum 3, hrsg. von Chr. Reynolds/L. Lockwood/G. Stanley, Lincoln/L. 1994, 127–150

Opus 55 H. RIEMANN, Beethovens Skizzen zur »Eroica«, in: AMz 16, 1889, 284–285, 305–306, 323–324, 343–344 ▪ R. WADE, Beethoven's Eroica Sketchbook, in: Fontes Artis Musicae 24, 1977, 254–289 ▪ L. LOCKWOOD, Beethoven's Earliest Sketches for the Eroica Symph., in: MQ 67, 1981, 457–478 ▪ DERS, The Compositional Genesis of the Eroica Finale, in: W. Kinderman (Hrsg.), Beethoven's compositional Process, Lincoln/L. 1991, 82–101; Wiederabdruck in: Lockwood,

Beethoven: Studies in the Creative Process, Cambridge, Mass./L. 1992, 151–166

Opus 68 PH. GOSSETT, Beethoven's Sixth Symph.: Sketches for the First Movement, in: JAMS 27, 1974, 248–284

Opus 73 J. LEVIN, Eine Skizze zum Es-Dur Konz. von Beethoven, in: Die Musik 3, 1904, 401–411

Opus 92 S. BRANDENBURG, Beethovens Skizzen zum zweiten Satz der 7. Symph. op. 92, in: Ber. über den Internat. mw. Kgr. Bonn 1970, Kassel u. a. 1971, 355–357

Opus 106 N. MARSTON, Approaching the Sketches for Beethoven's »Hammerklavier« Sonata, in: JAMS 44, 1991, 404–450

Opus 109 W. MEREDITH, The Origins of Beethoven's op. 109, in: MT 126, 1985, 713–716 ▪ DERS., The Sources for Beethoven's Piano Sonata in E Major, Opus 109, Diss. Univ. of North Carolina, 2 Bde., Chapel Hill 1985 ▪ N. MARSTON, Schenker and Forte reconsidered: Beethoven's Sketches for the Piano Sonata in E, Op. 109, in: 19th Century Music 10, 1986, 24–42 ▪ N. MARSTON, The Sketches for Beethoven's Pinao Sonata in E, Opus 109, Diss. Univ. of Cambridge 1986

Opus 111 W. DRABKIN, The Sketches for Beethoven's Piano Sonata in C Minor, Opus 111, Diss. Princeton Univ. 1977, 2 Bde.

Opus 120 J. SCHMIDT-GÖRG, Beethoven. Ein Skizzenbuch zu den Diabelli-Var. und zur Missa solemnis, Bonn Faks. 1968, Übertragung 1972 (= Veröff. des Beethoven-Hauses Bonn, N. F., 1. Reihe, 33); Rezension: R. Winter, in: JAMS 28, 1975, 135–138 ▪ W. KINDERMAN, Beethoven's Variations on a Waltz by Diabelli: Genesis and Structure, Diss. Univ. of California 1980 ▪ DERS., The Evolution and Structure of Beethoven's »Diabelli« Variations, in: JAMS 35, 1982, 306–327 ▪ DERS., Die Diabelli-Var. von 1819. Die Skizzenbefunde zu op. 120. Eine Studie zum kompositorischen Schaffensprozeß, in: Zu Beethoven. Aufsätze und Dokumente, Bd. 2, hrsg. von H. Goldschmidt, Bln. 1984, 130–162

Opus 123 W. VIRNEISEL, Zur Hs. der Missa Solemnis von Beethoven, in: ÖMZ 21, 1966, 261–268 ▪ J. LESTER, Revisions in the Autograph of The Missa Solemnis Kyrie, in: JAMS 23, 1970, 420–438 ▪ R. WINTER, Reconstructing Riddles: The Sources for Beethoven's Missa Solemnis, in: Beethoven Essays: Studies in Honor of Elliot Forbes, hrsg. von L. Lockwood/Ph. Benjamin, Cambridge, Mass., 1984, 217–250

Opus 125 R. WINTER, The Sketches for the ›Ode to Joy‹, in: Beethoven, Performers, and Critics, Detroit Congress Report, hrsg. von R. Winter/B. Carr, Detroit 1980, 176–214 ▪ S. BRANDENBURG, Die Skizzen zur Neunten Symph., in: Zu Beethoven, Bd. 2: Aufsätze und Dokumente, hrsg. von H. Goldschmidt, Bln. 1984, 88–129

Opus 127 S. BRANDENBURG, Die Quellen zur Entstehungsgeschichte von Beethovens Streichquartett Es-Dur Op. 127, in: BeJb 10, 1978/1981, Bonn 1983, 221–276

MGG**prisma** Literatur

Opus 130 K. KROPFINGER, *Das gespaltene Werk. Beethovens Streichquartett op. 130/133*, in: Beitr. zu Beethovens Kammermusik, Symposion Bonn 1984, Mn. 1987, 296–335; Wiederabdruck in: ders., Über Musik im Bilde, Bd. 1, hrsg. von B. Bischoff u.a., K. 1995, 241–275 ▪ J. WJASKOWA, *Das Anfangsstadium des schöpferischen Prozesses bei Beethoven. Eine Untersuchung anhand der Skizzen zum ersten Satz des Quartetts op. 130*, in: Zu Beethoven. 3. Aufsätze und Dokumente, hrsg. von H. Goldschmidt, Bln. 1988, 60–82 ▪ K. KROPFINGER, *Beethoven – Im Zeichen des Janus. Op. 130±133 – Der widerwillig gefaßte Entschluß – Op. 134 – Der spät gefaßte Entschluß*, in: ders., Über Musik im Bilde, Bd. 1, hrsg. von B. Bischoff u.a., K. 1995, 277–323

Opus 131 J. VON HECKER, *Untersuchungen an den Skizzen zum Streichquartett cis-moll op. 131*, Diss. Fr.i.Br. 1956 (mschr.) ▪ R. WINTER, *Compositional Origins of Beethoven's Opus 131*, Ann Arbor 1982 (= Studies in Musicology 54) ▪ E. PLATEN, *Eine Frühfassung zum ersten Satz des Streichquartetts op. 131 von Beethoven*, in: BeJb 10, 1978/1981, Bonn 1983, 277–304

Opus 136 G. SCHÜNEMANN, *Beethovens Skizzen zur Kantate »Der glorreiche Augenblick« zum ersten Male mitgeteilt*, in: Die Musik 9, 1909/10, 22–35 und 93–106

WoO 146 L. LOCKWOOD, *Beethoven's Sketches for Sehnsucht (WoO 146)*, in: Beethoven Studies 1, hrsg. von A. Tyson, N. Y. 1973, 97–122

Sonstiges W. KIENZL, *Neu aufgefundene Skizzen von Beethoven*, in: AMz 22, 1895, 319–324 ▪ A. SCHMITZ, *Beethoven: Unbekannte Skizzen und Entwürfe. Untersuchung, Übertragung, Faks.*, Bonn 1924 (= Veröff. des Beethovenhauses in Bonn 3) ▪ A. HOLSCHNEIDER, *Unbekannte Beethoven-Skizzen in Bergamo*, in: Studien zur ital.-dt Mg 7, hrsg. von Fr. Lippmann, K./Wien 1970, 130–134 (=AnMl 9) ▪ W. SZMOLYAN, *Beethoven-Funde in Mödling*, in: ÖMZ 26, 1971, 9–16 ▪ R. WINTER, *Noch einmal: Wo sind Beethovens Skizzen zur zehnten Symph.?*, in: BeJb 9, 1973/77, 531–552 ▪ A. TYSON, *Beethoven's Home-Made Sketchbook of 1807–08*, in: BeJb 10, 1978/1981, 185–200

d. Aspekte der Werkgenese

A. SCHERING, *Zur Psychologie des Beethovenschen Schaffens*, in: NMZ, 1921, 85–87 ▪ H. H. WETZLER, *Die Geburt der mus. Idee bei Beethoven*, in: Die Musik 16, 1923, 157–173 ▪ W. ENGELSMANN, *Beethovens Kompositionspläne, dargestellt in den Son. für Klavier und Violine*, Agb. 1931 ▪ O. JONAS, *Beethovens Skizzen und ihre Gestaltung zum Werk*, in: ZfMw 16/10, 1934, 449–459 ▪ DERS., *Beethovens Werkthematik, dargestellt an der »Eroica«*, in: AfMf 5, 1940, 104–113 ▪ A. CARSE, *The Sources of Beethoven's Fifth Symph.*, in: ML 29, 1948, 249–262 ▪ W. KOLNEDER, *Evolutionismus und Schaffenschronologie: Zu Beethovens Righini-Var.*, in: Fs. Karl Gustav Fellerer, hrsg. von H. Drux u.a., K. 1962, 119–132 ▪ L. LOCKWOOD,

Beethoven's Unfinished Piano Concerto of 1815: Sources and Problems, in: MQ 56, 1970, 624–646 ▪ A. TYSON, *Stages in the Composition of Beethoven's Piano Trio, Op. 70, No. 1*, in: PRMA 97, 1970/71, 1–19 ▪ M. R. OBELKEVICH, *The Growth of a Musical Idea – Beethoven's Opus 96*, in: Current Musicology 11, 1971, 91–114 ▪ W. KOLLER, *Aus der Werkstatt der Wiener Klassiker. Bearbeitungen Haydns, Mozarts und Beethovens*, Tutzing 1975 (= Münchener Veröff. zur Mg. 23) ▪ S. BRANDENBURG, *The First Version of Beethoven's G Major String Quartet, Op. 18/2*, in: ML 58, 1977, 127–152 ▪ B. COOPER, *The Evolution of the first Movement of Beethoven's »Waldstein« Sonata*, in: dass., 170–191 ▪ R. KRAMER, *An Unfinished Concertante by Beethoven*, in: Beethoven Studies 2, hrsg. von A. Tyson, L./Oxd./N. Y. 1977, 33–65 ▪ A. FECKER, *Die Entstehung von Beethovens »Musik zu Goethes Trauerspiel Egmont«. Eine Abhandlung über die Skizzen*, Hbg. 1978 (= Hamburger Beitr. zur Mw. 18) ▪ P. GÜLKE, *Zur Neuausg. der Sinf. Nr. 5 von Ludwig van Beethoven. Werk und Edition*, Lpz. 1978 ▪ S. BRANDENBURG, *Die Quellen zur Entstehungsgesch. von Beethovens Streichquartett Es-Dur op. 127*, in: BeJb 10, 1978/1981, 221–276 ▪ H. KLEINLERCHER, *Autogr. und Schaffensprozeß. Zur Erkenntnis der Kompositionstechnik Beethovens*, in: Zu Beethoven. Aufsätze und Annotationen, hrsg. von H. Goldschmidt, Bln. 1979, 149–166 ▪ S. BRANDENBURG, *The Autogr. of Beethoven's Quartet in A Minor, Opus 132: the Structure of the Ms. and its Relevance for the Study of the Genesis of the Work*, in: Chr. Wolff (Hrsg.), The String Quartets of Haydn, Mozart and Beethoven: Studies of the Autogr. Manuscripts, Cambridge/Mass., 1980 ▪ W. KINDERMAN, *Beethoven's Variations on a Waltz by Diabelli: Genesis and Structure*, Diss. Univ. of California 1980 ▪ M. SOLOMON, *On Beethoven's Creative Process. A Two-Part Invention*, in: ML 61, 1980, 272–283 ▪ B. COOPER, *The Origins of Beethoven's D Minor Sonata Op. 31 No. 2*, in: ML 62, 1981, 261–280 ▪ G. BLOCK, *The Genesis of Beethoven's Piano Concertos in C Major (op. 15) and B-flat Major (op. 19): Chronolgy and Compositional Process*, 2 Bde., Ann Arbor 1982 (Diss. Harvard Univ., Cambridge/Mass. 1979) ▪ L. LOCKWOOD, ›Eroica‹ Perspectives: Strategy and Design in the first Movement, in: Beethoven Studies 3, hrsg. von A. Tyson, Cambridge u. a. 1982, 85–105 ▪ J. LEVY, *Beethoven's Compositional Choice: The Two Versions of Opus 18, No. 1, First Movement*, Philadelphia 1982 ▪ W. KINDERMAN, *The Evolution and Structure of Beethoven's »Diabelli« Var.*, in: JAMS 35, 1982, 306–327 ▪ S. BRANDENBURG/M. STAEHELIN, *Die »erste Fassung« von Beethovens Righini-Var.*, in: Fs. Albi Rosenthal, hrsg. von R. Elvers, Tutzing 1984, 43–66 ▪ G. BLOCK, *Some Grey Areas in the Evolution of Beethoven's Piano Concerto in B Major, op. 19*, in: Beethoven Essays: Studies in Honor of Elliot Forbes, hrsg. von L. Lockwood/Ph. Benjamin, Cambridge Mass. 1984, 108–126 ▪ K. KROPFINGER, *Von der Werkstatt zur Auff. Was bedeuten Beethovens Skizzen für die Werkinterpreta-*

tion?, in: Fs. Arno Forchert, hrsg. von G. Allroggen/D. Altenburg, Kassel u.a. 1986, 169–174; Wiederabdruck in: ders., Über Musik im Bilde, Bd. 1, hrsg. von B. Bischoff u.a., K. 1995, 231–239 ▪ L. LOCKWOOD, Zu Nicholas Cook: Beethoven's Unfinished Piano Concerto: A Case of Double Vision?, in: JAMS 42, 1989, 338–374 (vgl. Communications, in: JAMS, 43, 1990, 376–382) ▪ B. COOPER, Beethoven and the Creative Process, Oxd. 1990 ▪ S. BRESCH, Kompositorische Änderungen in der Partitur der 9. Symph. Beethovens nach den ersten Auff. 1824?, in: S. Kross (Hrsg.), Probleme der symph. Tradition im 19. Jh., Kgr.Ber., Tutzing 1990, 113–143 ▪ C. BRUNER, The Genesis and Structure of Beethoven's Overture »Die Weihe des Hauses«, Op. 124, Magisterarbeit Univ. of Victoria 1990 ▪ L. DIEKENMANN-BALMER, The Agnus Dei of Beethoven's Missa Solemnis: The Growth of Its Form, in: W. Kinderman (Hrsg.), Beethoven's Compositional Process, Lincoln/L. 1991, 131–159 ▪ W. KINDERMAN (Hrsg.), Beethoven's compositional Process, Lincoln/L. 1991 (= North American Beethoven Studies 1) ▪ L. LOCKWOOD, Beethoven: Studies in the Creative Process, Cambridge, Mass./L.1992 ▪ J. SCHMALFELDT, Form as the Process of Becoming: The Beethoven-Hegelian Tradition and the »Tempest« Sonata, in: Beethoven Forum 4, hrsg. von Chr. Reynolds/L. Lockwood, Lincoln/L. 1995, 37–71

V. Künstlerische Orientierung – Kompositorischer Kontext

G. NOTTEBOHM, Beethoveniana. Aufsätze und Mittheilungen, Lpz./Winterthur 1872 ▪ H. RIEMANN, Beethoven und die Mannheimer, in: Die Musik 7, Bd. 27/13 und 14, 1907/08, 3–19, 85–97 ▪ H. JALOWETZ, Beethoven's Jugendwerke in ihren melodischen Beziehungen zu Mozart, Haydn und Ph. E. Bach, in: SIMG 12, 1910/11, 417–474 ▪ K. NEF, Haydn-Reminiszenzen bei Beethoven, in: dass. 13, 1911/12 ▪ G. DE SAINT-FOIX, Mozart et le jeune Beethoven, in: RMI 27, 1920, 85–111 ▪ R. OPPEL, Über Beziehungen Beethovens zu Mozart und zu Ph. E. Bach, in: ZfMw 5, 1922/23, 30–39 ▪ A. SCHMITZ, Cherubinis Einfluß auf Beethovens Ouvertüren, in: Neues Beethoven-Jb. 2, 1925, 104–118 ▪ K. M. KLIER, Beethoven und die dt. Volksweise, in: Allg. Dt. Sängerschaftskalender, Wien 1927, 392ff. ▪ D. G. MASON, Beethoven and his Forerunners. New Edition with an Introduction, N. Y. 1930, ²1972 ▪ G. DE SAINT-FOIX, Clementi, Forerunner of Beethoven, in: MQ 17, 1931, 84–92 ▪ E. FR. SCHMID, Beethovens Bachkenntnis, in: Neues Beethoven-Jb. 5, 1933, 64–83 ▪ FR. VON REINÖHL, Neues zu Beethovens Lehrjahr bei Haydn, in: dass. 6, 1935, 35–47 ▪ A. SANDBERGER, Zur Einbürgerung der Kunst Joseph Haydns in Deutschland, in: dass., 5–25 ▪ E. SCHENK, Barock bei Beethoven, in: Beethoven und die Gegenwart. Fs. des Beethoven-Hauses Bonn für Fr. Ludwig, hrsg. von A. Schmitz, Bln./Bonn 1937, 177–219 ▪ J. A. WATSON, Beethoven's Debt to Mozart, in: ML 18, 1937, 248–258 ▪ A. L. RIN-

GER, A French Symphonyst at the Time of Beethoven: Etienne Nicolas Méhul, in: MQ 37, 1951, 543–565 ▪ B. SCHWARZ, Beethoven and the French Violin School, in: MQ 44, 1958, 431–447 ▪ H. A. LÖW, Die Improvisation im Klavierwerk L. van Beethovens, Diss. Univ. des Saarlandes 1962 ▪ E. SCHENK, Salieris »Landsturm«-Kantate von 1799 in ihren Beziehungen zu Beethovens »Fidelio«, in: Fs. J. Schmidt-Görg, hrsg. von S. Kross/H. Schmidt, Bonn 1967, 338–354 ▪ G. JARECKI, Beethovens Anmerkungen zu Etuden von Cramer, in: Beethoven Almanach 1970, Wien 1970, 169–176 (= Publ. der Wiener Musikhochschule 4) ▪ N. JUDENIC, Beethoven und die Volksmusik, dargestellt an seinen Streichquartetten, in: Feiern zum 200. Jahrestag der Geburt Ludwig van Beethovens in der CSSR. Tagungsber. des zweiten Internat. musikologischen Symposiums, Piestany und Moravany 1970, Bratislava 1970, 191–215 ▪ P. H. LANG (Hrsg.), The Creative World of Beethoven, N. Y. 1971 (= Sonderausg. von MQ 56, 1970, H. 4) ▪ G. FEDER, Stilelemente Haydns in Beethovens Werken, in: Ber. über den Internat. mw. Kgr. Bonn 1970, Kassel 1971, 65–70 ▪ K. G. FELLERER, Beethoven und die liturgische Musik seiner Zeit, in: Beethoven-Symposium Wien 1970. Ber., hrsg. von E. Schenk, Wien 1971, 61–76 (= Veröff. der Kommission für Mf. 12) ▪ R. A. KRAMER, Beethoven and Carl Heinrich Graun, in: Beethoven Studies 1, hrsg. von A. Tyson, N. Y. 1973, 18–44 ▪ J. RACEK, Beethovens Beziehungen zur Mährischen Musikkultur im 18. und 19. Jh., in: BeJb 9, 1973/77, 377–394 ▪ T. ISTVÁNFFY, All' Ongarese. Studien zur Rezeption ungarischer Musik bei Haydn, Mozart und Beethoven, Diss. Hdbg. 1982 ▪ W. SIEBER, Mus. Exotismus bei Ludwig van Beethoven, in: Gedenkschrift Hermann Beck, hrsg. von H. Dechant/W. Sieber, Laaber 1982, 133–142 ▪ H. WALTER, Haydns Schüler, in: Joseph Haydn in seiner Zeit, Ausstellungskat., Eisenstadt 1982, 311–315 ▪ E. DERR, Beethoven's Long-Term Memory of C. P. E. Bach's Rondo in E-flat, W 61/1 (1787), Manifest in the Variations in E Flat for Piano, Opus 35 (1802), in: MQ 70, 1984, 45–76 ▪ J. WEBSTER, The Falling-out between Haydn and Beethoven: The Evidence of the Sources, in: Beethoven Essays: Studies in Honor of Elliot Forbes, hrsg. von L. Lockwood/Ph. Benjamin, Cambridge, Mass., 1984, 3–45 ▪ U. JUNG-KAISER, Ein Bänkelsang als Vorlage? Zum ideellen Programm der »Fünften« von Ludwig van Beethoven, in: Musica 45, 1991, 4–10 ▪ L. LOCKWOOD, Beethoven before 1800: The Mozart Legacy, in: Beethoven Forum 3, hrsg. von Chr. Reynolds u.a., Lincoln/L. 1994, 39–52 ▪ A. NESTROVSKI, Beethoven's Ironies, in: AMl 69, 1997, 50ff.

F. Rezeption

I. Rezeptionsgeschichte

1. Geschichte und Topographie der Beethoven-Rezeption A. HALM, Unsere Zeit und Beethoven, in: Die Rheinlande 21, 1911, 60–66 ▪ A. HEUSS, Beethoven in der jüngsten Gegenwart, in: ZfMw 3, 1920/21, 237–249 ▪ G. PAN-

NAIN, *La cultura di Beethoven in Italia*, in: Neues Beethoven-Jb. 1, 1924, 184–201 ▪ O. KINKELDEY, *The Beginnings of Beethoven in America*, in: MQ 13, 1927, 217–248 ▪ L. SCHRADE, *Das frz. Beethovenbild der Gegenwart*, in: Fs. Ludwig Schiedermair, hrsg. von A. Schmitz, Bln./Bonn 1937, 41–113 ▪ M. CARNER, *A Beethoven Movement and its Successors*, in: ML 20, 1939, 281–292 ▪ L. SCHRADE, *Beethoven in France. The Growth of an Idea*, New Haven 1942, dt. Bern/Mn. 1980 ▪ N. TEMPERLEY, *Beethoven in London Concert Life, 1800–1850*, in: MR 21, 1960, 207–214 ▪ A. SIMPSON, *Beethoven through Czech Eyes*, in: MT 111, 1970, 1203ff. ▪ P. J. WILLETTS, *Beethoven and England. An Account of Sources in the British Museum*, L. 1970 ▪ H. H. EGGEBRECHT, *Zur Gesch. der Beethoven-Rezeption*, Wbdn. 1972; Neuauflage Laaber 1994 (Review-Artikel in: NZfM 135, 1974, 741–746) ▪ K. KROPFINGER, *Klassik-Rezeption in Berlin, 1800–1830*, in: Studien zur Mg. Berlins im frühen 19. Jh., hrsg. von C. Dahlhaus, Rgsbg. 1980, 301–79 (= Studien zur Mg. des 19. Jh. 56); Wiederabdruck in: ders., *Über Musik im Bilde*, Bd. 1, hrsg. von B. Bischoff u. a., K. 1995, 53–142 ▪ H. LOOS (Hrsg.), *Beethoven und die Nachwelt. Materialien zur Wirkungsgesch. Beethovens*, Bonn 1986 ▪ M. ZENCK, *Die Bach-Rezeption des späten Beethoven: zum Verhältnis von Musikhistoriographie und Rezeptionsschreibung der »Klassik«*, Stg. 1986 (= BzAfMw 24) ▪ A. COMINI, *The Changing Images of Beethoven*, N. Y. 1987 (Rezension: W. S. Newman, in: The Beethoven Newsletter 3, 1988, H. 3, 56–59) ▪ C. DAHLHAUS, *Zur Wirkungsgesch. von Beethovens Symph.*, in: Gattungen der Musik und ihre Klassiker, hrsg. von H. Danuser, Laaber 1988, 222–233 (= Publ. der Hochschule für Musik und Theater 1) ▪ A. EICHHORN, *Beethovens Neunte Symph. Die Gesch. ihrer Auff. und Rezeption*, Kassel u. a. 1993 (= Kasseler Schriften zur Musik 3)

2. Genese und Soziologie des Beethoven-Mythos
W. R. GRIEPENKERL, *Das Musikfest oder die Beethovener*, Braunschweig 1838, ²1841 ▪ E. ORTLEPP, *Über Jean Paul und Beethoven*, in: ders., Grosses Instrumental- und Vokal-Concert. Eine mus. Anthologie, Stg. 1841 ▪ A. SCHMITZ, *Das romantische Beethovenbild. Darstellung und Kritik*, Bln./Bonn 1927 ▪ R. SCHAUFFLER, *Beethoven: The Man who Freed Music*, N. Y. 1929 ▪ H. BIRTNER, *Zur Beethovenauffassung seit R. Wagner*, in: Fs. Ludwig Schiedermair, hrsg. von A. Schmitz, Bln./Bonn 1937, 1–40 ▪ D. B. LEVY, *Wolfgang Robert Griepenkerl and Beethoven's Ninth Symph.*, in: Fs. Warren Fox, N. Y. 1979, 103ff. ▪ W. S. NEWMAN, *The Beethoven Mystique in Romantic Art, Literature and Music*, in: MQ 49, 1983, 354–388 ▪ R. CADENBACH, *Mythos Beethoven. Ausstellungskat.*, Laaber 1986 ▪ S. BURNHAM, *Criticism, Faith and the »Idee«. A. B. Marx's Early Reception of Beethoven*, in: 19th Century Music 13, 1990, 183–192 ▪ E. E. BAUER, *Wie Beethoven auf den Sockel kam*, Stg. 1992 ▪ S. BURNHAM, *Beethoven Hero*, Princeton 1995 ▪ T. DENORA, *Beethoven and the Construction of Genius. Musical Politics in Vienna, 1792–1803*, Berkeley/Los Angeles 1995 (Rezension: Ch. Rosen, in: The New York Review of Books, Vol. 43, Number 18, November 14, 1996, 57–63)

II. Rezeptionsaspekte
1. Werkaufführungen O. VON TIDEBÖHL, *Das Violinkonz. von Beethoven und seine Ausführung nach den Traditionen Joachims*, St. Petersburg 1909 ▪ A. EBERT, *Die ersten Auff. von Beethovens Es-Dur Quartett (op. 127) im Frühling 1825*, in: Die Musik 9, 1910, 42–63 und 90–106 ▪ R. ZIMMERMANN, *Die zweite dt. Auff. von Beethovens Neunter Symph. zu Aachen am 23. Mai 1825*, in: NMZ 42, 1921, 71–74 ▪ W. HESS, *Die UA eines Beethovenschen Meisterwerkes im Jahre 1939*, in: Neues Beethoven-Jb. 9, 1939, 26–30 ▪ N. L. FISMAN (FISHMAN, FISCHMANN), *Die UA der Missa Solemnis*, in: BzMw 12, 1970, 274–281 ▪ D. B. LEVY, *Early Performances of Beethoven's Ninth Symph. A Documentary Study of Five Cities*, Rochester/Ann Arbor 1980 ▪ J. FORNER (Hrsg.), *Die Gewandhauskonzerte zu Leipzig. 1781–1981*, Lpz. 1981 ▪ A. EICHHORN, *»Amerika, Du hast es besser«? Eine Studie zum amer. Musikleben am Beispiel der amer. Erstauff. der Neunten Symph. Beethovens*, in: Musica 43, 1989, 23–31

2. Rezensionen E. TH. A. HOFFMANN, *Rezension der 5. Symph. von Beethoven*, in: AmZ 12, 1810, Sp. 630–642, 652–659; *Rezension der Ouverture de Coriolan*, in: AmZ 14, 1812, 519–526; *Rezension der Klaviertrios op. 70*, in: AmZ 15, 1813, 141–154; *Rezension der Messe in C-Dur*, in: AmZ 15, 1813, 389–397 und 409–414; *Rezension der Ouverture d'Egmont*, in: AmZ 15, 1813, 473–481; alle in: ders., Schriften zur Musik. Nachlese. Aufsätze und Rezensionen, hrsg. von Fr. Schnapp, Mn. 1963; ferner in: St. Kunze (Hrsg.), Ludwig van Beethoven. Die Werke im Spiegel seiner Zeit, Laaber 1987 ▪ L. RELLSTAB, *Ueber Beethovens neuestes Quartett*, in: Berliner Allg. Mus. Zeitung 2, 1825, 165f. ▪ FR. ROCHLITZ, *Auf Veranlassung von: Grand Quatuor – pour deux Violons, Alto et Violoncelle, comp. – par Louis van Beethoven. Œuvre 131*, in: AmZ 1828, 485–495, 501–509 ▪ G. VON WEILER, *Ueber den Geist und das Auffassen der Beethoven'schen Musik*, in: Cäcilia 9, 1828, 45–50 ▪ R. FRIEDRICH, *Ferdinand Peter Graf Laurencin, ein Beitrag zur Wiener Musikkritik*, Diss. Graz 1966 (mschr.) ▪ ST. KUNZE (Hrsg.), Ludwig van Beethoven: Die Werke im Spiegel seiner Zeit: Gesammelte Konzertber. und Rezensionen bis 1830, Laaber 1987

3. Programmorientierte Rezeption O. JAHN, *Beethoven im Malkasten*, in: ders., Ges. Aufsätze über Musik, Lpz. 1866, 260–270 ▪ A. SCHERING, *Zur Sinndeutung der 4. und 5. Symph. von Beethoven*, in: ZfMw 16, 1934, 65–83 ▪ A. SCHERING, *Beethoven in neuer Deutung*, Lpz. 1934 ▪ DERS., *Beethoven und die Dichtung. Mit einer Einleitung zur Gesch. und Ästh. der Beethovendeutung*, Bln. 1936 ▪ C. FLOROS, *Beethovens Eroica und Prometheus-Musik. Sujet-Studien*, Wilhelmshaven

1978 (= Veröff. zur Mf. 3) ▪ P. SCHLEUNING, *Warum wir von Beethoven erschüttert werden und andere Aufsätze über Musik*, Basel/Ffm.. 1978 ▪ W. MELLERS, *Beethoven and the Voice of God*, L. 1983 ▪ CHR. REYNOLDS, *The Representational Impulse in Late Beethoven*, I: *An die ferne Geliebte*, in: AMl 60, 1988, 43–61 ▪ DERS., *The Representational Impulse in Late Beethoven*, II: *String Quartet in F Major, Op. 135*, ebd. 180–194 ▪ M. GECK/P. SCHLEUNING, »*Geschrieben auf Bonaparte*«. *Beethovens* »*Eroica*«: *Revolution, Reaktion, Rezeption*, Reinbeck 1989 ▪ S. BURNHAM, *On the Programmatic Reception of Beethoven's Eroica Symph.*, in: Beethoven Forum 1, hrsg. von Chr. Reynolds/L. Lockwood, Lincoln/L. 1992, 1–24 ▪ P. SCHLEUNING, *Schönberg und die Eroica. Ein Vorschlag zu einer anderen Art von Rezeptionsforschung*, in: Beethoven und die Zweite Wiener Schule, hrsg. von O. Kolleritsch, Wien/Graz 1992, 25–50 (= Studien zur Wertungsforschung 25) ▪ TH. SIPE, *Beethoven, Shakespeare and the* »*Appassionata*«, in: Beethoven Forum 4, hrsg. von Chr. Reynolds/L. Lockwood, Lincoln/L. 1995, 73–96

4. Spätwerk ST. KUNZE, *Beethovens Spätwerk und seine Aufnahme bei den Zeitgenossen*, in: Beitr. zu Beethovens Kammermusik, Symposion Bonn 1984, Mn. 1987, 59–78 ▪ KR. M. KNITTEL, *From Chaos to History: The Reception of Beethoven's Late Quartets*, Diss. Princeton Univ. 1992 ▪ DERS., *Wagner, Deafness and the Reception of Beethoven's Late Style*, in: JAMS 51, 1998, 49–82

5. Rezeption der Komponisten L. NOHL, *Beethoven. Liszt, Wagner*, Wien 1874 ▪ G. KINSKY, *Eine Erläuterung Carl Loewes zu Beethovens Neunter Sinf.*, in: SMZ 85, 1945, 191–194 ▪ H. MOLDENHAUER, *Busonis Kritik an Beethovens letzten Quartetten*, in: NZfM 121, 1960, 416f. ▪ E. T. CONE, *Schubert's Beethoven*, in: MQ 56, 1970, 779–793 ▪ W. DÜRR, *Wer vermag nach Beethoven noch etwas zu machen? Gedanken über die Beziehungen Schuberts zu Beethoven*, in: BeJb 9, 1973/77, 47–67 ▪ M. SCHOPPE, *Zur Beethoven-Rezeption Robert Schumanns*, in: Ber. über die 2. wiss. Arbeitstagung zu Fragen der Schumann-Forschung, Zwickau 1974 ▪ O. BRUSATI, *Das Beethoven-Bild Arnold Schönbergs*, in: Ber. über den Internat. Beethoven-Kgr. 20. bis 23. März 1977 in Berlin, Lpz. 1978, 377–385 ▪ R. BRINKMANN, *Wirkungen Beethovens in der Kammermusik*, in: Beitr. zu Beethovens Kammermusik, Symposion Bonn 1984, Mn. 1987, 79–110 ▪ H.-K. METZGER/R. RIEHN (Hrsg.), *Richard Wagner zwischen Beethoven und Schönberg*, Mn. 1988 (= MK 59) ▪ D. CAIRNS, *The Revelation of Beethoven*, in: ders., Berlioz 1803–1832. The Making of an Artist, L. 1989, 245–251 ▪ O. KOLLERITSCH (Hrsg.), *Beethoven und die Zweite Wiener Schule*, Wien/Graz 1992 (= Studien zur Wertungsforschung 25) ▪ B. BISCHOFF, *Monument für Beethoven. Die Entwicklung der Beethoven-Rezeption Robert Schumanns*, K. 1994 ▪ K. KROPFINGER, *Komponieren nach Beethoven – eine Herausforderung*, in: Das Orch. Gesch. und Gegenwart. Internat. Gewandhaus-Symposium 1993, hrsg. von R. Herklotz/R. Schaaf/P. Gülke, Lpz. 1996, 77–102

6. Beethoven und Politik P. IHRING, *Beethovenpflege im vormärzlichen Dresden. Zur Dresdner Auff. der Neunten*, in: Dresdner Anzeiger, 16. 12. 1920, 22 ▪ FR. HOWES, *Beethoven der Tondichter der Demokratie*, in: Kulturwille. Monatsblätter für Kultur der Arbeiterschaft, Nr. 4/4, 1927, 67–69 ▪ M. UNGER, *Beethovens vaterländische Musik*, in: Musik im Kriege 1, 1943, 170ff. ▪ I. LAMMEL, *Zur Musikrezeption durch die deutsche Arbeiterklasse unter besonderer Berücksichtigung der Werke Ludwig van Beethovens*, in: Kultur und Lebensweise des Proletariats. Kulturhist.-volkskundliche Studien und Materialien, hrsg. von W. Jacobit/U. Mohrmann, Berlin ²1974, 212–230 ▪ D. B. DENNIS, *Beethoven in German Politics, 1870–1989*, New Haven/L. 1996

7. Musiksammlungen M. UNGER, *Eine Schweizer Beethovenslg.*, in: Neues Beethoven-Jb. 5, 1933, 28–47 ▪ D. WEISE, *Ungedruckte oder nur teilweise veröff. Briefe Beethovens aus der Slg. H. C. Bodmer – Zürich*, in: BeJb 1, 1953/1954, 9–62 ▪ P. BAADER, *Die Brentano-Slg. und die übrigen hs. Bestände der UB in Mainz*, in: Jb. der Vereinigung »Freunde der Univ. Mainz«, Bd. 9, Mz. 1960 ▪ E. BARTLITZ, *Die Beethoven-Slg. in der Musikabt. der Dt. Staatsbibl.*, Verz., Bln. 1970 ▪ D. JOHNSON, *The Artaria Collection of Beethoven Manuscripts: A New Source*, in: Beethoven Studies 1, hrsg. von A. Tyson, N. Y. 1973, 174–236 ▪ L. WEINHOLD, *Die Erst- und Frühdrucke von Beethovens Werken in den Musikslg. der Bundesrepublik Deutschland und West-Berlins*, Verz. und Kommentar, in: Beitr. zur Beethoven-Bibliogr. Studien und Materialien zum Werkverz. von Kinsky-Halm, hrsg. von K. Dorfmüller, Mn. 1978, 204–268 ▪ S. BRANDENBURG, *Die Beethoven-Autogr. Johann Nepomuk Kafkas, ein Beitr. zur Gesch. des Sammelns von Musikhss.*, in: Divertimento für Hermann J. Abs, hrsg. von M. Staehelin, Bonn 1981, 89–133 ▪ J. FOJTÍKOVÁ/T. VOLEK, *Die Beethoveniana der Lobkowitz-Musikslg. und ihre Kopisten*, in: Beethoven und Böhmen: Beitr. zur Biogr. und Wirkungsgesch. Beethovens, hrsg. von S. Brandenburg/M. Gutiérrez-Denhoff, Bonn Beethoven-Haus 1988, 219–258 ▪ S. BRANDENBURG, *Die Beethovenhandschriften in der Musikalienslg. des Erzherzogs Rudolph*, in: Zu Beethoven. 3. Aufsätze und Dokumente, hrsg. von H. Goldschmidt, Bln. 1988, 141–176 ▪ M. LADENBURGER (Hrsg.), *Eine Brüsseler Beethoven-Slg.: Das Beethoven-Porträt von Ferdinand Waldmüller: Die Originalausgaben der Klaviersson. Beethovens*, Ausstellungskatalog, Beethoven-Haus Bonn 1991

8. Sonstiges H. G. NÄGELI, *Vorlesungen über Musik mit Berücksichtigung der Dilettanten*, Stg./Tbg. 1826 ▪ P. M. YOUNG, *Beethoven: A Victorian Tribute*, L. 1976 ▪ W. R. TALSMA, *Wiedergeburt der Klassiker, Bd. 1: Anleitung zur Entmechanisierung der Musik*, Innsbruck 1980

III. Rezeption der Rezeption

1. Rezeptions-Feedback A. ULIBISCHEFF, *Beethoven – ses critiques et ses glossateurs*, P. 1857, dt. Lpz. 1859 ▪ R. SESSIONS, *The Musical Experience of Composer, Performer, Listener*, Princeton 1950 ▪ K. KROPFINGER, *Wagners Tristan und Beethovens Streichquartett, op. 130: Funktion und Strukturen des Prinzips der Einleitungswiederholung*, in: *Das Drama Richard Wagners als mus. Kunstwerk*, hrsg. von C. Dahlhaus, Rgsbg. 1970, 259–271 (Diskussion: 271–276) (= Studien zur Mg. des 19. Jh. 23); Wiederabdruck in: ders., *Über Musik Bilde*, hrsg. von B. Bischoff u. a., Bd. 2, K. 1995, 325–344 ▪ DERS., *Wagner und Beethoven*, Rgsbg. 1975; engl. Cambridge u. a. 1991 ▪ J. KERMAN, *Tovey's Beethoven*, in: Beethoven Studies 2, hrsg. von A. Tyson, L./Oxf./N. Y. 1977, 172–191 ▪ B. SPONHEUER, *Beethoven vs. Rossini – Anmerkungen zu einer ästh. Kontroverse des 19. Jh.*, in: Kgr.Ber. Bayreuth 1981, Kassel 1984, 398–403 ▪ R. WALLACE, *Beethoven's Critics. Aesthetic Dilemmas and Resolutions During the Composer's Lifetime*, Cambridge/N. Y. 1986 ▪ U. SCHMITT, *Revolution im Konzertsaal. Zur Beethoven-Rezeption im 19. Jh.*, Mz. u. a. 1990 ▪ W. KINDERMAN, *Review Article: Wagner's Beethoven*, in: Beethoven Forum 3, hrsg. von Chr. Reynolds/L. Lockwood/G. Stanley, Lincoln/L. 1994, 168–179 ▪ ST. HINTON, *Review Article: Adorno's Unfinished Beethoven*, in: Beethoven Forum 5, hrsg. von Chr. Reynolds/L. Lockwood/J. Webster, Lincoln/L. 1996, 139–153

2. Forschungsspiegel TH. VON FRIMMEL, *Beethoven-Forschung*, Wien 1911–1925 ▪ L. MISCH, *Blick auf die Beethovenforschung seit einem halben Jh.*, in: ders., *Neue Beethoven-Studien und andere Themen*, Bonn 1967, 13–20 ▪ E. PLATEN, *Zum Stand der Beethoven-Forschung*, in: *Ludwig van Beethoven 1770–1970*, Bonn-Bad Godesberg 1970, 40–44, 46–48 ▪ E. SCHENK, *Zur Beethovenforschung der letzten zehn Jahre*, in AMl 42, 1970, 83–109 ▪ W. SEIFERT, *Beethoven und kein Ende – Kritischer Überblick über die Beethoven-Lit. am Ende des Jubiläumsjahres*, in: NZfM 131, 1970, 609–614 ▪ FR. BLUME, *Haydn und Beethoven: Bemerkungen zum Stand der Forschung*, in: Ber. über den Internat. mw. Kgr. Bonn 1970, Kassel 1971, 61–64 ▪ H. UNVERRICHT, *Beethovens Leben und Werk. Ein Ber. über den heutigen Stand der Forschung*, in: Mf 31/1, 1978, 38–43 ▪ L. FINSCHER, *Beitr. zur Beethoven-Lit.*, in: Mf 32, 1979, 425–431 ▪ H. GOLDSCHMIDT, *Aspekte gegenwärtiger Beethoven-Forschung. Biogr.*, in: *Zu Beethoven. Aufsätze und Annotationen*, hrsg. von H. Goldschmidt, Bln. 1979, 167–242 ▪ L. LOCKWOOD, *The Beethoven Sketchbooks and the General State of Sketch Research*, in: W. Kinderman (Hrsg.), *Beethoven's Compositional Process*, Univ. of Nebraska Press 1991, 6–13

IV. Interpretation

1. Tonaufnahmen – Einzelinterpretationen – Dirigenten R. SONDHEIMER, *On Performing Beethoven's Third and Fifth Symph.*, in: MR 2, 1941, H. 1, 36–62 ▪ TH. WOHNHAAS, *Studie zur mus. Interpretationsfrage (anhand von Schallplattenaufnahmen der Coriolan-Ouvertüre Beethovens)*, Diss. Erlangen 1958 ▪ TH. W. ADORNO, *Beethoven im Geist der Moderne. Eine Gesamtaufnahme der neun Symph. unter René Leibowitz* (1964), in: Ges. Schriften 19, Ffm. 1984, 535–538 ▪ R. STRAUSS, *Anmerkungen zu den Aufführungen von Beethovens Symph.*, in: NZfM 125, 1964, 250–260 ▪ P. BENARY, *Zur Wiedergabe des Violinkonz. von L. van Beethoven*, in: NZfM 129/10, 1968, 447–448 ▪ W. WOLF, *Werden Beethovens Sinfonien richtig interpretiert?*, in: MuG 6, 1975, 330–341 ▪ J. BRAUN, *Beethoven's Fourth Symph.: Comparative Analysis of Recorded Performances*, in: Israel Studies in Musicology 1, 1978, 54–76 ▪ W. S. NEWMAN, *Besprechung von Anton Kuertis Aufnahme von Beethovens Hauptwerken für Klavier*, in: MQ 64, 1978, 113–121 (Aquitaine Records M4S 90357-74) ▪ R. WIESEND, *Tradition der Wiedergabe und Strukturen des Werks. Zu Pfitzners Einspielung der VIII. Symph. von Beethoven*, in: Symposium Hans Pfitzner, Berlin 1981, hrsg. von W. Osthoff, Tutzing 1984, 239–248 ▪ DERS., *Pfitzners Beethoven-Partituren*, in: Mf 38, 1985, 289–299

2. Übergreifende Betrachtungen R. CLARK, *The Beethoven Quartets as a Player Sees Them*, in: ML 8, 1927, 178–190 ▪ H. GRUNDMANN/P. MIES, *Studien zum Klavierspiel Beethovens und seiner Zeitgenossen*, Bonn 1966 ▪ B. FRIEGE, *Beitr. zur Interpretationsgesch. der Klavierson. Ludwig van Beethovens*, Diss. Wittenberg 1970 (mschr.) ▪ H.-K. METZGER/R. RIEHN, *Beethoven. Das Problem der Interpretation*, Mn. 1979 (= MK 8) ▪ E. BUDDE, *Probleme und Fragen der Interpretation – dargestellt an Beispielen aus Beethovens Klavierson.*, in: *Aspekte der mus. Interpretation. Sava Savoff zum 70. Geburtstag*, hrsg. von H. Danuser/Chr. Keller, Hbg. 1980, 13–24 ▪ M. FUCHS, *»So pocht das Schicksal an die Pforte«. Untersuchungen und Vorschläge zur Rezeption sinf. Musik des 19. Jh.*, Mn./Salzburg 1986 (= Freiburger Schriften zur Mw. 18) ▪ S. P. ROSENBLUM, *Performance Practices in Classic Piano Music*, Bloomington/Indianapolis, 1988 ▪ A. BRENDEL, *Music sounded out: Essays, Lectures, Interviews, Afterthoughts*, L./N. Y. 1990 ▪ R. STOWELL (Hrsg.), *Performing Beethoven*, Cambridge 1994 ▪ H.-W. KÜTHEN, *»Was ist, und zu welchem Ende treiben wir das virtuose Spiel?« Gedanken zum Thema Beethoven und der Reiz des Unübertrefflichen*, in: Beethoven, Goethe und Europa. Almanach zum Internationalen Beethovenfest Bonn 1999, Laaber 1999, 107–137

3. Vortrags-Lehre und -Tradition J. CZERNY, *Der Wiener Clavier-Lehrer*, Wien ca. 1830 ▪ A. B. MARX, *Anleitung zum Vortrag Beethovenscher Klavierwerke*, Bln. 1863, hrsg. von G. Behnke, ebd. 1875; neu hrsg. von E. Schmitz, Rgsbg. 1912 ▪ G. H. WITTE, *Noch einige Bemerkungen über den Vortrag von Beethoven's Neunter Symph. und anderen classischen Orchesterkompos.*, in: Mus. Wochenblatt 19, 1888, 571f., 586f., 599f. ▪ K. HUSCHKE, *Beethoven als Pianist und Dirigent*,

Bln. 1919 ▪ A. G. HUBER, *Ludwig van Beethoven. Seine Schüler und Interpreten*, Z. 1953 ▪ R. PERREAU, *Une grande pianiste colmarienne, Marie Kiné, épouse Bigot de Morogues*, in: *Annuaire de la Société Historique et Littéraire de Colmar* 12, 1962, 59–67 ▪ P. BADURA-SKODA (Hrsg.), *Über den richtigen Vortrag der sämtlichen Beethoven'schen Klavierwerke, »Czernys Erinnerungen an Beethoven« sowie das 2. und 3. Kapitel des IV. Bandes der »vollständigen theoretisch-praktischen Pianoforte-Schule op. 500«, Wien 1839*, Wien 1963 ▪ E. MELKUS, *Zur Interpretation des Violinkonz. opus 61 von L. van Beethoven*, in: ÖMZ 19, 1964, 159–173 ▪ P. BADURA-SKODA/J. DEMUS, *Die Klavierson. von Ludwig van Beethoven*, Wbdn. 1970 ▪ K. DRAKE, *The Sonatas of Beethoven as He Played and Taught Them*, Cincinnati 1972 ▪ H.-K. METZGER/R. RIEHN (Hrsg.), *Beethoven. Das Problem der Interpretation*, Mn. 1979 (= MK 8) ▪ DIES. (Hrsg.), *Rudolf Kolisch. Zur Theorie der Auff.*, ebd. 1983 (= MK 29/30) ▪ G. GOLD, *Some Beethoven and Bach Concertos*, in: The Glenn Gould Reader, N. Y. 1984 ▪ J. UHDE/R. WIELAND, *Denken und Spielen: Studien zu einer Theorie der Mus. Darstellung*, Kassel/N. Y. 1988 ▪ W. S. NEWMAN, *Beethoven on Beethoven: Playing His Piano Music His Way*, N. Y. 1988, L. 1991

4. Tempofragen J. FISCHHOF, *Einige Gedanken über die Auffassung von Instrumentalcompositionen in Hinsicht des Zeitmaaßes, namentlich bei Beethoven's Werken*, in: Caecilia 26, 1847 ▪ E. ZANDER, *Die Tempi der Neunten*, in: AMz 58, 3. Juli 1931, 529f. ▪ R. KOLISCH, *Tempo and Character in Beethoven's Music*, in: MQ 29, 1943, 169–187 und 291–312, dt. in: MK 76/77, 1992 ▪ H. BECK, *Studien über das Tempoproblem bei Beethoven*, Diss. Erlangen 1954 (mschr.) ▪ DERS., *Bemerkungen zu Beethovens Tempi*, in: BeJb 2, 1955/56, 24–54 ▪ DERS., *Die Proportionen der Beethovenschen Tempi*, in: Fs. Walter Gerstenberg, Wolfenbüttel/Z. 1964, 6–16 ▪ N. TEMPERLY, *Tempo and Repeats in the Early Nineteenth Century*, in: ML 47, 1966, 223–336 ▪ G. R. KOCH, *Beethoven a tempo. Dargelegt am Violinkonz.*, in: Musica 24, 1970, 124f. ▪ P. GÜLKE, *Schneller ist noch nicht richtiger. Noch einmal: Zur Interpretation von Beethovens Sinf.*, in: MuG 26, 1976, 21–26 ▪ W. WOLF, *Natürlich kommt es nicht allein aufs Tempo an*, in: dass., 425–428 ▪ R. KOLISCH/R. LEIBOWITZ, *Aufführungsprobleme im Violinkonz. von Beethoven*, in: Musica 33, 1979, 148–155 ▪ W. S. NEWMAN, *Das Tempo in Beethovens Instrumentalmusik – Tempowahl und Tempoflexibilität*, in: Mf 33, 1980, 161–183 ▪ R. BOCKHOLDT, *Proportion der Tempi und Metamorphose des Tempos im ersten Satz von Beethovens Vierter Symph.*, in: Capella antiqua München. Fs. zum 25jährigen Bestehen, hrsg. von Th. Drescher, Tutzing 1988, 127–144 (= Münchner Veröff. zur Mg. 43)

5. Metronomisierung I. FR. MOSEL, *Herrn Johann Mälzels Metronome*, in: Wiener AMZ 1, 27. Nov. 1817, 405–410 ▪ N. ZMESKALL, *Tactmesser, zum praktischen Gebrauch*, in: dass. 28. Aug. 1817 und Nr. 36 vom 4. Sept. 1817, Sp. 293–

300 und 305–308 ▪ J. N. MÄLZEL, *Metronomisierungstabelle*, ersch. als Beilage IV zur Wiener AMZ 23 (1821); (Explikationen hierzu im Intelligenzblatt der Wiener AMZ) ▪ P. STADLEN, *Beethoven and the Metronom*, in: ML 48, 1967, 330–349 ▪ R. RIEHN, *Beethovens Verhältnis zum Metronom. Eine Dokumentation*, in: Beethoven. Das Problem der Interpretation, hrsg. von H.-K. Metzger/R. Riehn, Mn. 1979, 70–84 (= MK 8) ▪ DERS., *Beethovens originale, Czernys und Moscheles' auf Erinnerung gegründete, Kolischs und Leibowitz' durch Vergleich der Charaktere erschlossene Metronomisierungen*, in: dass. 85–96 ▪ P. STADLEN, *Beethoven und das Metronom*, in: dass., 12–33 ▪ W. AUHAGEN, *Zur Theorie des variablen Metronomgebrauchs*, in: Mf 42, 1989, 55–60

6. Orchester und Instrumente A. MÜLLER, *Über den Contrabaß und dessen Behandlung, nebst einem Hinblick auf die Symph. von Beethoven, Symph. Nr. 9 (D-Moll)*, in: AmZ 1849, 109–113 ▪ L. SONNLEITHNER, *Ad vocem: Contrabaß-Rezitative der 9. Symph. von Beethoven*, in: AmZ, N. F. 2, 1864, Sp. 245f. ▪ H. HAMILTON, *Beethoven's Orchestra. A Conductor's Reflection*, in: ML 8, 1927, 172–177 ▪ A. HEUSS, *Das Orchester-Crescendo bei Beethoven*, in: ZfMw 9/6, 1927, 361–365 ▪ A. CARSE, *The Orchestra from Beethoven to Berlioz*, Cambridge 1948 ▪ R. GREGORY, *The Horn in Beethoven's Symph.*, in: ML 32, 1952, 303–310 ▪ P. CAHN, *Zur Funktion der Hörner und Trompeten im klassischen Orchester*, in: Fs. W. Osthoff, Tutzing 1969, 179–208 ▪ E. PAUL, *Das Horn bei Beethoven*, in: Beethoven Almanach 1970, Wien 1970, 80–90 (= Publ. der Wiener Musikhochschule 4) ▪ W. HESS, *Das Waldhorn bei Beethoven*, in: ders., Beethoven. Studien zu seinem Werk, Winterthur 1981, 42f. ▪ I. PARROTT, *Beethoven, the Cello, and the Trebl Clef*, in: MR 46, 1985, 12–18

7. Retuschen Ch. Gounod *über Richard Wagner's Orchestrierung der neunten Symphonie von Beethoven*, in: AmZ 1864, 310 ▪ F. GOTTHELF, *Beethoven-Retouchen – und kein Ende!*, in: Die Musik 11, 1912, 161–165 ▪ V. ULLMANN, *Bemerkungen zur Retuschenfrage*, in: Pult und Taktstock 5, 1928, 5–8 ▪ G. E. LESSING, *Beethoven – mit oder ohne Instrumentations-Retuschen*, in: Das Musikleben 5, 1952, 71–73 ▪ *Beethovens Orchesterwerke – mit oder ohne Retusche*, in: Das Orchester 4, 1956, 103–108 ▪ *Beethovens Orchesterwerke – mit oder ohne Retuschen?*, in: NZfM 117, 1956, 180–203 ▪ L. MISCH, *Sind Änderungen in Beethovens Instrumentation zulässig?*, in: NZfM 117, 1956, 618–621 ▪ S. HUGHES, *The Toscanini Legacy. A Critical Study of Toscanini's Performance of Beethoven, Verdi an other Composers*, N. Y. 1969 ▪ W. B. McKINNEY, *Gustav Mahler's Score of Beethoven's Ninth Symph. – A Document of Orchestral Performance Practice in the Nineteenth Century*, Cincinnati 1973 ▪ P. GÜLKE, *Zum Verhältnis von Intention und Realisierung bei Beethoven*, in: Beethoven. Das Problem der Interpretation, Mn. 1979, 34–53 (= MK 8) ▪ M. GIELEN, *Die bessere Werktreue. (Über Instrumentations-Retuschen.)*, in: dissonanz/dissonance Nr. 6,

Nov. 1985, 4–7 ▪ D. A. Pickett, *Gustav Mahler as Interpreter*, Diss. Univ. of Surrey 1988

8. Spezialfragen O. von Tideböhl, *Das Violinkonz. von Beethoven und seine Ausführung nach den Traditionen Joachims*, St. Petersburg 1909 ▪ W. Hess, *Die Teilwiederholung in Beethovens Sinfoniesätzen*, in: SMZ 88, 1948, 8–15 ▪ H. Keller, *Phrasierung und Artikulation in den Werken von Bach, Mozart und Beethoven*, Kassel 1955 ▪ Fr. Rothschild, *Musical Performance in the Time of Mozart and Beethoven. The Lost Tradition in Music. Part II*, L./N. Y. 1961 ▪ H. Scherchen, *Der Komp., gesehen von einem Dirigenten*, in: *Beethoven, das Genie und seine Welt*, Mn. 1963, 231–240 ▪ Fr. Rothschild, *Vergessene Traditionen in der Musik. Zur Aufführungspraxis von Bach bis Beethoven*, Z. 1964 ▪ W. S. Newman, *Performance Practice in Beethoven's Piano Sonatas. An Introduction* N. Y. 1971 ▪ R. Kamien, *Aspects of the Recapitulation in Beethoven's Piano Sonatas*, in: *Music Forum 4*, 1976, 195–235 ▪ E. Platen, *Zeitgenössische Hinweise zur Aufführungspraxis der letzten Streichquartette Beethovens*, in: *Beitr. '76 – '78. Beethoven-Colloquium 1977. Dokumentation und Aufführungspraxis*, hrsg. von der Österr. Ges. für Musik, Kassel 1978, 100–107 ▪ P. Badura-Skoda, *Noch einmal zur Frage Ais oder A in der Hammerklavierson. Opus 106 von Beethoven*, in: *Musik - Edition – Interpretation: Gedenkschrift Günter Henle*, hrsg. von M. Bente, Mn. 1980, 53–81 ▪ E. Ratz, *Analyse und Hermeneutik in ihrer Bedeutung für die Interpretation Beethovens*, in: *Ludwig van Beethoven*, hrsg. von L. Finscher, Dst. 1983, 36–51 (= *Wege der Forschung* 428) ▪ J. Schmalfeldt, *On the Relation of Analysis to Performance: Beethoven's Bagatelle's Op. 126, Nos. 2 and 5*, in: JMT 29, 1985, H. 1, 1–31 ▪ T. Volek/J. Macek, *Beethoven's Rehearsals at the Lobkowitz's*, in: MT 127, 1986, 75–80

G. Edition

I. Werkausgaben und Editionspläne zu Lebzeiten
1. Original-/Erstausgaben G. Kinsky, *Die Erstausg. und Hs. der Sinf. Beethovens*, in: *Philobiblon* 10, 1937 ▪ M. Unger, *Zu den Erstdrucken einiger Werke Beethovens. Neue Feststellungen und Nachweise*, in: ZfM 105, 1938, 139–150 ▪ H. Unverricht, *Die Eigenschriften und die Originalausg. von Werken Beethovens in ihrer Bedeutung für die moderne Textkritik*, Kassel 1960 ▪ J. Schmidt-Görg, *Wasserzeichen in Beethoven-Erstausg.*, in: Beethoven-Jb. 9, 1973/77, 427–452 ▪ A. Leicher-Olbrich, *Untersuchungen zu Originalausg. Beethovenscher Klavierwerke*, Wbdn. 1976

2. Beethovens Intention einer Gesamtausgabe
M. Unger, *Zu Beethovens Plan einer Ausg. seiner sämtlichen Werke*, in: NZfM 80, 1913, 449f. ▪ Ders., *Beethoven über eine Gesamtausg. seiner Werke*, Bonn 1920 (= *Veröff. des Beethovenhauses* 1)

3. Haslingers Gesamtausgabe O. E. Deutsch, *Beethovens gesammelte Werke. Des Meisters Plan und Haslingers*

Ausg., in: ZfMw 13, 1930/31, 60–79 ▪ A. Weinmann, *Tobias Haslingers Gesamtausg. der Werke Beethovens*, in: *Beitr. zur Beethoven-Bibliogr. Studien und Materialien zum Werkverz. von Kinsky-Halm*, hrsg. von K. Dorfmüller, Mn. 1978, 269–279

II. Englische Ausgaben
P. Hirsch/C. B. Oldman, *Contemporary English Editions of Beethoven*, in: MR 14, 1953, 1–35 ▪ A. Tyson, *The Hammerklavier Sonata and its English Editions*, in: MT 103, 1962, 235–237 ▪ Ders., *The Authentic English Editions of Beethoven*, L. 1963

III. Editionskontext
1. Verleger M. Unger, *Ludwig van Beethoven und seine Verleger S. A. Steiner und Tobias Haslinger in Wien, Ad. Mart. Schlesinger in Berlin*, Bln./Wien 1921, 86ff. ▪ A. Tyson, *Beethoven in Steiner's Shop*, in: MR 23, 1962, 119–127 ▪ Ders., *Maurice Schlesinger as a Publisher of Beethoven, 1822–1827*, in: AMl 35, 1963, 182–191 ▪ A. Devriès, *Un éditeur de musique »à la tête ardente«. Maurice Schlesinger*, in: FAM 27, 1980, 125–136 ▪ M. Staehelin, *Hans Georg Nägeli und Ludwig van Beethoven. Der Zürcher Musiker, Musikverleger und Musikschriftsteller in seinen Beziehungen zu dem großen Komp.*, Z. 1982 ▪ Fr. Slezak, *Beethovens Wiener Originalverleger*, Wien 1987

2. Editionsprobleme E. Schmid, *Beethovens »Appassionata«. Ein Vergleich zwischen Autogr. und Drucktexten*, SMZ 79, 1939, 161–166 ▪ S. Kross, *Eine problematische Stelle in Beethoven's Diabelli-Var.*, in: Mf 16, 1963, 267–270 ▪ W. Hess, *Editionsprobleme bei Beethoven*, in: SMZ 105, 1965, 40–43 ▪ S. Kross, *Nochmals zu Beethovens Diabelli-Var.*, in: Mf 18, 1965, 184–185 ▪ A. Tyson, *Weiteres über die problematische Stelle in Beethovens Diabelli-Var.*, in: Mf 18, 1965, 46–48 ▪ Ders., *Abschließende Bemerkung zum Textproblem in Beethovens Diabelli-Var.*, in: Mf 19, 1966, 189–190 ▪ K. Sakka, *Was ist der »Urtext bei Beethoven«?*, in: Beethoven-Jb. 9, 1973/77, 395–403 ▪ *Beethoven-Gesamtausgabe*, in: *Mus. Erbe und Gegenwart. Musikausg. in der Bundesrepublik Deutschland*, hrsg. von H. Bennwitz u. a., Kassel u. a. 1975, 27–37

3. Kritische Berichte [s. Literatur-Nachtrag]

4. Editionsecho S. Bagge, *Die neue Beethoven-Ausg. und ihre mus. Ergebnisse II*, in: AmZ, N. F. 2, 1864, 604 ▪ O. Jahn, *Beethoven und die Ausg. seiner Werke*, in: ders., *Ges. Aufsätze über Musik*, Lpz. 1867, 271–319 ▪ W. Hess, *Verz. der nicht in der GA veröff. Werke Ludwig van Beethovens*, Wbdn. 1957 ▪ L. Finscher, *Über Musiker-GA*, in: Textbeilage zum Schallplattenalbum »Aus den Musiker-GA«, hergestellt 1974 im Auftrag der Stiftung Volkswagenwerk ▪ S. A. Newman, *Chronological Checklist of Collected Editions of Beethoven's Solo Piano Sonatas Since His Own Days*, in: Notes 33, 1976/77, 503–526

H. Periodica und Sammel-Literatur
I. Jahrbücher TH. VON FRIMMEL (Hrsg.), Beethoven-Jb., 2 Bde., Mn./Lpz. 1908/09 ▪ Neues Beethoven-Jb., hrsg. von A. Sandberger, 1–10, 1924–1942 ▪ Beethoven-Jb., hrsg. von J. Schmidt-Görg, später von H. Schmidt/M. Staehelin, Bonn 1953ff. ▪ Beethoven Forum, hrsg. von Chr. Reynolds/L. Lockwood/J. Webster, Bd. 1–4, Lincoln/L. 1992–1995 (Bd. 3 G. Stanley, ab 1996 hrsg. von L. Lockwood/Chr. Reynolds/J. Webster

II. Studien TH. VON FRIMMEL, Neue Beethovenstudien, in: Dt. Kunst- & Musik-Zeitung 18, 1891, 2ff. ▪ DERS., Beethoven-Studien, Bausteine zu einer Lebensgesch. des Meisters, 2 Bde., Mn./Lpz. 1905–1906 ▪ DERS. (Hrsg.), Beethoven-Forschung, 1–3, Mödling 1911–1925 ▪ A. SANDBERGER, Beitr. zur Beethoven-Forschung, in: AfMw 2, 1920, 394 ▪ DERS., Ausgewählte Aufsätze zur Mg., II: Studien und Kritiken zu Beethoven und zur Beethovenlit., Mn. 1924 ▪ A. SCHMITZ (Hrsg.), Beethoven und die Gegenwart, Fs. Ludwig Schiedermair, Bln./Bonn 1937 ▪ H. VOLKMANN, Beethovens Friedensmotiv und andere Beethovenaufsätze, Hbg. 1947 ▪ L. MISCH, Beethoven-Studien, Bln. 1950 ▪ DERS., Neue Beethoven-Studien und andere Themen, Mn./Duisburg 1967 ▪ E. SCHENK (Hrsg.), Beethoven-Studien, Wien 1970 ▪ P. H. LANG, The Creative World of Beethoven, N. Y. 1971 ▪ W. HESS, Beethoven-Studien, Bonn/Mn. 1972 (= Veröff. des Beethovenhauses Bonn, N. F., 4. Reihe, 7) ▪ T. SCHERMAN/L. BIANCOLLI (Hrsg.), The Beethoven Companion, N. Y. 1972 ▪ A. TYSON, Beethoven Studies I–III, L./N. Y. 1973–1982 ▪ E. RATZ, Der wahre Beethoven (1949), in: ders., Ges. Aufsätze, hrsg. von F. C. Heller, Wien 1975, 65–67 ▪ H. GOLDSCHMIDT (Hrsg.), Zu Beethoven, Bd. 1: Aufsätze und Annotationen, Bln. 1979 ▪ DERS. (Hrsg.), Zu Beethoven, Bd. 2 Aufsätze und Dokumente, Bln. 1984 ▪ DERS. (Hrsg.), Zu Beethoven, Bd. 3: Aufsätze und Dokumente, Bln. 1988 ▪ M. SOLOMON, Beethoven Essays, Cambridge, Mass./L. 1988

III. Handbücher TH. VON FRIMMEL, Beethoven-Handbuch, 2 Bde., Lpz. 1926 ▪ H. SITTNER (Hrsg.), Beethoven-Almanach 1970, Wien 1970 (= Publ. der Wiener Musikhochschule 4)

IV. »Beethoveniana« W. NAGEL, Kleine Beethoveniana, in: SIMG 12, 1911, 586–588 ▪ W. VIRNEISEL, Kleine Beethoveniana, in: Fs. J. Schmidt-Görg, hrsg. von D. Weise, Bonn 1957, 361–376 ▪ B. SCHWARZ, More Beethoveniana in Soviet Russia, in: MQ 49, 1963, 143–149 ▪ L. MISCH, Kleine Beethoveniana, in: Mf 16, 1963, 381–388 ▪ W. MOHR, Noch ein kleines Beethovenianum, in: Mf 17, 1964, 174

V. Beethoven-»Journals« The Beethoven Newsletter, San Jose State Univ., 1986ff.

I. Öffentliche/wissenschaftliche Veranstaltungen – Ausstellungen

I. Beethovenfeiern – Symposien – Kongresse Beethoven-Zentenarfeier. Wien 26. bis 31. März 1927. Festber., Wien 1927 ▪ Beethoven-Studien. Festgabe der Österr. Akad. der Wiss. zum 200. Geburtstag von Ludwig van Beethoven, ebd. 1970 ▪ Beethoven-Symposion Wien 1970, hrsg. von E. Schenk, ebd. 1971 ▪ Ber. über den Internat. Beethoven-Kgr. 10. – 12. Dez. 1970 in Berlin, hrsg. von H. A. Brockhaus/K. Niemann, Bln. 1971 ▪ Ber. über den Internat. Beethoven-Kgr. Berlin 1977, Lpz. 1978

II. Ausstellungen und Führer Beethovens Kammermusik. Dokumente und Bilder aus dem Besitz des Beethoven-Hauses, Beethovenhaus Bonn 1985 ▪ R. CADENBACH (Hrsg.), Mythos Beethoven, Ausstellungskat., Laaber 1986 ▪ M. LADENBURGER (Hrsg.), Eine Brüsseler Beethoven-Slg.: Das Beethoven-Porträt von Ferdinand Waldmüller. Die Originalausgaben der Klaviersonaten Beethovens, Ausstellungskatalog, Beethoven-Haus Bonn 1991

Literatur-Nachtrag

B. III.
A. TYSON, A Beethoven Price List of 1822, in: Fs. E. Forbes, hrsg. von L. Lockwood/Ph. Benjamin, Cambridge/Mass. 1984, 53–65 ▪ D. BECK/G. HERRE, A. Schindlers »Nutzanwendung« der Cramer-Etüden. Zu den sog. Beethovenschen Spielanweisungen, in: Zu Beethoven. 3. Aufsätze und Dok., hrsg. von H. Goldschmidt, Bln. 1988, 177–208 ▪ H.-W. KÜTHEN, Ein unbekanntes Notierungsblatt Beethovens aus der Entstehungszeit der »Mondscheinsonate« im Familienarchiv Chotek in Benesov, Tschechische Republik, Prag 1996

C. I. 1.
O. E. ALBRECHT, Beethoven Autographs in the United States, in: Beitr. zur Beethoven-Bibliogr. Stud. und Materialien zum Werkverz. von Kinsky-Halm, hrsg. von K. Dorfmüller, Mn. 1978, 1–11

C. I. 2.
CL. BROWN, Die Neubewertung der Quellen von Beethovens Fünfter Symph. – a New Appraisal of the Sources of Beethoven's Fifth Symphony, Wbdn. 1996

D. I.
E. VALENTIN, Beethoven: a Pictorial Biography, L. 1958 ▪ H. C. ROBBINS LANDON (Hrsg.), Beethoven. His Life, Work and World, N. Y. 1992 ▪ SC. BURNHAM/M. P. STEINBERG, Beethoven & His World, Princeton 2000 ▪ GL. STANLEY, The Cambridge Companion to Beethoven, Cambridge 2000

D.II.1.e.

V. OAKLEY, BEAHRS, The Mystery of Beethoven's Enigmatic »A«, in: MR 55, 1994, 87–92 ▪ KL. M. KOPITZ, ›Sieben volle Monate‹. Beethoven und Therese von Zandt, in: Musica 49, 1995, 325–332 ▪ M.-E. TELLENBACH, »Noch eine Geliebte Beethovens gefunden – oder erfunden? Zu Klaus-Martin Kopitz: ›Sieben volle Monate‹. Beethoven und Therese von Zandt, in: dass. 50, 1996, 78–83

D.II.1.g.

ST. LEY, Beethovens Charakter, Bonn 1948 ▪ E. SELFRIDGE-FIELD, Beethoven and Greek Classicism, in: Journal of the History of Ideas 33, 1972, 577–595 ▪ CH. C. WITCOMBE, Beethoven's Private God: an Anlaysis of the Composer's Markings in Sturm's Betrachtungen, MA San Jose State Univ. 1998

D.II.1.i.

M. BISANZ-PRAKKEN, Der Beethovenfries, Salzburg 1977 ▪ J.-P. BOUILLON, Klimt: Beethoven, Bln. 1988

D.II.1.k.

O. E. RUDNITZKY, The Mind's Ear. Despite Beethoven's Deafness, His Quartets Display an Extraordinary Range of Tone Colour and Sound Effects, in: Strad 108, 1997, 173–175 ▪ J. J. BOUTARIC, A Medical Enigma: L. van Beethoven, in: Revue du Praticien 50, 2000, 125–132 ▪ R. MARTIN, Beethoven's Hair, L. 2000

D.II.1.l.

KL. M. KOPITZ, Beethovens Aufenthalt in Berlin 1796, in: Berliner Beitr. zur Mw. 1, 1996, 48–50

D.II.2.a.

H. WALTER, Die biogr. Beziehungen zwischen Haydn und Beethoven, in: Kgr.Ber. Bonn 1970, Kassel 1971, 79–83 ▪ M. SOLOMON, Beethoven and His Nephew: a Reappraisal, in: Beethoven Studies 2, hrsg. von A. Tyson, L./Oxd./N. Y. 1977, 138–171 ▪ A. TYSON, Ferdinand Ries (1784–1838). The History of His Contribution to Beethoven's Biography, in: 19th-Century Music 7, 1984, 209–221 ▪ S. BRANDENBURG, Der Freundeskreis der Familie Malfatti in Wien, gezeichnet von Ludwig Ferdinand Schnorr von Carolsfeld, Bonn 1985 ▪ H./W. BAUMOL, Maledizione! or, the Perilous Prospects of Beethoven's Patrons, in: Fs. J. Lateiner, hrsg. von Br. Brubaker/J. Gottlieb, Stuyvesant/N. Y. 2000, 69–93

D.II.2.b.

H. ULLRICH, Beethovens Wiener Rechtsanwälte. Eine Studie, in: StMw 32, 1981, 147–204, hier 185ff.

D.II.2.d.

TH. A .HENSELER, Andrea Lucchesi, der letzte Bonner Hofkapellmeister zur Zeit des jungen Beethoven, in: Bonner Geschichtsblätter 1, 1937, 255ff. ▪ B. VON SEYFRIED, IGNAZ X. RITTER VON SEYFRIED [1776–1841], Ffm. 1990

D.II.2.e.

B. A. KRAUS, Beethoven and the Revolution: the View of the French Musical Press, in: French Revolution, hrsg. von M. Boyd, Cambridge 1992, 302–314 ▪ F. ARASA, Humanism in L. van Beethoven, in: Folia Humanistica 34, 1996, 435–468

E.I.

A. KARSCH, Unters. zur Frühgesch. des Klaviertrios in Deutschland, Diss. Köln 1943 ▪ R. KOMLOS, The Viennese Keyboard Trio in the 1780s: Sociological Background and Contemporary Reception, in: ML 48, 1987, 222–234 ▪ B. SMALLMAN, The Piano Trio: Its History, Technique and Repertoire, Oxd. 1990

E.II.1.

M. LECOMPTE, Guide illustré de la musique symphonique de Beethoven, P. 1995

E.II.2.

A. HOPKINS, The Seven Concertos of Beethoven, Aldershot/England 1996 ▪ S. KROSS, Improvisation und Konzertform bei Beethoven, in: Kgr.Ber. Bonn 1989, Tutzing 1990, 132–139 ▪ H.-W. KÜTHEN, Gradus ad Partituram. Erscheinungsbild und Funktionen der Solostimme in Beethovens Klavierkonz., in: Hudební veda [Musikwissenschaft] 36, 1999, 1–26

E.II.3.

A. L. RINGER, Ein ›Trio caracteristico‹? Randglossen zu Beethovens op. 70 Nr. 2, in: Fs. L. Finscher, hrsg. von A. Laubenthal unter Mitarbeit von K. Kusan-Windweh, Kassel u. a. 1995, 457–465

E.II.4.

M. ROSTAL, L. van Beethoven, die Son. für Kl. und V., Mn. 1981, ²1991 ▪ J. L. CRAWFORD, Beethoven's Five Cello Sonatas, MA San Jose State Univ. 1995

E.II.5a.

A. FORCHERT, Zur Satztechnik von Beethovens StrQu., in: Fs. H. Hüschen, hrsg. von D. Altenburg, K. 1980, 151–158 ▪ J. FR. FISHER, Cyclic Procedures in the String Quartet from Beethoven to Bartok, Diss. Ann Arbor 1981 ▪ T. LINDEMAN, Strategies of Sonata Form in the First Movements of the Beethoven String Quartets, Diss. Indiana Univ. 1987, Ann Arbor 1988 ▪ A. CARR-RICHARDSON, Phrase Rhythm and Form: the Scherzi of Beethoven's Late String Quartets, Diss. Florida State Univ. 1995 ▪ L. G. RATNER, The Beethoven String Quartets: Compositional Strategies and Rhetoric, Stanford/Cal. 1995 ▪ S. FRISHBERG, Origin, Performances, and Reception History of Beethoven's Late Quartets, in: MQ 80, 1996, 525–540 ▪ O. E. RUDNITZKY, The Mind's Ear. Despite Beethoven's

Deafness, His Quartets Display an Extraordinary Range of Tone
Colour and Sound Effects, in: Strad 108, 1997, 173-175

E.II.6.

M. F. FRITSCH, Beethovens Last Piano Sonatas as Fantasy
Sonatas, Diss. Northwestern Univ. 1987 ▪ K. DRAKE, The
Beethoven Sonatas and the Creative Experience, Blooming-
ton/Indianapolis 1994, Repr. 2000

E.II.8.

A. FRIESENHAGEN, Die Messen L. van Beethovens. Stud.
zur Vertonung des liturgischen Textes zwischen Rhetorik und
Dramatisierung, K. 1996

E.II.9.

R. PECMANN, Beethovens Opernpläne, Brünn 1981
▪ E. PLUTA, Fidelio und seine Vorgänger. Operntypen – Schrek-
kens- und Befreiungsoper, in: Klassik heute 2, 1999, 36-39

E.II.10.

ST. L. CAMPBELL, C. Fr. Zelter and Text Setting: a Comparison of Goethe Settings by Zelter, Beethoven and Schubert,
Diss. Ann Arbor 1997 ▪ H. ZEMAN, »Sendung von Schubert
aus Wien, von meinen Liedern Compositionen«. Gedichte im
Liedschaffen Beethovens und Schuberts, in: ÖMZ 54, 1999, 4-15

E.II.11.

K. DORFMÜLLER, Beethovens ›Volksliederjagd‹, in: Fs.
H. Leuchtmann, hrsg. von St. Hörner/B. Schmid, Tutzing
1993, 107-125 ▪ P. WEBER-BOCKHOLDT, Beethovens Bearb.
brit. Lieder, Mn. 1994 (= Stud. zur Musik 13)

E.II.12.

B. A. STURGIS-EVERETT, The First Movements of Beethoven's Piano Sonata in E Major, Op. 14, No. 1 and His String
Quartet in F Major, Op. 14, No. 1: a Critical Study, Diss. Univ.
of Cincinnati 1986 ▪ CHR. CH.-L. TAN, Beethoven's Piano
Trio in C Minor, Op. 1, No. 3 and His String Quintet in C Minor,
Op. 104: a Critical and Comparative Study, Diss. Univ. of Cincinnati 1997 ▪ H.-W. KÜTHEN, Die authentische Kammerfas-
sung von Beethovens 4. Klavierkonz. für Kl. und StrQnt. (1807).
Eine verwegene Variante im Stil der späten Kadenzen, in: Bonner Beethoven-Studien, Bd. 1, Bonn 1999, 51-92

E.II.13.

C. DAHLHAUS, Zwei Rätselkanons von Beethoven, in:
Musica 8, 1955, 500f. ▪ M. LUXNER, The Evolution of the
Minuet-Scherzo in the Music of Beethoven, Diss. Eastman
School of Music 1978 ▪ W. A. ALLAN (Hrsg.), Music in the
Classical Period. Essays in Honor of Barry S. Brook, N. Y. 1985
▪ S. V. GUTSCHE, Der Chor bei Beethoven. Eine Unters. zur
Rolle des Chores in den Orchesterwerken von den Bonner Canta-
ten bis zur 9. Symph., Kassel 1995 (= Kölner Beitr. zur Mf.
189) ▪ S. KURTH, Beethovens StrQnt., Mn. 1996 [= Stud. zur
Musik 14]

E.III.2.

PH. C. ALWIN, A Comparative Analysis of the Neefe Piano
Sonatas and the Beethoven Bonn Sonatas, M. M. Univ. of
Rochester 1946 ▪ M. BROYLES, Stylistic Dualism in Early
Beethoven and the Leonore Challenge, in: The Journal of
Musicology 5, 1987, 419-447

E.III.5.

J. EVERSOLE, A Study of Orchestrational Style through the
Analysis of Representative Works of Mozart and Beethoven, Diss.
Ann Arbor 1978 ▪ H. BECKER, »O Freunde, nicht diese Töne«.
Vom Dramatischen in der Instrumentalmusik. Ein Essay, in: Fs.
L. Hoffmann-Erbrecht, hrsg. von A. Bingmann/Kl. Hort-
schansky/W. Kirsch, Tutzing 1988, 309-323 ▪ P. BENARY,
Beethovens Personalstil in dramaturgischer Funktion. Zur ersten
›Fidelio‹-Szene, in: Musica 42, 1988, 265-267 ▪ PH.
G. DOWNS, Classical Music: the Era of Haydn, Mozart, and
Beethoven, N. Y. 1992

E.IV.1.a.op.13

H. KINZLER, Komplexe Abb. mus. Strukturen innerhalb
eines Werkes am Bsp. von Beethovens »Pathetique« op. 13, in:
Mth 14, 1999, 99-112

E.IV.1.a.op.15

GL. NYE-GIN YEH, Beethoven's Piano Concerto in C
Major, Op. 15: Structural Analysis and Performance Strategies,
Diss. Ohio State Univ. 1994, Ann Arbor 1996

E.IV.1.a.op.17

A. RAAB, Beethovens op. 17 – Hornson. oder Celloson., in:
Neues mw. Jb. 3, 1994, 103-116

E.IV.1.a.op.18 Nr. 1

J. RENGER, Zum Klassizismus in Beethovens StrQu.
op. 18,1, in: Musica 50, 1996, 407-413

E.IV.1.a.op.27

P. BENARY, Sonata quasi una fantasia. Zu Beethovens
op. 27, in: Mth 2, 1987,129-136 ▪ B. EDELMANN, Beethovens
Phantasie cis-Moll op. 27 Nr. 2, in: Fs. Th. Göllner, hrsg. von
B. Edelmann/M. H. Schmid, Tutzing 1995, 269-294

E.IV.1.a.op.31 Nr. 2

C. DAHLHAUS, Zur Formidee von Beethovens d-Moll-Son.
op. 31,2, in: Mf 33, 1980, 310-312 ▪ M. GECK, Das wilde Denken. Ein strukturalistischer Blick auf Beethovens op. 31 Nr. 2, in:
AfMw 57, 2000, 64-77

E.IV.1.a.op.35

M. HEINEMANN, ›Altes‹ und ›Neues‹ in Beethovens
›Eroica‹-Var. op. 35, in: AfMw 49, 1992, 38-45 ▪ CL. VON
GLEICH, Beethovens Prometheus-Var. in neuer Sicht. Das Rätsel
der Tempi in der Praxis, Mn. 1996

E.IV.1.a.op.43

E. VOSS, *Schwierigkeiten im Umgang mit dem Ballett »Die Geschöpfe des Prometheus« von Salvatore Viganò und L. van Beethoven*, in: AfMw 53, 1996, 21–40

E.IV.I.a.op. 47

O. H. JANDER, *The ›Kreutzer‹ Sonata as Dialogue*, in: EM 16, 1988, 34–49 ▪ S. AHN, *Genre, Style, and Compositional Procedure in Beethoven's »Kreutzer« Sonata op.47*, Diss. Ann Arbor 1998

E.IV.1.a.op.55

M. JUST, *Das Durchführungsthema im ersten Satz der Eroica*, in: Fs. L. Hoffmann-Erbrecht, hrsg. von A. Bingmann/Kl. Hortschansky/W. Kirsch, Tutzing 1988, 295–307 ▪ M. SHEER, *Patterns of Dynamic Organization in Beethovens Eroica Symphony*, in: The Journal of Musicology 10, 1992, 483–503

E.IV.1.a.op.58

CH. P. FUERY, *Beethoven's Fourth Piano Concerto op. 58: Its Strategy and Design, an Analytic and Performance Practice Study*, Diss. Ann Arbor 1987 ▪ O. H. JANDER, *Orpheus Revisited: a Ten-year Retrospect on the Andante con moto of Beethoven's Fourth Piano Concert*, in: 19th-Century Music 18, 1995, 31–49

E.IV.1.a.op. 59

L. HÜBSCH, *L. van Beethoven. Die Rasumowsky-Quartette*, Mn. 1983 (= Meisterwerke der Musik 40) ▪ BR. CAMPBELL, *Beethoven's Quartets Op. 59. An Investigation into Compositional Process*, Diss. Ann Arbor 1986

E.IV.1.a.op. 59 Nr. 3

G. FITSIORIS, *Hearing the First Movement of Beethoven's String Quartet Op. 59, No. 3*, MA Washington Univ. 1995

E.IV.1.a.op.62

E. J. KRAMER, *The Strange Case of Beethoven's Coriolan: Romantic Aesthetics, Modern Subjectivity, and the Cult of Shakespeare*, in: MQ 79, 1995, 256–280

E.IV.1.a.op. 67

S. BRANDENBURG, *Once Again: on the Question of the Repeat of the Scherzo and Trio in Beethoven's Fifth Symphony*, in: Fs. E. Forbes, hrsg. von L. Lockwood/Ph. Benjamin, Cambridge/Mass. 1984, 146–198 ▪ M. BIELITZ, *Zur Gesch. des Anfangsmotivs der 5. Symph. von L. van Beethoven als Gesch. der kompos. Verwendung eines Archetyps elementarer mus. Gestaltbildung*, in: StMw 39, 1988, 275–313

E.IV.1.a.op.68

O. H. JANDER, *The Prophetic Conversation in Beethoven's ›Scene by the brook‹*, in: MQ 77, 1993, 508–559 ▪ D. W. JONES, *Beethoven: Pastoral Symphony*, Cambridge 1995 (= Cambridge Music Handbooks)

E.IV.1.a.op.72

PH. GOSSETT, *The Arias of Marzelline: Beethoven as a Composer of Opera*, in: BeJb 10, 1978/81, Bonn 1983, 141–183 ▪ M. GECK, *Lust und Sehnsucht. Mozarts Susanna und Beethovens Leonore*, in: Musica 47, 1993, 212–214 ▪ U. ARBTER, *Georg Friedrich Treitschke, Beethovens dritter ›Fidelio‹-Librettist, in Wien. Ein Beitr. zur Gesch. der dt. Literaturimmigration von der Mitte des 18. bis zum Beginn des 19. Jh.*, Diss. Wien 1997 ▪ H. LÜHNING, *Fidelio zwischen Oper und Opus. Über Beethovens Revisionen des Quartetts »Er sterbe«*, in: Mth 14, 1999, 121–141 ▪ E. PLUTA, *Fidelio und seine Vorgänger. Operntypen – Schreckens- und Befreiungsoper*, in: Klassik heute 2, 1999, 36–39

E.IV.1.a.op.73

J. KERMAN, *5. Klavierkonzert Es-Dur op. 73*, in: A. Riethmüller/C. Dahlhaus / A. L. Ringer (Hrsg.) 1994 (E.), Teil 1, 572–584

E.IV.1.a.op.81a

CL. RAAB, *Von Ankunft und Aufbruch und ein ›etwas harter Gang‹ durch die Figurenproblematik. L. van Beethovens Sonate op. 81a (»Das Lebewohl«)*, in: Mf 50, 1997, 47–73

E.IV.1.a.op.86

J. McGRANN, *Beethoven's Mass in C Opus 86: Genesis and Compositional Background*, Diss. Harvard Univ. 1991 ▪ R. E. DOIRON, *L. van Beethoven's Mass in C, Op. 86: History, Musical Style, Analysis and Performance Considerations*, Diss. Univ. of Southern California 1992

E.IV.1.a.op.93

W. OSTHOFF, *Der dritte Satz aus Beethovens 8. Symph.*, in: SJbMw 15, 1995, 111–125 ▪ U. JUNG-KAISER, *Neue Zugangswege zum Allegretto scherzando in Beethovens Achter Sinf.*, in: Musik in der Schule 1, 1997, 2–9

E.IV.1.a.op.101

BR. WEINER, *Notes from the Middleground: the Convergence of Ur-Idee and Urlinie in Schenker's Erläuterungsausgabe of Beethoven's Op. 101*, Diss. Ann Arbor 1996

E.IV.1.a.op.102

A. ARRO, *Origine del tardo stile nella ›Sonata‹ op. 102 n. 1 di Beethoven*, in: NRMI 27, 1993, 1–14

E.IV.1.a.op.106

C. HILL, *Beethoven's Correspondence Concerning Op. 106*, in: Miscellanea Musicologica, Adelaide Studies of Musicology 10, 1979, 74–81, hier 78f. ▪ P. BADURA-SKODA, *Noch einmal zur Frage Ais oder A in der Hammerklaviersonate. op. 106 von Beethoven*, in: Gedenkschrift G. Henle, hrsg. von M. Bente, Mn. 1980, 53–81

316

E.IV.1.a.op.109
N. MARSTON, Beethoven's Piano Sonata in E, Op. 109,
N. Y. 1994 (= Studies in musical genesis and structure)

E.IV.1.a.op.112
TH. GÖLLNER, ›Meeresstille‹: Goethes Gedicht in der
Musik seiner Zeit, in: Fs. W. und U. Kirkendale, hrsg. von
S. Gmeinwieser/D. Hiley/J. Riedlbauer,Flz. 1994, 537–556

E.IV.1.a.op.120
P. HERZOG, The Practical Wisdom of Beethoven's Diabelli
Variations, in: MQ 79, 1995, 35–54 ▪ L. WEISSGERBER, Inter-
vallsatz beim späten Beethoven. Zur 20. Diabelli-Variation, in:
Mth 14, 1999, 171–178

E.IV.1.a.op. 121a
L. LOCKWOOD, Beethoven's »Kakadu« Variations, Op.
121a: a Study in Paradox, in: Fs. J. Lateiner, hrsg. von Br.
Brubaker/J. Gottlieb, Stuyvesant/N. Y. 2000, 95–108

E.IV.1.a.op.123
O. ZICKENHEINER, Unters. zur Credo-Fuge der Missa
solemnis von L. van Beethoven, Mn. 1984 ▪ TH. GÖLLNER, Et
incarnatus est in Beethovens Missa solemnis, in: AnM 43, 1988,
189–199 ▪ B. LODES, ›Von Herzen – möge es wieder zu Herzen
gehn!‹ Zur Widmung von Beethovens Missa solemnis, in: Fs. Th.
Göllner, hrsg. von B. Edelmann/M. H. Schmid, Tutzing
1995, 295–306

E.IV.1.a.op. 125
P. GÜLKE, Virtuelles Komponieren und ›Deutlichkeit‹ im
Orchestersatz der 9. Symph., in: Kgr.Ber. Bonn 1989, Tutzing
1990, 37–40 ▪ D. B. LEVY, Beethoven: The Ninth Symphony,
N. Y. 1995 (= Monuments of Western Music) ▪ J. CH. BAR-
KET, »The Speaker of the Orchestra«: an Analytical Study of the
Bass Line in the Fourth Movement of Beethoven's Ninth Sym-
phony, Diss. Ann Arbor 1996 ▪ M. C. TUSA, Noch einmal:
Form and Content in the Finale of Beethoven's Ninth Symphony,
in: Beethoven Forum 7, hrsg. von M. E. Bonds u. a., Lin-
coln/L., 1999, 113–137

E.IV.1.a.op.130
ST. M. DE KENESSEY, The Quartet , the Finale and the
Fugue: a Study of Beethoven's Op. 130/133, Ann Arbor 1984
▪ K. VON FISCHER, Zur Cavatina aus Beethovens StrQu.
op. 130, in: Fs. C. Dahlhaus, hrsg. von H. Danuser u. a., Laa-
ber 1988, 493–501

E.IV.1.a.op.132
R. WALLACE, Background and Expression in the First
Movement of Beethoven's Op. 132, in: The Journal of Musico-
logy 7, 1989, 3–20

E.IV.1.a.WoO 46
M. A. LANE, Beethoven's Seven Variations on ›Bei Män-
nern, welche Liebe fühlen‹ from ›Die Zauberflöte‹ for Piano and
Violoncello (1801): a Study of the Variation Tradition, Diss.
California State Univ., Long Beach 1987

E.IV.1.a.WoO 72
W. OSTHOFF, Beethovens Grétry-Var. WoO 72, in: RB 47,
1993, 125–142

E.IV.1.c.
FR. KLAUSMEIER, Beethovens neuer Stil mus. interpretiert, in: Musica 41, 1987, 231–240

E.IV.1.d.η.
R. A. STEBLIN, A History of Key Characteristics in the
Eighteenth and Early Nineteenth Centuries, Ann Arbor/Mich.
1983 (= Studies in Musicology 67) ▪ BR. CLAUSEN, Beethoven and the Psyches of the Keys, Diss. Univ. of Southern California 1988 ▪ C. I. CARR, Wit and Humor as a Dramatic Force
in the Beethoven Piano Sonatas, Diss. Ann Arbor 1990 ▪ FR.
LIPPMANN, La melanconia nella musica: due esempi (Beethoven e Caikovskij), in: NRMI 26, 1992, 212–220 ▪ A. GERHARD,
Die Tonartencharakteristik der Beethoven-Zeit aus ital. Perspektive, in: Mth 13, 1998, 257–261

E.IV.1.d.α.
C. DAHLHAUS, Ästhetische Prämissen der »Sonatenform«
bei A. B. Marx, in: AfMw 41, 1984, 73–85 ▪ K. DRAKE, The
Beethoven Sonatas and the Creative Experience, Blooming-
ton/Indianapolis 1994, Repr. 2000 ▪ U. ZILKENS, Beethovens
Finalsätze in den Klavierson. Allg. Strukturen und individuelle
Gestaltung, K. 1994 ▪ CL. RAAB, Beethovens Kunst der Sonate.
Die drei letzten Klavierson. op. 109, 110, 111 und ihr Thema,
Saarbrücken 1996 ▪ H. SCHICK, Finalität als Formprinzip.
Beethovens mittlere Klavierson. und die Kunst, falsch zu begin-
nen, in: Mth 13, 1998, 207–222

E.IV.1.d.β
D. BARTHA, On Beethoven's Thematic Structure, in: MQ
56, 1970, 759–778 ▪ C. DAHLHAUS, Mus. Form als Transformation. Bemerkungen zur Beethoven-Interpretation, in: BeJb 9,
1973/77, Bonn 1977, 28–36 ▪ L. PIKE, Beethoven, Sibelius, and
the »Profound Logic«: Studies in Symphonic Analysis, L. 1978
▪ W. S. NEWMAN, Range as a Structural Determinant in Beethoven's Piano Music, in: Fs. Gw. McPeek, hrsg. von
C. P. Comberiati/M. C. Steel, L. 1988, 190–198 ▪ A. MAYEDA,
Zur Kernmotivik in den mittleren Symph. L. van Beethovens, in:
Fs. L. Finscher, hrsg. von A. Laubenthal unter Mitarbeit
von K. Kusan-Windweh, Kassel u. a. 1995, 432–445
▪ A. SCHOENBERG, The Musical Idea and the Logic, Technique,
and Art of Its Presentation, hrsg., übs. und komm. von P. Car-
penter/S. Neff, N. Y. 1995 ▪ P. RUMMENHÖLLER, Beetho-

vens »Nebengedanken«. Zur Hierarchie themat. Gestalten in Beethovens Sonatenform, in: Musica 50, 1996, 397–405

E.IV.1.d.δ.

C. CACIOPPO, Color and Dissonance in Late Beethoven: the Quartet Op. 135, in: Journal of Musicological Research 6, 1986, 207–248 ▪ P. CAHN, Zum Problem der ›schwebenden Tonalität‹ bei Beethoven, in: Fs. L. Hoffmann-Erbrecht, hrsg. von A. Bingmann/Kl. Hortschansky/W. Kirsch, Tutzing 1988, 285–293 ▪ R. CITTADINI, Analisi e pratica della modulazione nell'armonica classica: itinerario guidato nell'universo tonale beethoveniano attraverso le 32 sonate per pianoforte: per i corsi di armonia complementare e la scuola di composizione, Udine 1994

E.IV.1.d.ε

R. BOCKHOLDT, Eigenschaften des Rhythmus im instrumentalen Satz bei Beethoven und Berlioz, in: Kgr.Ber. Bonn 1970, Kassel 1971, 29–33 ▪ R. KAMIEN, Conflicting Metrical Patterns in Accompaniment and Melody in Works by Mozart and Beethoven: a Preliminary Study, in: JMT 37, 1993, 311–348 ▪ T. B. RUSSELL, Rhythm in Music: a Comparative Analysis of the Two Versions of Op. 18, No. 1 String Quartet (I, IV) by Beethoven, Diss. Ann Arnor 1993 ▪ C. SCHACHTER, Playing What the Composer didn't Write: Analysis and Rhythmic Aspects of Performance, in: Fs. J. Lateiner, hrsg. von Br. Brubaker/J. Gottlieb, Stuyvesant/N. Y. 2000, 47–68

E.IV.1.d.ι

H. ERFMANN, Formunters. an den Bagatellen Beethovens, Diss. Münster 1942 (mschr.) ▪ E. D. CONE, Beethoven's Experiments in Composition: the Late Bagatelles, in: Beethoven Studies 2, hrsg. von A. Tyson, L. /Oxd./N. Y. 1977, 84–105 ▪ TH. W. ADORNO, L. van Beethoven: Sechs Bagatellen op. 126, in: Ges.Schr. 18/Mus. Schriften 5, hrsg. von R. Tiedemann/Kl. Schultz, Ffm. 1984, 185–188 ▪ S. BRANDENBURG (Hrsg.), L. van Beethoven. Sechs Bagatellen für Klavier [Faks., Übtr. und Kommentar], 2 Bde., Bonn 1984 ▪ B. COOPER, Beethoven's Portfolio of Bagatelles, in: Journal of the RMA 112, 1987, 208–228 ▪ K.-M. WU, Die Bagatellen L. van Beethovens, K. 1999

E.IV.1.d.κ

P. BADURA-SKODA, A Tie is a Tie is a Tie. Reflections on Beethoven's Pairs of Tied Notes, in: EM 16, 1988, 84–88 ▪ R. G. HOPKINS, When the Coda is more than a Coda: Reflections on Beethoven, in: Fs. L. B. Meyer, hrsg. von E. Narmour/R. A. Solie, Stuyvesant 1988, 393–410 ▪ B. R. BARRY, Pitch Interpretation and Cyclical Procedures in Middle Period Beethoven, in: MQ 76, 1992, 184–215 ▪ JOH. FISCHER, Münchner Beethoven-Studien, Mn. 1992 ▪ F. BRUCKMANN, Zusammenhänge zwischen Klavierbau und Klavierkompos. im Schaffen Beethovens, K. 1993 ▪ T. BARKER, Interpreting Beetho-

ven's Markings: a Preliminary Survey of the Piano Sonatas, in: MR 55, 1994, 169–182 ▪ D. GUIGUE, Beethoven et le pianoforte. L'Emergence d'une pensée des timbres comme dimension autonome du discour musical, in: RMI 80, 1994, 81–96 ▪ R. E. HOLM, Analysis of Forty Variations on a Theme by Beethoven by Rudolph Johann Joseph Rainer, Archduke of Austria, Diss. Univ. of Illinois at Urbana-Champaign 1999 ▪ H.-W. KÜTHEN, »Was ist, und zu welchem Ende treiben wir das virtuose Spiel?« Gedanken zum Thema ›Beethoven und der Reiz des Unübertrefflichen‹, in: Beethoven, Goethe und Europa. Almanach zum Internat. Beethovenfest Bonn 1999, Laaber 1999, 107–137

E.IV.1.d.Θ

E. J. KRAMER, Beethoven's Transcendence of the Additive Tendency in Op. 34, Op. 35, WoO 8, and Op. 120, Diss. Ann Arbor 1990 ▪ D. A. O'DONOHUE, The Concept of Unity and Uniqueness in the Multi-movement Works of Beethoven: an Analysis of the Selected Piano Sonatas, Op. 31, No. 3 and Op. 57, Diss. Ann Arbor 1991 ▪ N. MARSTON, Beethoven's ›Anti-Organicism?‹ The Origins of the Slow Movement of the Ninth Symphony, in: The Creative Process, Studies in the History of Music 3, N. Y. 1992, 169–200 ▪ CR. C. CUMMINGS, Large-scale Coherence in Selected Nineteenth-century Piano Variations, Diss. Indiana Univ. 1991, Ann Arbor 1996 ▪ H. AITKEN, The Piece as a Whole: Studies in Holistic Musical Analysis, Westport/Conn. 1997 ▪ P. GÜLKE, »…immer das ganze vor Augen«. Studien zu Beethoven, Stg./Kassel 2000

E.IV.1.d.ζ

Fr. MESSMER, Sforzato und Fortepiano in Beethovens StrQu. op. 18, in: Fs. R. Bockholdt, hrsg. von N. Dubowy/S. Meyer-Eller, Pfaffenhofen 1990, 199–319 ▪ K. STUART, Marks of Emphasis in Beethoven's Piano Sonatas, Diss. Ann Arbor 1997

E.IV.1.e.

ST. LUBIN, Techniques for the Analysis of Development in Middle period Beethoven, Diss. Ann Arbor 1974 ▪ C. DAHLHAUS, Zur Theorie der mus. Form, in: AfMw 34, 19//, 20–37 ▪ M. A. REES, A Computer-assisted Stylistic Analysis of Thematic Materials from Selected Sonata-allegro Movements for Piano by Beethoven, M. M. Indiana Univ. 1979 ▪ W. P. DOUGHERTY, An Examination of Semiotics in Musical Analysis: the Neapolitan Complex in Beethoven's Op. 131, Diss. Ann Arbor 1987 ▪ W. KEIL, Beethovens Klavierson. als Demonstrationsobjekte mus. Analyse, in: Augsburger Jb. für Mw. 4, 1987, 173–192 ▪ S. MACAHILIG, A Method for the Interpretation of Beethoven's Middle Period Sonatas, Diss. Ann Arbor 1994 ▪ J. S. SMITH, A Schenkerian Analysis of Selected Beethoven Pianoforte Sonatas, M. M. Univ. of Missouri-Columbia, 1997

E.IV.2.

A. RICHTER, Beethoven, Mendelssohn, Hegel & Marx. Zur Poetik der Ouv. ›Meeresstille und glückliche Fahrt‹, in: NZfM 149, 1988, 18–23 ▪ TH. ALBRECHT, Beethoven and Shakespeare's Tempest: New Light on an Old Allusion, in: Beethoven Forum 1, hrsg. von Chr. Reynolds/L. Lockwood/J. Webster, Lincoln/L. 1992, 81–92 ▪ L. SUURPÄÄ, Music and Drama in Six Beethoven Overtures: Interaction between Programmatic Tension and Tonal Structure, Helsinki 1997 ▪ C. NATOSEVIC, Pastoraler Ideengehalt in L. van Beethovens Klavierson. D-Dur op. 28, in: Mth 14, 1999, 113–120

E.IV.3.c.op. 18/1

M. SCHWAGER, Nottebohm Revisited: Beethoven's Op. 14, No. 1 in Perspective, in: Studi Musicali 16, 1987, 157–174

E.V.

H. WALTER, On Haydn's Pupils, in: Kgr.Ber. Washington D.C. 1975, N.Y. 1981, 60–63 ▪ J.P. MACKEOWN, Gradus ad Parnassum – Beethovens Kontrapunkt nach Fux, in: BJbHM 21, 1997, 49–86

F.I.1.

H. BERLIOZ, A Travers Chants: études musicales, adorations, boutades, et critiques, P. 1862 ▪ H. ÅSTRAND, L. van Beethoven. »wegen der schwedischen Historie«. Dok. der Beziehungen L. van Beethovens zu Schweden, Stockholm 1977 ▪ G. PE-STELLI, Beethoven a Torino e in Piemonte nell'ottocento, in: Il Gridelino. Quaderni di Studi Musicali 2, Turin 1982; auch in: NRMI 4, 1970, 1013–1086 ▪ TH. SIPE, Interpreting Beethoven: History, Aesthetics, and Critical Reception, Diss. Univ. of Pennsylvania 1992 ▪ A. BEER, Zur Gesch. der Veröff.. und zur Rezeption von Beethovens Liedern op. 52, in: Mf 47, 1994, 161–163 ▪ E. SEIWERT, Beethoven-Szenarien. Thomas Manns »Doktor Faustus« und Adornos Beethoven-Projekt, Stg. u.a. 1995 ▪ Beethoven – Aspekte seines Werks zwischen zeitgen. Kritik und moderner Interpretation, mit Beitr. von M. Wessel, A. Gerhard, J. van Beck u.a., = Mth 12, 1997, 195–278 ▪ E. BUCH, Beethovens Neunte. Eine Biogr., Bln./Mn. 2000

F.I.2.

E. E. BAUER, Beethoven – unser mus. Jean Paul. Anm. zu einer Analogie, in: Beethoven. Analecta varia, hrsg. von H.-Kl. Metzger/R. Riehn, Mn. 1987, 83–105 (= MK 56) ▪ I. BODSCH (Hrsg.), Monument für Beethoven. Zur Gesch. des Beethoven-Denkmals (1845) und der frühen Beethoven-Rezeption, in: Bonn. Kat. der Ausstellung, Bonn 1995 ▪ A. CORBI-NEAU-HOFFMANN, Testament und Totenmaske. Der lit. Mythos des L. van Beethoven, Hdh. 2000

F.II.1.

O. E. DEUTSCH, Zu Beethovens großen Akad. von 1824, in: ÖMZ 19, 1964, 426–429

F.II.2.

S. O. FRISHBERG, Beethoven Symphonies and J. S. Dwight. The Birth of American Music Criticism, Boston 1995 ▪ M. WALTER, Musikkritik und Kanonisierung. Über E. Th. A. Hoffmanns Rezension der Fünften Symph. Beethovens, in: Mth 12, 1997, 255–263

F.II.3.

R. A. SOLIE, Beethoven as Secular Humanist: Ideology in the Ninth Symphony in Nineteenth-Century Criticism, in: Fs. L. B. Meyer, hrsg. von E. Narmour/R. A. Solie, Stuyvesant/N. Y. 1988, 1–42

F.II.4.

TH. GÖLLNER, ›Wiesengrund‹. Schönbergs Kritik an Thomas Manns Arietta-Textierung in Beethovens op. 111, in: Fs. H. Leuchtmann, hrsg. von St. Hörner/B. Schmid, Tutzing 1993, 161–178

F.II.5.

J. B. JONES, Beethoven and Schumann: Some Literary and Musical Allusions, in: MR 48, 1988, 114–125 ▪ M. E. BONDS, Sinfonia Anti-eroica. Berlioz's Harold en Italie and the Anxiety of Beethoven's Influence, in: The Journal of Musicology 10, 1992, 417–462 ▪ S. ÖCHSLE, Symphonik nach Beethoven: Studien zu Schubert, Schumann, Mendelssohn und Gade, Kassel/N. Y. 1992 (= Kieler Schriften zur Mw. 40) ▪ L. R. WALZ, R. Wagner's Interpretation of Beethoven's Ninth Symphony: a Doctoral Essay, Diss. Univ. of Miami 1992 ▪ N. NETTHEIM, The Derivation of Chopin's Fourth »Ballade« from Bach and Beethoven, in: MR 54, 1993, 95–111 ▪ J. M. GINGERICH, Schubert's Beethoven Project: the Chamber Music, 1824–1828, Diss. Ann Arbor 1996 ▪ M. E. BONDS, After Beethoven: Imperatives of Originality in the Symphony and Art, Cambridge 1997 ▪ P. GÜLKE, Die Gegen-Sinfonie. Schuberts Große C-Dur-Sinf. als Antwort auf Beethoven, in: ÖMZ 52, 1997, 22–31 ▪ W. GR. HUSSEY, Compositional Modeling, Quotation, and Multiple Influence Analysis in the Works of Joh. Brahms: an Application of Harold Bloom's Theory of Influence in Music, Diss. Ann Arbor 1998

F.II.6.

ST. RUMPH, A Kingdom Not of This World. The Political Context of E. T. A. Hoffmann's Beethoven Criticism, in: 19th-Century Music 19, 1995, 50–67

F.II.8.

K. BLAUKOPF, Beethovens Erben in der Mediamorphose. Kultur und Medienpolitik für die elektronische Ära, Heiden 1989 ▪ R. MAIONE, Il signore dell'auditorium: storia del concerto per pianoforte e orchestra da Beethoven a Gershwin e Sostakovic, con 53 capolavori commentati, Mld. 1998

F.III.1.

C. Dahlhaus, *Zu Adornos Beethoven-Kritik*, in: Adorno und die Musik, hrsg. von O. Kolleritsch, Graz 1979 ▪ M. Fuchs, *»So pocht das Schicksal an die Pforte«. Unters. und Vorschläge zur Rezeption sinf. Musik des 19. Jh.*, Mn./Salzburg 1986

F.III.2.

Sc. Burnham, *Review Article: Our Sublime Ninth*, in: Beethoven Forum 5, hrsg. von L. Lockwood/Chr. Reynolds/J. Webster, Lincoln/L. 1996, 155–163

F.IV.1.

J. Goldstein, *An Analysis of Interpretation in Selected Recorded Performances of Beethoven's Sonata, Op. 111*, Diss. Ann Arbor 1986 ▪ R. Winter, *Performing Beethoven's Early Piano Concertos*, in: EM 16, 1988, 214–230 ▪ J. Goldstein, *A Beethoven Enigma. Performance Practice and the Piano Sonata, Op. 111*, N. Y. u. a. 1991 (= American Univ. Studies, Ser. 20, Fine Arts 21) ▪ J. Stockhausen, *Ein Brief an Gustav Kogel zum Finale von Beethovens Neunter Symph.*, in: Mth 12, 1997, 267–278

F.IV.3.

J. P. Mac Keown, *»Authentisch ist ein kühnes Wort«. Ein Gespräch mit dem Geiger Jaap Schroeder über Beethoven-Interpretation*, in: NZfM 148, 1987, H. 9, 29–31

F.IV.5.

S. P. Rosenblum, *Two Sets of Unexplored Metronome Marks for Beethoven's Piano Sonatas*, in: EM 6, 1988, 59–71 ▪ M. Caridis, *Gedanken über eine Metronom-Angabe in Beethovens IX. Symphonie*, in: NZfM 150, 1989, H. 9, 13–14 ▪ Th. Y. Levin, *Integral Interpretation: Introductory Notes to Beethoven, Kolisch and the Question of the Metronome*, in: MQ 77, 1993, 81–89

F.IV.7.

A. Eichhorn, *»… Als Anregung zu sinnvollem Nachdenken hierüber …«. Anm. zu den Retuschen an Beethovens 9. Symph.*, in: Kgr.Ber. Bonn 1989, Tutzing 1990, 67–112

F.IV.8.

R. S. Hatten, *Musical Meaning in Beethoven. Markedness, Correlation and Interpretation*, Bloomington 1994 (= Advances in Semiotics) ▪ R. Dabrusin, *Deriving Structural Motives: Implications for Music Performance*, Diss. Ann Arbor 1998

G.III.1.

J. Montgrédien, *À propos des premières éditions françaises de Fidelio*, in: Fs. Fr. Lesure, hrsg. von J.-M. Fauquet, G. 1988, 207–215 ▪ A. Beer, *Beethoven und das Leipziger Bureau de Musique von Fr. A. Hoffmeister und A. Kühnel (1800 bis 1803)*, in: Fs. Kl. Hortschansky, hrsg. von A. Beer/ L. Lütteken, Tutzing 1995, 339–350

G.III.2.

P. Gülke, *Überlegungen bei der Beschäftigung mit den Quellen zu einer Beethoven-Symph.*, in: Beethoven-Kolloquium 1977, Kassel 1978, 76–81 ▪ B. Kistler-Liebendörfer, *Zweifelhafte Lesarten in Klavierwerken Beethovens*, in: Musica 47, 1993, 333–336 ▪ J. del Mar, *Der Urtext der Beethoven-Sinf. Eine neue Generation von praktischen Ausg.*, in: Schweizer musikpädagogische Blätter 85, 1997, 22–24 ▪ Ders., *Neue Urtext-Ausg. der Beethoven-Symph.*, in: Das Orchester 45, 1997, H. 5, 18–20 ▪ P. Gülke, *Beethoven-Urtext-Ausgaben. Editionen und Widersprüche*, in: dass., 1997, H. 10, 32–35 ▪ Fr. Frigat, *Zur Erschließung von mus. Erst- und Frühdrucken Beethovens: ein DFG-Projekt der Bibliothek des Beethoven-Archivs*, in: Forum Musikbibliothek 1999, 47–50 ▪ A. Rosenthal, *»A little buck out of its stable«: Some Corrections by Beethoven in a Copy of the First Edition of Op. 102*, in: Fs. J. Lateiner, hrsg. von Br. Brubaker/J. Gottlieb, N. Y. 2000, 147–150

G.III.3. Kritische Berichte

a) Beethoven Werke (NGA)

Abt. I, Bd. 1, Ed. von A. Raab 1994 (Symph. I, Nr. 1 und 2)

Abt. II, Bd. 1, Ed. von H.-W. Küthen 1991 (Ouverturen und Wellingtons Sieg)

Abt. II, Bd. 3, Ed. von S. A. Kojima 1980 (Gratulationsmenuett und Tänze für Orch.)

Abt. III, Bd. 2, Ed. von H.-W. Küthen 1984 (Klavierkonz. I, Nr. 1–3)

Abt. III, Bd. 3, Ed. von dems. 1996 (Klavierkonz. II, Nr. 4 und 5)

Abt. III, Bd. 4, Ed. von S. A. Kojima/E. Herttrich 1994 (Werke für V. und Orch.)

Abt. V, Bd. 4, Ed. von A. Raab 1993 (Werke für Kl. und ein Instr. – Hr. [Vc.], Fl. [V.], Mandoline)

Abt. VI, Bd. 3, Ed. von P. Mies/E. Herttrich 1995 (StrQu. I, op. 18 Nr. 1–6)

Abt. VIII, Bd. 3, Ed. von N. Gertsch 2000 (Missa solemnis op. 123)

Abt. IX, Bd. 7, Ed. von H. Hell 1998 (Musik zu Egmont und andere Schauspielmusiken)

Abt. X, Bd. 1, Ed. von E. Herttrich 1996 (Kantaten)

Abt. X, Bd. 2, Ed. von A. Raab 1998 (Werke für Chor und Orch.)

Abt. X, Bd. 3, Ed. von E. Herttrich 1995 (Arien, Duett, Terzett)

Abt. XI, Bd. 1, Ed. von P. Weber-Bockholdt 1999 (Schottische und walisische Lieder)

Abt. XII, Bd. 1, Ed. von H. Lühning 1990 (Lieder und Gesänge mit Klavierbegl.)

b) *Ludwig van Beethoven. Neue Urtext-Ausg. der neun Symphonien*, hrsg. mit krit. Bericht (»critical commentary«) von J. del Mar

Symph. Nr. 1 C-Dur op. 21, Kassel u. a. 1997 (BA 9001)
Symph. Nr. 2 D-Dur op. 36, ebd. 1998 (BA 9002)
Symph. Nr. 3 (*Eroica*) Es-Dur op. 55, ebd. 1997 (BA 9003)
Symph. Nr. 4 B-Dur op. 60, ebd. 1999 (BA 9004)
Symph. Nr. 5 c-Moll op. 67, ebd. 1999 (BA 9005)
Symph. Nr. 6 (*Pastorale*) F-Dur op. 68, ebd. 1998 (BA 9006)
Symph. Nr. 7 A-Dur op. 92, ebd. 2000 (BA 9007)
Symph. Nr. 8 F-Dur op. 93, ebd. 1997 (BA 9008)
Symph. Nr. 9 d-Moll op. 125, ebd. 1996 (BA 9009)

Abkürzungen

	AAlt, Altus
Abb.	Abbildung
Abdr.	Abdruck
Abh.	Abhandlung
Abk.	Abkürzung
Abschn.	Abschnitt
Abschr.	Abschrift
Abt.	Abteilung
acc.	accompagnamento, accompagnement, accompaniment
Accad.	Accademia
ADB	Allgemeine Deutsche Biographie, herausgegeben durch die Historische Commission bei der Koeniglichen Akademie der Wissenschaften, 56 Bände, Leipzig 1875–1912
AdlerH	Guido Adler (Herausgeber), Handbuch der Musikgeschichte, Frankfurt am Main 1924, 2 Bände, Berlin ²1930
ad lib.	ad libitum
Adm.	Amsterdam
ADMV	Allgemeiner Deutscher Musikverein
AfMf	Archiv für Musikforschung
AfMw	Archiv für Musikwissenschaft
afr.	afrikanisch
Agb.	Augsburg
AH	Analecta hymnica medii aevi
ahd.	althochdeutsch
AIBM	Association internationale des bibliothèques, archives et centres de documentation musicaux
Ak., ak.	Akustik, akustisch
Akad., akad.	Akademie, akademisch
AKL	Allgemeines Künstlerlexikon: Die Bildenden Künstler aller Zeiten und Völker, begründet und mitherausgegeben von Günter Meissner, München/Leipzig 1983ff.
Ala.	Alabama
Alas.	Alaska
All.	Alleluia
allg.	allgemein
AM	Antiphonale monasticum: Pro diurnis horis, Paris/Tournai/Rom 1934
am.Colb.	Columbia (amerikanische; vor 1938)
amer.	amerikanisch
AMl	Acta musicologica
AMP	Antiquitates musicae in Polonia

AMS	American Musicological Society
AmZ	(Leipziger) Allgemeine musikalische Zeitung
AMz	Allgemeine Musikzeitung
Anh.	Anhang
Anm.	Anmerkung
AnM	Anuario musical
AnMl	Analecta musicologica
AnnMl	Annales musicologiques
Anon, anon.	Anonymus, anonym
Ant.	Antiphon
Anth.	Anthologie
ao.	außerordentlich
AO	Ars organi
AOl	Acta organologica
AP	Archiv Produktion
Apr.	April
AR	Antiphonale Romanum
Arch.	Archiv
ARD	Arbeitsgemeinschaft der öffentlich-rechtlichen Rundfunkanstalten der Bundesrepublik Deutschland
Ariz.	Arizona
Ark.	Arkansas
Arr., arr.	Arrangement, arrangiert
Art.	Artikel
Ass.	Associaton
Ästh., ästh.	Ästhetik, ästhetisch
AT	Altes Testament
Atpn.	Antwerpen
Auff.	Aufführung
aufgef.	aufgeführt
Aufl.	Auflage
Aug.	August
Ausg.	Ausgabe
ausgew.	ausgewählt
Ausw.	Auswahl
Autogr., autogr.	Autograph, autograph
AW	Ausgewählte Werke
B	Baß
B&H	Breitkopf & Härtel, Leipzig, Wiesbaden
B.A.	Bachelor of Arts
BAMS	Bulletin of the American Musicological Society
Bar.	Bariton
BB	László L. Somfai, Béla Bartók. Composition, Concepts, and Autograph Sources, Berkeley 1996
BBC	British Broadcasting Corporation

B.c.	Basso continuo
BC	Bach Compendium. Analytisch-bibliographisches Repertorium der Werke Johann Sebastian Bachs, herausgegeben von Hans Joachim Schulze / Christoph Wolff, 3 Bände, Frankfurt am Main / Leipzig 1985ff.
Bd., Bde., Bdn.	Band, Bände, Bänden
Bearb., bearb.	Bearbeiter, Bearbeitung, bearbeitet
Begl.	Begleitung
Beih.IMG	Beihefte der Internationalen Musikgesellschaft
Beil.	Beilage
Beisp.	Beispiel
Beitr.	Beitrag, Beiträge
BeJb	Beethoven-Jahrbuch
Ber.	Bericht
bes.	besonders
betr.	betreffend
B.F.A.	Bachelor of Fine Arts
Bibl.	Bibliothek, Bibliothèque, Biblioteca
Bibliogr., bibliogr.	Bibliographie, bibliographisch
Biogr., biogr.	Biographie, biographisch
BJb	Bach-Jahrbuch
BJbHM	Baseler Jahrbuch für historische Musikpraxis
BKlar.	Baßklarinette
Bl.	Blatt
Bln.	Berlin
BN	Biblioteca nazionale, Bibliothèque nationale
Bo&Bo	Bote & Bock, Berlin
Bo&Ha	Boosey & Hawkes, London
Br.	Bratsche
BRD	Bundesrepublik Deutschland
Briefw.	Briefwechsel
Brs.	Brüssel
BUCEM	The British Union-Catalogue of Early Music, herausgegeben von Edith Betty Schnapper, 2 Bände, London 1957
BückenH	Handbuch der Musikwissenschaft, herausgegeben von Ernst Bücken, 10 Bände, Potsdam 1927–1934
BUM	Bulletin de la société »Union musicologique«
BullSIM	Bulletin français de la Société internationale de musique
BurneyGH	Charles Burney, A General History of Music from the Earliest Ages to the Present Period, 4 Bände, London 1776–1789

BVK	Bärenreiter-Verlag Kassel
BW	Brustwerk
BWV	Wolfgang Schmieder, Thematisch-systematisches Verzeichnis der musikalischen Werke von Johann Sebastian Bach. Bach-Werke-Verzeichnis, zweite überarbeitete und erweiterte Ausgabe, Wiesbaden 1990
byz.	byzantinisch
BzAfMw	Beihefte zum Archiv für Musikwissenschaft
BzMw	Beiträge zur Musikwissenschaft
BzRM	Beiträge zur rheinischen Musikgeschichte
bzw.	beziehungsweise
C.	Cantus
ca.	circa
Cal.	California
Cant.	Cantate
Cap.	Capitol
CBDM	Centre belge de documentation musicale
CBS	Columbia (amerikanische; ab 1938)
CBS / Sony	Columbia-Aufnahmen auf CD
CD	Compact Disc
CEKM	Corpus of Early Keyboard Music
Cel.	Celesta
Celletti	Rodolfo Celletti (Hrsg.), Le grandi voci, Rom 1964
Cemb.	Cembalo
c.f.	Cantus firmus
Chb.	Chorbuch
Chdgt.	Chordirigent
ChDir.	Chordirektor
chin.	chinesisch
CHM	Collectanea historiae musicae
chron.	chronologisch
Chw	Das Chorwerk
CM	Current Musicology
CMM	Corpus mensurabilis musicae
CNRS	Centre national de la recherche scientifique
Cod.	Codex
COJ	Cambridge Opera Journal
Col.	Colorado
Colb.	Columbia (britische)
Coll. mus.	Collegium musicum
Comm.	Communio
Compl.	Completorium
Conc.	Concert, Concerto
Conn.	Connecticut

Cons.	Conservatoire, Conservatorio, Conservatorium, Conservatory	Dgt.	Dirigent
CS	Charles-Edmond-Henri de Coussemaker, Scriptorum de musica medii aevi, 4 Bände, Paris 1864–1876	d. h.	das heißt
		dhm	deutsche harmonia mundi
		Dicc.	Diccionario
		Dict.	Dictionary, Dictionnaire
CSc	Candidate of Science	dies.	dieselbe
ČSHS	Československý hudební slovník, 2 Bände, Prag 1963, 1965	Dim., dim.	Diminution, diminuieren
		Dir.	Direktor
CSM	Corpus scriptorum de musica	Disp.	Disposition
Ct.	Contratenor, Countertenor	Diss.	Dissertation
CUP	Cambridge University Press	Diz.	Dizionario
		d.J.	der Jüngere
D	Otto Erich Deutsch, Franz Schubert. Thematisches Verzeichnis seiner Werke in chronologischer Folge, Neuausgabe in deutscher Sprache, Kassel und andere 1978	DJbM	Deutsches Jahrbuch für Musikwissenschaft
		DKL	Das deutsche Kirchenlied. Kritische Gesamtausgabe der Melodien, Band I Teil 1: Verzeichnis der Drucke, Kassel u.a. 1975 (RISM B/VIII/1)
D.	Diskant		
d.Ä.	der Ältere	DM	Documenta musicologica
DAM	Dansk årbog for musikforskning	DMA	Divitiae musicae artis. Schola palaeographica Amsteldamensi conspirante collectae auspice Josepho Smits van Waesberghe, Buren 1975ff.
dass.	dasselbe		
dat.	datiert		
dB	Dezibel		
DBB	Felipe Pedrell, Diccionario biográfico y bibliográfico de músicos y escritores de música españoles, portugueses e hispano-americanos antiguos y modernos, Barcelona 1897	DMEH	Diccionario de la música española e hispanoamericana, herausgegeben von Emilio Casares Rodicio/Ismael Fernández de la Cuesta/José Lopéz-Calo, Madrid (in Vorbereitung)
DBI	Dizionario biografico degli Italiani, begründet von Giovanni Treccani, bisher 42 Bände erschienen, Rom 1960ff.	DMT	Dansk musiktidsskrift
		DNB	Dictionary of National Biography, herausgegeben von Leslie Stephen, 63 Bände, London 1885–1900, Supplement 1901–1971
DBE	B. Saldoni, Diccionario biográfico-bibliográfico de efemérides de músicos españoles, Madrid 1868–1881, Faks. hrsg. von J. Torres, ebd. 1986		
		Dok.	Dokument, Dokumente
		Doz.	Dozent
D.C.	District of Columbia	dpm	dramma per musica
DDR	Deutsche Demokratische Republik	Dr.i.Vorb.	Druck in Vorbereitung
DDT	Denkmäler deutscher Tonkunst	DSc.	Doctor of Sience
Decca	Decca (britische; Schellackplatten)	Dst.	Darmstadt
Decca/London	Decca (britische; nach 1948)/ L'Oiseau-Lyre (nach ca. 1970)	dt.	deutsch
		DTB	Denkmäler der Tonkunst in Bayern
		DTÖ	Denkmäler der Tonkunst in Österreich
Del.	Delaware		
Dép., dép.	Département, départmental	DTV	Deutscher Taschenbuch Verlag
ders.	derselbe	Dur.	Editions Durand & Cie., Paris
desgl.	desgleichen	DVfLG	Deutsche Vierteljahrsschrift für Literaturwissenschaft und Geistesgeschichte
DEUMM	Dizionario enciclopedico universale della musica e dei musicisti, herausgegeben von Alberto Basso, 12 Bände, Turin 1983–1988, Appendice 1990		
Dez.	Dezember	EA	Erstaufführung
DG	Deutsche Grammophon	EB	Encyclopaedia Britannica
d.Gr.	der Große	ebd.	ebenda

Ebg. Eulenburg, Leipzig, London
ECM ECM New Series
ed., edd. edidit, ediderunt
EdK Edition deutsches Kirchenlied
EdM Das Erbe deutscher Musik
EECM Early English Church Music
ehem. ehemals, ehemaliger
Einf. Einführung
einger. eingerichtet
Einl. Einleitung
einschl. einschließlich
EitnerBg Robert Eimer, Bibliographie der Musiksammelwerke des XVI. und XVII. Jahrhunderts, Berlin 1877
EitnerQ Robert Eitner, Biographisch-bibliographisches Quellenlexikon, 10 Bände, Leipzig 1900–1904, Nachtrag Leipzig 1904; Miscellanea musicae bio-bibliographica, herausgegeben von Hermann Springer/Marius Schneider/Werner Wolffheim, ebd. 1912–1916; revidierte Ausgabe, 11 Bände, Graz ²1959/60
EKM Early Keyboard Music
Elec. Electrola (nationale Produktion)
elektr. elektrisch
Em Ethnomusicology
EM Early Music
EMB Editio Musica Budapest (=Zenemükiadó Budapest)
EMH Early Music History
EMI alle Labels des EMI-Konzerns nach 1945
EmPWM E. Dzębowska (Hrsg.), Enciklopedia muzyczna PWM, Krakau 1979ff. (bislang 5 Bde., A – Ł)
EMS The English Madrigal School, herausgegeben von Edmund Horace Fellowes, 36 Bände, London 1913–1924, ²1956ff.
engl. englisch
Ens. Ensemble
enth. enthält, enthalten, enthaltend
EPTA European Piano Teacher's Association
Erg.Bd., Erg.Bde. Ergänzungsband, -bände
erh. erhalten
erl. erläutert, erläuternd
ersch. erschienen
erw. erweitert
Erw. Erweiterung

ES Enciclopedia dello spettacolo, herausgegeben von Silvio d'Amico, 9 Bände, 2 Supplementbände, Rom 1954–1968
ESTA European String Teacher's Association
europ. europäisch
ev. evangelisch
Ex. Exemplar
ExpertMMFR Henri Expert (Herausgeber), Les Monuments de la musique française au temps de la Renaissance, 10 Bände, Paris 1924–1929
ExpertMMRF Henri Expert (Herausgeber), Les Maîtres musiciens de la Renaissance française, 23 Bände, Paris 1894–1908
f., ff. folgende (Singular bzw. Plural)
Faks. Faksimile
FAM Fontes artis musicae
Fasz. Faszikel
Febr. Februar
FétisB François-Joseph Fétis, Biographie universelle des musiciens et bibliographie générrale de la musique, 8 Bände, Paris ²1860–1865, 2 Supplementbände, herausgegeben von Arthur Pougin, Paris 1878 und 1881
Ffm. Frankfurt am Main
Fg. Fagott
Fischb. Fischbacher, Paris
Fischer Jens Malte Fischer, Große Stimmen. Von Enrico Caruso bis Jessye Norman, Stuttgart/Weimar 1993
fl. floruit
Fl. Flöte
Fla. Florida
flor. florentinisch
Flz. Florenz
fol. folio
fortgef. fortgeführt
fortges. fortgesetzt
Forts. Fortsetzer, Fortsetzung
Fragm. Fragment
FrCh. Frauenchor
Frhr. Freiherr
Fr.i.Br. Freiburg im Breisgau
Friedlein Anicii Manlii Torquati Severini Boetii De institutione arithmetica libri duo. De institutione musica libri quinque. Accedit Geometria, quae fertur Boetii, herausgegeben von Gottfried Friedlein, Leipzig 1867; Neudruck Frankfurt am Main 1966

frz.	französisch
Fs.	Festschrift
G.	Genf
Ga.	Georgia
GA	Gesamtausgabe
Gb.	Generalbaß
geb.	geboren
Gebr.	Gebrüder
gedr.	gedruckt
gegr.	gegründet
Geh.	Gehäuse
GEMA	Gesellschaft für musikalische Aufführungs- und mechanische Vervielfältigungsrechte
gemCh.	gemischter Chor
gen.	genannt
GerberATL	Ernst Ludwig Gerber, Historisch-biographisches Lexicon der Tonkünstler, 2 Bände, Leipzig 1790 und 1792
GerberNTL	Ernst Ludwig Gerber, Neues historisch-biographisches Lexikon der Tonkünstler, 4 Bände, Leipzig 1812–1814
Gerbert, De Cantu	Martin Gerbert, De cantu et musica sacra a prima ecclesiae aetate usque ad praesens tempus, 2 Bände, St. Blasien 1774
GerbertMon	Martin Gerbert, Monumenta veteris liturgiae alemannicae, 2 Bände, St. Blasien 1777–1779
germ.	germanisch
ges.	gesammelt
Ges.	Gesellschaft
Gesch.	Geschichte
Ges.Schr.	Gesammelte Schriften
gest.	gestorben
get.	getauft
GfM	Gesellschaft für Musikforschung
Git.	Gitarre
GKV	Georg Kallmeyer-Verlag, Wolfenbüttel
gleichn.	gleichnamig, gleichnamiger
GmbH	Gesellschaft mit beschränkter Haftung
GMD	Generalmusikdirektor
GMth	Frieder Zaminer (Herausgeber), Geschichte der Musiktheorie, 15 Bände, Darmstadt 1984ff.
Gouv.	Gouvernement
GR	Graduale Romanum
Gramo	alle Labels der Gramophone Company und ihrer Schwestergesellschaften (u.a. Electrola) vor 1945
gr.Orch.	großes Orchester
Gr.Tr.	Große Trommel
Grad.	Graduale
greg.	gregorianisch
griech.	griechisch
GroveD	George Grove, Dictionary of Music and Musicians, 9 Bände, London ⁵1954, Supplement 1961
Gs	Graduale Sarisburiense, London 1894
Gs.	Gedenkschrift
GS	Martin Gerbert, Scriptores ecclesiastici de musica sacra potissimum, 3 Bände, St. Blasien 1784
Gsg., Gsge.	Gesang, Gesänge
GsgB.	Gesangbuch
GSJ	The Galpin Society Journal
Gtg.	Göttingen
GW	Gesammelte Werke
H	Eugene Helm, Thematic Catalogue of the Works of Carl Philipp Emanuel Bach, New Haven/London 1989
H.	Heft
HabSchr.	Habilitationsschrift
Hansen	Wilhelm Hansen Edition, Kopenhagen
Harm.	Harmonium
Hbg.	Hamburg
Hdb.	Handbuch
Hdbg.	Heidelberg
Hdh.	Hildesheim
Hdn., hd.	Händen, -händig
Hdwb.	Handwörterbuch
hebr.	hebräisch
Henle	G. Henle Verlag, München
Heugel	Heugel et Cie., Paris
Hf.	Harfe
HHA	Hallische Händel-Ausgabe
Hi.	Hawaii
hist.	historisch
HJb	Händel-Jahrbuch
Hl., hl.	Heilige(r), heilige(r)
Hlsk.	Helsinki
HM	Hortus musicus
hmF	harmonia mundi France
HMT	Handwörterbuch der Musikalischen Terminologie, herausgegeben von Hans Heinrich Eggebrecht, Loseblattsammlung, Stuttgart 1972ff.
HMUB	Hudební matice umelecké besedy
HMV/EMI	His Master's Voice
HMY	Hinrichsen's Musical Year Book

Abkürzungen MGGprisma

Hob.	Anthony van Hoboken, Joseph Haydn. Thematisch-bibliogaphiches Werkverzeichnis, 3 Bände, Mainz 1957–1978	IRASM	International Review of the Aesthetics and Sociology of Music
holl.	holländisch	ISCM	International Society for Contemporary Music = IGNM
Hr.	Horn	ISME	International Society for Music Education
HR	Hessischer Rundfunk		
Hrsg., hrsg.	Herausgabe, Herausgeber(in), herausgegeben	ital.	italienisch
Hs., Hss., hs.	Handschrift, Handschriften, handschriftlich	IVMB	Internationale Vereinigung der Musikbibliotheken, Musikarchive und Musikdokumentationszentren
Hug	Hug & Co., Zürich		
HW	Hauptwerk	J	Friedrich Wilhelm Jähns, Carl Maria von Weber in seinen Werken. Chronologisch-thematisches Verzeichnis seiner sämtlichen Compositionen, Berlin 1871
HWV	Händel-Handbuch. Thematisch-systematisches Verzeichnis, 3 Bände, Kassel und andere 1978–1985 (Supplement zur Hallischen Händel-Ausgabe)		
Hz	Hertz	JAMIS	Journal of the American Musical Instrument Society
hzgl.	herzoglich	JAMS	Journal of the American Musicological Society
Ia.	Iowa	Jan.	Januar
IAML	International Association of Music Libraries, Archives and Documentation Centres	JanM	Karl von Jan, Musici scriptores graeci, Leipzig 1895, Supplement 1899
		jap.	japanisch
IASA	International Association of Sound Archives	JASA	Journal of the Acoustical Society of America
ICTM	International Council for Traditional Music	Jb.	Jahrbuch
		JbfVldf	Jahrbuch für Volksliedforschung
Id.	Idaho	JbLH	Jahrbuch für Liturgik und Hymnologie
i.e.S.	im engeren Sinn		
IFMC	International Folk Music Council	JbP	Jahrbuch der Musikbibliothek Peters
i.pr.NA	in praktischer Neuausgabe	JbSIMPK	Jahrbuch des Staatlichen Instituts für Musikforschung Preußischer Kulturbesitz
IGMW	Internationale Gesellschaft für Musikwissenschaft		
IGNM	Internationale Gesellschaft für Neue Musik	Jg.	Jahrgang
		Jh.	Jahrhundert
Il.	Illinois	JMT	Journal of Music Theory
Ill.	Illustration	JRME	Journal of Research in Music Education
IMAMI	Istituzioni e monumenti dell'arte musicale italiana		
		jun.	junior
IMG	Internationale Musikgesellschaft	K	Ralph Kirkpatrick, Domenico Scarlatti, Princeton/N. J. 1953, NewYork ³1968, deutsche erweiterte Ausgabe, 2 Bände, München 1972
IMS	International Musicological Society		
Ind.	Indiana		
Inh.	Inhalt		
insb.	insbesondere	K.	Köln
insges.	insgesamt	K&S	Kistner& Siegel, Leipzig
Inst.	Institut	K&S&Co.	Kistner & Siegel & Co., Lippstadt
Instr., instr.	Instrument, instrumental	KaM., kam.	Kammermusik, kammermusikalisch
Instrk.	Instrumentenkunde	Kan.	Kansas
internat.	international	Kant.	Kantate
Intr.	Introitus	KaOrch.	Kammerorchester
in Vorb.	in Vorbereitung	Kap.	Kapitel

Kat.	Katalog
kath.	katholisch
Kb.	Kontrabaß
KdG	Komponisten der Gegenwart, herausgegeben von Hanns-Werner Heister/Walter-Wolfgang Sparrer, Loseblattsammlung, München 1992ff.
Kesting	Jürgen Kesting, Die großen Sänger, 3 Bände, Düsseldorf 1986
Kfg.	Kontrafagott
kgl.	königlich
Kgr.	Kongreß
Kgr.Ber.	Kongreßbericht
Kinsky	Georg Kinsky, Das Werk Beethovens. Thematisch-bibliographisches Verzeichnis seiner sämtlichen vollendeten Kompositionen, abgeschlossen und herausgegeben von Hans Halm, München/Duisburg 1955
Kl.	Klavier
Kl.A.	Klavierauszug
Klar.	Klarinette
kl.Orch.	kleines Orchester
Kl.Tr.	Kleine Trommel
KM., km.	Kirchenmusik, kirchenmusikalisch
KMD	Kirchenmusikdirektor
KmJb	Kirchenmusikalisches Jahrbuch
KnCh.	Knabenchor
KochL	Heinrich Christoph Koch, Musikalisches Lexikon, Frankfurt am Main 1802
Kom., kom.	Komödie, komisch
Komp., komp.	Komponist, komponiert
Kompos., kompos.	Komposition, kompositorisch
Kons.	Konservatorium
Konz.	Konzert
KonzM	Konzertmeister
Kopp.	Koppeln
Kp., kp.	Kontrapunkt, kontrapunktisch
Kphn.	Kopenhagen
Kpm.	Kapellmeister
Kr.	Kreis (im geographischen Sinn)
Kutsch/ Riemens	Karl Josef Kutsch/Leo Riemens, Großes Sängerlexikon, 3. Auflage in 5 Bänden, München 1997
KV	Ludwig Ritter von Köchel, Chronologisch-thematisches Verzeichnis sämtlicher Tonwerke Wolfgang Amadé Mozarts, Leipzig 1862, Wiesbaden ⁶1964
Ky.	Kentucky
L	Lexikon in Zusammensetzung mit einem Autor, z. B. WaltherL (sonst Lex.)
L	Alessandro Longo, Domenico Scarlatti e la sua figura nella storia della musica, Neapel 1913
L.	London
La.	Louisiana
LAMR	Latin American Music Review
lat.	lateinisch
LavignacE	Albert Lavignac (Herausgeber), Encyclopédie de la musique et dictionnaire du Conservatoire, 11 Bände (Bände 4–11 herausgegeben von Lionel de La Laurencie), Paris 1920–1931
LB	Landesbibliothek
LD	Landschaftsdenkmale des Erbes deutscher Musik
Ldb.	Liederbuch
Lex.	Lexikon (in Zusammensetzung mit einem Autor nur L, z. B. WaltherL)
Lfg.	Lieferung
Lgr.	Leningrad
Lib.	Liber, Libro
Libr.	Libretto
Lit., lit.	Literatur, literarisch
Losebl.	Loseblattsammlung
lothr.	lothringisch
LP	Langspielplatte
Lpz.	Leipzig
LSJ	The Lute Society Journal
Lt.	Laute
Ltd.	Limited
LThK	Lexikon für Theologie und Kirche, begründet von Michael Buchberger, herausgegeben von Josef Höfer/Karl Rahner, 15 Bände, Freiburg im Breisgau ²1957–1968
LThK³	dasselbe, dritte, völlig neu bearbeitete Auflage, herausgegeben von Walter Kaspar und anderen, 11 Bände, Freiburg im Breisgau und andere 1993ff.
LU	Liber usualis
LudwigR	Friedrich Ludwig, Repertorium organorum recentioris et motetorum vetustissimi stili, Band 1: Halle 1910, New York/Hildesheim ²1964; Band 2: Langen bei Frankfurt am Main 1962, New York/Hildesheim 1972
luth.	lutherisch

LWV	Herbert Schneider, Chronologisch-thematisches Verzeichnis sämtlicher Werke von Jean-Baptiste Lully, Tutzing 1981
M.	Moskau
MA	Master of Arts
MA., ma.	Mittelalter, mittelalterlich
M.A.	Magister artium
MAB	Musica antiqua bohemica
Madr.	Madrigal
mail.	mailändisch
Man.	Manual
Manitius	Max Manitius, Geschichte der lateinischen Literatur des Mittelalters, 3 Bände, München 1911–1931 (= Handbuch der Altertumswissenschaft 9)
MAP	Musica antiqua polonia
Mass.	Massachusetts
MB	Musica Britannica
Mbl.	Monatsblätter
McCorkle	Margrit L. McCorkle, Johannes Brahms. Thematisch-bibliographisches Werkverzeichnis, München 1984
MCh.	Männerchor
Md.	Maryland
MD	Musica disciplina
MD.	Musikdirektor
MdR	Viorel Cosma, Muzicieni din România, Bukarest 1989ff. (bislang Bd. 1 A-C)
MDR	Mitteldeutscher Rundfunk
Me.	Maine
MĖ	J. V. Keldyš (Hrsg.), Muzykal'naja ėnciklopedija, 6 Bde., Moskau 1973–1982
mech.	mechanisch
Mendel-Reißmann	Hermann Mendel/August Reißmann, Musikalisches Conversations-Lexicon, 11 Bände, Berlin 1870–1878, ²1880–1882, Supplement 1883
Mez.	Mezzosopran
Mf	Die Musikforschung
Mf.	Musikforschung
MfM	Monatshefte für Musikgeschichte
Mg., mg.	Musikgeschichte, musikgeschichtlich
MgB	Musikgeschichte in Bildern
MGG	Die Musik in Geschichte und Gegenwart, herausgegeben von Friedrich Blume, 17 Bände, Kassel 1949–1986
MGG2S	Die Musik in Geschichte und Gegenwart. Zweite, neubearbeitete Ausgabe, herausgegeben von Ludwig Finscher, Sachteil 9 Bände, Kassel/Stuttgart 1994–1998
MGG2P	Die Musik in Geschichte und Gegenwart. Zweite, neubearbeitete Ausgabe, herausgegeben von Ludwig Finscher, Personenteil 12 Bände, Kassel/Stuttgart 1999ff.
MGH	Monumenta germaniae historica inde ab anno Christi 500 usque ad annum 1500. Auspiciis societatis aperiendis fontibus rerum germanicorum medii aevi, Hannover/Leipzig 1826–1913; Neudruck Stuttgart/New York 1963/64 (in zahlreichen durch Zusatztitel unterschiedenen Reihen)
mhd.	mittelhochdeutsch
Mich.	Michigan
Minn.	Minnesota
Miss.	Mississippi
Mitarb.	Mitarbeiter
mitget.	mitgeteilt
Mitgl.	Mitglied
Mitt.	Mitteilungen
Mitw.	Mitwirkender, Mitwirkung
MJb	Mozart-Jahrbuch des Zentralinstituts für Mozart-Forschung
Mk	Die Musik
MK	Musik-Konzepte
ML	Music and Letters
Mld.	Mailand
MLex.	Musiklexikon
M.M.	Master of Music
MMB	Monumenta musicae belgicae
MmBullSIM	Mercure musical et bulletin français de la Société internationale de musique
MMByz	Monumenta musicae byzantinae
MME	Monumentos de la música española
MMI	Monumenti di musica italiana
MMMLF	Monuments of Music and Music Literature in Facsimile
MMN	Monumenta musicae neerlandicae
MMP	Monumenta musicae in Polonia
MMR	The Monthly Musical Record
MMS	Monumenta musicae svecicae
MMSa	Monumenta musicae sacrae
Mn.	München
Mo.	Missouri
MonMon	Monumenta monodica medii aevi

Mont.   Montana
Möseler   Möseler-Verlag, Wolfenbüttel
Mot.   Motette
MPG   Jacques Paul Migne (Herausgeber), Patrologiae cursus completus, series graeca, 166 Bände, Paris 1857–1866
MPL   Jacques Paul Migne (Herausgeber), Patrologiae cursus completus, series latina, 221 Bände, Paris 1844–1864, 5 Supplementbände 1958–1974
MQ   Musical Quarterly
MR   The Music Review
MRy   Musikrevy
Ms., Mss.   Manuskript, Manuskripte
mschr.   maschinenschriftlich
Mschrf.   Monatsschrift
MschrfGKK   Monatsschrift für Gottesdienst und kirchliche Kunst
MSD   Musicological Studies and Documents
MT   The Musical Times
Mth   Die Musiktheorie
Mth., mth.   Musiktheorie, musiktheoretisch
MuB   Musik und Bildung
MuG   Musik und Gesellschaft
MuK   Musik und Kirche
mus.   musikalisch, musical
Mus.B.   Bachelor of Music
Mus.D.   Doctor of Music
MuzA   Muzykal'naja akademija (Nachfolgerin von SovM, ab 1992)
Mw., mw.   Musikwissenschaft, musikwissenschaftlich
Mz.   Mainz

NA   Neuausgabe, Neue Ausgabe
Nachdr.   Nachdruck
Nachf.   Nachfolge, Nachfolger
Nachr.   Nachrichten
Nachw.   Nachwort
nat.-soz.   national-sozialistisch
NB   Nationalbibliothek
Nb.   Neubau
NBA   Neue Bach-Ausgabe
NBeJb   Neues Beethoven-Jahrbuch, hrsg. von Adolf Sandberger, 1924–1942
Nbg.   Nürnberg
N.C.   North Carolina
n. Chr.   nach Christi Geburt
N.D.   North Dakota
NDB   Neue Deutsche Biographie, herausgegeben von der Historischen Kommission bei der Bayerischen Akademie der Wissenschaften, Berlin 1953ff.

ndl.   niederländisch
NDR   Norddeutscher Rundfunk
neap.   neapolitanisch
Nebr.   Nebraska
Neudr.   Neudruck
Nev.   Nevada
N.F.   Neue Folge
NGroveD   The New Grove Dictionary of Music and Musicians, herausgegeben von Stanley Sadie, 20 Bände, London 1980
NGroveDAM   The NewGrove Dictionary of American Music, herausgegeben von H. Wiley Hitchcock/Stanley Sadie, 4 Bände, London 1986
NGroveDJ   The New Grove Dictionary of Jazz, herausgegeben von Barry Kernfeld, 2 Bände, London 1988
NGroveDMI   The New Grove Dictionary of Musical Instruments, herausgegeben von Stanley Sadie, 3 Bände, London 1986
NGroveDO   The New Grove Dictionary of Opera, herausgegeben von Stanley Sadie, 4 Bände, London 1992
NGroveDWC   The New Grove Dictionary of Women Composers, herausgegeben von Julie Anne Sadie/Rhian Samuel, London 1994
N.H.   New Hampshire
nhd.   neuhochdeutsch
Nhdb   Neues Handbuch der Musikwissenschaft, herausgegeben von Carl Dahlhaus, fortgeführt von Hermann Danuser, 12 Bände, Laaber 1980–1992
N.J.   New Jersey
NM   Nagels Musikarchiv
NMA   Neue Mozart-Ausgabe
N.Mex.   New Mexico
NMZ   Neue Musikzeitung
NOHM   The New Oxford History of Music, herausgeben von Egon Wellesz und anderen, 10 Bände, London 1954–1990
NoM   Nordiska musikförlaget, Stockholm
Nov.   November
Novello   Novello & Co., London
Nr., Nrn.   Nummer, Nummern
N.R.   Neue Reihe
NRMI   Nuova rivista musicale italiana
N.S.   Neue Serie
NT   Neues Testament
NuM   Nutida Musik
NWDR   Nordwestdeutscher Rundfunk (bis 1.1.1956)

N.Y.	New York
NZfM	Neue Zeitschrift für Musik
o.	ordentlich
O.	Ohio
Ob.	Oboe
obl.	obligat
Off.	Offertorium
OFM	Ordo fratrum minorum
O(F)MCap	Ordo (fratrum) minorum Capucinorum
OHM	The Oxford History of Music, herausgegeben von William Henry Hadow, 6 Bände, London 1901-1905
o.J.	ohne Jahr
Okla.	Oklahoma
Okt.	Oktober
OL	L'Oiseau-Lyre (bis ca. 1970, danach → Decca/London)
ÖMZ	Österreichische Musikzeitschrift
o.O.	ohne Ort
o.Op.	ohne Opus
o.O.u.J.	ohne Ort und Jahr
op.	Opus
OP	Ordinis Praedicatorum
op.buf.	opera buffa
op.com.	opéra comique
op.ser.	opera seria
Or.	Oratorium
Orch.	Orchester
Oreg.	Oregon
ORF	Österreichischer Rundfunk
Org.	Organist
Orgm	Organum, begründet von Max Seiffert
Orig., orig.	Original, original
ORTF	Office de radiodiffusion-télévision française
orth.	orthodox
OSA	Ordo Sancti Augustini
OSB	Ordo Sancti Benedicti
österr.	österreichisch
OUP	Oxford University Press
Ouv.	Ouvertüre
OW	Oberwerk
Oxd.	Oxford
OYB	The Organ Year Book
P	Marc Pincherle, Antonio Vivaldi et la musique instrumentale, Band 2: Inventaire thématique, Paris 1948
P.	Paris
Pa.	Pennsylvania
PalMus	Paléographie musicale
PäM	Publikationen älterer Musik, 11 Jahrgänge, herausgegeben von Theodor Kroyer, Leipzig 1926-1940
PAMS	Papers of the American Musicological Society
PÄMw	Publikation älterer praktischer und theoretischer Musikwerke, herausgegeben von der Gesellschaft für Musikforschung, 29 Bände, Berlin/Leipzig 1873-1905
Parl.	Parlophon(e)
Part.	Partitur
Pauly-Wissowa RE	Pauly's Realenzyclopädie der classischen Altertumswissenschaft. Neubearbeitung von Georg Wissowa, 1. Reihe: 24 Bände, 2. Reihe: 10 Bände, 15 Supplementbände, Stuttgart/München 1894-1978
PC	Alfred Pillet/Henry Carstens, Bibliographie der Troubadours, Halle 1933
Ped.	Pedal
Peters	C. F. Peters, Leipzig/Frankfurt am Main
Pfte.	Pianoforte
PGfM	siehe PÄMw
Ph.D.	Philosophiae Doctor, Doctor of Philosophy
PiperE	Pipers Enzyklopädie des Musiktheaters, herausgegeben von Carl Dahlhaus und dem Forschungsinstitut für Musiktheater der Universität Bayreuth unter Leitung von Sieghart Döhring, 6 Bände, München/Zürich 1986-1997
Pk.	Pauke
Pl.	Plural
PM	Portugaliae musica
PMA	Proceedings of the Musical Association
PMAP	Publications de la musique ancienne polonaise
PMFC	Polyphonic Music of the Fourteenth Century
pneum.	pneumatisch
PNM	Perspectives of New Music
portug.	portugiesisch
Pos.	Posaune
posth.	posthum
PraetoriusS	Michael Praetorius, Syntagma musicum, 3 Bände, Wolfenbüttel 1614-1619

Präs.	Präsident
PRMA	Proceedings of the Royal Musical Association
Proc.Mon.	Processionale monasticum
Prof.	Professor
Progr.	Programm
prot.	protestantisch
Prov.	Provinz
provenz.	provenzalisch
Ps., Pss.	Psalm, Psalmen
Pseud.	Pseudonym
PSFM	Publications de la Société française de musicologie
Publ., publ.	Publikation, publiziert
P.U.F.	Presses universitaires de France
PWM	Polskie wydawnictwo muzyczne, Krakau
Qnt.	Quintett
Qu.	Quartett
r	recto
R	Reihe
RAI	Radiotelevisione italiana
RaM	Rassegna musicale
RB	Revue belge de musicologie
RC	The Record Collector
RCA Vic.	Radio Corporation of America Victor
rd.	rund
RD	Reichsdenkmale des Erbes deutscher Musik
Rdfk.	Rundfunk
RdM	Revista de musicología
Recit.	Recitativo
Red., red.	Redakteur, Redaktion, redigiert
reform	reformiert
Reg.	Register
reg.	reginat
Renov.	Renovierung
Rep.	Reparatur
Repr.	Reprint
Resp.	Responsorium
Rest.	Restaurierung
rev.	revidiert
Rezit.	Rezitativ
RGG	Die Religion in Geschichte und Gegenwart, herausgegeben von Kurt Galling, 6 Bände, Tübingen ³1957-1962, Register 1965
RGMP	Revue et gazette musicale de Paris
Rgsbg.	Regensburg
R.I.	Rhode Island

RIAS	Rundfunksender im amerikanischen Sektor (von Berlin)
Ric.	Ricordi, Mailand
RIdIM	Répertoire international d'iconographie musicale
RIDM	Rivista italiana di musicologia
RiemannB	Hugo Riemann. Musikgeschichte in Beispielen, Leipzig 1912
RiemannH	Hugo Riemann, Handbuch der Musikgeschichte, 2 Bände, Leipzig 1904-1913
RiemannL	Hugo Riemann, Musiklexikon, 5 Bände, herausgegeben von Wilibald Gurlitt und anderen, Mainz ¹²1959-1975
RiemannMth	Hugo Riemann, Geschichte der Musiktheorie im IX.-XIX. Jahrhundert, Leipzig 1898, Berlin ²1921
RILM	Répertoire international de litérature musicale
RIPM	Répertoire international de la presse musicale
RISM	Répertoire international des sources musicales
RM	La Revue musicale
RMA	Royal Musical Association
RMARC	Royal Musical Association Research Chronicle
RMG	Russkaja muzykal'naja gazeta
RMI	Rivista musicale italiana
RMl	Revue de musicologie
RMS	Renaissance Manuscript Studies
RP	Rückpositiv
RRMBE	Recent Researches in the Music of the Baroque Era
RRMCE	Recent Researches in die Music of the Classical Era
RRMMAER	Recent Researches in die Music of the Middle Ages and Early Renaissance
RRMR	Recent Researches in the Music of the Renaissance
RS	Gaston Raynaud, Bibliographie des Chansonniers français des XIIIᵉ et XIVᵉ siècles, Paris 1884; neu bearbeitet und ergänzt von Hans Spanke, Leiden 1955
RSIM	Revue de la Société internationale de musique
RSO	Radio Symphonie Orchester
russ.	russisch
RV	Peter Ryom, Verzeichnis der Werke Antonio Vivaldis. Kleine Ausgabe, Leipzig 1974, Supplement Poitiers 1979

s.	siehe
S	Sopran
S.	Seite
SACEM	Société d'auteurs, compositeurs et éditeurs de musique
SachsH	Curt Sachs, Handbuch der Musikinstrumentenkunde, Leipzig ²1930
SachsR	Curt Sachs, Reallexikon der Musikinstrumente, Berlin 1913
Sal.	Editions Salabert, Paris
SartoriL	Claudio Sartori, I libretti italiani a stampa dalle origine al 1800: catalogo analitico con 16 indici, 7 Bde., Mailand 1990–1995
Sax.	Saxophon
s.b.Art.	siehe besonderen Artikel
Sbd.	Sammelband
S.C.	South Carolina
ScheringB	Arnold Schering, Geschichte der Musik in Beispielen, Leipzig 1931, Wiesbaden ⁵1962
Schirmer	G. Schirmer, NewYork, London
SchillingE	Gustav Schilling, Encyclopädie der gesammten musikalischen Wissenschaften, oder Universal-Lexicon der Tonkunst, 6 Bde., Stuttgart 1835–1838, ergänzt 1841/42
Schlgz.	Schlagzeug
SchmidlD	Carlo Schmidl, Dizionario universale dei musicisti, 2 Bände, Mailand ²1926–1929, Supplement 1938
Schott	B. Schott's Söhne, Mainz
Schriftl.	Schriftleiter, Schriftleitung
schweiz.	schweizerisch
S.D.	South Dakota
Sdr.	Sammeldruck
Sept.	September
Sequ.	Sequenz
SFB	Sender Freies Berlin
SfVMw	Sammelbände für Vergleichende Musikwissenschaft
Sg.	Singular
SHV	Státní hudební vydavatelství, Prag
Sig.	Signatur
SIM	Société internationale de musicologie
SIMG	Sammelbände der Internationalen Musikgesellschaft
Sinf., sinf.	Sinfonie, sinfonisch
SJ	Societas Jesu
SJbMw	Schweizerisches Jahrbuch für Musikwissenschaft
skand.	skandinavisch
SL	Schriftleitung (Kennzeichnung bei Artikeln)
Slg., Slgn.	Sammlung, Sammlungen
SM	Studia musicologica
SMD	Schweizerische Musikdenkmäler
SMZ	Schweizerische Musikzeitung
SNKLHU	Státni nakladatelství krásné literatury, hudby a umění
s. o.	siehe oben
sog.	sogenannt
Son.	Sonate
SovM	Sovetskaja muzyka
Sp.	Spalte
span.	spanisch
SPb.	Sankt Petersburg
SRG	Schweizerische Radio- und Fernsehgesellschaft
SSR	Sozialistische Sowjetrepublik
St., st.	Stimme, -stimmig
Stb.	Stimmbuch
StB	Staatsbibliothek
Stg.	Stuttgart
STMf	Svensk tidskrift för musikforskning
StMw	Studien zur Musikwissenschaft (Beihefte der DTÖ)
Str.	Streicher
Strbg.	Straßburg
StrOrch.	Streichorchester
StrQu.	Streichquartett
StrQnt.	Streichquintett
Stud.	Studie
s. u.	siehe unten
SulzerTh	Johann Georg Sulzer, Allgemeine Theorie der schönen Künste, 2 Bände, Leipzig 1771,1774
sup.	supra, super
Suppl.	Supplement
s.v.	sub verbo
SW	Schwellwerk
SWF	Südwestfunk, Baden-Baden
SWR	Südwestrundfunk
Swk.	Sammelwerk
SWV	Schütz-Werke-Verzeichnis, herausgegeben von Werner Bittinger, Kassel 1960
Symph., symph.	Symphonie, symphonisch
Synth.	Synthesizer
T	Tenor
T.	Takt
Tab.	Tabelle

Taf.	Tafel
Tbg.	Tübingen
TCM	Tudor Church Music
Tel	Telefunken (vor 1945)
Teldec	Teldec/Teldec Classics/Telefunken (nach 1945)
Tenn.	Tennessee
Tex.	Texas
TH	Technische Hochschule
Thieme/ Becker	Allgemeines Lexikon der Bildenden Künstler von der Antike bis zur Gegenwart, begründet von Ulrich Thieme und Felix Becker, 37 Bände, Leipzig 1907-1950
Thür., thür.	Thüringen, thüringisch
Tl., Tle., tl.	Teil, Teile, -teilig
Torchi	Luigi Torchi (Herausgeber), L'arte musicale in Italia, 7 Bände, Mailand 1897-1907
Trag.	Tragödie
trag.lyr.	tragédie lyrique
Transkr.	Transkription
Transm.	Transmission
transpon.	transponiert
Transpos.	Transposition
Trp.	Trompete
TU	Technische Universität
TVNM	Tijdschrift van de Vereniging voor nederlandse muziekgeschiedenis
u.a.	und andere
UA	Uraufführung
u.ä.	und ähnliche
UB	Universitätsbibliothek
Ub.	Umbau
Übs., übs.	Übersetzung, Übersetzer, übersetzt
Übtr., übrr.	Übertragung, übertragen
UE	Universal Edition, Wien
umgearb.	umgearbeitet
UMI	University Microfilms International, Ann Arbor/Michigan
unbegl.	unbegleitet
undat.	undatiert
Univ.	Universität, University, Université, Universidad
Unters.	Untersuchungen
unveröff.	unveröffentlicht
unvollst.	unvollständig
u.ö.	und öfter
Urk.	Urkunde
urspr.	ursprünglich

USA	United States of America, Vereinigte Staaten von Amerika
usw.	und so weiter
Ut.	Utah
u.v.a.	und viele andere
v	verso
v.	vox, voces
V.	Violine
V&R	Vandenhoeck & Ruprecht, Göttingen
Va.	Viola
Var., var.	Variation, variiert
Vc.	Violoncello
v.Chr.	vor Christi Geburt
Vdg.	Venedig
VEB	Volkseigener Betrieb
Ver.	Verein
verb.	verbessert
Verf., verf.	Verfasser, verfaßt
Verf.-Lex.	Die Deutsche Literatur des Mittelalters, Verfasserlexikon, herausgegeben von Wolfgang Stammler/ Karl Langosch, 5 Bände, Berlin und andere 1933-1955, Nachträge
Verf.-Lex.2	dasselbe, zweite, völlig neu bearbeitete Auflage, herausgegeben von Kurt Ruh und anderen, Berlin und andere 1978ff.
Verh.	Verhandlungen
Veröff., veröff.	Veröffentlichung, veröffentlicht
versch.	verschollen
Verz.	Verzeichnis
VfMw	Vierteljahrsschrift für Musikwissenschaft
Vg.	Virginia
vgl.	vergleiche
Vibr.	Vibraphon
Vic.	Victor (Label)
Vld.	Volkslied
Vldf.	Volksliedforschung
VNM	Vereniging voor nederlandse muziekgeschiedenis
VogelB	Emil Vogel, Bibliothek der gedruckten weltlichen Vocalmusik Italiens aus den Jahren 1500-1700, 2 Bände, Berlin 1892; revidiert von François Lesure/Claudio Sartori, Genf 1978
vok.	vokal
Vol.	Volume
vollst.	vollständig
Vorr.	Vorrede
Vorw.	Vorwort

Vs.	Vers, Versus
Vt.	Vermont
Wagner	Peter Wagner, Einführung in die gregorianischen Melodien, Leipzig Band 1, ³1911, Band 2, ²1912, Band 3, 1921
WaltherL	Johann Gottfried Walther, Musicalisches Lexicon, Leipzig 1732
Wash.	Washington
Wbdn.	Wiesbaden
WDR	Westdeutscher Rundfunk
West.	Westminster (Label)
Wfbl.	Wolfenbüttel
Wis.	Wisconsin
Wiss., wiss.	Wissenschaft, wissenschaftlich
WolfM	Johannes Wolf, Geschichte der Mensuralnotation von 1250–1460, 3 Bände, Leipzig 1904
WolfN	Johannes Wolf, Handbuch der Notationskunde, 2 Bände, Leipzig 1913–1919
WoO	Werk ohne Opuszahl
Wq	Alfred Wotquenne, Thematisches Verzeichnis der Werke von Carl Philipp Emanuel Bach (1714–1788), Leipzig 1905
Württ., württ.	Württemberg, württembergisch
W.Vg.	West Virginia
WWV	John Deathridge/Martin Geck/Egon Voss (Herausgeber), Wagner Werk-Verzeichnis (WWV). Verzeichnis der musikalischen Werke Richard Wagners und ihrer Quellen, Mainz 1986

Wy.	Wyoming
Wzbg.	Würzburg
Xyl.	Xylophon
Z.	Zürich
zahlr.	zahlreich
z.B.	zum Beispiel
Zbl.	Zentralblatt
ZDF	Zweites Deutsches Fernsehen
ZfÄallgKw	Zeitschrift für Ästhetik und allgemeine Kunstwissenschaft
Zfl	Zeitschrift für Instrumentenbau
ZfM	Zeitschrift für Musik
ZfMth	Zeitschrift für Musiktheorie
ZfMw	Zeitschrift für Musikwissenschaft
ZIMG	Zeitschrift der Internationalen Musikgesellschaft
zit.	zitiert
Zs., Zss.	Zeitschrift, Zeitschriften
z.T.	zum Teil
Ztg.	Zeitung
zugeschr.	zugeschrieben
zus.	zusammen
Zuschr.	Zuschreibung
z.Z.	zur Zeit